海德格尔文集

孙周兴　王庆节　主编

讲话与生平证词（1910-1976）

孙周兴 张 柯 王宏健　译

商务印书馆
创于1897 The Commercial Press
2018年·北京

Martin Heidegger
Reden und andere Zeugnisse eines Lebensweges

Gesamtausgabe Band 16,
Herausgegeben von Hermann Heidegger
本书根据德国维多里奥·克劳斯特曼出版社2000年全集版第16卷译出

国家社会科学基金重大项目成果

中文版前言

德文版《海德格尔全集》于 1975 年启动，迄今已出版了 80 余卷（按计划将编成 102 卷）。已出版者包含了海德格尔著作（含讲座、手稿等）的基本部分（即全集第 1—3 部分），余下未出版者多为书信、札记等（全集第 4 部分，第 82 卷始）。随着德文版《海德格尔全集》出版工作的顺利推进，世界范围内的海德格尔翻译和研究已呈蓬勃之势，目前至少已有英、法、意、日四种文字的全集版翻译，据说西班牙文和阿拉伯文的全集版翻译也已经启动。相比之下，汉语的海德格尔翻译仍然处于起步阶段，甚至不能与亚洲邻居的日、韩两国比较，严肃的译著至今只有十几种而已。这种状况是令人羞愧的。

为让中文世界更完整、更深入地理解海德格尔思想，经反复酝酿，我们计划根据《海德格尔全集》版，编辑出版中文版《海德格尔文集》，收录海德格尔的代表性著作 30 卷，其中前 16 卷为海德格尔生前出版的全部著作（我们依然认为这一部分是《海德格尔全集》中最值得关注的，包含了作者已经稳定下来的思想），而其余 14 卷为海德格尔的重要讲座稿和手稿。我们假定，这 30 卷属于海德格尔的"基本著作"，基本上已能呈现海德格尔思想的总体面貌。当然，我们也并不因此否认其他卷本（讲座稿和手稿）的意义，而且我们也愿意认为,中文世界对海德格尔思想的深入研究和完整理解,仍然要基于对《海德格尔全集》的系统译介。但我们选译的30卷至少已经走出了第一步,也或可为将来可能的中文版《海德格尔全集》的工作奠定一个基础。

所选30种著作中,约半数已有成熟的或比较成熟的中文译本,少数几种已经译出了初稿,其余约十余种则有待新译。已出版的译著在编入《海德格尔文集》时,将根据德文全集版重新校订,因为其中有几种原先只是根据单行本译出的,也有几种在译文品质上是稍有欠缺的。

由于是多人参与的多卷本(30卷)译事,又由于众所周知的海德格尔语文表达方面的奇异性,中文版《海德格尔文集》在译文风格上是难求统一的,甚至在基本词语的译名方面也不可能强行规范划一。这是令人遗憾的,不过也可能为进一步的义理辨析和讨论留下空间。我们唯希望能够尽量做到体例方面的统一,以便至少让人有一套书的整体感。

按照我们的计划,中文版《海德格尔文集》每年出版5种左右,约五六年内完成全部30卷的翻译和出版工作。我们希望藉此为中国的海德格尔研究事业提供一个基础性的讨论平台,也愿学术界有识之士为我们的工作提供批评、建议,帮助我们做好这项大型的学术翻译事业。

孙周兴　王庆节

2011年12月8日

献给我父亲最老的忠实弟子

汉斯－格奥尔格·伽达默尔

在他百岁寿辰之际致以敬意和谢忱

赫尔曼·海德格尔

目　　录

第一编　大学生与编外讲师时期
(1910—1922年)

第二编　在马堡和弗莱堡任教授时期
(1923—1933 年)

第三编 任弗莱堡大学校长时期 (1933—1934 年)

第四编　第三帝国教授时期
(1934—1945 年)

第五编 清洗与禁止教学时期

第六编 退休时期

第七编 荣休后

附录

第一编

大学生与编外讲师时期（1910—1922年）

1. 由死向生

（对约根森《生命谎言与生命真理》的思考）

在我们的时代中，人们对“人格”谈论得很多。并且哲学家们发现了一些新的价值概念。在批判的、道德的、美学的价值概念之外，他们还运用了“人格评价”这一价值概念，这一点在文学中尤其突出。艺术家的个人变得触目了。因此人们就听说了那些有趣之人的很多事情。O. 王尔德，这位花花公子，P. 魏尔伦，这个“天才的酒鬼”，M. 高尔基，这个伟大的流浪汉，以及超人尼采——统统是有趣的人。当某人在恩典时刻中对其无羁生活的那个巨大谎言达成自觉，进而打碎了虚假诸神的祭坛而成为基督徒之际，他们[①]就会把这称作“无聊乏味的，令人恶心的”。

约翰·约根森[②]已经迈出了那一步。并不是什么追求轰动的渴望驱使他达成皈依，并非如此，而是深邃的、痛苦的严肃真挚使之发生皈依。

---

① “他们”指前述那些“有趣的人”。——译注

② 约翰·约根森（Johannes Jörgensen，1866—1956年）：丹麦作家，诗人。约根森早年是无神论者，1894年参观亚西西的圣法兰西斯教堂并在那里逗留三个月，思想发生转变，1896年正式皈依天主教，作品中以天主教圣徒传记最为著名。——译注

在一种动人的盎然生气中,《生命谎言与生命真理》[1]这本并不起眼的小书通过薄薄的68页刻画了那种强有力的对一种颠倒的、谎言式的哲学的搏斗与挣脱,那种孜孜不倦的寻求与重建,以及通向真理之巅峰的那最后一步。

约根森十八岁时就是无神论者,并且他立即就游动在格奥尔格·勃兰兑斯[2]——这位"丹麦的海涅"——在上世纪七十年代所引致的那些自由思想者之思想方式的(freidenkerischen)[3]潮流中了,即,自由研究和自由思想变成了现代丹麦文学家们在战斗中的呐喊。尼采和左拉的精神变得威力无比。丹麦最大的无神论者,J. P. 雅各布森[4],一位典范式的颓废者,以对生命过于虚弱而并不病态地面对死亡的方式捱过了他痛苦的生存,约根森所师从的正是他。

4 这位艺术家[5]的心灵处于美之中,并且他的艺术也是如此。但那些只认识命令、只知道目标的人会觉得什么是美的? 写出《尼

---

① 基尔希海姆,1903年,第2版。——原注

② 格奥尔格·勃兰兑斯(Georg Brandes, 1842—1927年):丹麦文学评论家,文学史家,代表作为六卷本的《十九世纪文学主流》,前四卷发表于1872—1875年。勃兰兑斯的思想对十九世纪七十年代直至二十世纪初的欧洲文学界产生了巨大影响。勃兰兑斯倡导思想自由,主张驱逐"基督教的黑暗",被称为"不信上帝的犹太人"。——译注

③ 此词在广义上指那些在宗教问题上持自由思想的人们的思想方式,属于较客气的表达,实质含义即"无神论的"。下文中的"自由研究"、"自由思想者"等词也是在这种语境中言说的。——译注

④ 雅各布森(Jens Peter Jacobsen, 1847—1885年):丹麦小说家,诗人,科学家。雅各布森掀起了丹麦文学中的自然主义运动,影响深远,其作品曾受到里尔克的极大推崇和极高评价。——译注

⑤ 指约根森。——译注

尔·吕内》[1]的那位不幸的作者，给出了这样一个答案："我觉得狂野是美的，那未被控制也不可控制的自然是美的，文艺复兴时期人们的那种热烈的、永不满足的激情是美的。"这是尼采[所鼓吹]的那种最纯粹的恺撒·博尔吉亚[2]式的热情。他们向那些恐怖和罪行之偶像焚香献祭。站在这些祭坛上的是金牛犊[3]、传谣女魔[4]以及巴比伦的维纳斯[5]。

他们的诗作又是要做什么？对公众之兴致的奉承。"您想一想"，在那个关于"阴影"的意义深刻的寓言中[6]，那个陌生人说道，"您想一想，我们其他人只是像你们诗人所描绘的那样生活着……我们是像你们塑造我们的那样存在着。……我们是纯洁的，倘若你们纯洁的话，我们是不道德的，倘若你们意欲如此的话。"这些人

---

① 《尼尔·吕内》(*Niels Lyhne*)，雅各布森发表于1880年的长篇小说，讲述了一位名叫尼尔·吕内的诗人的故事，描绘了这个无神论者在一个无情世界中的命运。——译注

② 博尔吉亚(Cesare Borgia，1476? —1507年)：文艺复兴时期意大利的极权主义者，极端残忍冷酷，不择手段，一生都想用暴力统治意大利甚至周边国家，是马基雅维利《君主论》的原型。尼采在《反基督者》和《善与恶的彼岸》中都曾讨论过这个人物，此处语境所涉及的应是后一本书，在那里，尼采视博尔吉亚为"强者之道德"的代表并为之进行辩护，参见《善与恶的彼岸》第197节。——译注

③ 按《圣经》记载，当摩西上西乃山领受十诫时，以色列人担心他不再回来，要求亚伦为他们制造神像。亚伦听从百姓之吁请，用他们的金银首饰铸造成牛形偶像。摩西从山上下来，见百姓向金牛犊敬拜，勃然大怒并大施惩戒。——译注

④ 传谣女魔(Farma)：古罗马传说中谣言的化身，一个多眼、多耳、多舌的女魔头。——译注

⑤ 按希腊历史学家希罗多德的记载，每个巴比伦妇女在其一生中都要有一次这样的经历：到阿芙洛狄忒(巴比伦人称之为"米莉塔"，罗马人称之为"维纳斯")的神庙充当神庙圣妓，跟一些陌生的异国男子交合，但她们事实上是被视为神圣的替身，代表的是掌管战争、丰饶和性欲的阿芙洛狄忒女神。——译注

⑥ 约根森：《寓言集》，基尔希海姆，1905年，第2版，第78—79页。——原注

就是这样,他们对“超自然主义”①表示蔑视。他们是蒙昧主义者的敌人,是那些伟大的“人格”,而这些人格是他们的“自我”不知疲倦地展现出来的。他们的生活乃是一种心醉神迷。并且他们始终还更进一步地向下沉落,直至他们爱上死亡和绝望,并且“庄严地命名这些腐烂”。

约根森就站在他们当中——这些人自称是把幸福祭献给了真理。约根森常常在温和的夏夜向上眺望,望向那些白色的、纯净的星辰。有时,当那种疯狂的陶醉消失之际,从他那饱受折磨的内心深处的最深处,会传来一声遥远的呼唤:

“啊,疲惫的灵魂,过来吧!”

而夜幕就再度沉降下来,沉重如铅,星辰也隐匿,死亡的黑夜。“……我的生命和同伴们的生命一样变得无规律了——这是一道锁链,是由一份喜悦和十份忧心、一个金戒指和十个铅戒指铆接合成的。……”

直到那个早晨来临,这时,上帝必将施以援助。一只强有力的手拍打着他。他看到了。这个达尔文主义者受到震撼。伴随着铁
5 一般的坚定,他向前走去,向上走去。他的极为犀利的、近乎尖刻的批判使得通向生命的那条广阔的、艰苦的道路对他变得简单起来。

唯有通过生命之谎言,幸福才是可能的。易卜生的这句话有

① “超自然主义”(Supranaturalismus):在哲学语境中意指对超自然事物和那种规定着经验事物的超自然原则的信仰,在神学语境中意指十八、十九世纪的路德宗神学中的那种与理性主义相对立的流派。参见《杜登综合词典》。——译注

道理吗？不；它违背了一个生物学的基本规则。真理必然自然地引向幸福，谎言则必然导向毁灭。这是富有成效的最高定律。倘若你走出了真理，真理就将为了你的逾越而惩罚你。但是现在，是谁更严格地寻求了真理，是谁没有弃绝一切成见、打碎一切锁链，是谁没有凭借“自我的精神上的和道德上的独立自主”而造就他的确信？[①] 那些巨大的“人格”——如同我们所看到的那样——找到幸福了吗？不；他们找到的是绝望和死亡。看看那一系列的证人吧，看看他们是如何走偏的，是如何把左轮手枪对准额头的。因此他们所有人都不具有真理。这种个体主义因而乃是错误的生命准则。因此应把这种肉体之意志驱除出去，应把这种世界理论、这种异教学说驱除出去。

并且重新设立一个生物学的前提。

更高的生命以低级形式的灭亡为其条件。植物需要用无机的材料来生长。动物只有通过植物的死亡才能存活，这个序列一直向上进展。倘若你想精神性地生活，想要赢得你的至福极乐，那就得死，就得杀死你当中的那种低级的东西，与那超自然的恩典共同运作，如此你将复生。并且如此这般地，他——那个意志坚定的和满怀希望的诗人哲学家——现在就静息于十字架的阴影之中了：一个现代的奥古斯丁。[②]

这本薄薄的皈依之书为自由思想者的心理学提供了一种令人感兴趣的贡献。他不愿意相信，他想要践踏真理，他意愿的是他的

① 这句话中有三个发问，第一个发问指向虔信者，后两个发问是指向那些无神论者。——译注

② 这句话里的所指都是约根森。——译注

情绪和激情。[1]

惜乎篇幅所限，不能对这位伟大的丹麦人的那些皈依阶段展开详尽描述，不能对这种皈依活动在早期著作中（首先是在《旅行
6 札记》[2]中）的那些最初的、觉醒着的萌芽予以探究。按照文学视角，还需要说一句。他的那些著作缺乏严格的结构。也正因此它们行进到了更深处。那种动人的—梦幻般的东西，那种被改变了色调的印象主义，那种真诚与庄严，那种抑制住的召唤与劝告，完全是他的特性，正如一般北欧人的作品——我想起的是塞尔玛·拉格洛夫[3]——所揭示出的某种忧郁严肃的东西、某种寂静的东西和某种童话般的东西。还有一样东西为约根森所特有：他一再重新揭示了那些伟大的、不可摧毁的与过去的关联。他喜欢逗留在中世纪的那些**神秘主义者**的思想中，他的那颗宁静的沉醉着的诗人之心为了那个“**穷人**”[4]而盛开绽放。让我们热爱(lieben)这位坦率正直的丹麦人吧，让我们生活(leben)到他的那些可爱的书籍中去吧。

---

① 这段话中的“自由思想者”和“他”是指无神论者。——译注

② 基尔希海姆，1898年。——原注

③ 拉格洛夫(Selma Lagerlöf，1858—1940年)：瑞典作家，代表作为《戈斯泰·贝林的故事》(1891年)和《耶路撒冷》(1901—1902年)，另以儿童文学《骑鹅旅行记》闻名，1909年成为首位获得诺贝尔文学奖的女性作家。——译注

④ 此处“穷人”为意大利文 Poverello，这里指圣法兰西斯(旧译圣方济各)。圣法兰西斯的一句名言是：“神贫是通天的大路，是谦逊的保姆，是成圣的基础”。——译注

2. Fr. W. 福斯特[1]:《权威与自由》

对教会的文化问题的考察

克瑟尔出版社,肯普腾－慕尼黑。

定价 2.50 马克,精装本 3.25 马克

最新的"福斯特"[2]的那些奠基性的思想和指导路线已经在这本杂志(《大学生》,第 2 年卷,第 5 期)[3]的三月号上通过对"前言"的重印而被端呈出来。我们时代的那些刺目的矛盾——这边是自然主义－社会主义之生命秩序的那种固执的对现实的盲目信仰,那边是构造着新的思想世界和实存价值(Daseinswerte)的内在性哲学(Immanenzphilosophie)——乃是一种无限制的自治主义的最终结果。福斯特提出了这样一个权限问题(Kompetenzfrage),现代的个体主义能够且有权把宗教性的－道德上的生命的那些最

---

① 弗里德里希·威廉·福斯特(Fr. W. Förster,1869—1966 年):德国哲学家,教育家,和平主义者,大学时代就读于德国弗莱堡大学和柏林大学,1893 年以论文《康德伦理学的直至〈纯粹理性批判〉的发展进程》获得博士学位,后执教于苏黎世和慕尼黑等大学。——译注

② "Förster"在德文中除了表示姓名,还有"森林管理员,护林员"之意。海德格尔在此对此词使用的双引号标识有双关意蕴。——译注

③ 海德格尔的这篇文章同样发表在《大学生》上,故有"这本杂志"之语。——译注

深刻的问题在个体主义的意义上或者一般地予以解决吗？通过归纳的道路，这位作者对此坚决地说了不。这样一个几乎是压迫性的事实——大多数人，大多数依靠自身的人，都不想发现这个真理，都不想争得这个真理，而毋宁是把它钉到了十字架上——从一种个体主义伦理学的可能性中抽离掉了每一种基础①。更进一步地说，那些基本的生命真理不会让自身被先天地科学性地建构起来。毋宁说，一种丰富的、深刻的生命之经验必须得到要求，进而言之，必须被要求的乃是与本能世界相对的那种本己的精神性的自由。因此，对于这种备受赞誉的人格崇拜而言，唯当它始终处在与宗教性的－道德上的权威的最丰富和最深刻的那种源泉的最密切的联系中，它才能茂盛生长。这种权威必然合乎本性具有一种令人敬畏的外在形式。并且，倘若教会愿意忠诚于它的永恒的真理财富，教会就将有理由抵抗现代主义的那些瓦解性的影响，而现代主义对这种最尖锐的对立并未自觉，在这种对立中，它的现代的生命直观与基督教传统的古老智慧针锋相对着。伟大的生命思想
8 的那充溢着的丰富，那清晰的、透明的构造，那令人折服的、考虑到一切异议的论证，简言之，那整个的哲学的气质，都响亮地表明了这本书的不可估量的价值。在为达成对尼采的更深刻理解而插入的那些注释之外，在针对圣经批判、基督神话等所作的批注之外，我们事实上有时恰恰在此书的结尾处——作者在那里探讨了现代主义——碰到这样一些文本段落，它们使一种批判或者至少使一

① 这句话系按字面意进行的直译，亦可意译为："使一种个体主义伦理学完全不可能"。——译注

种更为犀利的区分成为必要。谁若从未立足于迷途,并且没有让自己被现代精神的那种迷惑人的假象搞得目眩神迷,谁就可以在真理之光辉中的那种真实的、深刻的、有充分根据的去己化活动(Entselbstung)中敢于穿越生命,此书正是向这种生命宣告了一种巨大的喜悦,此书又以令人震惊的清晰使这种生命意识到了真理之拥有的崇高幸福。在对这本书的阅读中,人们乐于回想起伟大的格雷斯①的一句话:"挖得更深一些,你就会触碰到天主教的地基"。福斯特拥有那种果敢的、不在任何后果面前退缩的、进行更深挖掘的勇气,但却是"grandes passus extra viam"[在道路之外的宏大步骤]②。

① 约瑟夫·格雷斯(Joseph Görres, 1776—1848 年):德国教育家,天主教出版家。1876 年成立的"格雷斯科学照管协会"即是以他的名字命名的,该协会隶属于天主教,宗旨在于促进天主教的现代化研究。海德格尔早年曾受到该协会的资助,他自 1913 年起成为该协会的正式会员。——译注

② 此语出自奥古斯丁,原系其对异教徒之善行的评判——付出了巨大努力,但还在正道之外。作者此处用典之意,与上引格雷斯之箴言共属一体,可解释为对福斯特的肯定和批评:福斯特已作出巨大努力,但还需更进一步。

9 3. A. J. 库珀斯①:《密封之唇》

从十九世纪爱尔兰人民的

生活而来的短篇小说

J. B. 巴赫姆出版社,科隆

素朴,清新,富有感情但并不多愁善感,有时极具戏剧张力,这就是库珀斯的艺术。这位作者喜爱历史题材;他也懂得把魔法施加到搏动着的生命中去。从这部短篇小说中、从它的布局和描述中可以清楚地看出:这位作者不会让自己被拉拽到文学的诸多流派中去。不受时尚所影响的他走的是一些寂静的小路,他的那些健康的、鼓舞民众的、教化性的艺术之路。较之以往,恰恰在这部短篇小说中,人们受到更多诱惑想要去推断出存在于库珀斯身上的一种高超的戏剧能力。当我们在我们的文学中一再碰到的是扭曲失真和有倾向性的主观描写时——它们的目标仅仅在于引发轰动和提供刺激,这本书中的那个坚强的、相信上帝的神父的那种高贵的形象就愈发庄严肃穆。在读者自己的藏书中,这本书——它此外还具有美观雅致的装帧和令人适意的字体——是不应缺少的。

---

① 库珀斯(Adam Josef Cüppers,1850—1936年),德国教育家,作家。——译注

4. 约根森:《旅行札记》 10

在自然和精神中的光明与黑暗

第二版,基尔希海姆,美因茨,1910 年

这些年来,约根森的那种高尚的、被其个性的鲜明轮廓所突显出来的艺术,在我们这里已不再陌生了。约根森是一位犀利的观察者,并且由此而透露出了他的丹麦学统——雅各布森。他在古老的德国城市里看到了那些被荫蔽的楼凸[①],那些处在角隅里的沉入梦幻的圣母像,他睡意朦胧地听到了泉水的潺潺作响,他细细倾听那些忧郁的民谣。在他的那些可爱书籍上氤氲着的氛围,宛如德国的六月夜晚,那溶解在梦幻般的沉默中的六月夜晚。这位皈依者的那种寻求着上帝并且被满足了的家之渴望,或许表明了他的艺术所拥有的那种至为强大的酵素。那种偶尔强烈地迸发着的神秘要素,那些被精细地感受到的法兰西斯会的情调,那在多荫的幽僻小路上发藤长蔓、深深侵入着的反思,构成了这样一些因素,它们使得对他的那些书籍予以简洁的浓缩使之完整一致的努力变得近乎不可能。但是,倘若缺少了它们,我们也就不再有什么约根森了。

---

① 楼凸(Erker):确切的意思是“楼房的凸出部位”。——译注

11 # 5. 论大学生[①]的哲学定向

哲学事实上是永恒者的一面镜子，但在今天，它常常只是更多反映了主观的意见和个人的情绪与愿望。反理智主义也使得哲学变成了“体验”；人们以印象主义者的姿态出现，抱怨着“片刻的价值”，在作为“折衷主义者”的那种昏暗的欲求中把那些彼此极为矛盾的观念锁合到一种世界观中去，体系完结了。诚然，在这些观念在今天如何“构成世界观”这回事情上，是有体系的。一种严格的、冰冷的逻辑违抗着有精致感受的现代灵魂。“思想”可以不再让自己禁锢到逻辑原理的那些坚定不移的、永恒的限制中去。[②] 我们现在已经看到了这一点。[但是]伦理力量的某种宝藏，那自身攫取与自身放弃的艺术，归属于那有严格逻辑性的思想(这种思想严密地自行隔绝于心情的每一种情绪上的影响)，归属于每一种真正的无前提的科学性的工作。

它甚至已然是一种陈腐之事：在今天，世界观是按照“生命”而

---

① 这里的“大学生”原文为“Akademiker”，它在德语的日常语用中有“受过大学教育者”、“大学师生”以及较为罕见的“学会会员”等意，在本文中，它的实际意思是“接受大学教育的人”，为简洁起见，并且考虑到作者在本文中有时也用“Studierende”来与“Akademiker”对等使用，故我们将这两个词都统一译为“大学生”。——译注

② 这两句话解释了真正的体系在现代人这里“完结了”的原因：现代人基于其“体验”之立场而抛弃了一种严格的逻辑。——译注

被裁剪的，而不是相反。

在哲学问题中的那种来来回回的无常变化和逐渐变成消遣嗜好的精致赏鉴那里，在许多人的清晰意识和沾沾自喜中，突然无意识地迸发出了那种要求，即要对存在的那些终极问题予以了结性的回答——这些终极问题有时会如此突然地闪现，然后又会在某天变得不可解决，沉重地压在那个备受折磨、茫无目标又无路可走的灵魂之上。

凭借着某种高超技艺，人们在今天知道为大学生们提出常新的任务，知道把新的“照亮着的”目标暗示给他们。它们是如此五花八门，常常导致真正的疑难性的东西若要得到注意，就必须被重视起来。最终，大学生就自行迷失在这多方面的萃取、感兴趣和动 12
员活动上了；因而就形成了一种不合逻辑的、不健康的状态。在这里，一种合理的利己主义必须再度得到有力的强调，这种利己主义把本己人格在理智和伦理上的确定与进修当作基本要求，将其置于其他的那些努力和活动之上。

因而不应针对大学生中的任何思潮展开什么论战。唯有下述东西才应被推到前面来：**本己发展**（*Eigenentwicklung*）不应退让到一种愈发强烈的倾注全力的**陌生纠葛**（*Fremdverwicklung*）的背后去。

这种基本要求肯定是和它很高的内在价值结合在一起的，并且也肯定在自身中包含了一种相应的满足所具有的整个困难。人们愈是很少能把大学生从这种困难中解释出来，人们就必须愈发坚决地给予大学生以体谅。对于一种更为彻底的、护教性的全面教育，是不存在什么疑虑的。一种适时的思想通过那些宗教的-

学术性的报告而得到了实现;伴随着宏伟气度而被本质性勾勒出的、在精致的风格化的讲话中被报告出的那些真理,基督教信仰的那些基本真理,在它们永恒的伟大中来到了那个天主教大学生的灵魂面前,激起了热忱,令他回想起"我们所拥有的东西",更鲜明地说,回想起个人**潜在地**拥有的东西。然而对这些真理财富的那种**当下的**自身据有绝对地要求着一种充满信心的、不知疲倦的自身活动,对各种报告的倾听永远都不能代替这种自身活动。年轻的精神被那种内在的、有魔力的真理之渴望所推动,试图使**自身**对诸多基本特征获得必要的预备知识,以便去独立地把握住并透彻思考"世界观的主要问题",并且,唯当人们以上述方式把这些东西变成自己所特有的,它们才在真正意义上是真理之财富。

鲍尔森在他的《德国大学和大学学习》这本书中已经深刻地控
13 诉了哲学学习之兴趣的缺乏,S. J. 卡特雷恩在《来自玛利亚－拉赫的声音》[1]中也做了同样的事。几乎只有专业哲学家和一些认真地着手哲学学习的神学家才会对哲学学习有兴趣,并且这些神学家也是被迫为之的,只要他们不想放弃那种努力——为他们的神学知识进行一种彻底奠基——的话。

真正说来[2]我们并不缺乏效力于哲学的辅助手段与教科书。然而一个大学生首先必须得把他的力量投入到他的职业学习中

---

① 《来自玛利亚－拉赫的声音》(*Stimmen aus Maria-Laach*):杂志名。"玛利亚－拉赫"是德国莱茵兰－普法尔茨州的一座本笃会修道院,位于拉赫湖畔,以庄严建筑著称,始建于 11 世纪末。——译注

② 应予注意的是这些人名:古特伯雷特(Gutberlet)、默西尔(Mercier)、布莱格(Braig)、雷曼(Lehmen)、斯陶尔(Steuer)、哈格曼－杜里夫(Hageman-Dyriff)以及多纳特(Donat)。——原注

去，并且必须把宝贵的时间运用到其他方面的多少有些紧迫的义务上，他就几乎不会还有兴趣和清闲去钻研一本为初学者打造的、但通常很少能起激励作用的哲学教科书了。对世界观之基本问题的一种有趣的和敏捷的书面简述，是我们长久以来所缺乏的东西，但克里姆克(S. J. Fr. Klimke)在他的《世界观之主要问题》("克瑟尔丛书"[①]，第37册，1910年)这本小册子中已经弥补了这一缺憾，为我们带来了这样一种哲学性的定向标志。这位作者在哲学文献中已经拥有了一个被认可的名声，他对哲学中那些时尚的和最时兴的思潮[②]所拥有的广博知识，就为下述事情提供了保证：他在这个小册子中突显了本质性的东西。材料和阐述是完全一致的。倘若世界观应满足我们理智的、道德的和宗教的需要、围拢整个生命并依照永恒的理想东西而给予生命以它的向度，那么，这样 14
一种世界观的建造也就可以不是在纯粹理智意义上被定向的。伴随着对世界观之本质和任务的深入的查明和鲜明的界定，就有了下述可能性，即，去在至为不同的习惯下的那些现代"世界观"的错综复杂的路径上大致地找到头绪，去把糠与小麦区别开来并且使后者本身变得有用。按照这种观念，作者在第一部分探讨了"世界观之要素"，在第二部分探讨了"世界观之体系"。特别应予指出的

---

① 在《大学生》杂志第3卷第2期上，这套"克瑟尔丛书"在整体上得到了赏识与称赞。这套哲学小册子丛书中还有一本书应在这里得到补充指出，此即M. 魏特曼的《伦理学基本问题》(第29册)。在我看来，这部用时尚风格写就的小册子所得到的注意实在是太少了，这本小册子恰恰也在它的布局和方法中关注了伦理学中的那些盛行着的思潮。——原注

② 为此可参见这部新近出版的著作：《一元论：时尚精神思潮批判论稿》，弗莱堡，1911年。——原注

是“世界观的智性要素”这一章(第59—67页)。恰恰在今天，在认识论变成了“基础科学”[①]的今天，这些问题必然获得了加倍的关注。[②] 在第二部分(第87页)中，作者按照不同世界观的源泉、方法、界限以及其原则的数量和品质而对不同世界观进行了一种图式性的分组。在这本极具激励之功的小册子的结尾处有一个文献索引，以洗练文体涉及的那些作品都在这个索引中得到了确切的特性刻画。这种极具实用性的布置也应推荐给“克瑟尔丛书”的其他小册子。但愿克里姆克的这一作品在大学生圈子里能够像威尔曼(Willmann)的《哲学专业术语》那样获得同样的应有的尊重。

① 参见O. 屈尔佩:《哲学导论》，莱比锡，1910年，第5版，第36页以下。——原注

② J. 盖瑟尔在其下述著作中的工作就指向了这个向度并且在各方面都提供了丰富的文献注释:《逻辑学和认识论的基础:客观真实认识的形式与原则的研究》，明斯特，1909年。——原注

6. 齐默尔曼:《神之需要》 15

前言8页,正文192页,8马克。

布莱斯高的弗莱堡[1],赫尔德出版社,1910年

眼下这部著作的作者,在先前一部名为《没有界限和终点》(弗莱堡,赫尔德出版社,1908年)的著作中——该书也曾在这本杂志[2]的同一栏目中(第24卷,第2期,1909年2月15日)得到讨论——探讨了神之证明问题或者说神之证明的深化问题。在那本书中,他的探讨是从人的不完善性出发的,此外还涉及了对无限幸福的渴求;如此这般地,他就从我们本质的有限性中推论出一个无限的创造者,因为有限的与非创造的永远都不重合。在这本书中,他从人的无限的观看与渴求而来扩展了这一论据,其途径是:他把

---

① 为与瑞士的弗莱堡(Freiburg)相区别,德国的弗莱堡(Freiburg)常被称作"布莱斯高的弗莱堡"。"布莱斯高"是德国历史地域名称,指德国南部莱茵河与黑森林之间的区域。由于本书语境仅涉及德国的弗莱堡,在以下译文中将不再一一标注"布莱斯高"。——译注

② "这本杂志"指《学术博义通讯》,海德格尔的这篇书评也发表在这份杂志上。此杂志是"学术博义协会"(Akademische Bonifatius-Verein)的刊物,该协会是德国天主教的一个以大学生为受众的青年学术组织。博义(Bonifatius,673—754/755年),史称"圣博义",天主教著名神父,出生在英国的Wessex王国,四十岁时前往德国地区传教,影响深远,自16世纪起被尊奉为"德国人的使徒"(Apostel der Deutschen)。——译注

观看与渴求不仅奠基在幸福之需要上，而且也奠基在责任之需要上，因而就较少是奠基于我们的弱点之上，而更多是奠基于我们的神之需要的真实之上，而按照这种需要，道德法则的根就存在于我们的本性之中。在此就有了结论：我们需要神，神因此而存在着（Wir bedürfen Gottes, darum ist er）——这个结论是更加合理的，因为否则就不能为一种世界观找到任何合理的基础了。齐默尔曼（S. J. Otto Zimmermann）在这种论证进程中使自身非常接近于那些相当现代的理念，这些理念也非常乐于——虽然很少具体地——凭借着对神的内在的体验、凭借着对神之实存（Dasein）的内在的公设（Postulaten）来进行操作，这尤其体现在自康德以来的思想中。当前的这部作品揭示出，就连那立足于早期基督教哲学的神正论也并非陌生地对立于这种考察方式①，并且无论如何都不必被完全拒绝。或许，在近代对传统的神之证明的冲击面前，下述做法甚至是明智的，即，把我们的体系朝那一方面——恰恰是由齐默尔曼给推动到当前之域中的那一方面——扩建过去。眼前的这部小书，对于我们今天的一些在真诚地寻求着的、受过教育的人而言，可以是对他们的神之信仰的一种强有力的保护。

① “这种观察方式”指齐默尔曼的观察方式，整句话实指齐氏之思亦古亦新。——译注

7. 在寂静的小路上 16

当夏夜的光汹涌而至
环绕着荒野中的白桦树，
当寥落的苍白的月之灼光
悬挂在上面，如同饰物——
　　灵魂拓宽了
　　悲叹消灭了
　　从极乐狂喜的日子而来
　　思想发现了我——
但——浓郁芬芳中燃烧着的玫瑰
早已缠绕着我
爱的坟墓……

- gg -[1]
于弗莱堡

---

① 此系海德格尔在发表这首诗时的署名。——译注

17
8. 七月的夜

你再度为我唱起
永恒的歌。
取用了我的灵魂
在森林寂静的广阔中
在切近于神的无限性中
你将我沉浸。
七月的夜
女魔法师
乡愁化解者
女艺术家。
今天的阳光早早地
死在旷野中。
我白天赢得的东西
在暮光中沉落。
疲于歌唱
燕雀消声
是闷闷的冷。
夜风嗡嗡，

椴树细细倾听
死亡之歌，
树叶发出沙沙声
似乎我已与你分离——
酸涩的、颤抖的问题从我这里问出：
幸福，你的相好，
你把它唤作“悲鸣”？

18

9. 宗教心理学与下意识

下述事情处于科学以及科学之生成的本质中，此即：科学并非先天地对科学的研究领域做了鲜明的界定、对诸概念做了最终的固定、对论证之关联做了系统的确定，并且也没有先天地对诸方法做了不容变更的预先规定——毋宁说，科学的那些质料性的成分和形式性的成分，在科学的发展进程中，将是伴随着日益增长着的确定性而使自身得到表达的。恰恰是心理学科学——在今天吸收着很多探索精神和力量的心理学科学——的历史性的生成进程为逻辑学－方法论的研究(科学理论问题)提供了值得感谢的连接点。

那部非常具有现实意义的宗教心理学的作品[①]——我们将在后文中简短地指出它——从一种还在发端阶段中的科学那里、从经验心理学的一个分支中取得了它的对象。魏因加特纳(Weingärtner)的研究因而不能在上述意义上被把握，因为方法论意义上的研究是以成熟完善的科学为前提的，毋宁说，此研究意味着正在上升着的宗教心理学科学本身的鲜活发展中的一个阶段，更确切地说，意味着其中一个非常重要的阶段。这位作者通过大幅度

---

① 格奥尔格·魏因加特纳：《下意识》，美因茨，1911 年，此书共 158 页。——原注

的阐述和对“下意识”这一多义概念的各种理解所作出的特别批判而赢得了一个可靠的基础，在这个基础之上，人们可以对下意识在宗教心理学中的可应用性作出裁定。魏因加特纳的这个重要的、在判断中保持着适度的研究的真正目标就应到上述方面中去寻求。

在对下意识这一概念和关于它的不同理解进行特别探讨之前，应首先对宗教心理学本身的一些奠基性的思想予以阐明；由此 19
就至少把这个领域大致地确定下来了，而下意识概念正是在对这个领域的探讨中发挥了作用。

宗教心理学的诸问题在实用主义的哲学体系中得到了很多探讨；它们也在现代主义[①]的观念世界中浮现出来。近代科学的真正的根，处在它最切身固有的那个领域中，即在经验性的心理学中。费希纳(Fechner)曾作出许多开创性的工作，其中一项工作就是指明了宗教心理学的问题。冯特(Wundt)以多种方式继承了费希纳的遗产，在其大众心理学中，冯特对“宗教之本源”着手进行了首次真正意义上的宗教心理学研究[②]。在美国，自上世纪八十年代以来，人们以特别的活力和伟大的风格从事着宗教心理学的疑难问题，就像他们从事于一般的经验心理学问题那样。其中最重要的代表人物可以列举如下：哈尔(Stanley Hall)、鲁巴(James Leuba)、斯塔布克(Edwin Starbuck)以及那位最著名的美国心理

---

① 二十世纪初兴起的一个天主教神学流派，该流派希望革除显然不合时宜的因素，致力于反对呆板的教廷主义对精神生命的影响，1907 年遭到教皇庇乌斯十世的谴责。——译注

② 参见卡尔·布莱格：《最现代的基督教的现代的宗教心理学》，第 2 版，弗莱堡，1907 年，第 101—150 页。——原注

学家,威廉·詹姆斯。他们的工作和相近的那些法国学者(Ribot和Claparède)的工作都更多着力于广度上而较少用力于深度上,并且恰恰让人强烈地感受到了那种缺失,可靠之奠基和对结果的谨慎之评估的缺失。一个不应低估的、为宗教心理学研究的迅速繁荣做好了准备工作的因素,是由现代的新教神学所呈现的,这种神学定向于康德、施莱尔马赫以及立敕尔,在主观的宗教体验活动中看到了那个效力于一种信仰论证的独一无二的起点,并因而要求着朝这一向度去的对灵魂生命的分析。倘若人们并不共有这种看法,也仍有一种不小的意义应被赋予宗教心理学,当人们回想起,宗教作为最基本的生命之权力(Lebensmacht)——每一种对世界和生命的更深理解最终都挤回到这种权力上去了——必然以特有的方式规定了心理性的生命。

一种成功的并且有益的宗教心理学研究,将坚持经验心理学的原则和方法,并且必须避免每一种形而上学的成见和理论性的思辨。盖瑟尔①把心理学科学的普遍任务朝下述向度确定下来:心理学科学"应把意识内容的那种可区分的、质的多样性予以整置,并且应从多样性之主观关联的规则而来把握这种多样性"。因此就从中照亮了一个双重的任务:一个**分类的任务**和一个**阐释的任务**。宗教心理学就在整个意识内容的某个部分中、在宗教的意识现象中发现了它的对象:信仰、希望、爱、祈祷、怀疑等等。这些现象按照全面的观察而得到了整置,并且在此基础上被置于无论如何都是被经验性地发现的普遍规则之下。

① J.盖瑟尔:《经验心理学之奠基》,波恩,1902年,第146页以下。——原注

方法是那种自身观察(Selbstbeobachtung)的方法以及立足于自身观察之上的那种陌异观察(Fremdbeobachtung)的方法。这第一种方法的难度——在一些心理学家看来,这就像是要把一种"化学上的分解作用"应用到有待观察的意识内容上去——不宜在这里被讨论。同样应予注意的是,此方法的应用是以大量深刻的心理学知识和一种彻底的方法论训练为前提的。按照这种要求就不难理解,对宗教心理学领域的研究只有凭借着极度的谨慎才能达成著作。陌异观察是按下述三种向度运行的:"对活生生的东西的观察,对传记研究(圣徒生命)的观察以及对宗教精神产品、宗教文献之研究的观察"。①

在对相关领域的迄今为止的研究中,人们常常碰到这一概念, 21
更确切地说,碰到这个概念语词:"下意识"(Unterbewusstsein),这个概念语词据说会为那些最困难的问题和最困难的谜送去有解救之功的答案。这个概念在十个以上的不同含义中流通着,而且伴随着或多或少的内容上的迁变。因此,当那些著名学者对"基础性"概念的这种不能旋即被发现的多义性发出大声抱怨时,我们也就不必为之惊奇了。倘若这个概念想要有真正科学性的价值,则它就必须被追溯到它真实的含义内容上去,被明确地确定下来,并如此这般地得到运用。为此所要求的对多种含义与应用方式的批判性的研究,几乎不能缺少一种得到扩展的参考文汇,倘若这种研究对某种完整性和彻底性提出要求的话。

---

① J. B. 林乌尔斯基:《宗教心理学:经验心理学的一个新分支》,载于《来自玛利亚-拉赫的声音》,第78卷(1910年),第5期,第505—520页。——原注

在魏因加特纳进入这种真正的研究之前，他曾在第一章触及了那些更重要的、奠基性的概念："意识"、"自我"、"人格"；这意味着，他引用了当前那些杰出的心理学家对这些概念所作的规定。第二章(第18—63页)探讨了"下意识的本质与成就"。我们遇到了对下意识概念的理解的两个主要分组。第一个分组是，"下意识"与存在于意识的阈限感觉阈之下的"**无意识**"(*unbewusst*)被同等含义地使用了，下意识(Unterbewusstsein)遂标志着一种第二位的独立意识，即**下面的意识**(*unteres Bewusstsein*)。这种无意识本身又以不同方式被理解为生理学上的无意识和心理学上的无意识(作为意识之承受者的灵魂、无意识的心理进程、无意识的心理倾向、记忆痕迹)并且最终被理解为一种"激动的无意识"。通过把下意识阐明为下面的意识，**第二个**分组就得到了特性刻画，它也同样表明了一些变式修整(Modifikationen)。在这种意义上的
22 下意识一方面是指**普遍意识**；例如，按照费希纳的那些形而上学的直观，从这种普遍意识而来，应涌现出个体意识，并且我们称作无意识的那种东西，根本上乃是普遍意识的对象。魏因加特纳把著名宗教哲学家R. 奥伊肯的**能动主义**(*Aktivismus*)也"在某种意义上"归置到这种理解下面，奥伊肯在他特有的"精神生命"之概念中看到了超个体的领域，在这一领域的攫取和渗透中，主体将分有真理；但人们将必然和茅斯巴赫①一道在下述事情中看到奥伊肯的根本错误，此即：人之本性被过多地压低到感性东西上去了，并

---

① J. 茅斯巴赫：《奥伊肯的世界观与生命观》，载于《高地》，第6卷(1909年)，第12期，第646页。——原注

且理性的思维与意愿被挤出到一种绝对的生命中去了。奥伊肯对"精神生命"和精神生命之于认识以及行为的意义的更进一步的冥想都是立足于这种对立之上的,但这种对立乃是凭借对事实性东西的绕开才建构起来的。

把下意识和"正常意识的黑暗内容"相提并论,这是现代心理学家中颇具代表性的做法。为了形象地说明这一点,我们可以利用一种由冯特所肇始的表达方式:被把握的、被统觉的意识内容被刻画为在意识之视点(*Blickpunkt*)中站立着的东西,其余的当前的内容则被刻画为在视野(*Blickfeld*)中平躺着的东西。我们抵达了对下意识概念最后的、在某种程度上可以说是极限的措辞表达。据此,下意识乃是意指一种在上意识(日常意识)之外独立持存着的意识领域,对于这一意识领域而言,一个第二自我,那个下意识的(阈下的)自我就成为了公设(postuliert)。我们接下来将仅仅从事于对这种理解的讨论,因为它恰恰在现代的宗教心理学中和经验性的宗教心理学中具有决定性的意义。就这第二种意识的本性而言,人们的意见分歧不一。法国心理学家们(让内[①]和比奈[②])在下意识中看到了一种从正常意识而来的"病态的剥落";通 23
过巨大的激动,通过催眠的作用,意识的一种分裂、一种分离和自立就被引致了。德国学者 M. 德索瓦和 Ed. v. 哈特曼、英国学者梅尔斯以及美国学者 W. 詹姆斯都把这种潜意识看作是人的一种

① 皮埃尔·让内(Pierre Janet,1895—1947 年):法国精神病理学家、心理学家。——译注

② 阿尔弗雷德·比奈(Alfred Binet,1857—1911 年):法国实验心理学家,智力测验的创始人。——译注

正常的天资(*normale Anlage*)。这种阈下的意识可以自然而然地仅从它的效应中得到认识。因此,按照这种理论,回忆就是以下述方式而变得可能的:那些最初的印象保持在潜意识中了;那种对两个行为的同时实行就可以在下述方式中得到理解:一个行为是在下意识中运行的,而另一个行为则是在上意识中运行的。类似地,那些并非罕见的"双重意识"现象和催眠后的那些意志移植(Suggestionen)也就得到解释了。梅尔斯认为必须把我们的日常意识看作意识本身的一个被狭隘地界定了的片段。按照他的看法,心理生命的最大部分归属于下意识领域。这里应有力量在运作,"对于上意识的东西(生命)而言,这些力量迄今为止始终是陌生的,但正是这些力量把我们同一个精神王国结合了起来,无论这是与活人之精神的结合还是与死人之精神的结合抑或是与世界精神、世界灵魂的结合"。(《下意识》,第 58 页)恰恰是梅尔斯最后的这种思想清晰地揭示出,伴随着对"下意识"的复归(Rekurs),科学的经验知识(Empirie)迅速地来到了终点,并且被诸种神秘的构造所取代。这种所谓的下意识理论的基本特性就在于,它通过对下意识的简单接受而把心理现象(首先是具有非正常特征的心理现象)视为被解释了的和被论证了的。最终,我们以这种方式仅仅获得了一种规定,即对那期待着解答的东西的一种无意义的规定。在这些看法中,我们所能看到的只是对每一种科学阐明的逃避。为了解释这种任意的做法,需要注意的是:对两种活动的同时实行
24 (写——参与一场谈话)或许可以得到非常好的理解,倘若人们亲自沉思下述可能性和事实的话,即,我们的注意力在某种程度上可以说是振荡着的,从一个进程到另一个进程地振荡,并且复又回

荡。倘若人们也必须无条件地考虑"意识之狭隘",则心理力量的成就能力就不可被低估了。同样地,精神生命的那些非正常的现象——它们应充当下意识理论最重要的支柱——可以通过向**已知的**心理事实和生理事实的还原而自然而然地得到解释。对此,冯特以他审慎的方式说道:"事实上,一切东西,一切在这些现象中经得起精确检验的东西,一般说来都可以轻而易举地以心理学的方式或生理学的方式得到解释,而那不能以这种方式得到解释的东西,若经过进一步的检验,始终会表明它乃是自欺或蓄意的欺瞒。"[①]那些适宜的解释——倘若它们根本说来是可以获得的话——在今天变得相当困难了,因为所说的那些现象(睡眠、梦、催眠、意识分裂)还没有像所迫切需要的那样得到全方面的和彻底的观察与归类。那种做法,那种只是粗略地假定一种下意识的做法,因此将很难表明自己的正确性。回顾历程,我们能够而且必须普遍地作出这样的判断:"下意识"这个概念指出了一种几乎不可理解的、很少能被固定安置的内容;它的理论上的解释价值是极其微小的(《下意识》,第 3 章,第 63—98 页)。

下意识在宗教心理学中的可应用性问题是如何由此得到裁决的(《下意识》,第 4 章,第 98—154 页),就不难猜到了。

直觉的价值判断是从下意识的那些未知的深处涌现出来的,这些价值判断应充当宗教之基础。对神性东西的经验,对超感性的实际性的占有,就是在这些领域中实行的。我们现在清楚地知 25
道这样一种"特别的感官"——它乃是为了觉察神性的东西——了

① W. 冯特:《心理学纲要》,莱比锡,1911 年,第 339 页。——原注

吗？魏因加特纳可以合理地坚持说："或许除了现代主义者和那些诉诸极其神秘之经验的人，就没有什么人了。当我们向信神者中的大多数人询问他们的信仰之根据时，或许只有很少的人会提请我们注意神性东西在他们自身中的那种可感觉到的作用。"(第110页)在詹姆斯看来，宗教论证应建立在经验性的基础之上；他在个人的宗教中寻求一般宗教的根据。"他所使用的方法，在他看来，应归之于那种真正的心理学，并且可以被命名为极端的经验主义。"(经验主义在这里被理解为方法了)[①]詹姆斯认为，如同上面已经提到的那样，在位于视点和视野中的那种现成的意识内容之外，在这种意识内容之"边缘"处的另一边，还有第二种特殊的意识领域。宗教正是同这种意识领域处于最密切的关联中。那种不安(worry[焦虑])，那种对自身的不满足，乃是对宗教之渴望的表达。那种"被镶了边的"(umrandete)有意识的自我，试图超越这种精神状态并因而力求超越自身进入一种完善的存在。然则我们通过什么获得对这种"更高的"存在之客观实在性的确信呢？詹姆斯把具体个人的皈依和神秘状态视为一种独立的、完善的存在领域——自我所深入其中的那一领域——之实存的客观标准。但现在可以看到的是，这些个别现象对于一种普遍的宗教论证而言是不充分的。一种认识应如何根本地通过一种急切的情感生命而是可能的？对神的信仰(按照詹姆斯的那种未经证实也不能证实的看法，这种信仰的本质和下意识领域是同一的)绝不是什么单纯的价值情感。价值感受"始终把一种事实性的内容感受预设为价值

---

① E. 博图科斯:《科学与宗教》，莱比锡，1910年，第280页。——原注

感受的根据与核心。这种感受伴随着那种接受，即把一种内容接 26
受到意识中去，但这种感受本身并不是那种内容接受；这种感受伴随着神之观念的形成，但它本身不是这种观念也不是这种观念的起源。”①并且在这里，这种极不可靠的论证是被同样是假设性的下意识所承受起来的，詹姆斯自己承认，对这种下意识的研究还根本没有“得到真正的着手展开”。

当事关单个的宗教现象（祈祷，皈依，狂喜）时，下意识就被赋予了一种更为特殊的解释价值。在这里，下述事情从一开始就被保持在眼帘中了：对这些宗教意识现象的那种经验性的－心理学的解释不可以提出要求成为适宜的解释；因为此进程的那超自然的一面（恩典）始终未在这种研究中得到关注。但这并不是说，它②必须被根本地排除掉。

那被牵引过来用以照亮祈祷之心理学特征的东西，复又是那解释着一切但又什么都没解释的下意识；祈祷之概念同时也以某种方式得到了修整，即，祈祷使自身以看上去在游戏的方式被带入了一种关联中，这种关联所关系的另一方是那个与精神世界持续地相关的下意识的自我的王国。詹姆斯把祈祷理解为一种倾向，即倾向于受到从周遭精神世界而来的那些力量的影响。詹姆斯不考虑祈祷概念的那种不符合事实的内容上的迁变（祈祷本质上是活动），他也没有为作用于主体的这些力量的现成存在提出丝毫真正的证据。

① H. 舍尔：《宗教与启蒙》，第 3 版，帕德博恩，1907 年，第 177 页。——原注

② 指“对宗教意识现象的那种经验性的－心理学的解释”。——译注

还有**皈依**——魏因加特纳合理地把**意志向度的改变**突显为皈依的基本标志——也被现代的宗教心理学家们给别样地阐释了。
27 斯塔布克认为,皈依乃是青春期的一种正常现象,其方式是,那种通向更高的、成熟的理智生命和心灵生命的**过渡**在此得以实行。在詹姆斯看来,皈依是通过宗教对内在的灵魂之分裂的克服。他把皈依归类为某种特定的现象,即属于心理生命之内在统一活动的那种普遍心理事实的现象。① 在此进程中,那种活动着的原则应在下意识的自我中去寻找,而日常意识的活动就为一种对下意识的作用活动的"自身献予"腾出了位置。那种在矛盾倾向的统一活动之契机中的心理活力,可以不诉诸神秘主义而是通过精神生活的正常现象就可以得到很好的理解,其途径是,那种得到加强的意志努力,想要使那种已被认清的理想目标取得胜利,并且在如此高的程度上吸收了心理能量,以至于其余的精神进程都仿佛陷入瘫痪。倘若我们注意到皈依的这种本质要素、这种意志活动,则下意识根本就不能是皈依进程的奠基性的因素。在某种意义上还是可以言说皈依活动中的一种下意识的,只要这种皈依活动的伴生现象可以在**无意识**的心理倾向——它们或多或少地生效了——中拥有其根据。神秘主义的狂喜被上述这些宗教心理学家们径直地鉴定为非正常的精神状态,并且如同后者那样是通过下意识而得到"解释"的。

对于刚刚得到概略叙述的魏因加特纳的这一研究,我想从一种二重视角出发指明其所具有的重要意义。首先,人们必然在此

① 李普斯:《心理学入门》,第 2 版,莱比锡,1906 年,第 68 页以下。——原注

研究中看到了对宗教心理学家们的一种彻底的反省（Gewissenserforschung），这些宗教心理学家凭借着对下意识概念的采用而如实地遵循了歌德的那句话："Legt ihr nichts aus，so legt was *unter*"[倘若你们没有铺设上/解释出什么，就把东西放到**下面**
去][①]。但这样的话，这一工作也就是一种值得感谢的贡献了，它 28
所效力的是对**现代主义之哲学基础**的一种得到更深奠基的认识。

---

① 这句话源出于歌德之诗句，在1821年发表的讽刺诗歌《温和警句》（*Zahmen Xenien*）第二卷中，歌德用双关语描绘了文本解释中随意添油加醋的草率作风："在阐释（Auslegen）中要做到新鲜和活泼！倘若没有铺设上/解释出（auslegt）什么，就把东西放到下面去！"作者此处的引用之意却不同于歌德的原意，而是做了一次"二重视角"的发挥，详见正文语境。——译注

29 10. 格雷德特:《亚里士多德-托马斯主义哲学原理》

第一卷,“逻辑学,自然哲学”,第2版,赫尔德出版社,弗莱堡

种种教学用途将会表明用拉丁语撰写这部哲学教科书的做法的合理性。这些教学用途也将能够在大致上使那种与亚里士多德和托马斯的严格连接变得可以理解。在这些视角下,人们将会把这一作品视为一种典范的、提纲挈领的、表述流畅的作品并予以称赞。作者的一个出色的想法在于:把亚里士多德和托马斯的相关文段,较通常做法**更为详尽地**引用到具体章节的结尾处。从科学的立场而来,并且按照这样一种观念——哲学并非呈现了诸原理(人们可以装在记忆里或者白纸黑字地放心带回家的诸原理)的一种固定的总和,毋宁说,哲学意味着为了真理的一种坚持不渝的奋斗——人们就不能使自身摆脱批判性的评论。① 哲学的定义(第1页)事实上太过于廉价了。经院哲学的逻辑学事实上应逐渐地脱离它的僵硬呆滞和那种臆想性的自成一体。然而这样就必须在一些点上实行本质性的改造,其方法在于,应把那种起源于亚里士多

---

① 这句话的实际意思是:仍需对格雷德特的这部作品提出批评。——译注

德的形而上学的血统(Einschlag)给排除出去;逻辑学因而应被理解为理论性的基础学说,被理解为在其完全的纯粹性中的一切科学之科学。归纳问题——经院哲学的逻辑学没有为归纳问题备下任何位置——因而也就获得了它所应有的重视。根本上,那种还常常盛行着的意见,即康德在其《纯粹理性批判》中所说出的那一意见——逻辑学自亚里士多德以来就自成一体、完成了,有朝一日应得到彻底清理。毋宁说,逻辑学始终还是一种极为重要但也非 30
常困难的*研究*对象,是现代的那些科学努力(库图拉特、西格瓦特、艾尔德曼)所充分地阐释的东西(zur Genüge dartun)。在心理学中(心理学被作者列入了自然哲学),鉴于今天的研究状况和方法状况,经验性的特征可以更强烈地突显出来,而没有损害那个形而上学的主导思想。然而严格说来,这些简短的评论可能并没有切中格雷德特的工作,因为它的主导动机乃在于对亚里士多德-托马斯主义哲学的阐述。但问题却是有所不同的,我们问的是,这样一种工作在今天究竟是否还能表明自身的合理性?这里我们想听取杰出的鲁汶大学的经院哲学史家伍尔夫[①]的一番话,在他的《新经院哲学导论》中(第 331 页),伍尔夫写道:"(新经院哲学的学说)仍将继续存在,正如真理继续存在;然而,其发展需要随着人类知识的整体境况一同进步、一同变化。基于这个观点,新经院哲学是可变的,如同一切生存着的事物那样;其演变一旦停止,便标示着新一轮的衰落。"

---

① 伍尔夫(Maurice De Wulf, 1867—1947 年):比利时中世纪哲学史家,鲁汶天主教大学哲学教授。——译注

31

11.《有价值的中篇小说和短篇小说丛书》

海陵豪斯博士教授编，第9卷，弗莱堡，1911年

这一卷包含了歌德的“中篇小说”，蒂克[①]的中篇小说《饱学之士》（就这篇小说所具有的一切特性而言，它并不缺乏某种结构布局上的艺术性），莫里克[②]的《宝藏》（诗人的那整个地喷涌着的浪漫主义在这篇小说中得到了表达），最后是那图修斯[③]的那篇有宗教情调的中篇小说《一位可怜姑娘的日记》。这套丛书本身具有一个意义深远的任务，它要使歌德和席勒**之后**的文学广为人知，而这种文学对于大多数人而言常常始终还是未知地带，因为在德国的高中教育中，文学看上去是到歌德那里就到头了。倘若这套丛书应一直推进到我们的时代，则就不应忘记一个人的名字：勋奈赫·

---

① 蒂克（Johann Ludwig Tieck，1773—1853年）：德国作家，诗人，翻译家。他是与诺瓦利斯齐名的早期浪漫派作家。——译注

② 莫里克（E. F. Mörike，1809—1875年）：德国抒情诗人，小说家。——译注

③ 那图修斯（Marie von Nathusius，1817—1857年），德国女诗人，作曲家。——译注

卡罗拉特[①]（《动物的救世主》）。

① 勋奈赫·卡罗拉特（Emil von Schoenaich—Carolath，1852—1908 年）：德国封建领主，抒情诗人，小说家。他在诗歌上归属于新浪漫主义，并以对包括里尔克在内的多位作家的慷慨资助而著称；小说方面则主要是宗教和伦理主题，着力于揭示人间弊病。《动物的救世主》是其 1896 年的作品。——译注

32

12. 简历

（为 1913 年博士学位授予而作）

我，马丁·海德格尔，1889 年 9 月 26 日生于梅斯基尔希（巴登州）。我父亲弗里德里希·海德格尔是教堂司事和酒窖管理人，母亲名为约翰娜，娘家姓肯普夫，他们二人都信仰天主教。我先是在家乡的公立学校和市立中学读书，1903 至 1906 年间就读于康斯坦茨的文科中学，自中学第七年级起就读于弗莱堡的伯特霍尔德文科高中，并在这里获得了高中毕业证书（1909 年）。此后，我进入弗莱堡大学读书，一直到现在参加博士学位口试。在最初的一些学期里，我听了神学的和哲学的讲座课，自 1911 年起，我主要听哲学、数学和自然科学的课，在最后一个学期也听了历史课。

13. 威廉·冯特的《大众心理学问题》 33

莱比锡,1911 年,共 120 页,平装本,2.80 马克

这个小册子包括四篇文章:I. **大众心理学的目标和道路**;II. **论语言的本源**;III. **个体与大众共同体**;IV. **实用主义的和发生学的宗教心理学**;它们对大众心理学的对象和任务给出了一种清晰的、未被细节拖累的定位。除了最后一篇之外,其他三篇文章都或多或少地是对先前发表作品的大规模的改写。冯特在其《论人之灵魂与动物之灵魂的讲座》第一版(1863 年)中就已经表达了这样一种思想,即,诸心理现象是通过个体的相互关系和结合关系(Gemeinschaft)而被特别地引致的,这些心理现象要求着一种相应的科学的研究。对于冯特而言,这些方法论意义上的基本思想,在随后的时间里,首先是通过其与拉扎鲁斯(Lazarus)、斯坦塔尔(Steinthal)以及保罗(H. Paul)的批判性的争辩而变得清晰了,并且构建了在其独特含义中的大众心理学。

作为对个体心理学的必要的补充科学,大众心理学的对象乃是**语言**、**神话**以及**风俗**。虽然它们是历史首要的和必然的对象,但集体生活的这些现象也变成了大众心理学的问题,大众心理学的目标就在于把[这些现象的]最终动机和形成条件给突显出

来。——第一篇文章的这些普遍的基本问题在接下来的几篇文章中获得了具体的构形:冯特揭示出,语言不仅仅可以从历史而来被解释,而且也可以从心理动机——那些在今天仍丰富和促进了生命与语言之生长的心理动机——而来被解释。同样地,精神文化的发展也不可以被归因到随便什么一种中心甚至一种个体人格,毋宁说,集体(Gemeinschaft)才是创造性的因素。

34 最后一篇文章可以获得特别的关注,这篇文章在前言中被定性为"面对在神学圈子里(沃博民、特洛尔奇)当前备受推崇的美英实用主义而保卫德国心理学的文章"。冯特在这里给出了一个更新了的证明,即,我们国家的人——不考虑一些例外——始终还是把科学尊奉为一种财富的,但这种财富过多地同巨大的疑难问题和严肃的任务混掺在一起,以至于人们可以同实用主义的那些"陈词滥调"交上朋友。在冯特看来,实用主义很少可以被等同于伦理学的唯心主义,就像其很少可等同于形而上学的或心理学的唯意志主义。实用主义是在那些领域——它看上去在其中没有权力的那些领域,例如数学和力学(庞加莱,马赫)——中的"需求之满足"活动本身的纯粹哲学。

出于下述原因,宗教心理学也已然是实用主义的一个必然的组成部分,因为正是宗教性的需求导致了对这一理论的构想("神之假定")。那些顿悟文学和皈依文学——对于它们而言,詹姆斯的《宗教经验之种种》(1902年)具有典型意义——应表明,宗教的真正本质"在心情之平静中,在对此的欲求中"。这一素材被德国神学家们当作宗教心理学给接纳下来,但在他们那里,此素材的主要目的并没有得到关注。与之相反,冯特则强调指出,宗教并不可以从诸如顿悟、皈依这样的个别现象中被径直推断出来。心理学“很少有权去裁定逻辑规则或伦理规范的价值，就像其很少有权去裁定宗教的形而上学本质一样”（第112页）。只能有一种**发生学意义上**的宗教心理学，这种宗教心理学，从它那方面来看，是以宗教历史为前提的。最终，宗教心理学必须要解决这一问题，即，“那种理念，那种在一切宗教中突显出来的、一个超感性世界——这个世界被思为对感性世界的补充（！）——的理念，在何种程度上得到了哲学式的论证”（第117页）。

大众心理学问题在此只是被略微提及，对它们的一种更详细 35
的深入研究将会揭示出，冯特的那些在一般哲学意义上的和**发展史意义上的**直观，对上述问题的表述和解答产生了深刻影响，并且它们也尤其是受到了他的那些特殊心理学理论（统觉）的影响。一种批判性的表态因而必须在这里寻求起点。[①]

被大众心理学的那些浩繁卷帙吓退吓走的人，可以在冯特的这部作品中找到一种令人高兴的、虽说也不是处处都**立即**可以得到理解的导论。

---

① 这句话的实际意思是：若要同冯特进行争辩，对其思想展开批判，就必须在上面提及的那些更根本的因素中寻求批判工作的出发点。——译注

14. 慰藉

阳光闪耀
只有短短一会儿。
必然早已死去

爱在哭泣——
生命的田亩
一片瓦解的田地。

如同神所意欲的那样！——
在永恒的追踪中，
天使在征募。

15. 简历 37

(为1915年取得教授资格而作)

我,马丁·海德格尔,1889年9月26日生于梅斯基尔希(巴登州)。我父亲弗里德里希·海德格尔是教堂司事和酒窖管理人,母亲名为约翰娜,娘家姓肯普夫。我在梅斯基尔希的公立学校和市立中学读书,一直到1903年。自1900年起我接受了拉丁语的私人授课,如此以至于1903年我能够进入康斯坦茨的文科中学的四年级就读。彼时任天主教男生寄宿学校[1]校长、现在为康斯坦茨市区教父的康拉德·格罗贝尔博士(Dr. Conrad Gröber)对我在精神上产生了决定性的影响。在完成中学第六年级的学业后[2](1906年夏天),我入读于弗莱堡的伯特霍尔德文科高中,直到在此获得高中毕业证书(1909年夏天)。当我在中学第七年级的数学课上从单纯的答题解题转入理论性的路径时,我对数学这一学科的纯然偏好就变成了一种实际的、实事性的兴趣,而这种兴趣也延伸到物理学上去了。此外还有来自宗教课的刺激,这些刺激使得我阅读了更多的关于生物进化论的文献。在中学最高年级[3]

① 指康斯坦茨文科中学,这是这所中学的正式名称。——译注

② 海德格尔上的这种中学为九年制中学。——译注

③ 即第九年级。——译注

里,我主要听的是关于柏拉图的课,前几年刚去世的高中教师韦德尔(Widder)在当时讲授了这些课程,它们更加清晰地——虽说还不是凭借理论上的严格——把我引入了哲学的疑难问题中。高中毕业之后,我在1909年冬季学期进入弗莱堡大学读书,在这里我一直读到1913年,未曾中断。我首先学的是神学。在那时,那些指定必修的哲学讲座课很少让我感到满意,我便转而尝试去对经院哲学的那些教科书展开自学。它们使我获得了某种形式逻辑的训练,但在哲学方面并没有把我所寻求的那种东西给予我,而这种东西乃是我此前在辩护学领域通过赫尔曼·舍尔(Hermann
38 Schell)的著作发现其痕迹的。除了托马斯·阿奎那的小全著作和伯纳文图拉的少数作品之外,我还阅读了埃德蒙德·胡塞尔的《逻辑研究》,此书对于我科学研究的①发展进程起到了决定性的作用。对我而言,胡塞尔的那部早期著作,《算术哲学》,同时也把数学置入一种全新的光线中了。就这样,在完成本职学习任务之外,我还从事着对哲学疑难问题的深入钻研,三个学期之后,这导致了一场严重的劳累过度。我的心脏病,先前由于过多的体育运动而形成的心脏病,剧烈地发作了,以至于我今后从事神职工作的那一前景在人们眼中变得极为可疑。因此我就在1911至1912年的冬季学期到自然科学-数学系注册了。我的哲学兴趣并没有因为数学学习而减少,相反,因为我不再需要去坚持上哲学的那些指

---

① 此处"科学研究的"原文为wissenschaftlichen,不可按通常"自然科学"之意谓来理解,而是处在一种特有的语境中,代表了德国学者特别是德国古典哲学以来的德国学者对本质性知识的定位和命名。在极个别情况下,我们也将其译为"学术的"。——译注

定必修的讲座课，我就能够去听更大规模的哲学的讲座课，并且首先是参加了枢密顾问李凯尔特先生的研讨班练习课。在这种新的训练中，我首要地学会了把哲学问题作为问题来加以了解，并且获得了对逻辑学之本质的洞见，而逻辑学，直到今天，仍是我最感兴趣的哲学学科。同时我也获得了对康德以来的较为新近之哲学的一种正确的理解，而这种哲学，我发现在经院哲学的研究文献中它获得的关注太少，没有得到充分的重视。[①] 我在哲学上的基本信念始终是亚里士多德－经院主义哲学的基本信念。随着时间推移，我渐渐看出，在亚里士多德－经院主义哲学中沉落着的那种思想财富，必定允许有并且要求有对它的一种更富勃勃生机的运用和利用。因此，在我的博士论文《心理学主义中的判断理论》中，我就试图着眼于逻辑学和认识论的中心问题，在对现代逻辑学和亚里士多德－经院主义的基础判断的同时定向中，为更进一步的研究寻求一种基础。基于这一工作，我被弗莱堡大学哲学系允许参 39
加博士学位的口试，并在 1913 年 7 月 26 日通过考试。我的下述工作，对费希特和黑格尔的研究，对李凯尔特《自然科学的概念构成之界限》一书的深入钻研，对狄尔泰的种种研究，尤其是我所听过的枢密顾问芬克先生的讲座课和研讨练习课，共同导致了这一后果：我身上的那种对历史（Geschichte）的反感——它是由于我

---

① 这里说的“更为新近的哲学”是指康德以来的 18、19 世纪乃至 20 世纪初的哲学，这种相对较新的哲学很少被这一时期的经院哲学研究所关注；而海德格尔在这一时期例如其教授资格论文中的主要诉求就是要使经院哲学的思想遗产变得“当前化”：在邓·司各脱的重要洞见与赫尔曼·洛采的关键思想之间，通过“对映”，达成一种“既无先驱亦无后至”的同时呈现。参见《海德格尔全集》，第 1 卷《早期著作》。——译注

对数学的偏爱而滋生的——被彻底地摧毁了。我认识到，哲学既不可以片面地定向于数学和自然科学，也不可以片面地定向于历史，虽然后者作为精神历史能够对哲学家们产生较前者大得多的促进作用。现在的那种日益加强的历史学的(historische)兴趣使我的下述工作变得简便了，此即：为把经院哲学彻底地建造为一种必须得到正确估价的哲学而更加深入地钻研中世纪哲学。对我而言，这种钻研首先较少地存在于对各个思想家之间的历史学关系的突显中，而更多地在于一种阐释性的理解中，即凭借现代哲学的手段而对中世纪思想家们的理论内容所作的一种阐释性的理解。如此就形成了我对邓·司各脱的范畴学说和意谓理论的研究。此研究在我心中同时引致这样一个计划，即，按照现代的现象学，同时在对各个中世纪思想家的历史学定位的重视下，对中世纪的逻辑学和心理学进行一种全面的阐述。倘若我有幸可以从事科学研究和教学活动的话，我的一生工作就将奉献给这一计划的实现。

16. 孤独 40

暗绿色的光绕着书籍浮动，
天使在柩衣外面展开。
下雪了。
一种嗡嗡声，一种噼啪声，
在炉子中欢快游行，
钟表沉睡。风声细语。
下雪了。
憔悴忧愁的形象啊，它们从未找到光明，
我的可悲可叹的罪过啊，围着我而迷行。
下雪了。
回忆死灭。世界静寂。
我感到，当神之爱要突然烧起时——
下雪了。

41

17. 简历

我于1889年9月26日生于梅斯基尔希(巴登州,康斯坦茨专区)。我是酒窖管理人弗里德里希·海德格尔和其夫人约翰娜(娘家姓肯普夫)之子,我父母都信奉天主教。我先是在康斯坦茨读文科中学,然后入读弗莱堡文科中学并在此于1909年夏天毕业。

自1909/1910年冬季学期以来,我作为神学寄宿学校的学生在弗莱堡大学攻读天主教神学。在这里我首要地致力于哲学,更确切地说,从一开始,我就根本地致力于从那些源泉(亚里士多德、奥古斯丁、伯纳文图拉、托马斯·阿奎那)而来的哲学。为了超出教科书的哲学而赢获一种问题的理解力,我在当时的教义学教师布莱格的指导下去对洛采和胡塞尔展开了研究。我在神学上的工作集中在新约诠释和教父学上。那种努力,去超出必需之物而进行观看的那种努力,把我引导到了弗兰茨·奥弗贝克[①]的那些批判性的研究上面,并且根本地使我熟悉了新教教义史的研究。对我变得有决定性意义的是下述事情:衮克尔(Gunkel)、布塞特(Bousset)、文特兰特(Wendland)以及莱岑斯坦因(Reitzenstein)

---

① 奥弗贝克(Franz Overbeck, 1837—1905年):德国新教神学家,最重要的作品是《论我们今天神学的基督信仰》(1873年)。他与尼采保持着友谊和通信,并且多是因此而为人们所知。——译注

的那些现代的宗教史研究和阿尔伯特·施崴策(Albert Schweitzer)的那些批判性工作都来到了我的视野中。在第一学期中,我的神学-哲学的学习采取了这样一种向度,以至于我在1911年春天走出了天主教寄宿学校,并且放弃了神学学习,因为我不能把那种在那时以明确要求而提出的"[天主教]现代派信徒之誓言"(Mordernisteneid)加诸自身。由此我就变得一贫如洗了[①],但我却下定了决心,要去尝试着把自身奉献给科学研究。那个计划,去哥廷根到胡塞尔身边去的那个计划,由于下述原因而搁浅了,因为我这时在弗莱堡大学得到了一笔奖学金,它可以支撑我一直到取得教授资格。

我参加了李凯尔特开的讲座课和练习课,也参加了莱岑斯坦 42
因和施瓦茨(Schwartz)开的讲座课(约翰福音),这些课在此之前是不允许我参加的。除此之外,我还在施耐德开的讲座课和练习课中得到引导,进入了早期和全盛期的经院哲学。逻辑学的疑难问题使我看出,对数学的基本概念和原理进行钻研,是必要的。在历史研究的具体任务领域和方法上,我是通过芬克的那些探讨中世纪历史和文艺复兴历史的讲座课和练习课而得到引导的。在这条道路上,狄尔泰的那些精神史作品开始为我所熟悉。

1913年夏天,我凭借着《心理学主义中的判断理论》这部作品以最优等成绩(summa cum laude)取得博士学位。

我与现象学研究的关系在那时还是不确定的。在我的原则性

① 由于家境贫寒,海德格尔此前曾长期接受天主教方面的一些基金的资助,但这种资助是有条件的,即受资助者必须接受天主教学业教育并在未来作为神职人员效力于天主教事业。——译注

的、科学的定向中,我那时仍认为,科学的研究与一种得到自由理解的天主教教义是可以按下述方式统一起来的,即,对中世纪的精神历史展开一种仅仅是历史学意义上的研究。我那时还低估了那种规模,即,对哲学之问题史的原则性问题所展开的必要的彻底思考,必然且绝对地拥有的那种规模。

在取得博士学位以后,我紧接着的意图是对晚期经院哲学展开研究,首先是对奥卡姆进行研究,以便通过澄清晚期经院哲学的逻辑学而获得一个具体的和开阔的基础,这个基础的致力方向是,使我们对新教神学的形成史获得科学的理解,并由此对德国唯心论的那些中心性的问题语境获得科学的理解。对奥卡姆的研究使我迫切地回行到邓·司各脱那里去了,更确切地说是以这样一种方式回行的,即,凭借在现代的哲学研究中赢得的那种问题语境的阐释手段,把在邓·司各脱那里可以发见的、有关一种普遍的对象理论的东西,弄得生动活泼,将其呈送出来。

43 在这个时候,战争爆发了;我在本地的步兵团注册为自愿者,但四个星期之后就因心脏病而被遣散。在我康复之后,我再度着手进行对邓·司各脱的研究工作。

1915年7月,凭借着《邓·司各脱的范畴理论与意谓学说》这篇论文,我在弗莱堡大学哲学系获得了哲学专业的教授资格。不久以后我再度应召入伍,临时性地在守备部队服役,这种服役允许我在有限的程度上[在弗莱堡大学]开一些讲座课。

在学院式教学活动的开端处我就已经看清了,在对天主教信仰立场的实际持守中,不可能有一种真正的、科学的、不带任何保留条件和隐蔽义务的研究。对我自身而言,通过对现代宗教史学派意义上的源始基督教的持续研究，这种信仰立场已经变得站不住脚了。我的讲座课是不允许那些神学家参加的。

在这个时候，胡塞尔过来了，于是我看到了我读大学以来所曾期望的那个机会，那个能够使我系统地熟悉现象学研究的机会。我中断了我的那些讲座课，因为我反正都会被那种服役(被训练为作战勤务)更为剧烈地征用。通过规律性的每周一次的晚会，我通过胡塞尔获得了决定性的促进，一直到我进入战场。

战争结束后，我重又展开现象学的学习，并且自1919年春天起直至这个夏季学期(1922年)，我有规律地参加了胡塞尔的那些练习课。自1919年夏季学期起，我自己开了现象学的练习课，开始只是为初学者准备的，后来就改为给初学者和进阶者每周分别上两课时。战争结束后，我得到了一笔奖学金，在胡塞尔的提倡下，这笔钱被扩展为一笔助手薪金。自1920年秋天以来，我和胡塞尔一道正式开设了一些现象学的练习课。我自战争结束以来所开的讲座课陈列如下：

1919年过渡学期:《现象学基础问题》，每周两课时；1919年夏 44
季学期:《先验价值哲学和现象学》，每周两课时；1919/1920年冬季学期:《现象学导论》，每周两课时；1920年夏季学期:《直观与表达的现象学:哲学概念构成之问题》，每周两课时；1920/1921年冬季学期:《宗教现象学导论》(在其与希腊文化的关联中对保罗之基本概念的现象学分析)，每周两课时；1921年夏季学期:《普罗提诺与奥古斯丁》(希腊的存在学与逻辑学对神学概念构形的那种造就着科学的影响；与之相应的宗教改革与德国唯心论的效应关联)，每周两课时；1921/1922年冬季学期:《对亚里士多德存在学和逻辑学选文的现象学阐释》(现象学的、系统的导论和解释学),每周两课时;1922年夏季学期:《对亚里士多德的现象学阐释》,续讲,每周四课时。[①]

我开过的练习课有:为初学者准备的对胡塞尔《逻辑研究》(第五研究、第六研究、第二研究)、洛采《逻辑学》、亚里士多德《论灵魂》、笛卡尔《第一哲学沉思集》的探讨,各是每周两课时。为进阶者准备的对那托普《普通心理学》、柏格森《物质与记忆》、狄尔泰《描述性和剖析性的心理学之观念》的探讨,各是每周两课时。

那些研究——那些被完整地加工过的讲座课就是奠基于它们之上的——以对实际生命(faktischen Lebens)的基本现象进行系统的、现象学-存在学的阐释为目标,实际生命按其存在意义被理解为"历史的生命",并且按其同一个世界(周围世界、共同世界、自身世界[②])打交道并且在一个世界中打交道的基本行为方式而被带到范畴规定中去了。

在我就雅斯贝尔斯《世界观的心理学》所写的一篇文章[③]中,

---

① 按德国学者的研究,海德格尔在这里对最后两个讲座课名称的报道有误,出现错置,应被纠正为:"1921/1922年冬季学期:《对亚里士多德的现象学阐释》,每周两课时;1922年夏季学期:《对亚里士多德存在学和逻辑学选文的现象学阐释》,续讲,每周四课时。"相关考证请参见《海德格尔全集》第62卷《对亚里士多德存在学和逻辑学选文的现象学阐释》的"编后记"(GA 62, S. 421—422)。——译注

② 这三个词的原文是:Umwelt,Mitwelt,Selbstwelt。在日常语用中,Umwelt意为"环境,周围的人",Mitwelt意为"同时代人,周围的人"。——译注

③ 此文名为《评卡尔·雅斯贝尔斯〈世界观的心理学〉》,作于1919—1921年间,最初发表在《卡尔·雅斯贝尔斯论辩》(慕尼黑,1973年)中,从1976年起收入海德格尔全集第9卷《路标》中。——译注

我给出了对这些研究（在其基本问题倾向中）的一种简练的概观。

我对哲学的基本理解如下：哲学作为现象学的研究必须在最 45 紧密的工作关联中源始地适合于那些历史学意义上的精神科学；哲学作为理论必须较少地在世界观和教化概观的明确传授上发挥作用，而应更多地在那种明确的、严格的并且始终被具体实行了的对科学意识的唤醒和造就上发挥作用；这种科学意识不是通过关于科学危机的谈话和平装书就变得活生生的，这些东西在青年人那里只会产生疲倦；而是通过今天学术上的青年人从过多的反思和谈话中回撤到实事性的工作——在可被科学的哲学呈送出来的具体关联上下功夫——而变成活生生的。

1917 年 3 月，我和埃尔弗里德·佩特里结了婚，她是上校军官理查德·佩特里之女，来自莱纳河畔的阿尔菲尔德[①]。我们生了两个男孩，大的三岁，小的两岁。

马丁·海德格尔

1922 年 6 月 30 日于弗莱堡

---

① 莱纳河畔的阿尔菲尔德(Alfeld an der Leine)：德国下萨克森州的一个市镇，属于希尔德斯海姆区，位于莱纳(Leine)河畔。——译注

第二编

在马堡和弗莱堡任教授时期（1923—1933年）

18. 威廉·狄尔泰的研究工作和当前为一种历史学的世界观而进行的斗争

（1925年4月）

这个讲座[①]应促成一种理解，对我们今天精神性此在的哲学基本问题的理解。这种基本问题关乎人和人之文化的一种历史性实存的意义与可能性。除了近代自然科学的发展，18世纪以来的那种在历史学科学中对历史性世界的开辟，以及那由此而形成的对历史学意识的造就，都对现代精神的形成史起到了规定性的作用。自此以后，人就感到自己处在历史的效应关联之中了。生命目标的选择和确定是在这样一种历史学知识的视域界限（Horizont）中进行的。“人是什么”这一问题，变成了对人之历史性此在的可能性和意义的追问，并因而变成了对历史之本质的追问。

当自然和自然科学在19世纪侵占了世界观之沉思中的主导权时，历史现在就进入了这样一种功用[②]中。O. 斯宾格勒在其

① 1925年4月下旬，海德格尔用五天时间讲授了与本文同名的讲座，其中又细分为10个报告。海德格尔自己的讲稿今已遗失，所幸还存有学生笔记，从学生笔记整理出来的文本已在《狄尔泰年鉴》第8卷中发表，并收录在2016年出版的《海德格尔全集》第80.1卷《演讲集》（《全集》第80卷，上册）中。本文是海德格尔对此讲座的一个宣告和导言。进一步的说明请参见本书的编者注释。——译注

② 指受自然科学所定调的那种功用。——译注

《西方的没落》[1]中给予那一问题——历史对于世界观意味着什么——以一种全面的和令人着迷的表达。除了引起更多轰动的有关西方之衰败和没落的论题外,他的文化理论也以多种多样的方式被人们当作拯救之言。每一种文化都是一种寿命有限的、自成
50 一体的有机体。属于每一时之文化的那些创造、认识、价值、规范,都仅对它的时代而言才是有意义的和有效的。一切真理都受时代所制约,都是相对于各时之文化境况的。倘若这样一种对文化创造之相对性的认识在一个活生生的当前起作用的话,则在疲倦之人和虚弱之人那里,这种认识就会导致听天由命式的断念。一切创造性的工作都被一种对那业已达成者的持续窥视所阻碍,并且在同与既往的文化创造的比较中被弄得倦怠了。在认识之领域中,怀疑取得了支配地位,并且一切生命的那个隐蔽的基本特征就是绝望[2]。向有约束力的教条而去的那种匆忙的逃避,对过去文化(例如中世纪)或者对遥远的文化形态(印度智慧)予以更新的那种倾向,对神秘学(Okkultismus)的那种照料,乃是这个时代的精神之无助状态的最清晰的征兆。它们是那种斗争——为一种历史性此在的意义而斗争——的反面现象。倘若这种斗争应得到清晰的裁定,则始终就只有那条对历史之本质进行科学的沉思(Besinnung)的道路可行。自黑格尔哲学崩溃以来,狄尔泰首次——更

① 奥斯瓦尔德·斯宾格勒:《西方的没落:对一种世界历史之形态学的勾勒》。第 1 卷:《形态与实际》,维也纳和莱比锡,1918 年。第 2 卷:《世界历史的展望》,维也纳和莱比锡,1922 年。——原注

② 德文中的“怀疑”(Zweifel)和“绝望”(Verzweiflung)在构词上有词根关联。——译注

确切地说，同时凭借着对历史学的精神科学的考虑——彻底地提出了历史(Geschichte)之问题并且对其进行了多方面的加工。因此，这个讲座把对上述任务的解决追溯到了狄尔泰的研究工作上。

威廉·狄尔泰(1833—1911年)在更广阔的范围内为人们所熟知，首先是通过他的那本《体验与诗》[①]，这本书含有四篇论文——论莱辛、歌德、诺瓦利斯以及荷尔德林，深远地影响了今天的文学研究；然后是通过他的《施莱尔马赫传》[②]，这本书属于19世纪最伟大的传记成果之一。威廉·狄尔泰与约克伯爵的通信 51
集[③]不久前刚刚出版，其中可以看到一种典范性的哲学家们的友谊的形象，它提供了对狄尔泰丰富的、精神性的创作活动和发问活动的最初的一些洞见。与之相反，在诸多学术杂志和柏林科学院的诸多论文中，狄尔泰的那些主要作品迄今为止仍是蔽而不显的。它们现在才——自他的全集[④]开始出版以来(迄今出版了四卷)——开始生效。这个讲座应凭借对历史之疑难问题的中心性的定向而在狄尔泰之研究工作的主要向度和倾向中来呈现这种研究工作。与之相关地，狄尔泰的研究对同时代的历史哲学的影响也由此得到了刻画，并且因而为下述关键问题赢得了基础，此问题

---

① 威廉·狄尔泰：《体验与诗：莱辛、歌德、诺瓦利斯、荷尔德林》，莱比锡，1905年，第三扩充版，1910年。——原注

② 威廉·狄尔泰：《施莱尔马赫传》，第1卷，柏林，1875年，第二版，由H. 穆勒特从遗稿中编出并加注释，柏林和莱比锡，1922年。——原注

③ S. 舒棱博格编：《威廉·狄尔泰与瓦腾堡的约克伯爵之间的通信，1877—1897》，哈勒，1923年。——原注

④ 威廉·狄尔泰：《狄尔泰全集》，G. 米施、H. 诺尔、B. 格罗修森等编，柏林和莱比锡，1913年起。——原注

即，在狄尔泰的工作本身中，对历史之本质的追问在何种程度上被根本地提出来了并且能够被根本地提出来。这个讲座越过科学处境的阐述性特征而向前突进到历史问题本身。更确切地说，它实行了那种步伐，向最新的、当前的哲学研究向度亦即现象学的基础行去，狄尔泰本人还为其本己的工作怀着最大的科学性的希望而追随着现象学的诸开端（自1901年以来）。历史之本质的问题被回溯到时间之本质的问题上去了。伴随着时间概念，[时间]这个疑难问题同时推进到中心处了，此问题在现代物理学（相对论）中获得了一种新的构形。

这个讲座应在下述意义上成为对当前的科学的哲学（wissenschaftliche Philosophie）的一种导论：此讲座不只是对流派和名字进行了报道，而且也使我们赢得了那种关系，即诸问题和在其中被探问的实事之间的关系。

19. 为弗里茨·海德格尔与里塞尔·海德格尔的结婚日而作 52

（1925年10月15日）

在这样的时刻和日子里我们人类通常会希冀幸福，并且我们在这方面会认为，幸福是某种人们可以外在地希冀的东西。但这是一种根本的错觉。唯当我们学会理解，理解到幸福终竟是来源于我们自身的，我们才能在种种不幸的失望面前沉稳安然。我们想要在这个瞬间简略地学会这一点。但是现在不仅要进行这种严肃的沉思，我也想表达那种喜悦。人们不可能通过言说来切中两颗心的喜悦——这种喜悦凌越于一切言说并且始终是最真实的东西，倘若它可以在寂静中并在沉默中生存的话。因此，当我们言说喜悦时，它就只能是我们的共同喜悦[①]。

如此，那么就应有一份**严肃**和一份**喜悦**。而严肃和喜悦乃是一体的，这就如同是说，此二者是被赐予给我们人类的。

一份严肃：婚姻的基础是爱。但什么是爱？不是人们通常在这方面所理解和希冀的那种东西。倘若爱在一年以后甚至常常在数月之后消逝了，人们多半会感到惊讶。但它根本不是爱，不是人

---

① 此处“共同喜悦”原文为 Mitfreude，其确切意思是“为他人之喜悦所感到的喜悦”。——译注

们所理解的那种爱。真正的爱并非奠基在表面的特性、关系和情形中。它不是什么能够按照商定而被互相赠送的东西。它独一无二地并且首先是从对自身的内在的真诚中生长出来的。唯有当这种真诚是清醒的时候，对他人的真诚才变得可能。只有这样才能为一种丰饶的和有效的结合赢得真正的根基。但内在的真诚在自身中包含了自身之负责。唯有能够从自身而来致力于本己任务的
53 人，唯有能够为所选择者和所做之事付出全力的人，才能在种种惊异面前安然沉稳。只有这样，生命的那些偶然事件才能从一开始就得到克服。从内在的真诚和自由的自身负责而来对其生命的塑造，意味着在自身中并由此同时在他者中唤醒了和保持了真正的爱。我们在这个时刻应重新学会理解的，就是这一点，并且这一点首先应被这对年轻的新人所理解和保持。

另一方面是**一份喜悦**：我想要表达你们的喜悦，这种喜悦或许首先是某种遥远的东西，但在今天它却应被唤醒，它就是我们的共同喜悦，即，公民之子与公民之子相遇了。当人们想到，今天的生命是如何整个地拥迫到大城市中去的，并且当人们想到，在那里规定这种生命的那些人乃是被连根拔起的人，则眼前这样一种结合的无与伦比的价值就只能受到尊崇①。

今天的生命的无根基性乃是那种日益扩大着的衰退的根源。并且一切革新和更新都始终是没有希望的，倘若我们不能够再度成功做到下述事情的话，即，对来自故乡地基的那种引导着的和给

① 海德格尔的弟弟弗里茨及其夫人在故乡结合并定居于故乡。作者在此表达了对本土性生长的推崇。——译注

予着的力量进行追溯。并且正是眼前这种结合为我们提供了保证,使我们看到,这样的一些可能性还是敞开着的。

倘若我们可以许下愿望,就是这样一种愿望,愿这种结合成为典范性的。但是这里面又存在着那种使命,即,选择过一种素朴中的生活和健康意义上的生活——这种生活没有沦为大城市浮华文化的牺牲品,这种生活在其典范性中想要再度显示出对乡土的忠诚。我不想许下愿望,而是想让人理解这一点:唯当所说的东西始终未被忘却,它才是被理解了。

人们恰恰喜欢忘记那种东西,那对他而言意味着负担并给他带来辛苦的东西。但真诚之生命的谜恰恰存在于下述事态中:我们首先且首要地记住的东西,是我们最容易谋求遗忘的东西。如此,对于少数人而言,对所说东西的这种理解,就可以成为真正的幸福的源泉。

愿我们这对可爱的新人理解这里所说的东西并在其意志中把 54
握住所说的东西,这就是我们对这场庆典的祝愿。

20. 对汉斯·斯佩曼的祝贺*

极为尊敬的枢密顾问先生！

对于您被遴选为柏林科学院院士一事，我谨向您表示我最衷心的祝贺。

我们的大学②正日益变得穷困，这对许多研究者都构成了威胁，当此之际，您被评为院士就更加令我们高兴了。

我更为特殊的祝愿是，愿那些根本性的疑难问题可以从您的那些伟大的实验研究而来与您活生生地相遇，并且您也可以在对世界之整体认识③的积极建构上奉献您的协作。

致以真诚的崇敬

您谦恭的

马丁·海德格尔

1929年2月24日

---

* 表示标题为编者所加，余同。——译注

② 指德国弗莱堡大学。海德格尔与斯佩曼为弗莱堡大学同事，二人此时分别是哲学教授和动物学教授。——译注

③ "世界之整体认识"原文为 Weltbild，其基本含义是：依据于科学的或哲学的认识而形成的对世界的整体观念，指称人对世界之认识的整体概念。又译"世界图景"，可参考。——译注

21. 埃德蒙德·胡塞尔的七十岁寿辰 56

1929 年 4 月 8 日，枢密顾问埃德蒙德·胡塞尔博士教授先生庆祝了他的七十岁寿辰。弗莱堡大学现任校长、枢密顾问乌伦胡特博士教授先生呈上了来自整个大学的祝贺，并对胡塞尔教授的科学研究的经历进行了一番生动的描绘，这一经历已经成为我们大学所有人的喜悦和骄傲。胡塞尔教授从 1916 年以来任职于弗莱堡大学哲学系，从现在起开始荣休，哲学系系主任杜拉根多尔夫教授先生发表了热情洋溢的讲话，向胡塞尔教授致以谢意，感谢他为哲学系的学术使命所带来的那种持续的、活生生的益处。紧接着是其他系的主任先生们[①]的祝贺，以及那部纪念文集的呈献，这部纪念文集是作为胡塞尔主编的《哲学与现象学研究年鉴》的增卷而出版的。

枢密顾问胡塞尔先生用激动的话语表示感谢，这些话语变成了这样一种坦白，即，他的哲学活动，在一种完全的不知所措中，[只是]源出于他的生存的那种精神性的自身保存[②]。

胡塞尔先生的仰慕者和朋友们让人献上了这位哲学家的半身

---

① 德国高校的“系”(Fakultät)在实际职权上对应于国内部分高校的学院设置，故也可以译为“学院”，相应地，“系主任”也可以译为“院长”。——译注

② 此为胡塞尔在赞扬面前表示谦恭的话语。——译注

塑像,这尊塑像是阿诺尔德·李凯尔特[①]教授在几年之前创作的。

这一天绝不是用来单纯回忆过去,而倒是一个强有力的瞬间,对胡塞尔的那种工作的伟大性进行沉思的瞬间,胡塞尔已经迫使我们这所大学的哲学研究和哲学理论进入到这种工作中了,为的是在今天还能把这种工作保持在运动中。

现在,要在简明的轮廓中对胡塞尔的出版物和他的哲学在整体上进行报道的那一愿望落空了,其原因首先并不在于这一任务
57 所具有的困难。这样一种报道在其效果上必然始终是不生动的,它必定使沉思恰恰从**那种东西**——那在当下和未来**唯独**应被知晓的东西:胡塞尔乃是我们当中的活生生的力量并且想要在这种效应中获得其真正的实际性——那里偏转开来。但这却意味着:哲学必须成为对那种自由的实际唤醒,亦即对内在的必然性——每一个人的此在都被带到这种必然性面前去了——进行最终沉思的那种自由。这种自由**不**会是科学教育的**成果**,反倒是科学教育的可能之居有的**前提**。

大学的内在之自由的精神得到了保持并且这种精神在大学中变得强大,这一点必须成为每一个人——每一个理解了这样一种庆祝会的正当之处与意义的人——的沉默着的誓言。那由此而被交付给教授者和学习者的东西,可以在下述话语——在呈献那部纪念文集时所说的话语——中得到暗示:

---

① 阿诺尔德·李凯尔特(Arnold Rickert,1889—1974 年),德国雕刻家。——译注

极受尊敬的教师，亲爱的、父亲般的朋友！

对于您的学生们而言，今天的这一庆典是一个罕见的和纯粹的欢乐之源泉。并且这种欢乐是如此强烈，以至于我们始终只能如此应对这些时刻，即，我们始终都让表示感谢的义务成为了我们的基本情绪。

按照一种美好的风俗，我们今天给您带来了礼物，一束小型作品[①]。它可能并不是您作为教师赠予我们的、在我们身上唤醒并予以照料的那种东西的回礼。

在这些日子里，一些人可能要试图去对您的哲学工作进行统观，按照一些尺度来对您的这一工作的推动力和影响加以评估。许多东西将由此被回取到记忆中，而这些东西，是不应从记忆中滑落的。但事实上，对精神上之作用的这种分配，对文献上之影响的这种计算，绝没有抓住本质性的东西，即我们现在必须要为之感谢的那种本质性的东西。

即使这样也可能还未切中实事，倘若我们回想起您的学院教 58
学活动所取得的那些成就的话。您的这种教学活动——只要我们还能成功地保护德国大学使之不致沦为荒芜化的专科学校——乃是每一个学院教师的幸运和特权。

但那种东西，使您的领袖地位成为它之所是的那种东西，却内含地存在于另一种东西中：您的发问活动的内涵和特性直接地迫向了最终的争辩并且在任何时候都要求着对回转或离开（Umkehr oder Abkehr）的准备。

---

① 形象说法，指纪念文集。——译注

然而,我们当中没有一个人知道,他是否能有幸找到通向那里的道路,而正是您的工作之典范试图持续地——足够悄然地——把他引导到那里去:进入泰然任之中,为了诸问题而成熟起来。

而我们向您呈交的这些作品,也只是对这样一种事情的证明,即我们**愿意**追随您的领导,而不是用来表明这种追随的成功。

但是有一点被我们保存为持续的财产了:您,极受尊敬的教师,把每一个人,每一个可以在您的带领下一道同行的人,都摆置到了下述选择面前,此即:是去成为本质性事物的主管人,还是去违抗它们。

倘若我们给予这一庆典时刻以这样一种对您的哲学式生存的观照,则我们也就赢得了对您的哲学工作作出真实评价的最牢固的基准点。

下述事情取决于这样一种观照[①]吗,即,数十年来,在哲学中的那些统治性的流派之外,一种新的流派在蓬勃上升并且不可阻遏地施加着影响;对于迄今为止的那些方法而言,一种新的方法正与之同行;迄今为止的那些被遗忘了的问题领域获得了一种辛勤的加工?

下述事情取决于这样一种观照吗,即,哲学发问活动的那种仿佛现成的区域仅仅是变得更加充实和更加多样化了?或者,难道不正是您的研究——伴随着新的要求,伴随着有所变化的评估,伴随着对西方哲学伟大传统之隐蔽力量的新的观照——才首先造就了哲学发问活动的一个全新的领域吗?

59

① 即上文的“这样一种对您的哲学式生存的观照”。——译注

事实上的确如此！突入到哲学活动的一种新向度中去的这种突破，变成了您的工作的决定性的东西，但不是变成了对这个或那个问题的这种或那种回答。

但这种突破事实上恰恰是哲学活动的深化(Tieferlegen des Philosophierens)，亦即，恰恰是向哲学活动之本真发生的隐蔽路径的转入，正如此路径在伟大思想家们的内在交通中所显示的那样。

那么哲学就不是学说，不是世界定向[①]的苍白主题，在根本意义上不是人之此在的手段和作品，而是人之此在本身，只要人之此在是在自由中从其根据而来发生的。

谁若在研究工作中把自身一直带到对哲学的这种理解中，谁就分得了一切哲学活动的基本经验：研究活动愈是广阔地和源始地得到实行，它也就愈发确然地"仅仅"是同样一些的少数的和素朴的问题的变化[②]。

事实上，谁若想要变化，谁就必须在自身中承受那种持存之诚的力量。但对于并不景仰并不惊叹的人而言，没有人会在自身中感受到这种力量的升腾。对于并未沿着可能事物的最远边界而漫游的人而言，也没有人能够景仰惊叹。

但是，对于并未向那种对话——与整个此在的运作力量的对

---

① 此处"世界定向"(Weltorientierung)亦可理解为"世界态度"或"世界观"。——译注

② 这句话的语意不仅关乎作者的一个基本立场(所有伟大的思想家向来只思同一事情)，而且关乎下文中所取典的里尔克诗歌所沉思的东西——本源之素朴与派生之变化。——译注

话——保持敞开的人而言，也永远不会有人成为可能事物的朋友。但这却是哲学家的姿态：对前歌的听入(das Hineinhören in den Vorgesang)[①]，这种前歌在所有本质性的世界发生事件(Weltgeschehen)中都成为可听见的了。

并且，正是在这样一种姿态中，哲学家将会领悟到，在被托付给他的东西的周围，乃是什么。

在这种事情上，柏拉图是知道的，在他的第七封信中，柏拉图曾给出了如下消息：

ῥητὸν γὰρ οὐδαμῶς ἐστινώς ἄλλα μαθήματα, ἀλλ’
60 ἐκ πολλῆς συνουσίας γιγνομένης περὶ τὸ πρᾶγμα αὐτὸ καὶ
τοῦ συζῆν ἐξαίφνης, οἷον ἀπὸ πυρὸς πηδήσαντος ἐξαφθὲν
φῶς, ἐν τῇ ψυχῇ γενόμενον αὐτὸ ἑαυτὸ ἤδη τρέφει. (EP.
VII. 341 c.)

---

① 动词“hineinhören”的确切意思是：通过倾听某物而使自身与之熟稔。汉译无法完整译出此意。“前歌”(Vorgesang)，亦可译为“先歌”，喻指在本源领域发生的起先行规定作用的事情。从语境看，作者在这里的措辞很有可能是取典于里尔克《致奥尔弗斯的十四行诗》第一部第19首：“Wandelt sich rasch auch die Welt/wie Wolkengestalten,/alles Vollendete fällt/heim zum Uralten./Über dem Wandel und Gang,/weiter und freier,/währt noch dein Vor-Gesang,/Gott mit der Leier./Nicht sind die Leiden erkannt,/nicht ist die Liebe gelernt,/und was im Tod uns entfernt,/ist nicht entschleiert./Einzig das Lied überm Land/heiligt und feiert.”[尽管世界变化迅疾，/如同飘忽白云，/但一切圆成事物，/皆复归于泰初。/在变化和进程之上，/更广阔也更自由，/你的前歌依然持续，/手持七弦琴的神。/没有认清痛苦，/没有学会爱情，/那在死亡中去除我们的东西，/还未澄清面容。/唯有歌曲，被颂扬，被崇敬，/在大地上空。]——译注

然而它绝不是像在其他的（诸科学中）可学会的东西那样是可言说的，反倒是，它——依据于一种丰富的、共同实存着的、在事情本身那里的逗留——突然在灵魂中发生——就像那从火中迸发着的火花让一道光芒升起——以便在那里就独自地在自身中生长。①

海德格尔

---

① 这段文字是海德格尔对上述希腊引文的阐释性的翻译，有别于通常的翻译。在 John M. Cooper 主编的《柏拉图全集》英译本中，上述希腊原文被译为："因为这种知识不是像其他科学那样的某种可以被言说的东西。但在教师和学生之间长期的交道之后，在对这一主题的共同追求中，突然地，就像火焰点燃时的火花之迸发，它在灵魂中诞生了，并立即滋养着自身。"（J. M. Cooper [ed.], *Plato Complete Works*, Indianapolis/ Cambridge 1997, p. 1659.）——译注

61

22. 针对柏林的决定

弗莱堡-查林根，1930年5月10日

寄至：

科学、艺术和大众教育部

格里米博士部长先生

柏林

部长先生！

不久前我有幸与您进行了一次令人难忘的谈话，请允许我可以从这次谈话的气氛而来写一封信——这是我所向您请求的。

邀请我赴柏林大学执教的那一聘任，是从您的坚毅果敢和您对时势的洞见中形成的，它使我拥有了您的巨大信任，但我不能接受这一聘任。

虽然这些天来我感到若能与您重新展开一次谈话，将会是很有价值的和光荣的，但我不能——因为我的决定完全是在通常行为的层面之外作出的——仿佛是为了再一次地接受这种邀请而这样做。

在今天，在我刚刚来到了一种可靠工作的开端处的时候，我感到我没有做好足够的准备，**如此这般地**——如同我对自己和每一个其他人所必然要求的那样——去占据柏林的教授席位。只有那种属于它的时代的真正的哲学——但这却意味着，它能够掌握它的时代——才能成为真正持存着的哲学。

就连那些最好的工作条件——您的支持定然确保了这些工作条件——也不能把柏林对我的哲学活动所设置的职责和内在要求给推到一边去。现在我对所有这些的不接受，并不是什么逃避，不 62
是向一个地处偏僻、更为狭小的大学①所具有的那种表面上的舒适性中去的逃避。

我感谢您，部长先生，衷心地感谢您的巨大的信任。

这是我所坚持的，倘若我敢于提出下述请求的话，即，请不要把我对您所发出的聘请的不接受视为对您的意愿的一种回绝，而是请视为对那条道路——那条对我而言乃是必要的道路——的选择，以便最终达到一种与您一道的行动上的联合——就世界观、政治以及外部立场这方面而言。

致以真诚的崇敬

部长先生，我是您

非常谦恭的

马丁·海德格尔

① 指弗莱堡大学。——译注

63

23. 始终忠诚于事情*

弗莱堡,1930 年 5 月 17 日

寄至:

科学、艺术和大众教育部

格里米博士部长先生

柏林

部长先生!

您的信件——就个人而言,它比那份聘任更让我感到对您负有义务——让我再一次清楚地认识到,我的拒绝——对我而言它是内在的必要的举动——同时必然是一种违抗之举。对声望和权力的拒绝,相对于那种放弃——面对着您巨大的信任而进行的放弃——也只是一桩微不足道的事情。

部长先生,在我给您回信告知我的拒绝决定时,我也同时给李希特博士司长先生去信告知此事,在这之后,我显然也必须要通报本地的职能部门。

对决定的一种推迟或者甚至取消是不可能的,是根本不可能的,因为决定已经作出了,而且因为我必须如此决定。

---

* 指弗莱堡大学。——译注

我是在这一前提下行事的:倘若我接受"特洛尔奇教授席位"[①]的任命,我就只有在这种时候才能这样做,即,我内在地做好了准备,并且足够坚强地,为完全掌管这个席位而把整个力量投入进去;倘若我只是想在与大学的松散归属中或者甚至是想以客座教授的方式在柏林授课的话[②],这也极少会是您之聘任的用意。

实际的激发唤醒和富有成效的亦即持续不断的哲学教育,必 64
须在完整的教学活动中下大力气进行。它所要求的是个人的一种投入,对于今天还更为迫切的那种致力于哲学自身的工作而言,这种投入几乎不能还为之留下什么东西了,并且即便能留下什么也仅仅是偶尔如此。而这种致力于哲学自身的工作,就是我首先献身于之的工作并且必须始终献身于它。

我的工作在今天——部长先生,倘若您允许我说这种私人性的东西的话——处于一个阶段中,这个阶段必须使自身避开每一种被外置到公众中去的举动,倘若那种自身发展——不是我的单个自我的自身发展,而是事情本身的自身发展——起到了保护作用并且我自身应始终忠诚于事情的话。因为只有这时才能成功地做到,在塑造培育工作的整个当前中把持住哲学的世界。在这样一种专心致志的必要性以及那种塑形活动——在此专心致志中持续地被要求的、仿佛"手工性的"塑形活动——的必要性中,同时存在着对诸界限的承认,而这些界限对我也是起作用的。

---

① 这个教席以德国新教神学家、哲学家恩斯特·特洛尔奇(Ernst Peter Wilhelm Troeltsch,1865—1923年)的名字命名。——译注

② 原文此处用虚拟语气,表示其不可能为真。——译注

部长先生，在下述事情上，我必须整个地听任您来决定，即，在我这方面的再度表态之后，是否还应现在立即就考虑重新进行一次商谈。

但我无论如何都想并且在收到您今天的来信之后愈发想向您请求的是：部长先生，请您让我拥有那种鼓舞着的确信，即确信，在德国的精神生命的具体塑形活动的那个向前推进最远的位置上，一种活生生的意志存在着，这种意志自行地唤起了每一个人，使之走向合作，这种意志已然明白，唯当诸力量在德国大学中被释放为实际的转变，德国大学才能保持真实。

内在地并以*我的*工作方式去准备这一点，乃是这种合作关系的意义，我高兴地表明过对这种合作关系的拥护，并且现在再度表明这种拥护。

并且我斗胆作如此希望：部长先生，虽然我给出了外在的拒绝，但希望您能在我的立场中看到一种对您的聘任邀请的肯定答复，并且希望那些进一步的谈话——始终会有机会让它们发生的——能给予我可能性去证明这种准备。

65 我衷心地为所有这一切而感谢您，部长先生，我请求您为我而保持您的信念。

在谦恭和崇敬中向您致意

您的

海德格尔

24.《形而上学是什么?》日译本前言 66

(1930年)

必须持续地向自身发问,此乃哲学在一切科学面前的突出标志。但对自身的真正的发问活动并不会诱使哲学走向空洞的自身考察和徒劳的“方法论上的”碎解化[1]。相反,它把哲学移置到形而上学之发生事件(das Geschehen der Metaphysik)的关联中,形而上学则属于人之此在的内在的历史(Geschichte)。只有这样,哲学才能发现其各时的任务。

作者相信他已然看清,把西方形而上学的传统的主导问题即“什么是存在者?”更为源始地加工为那个承受着并引导着西方形而上学的基础问题即“什么是存在?”,正是这样一种任务。由此同时被发问的是:存在之敞开状态(Offenbarkeit des Seins)的那种内在的可能性和必要性奠基于何处?

在对这一基础问题的效力中,接下来的这一讲座[2]试图去指

---

① 此处“碎解化”(Zerfaserung)这个德文词的字面含义是:把……碎为纤维。——译注

② 《形而上学是什么?》是海德格尔1929年在弗莱堡大学举行的教授就职讲座。——译注

明无归属于作为存在的存在的本质这一事实[①],并且要指明前者如何归属于后者。由此,存在根本地表明自身乃是有限性。但是人,作为一种必须且能够说“是/存在着”(ist)的存在者,由此就揭示出了他的有限性的那个最深的根据。[②] 因此,问向人的此在之本质的那个问题——对它进行追问的方式和向度正如它在《存在与时间》中被展开的那样——就变成了对形而上学之问题机制的奠基。

并非对人之意识的描述,而是对人之此在的理解着的唤醒,才是那条道路,在这一道路上,我们再度返归于那些少数的、素朴的、艰难的哲学问题。

作者感谢就读于弗莱堡大学哲学系的汤浅诚之助(Seinosuke Yuassa)先生,感谢他接受了这一翻译工作。愿这部小型作品能为下述事情贡献微薄之力:学着领会到,所有人之生存的秘密就在于,每每向着生存特有的本质而觉醒。

马丁·海德格尔

1930年6月于弗莱堡

---

① 这句话的后半部分亦可意译为“无归属于存在自身之本质”,但为了尽量传递原意以及其中透露的微妙之处,正文采取了硬译。——译注

② 这句话的意思是:人之有限性的最深根据乃是作为有限性的存在。人之有限性根本地奠基于存在之有限性。——译注

25. 在寂静的小木屋岁月结束之际

（1931年9月12日）

这些罕有的日子，它们愿意成为对我们的一种祝福。

多少次啊，我们都未听见它们的脚步，它们行进的脚步，比林地苔藓中麞子的步履还轻。

我们多半只是理解了那种可通行的东西以及它的多种多样，因为我们并未做好准备去观看那素朴者。

虽然一切事物都承受着它们的秘密，但人的那种内在的伟大却是最深邃的东西；因为他被赋予了下述事情：为痛苦所击中，以便把痛苦转变为他的灵魂的力量。

人们在那些有许多追求的、彼此分歧的路径上漫游。但每一个人都发现，当他仅仅对其自身保持忠诚、返回到心灵的圆圈中去的时候，对他而言，这一圆圈就会始终构成他最内在的保护。

人可以通过斗争而取得他之本质的那种可靠的成熟和美丽，这一事实使得他能够做到下述事情，即把其他那些东西不可见地转变到它们特有的本质之真理中去。这种转变在哪里发生，哪里就会有那种真实的孤独苏醒过来，正是从这种孤独而来，一个人真正地遭遇了另一个人，以至于他的心灵从此以后就运作在他者清晰的当前中了。

只有那种东西——我们把它接受为对我们的祝福，而不是诈取为一种收益——才克服了我们之追求活动的卑微、不全以及贪婪。

属于祝福的这些罕有的日子——你们的景象与许多其他日子的景象相同，但你们隐蔽的权力却是那种罕有之物，唯当我们足够强烈地朝向感激之情，并且足够伟大，以便尊崇那真正伟大的东西，这时，我们才能为我们保存这种罕有之物。

马丁

26. 令人绝望的理解之缺乏 68

(1932/1933 年冬天)

亲爱的汉娜!

那些谣言,那些让你感到不安的谣言,乃是污蔑与诽谤,它们完全不相称于其余的那些经验,即我最近这些年里必然获得的经验。

说我会把犹太人从研讨班邀请中给恶劣地排除出去,这一说法或许源出于下述事情,即我在最近四个学期中*根本就没有任何*研讨班邀请。说我不跟犹太人打招呼,这个说法是一种如此卑鄙的背地诽谤,以至于我将来自然会记得它的。

为了澄清我是如何对待犹太人的,只需简单列举下述事实:

这个冬季学期我获准休假,因此我在夏天的时候就已经及时地宣布,我想要安静独处,不接受种种工作和诸如此类的东西。

尽管如此,那个必须急切地获得博士学位并也能够如愿以偿的人,是一个犹太人。那个每个月都可以来我这里以便就一个正在运行着的大型工作(既不是博士论文项目也不是教授资格论文项目)进行汇报的人,又是一个犹太人。那个几周之前给我寄来一部大部头作品让我紧急地予以审阅的人,是一个犹太人。

最近三个学期中，我克服种种困难使两个学生获得了应急协会[①]的奖学金，他们都是犹太人。那个通过我而获得奖学金前往罗马的人[②]，是一个犹太人。

谁要想把这称作“狂热的反犹太主义”，尽管去这么做好了。

此外，我在今天在大学问题上是反犹太主义者，恰恰就像我十年前和在马堡时那样，在那里，为了这种反犹太主义，我甚至得到了雅各布斯塔尔和弗里德兰德的支持[③]。[④]

69 这同我与那些犹太人(例如胡塞尔、米西、卡西尔以及其他人)的私人关系完全无关。

并且它更加不能触动与你的关系。

自更长的一段时间以来，[在这些诽谤面前]我都根本地退隐了，其原因首先在于，我整个的工作事实上都遭遇了一种令人绝望的理解之缺乏，但此外也在于一些不那么美好的个人经验，它们是

---

① 指“德国科学应急协会”，它是“德国研究协会”的前身。此据《海德格尔与阿伦特 1925—1975 年的通信及其他证词》(美茵法兰克福，2002 年)的编者对同一文本的注释。下同。——译注

② 指卡尔·洛维特。洛维特获得洛克菲勒基金会的资助，1934 年春天离开德国前往罗马并在那里一直住到 1936 年。——译注

③ 雅各布斯塔尔和弗里德兰德是海德格尔当时在马堡大学的两个同事，他们都是犹太人。他们曾与海德格尔等人共同创办了一个名为“希腊”的协会，一道研读荷马、品达、修昔底德的作品。雅各布斯塔尔(Paul Jacobsthal，1880—1957 年)：考古学家，1912 年起在马堡大学执教，1935 年被强制退休，后流亡英格兰，在牛津的基督教会学院任教。弗里德兰德(Paul Friedländer，1882—1968 年)：古典语文学家，1920 年起执教于马堡大学，同样于 1935 年被强制退休，1938 年被捕，1939 年流亡美国，在加利福尼亚大学任教。——译注

④ 作者的整句话是反讽语气。——译注

我在我的教学活动中必然获得的经验。然而，我早就已经戒除了下述打算，即，期待从那些所谓的学生中获得什么感谢或者甚至仅仅是获得礼貌的思想态度。

此外，我在工作上是心情愉快的，虽然这一工作变得愈发艰难了。向你致以衷心的问候。

马丁

70

27. 所有正在到来的东西都将带来沉重的任务*

海德堡，1933 年 3 月 22 日

亲爱的伊丽莎白！

几天之前，雅斯贝尔斯请我来他这里，以便讨论《精神处境》[①]这本书。还在动身之前，我就曾希望能给您写信——但终未写成；并且在这里我也找不到安宁。今天我只想告诉您，我是多么地感谢您当时的前来晤面。它们对我而言是如此美丽的日子，以至于我还根本没有穷尽它们的美妙——，那个夏天由于您在那里而变得完全不同了。在法兰克福火车站的分别对我而言是非常艰难的，但我也打心底里为之感到高兴的是，时间过得如此飞快并且已经处在一个如此中立的环境中了。

当我再次回到弗莱堡时，我再写信告诉您所有其他事情。所有正在到来的东西都将带来沉重的任务，也正是顾虑到这一点，我们不能使自己太过放松——即使大多数人认为，现在一切东西都已经得到保障了。在真挚的友谊中

---

① 指雅斯贝尔斯的《时代的精神处境》。——译注

向您问候

您的马丁

我明天或后天坐车回去。

71

28. 被迫去省思*

弗莱堡，1933 年 3 月 30 日

亲爱的伊丽莎白！

在阳光灿烂的日子里躺在斯图本瓦森[①]山上，在我的记忆里，就像是一个童话。那些太短且太紧凑的时刻——我们可以把它们献给柏拉图——在我看来，只是一个开端。倘若我不应如此这般地把这个希腊世界传授给那些随意的并且仅仅短暂地出现的听众，而是可以使您获得这个希腊世界，则在这当中也就有那种本己的致力在生长并且达到了那种强大的和内在的成熟。并且这些时刻必定很快还会重来。

当前的事件对我而言——恰恰因为许多东西还始终是黑暗的和未解决的——具有一种非比寻常的聚集性的力量，意志和安全正在增强，以便在对一个伟大任务的效力中发挥作用并且在对一个被民族性地奠基的世界的建造中参与协助。很久以来，单纯“文化”的那种苍白和模糊和所谓“价值”的那种不实际性，对我而言早

---

① 斯图本瓦森（Stübenwasen）：德国山名，位于巴登－符腾堡州，海拔 1386 米，黑森林地区第六高山，是徒步旅行的胜地，距海德格尔居住的托特瑙堡不远。——译注

就沉降到无意义中去了，并且使得我要在此在中去寻求新的地基。唯当我们在新的方式和本己居有中把我们出置给存在本身[1]，我们才能成为那个新的地基并同时在西方之历史中发现德国人的使命。因此，我完全是从未来而来对当前东西加以经验的。唯有如此，一种真正的参与才能生长，并且在我们历史中的那种当前内立性[2]才能生长，然而这种当前内立性始终是一种真正的作用活动(Wirken)的先决条件。

与此相对，那种处处都表露着的并且过于匆忙的对新事物的追随，必须被平静地忍受。[还需忍受的是]那种把自身粘着到中心人物上去的举动，这种中心人物现在突然把一切东西和每一种东西都给"政治性地"看待了，而没有想一想，这也许始终只是第一次革命的一条道路。然而，这对于许多人而言却可以成为并已然成为第一次觉醒的一条道路——倘若我们有意去为第二次觉醒和 72

---

① "把我们出置给存在本身"原文为：uns dem Sein selbst aussetzen，亦可考虑译为"使我们遭受存在本身"。——译注

② 此处"内立性"原文为 Inständigkeit，在日常语言中意为"迫切，急切"，但海德格尔对此词的运用常常是取其字面意(有时亦有双关考虑)。海德格尔的这种用法事实上可以得到词源学的支持。按《杜登综合词典》的词源分析，"inständig"源出于拉丁语的"instans"，后者本意为"当前着的"，系拉丁语动词"instare"(意为：正在来临，即将来临)的第一分词，而其词根"stare"就是"站立，伫立"之意。故"inständig"就可以被解释为：在持续当前中的，立于持续当前中的。就海德格尔的问题语境——决定一切的是"存在与人的关联"问题——而言，这种"当前内立性"在根本上意指：我们始终已经在作为"当前显现"的存在与人的关联活动之中了。这里所谓的"在我们历史中的那种当前内立性"亦是基于"存在与人的关联"问题而言说的，并因此而称之为"真正的作用活动的先决条件"。——译注

更深的觉醒做好准备的话。与“马克思主义”和“中央党”①的争辩必然在这种争辩的本真意义中沉陷堕落，倘若它没有成熟为这样一种争辩的话，即与共产主义世界的反精神的争辩并且同样是与基督教的日渐死去的精神的争辩。否则一切就始终是一种巨大的偶然性，并承担着这样一种危险，即，我们——自然伴随着相应的变化——陷入了一个时代，就像1871—1900这些年份所界定的那个时代②。然而，通过这样一些忧虑，我们既不可以使今天的事件对我们的冲击力变小，也不可以把它当作对下述事情的保证，即：我们的民族由此就已然理解了它的那个——我们所相信的——隐蔽的任务，并且已经为其新的进程找到了那些最终起作用的权力。

在法兰克福我可能首先只是愈发多地起到了**阻碍性**的作用——这是就克里克③所撰写的一份文化政治纲领的发表而言

---

① “中央党”(Zentrum)：德国天主教政党，1871—1933年间存在于德国政坛。——译注

② 指第一次世界大战的酝酿时期。1871年，在宰相俾斯麦的领导下，普鲁士获得普法战争的绝对胜利，建立起德意志帝国，在此后三十年时间里迅速发展成为举世瞩目的工业强国，并为争夺世界霸权而与其他列强展开了激烈的军备竞争，其标志性事件即是1900年《海军法》的制订。——译注

③ 克里克(Ernst Krieck，1882—1947年)：德国教育家，哲学家。克里克1933—1934年间在法兰克福大学任哲学与教育学教授并担任校长，1934年以哲学教授身份前往海德堡大学接任李凯尔特的教席，1937—1938年间担任海德堡大学校长。克里克于1932年1月加入德国纳粹党，后逐渐成为党卫队高级领导，1934年起任纳粹安全部门的学术鉴定官。1933年春天，针对克里克提出的一份文化政治纲领即“德国高校教师文化政治工作协会”(KADH)，海德格尔与克里克发生了一场争辩。这次争辩的后果是：克里克在1934年1月安排了一系列针对海德格尔的专家鉴定，在随后数年里，克里克在纳粹杂志《生成中的民族》(*Volk im Werden*)中对海德格尔进行了多方面的猛烈抨击，指责海德格尔的思想与纳粹的世界观是不可统一的。——译注

的——这一纲领在思想意识上是被一些真正的动力所引导的，但在整体上却是十足的卑躬屈膝，阿谀奉承。并非好像我要把某种什么价值置于从前的“精神性”和“教化性”之上——尽管人们对今天的熟语学（Phraseologie）有种种卓越的精通，但对这一任务真正的伟大和艰难却全然缺乏了解。克里克和我仅仅短暂地交谈过。他或许永远都不会克服狭隘的、努力向上钻营的人所带来的那种令人退避的感觉，并且因此将会给他的工作加上不自由这一重负——尽管如此，我相信，他的认真和他的性格以及他的经验可能还是会有某种意义的。无论如何，我认为他的东西还是要比斯普朗格[1]的那些走钢丝演员式的时兴劲头强些。

大学将发生什么事情，没有人知道——至少在那些变得惊愕的人们当中，是无人知道的。与那些达官贵人们——他们几周前还把希特勒的书称作“诡计多端的胡扯”，现在却为它的内涵和诸 73
如此类的东西而颤抖——不同，有识之士们必须告诉自己，能够变得腐朽的东西不多了。因为那里甚至什么都没有了；大学早已不再是一种真正地在自身中被聚集起来的、有影响力的或起引导作

① 斯普朗格（Eduard Spranger，1882—1963 年）：德国哲学家，教育家，心理学家，狄尔泰的学生，对现代教育理论做出了巨大贡献，被视为教育学的大师级人物。斯普朗格不信任魏玛政治，曾经接近于“德国国家人民党”（DVP），1933 年加入了右翼势力“钢盔团”。此外他还定期参加“德国防务政策和防务科学协会”的聚会。1933 年 4 月 22 日，作为“德国高校协会”（VDH）的董事，斯普朗格草拟并签发了所谓的“维尔茨堡宣言”，在一定程度上以官方形式表达了德国高校对于纳粹主义的拥护立场，但由于在高校政治化和高校自治问题上，该宣言有一定的保留立场，因而遭到纳粹政府的不满，最终被政府定性为斯普朗格自己的表态。——译注

用的世界。一种去省思的被迫——甚至是在诸多失策发生的时候——或许只是一种祝福。“科学在危险中”这一呼喊，人们或许听见它了，即使仅仅还只是暗地里(im Stillen)听见了；这一呼喊严格说来是如此的一种虚伪，就像中央党在当下其政治权力遭受危险时常常发出的那种呼喊即“宗教在危险中”一样。——

在雅斯贝尔斯处的那几天，对我非常重要。我看到，人们可以就“时代的精神处境”写作，而没有被实际发生的事情所触动——或者也仅仅需要知道它就可以去写了。[①]

尽管我们的年龄差别几乎还不到十岁[②]，我们却属于不同的两代人；此外，在雅斯贝尔斯的世界中找不到希腊人的世界——而我确信，在今天的西方之发生事件的世界瞬间中，这不亚于一种灾难。

但是人性的地位和他的意志活动的洁净却又抵消了这种缺陷，这种造成我们在哲学上的矛盾性的缺陷。

令我感到高兴的是，您现在没有让您的经验和您的知识闲置起来，而是参与从事对德国妇女之未来的塑造工作并且共同致力于解决失业人民的孩子们的急难。

并且，就与大学相关的事情而言，我认为头等要事在于，在那种力求一种真正的教育共同体的意志中，把下一代和年轻人给聚

① 这句话系对雅斯贝尔斯的批评。《时代的精神处境》是雅斯贝尔斯1931年的作品。——译注

② 雅斯贝尔斯1883年出生，海德格尔1889年出生。——译注

集起来，这种堪称我们民族之世界命运的意志成为了一种最内在的急难和最广阔的任务。

这样一种东西活生生地存在于何处，何处就不仅有权利苏醒，而且那种义务——使自身退隐到本已最艰难工作的那种孤独中去，以便能够适时地介入——亦会苏醒。

我希望，亲爱的伊丽莎白，您的拒绝——拒绝“猛烈地”写 74
信——不是太认真地说出来的。

在真挚的友谊中向您致意

您的

马丁

75

29. 伟大的精神传统的承载者被阻止了*

弗莱堡，1933 年 4 月 12 日

亲爱的伊丽莎白！

我给您送上最真挚的生日祝福。我想，这部《忏悔录》[①]最适合于这个日子，希望您能从这部伟大的书中获得一种丰富的和持久的收获，并且这部书所散发出的那种生存活动的力量，事实上的确是不可穷尽的。

我一再地发现，这部书最富有成效的读法是从第十卷开始读并且把第十一卷也给一道读了——然后才是去读那种“传记性的东西”[②]，倘若人们可以根本地这样命名它的话。您一定会接受这个拉丁语文本的，因为它的拉丁语是如此精妙绝伦——这种拉丁语根本不能被翻译。Mauriner[③] 的那一伟大版本[④]中的文本读起

---

① 指奥古斯丁《忏悔录》。——译注

② 指《忏悔录》前九卷的内容，奥古斯丁在其中记述了他自出生到母亲病逝这几十年间的经历。——译注

③ “Mauriner”是对十七、十八世纪法国的一个本笃会宗教团体成员的统称，其成员在教父学和天主教教会史的研究领域中做出了重要贡献。——译注

④ Augustinus, *Opera omnia* , Mauriner, II Folio - Bände, Paris 1679—1700. Nachgedruckt bei J. P. Migne, Patrologia latina, Bd. 32—47, Paris 1845—1849. ——译注

来是最美的——只有这样，整个情调(Stimmung)才展现开来。

尽管许多人来来回回地忙碌着，但却没有看出，应该对大学做些什么。就连所有那些力量——它们曾经是伟大的精神传统的承载者并且另一方面也拥有那种意志，即力求对“帝国”和其精神世界做出一种能够胜任的造形——也都被阻止了。虽然对大学有一种合理的不信任——在大学中恰恰现在有相当多的反应在大出风头，并且是要求有这样一种态度——但这并不应把事情诱导到相反的错误中去，即只把任务交给党员同志。

这些大学同事们在校委会磋商的那个唯一的——“最有活力的”——(原文引用!)问题，是——工资问题。

但就连那些更有活力的人也首先是且仅仅是在组织问题中思考的，并不关心大学之内在建构的伟大工作，但只有从这一内在建构中才能再度生长出一个精神性的世界并且扎根到整个民族 76
中去。——

昨天，在春天极好的天气中，我们坐在折叠式帆布艇中，沿着凯撒斯图尔[①]山地，穿过繁华盛开的树木，进行了今年首次的帆布艇旅行。查林根和赫尔登[②]现在是一个恢宏盛大的、繁花似锦的花园。过了复活节我们想要到小木屋去。

亲爱的伊丽莎白，我在真诚的友谊中向您致以衷心的问候

① 凯撒斯图尔(Kaiserstuhl)：德国巴登－符腾堡州的一处山地。——译注

② 查林根(Zähringen)和赫尔登(Herdern)皆为弗莱堡市区。——译注

您的马丁

请代向令尊大人和您姐姐问好。

衷心地想念你并致以美好的祝福。

你的埃尔弗里德

30. 对不可动摇之友谊的保证* 77

弗莱堡，1933 年 4 月 18 日

亲爱的伊丽莎白！

为祝贺您的生日，我给您写了信寄到魏玛去了；埃尔弗里德的一封信也同样寄到那里去了。令我们倍感痛苦的是，您在这些艰难的日子里①并没有收到我们的祝福和对不可动摇之友谊的保证。我们这段时间一直都在这里待着，没有上山。在真诚的友谊中

衷心地问候您

您的马丁

---

① 1933 年 4 月 7 日纳粹政府颁发《重建公务员集体法令》，要求对犹太种族成员予以暂时停职。布洛赫曼身上具有一半的犹太血统，受到此法令的严重冲击。同年 9 月布洛赫曼被勒令去职（哈勒教育学院的社会教育学教授），后经荷兰流亡英国。——译注

第三编

任弗莱堡大学校长时期

（1933—1934年）

31. 致法布里休斯的信* 81

弗莱堡，1933 年 4 月 22 日

极为尊敬的、亲爱的枢密顾问先生！

对我而言，昨天最大的喜悦是您在那里。在最近这些天，当我面临艰难的决定时，我常常想念和盼望着您，尊敬的法布里休斯先生。

我最真挚的愿望是，您能够很快地复原，并且能够为这项新的、伟大的工作而把您富有价值的建议和您长久以来的经验都予以实行。

我想要做的事情仅仅是那种东西，即您在我任编外讲师以来的所有这些年中身体力行地为我示范的东西。

在真诚的敬意和友谊中感激着您的

海德格尔

1933 年 4 月 22 日于弗莱堡

32. 建造一个新的、精神性的世界*

阿尔伯特·路德维希大学[①]　　　　弗莱堡，1933年4月27日

大学校长办公室

Nr.4011.

致各位大学教师先生们！

I. 国家劳动日[②]。

全体高校教师参加为庆祝国家劳动日而举行的集会，是眼下这一指令所要求的事情。为了德意志民族而建造一个新的、精神性的世界，成为了德国大学最本质性的、未来的任务。这是国家劳动（*nationale Arbeit*）最高的意义和重要性之所在。高校教师的这种工作与所有阶层之劳动的结合应在这天被表达出来。至于参加还是不参加下述游行，决定权留给诸位同事先生。

① 德国弗莱堡大学的正式校名。以下皆简化译为"弗莱堡大学"。——译注

② 1933年，为赢得工人群众的支持，纳粹政府把原有的"五一国际劳动节"的含义予以转释，将5月1日命名为"国家劳动日"（Tag der nationalen Arbeit），并将其定位为国家法定节日，意图达成"德意志民族"的团结统一。在纳粹统治期间，自1934年起，这一节日被改名为"德意志民族的国家节日"。——译注

全体大学生(此外还包括武器团[1]和天主教学生社团)作为整体参加这次游行。

大学教师走在大学生的前锋位置并且和大学生一起列入游行的第一阵列。

助教和大学职员跟在学生社团的第二组后面,同样列入游行的第一阵列。第一阵列的前锋队伍在瓦纳街集会,同阵列的其他队伍在文岑街集合。所有队伍应在早上8点钟前在它们的布阵处做好游行准备。游行队伍向大教堂广场行进,在那里举行集会。

集会之进程如下: 83

合唱协会之歌

天主教神父和新教牧师致辞

科尔伯(Kerber)市长先生发表祝词

市区企业领导人西德尔(Sieder)讲话

德意志之歌(一节)[2]

霍斯特·威瑟尔之歌[3]

着装:校长、系主任和校委会成员穿大礼服,大礼服由校役带

---

① "武器团"(Waffenring):德国高校中的学生社团,负责对学生之间的击剑比赛进行仲裁。——译注

② 纳粹时期的德国国歌只取"德意志之歌"的第一节。——译注

③ "霍斯特·威瑟尔之歌"(Horst-Wessel-Lied):1929年由霍斯特·威瑟尔创作。1930年2月,威瑟尔被共产党员阿尔伯希特·许尔勒杀死,遂成为纳粹所标榜的"烈士",此歌在威瑟尔葬礼上首次演奏后逐渐成为纳粹党歌,1933—1945年间更是成为与"德意志之歌"并行的"共同国歌"。——译注

到列阵地点。其余各位先生着深色西装。

II.对新的大学生权利的宣告

按规定应于5月1日在普鲁士[①]高校举行的对新的大学生权利的庄严宣告,在我们大学以更适宜的方式被嵌入到校长职位的移交庆典中了——校长职位更替将在夏季学期开始时举行。

签名:海德格尔

① 一战后,根据魏玛宪法,普鲁士成为德国的一个邦,即"普鲁士自由邦",实行地方自治,其领土即原普鲁士王国的疆域。1932年,纳粹党在德国国会和普鲁士邦选举中取得优势,赫尔曼·戈林成为德国国会议长以及普鲁士邦议长,并掌握了普鲁士内政部和警察。1933年1月30日纳粹党上台执政,随后废除德国的地方自治制度,普鲁士宪法被废除,邦议会和立法机构被解散,但其行政单位得以保留。——译注

33. 为遭受威胁之同事的说情*

文化和课程部部长　　　　卡尔斯鲁厄,1933 年 4 月 28 日

国务委员

No. A. 8833.　　　　　　　重建公务员集体

致弗莱堡大学校委会

关于贵方 1933 年 4 月 22 日的询问(Nr. 3839),指示如下:1933 年 4 月 6 日的公告(Nr. A 7642)——这个公告的发布所依据的是帝国专员先生 1933 年 4 月 5 日为维护安全和秩序而发布的那份告示(Nr. 34953)——并没有被 1933 年 4 月 7 日为重建公务员集体所颁发的法令(R. G. Bl. I. S. 175①)所触及。对于犹太种族成员的暂时停职问题,上述法令第 2 条第 3 款的例外规定因而是不适用的。

---

① 这个缩写的全称是"Reichsgesetzblatt Teil I. S. 175",即"《帝国法令公报》,第 1 部分,第 175 页"。——译注

下述人等应被视为此公告之意义上的犹太种族成员：

出身于非雅利安人，尤其是犹太人的父母或祖父母的人。当父母中的一方或祖父母中的一方不是雅利安人时，就属于此类。当父母中的一方或祖父母中的一方归属犹太教时，更是属于此类。

在个别情形下，高校各系或部门为了维持教学活动所提出的对犹太人的暂时停职举措予以延缓的申请，有得到考虑的可能。然而我要特别指出的是，按照 1933 年 4 月 6 日的公告(Nr. A 7642)的第 3 条，对暂时停职举措的延缓并没有从中被涉及。

85 从那里被裁出的疑问将在对重建公务员集体之条款的贯彻实施中得到阐明。

我敦请贵方今后在 1933 年 4 月 6 日公告(Nr. A 7642)的贯彻实施上加以操心，直到我们发布进一步的指示。

瓦克(Wacker)博士

1933 年 4 月 28 日决议 Nr. 4012

I. 抄送各系主任先生……请予知晓。我请诸位操心于下述事情，即对 1933 年 4 月 6 日公告(Nr. A 7642)予以一种彻底的和清楚的贯彻实施，否则我们的大学将陷于危险中，使得每一种为受到威胁的同事本身的说情活动都变得毫无希望了。

II. 存档

大学校长办公室：

海德格尔

34. 批准对大学生的一次召唤*

弗莱堡大学　　　　弗莱堡,1933 年 4 月 29 日

大学校长办公室

Nr. 4064.

I. 致本校的西萨茨(Cissarz)博士教授先生:

您本月 19 日提交的动议中附入了对大学生的召唤申请,您号召他们 5 月 4 日和 5 日在大学前面和一些研究院前面参加由高校社团兰格马克[①](由钢盔团即德国前线士兵联盟成员构成)所组织的集会,对此我们予以批准并分发。

II. 此事通知各位校舍管理员及校役先生,并且通知大学研究院。

III. 存档

海德格尔

---

① 兰格马克(Langemarck):德国准军事组织"钢盔团"在德国高校中的分部,因一战期间著名的"兰格马克战斗"而得名。兰格马克是比利时的一个村庄,1917 年 8 月至 11 月,德军同协约国军队在此发生激烈交战,德军共阵亡 44000 人,其中包括 6313 名年轻的学生士兵。这些学生士兵的勇猛奋战和惨重伤亡震动了整个德国,引发了当时以及此后的各种纪念活动。——译注

35. 诚挚的和不变的感激之情* 87

1933 年 4 月 29 日

非常尊敬的胡塞尔夫人！

在这几个艰难星期里的事情使我感到很有必要给您和您先生——同时以我先生的名义——写上几句话。我们想对您们两位说，我们今天——如同向来那样——在不变的感激之情中思念着您们为我们所证实的一切东西。当我先生在他的哲学中必须走别的道路时，他永远都不会忘记那种东西，即他作为您先生的学生也恰恰为他最本己的任务所赢得的那种东西。并且您本人在战争结束后的那段艰难岁月里使我们分享到的那种善良与亲切，我将永远铭记在心。让我感到非常痛苦的是，在最近这些年来我不再可以向您表示这份感激之情，虽然我从未真正弄懂，是何种由误解编织起来的谎言使得您们在我们身上仅仅看到了那些东西，那些令您二位感到失望的东西。但在所有这些感谢之情中还有对您两个儿子的牺牲精神[①]的深深感谢，并且这甚至仅仅是在那个新的法令意义上而言的，倘若我们应无条件地并在真挚崇敬中拥护那些

① 胡塞尔的两个儿子在“一战”中参军入伍，次子沃尔夫冈（1895—1916 年）战死，长子格尔哈特（1893—1973 年）身受重伤。——译注

在最高的危难时刻中通过对我们德意志民族的功绩而变得众所周知的人的话。因此,当我们最近通过报刊得知您在基尔的儿子[1]所遭遇的事情时,我们就愈发感到震惊了。我们希望,在这件事上发生的仅仅是职权的滥用,是基层部门在这几周的普遍激动中所干的事情,正如1918年那几个革命周里所发生的不公正的和非常痛苦的事情一样。

尊敬的、亲爱的胡塞尔夫人,请您把这封信——倘若您愿意的
88 话——接受为它所是的那种东西:对诚挚的和不变的感激之情的表达。

您非常谦恭的

埃尔弗里德·海德格尔

---

① 指胡塞尔的长子格尔哈特。格尔哈特1926年成为基尔大学法学教授,1933年4月25日,格尔哈特因为犹太血统被勒令停职,尽管《重建公务员集体法令》有对参战者的例外规定。——译注

36. 对克里斯特勒的推荐*

弗莱堡,1933 年 4 月 30 日

亲爱的海伯林(Häberlin)先生!

克里斯特勒(Kristeller)博士先生请求我把他推荐给您。或许您能够给他提建议并帮助他。

克里斯特勒博士先生是一个极认真的人,具有全面的语文学-哲学的训练。他最近对费奇诺[①]的研究工作,配得上在某个学会中发表[②]。

我担心的是,您在巴塞尔现在堆积着太多的教授资格论文申请。然而,我们的道路首先是在哪里被切断的,哪里也就应尽可能多地予以帮助。工作和职务使我几乎不再有一刻的清闲。

我始终还期望着再次见到您。

致以亲切的致意和问候

您的

海德格尔

① 马尔西利奥·费奇诺(Marsilio Ficino,1433—1499 年):文艺复兴时期意大利哲学家、美学家,佛罗伦萨柏拉图学院派的最著名代表。他对柏拉图作品和其他希腊作品的拉丁语翻译为文艺复兴人文主义学术确立了卓越的标准。——译注

② 指呈交发表教授资格论文。克里斯特勒的教授资格论文是对费奇诺的研究。——译注

37. 格勒高级教士

（1933 年 5 月 2 日的葬礼致辞）

每一个人都死着他自己的死亡。并且死亡始终是生命最深的秘密。因此，我们很少能胜任死亡并且是无能于思考死亡之本质的，因此，我们倾向于避开死亡并把我们保持在生命中并且如此这般地去思考过去的生命。

那么我们就可以告诉人们，我们大学的这位从我们当中逝去的教师与合作者是一位愈发勤奋的教师和愈发不倦的研究者，无论是他的喜悦之心还是活力之心都没有让他变老。

我们可以告知的是，他每时每刻都在为我们大学的声望和持存而操心，在战后那些黑暗和艰难的年份里是他作为校长而引导着我们大学的历史，在他的基金委员会与奖学金委员会的工作中，他每时每刻都在应在的位置上做好了帮助学生的准备。

我们把这告诉和告知人们，并且把我们持久的感谢和崇敬奠基于其上。

但是死者可能不想听到这个，因为死者根本上仅仅听见——这是古老的智慧告诉我们的——沉默和寂静。

唯当我们沉默，我们才在当下理解他并且他也理解我们；不是作为心灵之思想空虚的沉默——唯当我们在心灵的这种沉默中下定决心，去为了伟大的目标而挥霍我们，我们的死亡才能出落得很好并且成为生命的一场庆典。

91

38. 对他们的职位关系的延续*

（摘要）

文化、课程与司法部部长　　卡尔斯鲁厄，1933 年 4 月 28 日

——文化和课程分部——

国务委员

Nr. A. 8500.　　　　重建公务员集体

致弗莱堡大学校委会

依据 1933 年 4 月 6 日的公告（Nr. A 7642）——“对安全与秩序的维持”——对下述犹太种族的大学职工宣布予以暂时停职：

特别教授约纳斯·柯恩（Jonas Cohn）博士，

荣休正教授埃德蒙德·胡塞尔博士，

荣休特别教授沃尔夫冈·米歇尔（Wolfgang Michael）博士，

哲学系助教、讲师维尔纳·布洛克（Werner Brock）博士，

…………

同时应凭证明文件透露给上述这些人的是，我同意一种任何

时候都可撤回的、**对他们的职位关系的延续**，直到那种贯彻执
行——对 1933 年 4 月 7 日“重建公务员集体”法令(R. G. Bl. I. 92
S. 175)的贯彻执行——的前提得到了最终澄清。

签名：瓦克博士

弗莱堡大学校长办公室　　　　弗莱堡，1933 年 5 月 3 日

Nr. 4115.

致哲学系

请予知悉。所提及人员从现在起应被告知。

海德格尔

93

39. 被置入新的任务中*

（给弟弟的信）

弗莱堡，1933 年 5 月 4 日

亲爱的弗里茨！

衷心感谢你的来信。你不应从下面来看这整个运动，而应从领袖[1]那里来看并且从他的那些伟大目标来看这整个运动。我昨天入了党，不仅仅是出自内在的确信，而且也出自那种意识，即，对整个运动的阐明与澄清，只有以这种途径，才是可能的。倘若你目前还没有为此作出决定的话，我想给你提出如下建议：为入党做好内在的准备，在这方面绝不要去关注在你身边的低级庸俗和不那么令人愉悦的事物上发生的事情。我通过接受校长一职而被十分突然地置入到新的任务中去了，并且必须首先让自己的工作完全地退到背景中去。但是人们现在却不再可以只想到自己，而应仅仅想到德意志民族整体及其命运（Schicksal），这一命运现在正处于危险中。

我同时还给你寄去你想要的那个样本，即我的教授就职讲

① 此处“领袖”（Führer）指希特勒。此词在过去常被译为“元首”。——译注

座[①]的样本。

致以从家到家的诚挚问候

你的哥哥

马丁

① 指作者1929年的教授就职讲座《形而上学是什么?》。——译注

94

40. 在部里进行汇报*

弗莱堡大学校长办公室　　　　　　弗莱堡，1933 年 5 月 5 日

非常尊敬的枢密顾问先生！

我请求您立即在部里对这一事件进行汇报。

我真诚地希望，您能克服转折时期必然会带来的艰难与困苦，并且能够为了那些任务——对您的庄严的科学作出一种整体阐明——而保持您的研究者与教师之人格的力量。

在真挚的崇敬中向您致意

您的

马丁·海德格尔

41. 论注册入学
（1933 年 5 月 6 日）

眼下这个瞬间，您们转入到德国大学的这个瞬间，是一个非同寻常的瞬间。

整个德意志民族必须在一种伟大的领导下寻得返归自身的道路。正是在这种领导中，这臻于自身的民族才创造了它的国家。这种构形到其国家中去的民族向上生长为国体。[1] 这个国体接受了它的民族的命运。这个民族在诸多民族中赢得了它历史性的、精神性的任务并且创造了它的历史。

但这种发生事件却向外远远地探入到一种黑暗未来的艰难之生成中去了。并且在这种生成中，大学青年已经一道处于觉醒(Aufbruch)中了。他们信守着他们的使命。[2]

---

① 此处“民族”(Volk)、“国家”(Staat)、“国体”(Nation)这三个概念在现代德文中的意涵互有重叠交叉之处，其中，“Volk”既有“人民，大众”又有“民族”之意，“Staat”既有“国家”又有“政府”之意，“Nation”既有“民族”又有“国家”之意。就后二者而言，“Staat”的“国家”意较为务实，即特定疆域中的人们在一种主权下所构成的共同体；“Nation”的“国家”意则较为务虚，多指国家本质，为在汉语中转呈这种区分，这里把后者勉强译为“国体”，但在后文其单独出现的语境中，我们也仍会将其译为“国家”。——译注

② 这句话的原文是“Sie steht zu ihrer Berufung”。“Sie”指称阴性集体名词“大学青年”(die akademische Jugend)，译文按汉语习惯做了调整。以下凡此类型，不复注明。——译注

这意味着:他们是从下述意志而来生存的,即要去发现那种培育和那种教育,这种培育和教育可以使他们成熟和强壮地趋向那种精神的-政治的领导,而这种领导乃是将来从民族而来并为了民族而应被托付给他们的职责。

趋向这种领导的教育之场所就是大学。“大学生”和“大学学习”这些词语失去了它们长久以来外在地形成的含义。

注册入学是对进入高等和最高之德国学校的学生的庄严接纳,这些学校乃是精神教育——并且这同时也即意味着政治教育——的学校。

从前,这个行为乃是这样一个瞬间,即进入到对所谓的“大学自由”之享受中去的瞬间。并且这种自由意味着无忧无虑,意味着意图和喜好的随意,意味着行为举止中的无拘无束。

伴随着值得纪念的1933年的夏季学期,“大学自由”这一概念终于丧失了它的含义内容。将来,它将被带回到它真正的真理中去。

96 自由不是**关于什么**的自由,不是关于义务、秩序以及法律的自由。自由是**为了什么**的自由,是为了德意志命运坚决果断地共同予以精神投入的自由。

随着注册入学,我们就加入了坚决果断者的行列。注册入学意味着转入到那些人——对于这些人而言,德意志民族的那种精神性的历史使命(Sendung)乃是最初的东西和最终的东西——的**斗争和教育之共同体**中。

通向这种斗争——为了德意志历史使命而进行的斗争——的那一**向度**只能被**战斗性地**赢得和确保。一切能力和才干,一切教育和教化，都必须始终通过斗争得到展现、在斗争中得到提升并作为斗争而得到保存。

科学的教育绝不是对知识和处理方式的提供与接受。它乃是**竞赛**[①]，在这种竞赛中，每一个人都在共同的任务中准备好同每一个人进行争辩(Auseinandersetzung)。

您们不应把完成了的真理提供给诸科学并把目标调准为，以最短的和最舒服的途径通过种种考试。反倒是，您们应该敢于把自身向外抛置到发问活动的凛冽之气中去，应该使自身遭受探寻活动的不可靠性，应该使自身被逼入权衡着的(wägenden)和冒险着的(wagenden)决断活动的艰难中去。

并且，在所有这一切中，您们应进入所有那些权力的那种逼迫着的切近中去，正是这些权力规定着一个精神性的世界：自然与历史，诗作与伟大之思，经济与技术，——绝非单纯的那些让您们满足和不满足的教材。

但现在，劳动服务[②]和国防服务的那些新的任务同时应被构形到这种斗争式教育的基本情调中去，——不是什么附加物，而是从根本上共同规定着全部精神和教育的全部情调；未来将形成政治的阶层——[此乃]并存之危险。

每一种斗争都在自身中承受着它本己的兴致和本己的欢腾， 97
并因而在欢乐中、在喜悦中、在游戏中展示着它的兴致与欢腾。

---

① 德文“竞赛”(Wettkampf)一词在构词中含有“斗争”(Kampf)这一词干。——译注

② “劳动服务”(Arbeitsdienst)的确切含义是：效力于国家的那种自愿的或义务的共同工作。亦可译为“国民劳役”。——译注

但所有这种东西，这种必然归属于大学生活的东西，您们都不必去做作地创造和寻求。它就在那里，等候着您们：庄严的城市[①]，阿雷曼人的土地[②]，群山与莱茵河，阿雷曼人的民族性。所有这些，您们不应仅仅偶然地“观看”，而应将其接纳并奏鸣到您们整个此在的情调中去。

民族性——精神之根，为黑森林[③]所支配和定调。但就连黑森林也已经通过政治的现实而为德国的大学生改变了。它不仅仅是令人激动的冬季运动地区和夏天旅行与步行的漫游区域。在未来，对于德国的大学生而言，黑森林首先是且主要是：阿尔伯特·里奥·施拉格特[④]的故乡山脉、故乡森林与故乡山谷。

您们应该知道，在黑森林的那些孤独的农家院落里还居住着男人和女人，他们能够告诉您们本质性的东西，并且这只是通过下述方式才做到的，即他们如何在那里存在、如何始终与他们的土地以及这片土地之急难结合在一起的那种方式。

---

① 指弗莱堡。——译注

② 阿雷曼人是莱茵河与多瑙河上流的日耳曼族的古称。阿雷曼语是地理意义上的高地德语(Oberdeutsch)两大分支中的一支。弗莱堡以及包括海德格尔故乡梅斯基尔希在内的上施瓦本地区都属于阿雷曼语言地区(施瓦本语本身是阿雷曼语的一种方言)。——译注

③ 黑森林(Schwarzwald)：德国最大的森林山脉，位于德国西南部的巴登-符腾堡州(即弗莱堡所在州)，根据森林分布的稠密程度分为北部黑森林、中部黑森林和南部黑森林三部分。——译注

④ 施拉格特(Albert Leo Schlageter, 1894—1923年)：德国士兵，出生在黑森林地区的一个名叫许瑙的小城(位于弗莱堡以南23公里处)。1923年，施拉格特在当时被法国占领的鲁尔地区参加地下抵抗，炸毁了一座铁路桥后，被法军俘虏，忠贞不屈，旋被处死。纳粹党把他当作爱国英雄大力宣传，并在执政后以施拉格特的名义设立了一个国家法定节日。——译注

被接纳到精神的－政治的教育之最高学校的这一事件，使您们有责任在一切内在和外在的事物中都以最大的严格和严厉来克制自己，使您们有义务在人民集体的一切分部和阶层中都以身垂范。

我现在根本无需多言的是，没有节制的举止，粗鲁的胡作非为，都完全变得不可能了。

现在我请求，按字母顺序，……先生，走上前来。他应以您们的名义作为您们的代表一道实行这种责任。

我要您们发誓遵守德国大学的法则，在行为举止上以身垂范，认真遵守大学的规章制度。

42. 祝贺和感谢*

1933 年 5 月 8 日

致美茵法兰克福大学

克里克(Krieck)博士教授先生

校长阁下

亲爱的克里克先生!

我衷心祝贺您担任校长一职。相信我们会有一种好的战斗合作关系。

胜利万岁!

您的

海德格尔

1933 年 5 月 9 日

致菲尔勒(Fehrle)博士教授

处长先生

卡尔斯鲁厄

非常尊敬的处长先生！

对于您对我入党一事的祝贺，我表示最衷心的感谢。我们现在必须把一切东西都放置到这上面来，以便为新的国家政治的精神赢得受过教育之人和博学之人的世界。这绝不会成为轻易的战斗。

胜利万岁！

非常尊重地致以问候

您非常谦恭的

海德格尔

99

43. 致帝国地方长官罗伯特·瓦格纳的电报*

(1933 年 5 月 9 日)

欣闻帝国地方长官之任命,谨向家乡边土[1]之领导问好,致以战斗式的胜利之祝福。

弗莱堡大学校长

签名:海德格尔

---

① 指位于德国西南边陲的巴登州。罗伯特·瓦格纳(Robert Wagner,1895—1946 年)自 1933 年 5 月 9 日起成为巴登州行政长官。——译注

44. 全体大学生 100

(1933 年 5 月)

论学期工作的真正开始

我祝愿您们拥有真正的活力和坚决果敢。愿您们始终意识到,只有教育工作,存在于权威作用之典范性中的教育工作,才在一切行为中显示出**精神性的重要地位和高贵雅致**。

我们所效力的那一伟大的建造工作——德国的大学应为这种建造工作投入力量——在任何时候、任何处境下都不应受到质疑和指责,倘若我们不知道精神性的重要地位和科学的品质意味着什么的话。我们只知道,我们甚至将会提出新的要求。

按照部长先生的指示,绝对的纪律应得到遵守。为了实现这一点,我们要相信自己的力量。

[批判性的表态]

全体大学生不想要统一的、精神性的－防卫性的－劳动服务的教育,而是想要军事的冲锋队训练①,并且是想要和训练性的劳

---

① 冲锋队(SA):德国纳粹党的半军事组织。——译注

动服务和劳作繁重的行业专家们编组在一起接受冲锋队训练("顶级"表现)：

这是要干什么？①

1. 对外政策的国防服务之必要性。

2. 对内政策的冲锋队之扩建。

3. 社会主义的对劳动者的忧虑(这样讲同样考虑到了1和2)。

4. 因而就是一个按照福利、幸福以及"宁静"而被设置起来的军事国家——德国的布尔什维主义？

---

① 这句话以及下面四句话系海德格尔对上一段文字的"批判性的表态"。——译注

45. 对祝贺的感谢* 101

Nr. 4504.　　　　　　　　　弗莱堡，1933 年 5 月 10 日

致莱比锡商学院

沃尔纳(E. Wörner)博士教授先生

校长阁下

校长阁下：

我特别地感谢您对我当选校长一事的私人祝贺。但愿新上任的校长们能够成功地做到，把德国的高校再度带到那一轨道中去，即在德国历史中已为它们示范性地标划出的那一轨道。

非常尊重地致以问候

校长阁下，我是您非常谦恭的

海德格尔

弗莱堡大学校长办公室　　　　弗莱堡,1933年5月29日

Nr. 5396

致本校的冯·赫维西(von Hevesy)博士教授先生

非常尊敬的同事先生!

谢谢您发来的祝贺电报,它让我感到非常高兴。

非常尊重地致以问候

您非常谦恭的

海德格尔

46. 校长职务移交庆典* 102

弗莱堡大学校长办公室　　　　　　弗莱堡，1933 年 5 月 12 日

致弗莱堡市市长科尔伯先生

校长职务移交庆典将于今年5月27日，星期六，上午11点在弗莱堡大学大礼堂准时举行。

为此，校长和校委会成员极为谦恭地发出邀请，倘若阁下能大驾光临参加学校的这次庆祝活动，我们将倍感荣幸，欢欣之甚。

典礼结束后，在“考普夫饭店”有一场共同参加的简餐。我们想请阁下，作为我们的贵宾，也来参加庆典的这第二部分活动。

致以极大的尊敬

您最谦恭的

海德格尔 校长

敬请回复

103 # 47. 弗莱堡大学生的国防服务

弗莱堡大学校长办公室　　　　　弗莱堡,1933 年 5 月 17 日

Nr. 4909.

I.致弗莱堡区政府——弗莱堡警察总局

为了把弗莱堡大学生的国防服务带到一种严格的和有经验的引导之下,我请求警察总局为此提供一支适宜的、可供调遣的力量,至少提供至下述程度,即,直到大学生的国防服务被带入统一有序的轨道中了。

II.存档

海德格尔

48. 在领袖 1933 年 5 月 17 日的讲话之后 104

（在体育场中转播）

对全体教师和学生的讲话

帝国总理，我们的伟大领袖，已经发表了讲话[①]。

其他的那些国家和民族应该现在作出决定。

---

① 1933 年 5 月 16 日，美国总统富兰克林·罗斯福向 44 个国家的元首发出信件，概述了美国在裁军与和平方面的计划和希望，呼吁废除一切进攻性武器。第二天，5 月 17 日，意欲伪装为和平主义者的德国总理希特勒在国会发表"和平演说"，及时而充分地利用了罗斯福总统的和平呼吁："我在昨天晚上获悉罗斯福总统提出的建议，德国政府对他的建议表示最热烈的感谢。德国政府愿意同意这个克服国际危机的方法……我们尊重其他民族的国家权力，并从内心深处希望与他们一起生活在和平与友谊之中。对于那些希望合作起来维持和平的人来说，总统的建议是一件令人高兴的事情……总统建议让美国介入欧洲关系以作为和平的保证，德国对此表示欢迎……德国完全愿意放弃一切进攻性武器，如果有武装的国家也销毁他们的进攻性武器的话……德国也完全愿意解散它的全部军队，销毁它现有的少量武器，如果邻国也这样做的话……德国愿意同意任何庄严的互不侵犯条约，因为它并不想进攻别国，而只想谋求安全。德国不要战争。战争是疯狂透顶的事，它会造成现有社会和政治秩序的崩溃。德国并不希望把其他国家的人民德国化。上一世纪的心理状态使德国人认为他们应该把波兰人和法国人变成德国人，这种心理状态同我们是格格不入的。……法国人、波兰人和其他国家的人民都是我们的邻人，我们知道，任何事情都不可能改变这一客观现实，否则，这种事情在历史上是不可想象的。德国政府希望与其他国家的所有困难问题达成和平协议。德国深知，欧洲的任何军事行动，即使完全成功，与可能得到的东西相比，牺牲都是不能成比例的。"在演说中除了强调两个"如果"外，希特勒在最后还给出了一个明确的"警告"："德国要求同所有其他国家享有平等待遇，特别是在军备方

我们自己已经作出了决定。我们决定好了,要去走我们之历史的艰难进程,这个进程是为这个国家的荣耀和这个民族的伟大所要求的。

我们下定了决心并且知道这种坚毅果敢的前提。这是一种二重性的东西:做好准备直至最远的事物,结成同志直至最终的东西。正是在这样一种坚毅果敢中,我们现在再次着手展开工作。再一次地:对于这个学期的每一种工作而言,无论它是大还是小,都应作为标志伫立于其上的是:

做好准备与结成同志。

向我们伟大的领袖阿道夫·希特勒致以德国式的胜利祝福。

面。如果不能得到平等待遇,德国宁可退出裁军会议和国际联盟。作为一个名誉不断遭到破坏的国家,要让我们继续留在国际联盟将是很困难的。”这一演说被史学家们认为是希特勒“一生中最漂亮的演说之一,堪称欺骗宣传的杰作,它不仅深深地打动了德国人民的心,使他们团结在他的周围,而且在国际上造成了一个深刻的、使人有好感的印象”。参见威廉·夏伊勒:《第三帝国的兴亡:纳粹德国史》,上册,董乐山等译,北京:世界知识出版社,1996 年,第 306—308 页。——译注

49. 致帝国总理的电报*

（1933 年 5 月 20 日）

105

致帝国总理先生——帝国总理官邸，柏林

我非常谦恭地提出如下请求，请求把原计划的对德国高校协会理事会的接待予以推迟，直到高校协会的指导在那种恰恰在此尤其必要的一体化[①]的意义上得到了贯彻执行。

海德格尔

弗莱堡大学校长

---

① “一体化”（Gleichschaltung）：纳粹用语，意指“强迫组织、机构、人的思想等实现一体化，使之一致”。——译注

106

50. 准备出版第一个讲座*

1933 年 5 月 22 日

致布劳恩瓦特(Braunwarth)博士先生

弗莱堡，

卡尔大街，49 号

非常尊敬的博士先生！

我非常高兴地做好了让我第一个讲座得到出版的准备。然而这整个讲座都必须得到传播。自我前几天和柏林的“德国大学生协会”(DS)进行磋商以来，我一直在思考这个问题，因为这个讲座恰恰首先是这个协会的机关报注意到的。一旦我作出了决定，我会立即告知您的。

谢谢您所寄来的附件，我已经把它转交了。

希特勒万岁[①]

海德格尔

---

① “希特勒万岁”(Heil Hitler)中的“Heil”在德文中系问候语，意指“好运、康宁、保佑”，国内通常译为“万岁”，这里遵从通常译法。——译注

51. 德国大学的自身主张 107

承担校长职务，就有义务**在精神上**领导这座高等学府。只有真正地和共同地扎根于德国大学之本质中，只有从这种扎根而来，教师和学生的共同追随才能苏醒并得到加强。但是，唯当领导者们本身首先并且任何时候都是被领导者——被那种精神性使命的无情所领导，正是这种使命把德意志民族的命运迫入了其历史的印记中——德国大学的本质才能达到其明澈性、地位以及权力。

我们知道这种精神性的使命吗？无论答案是肯定还是否定，都必然始终有这样一个问题：我们，这所高校里的全体教师和全体学生，**已经**真正地和共同地扎根到德国大学的本质中去了吗？对于我们的此在而言，这种本质拥有真正的烙印力量吗？当然，但唯当我们从根本上**意求**这种本质，它才有这种力量。然而有谁想在这上面有所怀疑呢？人们通常在大学之“自治”中看见了大学的那些居支配地位的本质特征；这种自治应该始终得到保持。然而，我们是否也已全盘地思考过那种东西——这种自治之要求向我们所要求的那种东西？

自治事实上意味着：给我们自身确立使命并给自身规定这种使命之实现的道路和方式，以便我们自身在其中去是我们应是的那种东西。但是,我们,德意志民族最高学府的教师和学生的这一团体,就知道**我们自身是谁**了吗?若没有最持久的和最严厉的**自身省思**,我们究竟**能够**知道这一点吗?

无论是对大学今日形势的了解,还是对其过去历史的熟悉,都还不能确保一种对其本质的充分认识——除非我们为了将来而事先明确、严格地界定这种本质,在这一自身界定中**意求**(*wollen*)该本质;并且除非我们在这种意求活动中**主张**(*behaupten*)我们自身。

108 唯有在自身省思的基础上,自治才得以成立。但自身省思只有在德国大学的自身主张的力量中才得以发生。我们将实行这种自身主张吗,并且如何实行?

德国大学的自身主张是意求德国大学之本质的那种源始的、共同的意志。德国大学对于我们而言是这种高等学府,它从科学出发,并通过科学,把德意志民族之命运的领导者和守护者纳入到教育和培育中。意求德国大学之本质的那种意志,就是意求科学的那种意志,也就是意求德意志民族——作为一种在它的国家中知其自身的民族——的历史性的、精神性的使命的那种意志。科学和德国之命运必须**一齐**在本质之意志中获得权力。当且**仅当**下述情形发生时,它们才能实现这一点,那就是,我们,全体教师和全体学生,**一方面**使科学遭受其最内在的必然性,另**一方面**在德国命运的极度急难中承受住德国的命运。

然而,只要我们仅仅——就“新的科学概念”而言——让独立性和无前提性对一种太过新近的科学变得有争议了,我们就不会在科学之本质的最内在的必然性中经验到科学的本质。这样一种仅仅否定性的、眼界几乎没有超过最近几十年的回顾之举，渐渐变成了一种真正在致力于科学之本质的努力的假象。

倘若我们想要把握科学的本质，我们就必须首先直面这个决定性的问题：科学还应该继续为我们而存在吗？或者，我们应该让它被驱向一种迅速的终结？“科学根本上应该存在”，这一点，永远都不是绝对必然的。但是，倘若科学应当存在，倘若它应当为我们并通过我们而存在，那么在什么条件下它才能真正存在？

唯当我们将自己再度置于我们的精神性-历史性此在的开端的权力之下［它才能真正存在］。这个开端就是希腊哲学的觉醒。正是在这种觉醒中，从一种民族性而来的西方人，凭借着他的语 109
言，第一次站起来反抗存在者整体，询问存在者整体并将其把握为它所是的那种存在者。所有的科学都是哲学——无论科学是否知道这一点，也无论它是否愿意知道。所有的科学都始终生根于哲学的那个开端。科学正是从这个开端中汲取出科学之本质的力量的，设若科学根本上依然还能对付这个开端的话。

在此，我们想要为我们的此在重新赢得科学源始的希腊本质的两个突出特性。

在希腊人那里流传着一个古老的报道，按其说法，普罗米修斯乃是第一个哲学家。埃斯库罗斯安排普罗米修斯说了一句箴言，它道出了知识之本质：

τέχνη δ’ ἀνάγκης ἀσθενεστέρα μακρῷ

（《普罗米修斯》514 ed. Wil.）

“但知识远不如必然性有力。”这所要说的是：每一种关于物的知识都首先被让渡给命运之优势了，在这种优势面前，任何这样一种知识都失灵了。

恰恰因此，为了在命运之优势面前真正地失灵，知识必须展现它的最高违抗(Trotz)——存在者之隐蔽状态的整个权力正是为了这种违抗才兴起的。如此，存在者恰恰在其深不可测的不容变更性中敞开了自身，并把它的真理给予知识。这个箴言，这个关于知识的创造性的无力(Unkraft)的箴言，乃是希腊人的一句名言，人们太轻易地想为一种纯粹依赖于自身并同时遗忘了自身[1]的知识——人们把这种知识解释为一种“理论的”(theoretische)态度——在希腊人身上找到其典范。但是，对希腊人来说，θεωρία是什么？人们说：θεωρία是纯粹的观察(Betrachtung)[2]，这种观察始终仅仅同实事——在其丰富性和要求中的实事——关联在一起。按照对希腊人的引证，这种观察着的行为是仅仅为其自身之缘故而发生的。但这种引证是不对的。因为，一方面，“Theorie”[理论]并不是为其自身之缘故而发生的，而是仅仅在这样一种激
110 情[3]中发生的，即，去始终切近于存在者本身并始终处于存在者的

---

① 此处“遗忘了自身的”(selbstvergessen)一词的实际含义是：陷于沉思的，出神的。——译注

② 希腊文“θεωρία”的本意是“观察，注视”，由此形成“研究”之意，并最终具有“理论”之意。而“Betrachtung”这个德文词，除了“观察”之意外，同时还有“思考；研究”之意。作者在希腊语和德语之间的这种对应翻译有其便利之处，但给中文翻译带来一定困难。——译注

③ 德文“激情”(Leidenschaft)一词在字面上和实际语义中都含有“痛苦”(Leiden)之意，这与下句话中的“始终处于存在者的逼迫之下”有关。——译注

逼迫[①]之下。而另一方面,希腊人为之奋斗的恰恰是,把这种观察着的发问活动,作为ἐνέργεια[运作/实现]的、"am-Werke-Sein"[运作/实现][②]的以及人的一种方式甚至是那种最高方式来予以把握和实行。希腊人所考虑的,不是要让实践去相称于理论,而是相反,是要把理论自身理解为真正之实践的最高的实现。对希腊人来说,科学不是一种"文化财产",而是整个民族性的-国家性的此在的那种最内在地起着规定作用的中心。对于他们而言,科学也不是单纯的把无意识带到意识中去的手段,而是那种权力,那种凛冽把持整个此在和席卷整个此在的权力。

科学就是在持续自行隐蔽着的存在者整体中的那种发问着的坚持。这种行动着的坚持忍耐,在此是知道它在命运面前的无力的。

这就是科学的那种开端性的本质。但是,这一开端不是已经过去两千五百年了吗?人类活动的进步不是也已经改变了科学吗?确实如此!随后的基督教的-神学的世界阐释,和后来近代的数学的-技术的思想一样,都已经在时间上和实事上让科学远离了它的开端。然而,开端自身却决不因此而被克服掉或者甚至被毁灭掉。因为,倘若源始的希腊科学是某种伟大的东西,那么,这个伟大东西的开端就始终是它最伟大的东西。如果这个开端的伟大竟不再存在,则科学的本质就根本不会像今天那样——

① "逼迫"(Bedrängnis)在日常德语中的含义是"窘境,困境",但从海德格尔的文本语境来看,按其动词意而译为"逼迫"的译法或更为合适。——译注

② 此处"am-Werke-Sein"是作者对前一希腊词语ἐνέργεια的翻译,也可考虑译为"在作业中"。——译注

虽然存在着种种成果和“国际组织”——被弄得空洞和遭到误用。这个开端依然**存在着**。它不是作为早已过去之物躺在我们身后,而是站立在我们**面前**。开端,作为最伟大的东西,已经预先掠过了所有将来之物,并因而也已掠过了我们。开端已经侵入我们的将来,它作为遥远的命令立在那里,命令我们去重新迎接它的伟大。

111 唯当我们为了重新赢回开端之伟大而坚决服从这个遥远的命令(diese ferne Verfügung),唯有在这时,科学才成为我们此在的最内在的必然性。否则,科学就始终只是一个我们陷于其中的偶然事件,或者,始终只是一种无害之活动——促进认识达成一种单纯进步——的平静惬意。

但倘若我们服从开端的那个遥远的命令,则科学就必须成为我们精神性的-民族性的此在的基本事件。

并且,倘若甚至我们最本己的此在本身都立于一场伟大的转变面前,倘若弗里德里希·尼采,满怀激情地寻求着上帝的这最后一位德国哲学家,所言不谬——“上帝死了”,倘若我们必须认真对待今天之人在存在者中间的这种被遗弃状态,那么科学又是怎样一种情形呢?

于是,希腊人在存在者面前的那种开端性地惊叹着的坚持忍耐(Ausharren),就转变为到隐蔽者和不确定者亦即可疑可问者中去的那种全然无遮无掩的遭受(Ausgesetztsein)。发问活动遂不再只是通向答案(作为知识)的可被克服的预备阶段,毋宁说,发问活动自身变成了知识的最高形态。于是,发问活动就展现了它揭示万物之本质性东西的那种最本己的力量。发问活动遂要求对那种观照——对不可规避者的观照——予以最大的简化①。

这种发问活动打碎了诸科学在分门别类的专业中形成的壁垒，把诸科学从漫无边际和茫无目标地分散到个别领域和角落中去的那种状态中取回，从人的－历史性的此在的所有那些塑造着世界的权力的丰饶和祝福中而来，重新直接地确立科学（die Wissenschaft），这些权力即：自然，历史，语言；民族，风俗，国家；诗作，思想，信仰；疾病，疯狂，死亡；法律，经济，技术。

倘若我们意愿要那种科学之本质，即**在存在者整体之不确定性中的发问着的、无遮无掩的坚持忍耐**意义上的科学之本质，则这种本质之意志就为我们的民族创造了它最内在的和最大的危险之世界，亦即它真正**精神性的**世界。因为“精神”既非空洞的机敏，亦 112
非不受约束的智力游戏，亦非漫无边际的知性分析活动，也根本不是世界理性，毋宁说，精神是源始地定调了的、认知着的朝向存在之本质的坚决果敢。并且一个民族的**精神性的世界**并非一种文化的上层建筑，同样也不是诸多可用知识和价值的武器库，相反，它乃是对一个民族的大地和血液之力量予以最深之保藏的权力，是对一个民族之此在予以最内在之激活与最辽阔之震动的权力。唯有一个精神性的世界才向这个民族保证了伟大。因为它迫切要求着，在伟大之意求和衰落之允让之间持续作出的决断，成为那种征程——我们的民族已经踏上了这一进入其未来历史中去的征程——的步伐法则。

---

① 此句德语原文为：Das Fragen zwingt dann zur äußersten Vereinfachung des Blickes auf das Unumgängliche。——译注

倘若我们意求科学的这种本质,则大学的全体教师就必须真正地向前推进到持续的世界不确定性之危险所具有的那些极端的岗位中去。倘若他们坚持在那里,也就是说,倘若从那里——万物之逼迫的本质性的切近中——从他们身上产生了共同的发问和一起被定调了的道说,则他们就会强有力地成为领导群体。因为领导活动中的决定性的东西不是单纯地走在前面,而是那种能够独行的力量,不是出自固执己见和统治欲望,而是凭借一种最深邃的使命和最广阔的责任。这样一种力量与本质性的东西联系在一起,造就了精英中的精英,并唤醒了拥有新的勇气的人们的真正的共同追随。但是我们并不需要现在才去唤醒这种共同追随。德国的全体大学生已经踏上征程。并且他们所寻求之人,就是上述那些领导,通过这些领导,德国全体大学生想要把他们本己的使命提升为得到奠基的、认知着的真理,并将这种使命置立到那阐释着-运作着的话语和著作的清晰明澈中去。

德国全体大学生决心要在德意志最大的急难中坚持忍受住德意志的命运,从这种决心中出现了一种意求大学之本质的意志。
113 只要德国全体大学生通过新的大学生法案把自身置立到其本质之法则下面并由此才首先界定了这种本质,那么这种意志就是一种真正的意志。给予法则于自身,此乃最高之自由。那种常被歌颂的"大学自由"[①]将被从德国大学中驱逐出去。因为这种自由是不真实的,因为它只是否定性的。这种自由主要意味着漠不关心、意

① 这种"大学自由"(akademische Freiheit)是从大学生角度所看到的自由,不宜译为"学术自由"。相关译名解释请参见本书第 5 篇文章的译注。相关语境可参见本书第 41 篇文章《论注册入学》。——译注

图和倾向的任性随意以及行为举止的无拘无束。德国大学生的自由概念现在被带回到此概念的真理中去了。将来,德国全体大学生的义务和服务都将从这种真理中展现出来。

第一种义务是进入民族共同体的义务。它使我们有义务去参与民族的所有阶层和成员的努力、追求和能力,一道承受,一道行动。这种任务从此以后被固定下来并且通过劳动服务而扎根到大学生的此在中去。

第二种义务关乎这个国家(Nation)在其他民族中的荣誉和命运[①]。它要求着那种在知识和能力中得到确保的、通过培育而被绷紧的对全力投入的准备。未来,这种义务将席卷和穿透作为国防服务的整个大学生之此在。

全体大学生的第三种义务关乎德意志民族的精神使命。这个民族是通过下述方式来作用于它的命运(Schicksal)的,即,它把它的历史置入到那种优势——人之此在的所有构成着世界的权力所具有的那种优势——的公开中,并且始终重新地夺得了它的精神性的世界。这个民族,如此这般地暴露在本己此在的最大的可疑可问性中,意愿成为一个精神性的民族。它自发并自为地在其领导者和守护者[②]身上要求着最高、最广和最丰富之知识的那种最严格的清晰性。一种大学生的青春——它早就敢于拥有大丈夫之

① 此处"命运"原文为 Geschick。海德格尔自四十年代早期起才逐渐在其思想表述中明确区分了"Geschick"与"Schicksal"这两个词语的定位之不同,在"存在历史"的意义上赋予前者以更为深远的意味(汉语学界多据之译为"天命")。考虑到本文写作时期,这里仍不加区分地译为"命运"。——译注

② "领导者"(Führern)和"守护者"(Hütern),原文皆为复数形式。——译注

气概，并且将它的意志活动张挂到国家的未来命运之上——从根本上迫切要求着这种知识之服务。对于这种青春而言，知识服务
114 不应再是为一种“正派”职业所作的沉闷的、匆促的训练。因为政治家和教师，医生和法官，教士和建筑师，领导着民族性的－国家性的此在，并且在这种此在与那些权力——人之存在的那些构成着世界的权力——的基本关联中保存和磨砺着这种此在，因此，这些职业和为之所作的教育就被托付给知识服务了。知识并不服务于职业，而是相反：职业达成并掌管着民族关于其整个此在的那种最高的和本质性的知识。但这种知识，对于我们而言，并不是对本质性和自在价值的平静的获悉，而是对处于存在者之优势中的此在所作的最犀利的危害。存在本身的可疑可问性迫使这个民族进行劳动与斗争，并且迫使这个民族(Volk)进入到其国家(Staat)中①，而那些职业就属于这个国家。

这三种义务——在精神性的使命中通过民族而关系于国家之命运②——对于德意志的本质而言是同样源始的。由此发源形成的那三种服务——劳动服务、国防服务和知识服务——是同样必要的，具有同等的地位。

正是那共同行动着的对民族的知识、准备好了的对国家之命运的知识以及对精神性使命的知识，才一道创造了科学的源始的

① 关于这两个概念之间的联系，请参见本书第 41 篇文章的文本及译注。——译注

② 此句原文为：*durch* das Volk *an* das Geschick des Staates *im* geistigen Auftrag，亦可硬译为“通过民族，关系于国家之命运，在精神性的使命中”，以此对应三种义务。——译注

和完全的本质，而科学之实现的重任是被托付给我们了的——倘若我们服从我们精神性－历史性的此在之开端的那一遥远命令的话[①]。

这种科学在下述情形中得到了意指：倘若德国大学的本质被界定为这样一种高校，即它是从科学而来并通过科学对德意志民族之命运(Schicksal)的领导者和守护者施以教育和培养。

科学的这种源始概念，不仅使我们有义务去达成“实事性”(Sachlichkeit)，而且首先使我们有责任在民族的历史性－精神性的世界中实现发问活动的本质性与素朴性。是的——由此而来实事性才能真正得到解释，也就是说，发现它的特性和界限。

这种意义上的科学必须成为德国大学这种法人组织所具有的 115
塑造性的权力。这当中存在着一种二重性的东西：一方面，全体教师和全体学生必须向来都以他们的方式被这种科学概念所攫取并且始终被其所攫取了。但这种科学概念同时也必须有所改变地介入到那些基本形式中去——教师和学生正是在这些基本形式中才每每以科学的方式活动在集体中，亦即，介入到诸院系和诸专业中去。

唯当院系展现为一种在其科学之本质中植根着的精神立法之能力以便把此在的那些逼迫着它[②]的权力塑造到民族的这样一种精神性的世界中去之际，院系才成为院系。

唯当专业从一开始就把自身置入到这种精神立法的领域中

---

① 此句德语原文为：daß wir uns in die ferne Verfügung des Anfangs unseres geistig-geschichtlichen Daseins fügen。——译注

② “它”指“院系”。——译注

去、由此打破专业壁垒并克服了外在职业训练的陈腐与不当之际，专业才成为专业。

眼下，当诸院系和诸专业使它们之科学的那些本质性的和素朴的问题运作起来之际，教师和学生也已经被民族性-国家性的此在的那些最后的必然性与逼迫性——这对于他们而言是**同样的**——所席卷。

然而，对科学源始本质的塑形呈现却要求着这样一种程度的严格、责任和从容耐心，即，与之相比，对成熟的行为方式的认真遵循或辛勤改动或许都几乎没有什么重要意义了。

但是，倘若希腊人需要用三个世纪才只是把那个**问题**——知识是什么——带到正确的地基上和可靠的路径中，那么我们就更不可以认为，对德国大学之本质的澄清和展现工作，在这个学期或下个学期就能实行。

然而，从业已指出的科学之本质中，我们无疑知道**一点**：唯当
116 那三种服务——劳动服务、国防服务和知识服务——源始地聚集为**一种**冲制性的力量之际，德国大学才能臻于其形态，获得其权力。这所要说的是：

全体教师的本质之意志必须觉醒到并加强到科学本质之知识的素朴和广阔中去。全体学生的本质之意志必须迫使自身向上进入这种知识的最高清晰性和对这种知识的培育中去，并且必须把关于民族和其国家的那种共同科学以要求着和规定着的方式置入到科学之本质中去。一切意志性的和思想性的能力、心灵的一切力量以及身体的一切能力都必须始终**通过**斗争而展现、**在**斗争**中**得到提高并**作为**斗争而得到保存。

我们选择了发问者的这种知识着的斗争，并且和卡尔·冯·克劳塞维茨[①]一道坦承："我宣布放弃那种通过偶然之手而获得拯救的轻率希望。"

但是，唯当全体教师和全体学生比所有其他的民族同胞都更单纯、更严厉、更俭朴地安排其此在之际，教师和学生的这种斗争共同体才会把德国大学改造为精神立法的场所并且在那里取得那种最精炼之聚集的中心，以对民族——在其国家中的民族——进行最高服务。一切领导都必须承认追随者拥有本己的力量。但每一种追随都在自身中承载着反抗。在领导和追随中的这种本质对立，既不可以变得模糊不清，也根本不可以被消除掉。

只有斗争才能使这种对立敞开，并把那种基本情调植入教师和学生的整个法人组织中去，从此基本情调而来，那自行限定的自身主张授权给那坚决果敢的自身省思，使之成为真正的自治。

我们意求德国大学的本质吗，还是说，我们不想意求它？我们是否并在多大程度上根本地而非只是附带地致力于自身省思和自 117
身主张，或者我们是否——出于最好的意图——只是要改变旧的机构并附加新的机构，这一切都取决于我们。没有人会阻止我们这样做。

但是，当西方的精神力量失灵了并且西方在其嵌合适置（Fugen）中分崩离析之际，当这种衰朽的表相文化（Scheinkultur）崩溃了、把所有力量都扯入混乱并使之在疯狂中窒息而死的时候，也

---

① 克劳塞维茨（Carl von Clausewitz，1780—1831年）：德国军事理论家和军事历史学家，近代军事战略学的奠基人，普鲁士战争学院的领导人，所著《战争论》有巨大影响。——译注

没有人会问我们,我们是意求这个还是不意求这个。

这样的事情是否会发生,仅仅取决于,作为历史性-精神性民族的我们,是否还意求我们自身并再度意求我们自身——或者,我们是否不再意求我们自身。每一个个体都共同对此作出了决断,即便是当他从这种决断面前逃避了的时候并且恰恰就是在这个时刻,他也一道作出了决断。

但是我们所意求的乃是,我们的民族实现其历史性的使命。

我们意求我们自身。因为这个民族的年轻的和最年轻的力量——它已越过了我们——业已对此作出了决断。

但是,我们唯有在下述时刻才能首度完全地理解这种觉醒的庄严与伟大,即当我们在自身中承受着那种深邃的和广阔的深思熟虑之际,而从这种深思熟虑而来,古老的希腊智慧说出了这样一句话:

τὰ ... μεγάλα πάντα ἐπισφαλῆ ...

"一切伟大的东西都矗立在风暴中……"

(柏拉图,《国家篇》497d,9)

52. 拟在圣灵降临节后举行校委会会议* 118

弗莱堡，1933 年 5 月 29 日

弗莱堡大学校长办公室

Nr. 5398.

致校委会先生们

为了防止误解，我请校委会先生们今天就知晓下述事情，即，我们计划在圣灵降临节后的那一周举行一次校委会会议，也就是说，一旦我们同卡尔斯鲁厄和柏林当局的那些绝对必需的、探索性的磋商完成之后，我们就举行这次会议。届时也将同时对六月一日举行的高校代表大会作出报告。

此外，在圣灵降临节后的那一周，还计划举行本校所有师资力量参与的一次会议，在这次会议上，我将从我的校长就职讲话的基础而来，彻底地和深入地对专业问题展开探讨。

海德格尔

119

53. 为了国防体育运动而感谢阿绍夫枢密顾问*

（1933 年 5 月底）

Nr. 5231.

非常尊敬的枢密顾问先生！

您今年 4 月 7 日至 8 日在柏林的那些协商会议——关于在大学开展国防体育运动以及相应导论课的协商会议——上作的报告非常令人感兴趣，对此，我衷心地向您表示感谢。今后我或许也可以期待您用您多年积累的经验和您那已经得到证明的建议来帮助我们。

在崇敬中向您致意

您非常谦恭的

海德格尔

54.冬季学期的国防体育运动改到周六进行? 120

弗莱堡大学　　　　　　　　弗莱堡,1933年6月2日

Nr. 5647.　　　　　　　　弗莱堡大学的国防体育运动

致文化、课程与司法部,文化和课程分部(卡尔斯鲁厄)

我们这里收到了来自方方面面的询问,人们询问,在下述事情上是否存在一种指示,即,冬季学期的周三下午是否也应不安排课程。对此问题有必要立即作出决断,因为我们需要对正在临近的、已经开始运作的冬季学期的讲座课目录予以最终制定。

我想借这个机会添上这样一个问题:由于在冬天那几个月里下午天黑得太早,不宜做很多事情,是否可提出这样的建议,即冬季学期的国防体育运动改到周六进行?在周六这一天,按照旧有的习惯,大多数院系都不举行讲座课和练习课。这一天肯定可以没有大碍地整个用来开展国防体育运动。

121

55. 为利夫曼博士教授请求赞许性的鉴定*

弗莱堡大学校长办公室　　　　弗莱堡，1933 年 6 月 7 日

Nr. 5718.　　　　重建公务员集体法令

致文化、课程与司法部，文化和课程分部（卡尔斯鲁厄）

在交还问卷——按照 1933 年 5 月 23 日的 Nr. A. 10233 公告所应提交的问卷——之际，法学和政治学系附上了一份关于利夫曼（Liefmann）博士教授的参军问题的报告并提出了三点看法，我现在已经把它们呈交上来，请求给予其以赞许性的鉴定并请告知决定。

海德格尔

56.没有向前挤到部长那里去* 122

柏林,1933 年 6 月 10 日

亲爱的伊丽莎白!

事情现在在决定性的地方获得了进展。呈现出有利一面的是,拜乌姆勒[①]和巴克希尔(Bargheer)有很多交往并对其有影响。我并没有向前挤到部长那里去。但是我相信,走弯路是更有效的——因为如同我现在十分清楚地看到的那样,由于我对处处盛行着的那种半瓶醋知识的攻击,我并没有得到什么同情。斯普朗格(Spranger)——在他艰难地进行一番自贬以求获得谅解之后——又来了[②]。

可惜我明天必须立即坐车回去,但八天之后可能又要前往哈勒参加大学校长会议。

---

① 拜乌姆勒(Alfred Baeumler, 1887—1968 年):德国哲学家,教育家,在纳粹时期的德国教育界中具有重要地位,曾利用尼采哲学来为纳粹理论提供合法化证明。——译注

② 由于斯普朗格吃力不讨好的表态(见本书第 28 篇文章的译注),文化部曾考虑撤销斯普朗格的教育学教授职务,但由于几位学生在 1933 年 5 月中旬向当局提交了对此的抗议书,斯普朗格得以被允许继续担任教授职务。参见《马丁·海德格尔与伊丽莎白·布洛赫曼通信集:1918—1969 年》(马尔巴赫,1990 年,第 152 页)对同一文本的注释。——译注

在真诚的友谊中致以衷心的问候

您的马丁

57.赫尔曼·施陶丁格博士教授的荣誉

弗莱堡大学校长办公室　　　　　　弗莱堡,1933 年 6 月 13 日

Nr. 5895.

致文化、课程与司法部,文化和课程分部(卡尔斯鲁厄)

施陶丁格(Staudinger)博士教授通知我们,位于罗马的皇家国家山猫学会①鉴于施陶丁格教授在对高分子材料、橡胶以及纤维素的结构阐明上的工作而授予其“坎尼扎罗奖”②。

海德格尔

---

① 皇家国家山猫学会(die Reale Accademia Nationale dei Lincei in Rom):意大利国家科学院的前身,1603 年创立,该学会以“山猫”命名,是因为创始人 Federico Cesi 希望科学研究能具有山猫一样敏锐的目光。——译注

② 坎尼扎罗(S. Cannizzaro, 1826—1910 年):意大利革命者,有机化学家,因在有机合成研究中发现“坎尼扎罗反应”而著称于世,对化学理论的发展做出了杰出贡献。——译注

58. 校委会会议

1933 年 6 月 14 日，星期三

海德格尔博士教授校长先生主持会议，列席会议的校委会委员有：骚尔（Sauer）副校长、比尔茨（Bilz）教授、奥肯（Eucken）教授、雷恩（Rehn）教授、沙德瓦尔特（Schadewaldt）教授、毛特森（Mortensen）教授、沃尔夫（Wolf）教授、冯·默伦多夫（v. Möllendorff）教授、斯蒂勒（Stieler）教授、文特费尔特（Winterfeld）教授。

1. 校长于 16 点 20 分宣布会议开始，向校委会致以问候并请求共同展开工作。鉴于当前所面临的那些巨大的困难，敦请大家保持安静和耐心。

2. 就海德格尔与冯·默伦多夫的通信作出解释，这一通信是大家都知道的。这件事被视为增补事宜。

3. 对 1933 年 6 月 1 日于爱尔福特召开的高校代表大会进行报告。奥肯教授对此发表看法。交换意见。

4. 对本校劳动服务的布置工作进行报告。交换意见。

5. 对教授资格论文规章制度的补充工作提出建议。

首先：安排一个公开的讲座课。进一步的建议应在随后提出。交换意见。此建议被视为对诸院系的刺激。

6. 对讲座课编排目录的发布加以持续的领导。霍尼克尔提出建议。

7. 各种事宜：

哈特格（Hartge）女士可以在讲座课编排目录中宣布开“自由艺术”这门课。

依据拿破仑法典，基督圣体节的时候不得悬挂大学旗帜。

对大学生的限制措施是必需的吗？

在这种形式中作出回答是不可能的。

就读大学资格的补考问题。

18 点 19 分结束。

报告人，批准人，签署人

马丁·海德格尔

59.劳动服务与大学

未来，学校将不再具有教育中的独一无二的地位。一种新的和决定性的教育权力已随着劳动服务而兴起了。劳动阵营开赴到父母家、青年社团、国防服务以及学校的旁边去了。

民族共同体的一种新的、直接的启蒙在劳动阵营中实现了。年轻的德国人将始终被那种关于劳动的知识所支配，民族的力量正是在这种劳动中聚集着，为的是在其中去经验民族之此在的艰难，去保存其意志活动中的那种激昂，并去重新估量其能力的多样性。

劳动阵营同时是一个真正的、在一切阶层和职业中培育着领导集体的教育阵营。因为在此阵营中应起作用的是典范性的共同合作和共同创造，而非袖手旁观和一旁监视。那些一度“参观”过这样一种劳动阵营的人，已经根本不熟悉劳动阵营的新的现实了。

劳动阵营不仅唤起和培育了对于一切阶层之劳动共同体的知识，而且，这种扎根到年轻德国人身上的知识也将对那种东西——学校能够做到和不能做到的东西，学校应该做和不应做的东西——而言有涤净之功和立法之功。

劳动阵营作为特有的教育场所同时变成了那种力量的一个新的源泉，通过这种力量，一切其他的教育权力——尤其是学校——

都被迫使去作出决断并得到改变。

我们的高校被诸多劳动阵营至为紧密地包围着，这些劳动阵营通过这些高校的教师们而得到了共同照料。

在劳动阵营中存在着一种新的现实。它作为象征表示着，我们的高校向劳动服务的新的教育权力敞开了自身。阵营和学校谋 126
划着，在相互的予与取中把我们民族的那些教育权力聚合起来，使之成为那种新的根脉性的统一性，正是从这种统一性而来，在其国家中的民族(das Volk in seinem Staat)使自己承负起责任，为了它的命运而行动起来。

127 # 60. 神学学生的体育活动是合格的*

弗莱堡大学校长办公室　　　　　弗莱堡，1933年6月17日

Nr. 5970.　本地神学寄宿学校的神学学生的国防体育活动
关于1933年6月3日的公告
Nr. A. 11736.

致文化、课程与司法部，文化和课程分部（卡尔斯鲁厄）

我在前述事务中和大学生领导人进行过磋商，得出的结果是，神学学生在神学寄宿学校指导下所进行的体育活动被视为合格。

海德格尔

61.俾斯麦纪念会和夏至节习俗庆祝活动* 128

弗莱堡大学校长　　　　　　弗莱堡，1933年6月21日

Nr. 6125.

致诸位教师先生们

弗莱堡大学的全体大学生将在马上到来的周六即**6月24日的21点15分**在大学体育场举行俾斯麦纪念会和夏至节习俗庆祝活动[①]，其节目安排如下：

20点15分：全体大学生在大学前集合。

20点30分：全体大学生向体育场列队出发。

21点15分：编外讲师斯塔德曼(Stadelmann)博士先生发表俾斯麦纪念辞和点火致辞。

我向诸位同事先生们发出请求，希望能有很多人前去参加庆

---

① 在德国夏至节习俗庆祝中通常要进行“至日点火”(Sonnwendfeuer)这一欢庆活动。——译注

祝活动。

教师们 21 点准时在体育场中冷饮部前面的眺望平台上集合(教师们因而不参加学生的行列)。

着日常便服。

海德格尔

62. 过时的和已了结的* 129

弗莱堡大学校长　　　　　　　　弗莱堡，1933年6月22日

Nr. 6135

依据1933年6月12日的公告　　弗莱堡大学的全体大学生

Nr. A. 11580

致文化、课程与司法部，文化和课程分部（卡尔斯鲁厄）

在上述那些公告中写下来的那些问题和那些指示——关于解散学生会、在国会选举之际的竞选运动、大学生报纸的定位、传单等等的问题与指示——在我看来，由于进一步的政治发展，这整个一套东西，都应被视为过时的和已了结的。

海德格尔

63. 本校明天举行的夏至节习俗庆祝活动*

弗莱堡大学校长办公室　　　　　　弗莱堡，1933 年 6 月 23 日

非常尊敬的市长先生！

本校联合其他学校和青年协会明天共同举行的夏至节习俗庆祝活动的统一形态，直到今天上午才确定下来。

我真诚地邀请您参加周六（6 月 24 日）21 点 15 分于本校体育场举行的夏至节习俗庆祝活动。

致以高度崇敬

您非常谦恭的

海德格尔

寄给本市：

科尔伯博士市长先生

64. 1933年的夏至节!

白日落下——
我们的勇气上升——
白日落下——对着黑暗和冬天的严酷
我们的勇气上升——打破黑暗,以大丈夫气概
经受住逼近的严酷

火!我们说:你们不可以在战斗中失明,相反
你们必须为了行动而始终明亮。

火焰!你的熊熊燃烧通告我们:德意志的革命并未沉睡,
它重新四处燃起,为我们照亮了那条道路,
在这条道路上不再有任何回退。

白日落下——
我们的勇气上升。

点燃火焰!

燃烧心灵！

（点火讲话——6 月 24 日在大学体育馆致辞）

65.来自新康德主义学派的霍尼希斯瓦尔特* 132

弗莱堡,1933 年 6 月 25 日

非常尊敬的爱恩豪瑟(Einhauser)先生!

我非常乐意满足您的愿望并在接下来把我的判断告诉您。

霍尼希斯瓦尔特①来自新康德主义学派,他所支持的那种哲学,非常切合于自由主义。在那里,人的本质被消解到一种自由飘荡着的一般意识中去了,并且这种一般意识最终稀释为一种普遍逻辑意义上的世界理性。在这一道路上,在看上去严格地进行的科学和哲学的论证下,目光被从人那里引开了,人,我指的是,在其历史性植根中的人,在属于其来源——从土地和血液而来的来源——的民族性传统中的人。因此对每一种形而上学式发问的有意抑制就联合起来了,并且人就还仅仅被视为效力于一种冷淡的、普遍的世界文化的佣人了。霍尼希斯瓦尔特的著作就是从这种基

---

① 霍尼希斯瓦尔特(Richard Hönigswald, 1875—1947 年):新康德主义哲学家,在匈牙利阿尔滕堡的一个犹太人家庭中长大,曾先后在布雷斯劳大学和慕尼黑大学任教,1933 年被勒令暂时停职,1939 年获准移民美国。霍尼希斯瓦尔特哲学工作中的其中一个侧重点是把哲学认识论与“有效性”问题结合起来,其哲学立场通常被称作“实在论的批判主义”,其研究领域此外还涉及心理学、教育学、语言哲学。——译注

本立场中产生的，并且显然他整个的讲课活动也是由之而形成的。

但需要补充指出的是，霍尼希斯瓦尔特现在恰恰是以一种特别危险的机敏和一种空转着的辩证法捍卫着新康德主义的思想。这种危险首要地在于，这种活动激发了最高实事件和严格科学的印象，并且已经欺骗了许多年轻人，误导了他们。我在今天也还必须把慕尼黑大学对这个人的聘任称作一桩丑闻，之所以谓之丑闻，原因仅仅在于：天主教体系偏爱优待着这些人，这些看上去在世界观上漠不关心的人，因为他们相较于那些本己的努力奋斗而言是不危险的，并且他们以众所周知的方式是"客观的－自由的"。

133 我任何时候都乐于回答您进一步的问题。

致以高度崇敬

希特勒万岁！

您非常谦恭的

海德格尔

66.简短的反对凡尔赛条约的示威* 134

弗莱堡大学校长　　　　　　　　弗莱堡,1933 年 6 月 26 日

Nr. 6210.

致诸位教师先生们

本校将在下周三即 6 月 28 日下午 6 点钟(允许比规定时间晚到 15 分钟)在操练场举行一个简短的反对凡尔赛条约的示威,以此作为国防体育运动练习的结束。一位教师和一位学生将发表讲话。请诸位先生们积极参加这项活动。

海德格尔

135

67. 任命校务长*

1933年6月28日

非常尊敬的威尔瑟(Wilser)先生!

依据随函附上的文化、课程与司法部部长先生的这一公告,我任命您为弗莱堡大学校务长,此任命立即生效。

我以下述方式界定了您的职责范围和您的职位:

A. 您与校长保持协调一致

I. 领导本校的下述机构

1. 本校教师和学生参加的社会机构

2. 建筑事务和经济事务

3. 注册入学和注销学籍委员会

4. 讲课事务、工资事务、费用事务

II. 依照校长特别之委任而得到的任务

B. 校务长在"在校长的委派下"这种职责范围内起负责作用。

C. 校务长在校委会中拥有席位和投票权。

对校长办公室特定事务的接手将导致,您可以分得校长因其职务而应得的那笔注册入学费用。我因而作出了规定：校长应得的那笔注册入学费用（整个费用的 8%）将来将按如此比例分配：三分之二为校长所得，三分之一为校务长所得。

我为这一新的任务向您表示祝贺，我希望，您人格的整个力 136
量、您的经验以及您的政治意愿，都能致力于德国高校的纳粹主义革命的艰巨任务。

我真挚的祝愿将伴随着您未来的工作。

希特勒万岁！

海德格尔

137 # 68.威尔瑟博士教授成为大学校务长*

弗莱堡大学校长　　　　　　　　弗莱堡,1933 年 6 月 30 日

Nr. 6662.

致诸位教师先生们

文化、课程与司法部——文化和课程分部——部长先生凭借1933 年 6 月 27 日的公告(Nr. A. 16019)授权我,在我校长任职期间从全体教师中任命一位校务长以支持我的工作。

为执行这一公告,我已于本月 28 日以立即生效的方式任命威尔瑟博士教授先生为弗莱堡大学的校务长,并且给他指派了一定的职责范围。

校务长已经就职。他与校长协调一致地展开工作。

I.事务

1.本校教师和学生参加的社会机构

2.建筑事务和经济事务

3.注册入学和注销学籍委员会

4.讲课事务、工资事务、费用事务

II.依照校长特别之委任而得到的任务

校务长在“在校长的委派下”这种职责范围内起负责作用。

校务长在校委会中拥有席位和投票权。

校务长的接待时间：每周一 11 点起（允许比规定时间迟到 15 138
分钟）。

海德格尔

139

69. 由于超负荷工作而表示拒绝*

1933 年 7 月 8 日

7287.

写在 7 月 5 日的公函上

寄汉斯·约尔根·哈克(Hans Jürgen Hacker)先生

罗斯托克

奥古斯腾大街 17 号

让我感到非常抱歉的是，由于超负荷工作，我不可能在这个学期满足您的愿望。我请求您，在接下来的冬季学期中重新提出您的申请。

致以德国式问候

海德格尔

70. 对同事冯·赫维西和弗兰克尔遭停职的表态* 140

弗莱堡大学校长　　　　　　　　弗莱堡，1933 年 7 月 12 日

致菲尔勒教授处长先生（卡尔斯鲁厄）

非常尊敬的处长先生！

我的同事赫维西[1]先生和弗兰克尔[2]先生面临着一种可能的和不可更改的停职，倘若我允许自己就此作出表态，我也是在对那种必要性——重建公务员集体法令的不容商讨之执行的必要性——的充分意识中这样做的。但是，那种责任和忧虑——为保持德国大学和科学的世界影响并对之作出新的加强而有的那种责

---

① 冯·赫维西（Georg Karl von Hevesy，1885—1966 年）：匈牙利化学家，生于布达佩斯的一个犹太人家庭，1908 年在德国弗莱堡大学获得博士学位，1926 年起任弗莱堡大学物理化学教授，1935 年被迫离开德国前往丹麦，1943 年由于其在化学研究中采用同位素作示踪物的贡献而获得同年度的诺贝尔化学奖。——译注

② 弗兰克尔（Eduard Fraenkel，1888—1970 年）：德国古典语文学家，出生在柏林的一个犹太人家庭，在柏林和哥廷根学习古典语文学，1912 年获博士学位，1931 年成为弗莱堡大学教授，纳粹上台后被剥夺教职，1934 年流亡英国，1935 至 1951 年间任牛津大学基督圣体学院古典语文学教授。1970 年自杀。——译注

任和忧虑——也同时要求着，德国大学和科学的声誉没有遭受太过巨大的负担和危害，甚至于外交政策的处境恰恰在国外的那些在精神上起领导作用并在政治上起示范作用的非犹太人圈子里遭到了进一步的困难阻碍。

冯・赫维西先生在整个国外科学界中具有非同寻常的科学声望，这是毫无争议的。在国外，他高尚的人格也同样广为人知。若对他施以不可更改的停职举措，这将会强烈地撼动德国科学的声望并且也恰恰会摇撼我们这所边境大学的声誉，并且长时间都不会再度得到弥补。

但是，倘若赫维西先生可以留任而弗兰克尔先生却被最终停职，我也必须把它看作一种不可解释的不均等之对待，并且必须在
141 全部同事面前没有足够反对理由地承认这一点。因为弗兰克尔在国外尤其是在意大利和英国有着和赫维西先生同等规模的科学声望。他的人格是无可指摘的，他的行为举止在暂时停职的过去几个月里恰恰是典范性的。还需补充指出的是，他的研究领域并且因而其教学活动的重点也较少涉及古典世界的那些内容上的本质问题，而毋宁说是指出了语言科学研究的某个向度。倘若弗兰克尔在系里留任——他必须得到这样对待，并且倘若冯・赫维西留任，则一方面我们科学的国际声望就得到了保持，另一方面，也绝没有造成一种危害着我们大学的因素，例如在一种反作用意义上的因素或者即便只是面对新帝国及其任务的那种无所谓态度意义上的因素。

在我看来，在这两种情形中，适用于完全例外尺度之特殊证明的那些前提条件都得到了满足。我要强调的是，我的表态关乎一

种二重性的东西：一方面关乎对德国外交政策立场的考虑，另一方面关乎对那种效力于大学的非凡的精神性力量的维护，但并不关乎上述学者个人。只要在人的判断所及之处，我都可以担保这两个人的行为都是无可指摘的。

致以亲切的问候，希特勒万岁！

海德格尔

71. 校委会会议

1933 年 7 月 12 日，星期三

海德格尔博士教授校长先生主持会议，威尔瑟(Wilser)博士教授校务长参加了会议，列席会议的校委会委员有：骚尔副校长、比尔茨教授、奥肯教授、雷恩教授、沙德瓦尔特教授、毛特森教授、沃尔夫教授、冯·默伦多夫教授、斯蒂勒教授、文特费尔特教授。此外有两个大学生代表首次参加会议。会议于 17 点 15 分召开。

1. 校长欢迎威尔瑟校务长、大学生领导和一个部门领导并指出了职务上的保密责任。

2. 对大学生权利作出解释。豪斯拉特(Hausrath)教授和克恩(Kern)教授被委任为大学生的能力顾问，马尔贝格(Mahlberg)教授被委任为经济顾问。奥肯教授咨询了各系大学生代表的职务。他的第二项咨询关乎校长对大学生权利之运用的监管权，尤其是关乎新弗莱堡宫被占用一事。交流意见。校长决定：由于部长在这种情形下的表态还没有作出，现在就去介入这件事因而是不适宜的。一旦这一事情得到解释，就应采取措施介入其中。

3. 大学生救助的新分部。校长的报告。名称变为："大学生工作（已登记注册协会）"。德拉根道夫（Dragendorff）教授被任命为主席，海福特（Heffter）教授和沙德瓦尔特教授被任命为管理部门成员。

4. 国防体育运动。校长就本校国防体育运动的规模作了报告。奥肯教授强调了国防体育运动的意义并为新形态提出了一些愿望。交流意见。校长通知：自 7 月 24 日起，全体大学生的聚会活动在 143
"新德国大学生"的称号下进行。7 月 28 日的活动将确定使用这一新称号。

就专业师生之形态交流意见。

5. 校长就 1933 年 6 月 8 日的校长会议作了报告。奥肯教授建议在校长和教师之间展开紧密的合作。校长允诺要在由各系主任参与的一次校委会扩大会议上对此展开意见交流。

6. 大学的外事部门。按照校长的动议，校委会决定依据政府的一项指令而废除大学外事部门委员会。毛特森教授被委任为外事事务的负责人。

7. 若干事务。

冬季学期授课开始时间被确定为 10 月 24 日（周二）。

就促进国家工作的捐赠展开意见交流，并向全体同事致以问候。

同意为布拉格的德国大学生之家募集图书。

院系提案以及其他事务。斯佩西特的提案被否决。

杂务。

晚上 8 点钟结束。

报告人,批准人,签署人

海德格尔

72. 对艾德瓦特·弗兰克尔教授的表态* 144

经由弗莱堡大学校长办公室发出　　　　1933 年 7 月 19 日

致文化、课程与司法部，文化和课程分部(卡尔斯鲁厄)

那一要求，随着 1933 年 7 月 8 日公告(A15142)也一道传达给艾德瓦特·弗兰克尔博士教授的那一应予答复的要求，使得本哲学系有机会再一次指出它那时为弗兰克尔先生的调查表格所附加的补充说明。本哲学系尤其强调了下述事情：

1. 弗兰克尔没有参加战争。但兵役在他那里是通过其左前臂和左手上的一种天生残疾而被排除掉的。而且他为病人护理所作的那些努力，也不是徒劳的。

2. 弗兰克尔 1914 年的时候还不是公务员。但他已经于 1912 年凭借一部得到第一等分数的博士论文、以"博士考试最优成绩"取得了哲学博士学位并且于同年 12 月以"优异成绩"通过了国家考试。他因而在 1914 年之前就已经获得了进入公务员职位的资格。授予大学教授职位的那些前提——尤其是通过这一非凡的博士学位成绩——都达到了。因为相当多这样的情形——在没有教

授资格论文的情况下得到了公务员性质的副教授甚或是正教授的
145 聘任——都表明,在大学教授的生涯中,教授资格论文并非一定是教授职位的必要前提,毋宁说,一个非凡的博士学位成绩也应被视为教授职位的前提。于是,为实施7月4日法令中的第二款到第三款而作的第三条规定,是可以适用于弗兰克尔的。——此外还有这一事实:1913至1915年间,弗兰克尔在位于慕尼黑的隶属于德国科学院的语言辞典汇编处工作。这一工作服务于这样一个计划,即不仅仅致力于拉丁语的语文学,而且致力于促进整个系列的语文学、历史学、法学以及神学的科学分科,并且要展现德国科学的伟大业绩,这一工作因而具有为国服务之特征。只有特别能干的学者才会被延请到这里来。为了服务于这一汇编工作,弗兰克尔放弃了作教授资格论文,而他原本在1914年就能完成它的。考虑到世界大战中出现的师资力量的匮乏,他遂于1916年1月自愿参加了教学工作并在这里一直工作到1918年。他的教授资格论文因此被推迟到1917年夏天。

3.弗兰克尔是一个拥有罕见地位的学者,他的这一地位对弗莱堡大学哲学系的声望构成了特别的支持。在德国的语文学学者中,他拥有一个领导性的地位。他被视为德国古代文化研究学的主要代表,尤其是在意大利、荷兰、瑞典、英国、美国得到了高度肯定。经受了特别考验这一概念极其适用于他。除了他的科学成就之外,弗兰克尔也是一位有强大影响的教师;他任何时候都乐于助人地和精力充沛地支持他的每一个学生,而他的学生们也对他予以极大的敬仰与爱戴。

本系视下述事情为其职责,即,说出这一请求,请求贵部能做一切相应事情，以便让本系有力量去保持弗莱堡大学的这个主导性的人物。弗兰克尔在政治层面和国家层面上方方面面都是无可 146
指摘的，这一事实并不需要首先得到强调。

为哲学系代言

签署人：海德格尔

147 73.依照卡尔斯鲁厄的清楚指示*

7628　　　　　　　　　　　　　　　　1933年7月22日

1个附件

致普林斯海姆(Pringsheim)教授先生

非常尊敬的同事先生！

随信给您寄回您的兵役证明副本。我已经按照卡尔斯鲁厄的要求给出了相应的清晰指示，我确信，事关您留任的那一问题由此就在积极的意义上得到了裁定。由于疏忽，这个副本上面给勾上了红线。我为此请求您的原谅。

致以亲切的问候

您非常谦恭的

海德格尔

74.校委会扩大会议 148

1933 年 7 月 28 日,星期五,下午五点

(可以比规定时间迟到 15 分钟)

海德格尔博士教授校长先生主持会议,威尔瑟博士教授校务长参加会议,列席会议的校委会委员有:骚尔副校长、比尔茨教授、奥肯教授、雷恩教授、沙德瓦尔特教授、毛特森教授、沃尔夫教授、冯·默伦多夫教授、斯蒂勒教授、文特费尔特教授,此外列席会议的还有各系系主任:克雷伯斯(Krebs)、克恩(Kern)、罗莱恩(Löhlein)、德拉根道夫(Dragendorff)以及饶尔格尔(Soergel)。

会议议程

各系对大学学习之新秩序的建议

校长于 17 点 20 分召开会议,这次会议原则上是暑假开始前的一次座谈会。普遍的形势是,各大学不再有巨大的影响,相反,**大学生组织**不仅在帝国内政部长那里很有影响,而且在文化部那里也有很大影响。我们应在下学期当中重新赢回地位。

交流意见。

1.神学系系主任:朗读了他们系就专业问题致校长的一封信。

2.法学系系主任:希望更好地安排教学活动的时间和秩序。他进而就法学教育在当前的不充分性作了报告。大学学习之自由的问题。奥肯教授就国家经济学的教育问题作了汇报。

3.医学系系主任报告了他与校长进行的一次意见交流,并赞成各
系之间建立起一种全面的联系。对大学生领导的职责意义予以照
149 料。专业问题。挑选录取方法,最好是在劳动服务阵营中进行;一
旦劳动服务通过医疗护理服务的形式被引入到第一个学期中
的话。

4.哲学系系主任就挑选录取方法发表意见,这一录取方法不可以始终仅仅托付给学校。时间安排。大学学习和国防体育运动的平衡。专业问题。科学教育和政治教育必须达成平衡。新的专业和新专业之分配的可能性。

5.自然科学和数学系系主任放弃了发表自己看法的机会,以便还有时间开始下述座谈:克雷伯斯教授就挑选录取的问题发表看法。冯·默伦多夫教授[原文如此!][1]就平衡问题发表意见。沃尔夫和威尔瑟补充了这些论述。校长进行总结。就大学生集体的新定位作了报告。交流意见。

19点15分结束。

报告人,批准人,签署人

海德格尔

---

① 原文此处默伦多夫教授的姓名被误写为“Möllendorf”。其正确写法应是“Möllendorff”。故这里有“原文如此!”之语,它应是编者加上的。——译注

75. 在弗莱堡大学病理解剖学院成立五十周年庆典上的席间祝词节选* 150

(1933年8月初)

……医学也是一种“思辨的”科学。我们必须仅仅在其真正的含义中来理解“思辨的”(speculativ)这个词。它源出于speculari,此乃拉丁语对希腊语θεωρεῖν的翻译。这个词因而和“理论的”(theoretische)一词是同样意思,亦即科学的认识。康德和德国唯心论的哲学尚还在这种真正的含义中使用了“Speculation”和“speculativ”这些词语。但事实上他们却是以此意指:每一种科学都作为思辨的科学而奠基于那些终极的原理和基础概念之上,科学的研究领域的本质正是在它们当中得到了呈现。这些基础概念和原理只能从一种终极性的哲学省思——它所省思的是科学领域的整体以及这一整体与存在者全体的关联——中赢得。例如,医学想要将其理解为“疾病”的那种东西,就十分依赖于医学事先将其把握为健康之本质的那种东西。而决定性的东西和令人惊讶的东西是,健康之本质在每一个时代和每一个民族那里都绝不是在同一种意义中被规定的。例如,对于希腊人而言,“健康的”意味着做好准备并强有力地在城邦中展开行动。谁若不再满足这种行动的诸条件,则在“疾病”的情形下,医生也不再可以来到这个人身

边。对于基督教对世界所作的信仰观察而言——与希腊人的理解相反——过度的痛苦与悲伤恰恰意味着健康，也就是说，意味着这
151 样一种状态，它适宜于并配得上那种超越尘世的极乐永福。但尘世的幸福与安康——倘若是自给自足的——却是病态的和不健康的。

对于近代市民世界而言，健康意味着肉体幸福的那种不受干扰的舒适。它所导致的结果是，长远来看，医学和医术沦落为一种单纯的消除和减轻疾病状态的技术了。

什么是健康的和患病的？对于这个问题，一个民族和一个时代是按照其此在的那种内在的伟大和广阔来给予自身以法则的。德意志民族现在正着手去再度发现它特有的本质并且使自身配得上它的伟大命运(Schicksal)。阿道夫·希特勒，我们伟大的领袖和总理，通过纳粹主义革命创造了一个新的国家，通过这个国家，民族应再度为自身确保其历史的一种持续和连续性。这个革命并非那样一些人的作品，那些人仅仅是在推翻现成东西、突破旧有东西或者甚至是在盲目的勇气中消除迄今之物，毋宁说，它乃是这样一些人的作品，这些人意求一种新的精神秩序并且是从最深的责任而来为了其民族的命运(Geschicke)而展开行动。每一个民族都在它的血液、它的土地和它的身体生长中拥有对其真实性和伟大的最初保证。倘若它丧失了这一财富或者只是大大地被削弱了，则每一种国家政治的努力、一切经济的和技术的能力以及一切精神的作用就会在很长一段时间内都是无用的和茫无目标的。

德意志民族想要再度发现自身以臻于真正的自身负责。也只有这样一个民族才能在与其他民族的关系中和争辩中负责地行

动。但也只有一个承受着自身责任的民族才拥有这种权利和义务，即在其他民族那里要求信任和负责任的表态。我们最内在的信念因而就是朝下述向度进发的，即，通过纳粹主义革命，德意志民族不仅再度发现了自身，而且从这一事件中也将生长出诸民族 152
与诸国家的一种新的和真正的共同体，这一共同体建基于各个民族的本己力量、荣耀与责任之上，被面向人之命运的伟大之物和本质性东西的那种真诚所承载。

153 # 76. 已计划好的业余活动*

N. 8200　　　　1933 年 8 月 10 日

致弗莱堡大学生组织

——劳动服务部——

感谢您本月 7 日的来函。我很乐意参加这个已计划好的业余活动。然而，倘若这个时间点能够提前几天的话，它对我就更适宜了，因为 10 月 1 日那天，我所领导的专业营地将在托特瑙堡开营。

希特勒万岁！

海德格尔

77. 布洛克博士转至别处作教授资格论文的计划* 154

弗莱堡，1933年8月11日

亲爱的海伯林先生！

谢谢您的卡片，我期待着您的“导论”。

我那纯粹思辨意义上的哲学工作，现在必须停顿下来，并且必须在“实践性的东西”中证明自身。这并非十分容易。

我自己几乎不在哲学教育的本己领域中工作了。因此一切都荒废了，尤其是，我现在将于秋天失去我迄今以来的那位助手，布洛克(Brock)博士。

春天的时候我给来自柏林的克里斯特勒(Kristeller)博士先生提供了一封推荐信[①]，但在眼下这件事上我是这样想的[②]，您现在应该已经通过施马伦巴赫先生收到了布洛克的转至别处作教授资格论文的计划。倘若在巴塞尔竟还存在着迈出这一步的某些可能性，我请求您，无论如何都要给布洛克博士以优先权，这不仅是由于他事实上所具有的科学和哲学方面的长处，而且也是鉴于其

① 参见本书第36篇文章。——译注

② 作者前已有请托之举，今又将再度请托，于人情上有为难之处，但形势所迫仍需对今日之请求作出解释，故此句用转折语气。——译注

性格方面的优点。布洛克先生已经非常出色地证明了自身,并且我现在还找不到任何与之相当的替代者。

倘若有必要我口头告知您此事的话,我愿意9月份的时候去巴塞尔一趟。

可惜我目前在参加巴登州村庄集会,并且要去参加一个紧急的大学校长会议,因而不能前往巴塞尔。

致以亲切的问候

您的

海德格尔

78. 大学生作品的“精选会”* 155

托特瑙堡，1933 年 8 月 15 日

亲爱的伊丽莎白！

我在 8 月 19 日和 20 日这两天将在德绍[①](凯撒饭店)参加一个大学生作品的“精选会”，希望能在会议结束后在某个地方与您一聚。

匆就。您真诚的

马丁

埃尔弗里德让我衷心地问候您。

---

① 德绍(Dessau)：德国中东部城市，位于莱比锡以北。——译注

79. 我们的大学校长组的会议*

德绍，1933 年 8 月 19 日

亲爱的伊丽莎白！

前往李普奥兹贝尔格[①]的计划很是吸引我；然而路程曲折，我可能会失去太多时间，而我又是必须在周二到卡尔斯鲁厄的。但当您在法兰克福停留的时候，尽管这一停留或许将持续更长时间，我却可能会去洪堡[②]参加我们的大学校长组的一次会议。——我们必须遗憾地中断折叠式帆布艇旅行了，因为它对于约尔克[③]而言太过辛苦了。您把您在法兰克福的地址写下来寄到弗莱堡吧。

致以真挚的问候

① 李普奥兹贝尔格（Lippoldsberg）：德国中部的一个小镇，位于黑森州的卡塞尔行政区境内。——译注

② 洪堡（Homburg）：德国西南边陲城市，位于萨尔州境内，系该州第三大城市。——译注

③ 约尔克（Jörg Heidegger）：生于 1919 年，海德格尔的长子。——译注

您的马丁

向诺尔[1]致以问候。

---

① 诺尔(Herman Nohl, 1879—1960 年):德国教育学家,哲学家,先后执教于耶拿大学和哥廷根大学,1937 年被解职,1949 年重新成为哥廷根大学教授。诺尔是发端于狄尔泰的"精神科学的教育学"的主要代表,在教育学理念上对伊丽莎白·布洛赫曼有极大影响,二人之间有长期的师生之谊。——译注

80. 可惜这里的情况是非常令人绝望的*

弗莱堡，1933 年 8 月 22 日

非常尊敬的施密特(Schmitt)先生！

谢谢您惠赠大作给我，大作出第二版时我就已经知晓它了，认为它包含了一个开端，一个具有最大影响范围的开端。

我非常希望，有朝一日能和您就此进行面谈。

让我特别高兴的是您对赫拉克利特的引用，您没有忘记βασιλεύς[国王]，唯当人们完全地解释了这个词，它才把它的全部内涵赋予整句箴言①。多年来我已经着眼于那个真理概念而准备好了这样一种解释②——我指的是ἔδειξε[揭示]和ἐποίησε[使……成

① 指赫拉克利特的“残篇 53”：“Πόλεμος πάντων μὲν πατή ρέστι, πάντων δὲ βασιλεύς, καὶ τοὺς μὲν θεοὺς ἔδειξε τοὺς δὲ ἀνθρώπους, τοὺς μὲν δούλους ἐποίησε τοὺς δὲ ἐλευθέρους”。通行德译本将其译为：“斗争是万物之父，是万物之王。它让一些人成为诸神，让另一些人成为人，让一些人成为奴隶，让另一些人成为自由人”。参见赫尔曼·蒂尔斯编：《前苏格拉底思想家残篇》，希德对照本，第四版，第 1 卷，柏林，1922 年，第 88 页。——译注

② 海德格尔的相关阐释现可参见收录其 1933 年夏季学期及 1933/1934 年冬季学期讲座稿的全集第 36/37 卷《存在与真理》(美茵法兰克福，2001 年)，第 117 页以下。在那里，海德格尔认为“残篇 53”既给出了对“存在之本质”的启示，同时又给出了对“真理之本质”的启示。通常的译法因而是不适用的，按照他的阐释，ἔδειξε应译为“置出”(stellt heraus)，ἐποίησε应译为“让……出现”(läßt hervorkommen)，整句箴言的语境遂被他阐释为：斗争把万物置出到敞开状态(作为无蔽状态的真理)中并让万物出现。——译注

为],在残篇53中出现的词语。

但我自己现在身处πόλεμος[斗争]之中,文学上的东西必须退却让路[①]。

今天我只想告诉您,我非常期待着您的决定性的合作,倘若整个法学系应该按照它的科学的和教育的定向从内而来重新得到建造的话。

可惜这里的情况是非常令人绝望的。精神力量——应向上引导将至者的那些精神力量——的聚集变得愈发迫切了。

今天就写到这里,致以亲切的问候。

希特勒万岁!

您的

海德格尔

---

① "文学上的东西"(Literarisches),并非指狭义上的"文学性的东西",而是指那种在文笔或运思风格上彰显作者教化素养的东西(参见《杜登综合词典》的词条释义)。海德格尔在这里再度指出了他的政治活动与本己思想努力之间的差异甚至冲突。相关语境可参见本书第39篇和第77篇文章。——译注

157

81. 对巴登州各大学和卡尔斯鲁厄技术高等学校之章程的重新制定*

弗莱堡大学校长　　　　　　　　　　弗莱堡，1933年8月24日

巴登州各大学和卡尔斯鲁厄技术高等学校的章程

致全体教师先生和助手先生们：

通过文化、课程与司法部——文化和课程分部——部长先生本月21日的公告，校长、校委会以及系主任的定位得到了明确的重新制定，我要告知的正是此事。

大学之内在改建的首要基础因而就被造就了，这种改建与科学教育的那些新的整体任务是相宜的。

海德格尔

82.官方 158

“通过文化、课程与司法部——文化和课程分部——部长先生8月21日的公告，校长、系主任以及校委会的定位和权限得到了重新界定。

未来将由部长任命大学校长并使之举行宣誓礼，大学校长则指定校务长、系主任和校委会委员的人选。

按照上述公告，大学校长必须在10月1日前得到任命，校长本人必须在10月20日前任命校务长、系主任和校委会委员。

上述职位的新任人员应在黑板、大学生报以及媒体上公布。”

弗莱堡，1933年8月24日

签名：海德格尔

现任校长

159

83.高校的新章程*

小木屋,1933 年 8 月 30 日

亲爱的伊丽莎白!

路程曲折并不是阻碍我与您相聚的原因——但我那时接到了一个快件,请我到卡尔斯鲁厄的部里去,高校的新章程还应在那里得到再一次的彻底讨论。按照新章程,大学校长和系主任将拥有全权和更大的责任——但现在这方面最大的问题是人的缺乏——;若没有这些人,则新章程就会变成一种灾难性的“工具”。

一切都取决于对高校教师的教育——他们作为首要的教育者必须首先教育自身,并且必须为此发现一种可靠的和持续的形式。否则这个整体就有可能会被喧嚣的组织给弄得窒息而死。

关于柏林我没有写什么东西,因为没有什么进一步的消息可以通过拜乌姆勒得到,并且是因为我始终还没有被向前挤到足够远的地步。人是非常多疑的并且也存在着阴谋诡计。

有可能,在接下来的几周内我必须再去一趟柏林并将做一次直接的尝试。

我非常地想念您,卡尔斯鲁厄的事务使我未能在李普奥兹贝尔格停留,这让我事后以及现在感到特别悲伤。

但是希望您很快能用上我们的折叠式帆布艇。可惜这次和约尔克(Jörg)一起进行的旅行①失败了。他第二天就变得非常疲惫,第四天在多瑙沃特②的时候我们中断了这次旅行。需要强调的是,他——他显然当时是坐火车到出发地和我们会合的——得的是一种严重的感染,这种感染对心脏和肾脏都有影响。因此从那时起,这个可怜的孩子整整几个星期的时间都躺在床上,非常缓慢地恢复着。我自己现在才在小木屋住了三天——埃尔弗里德在山下③和约尔克在一起。萨特勒小姐在这里照顾着我。山上这里的生活庄严美妙,我正准备开始进行伟大的工作——但是校长办公室却打电话要我下山去。我还期望着九月份的时候能在山上住 160
一个星期或两个星期。

您到法兰克福后请立即写信吧——从那里到弗莱堡和小木屋都不远。在许多正在运作的事务之外,我还始终在徒劳地为布洛克寻找一个位置——;在这里显示出了哲学的那种直接的无用性。我也还没有找到能替代他的人选并且也不想迅速地作出决定。

我高兴地听说,诺尔会在冬天重返工作。在这个冬天,必须有很多东西为了德国大学而得到裁定,首要之事在于,是否能成功地在教育上和精神上使全体大学生处于权力之下——而非始终只是盲目地去赞同他们刚刚想到的东西。

倘若全体教师能够更富洞见和更为强大,而不是持续地在单

---

① 指折叠式帆布艇旅行。——译注

② 多瑙沃特(Donauwörth):德国巴伐利亚州的一个城市。——译注

③ “山下”,指海德格尔在弗莱堡市的寓所。——译注

纯的疑虑和忧虑中兜兜转转，则我们早就继续前行了[①]。但是这种“不能”（Versagen）事实上仅仅是这样一种证明，即，长久以来我们都缺少实际的、精神性的和教育性的动力和尺度——并且它证明了，那种在臆想出来的必要性中的沾沾自喜使得每一种省思都停顿瘫痪了。对于那些有欠缺的人和被剥夺继承权的人而言，这就带来了令人高兴的机会，而这些人是处处都蔓延扩张着的。但是我在斗争中并没有屈服放弃——因为这一次事所攸关的乃是整体。我感激地回忆着在法兰克福的雅典娜面前的那些瞬间。

衷心地祝福您

您的

马丁

① 整句话是虚拟语气，表示实际上未发生，故下句话有“Versagen”（失灵、不起作用、不能）之语。——译注

84.柏林方面始终还没有什么清晰的决定* 161

弗莱堡大学校长　　　　　　　　弗莱堡,1933 年 9 月 1 日

Nr. 8592　　　　　　　　　　把大学生安置在兵营里;

本地公共救济机构中的经济影响

致弗莱堡市市长科尔伯先生

非常尊敬的市长先生!

对于您 1933 年 8 月 7 日就“把大学生安置在兵营里”一事的询问,我并不想长久地推迟对此的答复,尽管在同志集体住所(Kameradschaftshaus)的问题上我直到现在还始终没有能够从柏林大学生组织的领导层那里得到什么清晰的决定。

德国学生社团领导者的举措并非出自德国大学生组织,但却是在与后者之规划的关联中形成的,这些来自劳动者阵营的大学生们将来应在同志集体住所中整合起来。

仅就我通过德国大学生组织了解到的情况而言,人们在那里

怀着巨大的疑虑来看待把大学生社团普遍地安置在兵营里的这一计划;目前还不十分确定的是,把第一学期的大学生安置在兵营中,是否会成为现实并且在何种程度上会成为现实。

162 按照我对局势的迄今为止的概观,在房屋出租者这方面是没有什么理由可担心的,并且即使第一学期的大学生们被整合进了同志集体住所中,承租人的这种缺少也不会意味着什么本质性的损害,前提是,要在迄今这些出租者中进行一种严格的挑选,挑选出那些可以出租并且首先应出租的人。一个出租者委员会必须在此得到明确。就我这方面而言,我显然是受到了下述事情的推动,即:大学生的居住证明和这种出租者委员会在工作上结合起来。

我并没有错认公共救济机构的诸多必要性,但我也必须同样指出那些巨大的国家政治的要求,正是这些要求造成了在国家社会意义上对大学生的一种严格的共同体教育。

我相信,在大学生和大学之间的一种可信赖的共同合作,可以使那些真正的道路得以发现。我将持续地把同志集体住所问题的情况告知于您。

希特勒万岁!

海德格尔

85. 柏林大学的聘请*

163

弗莱堡大学校长　　　　　　　　　　弗莱堡，1933年9月4日

致文化、课程与司法部高校分部负责人菲尔勒博士处长先生

非常尊敬的处长先生！

我刚刚从普鲁士[①]文化部长先生那里接到了柏林大学哲学教席的聘请。"一种特殊的政治任务和这一聘请结合在一起了。"我被请求于周五即9月8日下午前往柏林；我请求您，非常尊敬的处长先生，让您的部长先生[②]知晓此事。

星期三早些时候我将前往洪堡，和基尔、哥廷根、法兰克福的三位友善的大学校长一起开一个特别会议。在我从柏林回来之后，我将把事情的具体情况告知您。

希特勒万岁！

海德格尔

---

① 关于德国纳粹时期"普鲁士"一词的具体意谓，请参见本书第32篇文章中的注释。——译注

② 指办公地点在卡尔斯鲁厄的文化、课程与司法部文化和课程分部的部长。——译注

86.柏林的聘请*

弗莱堡,1933年9月5日

亲爱的伊丽莎白!

昨天我接到了前往柏林大学执教的聘请——“与一种政治任务结合在一起”。

埃尔弗里德和我可能周五和周六在柏林。然后我期望还能在小木屋中和博登湖畔过几天聚精会神的日子。

请早点回复。

我们将住在阿斯卡尼施广场的旅店中。

送上我们的衷心问候。

您的

马丁

87.对勒芬根事件没有更确切的了解* 165

校长　　　　　　　　　　　　　　　　　　1933年9月5日

致本校格罗斯曼－多特(Großmann-Doerth)教授先生

非常尊敬的同事先生！

我已知道了您对勒芬根[①]事件的报告。关于那位勒芬根市民——他显然是这场骚动的始因——的可疑态度，看上去您并没有更确切的了解。您的抱怨和我不认识的一位先生的讲述发生了冲突。鉴于这种情形，我首先是不能对事物形成什么明确判断的。对疑虑的提出始终有多么重要，我也就多么热切地希望，为了“第三帝国的实现”，将来我也能得到有积极推动作用的建议。我将在接下来讨论勒芬根第一地区体育营的会议中出示您的信件。

致以高度敬意

您非常谦恭的

海德格尔

---

① 勒芬根(Löffingen)：德国巴登－符腾堡州的一个市镇，位于上黑森林地区。——译注

88. 对德国大学的忧虑*

（致汉斯·斯佩曼的信）

弗莱堡，1933 年 9 月 13 日

非常尊敬的枢密顾问先生！

您的来信带给我巨大的欢愉。为此我要衷心地感谢您。

仅仅是对德国大学的忧虑才说服了我去共同行动并在可行的范围内去做些塑形工作。从第一个瞬间开始，我就指望着能得到这样一些人的帮助，这些人，凭借着他们作为研究者和教师的地位并且凭借着他们的经验，是上述工作所绝对必需的。但是过去的那个学期却必须以这样一个主导箴言为行事准则，此即：要防止过于匆忙之事和不可能的东西。

在专业问题上，我和您完全一致。在六月份于柏林召开的一次会议上，我已经指出过，诸专业可能只是一种短暂的设置并且很快会自动消失，倘若真正的授课得到保证的话。然而，面对着这个盲目的群众组织，这个被柏林的大学生领导所指挥的组织，我为自己进行的辩护是徒劳的。我相信，现在的局势已经比夏天要有利得多了。

我的策略是，一方面让大学生四处奔波，以便让他们自己注意到，他们不仅在今天未能达到本质性的事物而且根本上从未能达到本质性的事物。

但就连对教师的那种更为鲜活的塑形工作，也只有从对知识之本质和必然性的一种更深的扎根中才能生长出来。这个问题对于我而言现在是这样一个问题，即，在何种位置上并且在何种道路上，我能最有成效地在这个向度中进行共同协作。

或许我必须还得把最终的决定予以推迟。 167

祝愿您的旅行能取得最美丽的成果。它在眼下是最重要的。我确信，您通过您的人格、您的态度和您的言辞——无需大声的宣传表现——将起到决定性的作用。

我始终还希望着，我们在学术上还能走得更近一些。当您回来的时候，或许我还能见到您。祝旅途愉快！

满怀崇敬地致以衷心问候

您的

海德格尔

89. 疑虑——我还没有决定好*

梅斯基尔希，1933 年 9 月 19 日

亲爱的伊丽莎白！

我在故乡住了一些日子，以便省思并作出决定。

埃尔弗里德把您的信寄给我了，我立即就写信回复了。我不再能提供帮助，这对于我而言是最痛苦的事情。

因为我这次在柏林也没有什么进展，换言之，没有人给我打电话，而是让我和一个名叫阿彻里斯(Achelis)的处长——他给我留下了很好的印象——进行磋商。我并没有花力气去请求“谒见”，因为人们事实上也想从我这里得到某种东西。我应“领导”普鲁士的全体教师——在柏林的教学活动只是附带之物。我立即就解释道，担任这种领导是不可能的，并且我也不知道，在这个整体背后是否根本上存在着一个更高的意志。我于是就对我的那个教师高等教育学校的计划作了报告，这个计划获得了赞同之声——但没有得到真正的、积极的同行协作。这一工作首先被限制在了普鲁士，并且因此也就限制了对适宜教学力量的培养。在柏林——在柏林大学——我根本没有位置，并且我首先也没有什么时间和力量来使我获得这样一种位置。这整个东西都是无根基的。当我再度从柏林出来之际，我仿佛如释重负。

与此同时慕尼黑也在纠缠着我，那里有一个正教授职位空缺着。那里的优势是拥有一个巨大的影响圈子，并且不像今天的弗莱堡这样偏僻。接近希特勒的可能性以及诸如此类之事也是其优势所在；然而慕尼黑也有其劣势，即，慕尼黑大学已经死掉了。但是哪个大学不是这样子的呢？或许它们全部都必须死掉——就它们还在苟延残喘着而言。因此我也很怀疑，基于这种新机制而在 169
弗莱堡工作多年，是否值得。对年轻人的直接作用，是否是最有价值的东西。另一方面，倘若我退了下来，在弗莱堡所有东西都会坍塌。——我还没有决定好，我相信我只知道一点，即，我们要为伟大的、精神性的转变做好准备，也就是说，必须一道把这种转变引导上来。但是人们从何处取得这种转变呢？

我现在完全远离了我最本己的工作——它肯定是最不私人性的工作，虽然我每天都感觉到，每天的行为是如何从中得到滋养并驱迫到它那里去的。

自那场不成功的折叠式帆布艇旅行和那次短暂的小木屋逗留[①]以来，我现在首次有了自由的日子。

倘若我们能够见面，那会很美妙。假如情况允许的话，我想在接下来的几天到小木屋住上短暂的一段时光，以便使自己聚精会神地为冬季学期积聚起某种东西。不管作出了什么决定，我都会立即给您写信的。

真挚地思念着您

① 参见本书第79篇和第83篇文章。——译注

您的马丁

请您慎重保密地处理这些东西[1]。

---

① “这些东西”,应是指海德格尔写给布洛赫曼的信件。——译注

90. 托特瑙堡训练营 170

（黑森林）

致参加托特瑙堡训练营（黑森林）的教师和助教先生们

本训练营于10月4日开始，一直持续到1933年10月10日。

关于外在的组织安排，可通过随信附上的说明函获得必要的了解。

希望参加这次训练营的教师和助教人数众多，必须从中选出一个小圈子来参加这第一次尝试。

真正的训练营工作适用于对那种道路与方法——为赢得德意志精神的未来高校所需要的道路与方法——作出省思。这要求：

1. 对高校之本质存在（全体大学生、全体教师、国家和帝国政府）的目前处境予以觉察。

2. 对那种彻底变革——对高校之本质存在进行一种纳粹主义的彻底变革——的目标有活生生的阐明。

3. 准备好即将来临之工作中的进一步的步骤（同志集体住所的内在构造；专业的设置、限度以及暂时性；诸系的任务和它们与更高使命之准备的关系）。

训练营工作不可以按照一种空洞的程序运行。它必须从实际的领导和追随中形成,并且应该由此给予自身以其本己的秩序。在整个训练营集体面前作的少量报告应造就出基调和基本态度。小组中的那些决定性的谈话必须承载起和激励着公共的谈话。

171 训练营的成功与否取决于全新之勇气的规模程度,取决于效力于未来东西的那种清晰与清醒,取决于求真诚、求牺牲与效劳之意志的那种坚定果敢。正是从这些力量中才形成了真正的追随。并且唯有这种追随才承载着和增强着真正的、德意志的集体。

海德格尔

1933 年 9 月 22 日于弗莱堡

91.还没有作出什么决定 172

弗莱堡大学校长　　　　　　　　弗莱堡,1933年9月23日

No ....

非常尊敬的处长先生!

高校的整体处境让我尚还无法作出决定。

9月26日我驱车前往多贝里茨到德国大学生组织的一个营地中去,借这个机会,在普鲁士部办公大楼里,我又一次地就整个问题和他们进行了商谈。我希望本周末能路过卡尔斯鲁厄并作出决定。

致以亲切的问候,希特勒万岁

您的

海德格尔

173

92.决定不去柏林

弗莱堡大学校长　　　　　　　　　　弗莱堡，1933年9月30日

No ...

致文化、课程与司法部——文化和课程
分部——部长瓦克博士先生

部长先生！

感谢您任命我担任弗莱堡大学的校长。我已经决定好了，不去柏林。我想要尝试着通过我在本校的工作来证明对我的信任是对的。但为了将来能进行协商，我也按照普鲁士文化部的愿望向其提供了服务，这样做同样也是为了这样一种情形，即，应着手展开对纳粹主义的高校本质存在的一种全面的和决定性的实现工作。

关于有待实施的那些新的任命，我将立即向您汇报。

海德格尔

93. 营地——一种试验* 174

弗莱堡，1933 年 10 月 11 日

亲爱的斯塔德曼先生！

我曾以为您会在第二天早上就离开营地，因此，当我看到您还在和里瑟(Risse)阔谈时，我感到惊讶。他以他的方式十分正确地作了决定。

营地对于每一个人而言都是一种危险的空气。对于那些留下的和那些离去的人而言，它同样都变成了一种试验。

我们必须学着去共同思考艰难的事物——例如这一点：我建议过您，在第二天早上离开，您在这一天恰恰有一项特殊的任务，并且我向您保证了我对您的信任。

我知道，这是过分的要求。但是我们不可以逃避这样一些营地；相反——倘若它们没有持续地反复发生，我们就必须寻求和创造它们。

慢慢地变得坚强起来！

致以衷心的问候

您的

海德格尔

175

94.任命医学系主任*

9859.　　　　　　　　　　　　　　　　1933年10月15日

致本校冯·默伦多夫博士教授先生

非常尊敬的同事先生!

在给予进一步通知之前,我任命您为医学系主任。作为医学系主任,您同时也是校委会成员。罗莱恩博士教授先生被任命为系副主任。请您在今天就接手您的工作事宜。

海德格尔

95. 作为校务长继续掌管工作事宜* 176

9859　　　　　　　　　　1933年10月15日

致本校威尔瑟博士教授先生

非常尊敬的威尔瑟先生！

在我自己的任职期内，我任命您为弗莱堡大学的校务长，请您继续掌管您的工作事宜。除了在1933年夏季学期对您职务范围所作的界定之外，我还规定如下：为了表示特别之支持，校委会诸成员可特地供您调度。

海德格尔

校长

177

96.不去柏林*

弗莱堡,1933 年 10 月 16 日

亲爱的伊丽莎白!

我在前往慕尼黑的路上给您写信,我要在那里就慕尼黑之聘任进行“磋商”;也就是说,我在那里要做的事情和我在柏林做的事情是一样的少;这一旅行和一切相关事务一样,都变得完全的无所谓了。

我**不**去柏林——因为我没有看到支持实际工作的任何**基础**;人们在那里已经理解了这一点;相反,我的旧有计划——教师高等学校——在**那里**却有**很多前景**(秘密地!)。这只是我的外在的和简短的说法。

您的事情的整个进程让我感到非常震惊;但我并不想完全放弃希望;我将在“柏林”慢慢地愈发坚定地沉淀下去——倘若不能,就通过某种中间物——人们突然站在了外面。

我有这样一种印象,诺尔[①]的学生们必然现在遭殃[②],是因为

---

① 参见本书第 80 篇文章的注释。——译注

② 布洛赫曼在给海德格尔的信中报道了这一事情:“诺尔大量的在教育院校教书的学生们被立即解职了,而且仅仅是因为他们曾是诺尔的学生并且支持这样一种教育学,这种教育学在本质上必然反对[纳粹在思想上的]一体化运动。”参见《马丁·海德格尔与伊丽莎白·布洛赫曼通信集:1918—1969 年》,马尔巴赫,1990 年,第 153—154 页。——译注

人们对付不了诺尔。但是这在那里是很难看清楚的。——我不知道，您立即想到国外去，这样做是否好。无论如何我还是期待着国内的可能性（*Möglich*keiten）。

当然我是要鼎力帮助您的。倘若确实要考虑英国的话并且无疑它也是最适宜的，那么，按照我的经验，您就必须立即尽可能快地亲自到那里[①]去了解情况，当然要带上必要的证明材料。

最好是同时尝试两种办法——在我们这里和在英国。

重要的是，您给我们写封信，详细地和确切地告诉我们您现在所掌握的一切东西以及它们可应用的情况；对于英国人而言，对于直接的决定而言，这要比"人格"重要太多了。我在布洛克[②]的事 178
情上经验到了这一点；在这件事上，我给出的专家鉴定书显然把重量——对于英国而言——错误地放在了相反的一面上了。

我将在周三回来——但我还必须到达姆斯达特的一个营地中去。然而，一如既往地，无论我有还是没有"时间"，我都会把您的事情放在心上。

我现在有几天休假期——尽管颇为劳累，但我觉得很棒。

八天前我在托特瑙堡举办了第一次营地——我学到了很多。但在训练营进展到中间的时候，我却必须让 20 个人离开——他们不适合那里。这样一个训练营，对于每一个人而言，都是一次巨大

---

① 应是指英国大使馆。——译注

② 1933 年 9 月 27 日，海德格尔的犹太助教布洛克（Brock）博士因《重建公务员集体法令》对犹太血统公职人员的规定而失去了教学职权。在海德格尔的帮助下，布洛克最终获得基金资助前往英国剑桥大学深造，并于 1934 年起在剑桥大学教授德国哲学。参见本书第 77、83 篇文章。——译注

的试验,并且都是危险的。

开始的时候那里有一些非常大的、反对我的阻力——这些阻力来自其他大学的大学生们,但在结束的时候我获得了他们所有人的支持。

亲爱的伊丽莎白,我非常希望我能立即见到您并与您交谈。我任何时候都十分愿意倾听和帮助您的所有愿望和所有急难。

在真挚的友谊中向您致意

您的马丁

97. 您的追随对我而言是本质性的*

弗莱堡，1933年10月23日

亲爱的斯塔德曼先生！

谢谢您的来信。我昨天晚上才从比本豪森的营地回来。

那天晚上，在我们的谈话之后，我立即又向里瑟(Risse)和斯坦因(Stein)解释道，我将在第二天解散这次训练营，并且我强调道，作出这个决定让我感到非常困难，因为这样的话对实践学期论文的指导就恰恰变得不可能了。过了不多久，斯坦因和里瑟请求和我重新进行一次磋商，他们恰恰是考虑到那些外来的、无人指导的学生而强调了无论如何都要把这一工作继续推进下去的必要性。我自己很清楚，这个训练营就其整体构成而言不再能够存在下去了，但我在这天夜里却下定决心去走我此后所踏上的那条道路。

这条道路在下述意义上是正确的道路，因为现在即使对于那些留下的人而言也有一种试验被重新提出了——就是在这里也还是有一些人失败了。

就我那时的清晰看法而言，那关涉于您的事情①是，必须得始

① 指海德格尔那时对斯塔德曼所作的决定，整句话意在解释此决定的初衷。——译注

终坚持我们的决定，这一点要远甚于我想要避免的那种情形即把您一并归类到其他人中去——您并没有被归类到他们当中去，因为您的事情完全是自为地进行的。

今天我看清了，**我其实并不应耽搁那一事情**，**即和您再次谈一谈我那天夜里的决定**。而我却并没有这样做，对此我只能作出这样的解释：在结果上并没有什么东西发生改变——另一方面，我并不是想把您和其他那些有待排除的人归为一类，因此我就让事情
180 自然而然地发生了。这只是一个解释，而不是什么开脱。并且我知道，我现在恰恰必须重新去赢得您对我的追随——它对我而言具有未曾衰减的本质性意义。

希特勒万岁

您的

海德格尔

98. 基于教学活动的利益* 181

弗莱堡大学校长　　　　　　　弗莱堡，1933 年 10 月 24 日

No. 10296.　　　　　　　　　　　　　　哲学系的助教

附：简历

致文化、课程与司法部——文化和课程分部

（卡尔斯鲁厄）——部长先生

按照“重建公务员集体法令”的规定，编外讲师布洛克（Werner Brock）博士今后不得在哲学系（第一教席）中担任助教。基于教学活动的利益，这一岗位必须在学期开始时得到指派。我请求允许雇用还没有完成教授资格论文答辩的瓦尔特·布勒克（Walter Bröcker）博士先生担任接替者。报酬方面，我想请求固定在每月 100 马克（净收入）。

海德格尔

99. 哲学系的助教

弗莱堡大学校长　　　　　　　　　　弗莱堡，1934 年 3 月 18 日

致文化、课程与司法部高校分部（卡尔斯鲁厄）的负责人

非常尊敬的处长先生！

我请求把我现在的助教布勒克博士迄今的报酬提升到正式助教岗位的固定起始薪金。布勒克博士目前正在进行劳动服务，他的教授资格论文答辩应该可以在即将到来的学期中举行。布勒克迄今为止已经做出了杰出的工作，并且在大学生中已经赢得了一种从同志关系和精神优势中生长出来的地位。因此，我认为有必要在这个实习期结束后在 4 月 1 日给予他和其他正式助教同样的地位和权利。

希特勒万岁！

海德格尔

100. 我相信同志集体住所的后果是严重的*

弗莱堡大学校长　　　　　　　弗莱堡，1933 年 10 月 26 日

No. 10369

非常尊敬的市长先生！

高校的同志集体住所的问题在今天得到了暂时的解释，如此我能够向您简短地汇报一下情况。

原本的计划是建立一个住所，它只应用来接纳少量被挑选出的大学生，他们是大学生组织以后的政治领袖和政务领导。大学生联合会的诸协会立即就霸占了这个计划，其意图在于，凭借着这种普遍的一体化为其存在遭受威胁的诸协会提供保障。德国大学生组织的领导层自认是被驱迫着要对同志集体住所的普遍设立作出反应。最终，帝国内务部同意了这一做法（参见 III 3446/ 29. 9）。与之相应地，在哥廷根附近已经为同志集体住所的领导者们举办了一些训练营。

如同已经表示过的那样，关于那些力量和意图——正是它们导致了目前的状况，而这一状况，从各方面来看，我相信都是有严

重后果的——我想立即在口头上向您作出更详细的汇报。

致以极大的尊敬

希特勒万岁!

您谦恭的

海德格尔

101.论学期之开始 184

参见 1933/1934 年冬季学期的“大学指南”

德国的大学生们！

纳粹主义革命带来了对我们德国人此在的完全的彻底变革。

你们应做的事情是，在这一发生事件中保持为始终渴求着的人和做好准备的人，保持为始终坚韧的人和成长着的人。

你们的知识之意求活动要尝试着去经验那本质性的东西、素朴的东西和伟大的东西。

在你们的索求中，成为坚强的和真诚的。

在拒绝中，始终保持为清晰的和可靠的。

不要把所赢得的知识转变为虚荣的自身财产。要把所赢得的知识作为领导者——处于国家的诸多民族性使命中的领导者（des führerischen Menschen）——的必要的原初财产来加以保存。你们不再可以是仅仅“倾听着的人”。为创造德意志精神的未来的高等学府，你们有义务去为之一道知识和一道行动。每个人都必须证明每一种天赋和所受之优待并将其置入权利中。这是通过这样一种权力而发生的，即处在整个民族为自身之奋斗中的那种斗争性的投入所拥有的权力。

追随之意志的那种真诚,每一天每一时都在得到加强。那种勇气,敢于为本质之拯救和我们国家之民族的最内在力量之提升作出牺牲的那种勇气,持续不断地在你们当中生长着。

不要让定理和"观念"成为你们存在的规则。

领袖本身**是**并且只有他**是**今天的及未来的德意志的现实和德
185 意志的法则。你们要学会愈发深刻地认识到:从现在起每一种东西都要求着决断,一切行为都要求着负责。

希特勒万岁!

马丁·海德格尔

校长

1933年10月初[①]于弗莱堡

① 此系撰文时间,该文于1933年11月3日发表。——译注

102. 教育学和哲学之副教授* 186

10522 1933年11月3日

对弗莱堡大学教育学和哲学之副教授的进一步配置

I. 致文化、课程与司法部——文化和课程分部(卡尔斯鲁厄)——部长先生

按照今年10月7日颁布的公告(Nr. A 26934),我请求现在还不要加快对空缺出的副教授职位的配置,因为我相信,这个教学职位的整体特征必须在这样一种教学活动——一种凌驾于政治教育学整个领域之上的教学活动——的意义上被改变。我将在合适的时间向部里阐述我实质性的和私人性的建议。

海德格尔

II. W. V.①

① 原文如此,所指不明。以下为收于同一文章中的另一公函。——译注

187 弗莱堡大学校长 1933年11月6日

10596

I.致文化、课程与司法部——文化和课程分部(卡尔斯鲁厄)——部长先生

作为对1933年10月19日之询问(Nr. C 31906)的回复,并且按照我本月3日所提交的报告(Nr. 10522),我告知如下:高等教师希斯菲尔德(Hitzfeld)——我是从他的修业年限中了解他的——绝不适合所说的那一副教授职位。此外我原则上不接受所有这样的候选人,即那些相信必须用这种途径来谋求这一职位的人。

海德格尔

103. 召唤去参加选举 188

（1933 年 11 月 10 日）

德意志的男人们和妇女们！

德意志民族被领袖召唤着去参加选举。但领袖并没有对德意志民族请求什么。毋宁说，他**给予**这个民族以作出最高自由决断的那种直接的可能性：是否它——这整个民族——意求它本己的此在，或者是否它并**不**意求这种东西。

这一选举与一切迄今为止的选举进程始终是根本不可比较的。这一选举的独一无二之处是那种决断——在此选举中有待实行的那种决断——的素朴的伟大。但这种素朴东西和最终东西的无情却不容忍任何的摇摆和犹豫。这种最终的决断向外探到了我们民族之此在的最远的界限。这种界限是什么？此界限存在于一切存在的那种源初要求中，即存在要保持和拯救它特有的本质。由此一道界线就被确立在下述东西之间了，即可以向一个民族所苛求的东西和不可以向其所苛求的东西。凭借着荣耀的这种基本规则，德意志民族保持了其本质的尊严与果敢。

不是野心，不是追荣求名，不是盲目之执拗，也不是暴力之追求，而仅仅是那种意志——在对我们民族之命运（Schicksal）的忍受和精通中的那种清晰的意求绝对自身负责的意志——才要求领袖退出了"国际联盟"。

这并不是与诸民族之共同体的分裂。相反——我们的民族凭借着这一步骤把自身置立于人之此在的那种本质规则之下了，而每一个民族，都必须首先追随这一本质规则，倘若它想要仍是一个民族的话。相对于那种对自身负责的绝对要求，恰恰是从这种有
189 相同定向的追随关系中才生长出了这样一种可能性，即，彼此真诚地相待，以便由此去肯定一种共同体。

这种意求一种真正的民族共同体的意志既远离于一种不坚定的、不受约束的世界亲善化进程，也同样远离于一种盲目的暴力统治。这种意志的运作是超然于后一种对立的。正是它造就了诸民族和诸国家的那种开放的和坚决的自立与共存。

这一选举，德意志民族现在实行的这一选举，仅仅作为发生事件——并且还不依赖于结果——就已经是对这个纳粹主义国家的新的德意志现实的最强有力的宣明(Bekundung)。

我们的那个意求民族之自身负责的意志所意求的乃是，每一个民族都能发现和保持该民族之使命的伟大和真理。这种意志乃是对诸民族之安全的最高保证；因为这种意志把自身与磊落之尊重和绝对之荣耀的那一基本规则并接在一起了。

在 11 月 12 日这一天，德意志民族将作为整体来选择它的未来。这一未来与领袖结合在一起。这个民族不能如此这般地选择这种未来，即，依据于所谓的对外政策的考虑来给予肯定，而没有把领袖和那种无条件地献身于他的运动也一并包含在这种肯定中。不存在什么对外政策也没有什么对内政策。有的只是这样一

种意志，即意求国家之完全此在的意志。

领袖已经在整个民族中使这种意志完全地觉醒，并且已经把这种意志与那种独一无二的决断结合起来。在这一意志得到宣明的那一天，没有人可以缺席！

海德格尔

校长

190 # 104. 1933年11月11日在莱比锡的讲话*

德意志的教师和同志们!

德意志民族的男同胞和女同胞们!

领袖号召德意志民族去参加选举。但领袖并没有对德意志民族请求什么。毋宁说,他**给予**这个民族以作出最高自由决断的那种直接的可能性:是否它——这整个民族——意求它本己的此在,或者是否它并**不**意求这种东西。这个民族明天所选举的东西不亚于这个民族的未来。

这一选举与一切迄今为止的选举进程始终是根本不可比较的。这一选举的独一无二之处是那种决断——在此选举中有待实行的那种决断——的素朴的伟大。但这种素朴东西和最终东西的无情却不容忍任何的摇摆和犹豫。这种最终的决断向外探到了我们民族之此在的最远的界限。这种界限是什么?此界限存在于一切存在的那种源初要求中,即存在要保持和拯救它特有的本质。由此一道界线就被确立在下述东西之间了,即可以向一个民族所苛求的东西和不可以向其所苛求的东西。凭借着荣誉的这种基本规则,德意志民族保持了其本质的尊严与坚决果敢。然而,那种意求自身负责的意志并非仅仅是我们民族之此在的基本规则，而且同时也是达成其纳粹主义国家[①]的这样一种基本发生事件（das Grundgeschehnis）。每一个阶层的每一种工作，无论是小的还是大的，都从这种意求自身负责的意志而来，推进到了它们同等必要之使命的那种位置和地位中。诸阶层的这种工作承受着和巩固着这个国家的活生生的适置构造（Gefüge）；这种工作为这个民族重新赢回了它的本土扎根（Bodenständigkeit），这种工作把这个国家作为这个民族的现实给移置到人之存在的一切本质性权力的运作领域中去了。

不是野心，不是追荣求名，不是盲目之执拗，也不是暴力之追 191
求，而仅仅是那种意志——在对我们民族之命运的忍受和精通中的那种清晰的意求绝对自身负责的意志——才要求领袖退出了“国际联盟”。这并不是与诸民族之共同体的分裂。相反：我们的民族凭借着这一步骤把自身置立于人之此在的那种本质规则之下了，而每一个民族，都必须首先追随这一本质规则，倘若它想要仍是一个民族的话。

相对于那种对自身负责的绝对要求，恰恰是从这种有相同定向的追随关系中才生长出了这样一种可能性，即，彼此真诚地相待，以便由此去肯定一种共同体。这种意求一种真正的民族共同体的意志既远离于一种不坚定的、不受约束的世界亲善化进程，也同样远离于一种盲目的暴力统治。这种意志的运作是超然于后一

① “达成其纳粹主义之国家”（Erwirkung seines nationalsozialistischen Staates）中的“其”指的是“我们的民族”，按海德格尔的看法，是民族造就了国家。参见本书第 41 篇文章。——译注

种对立的，正是这种意志造就了诸民族和诸国家的那种开放的和坚决的自立与共存。

在这样一种意志中发生了什么？这是向野蛮状态的倒退吗？不！其中发生的乃是，通过自身负责之行动的那一素朴的和伟大的要求而远离每一种空洞的行为和每一种隐蔽的生意勾当。这是不法状态的侵入吗？不！它乃是对每一个民族的不可触犯之独立性的清晰承认。这是对一个精神性民族的创造性本质的否认和对其历史性传统的分割吗？不！它乃是一种被净化了的和返归其根而生长着的青春的觉醒。这种青春的那种意求着国家的意志将使得这个民族严厉地对待它自身并使之在每一种真正的作品面前都肃然起敬。

那么发生了什么？这个民族赢回了其此在之意志的**真理**，因为真理乃是那种东西——那种使一个民族在其行动和知识中变得安全、明朗和强大的东西——的开放状态。正是从这种真理中涌现出了真正的求知识的意志活动。并且正是这种知识之意求活动
192 界定了**知识之要求**。由此而来，那些界限——真正的发问活动和研究活动必须在这些界限中论证自身和证明自身——就最终得到了测定。科学就是从这一本源而来为我们形成的。它被结系到那自身负责的民族性此在的必然性中去了。科学因而是在这种必然性中被驯服了的、教育性的激情，即意求去认识，以便成为认知着的。但是认知着**存在**(Wissend-*sein*)对于我们而言却意味着：清晰地掌握事物和坚决果敢地行动。

我们已经宣布脱离了一种无根基的和无力的思想。我们看到了服务于这种思想的那种哲学的终结。我们确信，那种发问活

动——对存在之本质的那种不屈不挠的、素朴的发问活动——的那种清晰的严酷性和那种与作品相宜的可靠性必将重返。那种源始的勇气——在与存在者的那种争辩中要么是去依附于存在者而生长,要么是去打破之——乃是一种民族性的科学的发问活动的最内在的动机。因为这种勇气吸引我们向前,这种勇气脱离了迄今为止的东西,这种勇气敢于冒不同寻常之物和不可揣度之物的危险。对于我们而言,这种发问活动并不是无拘无束的好奇心之游戏。对于我们而言,这种发问活动也不是不惜任何代价的顽固坚持于怀疑中。发问活动对我们而言意味着:使自身领受诸物和诸物之规则的庄严伟大;并且意味着:对未驯服之物的恐怖和黑暗之混乱不作理睬。然而我们是为了这种发问活动的缘故而发问的,并**不**是效力于那些变得疲倦的人和他们对舒适答案的迟钝癖好。我们知道,这种发问着的勇气,去经验此在之深渊(Abgründe)并去经受住此在之深渊的这种勇气,本身已经是**更高的**回答,高于那些做作地建构起来的观念体系所提供的每一种太过廉价的答复。

我们因而承认,这种对我们民族的知识意求活动的保持将来应托付给他们:纳粹主义革命并非单纯是对国家中的一种现成权力的接收,不单纯是通过另一个为此变得足够强大的政党来接收这种权力,毋宁说,这种革命带来了**我们德国人此在的完全的彻底变革**。从现在起,每一个事物都要求着决断,所有的行为都要求着 193
负责。我们确信:倘若那意求自身负责的意志成为了诸民族之共在的规则,则在人之存在的一切伟大业绩及作品的丰富性和力量层面上,每一个民族都能够而且必然成为其他每一个民族的良师。

这一选举，德意志民族现在应予实行的这一选举，仅仅作为发生事件——并且还完全不取决于结果——就已经是对这个纳粹主义国家的新的德意志现实的最强有力的宣明。我们的那个意求民族之自身负责的意志所意求的乃是，每一个民族都能发现和保持该民族之使命的伟大和真理。这种意志乃是对诸民族之和平的最高保证，因为这种意志把自身与磊落之尊重和绝对之荣耀的那一基本规则并接在一起了。领袖已经在整个民族中使这种意志完全地觉醒，并且已经把这种意志与一种独一无二的决断结合起来。在这一意志得到宣明的那一天，没有人可以缺席！

希特勒万岁！

105. 对国民经济学教席的重新配置* 194

弗莱堡大学校长　　　　　　　　弗莱堡，1933年11月18日

No 11451.

附件

致文化、课程与司法部——文化和课程分部

（卡尔斯鲁厄）——部长先生

随信附上本校法学与政治学系就蒂尔（Diehl）之继任者所作的提议。

按照我的深入调查，并且根据我对本校该系之状况的判断，在第一位序上被提名的、波恩的赫伯特·冯·贝克哈特（Herbert von Beckerath）或许是最合适的继任者。然而，在作出这一任命时，他的执教委任也必须被明确地拓展到理论的国民经济学上去，以便他可以和奥伊肯（Eucken）教授开设主干讲座课轮流地讲授理论的和实践的国民经济学。

就那里较年轻的教学力量而言，他们要么是在整体能力上不足，要么是在经济事物上缺少一种充分的和活生生的经验。然而我深深相信，我们国家所需要的那些国民经济学教师，还没有在那

里出现,因此,权宜之计在目前来说是不可避免的。

海德格尔

106. 邀请参加庄严的注册入学仪式* 195

1933年11月21日

11544 弗莱堡大学的注册入学和兰格马克纪念会

致文化、课程与司法部(卡尔斯鲁厄)部长先生瓦克博士

非常尊敬的部长先生!

我有幸通过附件至为恭敬地向您发出邀请,请您参加庄严的注册入学仪式和随之一并举行的兰格马克纪念会①。倘若阁下能够参与这次活动,这对我将是一种十分特别的喜悦。

致以德国式的问候,希特勒万岁

我是阁下您至为谦恭的

海德格尔

校长

II. 同致弗兰克(Frank)博士司长先生

① 参见本书第34篇文章的注释。——译注

III.同致菲尔勒(Fehrle)博士处长先生

IV.同致候补文职人员格云宁格(Grüninger)博士先生

V.同致陪审推事胡伯(Huber)博士先生

卡尔斯鲁厄课程部的所有人士

107. 庄严的注册入学仪式* 196

弗莱堡大学

星期六,1933 年 11 月 25 日

邀请参加弗莱堡大学的注册入学和一并举行的兰格马克纪念会

I.

9 点 30 分:纪念 - 礼拜仪式

新教徒在保罗教堂(德莱萨穆街 3 号)

9 点 30 分:纪念 - 礼拜仪式

天主教徒在大学教堂

II.

11 点(准时):大学旗帜行列和教师行列进入学校大礼堂。

海德格尔博士教授校长先生讲话。

(在普罗米修斯大厅和阶梯教室 I 中进行转播)

霍斯特·威瑟尔之歌

将要进行注册入学的大学生在大礼堂中集合,其余的大学生在普罗米修斯大厅和阶梯教室 I 中集合。若座位不足,可以不邀请其他的客人进入大礼堂。

教师10点45分在大会议厅集合。

教师和学生的家属在阶梯教室I中就座。

197

III.

紧接着，全部行列经过阵亡者纪念牌一直来到大学前的阵亡战士纪念碑处(行列顺序：冲锋队，党卫队，钢盔团，大学旗帜，社团旗帜，贵宾和教师，新注册入学者，其余的客人和大学生)

在纪念碑处：吹奏合唱曲："我们走向祈祷"

克恩博士教授先生讲话。

旗帜行列代表和聚会者代表致辞；吹奏者演奏"同志之歌"。

大学生领袖和校长献置花圈

"德意志之歌"

海德格尔

1933年11月25日(周六)的讲座课和练习课取消

教师着黑色西服或礼服。

108. 作为劳动者的德意志大学生 198

1933年11月25日在庄严的注册入学仪式上的讲话

德意志的大学生和教师们！

尊敬的客人们！

注册入学是把大学生编入到大学的学校共同体中去。大学生由此变成了“大学公民”。他获得了**权利**，其中一些权利是：在缴纳规定费用后去听讲座课、使用学院和医疗机构。他接受了**义务**，其中一些义务是：即使不去听，也要在最少量的一些讲座课上取得成绩证明；要住在大学里，遵守宿舍规则以及更多此类的规则。

大学生的权利和义务，甚至大学生此在的整体特征，都源出于高校的那每每都起支配作用的目标设定以及高校与国家的关系。那奠基于科学研究之上的科学理论被看作是高校之任务，这种科学理论效力于对自由和国家意义上“更高”使命所作的科学的预备教育。高校与国家的关系是通过高校所特有的那种公开的法人特征而得到界定的。对高校与国家之关系的那种在很大程度上还流行着的阐释，是由**威廉·冯·洪堡**决定性地道出的。

在为柏林大学这个 19 世纪的典范大学的创建作预备工作之际，威廉·冯·洪堡，作为当时普鲁士教育事业的领导者，写了一篇名为《论柏林科学机构的内在的和外在的组织》(1810 年)的文章。其中几句话要在这里读一下："它[国家]恰恰必须始终清醒地
199 意识到：它[……]始终是阻碍性的，一旦它干涉[到高校中去]的话；事情本身若没有它将会无止境地获得改善[……]"。

但另一方面，在洪堡看来，国家具有这样一种"义务"，即要为"教育机构提供"方法手段。

因此，德意志大学生的此在乃是从科学和国家这些"领域"中得到规定的。注册入学也正是由此而获得其意义和其特性的。

但现在是何种情形！当国家正处于完全的彻底变革之际？现在是何种情形！当科学从根本上发生着变化之际？何种情形！当二者源出于一种新的德意志现实之涌近的不可阻挡？那么，德意志大学生的存在事实上也就变成一种别的东西了。那么，注册入学的意义也就发生了改变。

这种行为——只要我们本质性地实行它——恰恰逼迫我们来到这样一个问题面前：谁是这——这个在新的德意志现实中的大学生？

对于我们所有人而言，这个问题是如此地本质性，以至于对它的阐明必须成为这种典礼。这个问题使德意志的大学生们走向了一种新的、虽然并不流血的牺牲进程，以至于我们将来可以把这种典礼置入现实中并将其放置到兰格马克的象征之下。

谁是这——这个新的德意志大学生？或许是一个"大学公民"？当然不是。这个德意志大学生现在经过了劳动服务；他伫立

在冲锋队那里;他从事着国防服务。这是新的。这也将得到完全的欢迎,尤其是当在这里下述事情也始终得到确保的时候,即,这个大学生现在也在“学习”。大学学习现在拥有了“知识服务”这样一个名称。人们不久之后就会设法做到:所有这些服务都处于协调一致之中。

这个新的大学生对所有这一切说道:不——这不是**我们的**现实;这事实上只是那个被补充了的、被用颜色涂盖了的、被重新命名了的**旧的现实**,这种现实对于我们而言却是日复一日地愈发沉降离去了。

通过把目前的状况描绘下来,并不能根本地让人经验到,我们是谁。这个新的德意志的大学生不是简简单单地突然现成存在的。他才刚刚临近。因此他还根本不**存在着**(*ist*)并且因而也没 200
有任何理由去趾高气扬。完全错了!这个新的大学生**存在着**——并且恰恰是这种临近,这种迫近,意味着这个大学生的存在。这种存在并不是从随便什么地方任意地、突然地出现的。它处于那种新的德意志现实的命令力量之下。

唯当我们学会理解,在这种现实中**发生**了什么,我们才能知道,谁**是**(*ist*)这——这个新的德意志大学生。

发生了什么?德意志人成为了一个历史性的民族。这样说好像德意志人并非已经拥有了一种漫长的、变化多端的历史似的!诚然——但是“拥有”历史还并不就意味着**是**历史性的[1];因为“**是**历史性的”意味着:**作为民族而认识到**,历史不是过去的东西,更不

---

[1] 此处“**是**历史性的”(geschichtlich *sein*)也可译为“历史性地**存在**”。——译注

是当前的东西，而是那种从迫近着的未来而来通彻地对付着当前的行动与承受(Handeln und Tragen)。一个民族的未来绝不存在于那还不存在着的东西(was *noch nicht ist*)之中。未来恰恰是作为来临而存在着(*ist*)。它来临并且来临着地如此存在于那种认知着的决断中，民族正是通过这种决断使自身臻于自身，并由此把自身伸持到其命运的那种涌近中去。

历史性存在意味着：认知着地行动，从抢先[①]中进入来临着的东西中，以便如此这般把过去的东西在其约束性的力量中给释放出来，并且在过去的东西的那种变化着的伟大中保存过去的东西。但这种知识是在民族的国家之生成[②]中实现的，这种知识乃是国家(*Staat*)。国家是那种唤醒着的和结合着的适置构造(Gefüge)，在民族把自身嵌合适置(sich fügend)到这种适置构造中之际，民族被暴露(ausgesetzt)给了人之存在的一切伟大权力。国家的形成与存在是通过下述方式发生的，即它贯彻实施(*durchsetzt*)了民族之此在中的这些权力。

因此，例如自然就作为一个民族的空间、作为地方和故乡、作为基础和地基[③]而变得敞开了。自然作为那种隐蔽之传承——对本质性的天资和本能向度之遗传的那种隐蔽的传承——的权力和规则而变得自由了。自然作为健康(*Gesundheit*)变成了决定性

---

① 此词“抢先”(Vorgriff)呼应着前面的“durchgreifen”[通彻对付/贯穿把握]一词，亦可考虑译为“先行把握”。——译注

② “民族的国家之生成”(die Staatwerdung des Volkes)，其语意参见本书第41篇文章。——译注

③ 此处“基础和地基”(Grund und Boden)这个词组在日常德语中的语用意是“地产”。作者在这里或有双关使用。——译注

的规则。自然愈是获释地盛行，真正技术的那种塑形着的权力就 201
愈是应卓越地和驯服地效力于自然。结合于自然，被自然所承受并被自然予以穹窿，通过自然而被激励和界定，如此这般地，民族之历史实现着自身。在那种斗争中，在为本己的本质开辟路径并确保持续的那种斗争中，民族在成长着的国家宪法中把握住了其自身。在那种斗争中，在把达成其伟大与使命的那种能力本身预先造就为本质性真理的那种斗争中，民族决定性地呈现在了艺术中。而艺术，只是以下述方式才臻于伟大的风格，即：它把民族的整个此在都纳入了民族之本质的烙印中。

在民族的国家之生成中发生了什么？那些权力，自然，历史，艺术，技术，国家自身，都被贯彻实施了（*durch*gesetzt），并且在这种贯彻实施中被吸持（*gebannt*）[①]到它们的那些界限中去了。这样的话，那种东西，那使得一个民族可靠、明朗和强大的东西，就变得敞显了。但这些权力的这种敞显性乃是真理之本质。

在那些权力的贯彻实施中，生成着的国家使民族重新回到了它实际的真理中（in seine wirkliche *Wahrheit*）。从这种真理中兴起了真正的知识之能够、知识之必须和知识之意愿。但知识却意味着：清晰地掌控诸物之本质并凭借这种权力而坚决地行动。

但对这种知识的要求，现在却是伴随着对国家自身中的那些伟大权力的贯彻实施而获得权力的。这种知识之要求为一切东西——一切值得认识的和不值得认识的——设立了尺度。正是这

① 动词“bannen”在这里的意思是“吸引住，迷住”，即“通过吸引力将……固持在某个地方”，这里勉强译为“吸持”。——译注

种值得认识的东西界定了那些界限,在这些界限中,真正的发问活动能够得到论证和证明。

然而,并不是科学才首先创造了那种源始的、关于民族之此在的诸权力的知识。科学只是发展了这种知识,确定了这种知识,并且在对长成的概念的支配中在这种知识面前进行建造工作。

一切科学的前提因而是对一种真正的知识之要求的权力的唤
202 醒和贯彻实施。对这种要求的贯彻实施以及由此而来的对那种前提的创造,都发生在我们国家的生成中。

这是如何实行以及在何处实行的?它显然只能在那种地方发生,即民族未被损耗地[1]从上而下探入其此在之根的那种地方,即民族大胆地向其自身驱迫而去的那种地方——亦即,在德意志的青春那里。它别无选择。它必须。它知道——按照那种为它所特有的知识——自己受命于(angesetzt)那一目标,即要在国家之生成中贯彻实施国家新的知识要求。

受命于对这种目标的赢取——这要求我们:是德意志的大学生。

那么谁是这——这个新的大学生?一个"大学公民"?我们现在几乎不再敢于说出这样的称号了。

但这个大学生如何能接受对新的科学之要求予以贯彻实施的那一隐蔽的任务呢?他事实上恰恰首先应学习!何时我们最终会停止下述做法,即太过严肃地对待青春并把它向上提升到一种不

[1] 此处"未被损耗地"(unverbraucht)亦可译为"仍然新鲜地"。——译注

适宜的重要性中去呢？[1] 我们却是知晓事物的！大学生们难道不总是非常“原始的”吗并且难道今天不是尤其如此？

是的——当然是“原始的”(primitiv)，并且幸亏如此。那么“原始的”仅仅意味着：比那些学者拥有远远少得多的知识，在那些学者们久已谙习的方法上更少一些熟练吗？是“原始的”难道不意味着：伫立在那里，即事情开始的地方，在最初者和素朴者那里，被其力量所承受和所驱动？恰恰因为这个大学生是“原始的”，他才有能力和使命去贯彻实施新的知识之要求。

好的！因此，倘若这个新的大学生就是“原始的”，那么他就的确应该“学习”。但我们从何处取得这种活动的规定呢？

“学习”——这是在一种范围明确的学习任务亦即所谓“课程”[2]之进展中的那种从容不迫的努力吗？学习——这是有天赋者的那种无害的勤奋吗，这些有天赋者从来都不能走出书籍、研究资料以及博识之意见纷争的那种负担过重的保护壳而来到事物自 203
身那里？

“学习”是大学生的活动。或许是。但是这个大学生所做的事情，是从他之所是中得到规定的。而他乃是他所变成的那种东西，其方式是，他懂得自身是在新的德意志现实的命令力量之下而受命于对新的知识要求的贯彻实施的。

这个大学生是如何效力于这种贯彻实施的呢？他以下述方式对我们进行了攻击，即他或许对我们这样问道：你是如何看待自然

① 此句及下句是模仿异议者的口吻说出的话。——译注

② “课程”(Pensum)，确切意思是“应在一定期限内学完的课程”。——译注

的,在你的研究活动中,与我们相对的那种自然之权力是在何处以及如何突现出来的?这个大学生发动进攻并问道:你是如何看待康德的哲学的?他真的只是"哥尼斯堡的中国人"吗,还是说,他的作品带来了一种入乎人之此在的冲击,并且我们今天还能感觉得到这种冲击?

这个大学生对我们发动进攻,向我们问道:你是如何看待国家的?我们只是应了解一下人们迄今为止"关于"国家所意指的东西吗?我们国家的这种现实应该被一种坏死的概念之网络所遮蔽吗?或者,你的发问活动直接把我们置立到这种现实的力量领域中去了吗?

这个大学生对我们发动进攻,向我们问道:你们究竟是如何看待你们那些科学的领域的?这只是至为谨慎的个体研究和教科书式的综观概述的领域吗?或者,难道不恰恰那种东西,你们自己有时顺带地或者事后地作为对你们私人世界观的承认所添加上的东西,才是那种本质性的东西——催迫着我们并迫使你们去达成决断的那种本质性的东西——的源泉点吗?

坚定不移地和坚持不渝地,这个来临着的大学生将在这种进攻着的发问活动中活生生地保持那种新的知识之要求,一种新的学习-意愿(*Lernen-wollen*)升起了。在这种进攻运动中,青春之意志已经对那些塑造着国家的权力敞开了自身。

204 在这种进攻中,青春追随着它的可靠的意志活动的领导。在这种追随关系中,个人不再视自身为个别的东西——他把那些本己意志(Eigenwillen)交给了那些权力。并且每一个其他的、每每都处于被攻击位置的人,也都已经与每一个这样的人结合起来了。

追随关系造就了同志关系——而非相反。这样一种同志关系培育了那些无名的和非公职人员的领导者，这些领导者做得更多，因为他们忍受更多，牺牲更多。

这种同志关系对个人的烙印逾越了个人自身，并将个人击入了青年人的一种完全特有之类型的印记中。我们认识他们面容特征的那种坚定，他们目光的那种严谨的清澈，他们的握手中的那种坚毅果敢，他们言语中的那种无所顾忌。

孤僻的个人和那纪律散漫、漫无目标的大众一样，都被这种类型的青年人的击打之力给打碎了。

这种类型的大学生不再"学习"，也就是说，他不是始终在某处安全地坐着，以便只是坐着从那里"努力"到别的什么地方去。这种新类型的知识意求者在任何时候都是在路上的。但这个大学生却变成了劳动者。

然而——他不一向就是劳动者吗？劳动事实上意味着"工作"和辛劳。"学习"——此乃大脑之努力。因此人们今天谈论着"脑力劳动者"并将其与"体力劳动者"并排列举。"劳动者"——这在这里只是一个笼统的集合名词吗？"脑力劳动者"的讲法甚至只是一种合乎时代的对那些民族同胞——人们迄今为止还习惯于从根本上把他们命名为"劳动者"并将其定位为民族的下层人物——的让步妥协吗？或者，劳动和劳动者之本质也已并且恰恰是这种本质已伴随着新的德意志现实发生了改变？

的确！那个概念，劳动的那个陌异于民族的和摧毁着民族的非概念（*Un*begriff）被扫到一边去了。按照这种非概念，劳动者曾经被贬低为单纯的剥削对象，并且具有这样一种量级，即可以去

205 构成那种被剥夺者的阶级并在阶级斗争中兴起。但就连这个劳动概念也是在这一向度上的,即仅仅是**在经济意义上**把劳动理解为产品生产,理解为获得工资报酬的原由。今后,劳动并不是什么社会等级的概念——这种概念把“劳动者”与其他等级区别开来。劳动更不是这种意义——劳动者可以被说成是需要一种所谓的“更高教育”的人——上的什么文化概念。

但我们是凭借着什么合法根据把所有这些关于劳动和劳动者的表象都给**驳回**了?因为,它们并没有切中劳动之本质,毋宁说只是提出了对此概念之本质性内涵的附属性的或者说甚至是错呈式的后效规定。

劳动这个词是有双重含义的。它首先意指作为一种行为之实行的劳动(das Arbeiten)。然后它也意指作为那种实行之产品、结果和成果的东西,即通过劳动而被获得的东西(das Erarbeitete)。按照这种广阔的和双重的含义,每一种人的行为——只要它在其中**关乎**着某种东西——就是**劳动**和**操心**。

然而,劳动之本质的那种本质性的东西既不在于行为之**实行**,也不在于其**结果**,而是在于**那种东西**,那**在此真正发生的东西**,这种东西就是:人把自身**作为劳动着的东西**而置立到与存在者整体的那种争辩中去了。对上述那些塑形着大地的权力的授权委任、贯彻实施、嵌合适置以及抑制驯服,都是在这种争辩中发生的。

这种如此被理解的劳动之本质现在**完全地**[①]规定着人之**此在**

① 此处“完全地”(*von Grund aus*)也可直译为“从根据而来”。——译注

（*Dasein*）。我们的此在开始把自身移置到另一种存在方式中，我在多年前曾把这种存在方式的特征突显为操心，然而专业哲学却一致地拒绝了这种东西。恩斯特·荣格尔[①]新近从对尼采的一种创造性的理解出发并依据于对世界大战中的技术装备战的经验[②]，通过劳动者之形态而根本地阐明了下一个时代之人的那种升临着的存在方式。

劳动把民族移置和适置到存在的一切本质性权力的作用领域中去了。民族之此在的那种在劳动中并作为劳动而自行塑形着的 206
适置构造乃是国家。纳粹主义的国家乃是劳动之国家。

因为新的大学生知道自身乃是受命于（angesetzt）对民族之知识要求的贯彻实施，因此他是劳动者。迄今为止的大学生，唯因为和由于他"学习"，他才是劳动者。但新的大学生"学习"，因为他是劳动者。并且"大学学习"现在意味着：展现这样一种意志，即要去成为认知着的，以便去巩固和提升那种知识，凭借着这种知识，我们的民族将是一个历史性的民族。

新的德意志大学生是劳动者（*ist Arbeiter*）[③]。但我们在哪

---

① 恩斯特·荣格尔（Ernst Jünger，1895—1998年）：德国著名作家、思想家，代表作有《完全动员》、《劳动者》等。荣格尔一生经历复杂，著作等身，富于传奇色彩。海德格尔从荣格尔思想中获得甚多启发，对其评价极高。——译注

② "世界大战"指"一战"。1914年"一战"爆发，19岁的恩斯特·荣格尔放弃大学学位自愿加入德军，参加了西线的许多战役，先后负伤7次，获得"一级铁十字勋章"、"霍亨索伦骑士十字勋章"等多项荣誉，并于1918年获得德皇威廉二世亲自授予的军方最高荣誉"蓝马克斯勋章"，成为德军历史上获得此荣誉的最年轻军官。荣格尔在战后出版了几部记录其战争体验的作品，尤其是凭借1920年出版的《在钢铁雷暴中》而一举奠定其作家声望。——译注

③ 作者这里的着重处理意在提醒注意"劳动"与"存在"的关联。——译注

里去寻找这些大学生呢？或许在每个高校里都有**半打**，或许**还**更少些并且甚至在整体上还达不到那**七个人**，和他们一起，领袖将要开始他的工作，而领袖，他在今天已经远远超越了 1933 年，超越了我们所有人，并且把地球上的这些国家置入了一种新的运动中。

然而，在一个十年之后或者只是在一代人之后，新德意志大学生的这种类型才**会**统治高校，因为它将同时被推**进**和**前**移到新的教师群体的劳动前线中去。

但就我们而言，应得到思考的东西是：那种**危险**，那种威胁着德意志大学的危险，不是它们迄今为止的科学沉降到一种臆想的野蛮中去的危险，毋宁说，这种**危险**在于，**我们**——无论是以科学的方式还是非科学的方式——阻碍了对新的知识之要求的贯彻实施。

并非那可以确定的**今日之物**，而是那未解决之任务的规模和那些尚未得到展开之**问题**的沉重才是那一标准，借此我们得以衡量那种正在来临着的大学生之此在的真诚与分量。

我们教师始终是胜任这种此在的，只要我们知道，何谓发问活动：对于我们而言，这种发问活动并不是无拘无束的**好奇心**之游戏。对于我们而言，这种发问活动也不是不惜任何代价的**顽固坚**
207 **持于怀疑**中。发问活动对我们而言意味着：使自身领受诸物和诸物之规则的庄严伟大；发问活动对我们而言意味着：对未驯服之物的恐怖和黑暗之混乱不作理睬。——**然而**我们是为了**这种**发问活动的缘故而发问的，并**不**是效力于那些变得疲倦的人和他们对舒适答案的迟钝癖好。我们知道，这种发问着的勇气，去经验此在之深渊[1]并去经受住此在之深渊的这种勇气，本身已经是更高的回答，高于那些做作地建构起来的观念体系所提供的每一种太过匆促的答复。

但新的大学生以这样一种方式进驻到国家性此在和它的民族性知识的那种新的秩序中去了，即，他自身必须就他所秉承的份额来一道塑造这种新的秩序。

注册入学现在不再是那种单纯地接纳到一种现成的法人组织中去的接纳。注册入学变成了决断。对于这些新的大学生而言，“大学结业考试”(Examen)不是驻立在学业年限的终点处，而是在开端处。并且这种考试对他提出了这样的挑战，即，要么做到，他已经把握住了他的此在，要么却是，迷失在一种沉没着的世界的诸多表象与习惯中。

注册入学乃是决断。每一种真正的决断都移置到某种处境和环境中的行动的直接性中去了。

德意志的大学生们！你们已经为自己作出决断，进入弗莱堡大学。这个城市，这个城市的土地和民族性都是被黑森林所支配和通彻定调的。但是就连黑森林，现在也在新的德意志现实的命令力量之下，为了德意志的大学生们而改变了它的本质。黑森林不再只是令人激动的冬季运动地区以及郊游和夏季旅行的胜地。我们弗莱堡大学的人将在黑森林中首先体验到的是：阿尔伯特·里奥·施拉格特[2]的故乡山脉、故乡森林与故乡山谷。

---

① 此处“深渊”(*Abgründe*)也可按孙周兴的译法，译为“离基”。——译注

② 参见本书第41篇文章的注释。——译注

（注册入学）

现在我请这位工读大学生[哲学系大学生费舍尔]走上前来，代表你们所有人进行宣誓：

我要你们发誓服从我们领袖阿道夫·希特勒的意志和作品。我要你们遵守新的德意志大学生之此在的法则。我要求你们有纪律地、认真地和严厉地对待你们自身。我要求你们在所有德意志民族同胞面前拿出牺牲之勇气并以身垂范。

希特勒万岁！

109. 对我薪水的规定* 209

弗莱堡，1933年11月26日

非常尊敬的博士先生！

遵照您的愿望，我再次谈谈对我薪水的规定。

我同意政府的这一提议。

17000德国马克——基本工资（迄今为止是15500德国马克）

住房——儿童津贴费

7000德国马克——讲课费保证金

我请求**不要执行**那个预先规定的特别教学委任合同，柏林的这一提议应该对这一合同作出补偿的。我今天必须以理所当然的方式接受对我讲课费保证金的削减。

我也请求不要考虑那笔向我提议的购置一辆车子的款项（3000德国马克），就使用那笔已经支付的1000德国马克的款项好了。我现在的职务所急需的那辆小车售价2000德国马克，训练课程（双份）的费用是100德国马克。

与之相反，我请求为我的藏书室**一次性地**得到800至1000德国马克的拨款。我的职务，如同我所理解的那样，在今天需要与**所有**院系的科学达成**稳定的**看齐，同样需要稳定地对准于大学生的专业论文。这迫使我要去大量购置在我专业领域文献之外的东西。

此外,相应于那种我还有权利享受的学期假,我请求在假期中的同样条件下(付清讲课费保证金)确保我在继续工作一些年之后得到第二次学期假。

与这个费用问题相关地,我还想谈一下对校务长费用的规定。
210 在今天对这一职位的要求上,人们不再要求,这一工作被义务地履行,尤其不要求这一工作被一个没有公职职位的教授——他为此自然必须要把他自己的科学工作给搁在一边,而这对于他将来的聘任可能性而言会产生不利的影响——义务地履行。

迄今为止,我已放弃了我自己的各种费用——就今天对这一职位的多方面的要求而言,它们也不再是巨大的了——的三分之一。我迫切地请求,立即以某种方式推动达成对校务长薪水的一种适宜规定。

致以最友好的问候,希特勒万岁

签名:海德格尔博士

110.兰格马克纪念会* 211

弗莱堡大学校　　　　　　　　　　1933 年 11 月 28 日

Nr. 11844.

附件

克恩博士教授先生

施利尔贝格街 19 号

弗莱堡

非常尊敬的同事先生!

今年的兰格马克纪念会办得庄严崇高。它所给人留下的深刻印象同样也要归功于那些典范性的言辞,即您为从前的兰格马克的战士和今天的德意志青年人所找到的那些典范性的言辞。为此,我自认为有责任向您致以最真挚的谢意。

致以德国式的问候,希特勒万岁

您非常谦恭的

海德格尔

212 111.1933年11月29日的校委会会议

海德格尔博士教授校长先生主持会议。

出席者：校务长和各系主任：希尔凌(Hilling)，沃尔夫(自第8项起)，冯·默伦多夫，沙德瓦尔特和索尔格尔；以及校委会委员：斯佩曼，雷恩，文特费尔特，斯蒂勒，斐尔根特莱格尔(Felgentraeger)，毛特森，鲍赫(Bauch)和里瑟；此外还有大学生组织的领导人(直至第6项)。

校长于16点20分宣布校委会会议开始，向校委会成员和大学生组织的领导人致以问候。

1.(**弗莱堡大学生组织中的职位划分**)弗莱堡大学生组织的领导人就6个职位的设立和它们的配置情况作报告。

2.(**对拨付大学生组织的款项作出规定**)考虑到大学生组织的任务，规定为大学生组织拨付5个领导职位的款项——就1933/1934年冬季学期而言。在这种情况下，冯·促尔·穆伦[1]先生分

---

① 冯·促尔·穆伦(von zur Mühlen)是德国历史上波罗的海地区的贵族姓氏。——译注

享一笔附加的领导职位款项:在1933/1934年冬季学期应为1个领导职位(作为兰格马克活动的领导人)拨付一笔附加款项。从这时起,兰格马克款项应通过首次注册入学者的款项而得到补偿,限1个职位的款项。

3.(大学生组织的能力顾问和书籍检查员)任命马尔博格先生、豪斯拉特先生和克恩先生为能力顾问。任命勒尔先生为书籍检查员。

4.(冲锋队高校支部和自由日)弗莱堡冲锋队高校支部的领导人威尔曼斯先生就本校高校处的职务和冲锋队-大学生的未来训练计 213
划作报告。据此,城市冲锋队中的第一个学期应进行预备性训练,第二和第三个学期应通过冲锋队高校支部来进行"预备性军事化的"训练,在这当中,有14天的训练课程拟定在冲锋队-体育学校中进行。

对于把冲锋队训练和专业训练编入周末计划这一问题,校长提出了一个计划。按此计划,专业工作的周五下午始终被预留给国防体育运动讲座和普及教育,周六以及所有晚上(从20点起)都是自由的。相反,周三下午应被归还给讲座课。

交换意见。最终的决定应在再一次的协商后作出。

5.(救济机构的统一)校务长通报道,所有的救济机构在大学生服务部的帮助下达成了统一。对酬金免除[①]之申请的决断权留给各院系。种种方针的统一应通过一个救济委员会的协力合作来得到

---

① "酬金免除"中所谓的"酬金"指大学生为其所得到的服务而应支付的酬金。——译注

确保。

6.(大学生领导人的酬金免除和费用免除)考虑到大学生领导人的负担,重要大学生职位的领导人应始终免于支付酬金和费用。此外,在具体情形中有特殊负担的大学生领导人也应免于支付酬金和费用。在1933/34年冬季学期,这一规定关乎11个大学生。

7.(普鲁士教师组织)里瑟先生就"普鲁士教师组织"、该组织的结构、该组织的构成以及该组织的拟定意义作了报告。在这个语境关联中,校长谈及了与教师高等学校[①]有关的那些计划。

214 8.(死者家属资助基金代理人)斯蒂勒先生被任命为死者家属资助基金代理人。

9.(荣誉法庭章程)校长阐述了荣誉规整工作对于高校教师的意义。斯蒂勒先生论述了一种荣誉法庭章程的必要性并阐述了实现这种章程的一种构思。交流意见。

10.(扩展医院建筑)校长就扩展医院建筑的可能性作了报告。目前的诸多困难,尤其是300万预算没有得到ÖFA批准这件事所造成的困难,应该通过大学和市政府所采取的新步骤而得到消除。

11.(授课费的支付)校长通报了与相关政府职能部门的协商情况,目的是要达成一种与普鲁士社会情况相应的规定。

12.(大礼堂的装饰)学校大礼堂中的那些图像将来应和德意志的旗帜挂在一起。

13.(大学舞蹈学院)带有这类名称的东西将来不应再被借出。

---

① 指海德格尔本人的"教师高等教育学校"计划。参见本书第89篇文章。——译注

14.(杂务)

a)圣诞节前讲座课的结束课定在 1933 年 12 月 21 日。

b)关于在公众中被谈论很多的"大逃离",校长借助于离职的统计数字否定了这种传言。

c)校长提出了新闻处的问题以供探讨。交换意见。这一议题还应得到再一次的讨论。

19 点 15 分结束　　　　由斐尔根特莱格尔记录

报告人,批准人,签署人

海德格尔

215

112.不坚持先前对我做出的那一允诺*

海德格尔教授

弗莱堡　　　　1933年12月6日

罗特布克路47号

非常尊敬的处长先生！

我以此方式确认收到了通过11月29日的公函（Nr. 32464）而被批准的2000德国马克。对于先前对我做出的那一允诺即17000德国马克的基本工资，我自然将不予以坚持，而是让现在确定的16400德国马克的最高限额成为决定性的。

致以亲切的问候，希特勒万岁

海德格尔

113. 对世界有识之士的召唤 216

弗莱堡大学校长　　　　　　　　弗莱堡，1933 年 12 月 13 日

Nr. 12333.

致系主任先生们

1933 年 11 月 11 日于莱比锡发表的《德意志科学公告》因其有益于民族启蒙和宣传工作而在帝国政府部门那里获得了最强烈的重视。作为德意志科学史上的一座"里程碑"，此公告应始终被保持在记忆中并且它的意义赋予(Sinngebung)应有益于对外政策的行动。计划达成这样一种运用的这些举措因其对民族启蒙和宣传工作的支持而受到了帝国政府部门的欢迎，并且帝国政府部门建议对这些举措予以加速施行。对于这一活动之进展的完整的和详细的报告将被加工成一部备忘录，它应在最雅致的装帧中被呈递给国外的所有高校、所有重要的国外学者以及外国政府。为了这个目的，这部备忘录将用德语、英语、法语、意大利语、西班牙语等语言印制。

它应记录整个德意志科学的意愿，正如这一意愿在结尾宣言《对世界有识之士的召唤》中所得到的表达那样。为了把我们所希望的重要性赋予这一意愿，需要有尽可能多的签名。

但现在为了切断国外的每一种猜疑——这种猜疑认为这些签
217 名只是以纯粹的列表形式被附入的,并且这样的话一种伪造的意图就可以被强加上去——全部签名应以影印版本的方式出版。

这部备忘录的印制和邮寄费用预计将近10000德国马克。下述号召因而是对所有德国的科学家发出的,即,通过自愿的贡献来帮助这个重要的行动得以成功地实施。此外,倘若每个高校都从它的宣传基金中拿出一笔与其荣誉相宜的款项来支持这一行动,那么这也是值得向往的。这类登记内容可以在一个附加的总表上登记下来。

此外还附有一张订购表,用以订购这部备忘录本身。这部备忘录将来肯定是葆有一种历史证物之价值的,因此任何档案馆和图书馆都不应缺少这部备忘录。它将以廉价的平装本和装帧雅致的精装本两种形式出版,后者价格自然不菲,但更为大方得体。对"平装"和"精装"的注解也一并附上。

汇款请汇至:

德累斯顿城市银行账户Nr. 69517,交付给"NSLB-萨克森,著作"。

我请求尽可能迅速地对随信附上的决议文本和同事先生们的签名函进行通报。下述事情并不需要什么特别的指示,即非雅利安人的名字不应在这份签名函上出现。

海德格尔

114.强大的体系性的－哲学的禀赋* 218

弗莱堡大学校长　　　　　　　弗莱堡，1933年12月14日

No. . . .

鉴定书

克里斯特勒博士先生[①]在我的指导下连续工作了几个学期。他从一开始就显示出一种强大的体系性的－哲学的禀赋，通过对哲学史尤其是对西方精神史中的柏拉图主义的一种彻底的和多方面的精通掌握，这种禀赋得到了充实，变成了极富成效的禀赋。他的那部临近收笔的研究马尔西利奥·费奇诺的巨作有望成为一种全面彻底的、纵贯穿透这个哲学家的整个思想世界的阐述，依据于这一阐述，那个迄今为止的图景将会发生本质性的变化。克里斯特勒的所有科学工作都是通过犀利的提问和阐述的清晰性而出类拔萃的。可以期待的是，他由于这种能力将能够开展一种非常成功的工作。

海德格尔

---

① 参见本书第36篇文章。——译注

219 # 115. 两个回复[*]

12537　　　　　　　　　　　　　1933 年 12 月 15 日

回复本月 8 号的函件

致德国文献促进处（柏林 N.24，奥拉涅恩伯格街 79 号）

我感谢您对于合作的请求。然而我校长办公室的事务已经对我构成了重负。我看不出，贵处向我所要求的是何种范围的工作。我请求获得相应的了解，据此我才能作出我的决定。

希特勒万岁

海德格尔

13067　　　　　　　　　　　　　1933 年 12 月 23 日

致德国文献促进处（柏林 N.24，奥拉涅恩伯格街 79 号）

谢谢您对您工作的进一步的表示。我目前是乐于协助的，只
220 要我的职务工作允许我参与到这种对德国哲学文献的极为负责的评判工作中去。我请求把您的材料寄到我的下述地址："弗莱堡大

学哲学系(第一教席)负责人”。

希特勒万岁

海德格尔

116. 放松地聚集*

（1933年12月16日）

亲爱的客人们！　　　　（真诚地道出）

我，同时以我夫人的名义，衷心地欢迎您们并感谢您们的到来。

每一个德意志的行动与规划的、帮助与教育的瞬间都处在我们民族性－国家性此在的新规则之下。

如同一切宁静最终只是运动的一种边际情形，每一次庆祝和劳动的每一次间歇也都始终效力于我们劳动意志的规则。

因此，对于一些人或许多人而言，这个下午不会变成游戏似的消遣和浮荡不羁之娱乐的一个机会，而是一个放松地聚集的机会，即放松地聚集到那个唯一的目标：在教育者的工作中尽我们本分地参与到这个生成着的国家的实现活动中去，正是在这个国家中，德意志民族找到了它真正的规定：其本质的素朴与清晰、真诚与坚决。

艺术不应使我们得到消遣，而是我们想要在它的权力之下把持住我们，并达成这样的理解，即，一切伟大的现实，作为创造性的作品，都必须从一切存在的那个隐蔽的规则那里被夺得；一切真正的现实都只有从人的牺牲之力中被获得并在这种力量中得到保持。

117.对新的巴登州高校章程之补充规定的建议 222

弗莱堡大学校长　　　　　　弗莱堡,1933年12月18日

致文化、课程与司法部——文化与课程
分部——部长先生(卡尔斯鲁厄)

我想请求把下述补充规定纳入到今年8月24日颁布的新巴登州高校章程中去,并且立即颁布相应的指令:

第三条"院系",第一款,第一项:"院系由教席教授和那些按照教师组织领导人与校长协商同意的那个迄今为止的比例数而被任命的代表——他们代表着计划内与计划外的非教席教职人员——共同组成。校长可以任命其他的非教席教职人员为院系之成员。"

第三条的第四款:"**每一个**被系主任/院长任命的委员会都要延请一个非教席教职人员。每一个**聘任委员会**的成员名单都要在其最终任命之前呈送给校长。"

第三条的第六款:"表决不在院系里举行也不在委员会中举行。"

此外我请求立即颁布一个公告,通告如下:目前有职位的和没有职位的非教席教职人员的代表应立即接受审查,在必要时应重新得到任命。

海德格尔

118. 挑选领导人的业绩衡量原则* 223

弗莱堡大学校长　　　　　　　弗莱堡,1933 年 12 月 18 日

对阿诺德·卢格(Arnold Ruge)先生的**鉴定意见**

在对卢格先生作评判时可以凭据的、唯一值得一提的较大的作品,是一种哲学文献的书目。我无论如何都不能把这部作品说成是一种科学的业绩或者甚至说成是一种哲学的业绩。每一个不是十分迟钝的研讨班助手都能够制作这样一种文献汇编。卢格为战前由克罗纳主编的《逻各斯》杂志作的协助工作是如此微薄贫乏,以至于我想沉默地略过他的这一工作。卢格先生可能拥有某种政治上的——但在我看来非常短浅狭隘的——功绩。但这种功绩并不足以由此而得到一个哲学教授职位,倘若人们确实想要从事这样一种对功绩的清算的话。在纳米义中,只要这种**业绩衡量原则**适用于对领导人的挑选和对负责任的职位领导的挑选,那么卢格先生就根本不在哲学教授职位的考量范围之内。倘若他在巴登的一所高校中获得了这样一个教授职位,我就必须把这称作一桩公开的丑闻。要在巴登一所高校的同一专业里和这

个“专业代表”同时继续从事教学活动，这对于我而言是不可忍受的。

海德格尔

119. 对弗莱堡大学教会史教席的重新配置 224

弗莱堡大学校长　　　　　　弗莱堡，1933 年 12 月 22 日

No. 13033

两个附件

致文化、课程与司法部——文化与课程

分部——部长先生（卡尔斯鲁厄）

关于神学系对教会史教席的重新配置工作所提出的聘任建议，我的看法如下：

如同在一切将来的聘任建议那里发生的情形，这里也首先出现了这样一个问题，即，这些候选人中的哪一位——他在学术上的能力和性格上的合适是不言而喻的前提——为纳粹主义的教育意志的贯彻实行提供了更大的保证。因为按照天主教教义的理解，教会凌驾于国家之**上**，那么在所有的天主教教育中，只要它自身意求那种真实的东西即它要求其存在的那种东西，**国家民族的意志**就必然**让位**给教会之意志了。因此直到今天，教士对于政党的归属也都是被教会所禁止的。每一种在候选人中的权衡因而在政治

方面都根本地变得失效了。

关于 1933 年 12 月 1 日收到的那封来信,从海德堡发出的关
225 于威特(Veit)教授先生的那封信,我已经请了解威特作品的海因里希·莫尔(Heinrich Mohr)博士先生对此发表意见。即使人们都像莫尔所尝试的那样来如此解释威特的看法,我也不能摆脱这样一种印象,即,这些段落暗示着一种至为可疑的对纳粹主义的态度。这也和我通常所知晓的东西是一致的。考虑到今天德国之实际,威特或许比莫勒(Mohler)更机智也更有活力,但莫勒在我看来还是可以进入教授人选的考虑范围的。后者给我的印象是,他持久地为一种合作提供了更大的保证,只要这种合作按照上述解释在根本上是可能的话。

海德格尔

120.对弗莱堡大学齿科学教席的重新配置 226

弗莱堡大学校长　　　　　　　　弗莱堡,1933 年 12 月 22 日

No. 13022

一个附件

致文化、课程与司法部——文化与课程
分部——部长先生(卡尔斯鲁厄)

关于医学系对齿科学教席的重新配置工作所提出的聘任建议,我的看法如下:

按照一位党员同志的十分可靠的和特别有价值的答复,得到该系首位序提名的雷贝尔(Rebel)教授首先得到了考虑。虽然按照旧有的经验,第一位序之后的那些提名通常预计会处于这样一种情形,即被提名者不会得到聘任。但我接受了这样的安排:这一点在当前情形下也是适用的。我愈发想要彰显的是,这次聘任是成功的,并且是有保障的。

海德格尔

227

121. 大学之导言

（《弗莱堡日报》150周年）

对自己历史的回顾使得《弗莱堡日报》有义务对未来负起责任。迄今为止的单独国家愈是直接地在新的纳粹主义国家中升起，日耳曼部落居住区的民族性就被愈发坚决地和源始地唤醒了，并且始终得到了保持；因为只有这样整个民族才能展现其多种多样的构造着国家的力量。为了实现这一任务，整个学校系统的教育工作都转变到纳粹主义国家意志的轨道中去了。高校变成了其地方上的最高的政治性的公立学校。但是，这家界定于阿雷曼民族特性并与之结合在一起的报纸却不可以对学校进行偶然的报道——例如在庆祝活动和任命人选时。它必须把学校的教育工作改造为村庄的公开的国家意识，并且改造为城市的那种与土地结合在一起的政治性的此在。

海德格尔

弗莱堡大学校长

122. 诸系非教席教职人员的代表 228

弗莱堡大学校长　　　　　　　弗莱堡，1934 年 1 月 9 日

Nr. 188

I. 按照与文化、课程与司法部部长先生的议定，并且按照与弗莱堡非教席教职人员协会领导人的磋商，我作出下述规定，立即生效：

1. 荣誉教授、特殊教授[①]以及编外讲师的迄今为止的系代表在所有系里都要引退。

2. 我任命下述人员为新的代表：

a）神学系：　　　　威特（Veit）教授

b）法学与经济学系：施罗德（Schröder）教授

巴克（Back）编外讲师

斐尔根特莱格尔（Felgentraeger）编外讲师

c）医学系：　　　　维格纳（Wegner）教授

施爱特（Scheidt）编外讲师

里瑟（Risse）编外讲师

① “特殊教授”指大学里属于计划内、但没有自己的研究所的教授。——译注

基里连(Killian)编外讲师
纳格尔(Nagel)编外讲师
齐默曼(Zimmermann)编外讲师
d)哲学系　　阿吕(Aly)教授
斯蒂勒(Stieler)教授
斯塔德曼(Stadelmann)编外讲师
229 e)自然科学－数学系：文特费尔特(Winterfeld)教授
威尔瑟(Wilser)教授
哈默(Hammer)教授
盖尼茨(Geinitz)教授
希斯阿尔茨(Cissarz)教授
塞茨(Seith)编外讲师

签名:海德格尔

II.关于此事的通报。

123. 潘考——一位伟大的医生* 230

1934 年 1 月 15 日在潘考(Pankow)教授葬礼上的讲话

太早了,我们想说的是,我们高校的这位伟大教师从我们这里被过早地夺走了。其原因和其目的我们将永远都想不出。但我们却必须防止我们误入到那种判断的立场上去,这种立场公开地或隐蔽地、有意地或无意地把人的生命贬低为一种生意。倘若人们与哲学家叔本华一道把生命视为一桩生意,一桩得不偿失的生意,倘若我们在对一种生命工作的清算性的考察中期待一个相应的结果,都同样会出现这种立场。

完全相反——倘若我们想要根本把握人的命运,我们就必须能够统合思考一之中的那些最大的矛盾:那最富成效、业绩至丰的生命和一场漫长的、艰难的赴死(Sterben)。一个荒凉寥落的、缺乏影响的生命和那无危无害的死亡(Tod)。

恰恰是这位从我们这里被夺走的人必然知道人之此在的那种深刻的矛盾性。他的医生心肠所操心的是那**生成着**的而且进**入**世界**中**的生命。对于这种生命而言,没有什么比那种东西——那**流逝着**的并且**从**世界**中**走出的生命——更切近于它了。出生与死亡在最内在的根据中共属一体,它们并非人之此在的两个最遥远地分置开来的终点。

伴随着出生就已经开始了赴死；从出生而来，人以一种不容商讨的可靠性奔赴他的死亡。

而死亡并非只是一种被置于另一终点的生命之最终事件；毋宁说，在死亡中，那被活过的生命之整体，以一种此前闻所未闻的和不可经验的方式聚集着。

231 这个男人的生命是一位伟大医生的工作；因为潘考是一位伟大的医生，他始终是一位真正的医生和杰出的教师。因为生命事实上并不存在于对机敏的和新式的思想观念的报告中。教学意味着，让学生**成为**那种东西，他们应该**是**的那种东西。这位教师拥有罕见的优点，即，从其此在的基本意志而来，在其日常工作的整个铸造中，预先去**是**学生所意欲成为的那种东西；我们因而把这样一位教师称作伟大的。

凭借着他的存在——这种存在已经在这个男人的影响活动中得到贯彻，他始终会被这个大学所铭记。

词语和标记以及这个花圈——它们是我同时以巴登州文化部课程分部的名义宣示于此的——应见证我们深深的感谢和尊敬。但该由我们做的事情却是，让我们日日夜夜、时时刻刻地始终匹配得上那种存在——这种生命所先行活过的那种存在——的力量。

124. 在弗莱堡大学城市应急工人训练课开课仪式上的讲话 232

（1934 年 1 月 22 日）

德意志的民族同胞们！德意志的工人们！

作为这所大学的校长，我在这栋房子里衷心地欢迎你们。这种欢迎应立即是共同工作的开始。我们是以这样一种方式开始共同工作的：我们逐渐弄清了那个迄今闻所未闻的事实，即，你们，弗莱堡市的应急工人们，在弗莱堡大学最大的阶梯教室里和我们共聚一堂。

这一事实意味着什么？

通过弗莱堡市方面为造就工作采取的广泛的和新颖的措施，你们将得到工作和面包。由此，你们将在城市其他的失业人员中间享受一种优先地位。但这种优待同时意味着负责。

你们的责任是，如同我们这个新国家的领袖所要求的那样，去如此这般地理解工作之造就并如此这般地接受这种被造就的工作。因为工作之造就并不仅仅是对外在之急难的消除，不仅仅是对内在之懦弱甚或绝望的排除，工作之造就并不只是对那压迫性的和施以重压的东西的**防御抵抗**，工作之造就同时是并且本真地是在我们民族之全新未来中的**建造**与建设。

工作之造就必须首先使那些失业的民族同胞们在这个国家中、并且为了这个国家、进而为了民族之整体而再度**能够此在**(*daseinsfähig*)。得到工作的民族同胞应该经验到这一点,即:他没有被抛弃也没有被离弃,他归属于民族秩序之中,并且每一种服
233 务和每一种功绩都各自具有其独特的、不可为其他的功绩和服务所取代的价值。从这种经验而来,他应**从其自身中**再度赢回真正的尊严和真正的坚韧并**在其他的民族同胞面前**赢得真正的自信与坚定。

目标是:坚强地变成一种充分有效的此在,作为德意志民族共同体中的民族同胞而生存。

但为此却需要:

知道作为这个民族的一部分的人们居于何处,

知道这个民族是如何划分的并且是如何在这种划分中得到更新的,

知道这个纳粹主义国家中的德意志民族发生了什么,

知道这种新的现实是在何种艰苦的斗争中被赢得和被造就的,

知道民族之躯体的未来之复原意味着什么以及它向每一个个人要求着什么,

知道城市化已经把德意志人带向了何处,知道德意志人应如何被归还给家园中的土地与田野。

知道在这个事实——有 1800 万德国人虽然属于这个民族,但却因为生活在帝国边境之外而不属于帝国——中存在着什么。

我们民族的每一个劳动着的人都必须**知道**,他**为什么**以及**为**

何目的在他所在的那个地方。唯通过这种活生生的和始终当前的**知识**，他的生命才首度植根于民族整体和民族命运（Volksschicksal）中。**对这种知识的造就因而必然归属于工作之造就**，去要求这种知识并致力于这种知识，这乃是你们的权利，但也因此而是你们的义务。————

大学的年轻的同志们现在已经为这种知识之造就**做好了准备**。他们要坚决地帮助你们，要让那种知识在你们当中变得生动鲜活，展现开来并得到加强，从此不再沉睡。他们已做好准备，不是作为来自“更优”阶级的“知识分子”来帮助你们，而是**作为民族同胞**，作为已经认识到其职责的民族同胞来帮助你们。 234

他们已做好准备，不是作为与一个阶层相对的甚或是与**未受教育者**之“下等阶层”相对的“受教育者”来帮助你们，而是作为同志来帮助你们。他们已做好准备，去倾听你们的问题、你们的急迫、你们的困难和你们的疑虑，和你们一道去透彻思考它们，在共同的工作中对它们进行澄清，给出解答，作出决断。

那么这个事实——你们在这里在大学的阶梯教室里和我们聚集在一起——意味着什么呢？

这一事实将成为标志而揭示出，一种新的、共同的意志如此存在着，即要在“拳头”之劳动者和“大脑”之劳动者之间铺架一座**活生生的**桥梁。意求铺架桥梁的这种意志，在今天不再是无望的企图。为什么？因为我们整个德意志的现实已被纳粹主义国家所改变了；这导致了，整个以往的表象活动和思想也都必须变成一种别的东西。

我们迄今为止在“知识”和“科学”这些词语处所思考的东西，

获得了一种别的含义。

我们迄今为止用“劳动者”和“劳动”这些词语所意指的东西，赢得了一种别的意义。

“科学”并不是一种特权公民阶级的财产——比如在对劳工大众的剥削中把这种财产作为斗争手段而加以滥用；毋宁说，科学只是那种知识的**更为严格**的并因而**更富责任**的方式，这种知识乃是整个德意志民族为了它本己的历史的－国家的此在所必然要求和寻求的，倘若这个民族根本上还想确保并在未来保持它的延续和它的伟大的话。真正科学的知识**在本质上**与农民、伐木工、挖土工人、采矿工人以及手工业者的知识**根本没有**什么区别。因为知识意味着：在世界中，在我们共同地和单独地被置于其中的那个世界中，**通熟晓悉**（*sich auskennen*）。

235 知识意味着：在决断和做法上**胜任**那个任务，那个总是已被交付给我们的任务，无论这个任务是耕作田地还是砍伐树木又或挖沟开渠抑或探问自然之规律又或者是在历史的命运之力（Schicksalsmacht）中凸显历史。

知识意味着：**掌控**处境，即我们被置于其中的那种处境。

对于这种知识而言，决定性的并不在于我们知道了多少东西，而是，这种知识是否是一种源始地生长起来的、定向于我们此在之范围的东西，并且我们是否通过行为并在行为中为了我们所知的东西作担保。我们不再在“受教育者”和“未受教育者”之间作区分。——并且这绝不是因为此二者是一样的东西——而是因为，我们的评价在根本意义上不再附着于这种区分。相反，我们要在**真正的**知识和**假相知识**之间进行区分。农民和手工业者拥有真正的知识，他们每一个人都以他的方式并在他的劳动领域中拥有真正的知识，正如学者在他的劳动领域中拥有知识。并且另一方面，学者固然学富五车，却也会在一种假相知识中闲荡厮混。

倘若你们应在这里成为**认知着的人**，那么这并不意味着，某种“普遍教育”的残屑碎片要成为你们的前提，或许甚至还作为一种事后的救济来给予你们。毋宁说：在你们当中应唤醒**那种知识**，**凭借这种知识**，**你们**——各自处于其阶层(Stand)和劳动范围中的每一个人——**都可以是清醒的和坚决的德意志人**。

知识和知识财富，如同纳粹主义就这些词语所理解的那样，并不分离在阶级(Klassen)中，而是把民族同胞和各阶层结合统一到国家的那个伟大的意志中去了。

如同“知识”和“科学”等词语，“劳动者”和“劳动”这些词语也拥有了一种改变了的意义和一种新的声响。“劳动者”并非如马克 236
思主义所需要的那样是剥削的单纯对象。劳动者阶层并非被剥削阶级，并非走向普遍阶级斗争的被剥削阶级。但劳动也并不单纯是为他人而进行的产品之生产。劳动也不仅仅是谋生的机会和手段。毋宁说：

> “劳动”对于我们而言乃是每一种有意规整之行为的名称，这种行为是由团体之个人以及国家之个人的责任所承受的并因而可效力于民族。

只是在那种地方，在人的自由的决断力和坚韧不拔致力于贯彻一种意志和一种任务的地方，才有工作，**但也处处都有这种地**

方。因此每一种工作作为工作都是某种精神性的东西,因为它奠基于自由支配着的(*frei*waltende)专门知识和有规则的作品理解,也就是说,奠基于本真的知识。根本说来,挖土工人的成就并不比学者之行为更少是精神性的。

劳动者和劳动,如同纳粹主义就这些词语所理解的那样,并不分离在阶级中,而是把民族同胞和各阶层结合统一到国家的那个伟大的意志中去了。

"劳动者"和"科学地认知着的人"不是什么对立方。每一个劳动者都各自以他的方式是一个认知者,并且只有作为认知者他才在根本意义上能够劳动。劳动的那种特权始终是拒予动物的,相反:每一个科学地行动着的人和科学地决断着的人都是劳动者。

因此,在你们当中也在我们当中的那种意志,去铺架一座活生生之桥梁的那种意志,可以不再是空洞的、无望的愿望。这种意求在一种真正的知识之造就中完成工作之造就的意志,对我们而言必然乃是:最内在的确信和永不动摇的信念。因为在这种意志所意求的那种东西中,我们只是在追随我们领袖的那种卓越的意志。追随于这种意志,事实上意味着:不可动摇和持续不断地对此进行
237 意求,即,德意志民族作为劳动之民族而再度发现它生长的统一性、它素朴的尊严以及它真正的力量,并且作为劳动之国家而获得持存与伟大。

向属于此闻所未闻之意志的那个人,我们的领袖阿道夫·希特勒,致以三声"胜利万岁!"

125.号召进行劳动服务 238

我们德意志青年的那条新的教育之路是通过劳动服务而运行的。

这种服务带来了这样一种基本经验:以团队形式展开的最朴素的体力性的并因而是本质性的那种劳动所具有的艰苦、与土地和器具的亲近、合法性以及严格。

这种服务带来了对那种日常此在——在营地集体中严格地以劳动方式得到规整的日常此在——的基本经验。

这种服务带来了这样一种基本经验:对阶层之未来和个人之责任(从一切人的民族之共属性而来的个人之责任)的澄清和巩固,它们每天都在经受考验和得到决断。

这种服务使人获得了对真正的同志集体的本源的基本经验,同志集体只是从一种伟大的、共同的危险之压力中产生的,或者是从与一种可统观之任务的持续变化着的联系中形成的,与那些个体(这些人约定好了,要在同一个屋檐下睡觉、吃饭、唱歌)的那种狂热的彼此交流内心障碍毫无关系。

这种服务使人根本地经验到了个体真正的自身省思的有效前提,使人从小市民式的和"社会阶层式的"对前景之盘算的幻想中走出来,在职业选择中作出最终的决断。

我们必须从劳动服务的这种现已清晰可见的当前作用中向外拓展思考并且学会理解到，在这里，从重新生长起来的青春而来的德意志此在的一种完全的重铸得到了准备。在德意志高校中，慢慢地将会有一种新的对待科学性*劳动*的基本立场升腾上来。由
239 此，“精神”和“精神劳动”的那一概念——“受教育者”迄今为止就生活在这一概念中，并且这一概念乃是受教育者的诸多代表为了“精神性的创造者”的这一本已阶层而现在还想予以拯救的那种东西——将彻底消失。我们于是将首度学到，每一种劳动*作为劳动*都是*精神性的*。动物和一切单纯地朝此向度而生的东西都不能劳动。动物所缺乏的是对下述事情的基本经验：为了一种任务的决断性的投入，在一项被接受的使命中保持坚决果断和坚定不移的能力，简言之即*自由*，也就是说，*精神*。

所谓“精神性的劳动”之所以是精神性的劳动，不是因为它关联于“更高的、精神性的”事物，而是因为，它*作为劳动*被更深地追溯到一个民族之历史性此在的急难中去，并且更为直接地——因为更加晓知地——被人之此在之危险的严酷所逼迫。

仅仅有*一个唯一的*德意志的“生命阶层”。这就是那个扎根于民族之承载根据中的并且自由地嵌入到国家之历史性意志中去的*劳动者阶层*，它的印记在纳粹主义德意志*工人党*的运动中得到了预先塑形。

人民被号召去进行劳动服务。

那疲沓者、慵懒者、颓废者都会“进入”劳动服务中，因为拒不参加或许会危害考试和聘用的前景。那强壮者和坚不可摧者——他们从我们民族之全新未来的那种激动人心的秘密而来贯彻实施

着他们的此在——为此感到骄傲，即，向他们所要求的乃是艰难之物；因为这乃是这样一个瞬间，在这个瞬间中，他们将攀登到最艰难的任务上面，而对于这些任务而言，既没有报酬也没有赞扬，而只有通过牺牲精神和服务效力——在德意志存在的最内在之必然性的领域中的牺牲精神和服务效力——而来的“幸福”。

126.未被损耗的阿雷曼民族特性*

身处西南边陲的我们始终胜任德国之政治意志向东北方的那种移置吗？我们将为这种发生活动提供创造性的力量吗？或者我们应该随着整个西方慢慢地衰老过时？

这是为了我们国家的民族力量未来在政治上的投入能力的决断。

但只有当成功地做到，以教育的方式从那陈旧过时的市民性和那种无害的对国家的无动于衷中把未被损耗的阿雷曼民族特性改造为纳粹主义国家意志的共同意愿，我们才能作出这一决断。

127.这样情形下的辞职信是不同寻常的

弗莱堡大学校长　　　　1934年1月26日

Nr. 704　　　　关于洛维博士教授

I.致弗莱堡大学自然科学－数学系系主任先生阁下

就您1934年1月22日所提之动议,我答复如下:这样情形下的辞职信是不同寻常的,这样一种辞职信在当前情形下尤其是不能得到考虑的。

II.存入洛维(Loewy)个人档案。

海德格尔

242 # 128. 对牙医教授职位的重新配置

弗莱堡大学校长　　　　　　弗莱堡,1934 年 1 月 29 日

No ......

非常尊敬的处长先生!

在对本校牙医教授职位进行重新配置的事情上,对于已被提名的那些候选人,事后乃至现在还存在着完全不同的、部分甚至彼此矛盾的判断。

就连本校现任主治医师施艾特(Scheidt)——他在八年之久的时间内做了本质性的工作——的能力看上去也已到了这样一种地步,即,似乎有必要再度对候选资格展开探讨。

由于这个名单已经通过大学校长办公室颁布,并且我原则上在今天也还是想避免在没有从外面进行聘请的情况下就直接晋升本校编外讲师的那种做法,所以我提出这一动议,希望部里就施艾特之事对我进行进一步的询问。

希特勒万岁

海德格尔

129.对整个大学的严重伤害

弗莱堡大学校长　　　　　　　　弗莱堡,1934 年 1 月 31 日

No 815

非常尊敬的处长先生!

本校现任哲学系主任沙德瓦尔特(Schadewaldt)教授于本月 29 日告诉我,他接到了前往莱比锡执教的聘请。倘若我们失去这一宝贵的力量的话,这将是对哲学系和整个大学的伤害。

沙德瓦尔特先生和海姆佩尔(Heimpel)先生的离去将是教学力量中最有天赋的成员和未来数年最具发展潜力的年轻成员的离去,而且就连勉强相应的代替者也还不能找到。

我因而请求,即使在这种情形下也要倾尽全力把沙德瓦尔特教授先生挽留在我们大学中。

希特勒万岁!

海德格尔

244 # 130. 冲锋队高校支部参与校委会

弗莱堡大学校长　　　　　　　　　　弗莱堡，1934 年 2 月 2 日

No 887

致文化、课程与司法部——文化和课程分部(卡尔斯鲁厄)——部长先生

自冲锋队高校支部建立以来，其领导人一直都被邀请参加校委会会议。其相关人员也每次都参加了这些会议。

海德格尔

245 弗莱堡大学校长　　　　　　　　　　弗莱堡，1934 年 2 月 20 日

No. 1394

致文化、课程与司法部——文化和课程
分部(卡尔斯鲁厄)——部长先生

根据文化、课程与司法部——文化和课程分部——部长先生于本月 14 日颁布的公告(Nr. A 3599)，冲锋队高校支部的领导人

已被任命为校委会的固定成员。

海德格尔

246 # 131. 致德国大学生组织的帝国领导

弗莱堡大学校长　　　　　　　　　　弗莱堡，1934年2月5日

No ......

亲爱的斯塔贝尔(Stäbel)先生！

今天我从媒体得知，对卡特尔协会－利普阿里亚社团[①]的撤销令已被取消[②]。本校大学生组织的领导人，冯·促尔·穆伦先生因此**不得不**辞职。天主教的这种公开的胜利恰恰在这里是绝不可以持存的。它是对整个工作的一种损害，这种损害在眼下**有多**

---

① 卡特尔协会－利普阿里亚社团(C. V. － Verbindung Ripuaria)：卡特尔协会(Cartellverband der katholischen deutschen Studentenverbindungen)是德国一个有很大影响力的天主教大学生协会，简称"C. V."，1858年12月创立，1938年6月解散，1950年重建；"利普阿里亚社团"是指始建于1899年的"德国天主教大学生协会弗莱堡利普阿里亚社团"，系卡特尔协会的分支。"利普阿里亚"，对古代居住在莱茵河下游的法兰克人(属西日耳曼民族)的统称。——译注

② 1932年的卡特尔协会代表大会作出决议，暂时禁止卡特尔协会的成员参加纳粹党或纳粹性质的德国大学生组织。在德国区主教和纳粹党的关系缓和之后，卡特尔协会于1933年4月3日取消了此禁令。1933年7月7日，福施巴赫(Edmund Forschbach)被掌管德国大学生组织的官方领导人奥斯卡·斯塔贝尔任命为卡特尔协会的负责人。1934年1月31日，卡特尔协会领导层发表声明，宣布卡特尔协会的天主教信条原则被正式放弃，由此换得了官方的某些回报，如撤销先前针对该协会的一些禁令。——译注

大是怎么估计都不为过的。

我非常清楚地了解本校多年以来的关系与力量；我或许曾经考虑过，对于您的致电和来信——您在其中向我提出了撤销令之请求——选择不插手这一事情。但我另一方面却必须认为，对于您而言，一切无论如何都在于一道撤销令。

我因而将无条件地保护那位大学生领导人的做法。我迫切地请求您，让冯·促尔·穆伦先生回复原职。

关于宗教信仰原则的取消，可以有不同的思考。人们始终还不了解天主教的策略手法。有朝一日这会带来严重的报复。

希特勒万岁！

您的

海德格尔

247

132. 简历

(1934 年)

马丁·海德格尔，哲学博士，大学教授，

弗莱堡，罗特布克路 47 号。

出生：1889 年 9 月 26 日生于梅斯基尔希(巴登州)；来自阿雷曼-施瓦本的世代为农的家庭，母方姓肯普夫，也定居在同一院落，两个家族在那里不间断地一直居住到 1510 年。

职业进程：在梅斯基尔希的公立学校和市立中学读书；1903 至 1909 年间就读于康斯坦茨和弗莱堡的文科中学；1909 至 1913 年间在弗莱堡大学学习，先是读神学，然后读的是哲学、自然科学和精神科学。

服役期：1914 年 8 月初报名为战争志愿者；1914 年 10 月 9 日因为疾病而被遣散；1915 至 1917 年间在弗莱堡邮政监察站服役；1918 年在 E. B. I. R.(编 113)接受前线教育；1918 年在凡尔登前方的前线气象站(编 414)服役。

职业进程(续)：1913 年获哲学博士学位；1915 年作为哲学编外讲师在弗莱堡大学通过教授资格论文答辩；1923 年接受正教授聘任赴马堡大学执教；1928 年接受弗莱堡大学的聘任返回弗莱堡

执教；自1933年4月起担任弗莱堡大学校长。

研究领域及出版作品：《心理学主义中的判断学说》（1914年）；《邓·司各脱的范畴学说与意谓理论》（1916年）；《存在与时间》（1927年），第三版（1931年）；《形而上学是什么？》（1929年），第三版（1931年）；《论根据之本质》（1929年），第二版（1931年）；《康德与形而上学问题》（1929年）；《德国大学的自身主张（校长就职演讲）》（1933年）。

248

133. 对施陶丁格教授档案的研究*

弗莱堡大学校长　　　　　　弗莱堡,1934 年 2 月 10 日

No

附件　　　　　　　　　　　　　　关于施陶丁格教授

返还　　　　　　本月 6 日发来的 Nr. 3673 文件中的附件

非常尊敬的处长先生!

对施陶丁格[①]教授档案的研究使得我们可以对下述问题作出裁定,即:"重建公务员集体法令"的第四条是否必须应用于施陶丁格教授。答复如下:

1)德国苏黎世总领事馆的所有来自战争时期的报告,特别是使领馆秘书西蒙于 1917 年 2 月 15 日作的档案笔记,都清楚地谈到了施陶丁格把德国化学制作方法转交给(敌对)外国这件事。

2)1917 年 1 月,也就是在祖国最危难的时刻,施陶丁格提出申请谋求获得瑞士公民权,对他而言并不存在一种职业上的或其

---

① 参见本书第 57 篇文章及相应编者注释。——译注

他的必要性。这一计划的执行被德国总领事馆阻止了。

3)1919 年 1 月 9 日，也就是在德国刚刚崩溃之后，施陶丁格再次提交申请书以求获准入籍瑞士，这个时机用他的话来说就是“在德国现在这种已发生变化的内政和外交的处境中”。他于 1920 年 1 月 23 日成功入籍瑞士，但并没有得到德国方面的批准。施陶丁格宣称，他得到了巴登区政府于 1919 年 5 月 15 日给予的许可，但不再拥有这份文件。卷宗 I 含有这份文件。但其中绝没有对许可的暗示。

4)在那些极大地加重其负担的陈述中包含了苏黎世总领事馆 249
(法布里·都·法乌尔总领事)1918 年 1 月 12 日的报告和普利恩大使 1919 年 5 月 15 日的报告。施陶丁格此后“从未隐讳他站在德国之民族潮流的尖锐对立面这一实情，并且一再宣称，他永远不会用武器或别的服务来支持他的祖国”。有典型意义的是，后来成为马克思主义大使的阿道夫·穆勒(Adolf Müller)把施陶丁格描述为理想主义者!

5)同样使其负累的是这样一个事实，即，施陶丁格 1917 年从苏黎世发出了一封请愿书，这是他为和平主义者医学博士尼古拉而写的，这个人拒绝进行入伍宣誓。

这些事实已经从自身而来要求着对“重建公务员集体法令”第四条的应用。在 1925/26 年以后，自施陶丁格被聘任一事被人们所讨论以来，这些事实就已为更多的德国圈子所知晓并且自此以后始终是人们所熟知的，有鉴于此，尤其是考虑到施陶丁格在今天还假装是民族崛起运动的 110% 的朋友，弗莱堡大学的威望也就要求着一种干预措施。应考虑的是解职而非使其退休。

希特勒万岁

海德格尔

134.对教会史教席的重新配置* 250

弗莱堡大学校长　　　　　　　　弗莱堡,1934 年 2 月 17 日

No 1287

非常尊敬的处长先生!

作为对您本月 9 日那封事关本校神学系教会史教席之重新配置的友善来函的回复,我请求聘任威特博士教授先生。

致以衷心问候以及

希特勒万岁

海德格尔

又及:在同莫尔博士先生进行商谈之后,我认为下述做法在策略上是更正确的:**只是在夏季学期**,亦即当威特先生再度讲授其讲座课的时候,**才宣布**这一聘任。这样的话,那种危险,罗马教廷拒绝批准的那种危险,就被减少了。

海德格尔

致

卡尔斯鲁厄课程部高校分部负责人菲尔勒博士处长先生

135.科学之必要性 251

(1934 年 2 月 22 日)

我们问:科学是必要的[①]吗? 我们不可能通过一个小时的思索就把握住那个精神性的任务——此任务对于未来的德国一代人而言就存在于上述这个问题中。但更加不可能的是以为由此就能实现哪怕是最微小的东西,倘若我们只是了解了一个演讲的话。然而,倘若这种不可能性如此这般无可争议地存在着,我们也就不容请求地处于这样一种责任中,即不要在对那个问题的准备中耽搁任何一个片刻,并且不要在这上面逃避任何困难。

"科学是必要的吗"这个问题看上去是完全多余的。因为此问题的答案是明摆着的,倘若我们匆匆地瞥一眼那些在各个系里得到照料的科学的话。它们全部都效力于那种科学性的、对主导性职业——牧师、法官、律师、医生、教师、建筑师、工程师——的准备工作。倘若这些职业在我们民族的国家构造中继续存在下去,则相应的这些科学,对于职业之准备而言,就是**不可缺少的**。科学之必要性因而就已经得到了明白易懂和令人信服的证明。

---

① 德语中"必要的"(notwendig)也有"必然的"之义。作者在本文中正是借助这一点展开了对"Notwendigkeit"之双重意蕴的阐释。但汉译不可以用两个词语分别译之,故仍勉强统一译为"必要性"。——译注

必要性之意义因而也同时得到了界定。必要性因而说的是：职业实践上的不可缺少性。这种科学之必要性因而毫不奇怪地在今天得到了从各方面而来的最生动鲜活的肯定。人们愈发响亮和愈发频繁地要求着，科学应放弃它的“不切实际”(Wirklichkeits-ferne)并且尽可能直接地使它的工作适应于对各个职业的“专家”和“专门人才”的培训造就。

252 但学者们本身对这种证实——这种对其科学之不可缺少性的活生生的证实——说了些什么？他们认为对科学的这种辩解是不充分的。他们很不满意这种辩解，以至于他们在这种对科学之职业实践上的不可缺少性的响亮宣告中恰恰看到了那种后果极为严重的对科学之本质的损害。他们的根据何在？虽然职业实践上的知识驱动和左右着职业工作，但这种知识并非仅仅源出于职业工作，毋宁说，它是在那一向与之相应的科学中才拥有其真正源泉的。然而，唯当科学任何时候都事先从自身而来并自为地在那种被托付给它的存在领域的合规则性中通彻探究了这种存在领域并备好对此领域的认识，科学才能是职业实践上的知识的本源。只有这样，对真理的突显才仅仅是为了真理之缘故而得到了保证。并且只有从科学的这种任务而来，科学的必要性才得到了充分的规定。科学的必要性[①]意味着纯粹认识中的真理——作为一种自在价值——之实现的不可回避性。研究者的工作正是从这种必要性中获得了其尊严。依据于这种必要性，从国家之科学成就中形成了对于国家而言的威望和世界意义。

---

① 这层意蕴事实上即汉语中的“必然性”。——译注

此必要性和彼必要性因而并非径直就是同一者。两种理解彼此对立：职业实践上的不可缺少性意义上的科学之必要性和价值实现之不可规避性意义上的科学之必要性。

从观点的这种彼此对立而来，我们首先获悉了这一点：科学之必要性问题的答案根本不是单义性的。但是，倘若科学之必要性只是在每一个方面上得到了肯定并且科学之此在在整个今天和未来都始终是无可争议的，这又损害了什么呢？然而，对科学之必要性的这种分裂的理解并不是什么单纯的理论上的观点分歧。在这两种理解背后存在着科学政策的两种立场，在今天，在我们这里，253
这两种立场在一种愈发广阔地拓展着的并且愈发混乱的争执中分崩离析了。一方面人们狂热地要求着科学的那种迄今一直失踪的“生命与实际之切近”。人们要求把科学工作完全转接到当下的职业实践中去。科学现在应该——几乎如同被订置的那样——在一夜之间变成别的东西。另一方面，我们注意到，那种愈发顽强的对科学迄今有效的独立性的坚持和那种日益增长着的对科学所面临之衰落的担忧是一体的。如此我们就遇见了在德国之实际中的科学的一种值得注意的整体处境：对科学的抗拒，对科学的反感，对迅速转换的过分热心，对迄今事物的不确定，对此后进程的不抱希望，在科学之意义之规定中的不知所措。我们所有人，多少都看清了并且多少都有明确意愿的我们所有人，都处在情绪和表态的这种来来回回的兜转之中。

因此，当我们扬起“科学是否是必要的”这个问题之际，我们就不会不考虑“必要性”在此是如何被理解的而要求答案是一种简单的是或否，毋宁说，我们要求知道，科学在**必要性的何种意义上**是必要的,倘若它是必要的话。并且我们之要求知道这一点,并非只是为了了解科学在今天的情形如何,而是为了凭借对科学之必要性的种类的认识来作出走向科学或反对科学的决断。

但这种决断,对科学是否是必要的这种决断,显然只有在下述情况下才能被作出,即当我们事先已确证了,像必要性这样的东西**究竟**在何种意义上才可以被归诸科学。并且又唯当**科学之本质**事先得到了规定,才能做到上述确证。先前所说的东西事实上也使
254 这一点变得足够清楚了:因为,在职业实践之不可缺少性意义上的那种必要性之规定奠基于对科学的那种前理解,即把科学理解为一种为了职业目的的知识技术;在价值实现之不可规避性意义上的那种必要性之规定奠基于对科学的那种前理解,即把科学理解为那种为真理之缘故而对存在者进行的独立研究。

我们的主导问题,科学是否以及在何种意义上是必要的,移置到了这样一个前问题中,即:科学究竟是什么?一条简单的、因其自然的道路自行为我们呈现出来,引领我们走向对此问题的回答。我们把在上述对科学的两种理解之间的争执带向裁决(Austrag),并且问道:科学是为了某些职业的知识技术吗?还是说它是为了真理之缘故的对存在者的研究?抑或它是处在真正平衡中的两者?又或者它根本不是两者中的任何一方?

在那种地方,在争执应真正被带向裁决而不应以其他任何方式被消除掉的那种地方,那些敌对的立场和力量必然得到了澄清。我们现在主张:这两种在今天处于争执中的科学之理解根本不是什么敌对方。因此在它们之间既不可能有一种真正的斗争但也不可能有某种平衡。为何这两种科学理解不是什么敌对方?因为它

们二者属于同一种类型。在何种程度上？我们要注意的是，此二者以何种方式各自规定了科学之必要性。

第一种理解说的是：倘若那些更高的职业应始终存在，则对于它们而言，作为知识技术的科学就是不可缺少的。但这一点——这些职业应始终得到保持——是不言而喻的吗？为什么它们应始终存在？因为它们是“更高的”职业。通过什么而更高？因为一种决定性的领导作用被托付给它们了。这种领导作用是通过什么而变得可能的？通过这一点：职业工作运作在一个职业世界中，而职业世界本身是通过一种广泛的和多样的世界知识而展现的并保持在运动中的。这种知识是怎么回事？它就它那方面而言是必要的 255
吗？倘若如此，其根据何在？唯当这种世界知识是必要的，那些所谓的更高的职业才是可能的。并且唯当它们是可能的，使它们可能的、在前述知识技术意义上的那种知识才变得不可缺少。在刚刚所说的那种理解意义上的科学之必要性因而就其深层规定性而言是完全未知的，倘若刚刚所提出的那些问题的整个链条没有被通彻发问和得到回答的话。我们现在是在徒劳地寻找着这样一种答案，因为这些问题根本就没有被提出。这意味着什么？职业实践之不可缺少性意义上的科学之必要性就其深层规定性而言始终是未知的。并且因为缺少对职业实践上科学之必要性的规定性的认知，根本就不再会有对更高职业的一种真正的辩护和决定性的采纳。人们之所以肯定这些职业，只是因为现在刚好有这样一些职业。当人们着眼于职业而向科学要求那种与生命的切近并且想要知道这种现实得到了实行，这时，人们就逃避了真正的现实（Wirklichkeit），亦即逃避了对此的决断，即这些更高的职业本身是否以及在何种程度上是必要的和可能的。人们作为臆想性的认真的捍卫者——捍卫实际生命的要求——而狐疑不决地四处踉跄在喧嚣的不彻底性中。

136.与弗莱堡冲锋队高校支部领导人的争执* 256

弗莱堡大学校长　　　　　　　　　　1934年2月26日

大学生国防体育运动

致弗莱堡冲锋队高校支部领导人

本校医学博士候选人威廉斯先生

本月22日，部里以副本形式使我知晓了您1934年2月12日呈给帝国冲锋队高校部领导人的关于本学期地区体育运动的报告。您在其中以某种方式谈到了校务长先生，而这种方式是我必须最为严厉地表示拒绝的，尤其是您的报告缺乏每一种事实上的证据。

我已经在一次面谈中请求您朝下述向度更正您在帝国冲锋队高校部那里的相关表态，此即：

1）事所攸关的根本不是一种“申诉”，而是一种询问，这是菲尔勒处长先生也已确认了的。

2）这种询问是在我的指示下进行的。您曾向我保证过，要在帝国冲锋队高校部那里进行更正。我请您告诉我，这是否已发生了。

就事情本身而言，我再度提醒您注意，我只有在那个真正**自明的前提**下才会同意短期营地的举办，即倘若帝国冲锋队高校部很快会有一份相应的、书面的、发给所有高校的指示的话。但我直到
257 现在还不知道有这一指示。因此，就我的那种立场而言，1933 年 11 月 29 日的校委会会议记录已明确地道出了："一种最终有效的决定应在再一次的协商后作出"。倘若直到夏季学期开始时，帝国冲锋队高校部还没有就短期营地的举办问题给所有高校统一发出命令，我就将禁止这一课程。

此公函之副本将呈送给部长先生。

海德格尔

137. 最为严厉地驳回指控* 258

弗莱堡大学校长　　　　　　　　　　1934 年 2 月 26 日

1068　　　　　　　　　　　　　　　大学生国防体育运动

附件

1)致文化、课程与司法部——文化和课程
分部(卡尔斯鲁厄)——部长先生

作为对 1934 年 2 月 22 日颁发之公告(Nr. A. 4704)的答复,我声明如下:

如同在致弗莱堡冲锋队高校支部领导人的公函(以副本形式附录于此)中可以获悉的那样,我不能以任何方式辨识出,巴登州文化部所提出的那些问题,通过对弗莱堡冲锋队高校支部领导人之信件的单纯转交,就应“得到全方面的回答”。事实并非如此,毋宁说这封信完全掩盖了事实。我也必须在这里最严厉地驳回针对校务长先生的那一完全凭空捏造的指控。

2)存档。

海德格尔

259 # 138. 对冯·贝克哈特教授的聘任*

弗莱堡大学校长　　　　　　　　　弗莱堡，1934年3月5日

No ......

非常尊敬的处长先生！

关于聘任冯·贝克哈特教授作为蒂尔之继任者一事[①]，我的意见如下：对一个更合适也更年轻的候选人的任命遭遇了巨大的困难。本校该专业拥有数量庞大的编外讲师，但我原则上不想任命其中任何一人。几周前我已经进行了新的民意调查。普遍的反馈是：相关的候选人都太过理论性，不能直接地、向前驱动着地把今天的经济问题展现在大学生面前。在这样的情形下，虽然有一些疑虑，最终还是应聘任那个既有的[外来]人选即贝克哈特先生。他拥有巨大的实践经验，这在今天对于教学活动而言具有如此决定性的意义。无论如何都必须为夏季学期找到一位教席代理人。倘若直到那时都还不能作出任何聘任，我将准时地向您呈交一个建议。

希特勒万岁！

海德格尔

---

① 参见本书第105篇文章。——译注

139. 尽可能地避免外交政策上的负担* 260

弗莱堡大学校长　　　　　　　　　弗莱堡，1934 年 3 月 5 日

No ......

非常尊敬的行政专员先生！

凯勒（Keller）教授的离职形式现在看起来被本质性地缓和了。

经过深思熟虑，我觉得可取的是，在施陶丁格的事件上也寻求一条相应的道路，这样做乃是考虑到他在国外在其科学中所享受到的那种地位。

尽管施陶丁格的事件完全不同于冯·赫维西教授那里的情形①，但在后者之情形中的那些决定性的思考现在也必须着手进行了②。

几乎不需要说明的是，**在这件事上**当然没有什么东西能够改变。事所攸关的仅仅是，尽可能地避免一种新的外交政策上的

---

① 参见本书第 70 篇文章。——译注

② 意即"那些思考现在必须同样施用于前者之情形"。——译注

负担。

希特勒万岁！

海德格尔

140.施陶丁格跻身主持人行列* 261

弗莱堡大学校长　　　　　　　　　　1934 年 3 月 12 日

2156　　　　　　　　　　1934 年春天的马德里国际化学会议

关于我 1934 年 1 月 23 日的报告(Nr. 604)

I.致文化、课程与司法部——文化和课程
分部(卡尔斯鲁厄)——部长先生

施陶丁格博士教授刚刚到我这里告诉我,他撤回了他的申请——他曾申请批准一笔 550 德国马克的津贴以支付参加上述会议的开销,因为他得到了私人方面的资助。他再一次地请求批准他参加这次会议,并希望能相应地通知外交部。

施陶丁格教授在化学界享有杰出声望,在上述会议的那些有待进行的报告中他将跻身主持人行列。我因而请求考虑到国外因素而批准这一申请。

II. W. V.

海德格尔

141. 把部里的公告纳入博士学位授予规则*

弗莱堡大学校长 1934 年 3 月 15 日

2279 博士学位之剥夺

I. 致各系主任先生们

在现在审查完各系 1918 年以来的荣誉博士学位授予情况之后，我把全部材料提交给部里了并且明确地指出，唯有根据统一为所有德国大学制定的具有相同约束力的路线方针，一种可能发生的博士学位之剥夺才能得到执行。

同时我请求参照 1933 年 11 月 9 日由部颁发的公告（Nr. A. 28530）把下述规定纳入到博士学位授予规则中去：

“博士学位也可以被剥夺，倘若获博士学位者依照 1933 年 7 月 14 日颁布的那一关于撤销公民权和剥夺德国国籍的法则（R. G. Bl. I S. 480）而被宣布丧失德国国籍的话。”

II. 存档。

海德格尔

142. 在所有德国大学统一实行* 263

弗莱堡大学校长　　1934年3月15日

2279　　博士学位之剥夺

附件

I. 致文化、课程与司法部——文化和课程分部（卡尔斯鲁厄）——部长先生

参照1933年11月9日由部颁布的那一公告（Nr. A. 28530），我把各系1918年以来荣誉博士学位授权情况的总览材料呈交上来。在我看来，只有根据适用于所有德国大学的权威方针，一种有可能出现的荣誉博士学位之剥夺才能得到执行。

例如我要指出，普鲁士文化部以前的那位司长在其任职期间利用先前的体系管理从不少于五个系中得到了荣誉博士学位。我认为这种措施必须从上头开始执行。

上述公告第二页中所要求的对博士学位授予规则的补充已在各系中实行。

II.存档。

海德格尔

143.唤醒和加强集体的教育工作* 264

弗莱堡大学校长　　　　　　　　　　1934年3月16日

2319

I.致哲学系主任沙德瓦尔特博士教授先生阁下

感谢您把哲学系新的博士学位授予规则草案和关于博士学位授予制度改革的建议提交给我。我已经把这两个文本连同相应的赞同之辞转交给部里了。

我尤其感谢您为了得出这些建议所进行的工作。倘若它们——这一点是我非常希望的——变成实际，则一个时机就由此而达成了，从这个时机而来，通过各系共同的自身教育工作，科学中的那种新的思维方式和态度就能被唤醒并得到加强。

II.存档。

希勒特万岁

您的

海德格尔

265 # 144. 新的博士学位授予规则草案和对博士学位授予制度改革的建议*

弗莱堡大学校长　　　　　　　　　1934 年 3 月 16 日

2319

2 附件

非常尊敬的处长先生！

我在附件中向您呈送的是：

1)哲学系新的博士学位授予规则草案，

2)对博士学位授予制度改革的建议。

这个草案(编号 1)在冬季学期中在本校哲学系的顾问组——这个顾问组延请了专业小组的代表——中得到了仔细讨论并在该系中进行了通告。我想请求让您的部长先生批准这个草案使其立即在弗莱堡生效。

这个建议(编号 2)是作为动议被思考的，既是对巴登州的高校提出的，也是对帝国提出的。它也可延伸到其他系(并非只是哲学系)。弗莱堡大学的其他系已经在若干负责人会议上明确赞同了这一建议。

我已和本校哲学系主任沙德瓦尔特教授先生在深入的商谈中

彻底讨论了草案(编号 1)和建议(编号 2)。在这个问题上,事所攸关的并不只是对科学之要求——它们乃是将来应向有待被授予博士学位的人所提出的要求——的一种本质性的锐化,而且同样关 266
乎一种直接的、在系之集体工作中生效着的教师群体之自身教育的手段。

希特勒万岁!

您谦恭的

海德格尔

II.存档。

致

高校分部负责人

菲尔勒博士教授处长先生

卡尔斯鲁厄

267 # 145. 给予和正式助教一样的待遇*

弗莱堡大学校长　　　　　　　　弗莱堡，1934 年 3 月 18 日

No ......

致文化、课程与司法部高校分部负责人

非常尊敬的处长先生！

我请求把我现在的助教布勒克博士迄今的报酬**提升到正式助教岗位的固定起始薪金**。布勒克博士目前正在进行劳动服务，他的教授资格论文答辩应该可以在即将到来的学期中举行。布勒克迄今为止已经做出了杰出的工作，并且在大学生中已经赢得了一种从同志关系和精神优势中生长出来的地位。因此，我认为有必要在这个实习期结束后在 4 月 1 日给予他和其他正式助教同样的地位和权利。

希特勒万岁！

海德格尔

146. 弗莱堡大学国民经济学教授职位的重新配置* 268

弗莱堡大学校长　　　　　　　　弗莱堡，1934 年 4 月 13 日

No. 3077

1 附件

依照 1934 年 3 月 14 日的公告

（Nr. A. 6684）

致文化、课程与司法部——文化和课程
分部（卡尔斯鲁厄）——部长先生

我在附件中呈送的是法学和政治学系主任就 1934 年夏季学期找人代理蒂尔（Diehl）教席一事所作的回复。

在本校可用的教师中，所附公函没有明确建议其中任何一人。这完全与相关人员的能力状况相应。我确信，没有人适合这一委任，只要通过这样一种委任通常被谈论的是承担正式教席的那种能力。我因而认为下述举措是合适的：不任命一位代理人，听由那些同事来处理相关事宜，即让他们自己决定如何开理论国民经济

学的讲座课。

海德格尔

147. 请求不考虑教职委任的延长* 269

弗莱堡大学校长　　　　　　弗莱堡，1934 年 4 月 13 日

No 3079　　　　　　　　　　优生学中的课程

致文化、课程与司法部——文化和课程
分部（卡尔斯鲁厄）——部长先生

参照 1934 年 12 月 19 日①颁布的公告（Nr. A. 3656），我请求不考虑尼斯勒（Nissle）教授先生之教职委任的延长。数月以来，我试图为此领域中的那些课程找到适宜的教学力量，以便在部里申请设立人种学和遗传学的一个编外教席。

海德格尔

---

① 原文如此，疑为印刷错误。——译注

148. 补充说明*

弗莱堡大学校长　　　　　　　　弗莱堡,1934年4月13日

No 3046　　　　　　弗莱堡大学齿科学教授职位的重新配置

致文化、课程与司法部——文化和课程
分部(卡尔斯鲁厄)——部长先生

就1934年4月10日颁发的那一公告(Nr. A. 8228),我必须作出下述补充说明:

1)1933年12月14日,医学系主任被告知领袖代理人[①]1933年11月6日就"医学研究改革"所作出的规定。在这个被告知的文本中并没有谈到,系主任有义务在聘任问题上与医学系的联络人[②]取得联系。

2)但领袖代理人的那个完整的规定却是以这样一句话结束的:医学系应"在配置医学教授职位之前及时与他(联络人)取得联

① "领袖代理人"(der Stellvertreter des Führers):指纳粹党副领袖鲁道夫·赫斯(1894—1987年),在1941年驾机飞往英国之前,赫斯是法定的希特勒代理人。——译注

② 指代表纳粹党意志的情报联络人员。——译注

系”。

3)领袖代理人之规定的完整文本以及这关键的一句话,只是在 1934 年 2 月 22 日才被转达给我。

我由此着重指出,在对帝国领导任命的联络人的延请咨询一 271
事上,无论是在系主任那边还是在我这里,都不存在疏忽之举。

149. 返回到不受阻碍的教育工作中去*

弗莱堡大学校长　　　　　　　　弗莱堡，1934 年 4 月 14 日

致文化、课程与司法部部长先生

部长先生！

在对现今高校处境进行了一番深入的重新思考之后，我达成了这一确信，即，我必须返回到在大学生群体和年轻教师群体中的那种直接的、不受职务所阻碍的教育工作中去。新的规章已经实施，机构的调整已依照这一规章而得到执行并且已展开新的工作。

我因而提出这一请求，请您在 1934 年夏季学期为弗莱堡大学任命一位新的校长。

希特勒万岁！

海德格尔

150. 弗莱堡大学国民经济学教授职位的重新配置*

弗莱堡大学校长　　　　　　　　弗莱堡,1934 年 4 月 23 日

No 3382

附件

致文化、课程与司法部——文化和课程
分部(卡尔斯鲁厄)——部长先生

关于所附公函,我简要地说几句:

我认为这一点在原则上是不可接受的:那些在一种悬而未决的聘任做法中致力于谋求空缺位置的教师们的声音可以上达部里——而校长对此竟还一无所知。在这一突发事件之后,在国民经济学教席之配置的问题上,我拒绝担负任何进一步的责任。

海德格尔

151. 辞职*

弗莱堡大学校长　　　　　　　　弗莱堡，1934年4月23日

致文化、课程与司法部部长先生

我今天在一个负责人会议上已经宣布了我向部长先生递交的辞职申请。对此，校务长和五位系主任也已宣布辞职。这些先生们将暂时继续执行他们的工作。

希特勒万岁！

海德格尔

第四编

第三帝国教授时期（1934—1945 年）

152. 校长交接：过时的仪式* 277

弗莱堡，1934 年 5 月 2 日

校长阁下：

我最忠诚地请示，由于其他任务的阻挠，我无法完成原计划中“国民政治教育小组”的相关工作（参见第 18 页的课表）。

我请求，将这一消息告诉诸位参与者，同时，将这一系列课程的取消公示在学生报上。

同时，我向校长阁下说明，很遗憾，在目前的情形下，我无法通过任何方式促成校长交接手续，这特别是因为，现如今它已经成了一种过时的仪式。

校长阁下的忠诚的

海德格尔

153. 对维持校长交接手续的表态

弗莱堡,1934 年 5 月 4 日

校长交接手续的前提在于,在退位校长的主持下、通过大学自主重新选举而产生的校长,从其“前任”(即前校长)那里接手其职务。同时,与此相应,按照过去的章程(第 2 章第 5 款 a),新任校长由其前任(前校长)主持宣誓。

根据新的高校章程,校长由部长所任命,并且在我们这里,校务委员会与前任校长没有任何提名权。与此相应,现如今校长宣誓也由部长加以主持。所谓的前任校长根本不再存在。因此,按照章程,在大学里根本不再有人能够以任何名义交接任何什么东西,即便是以单纯代表的方式也不可以。

即便是一种不含通常的工作报告的形式上的交接,一开始我尚且以为这是可能的,但经过详细的考虑,我认为这也是无法实施的。通过这样一种交接仅仅会伪装出某种事实的存在,而这种事实被纳粹主义的高校章程所不容许。

唯一合乎新章程精神的校长接任庆典的形式只能是,由文化部来引介新任校长。

海德格尔

154. 高中毕业之后的 25 年

1934 年 5 月 26、27 日康斯坦茨的同学会

亲爱的同学们：

我们这次超过 25 年之后的重聚必然有一种强烈的倾向：仅仅面向回忆与过去的事。但假如不止如此的话，我们必须首先一起向我们死去的同学表示怀念。

每个人的死亡都是本己的。而这一此在的最极端的终极行为，没有任何他人能够褫夺。死亡始终是生活最深奥的秘密。因此，我们也如此难以适应于死亡，更别说能够透彻地思考死亡的本质。

对死亡的想象及态度，对于每个个体、对于群体，乃至对于整个民族而言，都始终是一向流行的人生观的尺度。

我们同学的死亡是过早的死亡；但这种过早的死亡是最美好和伟大的死亡。最伟大的死亡，因为它乃是为了民族命运的至高牺牲，并且以最隐匿的方式业已预见了这一命运。最美好的死亡，因为它不是在生命欲求的堕落、沉沦和肢解中死去[1]，毋宁说，这一死亡乃是年轻的生命力量凭借其尚未开展之充盈的自行消耗

[1] 此处有两个词无法辨认。——编注

(Sichverschwenden)。

280 在康斯坦茨的数日里如往昔般促逼着、包裹着我们的东西——魔幻般的湖水，独一的河岸，岸边的宁静，或许，所有这些景象在我们死去的同学的生命尽头仍划过他们的眼前。

然而，关于死亡的略显笨拙的谈论太易于沦为误解。死者将无法听到这些谈话，因为死者根本只能听见——诚如古希腊的智慧所言——沉默和寂静。沉默——乃是我们与死者的对话。因此我请大家起立，向死者悼念。

但是，这种对阵亡者的单纯回忆又如何呢？此时，我们将同学的死亡当作我们个人的、同志情谊的追忆对象。那就会产生这样的假象，仿佛我们已经寻回将近二十年前的事件(Geschehen)，那年复一年不断沉入过去的事件；我们想在记忆中缓慢地丢弃这事件，仿佛我们竟能决定，这事件是否能够延续至今。

然而，所有这些都是假象。因为大战**现在才**将来临。如秘密的花环般围绕着德意志－奥地利帝国边界的无尽坟墓，居住着二百万死者，他们的起义才刚刚打响。

直到今日，大战对于我们德国人——我们德意志民族——才成为我们此在的某种**历史性**的现实性，因为历史并非过去之事，亦非当前之事，而是**将来之事**以及我们对将来的使命。

我们还是过于轻易、过于经常地以传统的、长期流行的概念和标准来衡量一切事物。

然而，我们称之为第一次世界大战的庞大事件的**现实性**，从现
281 在开始逐渐进入了一个领域，一个无关乎其产生的罪责与无罪责之问题的领域，无关乎帝国主义还是和平主义之问题的领域。

确实，刚刚结束的战争并没有带来任何决断，无论是对于胜利者还是失败者；因为单纯的战争结束根本不是决断。决断正处于我们面前，并且是关乎整个地球的精神决断。

问题在于：哪一个民族开启了最内在的强力，从而能够始终适应于伟大的尝试，适应于基于那一事件而出现和公开的伟大尝试。这是面向各个民族的问题，它追问民族秩序的原始性，追问国家统治意志的重要性和真实性，追问其精神世界的完整性，追问民族之生命欲求的健全性，追问其针对历史性沉沦的抵抗能力。

世界大战向每一个民族都提出了关于整体生命结构的问题。对这些问题的不同决断，将所有民族分为老化的和觉醒的民族。

我们正处于这一决断的中心。

而当我们意欲阐释德意志的崭新的现实性，那么我们必须说，贯通这一民族的新兴运动，乃是对民族之自由的最深刻和最广泛的操心。

而自由并不意味着行动和放任（Tun und Lassen）的无拘无束，而是意味着：维系于最内在的规律与我们的本质之秩序。自由意味着：聚集于那些保证着民族之历史性的精神持存的力量之中。自由意味着：唤醒和贯彻民族意志，达到其最本己的使命。

这是德国社会主义的真正意义。社会主义不是经济思想的单纯改变，也不是一种乏味的平均主义，同样也不是对某种毫无目标的公共福祉的盲目实施。

德国的社会主义是为了合乎民族本质的秩序之尺度与规律的 282
斗争；德国的社会主义想要依据内在的可靠与功绩来排列等级；这种社会主义想要无条件的服务，想要所有工作都具有不可侵犯的尊严。

这意味着民族的自由。

但是，朝向自由的解放需要整个民族结构的全面改造——民族群体、职业、阶层和每个个体。

而这一改造乃是一项持久的培育的成果。而这又有两个伟大的基本条件：

一是克服所有庸俗本质，它包括那些处处首先并且只是看到令人厌恶、毫不充分和喧嚷不安的事物的行为；还有滞留于渺小和半吊子事物的行为；以及从来不愿、也无法看到那伟大和深远之物、唯一和超能之物的行为。

即将来临的民族培育的第二个基本条件是：拆解每一个奇怪不堪的非现实的假象世界，我们在战前活动于此，在战后，又一次出现于此，直至变得毫无规律，这是一种奇特的混合，它包括虚假的人道主义、空洞的爱国主义和无决断的基督主义，此外还有对于一切本质之物的既虚伪又傲慢的怯弱谎言。所有这些都必须燃烧殆尽，直至它最后的、最隐秘的枝叶都不复存在。

我们面临着庞大的使命，首先要将那进攻我们民族而又超越它的大战的力量，那转换性的力量，转移到我们将来的行动与存在之中。

而我们这代人乃是过渡和桥梁。

今天我们重新结为同志集体，并不是由于这是 25 周年纪念
283 日，而是由于某种精神决断的急难。并不是说，我们为这个短暂的怀念瞬间，通过回忆来唤回死者，相反，不如说是死者逼迫我们作出决断和证明。

对我们的要求有：长久的勇气、清晰的知识、未经伪造的尺度、对于民族之使命（Sendung）的信仰。

大战必须被我们**从精神上**所征服，因为这是一场为了我们此在的**最内在规律的斗争**。一位来自与我们在根源和本质上具有亲缘的民族的思想家，最伟大和最早的希腊思想家之一，赫拉克利特，他说出了一种深刻的智慧，我们将其重新采纳，尽管我们大多只是在残缺和歪曲的意义上认识和谈论他的这句箴言：“斗争是万物之父。”而这说的是：πόλεμος πάντων μὲν πατήρἐστι, πάντων δὲ βασιλεύς, καὶ τοὺς μὲν θεοὺς ἔδειξε τοὺς δὲ ἀνθρώπους, τοὺς μὲν δούλους ἐποίηδε τοὺς δὲ ἐλευθέρους（《残篇》第 53 节）。斗争是万物的产生者，也是万物的支配者；并且，斗争让有些事物显现为诸神，让另外一些显现为人类，将有些事物设置为奴隶，将另外一些设置为主人。

这意味着：在所有事物和人类的存在中，斗争的力量都以**双重方式**存在：作为**产生**的力量以及作为**保持**的力量。斗争不仅有所产生，在事物产生并且找到其现实性之后，能够从事物中返回，并且：斗争也保持和统治着一切事物，将其仅仅保持在本质状态之中。

因为无论在哪里，一旦具有生产性的斗争停止了，哪里就开始了寂静、平衡、中庸，继而崩溃、失谐、萧条与沉沦。

对于市侩而言，斗争始终只是冲突、不和与争吵，也是紊乱。而对于本质性的人而言，斗争是一切存在的**伟大考验**：我们在此决断，我们本身究竟是奴隶还是主人。我们的生活是否倾向于，将反正已是渺小的事物继续变得更加渺小——抑或我们开启了这样的 284

意志和内力，将伟大之物持续变得更加伟大。

人类自身必须在其本质根基上变得伟大，才能看到并追随伟大的事物。

确切而言，并非如近代思想的错误学说所言，由个体组成的社会之统一性乃是某种一致的追随的前提条件。恰恰相反，追随，即自身维系于领袖的意志，才创造了共同体。

我们这代人——与死去的同志一道构成秘密的同志集体——乃是通往对大战的精神性历史性征服的桥梁。

然而，只有长久准备者可以从根基上一直先行构造，只有坚决者与持续处于决断者可以在未来的数个世纪中作出决断。

单纯的意见和理论是无效的，单纯的纲领和组织没有任何凝聚力，它只拥有一样东西：散漫的人群，涣散的人心！

155. 论德国的大学 285

（弗莱堡大学外国人课程上的两个演讲，1934年8月15—16日）

诸位想要知道，何谓德国的大学。而诸位**首先**想要知道，**今日**德国大学的情况如何。

要回答这些问题，最切近的道路乃是：对某所德国大学的各个机构及其章程做一番描述。这就要看一看各所大学的多样性。如果这样做，我们确实能够获得德国大学的**外在**形象。但是，这样我们尚未把握其**内在**本质。而重要的恰恰是后者。

那么，我们该如何把握德国大学的内在本质？这就要看看德国大学的**历史**；因为这一历史乃是德国精神的历史。而德国精神的历史又是德意志民族的天命。

然而，我们不可能在短短的两节课内详细阐述这段历史。并且，这也毫无必要；因为当今德国大学的形态仍然是年轻的。它产生于125年前。那时，柏林大学刚刚建成。按照这个模型，当时已有的各所大学进行了改组；同样，按照这个模型，进一步建成了更多的新大学（东部的布雷斯劳大学，西部的波恩大学）。这样看来，德国大学的历史就是19世纪的历史。

但是，历史于我们并不只是过去之物。历史，**同样**也是乃至**恰**

恰是今日所发生的事情,也就是说,历史即当前。然而,当前的意义在于,要想建构当前,必须先行把握将来。而我们德国的历史又
286 充满了某种伟大的变革,它贯穿着我们民族的整个历史此在。这一变革的开端可以见诸纳粹主义革命。

我们的考察分为三个部分:

1. 德国大学的外在机构和章程;

2. 当今的德国大学及其在19世纪的发展;

3. 将来的德国大学及其在直接的当前的发展。

今天我们探讨第1、2部分,而明天再来探讨第3部分。

1 德国大学的外在机构和章程

在这里,你们每天在教学楼里进进出出。你们还经历了学期结束,看到了学生们的生活和行为。学生们的活动以简单的形式运行着。他们听老师讲课,除了这些大课以外,他们还在练习课和讨论课上更为详尽地讨论某些专业问题,完成特定的专业作业。这些教学活动分为初级和高级的。这也适用于自然科学研究所和诊所的实习活动。大体而言,全部课程的目的在于,为更高级的公开的职业活动做好学术上的准备,比如律师、医生、高校教师以及牧师。这些职业之所以称之为更高级的,是因为其训练建立在彻底的科学教育之基础上。而科学则意味着知识的某种更高形式。

大学的教学活动被分配到相互同级的各个学院。按照以往的
287 习惯,这些学院布局如下:神学学院、法学学院、医学学院和哲学学院。

上述最后一个在某些大学（包括在弗莱堡大学）被分为狭义上的哲学学院（即哲学－历史学部）和自然科学－数学学部；有时候还包括农业或林业学部。相反，工程、建筑方面的教育被安排在所谓的技术学院。

各个学院分属院长的领导。五个院长与另外同等数目的为此而任命的教师一道构成校务委员会。而校务委员会和整个大学都归属校长领导。迄今，校长与院长每年由大学的全体教师**重新选举**。一般性的管理归属大学秘书处和财务处。每所大学都附有独立的大学**图书馆**。

课程时间分为夏季学期（五月到七月）和冬季学期（十一月到来年二月）。每一个在大学里注册的学生都在某个学院登记。但他仍然能够参与其他学院的讲座课和练习课。只有拥有**高中毕业证书**的人，才允许进入大学学习。要获得高中毕业证书，就要在读高中之后参与毕业考试：可以是文理高中、实科文理高中或者实科高中。

大学学习的**目的**通常是国家考试：亦即由国家所规定的、通过国家级的考务委员会所组织的学术考试，该考试为从事医生、律师和教师等职业提供了最初的前提条件。

对于不同专业内的学习，有着相应的学习计划。但是，每个学生也有自己安排学习进度的自由。学习的长度通常为8—12学期 288
（4—6学年）。因为学习和居留的费用都是由学生自己支付的，所以可以理解的是，大家都努力争取在尽可能短的时间内完成学业。对于贫穷的学生，在一定程度上可以为他们减免学费。然而，由于战争和通货膨胀的影响，以往的奖学金基金会现在几近消亡。

除了国家考试之外，还可以攻读博士学位；这是由学院组织的学术考核，以获得**博士学位**为目标。

学生并不拘于某所大学；他们可以自由转学。通过这种自由通行，北方人可以结识南方人、西部人可以结识东部人，反之亦然。与此类似，可以从小学校转到大学校；同样也可以与此相反，经常有人从大城市转到具有乡土气息的美丽安宁的偏远大学城。教师们也可以转校，因为他们可以从一所大学被聘往其他大学。全部 23 所德国大学的机构大致是相同的。不同的是规模。规模最大的是柏林大学，拥有约 14000 名学生；最小的则是罗斯托克，约 900 名；而弗莱堡约有 3000 名。

然而，在过去的 25 年中，学生数量较之从前有着极其显著的提升。在 1910—1930 年期间，大学学生总数从约为 50000 名增至 100000 名。数目翻倍，而大学数目则只增加了三所：法兰克福大学，科隆大学，汉堡大学；而且必须除去斯特拉斯堡大学，因为它在战后不再属于德国。人们常说：德国大学的过度膨胀，特别是在战
289 后，极其严重地损害了高校的教育工作。但事实恰好相反。之所以大学会容许过多的学生，恰是因为它们的内在力量业已遭受了损害。而要理解这一点，现在我们必须转向第二个主题。

2 德国大学在 19 世纪的发展

现在我们来追问德国大学的历史。并且，我们的意图乃是，把握大学的**内在本质**。或者，简单地说，把握其**精神**。在此我们指的是大学提出并论证其使命的那种思想。“精神”指的是大学实现和

辩护其使命的**态度**。现在，我们追问的是历史，那么我们就当撇开对当今大学的**外在**机构之产生史的陈述。之所以要撇开它，是因为这些机构有些可以追溯至中世纪。从那时起，这些机构就展现出了强大的持久力。因此也产生了下述重要事实，一些我们在评价大学时无法忽视的事实：大学的外在形式通常还是不变的，但精神却已迥然不同。但也常有相反的情况：机构设立方面已经多番改变，而精神（抑或非精神）却一如其旧。

我们问道：19 世纪初期，新兴精神是从何而来，又是如何进入德国大学的呢？过去的 18 世纪，我们称之为启蒙时代和法国革命的时代。从根本而言，这些精神潮流和政治运动的动力和方向源于现代精神的产生：一个**新的时代**（*Neuzeit*）。这个新时代有别于中世纪。现代精神的产生体现为人类在存在者整体中的位置之翻转。确切而言，这一翻转乃是人类从迄今的束缚中**解放**出来。290
与此一道出现的是对人类的**本己**力量和能力的某种沉思。这一解放体现在三个主导方向上。

1. 从基督教的超自然的生命秩序及教理的权威中脱离出来。人类将其行动与知识转移到对陌生国度和地域的世界性的计算、发现、发明与征服之本己力量中。

2. 人类从自然生长、生命和组织的束缚中脱离出来。一切自然本性皆转化为可计算的机械之物和可控制的机器之物。

3. 人类从共同体和原有的秩序中脱离出来。自身确定的**个体**成为新秩序的决定性元素和构成基础。共同体演变为社会，亦即诸多个体基于理性约定和契约所组成的联合体。国家奠基于契约。

解放、自由在这些多重含义中成了下一个世纪的魔咒和关键词。

然而，在18世纪与19世纪之交，德国人的确变得完全不同——只是仍旧没有自由。古老的帝国分裂了，不再是统一的权力，它解体为一个没有来源也没有去路的诸侯国联合体。那时唯一一个尚属自行建立的德国国家普鲁士，在1806—1807年被拿破仑及其同盟所打败。但是，不论一切政治无能、国家分裂和民族苦难，仍旧存活着一个秘密的德国，并且它已经活跃起来。从最内在的急难中、在外来奴役的压迫下，一种新的自由觉醒了。这意味着：自由的本质将重新得到把握，它植根于德国人的知识和意志之中。

291 在此，三股力量拧作一团：1.新兴的德国诗歌（克洛普斯托克[①]、赫尔德、歌德、席勒和浪漫派），2.新兴的德国哲学（康德、费希特、施莱尔马赫、谢林和黑格尔），3.普鲁士政治家与士兵所新兴的德国政治意志（冯·施泰因男爵[②]、哈登堡[③]、洪堡、沙恩霍斯特[④]、格奈森瑙[⑤]和冯·克劳塞维茨[⑥]）。诗人与思想家创造了一个

---

① 克洛普斯托克（Klopstock，1724—1803年）：德国诗人，感伤主义的重要代表之一。——译注

② 冯·施泰因男爵（Freiherr von Stein，1757—1831年）：普鲁士政治家、改革家。——译注

③ 哈登堡（Hardenberg，1780—1825年）：德意志政治家，普鲁士改革的推进者之一。——译注

④ 沙恩霍斯特（Scharnhorst，1755—1813年）：普鲁士将军。——译注

⑤ 格奈森瑙（Gneisenau，1760—1831年）：普鲁士将军、军队改革家。——译注

⑥ 冯·克劳塞维茨（von Clausewitz，1780—1831年）：普鲁士将军、军队改革家、军事理论家，代表作为《战争论》。——译注

新的精神世界，在此自然的统治与历史的权力统一于绝对者的本质之中而得到思考。

信仰与知识，语言与艺术，诗歌与教育的根基与尺度在于民族：这样的意识觉醒了。规定了人类本质的，乃是**民族精神**的自然和历史本质，它并非单纯理智的规则，抑或某种自由漂浮的世界理性的计算。绝非偶然的是，那时也产生了**民族性**这个词。这种新的知识和意愿必然延伸至国家。国家不再被思考为盲目而片面的权力，通过暴力让所有人服从的权力。毋宁说，国家被理解为某种活生生的秩序和规律，某种民族本身借以获得持续统一和稳定的秩序和规律。

至此，德国人的自由具有了新的意义。自由意味着：维系于民族精神的规律，以诗人、思想家、政治家的作品为典范，规律才得以产生出来。自由意味着：如此维系的对于国家意志的义务。自由：对民族命运的责任。

这种精神觉醒了，并在那时为德国人提出了**那种**历史使命。要实现这一使命，路漫漫而修远兮。

然而现在我们**问道**：新兴的德国大学又是如何通过这种新兴的自由精神、并且根据这种精神而产生的？自由意味着：维系于整体的规律。这一维系发生于对整体及其规律的**知识**与**意愿**。知识 292
与意愿必须被唤醒、被引导、被确定并且持续更新。而这就是**教育**的意义和使命。在新的自由之为维系的觉醒中，乃是对某种新兴教育的内在要求。以知识为目的的教育发生在学校中。以最高知识（关于规律与民族的整体此在领域）为目的的教育，则要求最高等级的学校。因此产生了建立新大学的计划。而新大学必须建在彼时对新兴自由的知识与意愿所聚集的地方，即柏林。那时，威廉·冯·洪堡被普鲁士国王任命为教育部主事。在任职的短短时间内(4—5年)，他于1810年实现了这个由哲学家们所设想的计划，建立了柏林大学。

这一大学的开端标志着四个事实：

1. 这是某种全新的创造；也就是说，全新的使命不再被交付给某所现存的大学，按照其固化的方针与习惯而加以实施。新的创建不再受制于古老和老化的事物。

2. 重点不会放在组织上，而在于召唤最有能力的人、具有创造性的思想家和模范教师，将他们整合在一起。那时，洪堡坚决地写道："我们召唤同样能干的人们，从而让新的大学逐渐地形成规范(encadrieren)。"

3. 新兴大学的主导中心是哲学学院。对知识的教育由全面的哲学定位所引导，旨在发掘知识的一切本质领域及其相关方法之间的内在关联。

4. 这一创建没有被思考为某种特殊的普鲁士事务，而是得到
293 强烈的支持，它被当作典范性高校，旨在唤醒和创造性地构建德意志精神。因此，**国家的影响**将尽可能地得到限制。基于其伟大的使命，大学拥有教与学的自由。

新兴大学不是为了实用-技术教育的目的而成立的，不是为了改善职业。同样也不是为了改变课程以及各门科学。毋宁说，伴随着这一创建，国家表明了其意志，亦即通过大学，根据民族的历史性精神，教育民族，将其带入本己的本质之中，将其维系于本己的规律之中，这就是说，解放民族，将其带入统一。

这一国家意志使得大学本身成为一个自由的教育场所，给予大学以最高的召唤。

这是一项庞大的使命。德国大学在 19 世纪是如何实现这一使命的呢？它们在何种程度上能够维持这一使命？国家本身又是以何种方式忠于它最初的意志的呢？

在此，我们仅仅能大致地回答这些问题。为此，我们把 19 世纪的大学历史进一步划分为**两个阶段**。第一阶段从 1830 年到 1860—1870 年。第二阶段从俾斯麦第二帝国的建立到第一次世界大战。

在第一阶段，大学的新使命富有成效地展开，并且发生于**某个**特定的视野：一方面，历史精神科学全面建立；同时，在自然科学领域，建立了研究所，并立即由此产生了重要的研究者和教师。历史科学和自然科学的这一全盛期的真正决定性原因在于，其追问和思想方式受到了德意志观念论这一伟大哲学的影响。即便哲学体 294
系和学说已经失去了直接的影响力，然而，其**间接**的影响力却更为持久。这体现在对语言构造的历史性研究中，体现在伟大诗歌创造的形式中，体现在对活生生的自然的把握中。诸科学仍旧承载于对可知者整体的哲学知识；科学问题分别涉及诸领域的本质关联与规律。“科学”这个词、这个概念，仍然具有某种必然朝向整体的知识之意义，因而也必然本身就是哲学的。因此，历史科学和自然科学的提问方式仍具有强大的影响力。历史思想通过尼布尔[1]、特别是萨维格尼[2]而进入了法学和政治学。借此，法学和政

① 尼布尔（Niebuhr，1776—1831 年）：德国历史学家，代表作为《罗马史》。——译注

② 萨维格尼（Savigny，1779—1861 年）：德国律师、历史学家，历史法学派的创始人。——译注

治学被要求对民族精神、法权构成与国家等诸问题作出活生生的透彻思考。萨维格尼指出，法权并不仅仅、也非主要来源于立法的形式上的法律思想，毋宁说，和语言一样，它源自各民族的民族精神、信仰与习俗。萨维格尼进一步指出，与国家的本质相关，政治自由与不自由并非取决于国家形式，而首要地取决于国家权力是否植根于民族的本性与历史之中，或者仅仅局限于个别掌权者和政府的任意妄为。

在自然科学领域，亚历山大·冯·洪堡超出了哲学思辨，而达到了某种对自然的全面充分的视角。在自然科学和历史科学的边界上，卡尔·里特尔①提出了比较地理学。自然科学又推动了医学的发展。因而，哲学学院的两个主要领域(历史和自然)的科学
295 精神影响了法学和医学学院。但自然和历史本身就被认为是绝对精神的主要表现形式，而绝对精神要在哲学中加以把握。在这段时间里，哲学是所有科学的内核。即便是神学也在其历史学科(教会史与诠释)和思辨学科(教理与道德学说)中被哲学学院的活生生的精神所规定。

然而，在科学的这种繁荣之下，同样也隐藏着某种危机。知识领域一再扩张，可知者的材料也一再多样化。研究者越来越局限于**个别**领域。与其他知识领域的关联被打破了；在个别科学本身**之中**，整体越来越被忽视。活生生的哲学**动力**从诸科学中退回。更有甚者——各门科学越独立，如今它们甚至就越坚决地撤离哲

① 卡尔·里特尔(Karl Ritter，1779—1859年)：德国地理学家，被称为人文地理学之父。——译注

学。科学要成为真正的科学，只有越来越发展成为独立的个别科学，并且从哲学的根基中脱离。科学的这种孤立和失去根基的倾向，由于技术和技术思想的产生而得到了加强。程式和方法获得了霸权，它们优先于一向通过方法而达到的东西（Was）。

技术促进了工业化和无产阶级的产生，从而将民族分解为阶级和党派。

缺少的是某种原始统一的整合性的精神力量。世界观成了个体、群体和党派立场的事情。自由的原初意义，亦即维系于民族精神的规律，被颠倒了：自由成了随意的个别观点和意见。

国家本身越来越把大学看作是为培养公职人员而建立的实用-技术性的教育机构。各个学院成了目的机构，成了职业学校。这样，我们在1870年左右所遭遇的德国大学的精神状况就有苗头了。接下去的一个阶段，亦即到世界大战的阶段，是对这种在大学中已经活跃的趋势的进一步延伸。科学的进步——一个又一个的发现，直到无法通观，还有各门科学的逐步国际化。这成了某种文化价值本身。为了研究而研究，不论研究什么，这成了基本原理。 296

显而易见，各门科学之间不再有理解可言。关于事物的文献变得比事物本身更加重要。而文献马上又成了出版商及其生意活动的事务。

大学的各个学院不断地变成了自我封闭的专业高校。每一所高校都在自身中展开某种富有成效的大事业。现在，各门科学在其专业领域的国际会议中寻找其统一性，它们还在通过国际会议不断扩大其传播范围。每门科学都不再追求知识的原始统一性。大学失去了其精神上的完整性。各个学院仍然被外在、贫乏地凑在一起，只是通过公共的管理和空洞的意识，亦即为推动某种根本上是漫无目的、而却标榜为文化本身的东西而合作。

但是，**最大的错误**在于，这样的大学在考虑到其历史来源时竟然认为，它实现了一度为自己设定的使命。然而，依据这一使命，
297 19世纪德国大学的历史，无论多么风光、有多少进步，仍旧是误入歧途，是某种内在的沉沦。知识材料的增多和传播、发现数目的提升、文献的激增、研究方法和技术的精细化和稳定化、个别研究者的贡献，根据这些来看，这一发展似乎是某种"上升"。

但是，我们应该且必须以何种尺度来衡量科学？这关乎决断的**问题**。这在世界大战爆发前夕已经在某个德国青年的小圈子里活跃起来。其伟大的、几乎尚未得到理解的警醒者乃是尼采，德国的最后一位伟大哲学家。

在19世纪的进程中，活生生的哲学活动越来越坚决地被赶出科学。

但在这一世纪的终点——远远地展望下一个世纪——这位哲学家孤身一人地站立着。但是，关于科学意义和大学本质的决断仍未作出。

世界大战的伟大急难必须来临，乃至马克思主义革命所引爆的最深切的急难。这一民族的急难逐渐创造了新的必然性。这唤起了民族的领袖，他应该带领民族走出迷途，重新回到其本己的规定和某种全新的此在意志之中。

明天我们将澄清，德国全新的现实性给我们的大学提出了何种使命，在此活动着何种意志。

3 将来的德国大学及其在直接的当前的发展

直接的当前乃是我们现在所处身的时代。现在所发生的，乃是德国现实性的转变。这一转变意味着对将来的塑造。而现在所 298 发生的，自世界大战以来就开始准备了。要想理解德国大学的将来发展，我们必须在现有的事件中澄清大学的立场和使命。我们将其分为三步。有待考察的是：

1. 在准备纳粹主义革命时的规定性力量及大学的态度；
2. 纳粹主义革命的本质作为德国现实性的转变；
3. 德国大学的新使命。

我们的澄清工作自然必须局限于基本框架。对详细事件、进一步状况及一切轶事的叙述，必须取消。但是，即便时间允许这么做，我们也不会做；因为重要的乃是我们理解了本质之物。只有我们理解了本质，我们才能正确地看待所谓的事实。另一方面，必须强调的是，我们尝试理解当今事件的本质，这并不是说，我们要澄清这一事件，所谓的澄清，是指将其合乎理智地从原因中推论出来。历史，确乎有所决断的历史，决不能加以澄清。历史始终是秘密。要将秘密把握为这样一种秘密，就只有通过决断(一道作用与行动)，要么支持、要么反对。

3.1 在准备纳粹主义革命时的规定性力量及大学的态度

对纳粹主义革命的真正准备首先秘密地始于世界大战时期，并且是通过世界大战而产生的。在前线发生着某种全新的经验。299

在那里，形成了某种关于共同体的全新观念。这一新兴的前线精神承载着强烈的意志，这种意志在战后发挥作用，成为民族此在的规定性力量。此处所发生的，我们直到今日才完全把握和通观。我们习惯于根据外在结果来考察和评价历史事件，比如战争。然后我们确定胜利者和失败者。我们注意到领土界线的改变，以及诸如此类的东西。然而，我们所称之为“世界大战”的庞大事件，其历史意义无关乎其产生的罪责与无罪责的问题，无关乎帝国主义或者和平主义的问题。

尽管确定了胜利者和失败者，但真正的决断根本没有作出；因为这是一种精神的决断。这种决断关乎所有民族的思想与态度。世界大战对于**每个**民族都是一种伟大的考验，看看这一民族是否能够历史性、精神性地将这一事件转化到自身。世界大战是对各个民族的考问，问问它们在这一事件中想要变得更年轻、还是更衰老。

前线精神在战争中的觉醒，以及在战后的巩固，无非是将这一事件创造性地转化为某种将来此在的塑造力量。

前线精神是对某个新兴共同体的有所知晓的意志。这是一种**什么样的共同体**？这一共同体具有**同志集体**的特征。在这样一种相互共属中，在任何情形下，每一个人无条件地为任何其他人承担责任。同志集体是这样的一种准备状态。而其基础何在？它在于，人与人之间承认同样的要求，忍受同样的困境，经受同样的危机，服从和追随着同样的使命。作为共同体基本形式的同志集体正是产生自服从于同一种义务的追随。通常的表面意见是，必须
300 首先形成一个共同体，由此再产生追随。不，真相是相反的。在追

随中、出于追随才产生和确立了作为同志集体的共同体。追随要求能够听从和顺从；它还包括对必然和本质之物的知识和意愿。

只有真正能够听从和顺从的人，才同样能够领导。领袖不是位列其他人之前的人，毋宁说，领袖是和其他人一道，更绝对、坚决地听从和服从规律的人。领袖比其他人做得更多，因为他承受更多、更敢做，也牺牲更多。

作为同志集体的共同体的新兴精神本身就具有追随与领导之生动关联，并将其作为主导结构。

这种前线精神乃是在准备纳粹主义革命时的规定性力量。提出并且澄清前线精神，这并不意味着引入军国主义，也不是要谋划一场新的战争，毋宁说，前线精神恰恰意味着精神上的征服和对战争的创造性转化。

现在，这一新兴的精神在战后越来越生动了，因为通过民族持续分裂为阶级和党派、通过一切精神事物的崩溃、通过一切尺度的歪曲、通过国家的日益增长的无根状态和无目标状态，这一精神的必然性得到了确证。但是，这种新兴精神的内在开展和澄清以及对它的外在贯彻，并非如开展某个程序般机械地发生，毋宁说，它历史性地发生，伴随着极多的牺牲，伴随着诸多失望与挫折，伴随着怀疑与艰苦，伴随着诸多决断与伟大的信仰。

而在这段时间大学的态度又如何呢？答案很简单：大学并不适应于这一新兴的事件；各个学院还没把握，到底发生了什么；只 301
有少数人过了很久才把握了它。这是一个不争的事实。然而，仅仅发现这个事实还远远不够。我们必须追问：何以大学失去了作用，何以大学必然会失去作用？答曰：诚如所指出的，因为大学自数十年前就已缺乏本己的、原始的精神统一性。因此,大学无能于作为完整的精神力量一道作用于对即将到来的新兴精神世界的唤醒与内在塑造乃至先行塑造。作为整体的大学长久以来就缺乏某个明确的、全面的、维系一切的教育目的。很长时间以来,它就缺乏某种决定性的世界观力量。大学是个自身封闭的孤岛。研究漫无边际,教学漫无目的。两者都迷失在单纯的"数量"中,迷失在对无穷尽的知识的增多和扩张中。因此,大学本身也不再足够强大,从而能够通过严格的尺度和目标明确的要求来抵御不断增长的过度膨胀。

要是我们如此解释大学的无用,这并非对其态度的开罪。但这也不是针对个别教师的人格上的指责。这不是对个别研究者的学术功绩的贬低。毋宁说,我们必须作这种解释,是为了由此获取重建大学的重要学说,这是一个洞见,即:只在个别学院对这个那个进行"改革",是无济于事的。这样做无法克服迄今的状况;毋宁说,一切都在于,大学作为一个整体,是否能够赢回某种原始统一的精神世界。大学是否能再一次在自身中唤醒完整和持续的力量,从而成为真正的"自身宣言"。但这有可能吗?肯定有!但为何有?因为通过纳粹主义革命,整个德国的现实性得到了转变。
302 因为通过这种转变,为民族的整个历史性精神性此在创造了一个新基础。而纳粹主义革命的本质何在?让我们过渡到第二部分。

3.2 纳粹主义革命的本质作为德国现实性的转变

纳粹主义革命的本质在于,希特勒提升并贯彻了共同体的新精神，将其发展为民族新秩序的构成性力量。因此，纳粹主义革命就不是某个增长到足够数目的党派对现存的国家权力的外在接管，毋宁说，它是对整个民族的内在培育，旨在意愿民族的本己联合与统一性。由于民族意愿其本己规定，因而它承认新的国家。对这个国家的统治乃是负责地贯彻一种领袖意志，它源于民族的追随、信赖与对领导的授权。国家不是某种机械的法律设施，与经济、艺术、科学和宗教机构相并列，毋宁说，国家意味着活生生的、充满相互信赖与责任的秩序，民族在这种秩序中、通过这种秩序实现其本己的历史性此在。

民族既非笨拙的、没有意志和方向的、被自私的把权者所掌控的群氓，也不是波动不安、相互并行而又相互反对的无数党派和互不信赖的各个阶级。

而民族又是如何达到其真正的划分和完整性的呢？其方式是，每个个体、群体和等级的行动和放任都被把握为劳动。“劳动”这个词通过共同体的新精神确乎获得了某种不同的、却是真正的 303
意义。“劳动者”并非像马克思主义想要的那样，是统治阶级的单纯剥削对象。工人阶级不是被剥夺权力的阶级、为了普遍的阶级斗争而出场的阶级。劳动本身既不是某种商品，它也不只是服务于为他人生产商品。劳动也不只是赚取工资的机会和手段。

毋宁说，劳动乃是每一种在国家意志的准备状态中、出自对民族的操心的作为与行动。劳动仅仅存在于、但也到处存在于人类的自由决断力致力于贯彻某种负责的意志之处。因此，每一种劳动作为劳动，都由思想、态度与对作品的理解所规定，也就是由某种精神性的东西所规定的。劳动不是惩罚或困境，而是自由人的优先地位。因此，即便是动物也没有劳动的优先权。

我们谈论“体力劳动”与“脑力劳动”及其相互归属性。这不该意味着，精神创造者被贬低为“单纯的”“劳动者”，因为“劳动者”绝非低等的东西。但这也不该意味着，通过称学者为“劳动者”，那么体力劳动者就获得了某种合乎时宜的承认；因为所谓的单纯劳动者不需要这种承认。

毋宁说，农民和手工业者、矿工和工程师、学者和士兵在他们的工作圈子里**各自**都有着特定的等级。并且所有等级在劳动中都承载着对民族的历史性规定的操心，并由此所引领。这乃是一个秘密。尽管这一秘密始终隐匿着，但是民族保持这一秘密的思想与情调乃是开放的：此乃**尊崇**——为了民族本质之**尊严**和决断的操心。为了获得和保持民族的荣耀，在可以向一个民族要求的东西与不可向其要求的东西之间，就树立起了一道界线。

304

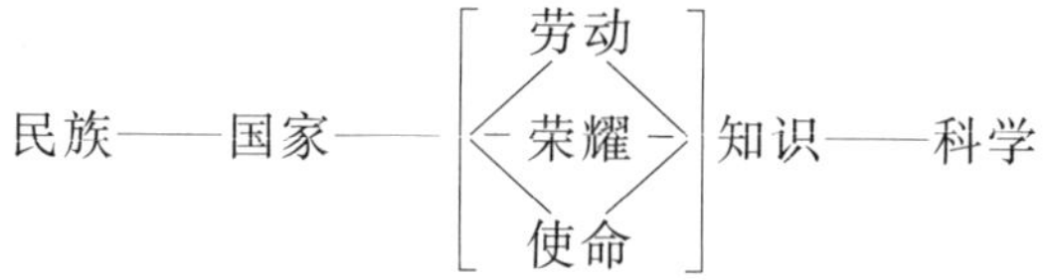

德意志民族的新精神不是无约束的、热衷统治的、嗜好战争的国家主义，而是纳粹主义。但社会主义不意味着单纯经济思想的改变，不是一种乏味的平均主义，或者对贫穷的赞扬，社会主义也不意味着对某种漫无目的的公共福祉的盲目实施，毋宁说，社会主义是对民族共同体之内在秩序的操心。因此，社会主义需要根据职业和作品的排序，需要每种劳动的尊严和历史性的民族此在之不可侵犯的荣耀。这样，我们就为探讨本演讲的最后一部分做好了充分的准备。

3.3 大学的新使命

我们业已指出，在何种意义上，纳粹主义革命创造出一种全新的德国的现实性。并且，我们宣称，由此才又还给大学一个稳固的基础。在何种程度上？贯通整个民族的新兴精神政治运动的基本特征，乃是**通过国家将民族教育和培育成民族**。最深刻和广泛的**教育**所进行的场所，难道不该产生为了最高教育的使命？

诚然——高校是科学教育的场所。科学是知识的某种突出形
式。要让科学发生决定性的革新，就要原始地经验一般知识的本 305
质。而这就是关键所在。正如“劳动”和“劳动者”这样的词语赢获了某种新的意义，同样，“知识”与“科学”也获得了不同的含义。

“科学”不是某个优先的市民阶级的所有物，以便将这一所有物滥用为剥削所谓“劳动阶级”的斗争手段。不是的！科学仅仅是知识的更为严格且负责的方式，这种知识为了民族的历史性此在之真理和持续而要求和寻找整个民族。

知识意味着：**适应**于对一向被托付的使命的决断和实施，这种使命，或者是耕田，或者是伐木，或者是追问自然的规律，或者是清理出历史的力量。

对于知识而言，重要的不是我们知道多少样式或者数目，而是：知识是否是某种**原生性**的知识，我们是否能够通过行动、在行为中对我们所知道的东西**负责**。我们不再区分“教化之物”和“未经教化之物”，这不是因为两者是一样的，而是因为我们的评价**完**

全不再依赖于**这种**区分。相反,我们区分**真正的知识**和假象知识。拥有真正知识的,乃是以自身方式在自身的工作领域内的每个人,无论农夫还是手工业者,抑或是恪守其职的学者。另一方面,无论一个学者多么博学,但他还是有可能只是游荡于某种假象知识之中。

面向最高级和最严格知识的教育,乃是大学的使命。面向知识的教育意味着**教学**。迄今的意见乃是,教学必须源自研究——但是研究的无边无际令教学也失去了目标。并不是先研究,然后
306 也同时教学,毋宁说,边教学,边在教学中研究。教学是更为**原始**的使命。但是教学作为面向知识的教育在此同样有新的意义。**教学**并非意味着:单纯地传授由任何人在任何地方发现的各种知识。

教学意味着:**让学习**。教学意味着:将其带入与一切本质之物和质朴之物的有所知晓的近邻中。教学意味着:让其知晓,何者具有重要性和必然性,何者不具有。教学意味着:确定地观看本质之物。教学意味着:放过**非**本质之物。教学意味着:让学生不再是学生。

只有这样一种教学,才能重新产生出一种真正的、对其界限和义务有所意识的研究。

这种教育意志将大学的劳动重新联合在一个原始的基础之上。并且,这样把握知识和知识教育的话,就根本不再会产生这样的**问题**:自身远离生活的科学,以何种方式变得接近现实。根据这种教育意志,一切新的尺度和机构就得到理解了:对教育事物的领导被囊括于国家的教育部;通过劳动的义务让德国大学生们集合起来;在各专业的学生会里进行共同劳动的新兴形式。

我们知道：这些全是一项使命，一项无法预计的使命，即便今天不实现、明天不实现，但也许在50年里，我们能够实现一所新的精神高校。

我们民族所处的这一全新的事件，就其根本而言是质朴的。质朴(Einfachheit)是伟大的标志。无需奇特与另类。伟大的事情，在它完成之后，每个人都会说：这真是不言自明。领袖具有关 307
乎质朴之物的确切知识。同时，他也具有不可遏制的贯彻意志。

谁想看到伟大者现实地发生，他就必须自身拥有伟大；渺小者始终只能看到渺小之物，诚然，渺小者也必然存在于伟大者所在的地方，正如只有在光线里才能看到阴影。

通过国家将民族教育为民族——这是纳粹主义运动的意义，这也是新兴的国家教化运动的本质。这种朝向最高知识的教育乃是新大学的使命。

通过这种教育，民族真正为自身负责。而为自身负责的民族是和平的最高担保和唯一担保；因为为自身负责维系于男子气概般的对他人的尊重，要求对他人的无条件的尊敬。

只有当每一个欧洲民族都根据为自身负责和无条件的尊敬之精神而行动，欧洲才能避免走向没落，才能够重新努力腾飞。到了那时，各民族的共同体不再需要人为地组成一个同盟，毋宁说，这一共同体本身已经原始而持久地在此了。

156. 关于教师学校这一机构

1. 教师学校这一机构，要根据其目的加以规定。这个目的指的是，对愿意和能够实现将来的德国大学的教师们加以教育。

2. 对教师的教育必须将下述条目作为使命加以争取：

a. 唤醒并确定教育性的态度(教师不是传播他自己或者他人的研究成果的研究者。)

b. 根据纳粹主义的提问方向和力量重新考虑迄今的科学。

c. 关于将来大学(将来的大学乃是出自封闭世界观的教育性的生活共同体)的可用知识。

3. 要实施这三重使命，只有在这样一个地方，它先行建构并实现了这种教育性态度、科学的转变以及这种生活共同体。“关于”教育与教育方式的单纯“课程”，“关于”“客观科学”、“大学”与“大学形式”的单纯“培训”，是不够的乃至容易败坏的。因此

4. 不需要“培训课程”，毋宁说，我们需要一所现实的学校。也就是说，学生必须在共同体中和教师一道工作和训练，以完成他们将来的教育工作。作为持久而固定的机构，学校必须开展某种本己的精神(思想、态度、尺度)，创造出某种超出在校逗留时间仍能保留和发挥作用的传统。在教育中，没有什么比无须言传的“氛围”的效果更为持久的了。教师学校必须成为某个持久的机构。

因为即便是将来的教师将会通过纳粹主义高校、希特勒青年团、劳役乃至纳粹主义大学而得到教育，教师学校仍旧不是多余的。即 309 便到了那时，高校教师的全部本己使命就其本身而言还是无法完全得到理解，正如其他种类教师的教学活动一样，而各种“教师教育”的机构都是为此而设立的。

5. 学校是一个“教化团体”。要确保教师和学生的 vita communis[共同活动]，需通过严格的日程安排和简单的生活习惯，通过学术工作的自然交换，休闲、集合、比赛、体力劳动、郊游、运动和庆典。

因此，学校也不是某个“营地”。学校必须无条件地给予每个教师和学生以机会，从而让他们能够完成**自己**的工作，做好准备。要**为了**共同体而做什么工作，不仅仅产生于共同体**内部**、**通过**共同体而产生，毋宁说，这需要真正的孤独和集中。

6. 较之学校的一切规划和机构，更为重要的是领导和教师的形态、意愿方向和能力。他们之所以产生影响，主要是通过他们所**是**的东西(谁)，而不是通过他们所谈论的东西。

a. 他们必须是纳粹主义者，并且恰恰是为了其最本己的使命而是纳粹主义者。倘若他们在政治上可信，同时完全能代表他们的专业，这还是不够的，他们必须能够作为精神上的纳粹主义者，从内心出发，为科学之革命而准备。

b. 领导和教师(至少是一小批“骨干力量”)必须能够完全为这一新使命而生活。因此，全身心地投入到这种教育工作中去，不能够是“**顺便**”(在假期)，而只能是以此为“主职”(参见下述第 12 条附注)！

310 c. 每个教师首先都来自不同的大学。他们的学术渊源、“语言”和“概念”将是有所不同的。

因此,为了让他们一致投入,在教学活动期间或者在此之前,必须进行某种持续的、共同的准备。

附注:对领导和教师的第一次选择并非同时是最终的选择。但是,除非明显的过失,也不能过于迅速地更换。必须给他们较长的时间,让他们有机会整理经验,平衡反作用,从而能够胜任新的任务。

d. 领导和教师必须一直持续地被告知整个教学和教育事业的目标和道路,特别是“高校”的目标和道路。因为如果哲学学院教师的教学活动应当根据教师教育、而非“语言学家”教育而重新定位,那么,就必须通过教师学校,给新的哲学学院的后备力量植入关于将来“高校”的生动形象。与此类似,经过转换的法官和医生的职业世界在教师学校中发挥影响。

7. 由教师学校展开的教育之基本特征在于,学生们以体验和试验的方式学会了他们将来的工作,亦即某些责任重大的使命(引领会话,对专业内不确定的基本问题的表态,对根本性的精神－政治使命的展开、联系和论证)。

突出本质之物的讲课布局、演讲的内在架构、生动性和说服力,要学会所有这些,必须靠教师向他们阐明,不过教师的讲课在内容上总是要符合教师学校的教育使命。

311 会话和“辩论”、听课的能力、把握本质之物、充分的论证、真正尖锐的争论以及首要地是严格遵守提问方向和论证顺序:对所有这些的教育以同样的方式发生。

（根据这个视角，很长时间以来直至如今在大学研讨班上所存在的思想的无纪律和无能、对词汇和概念的掌握之缺陷，这些都很难克服。只有通过新培养的大学教师才能发生转机。）

8. 教师学校的**场所**不应该在大学附近，因为否则的话，太容易产生对大学的**片面**依赖。

9. **外部设施**。必要的有：教室、团队会话的小房间、带有讲台的餐厅、为集体庆典和音乐生活而设立的相应房间、学生们的公共卧室。相反，为每一个到两个人设立**工作间**。经常会要求领导和教师超出日常进程而工作，因此他们也可以在工作间休息。

10. **图书馆**必须是一个与时俱进、仔细构架的工作藏书室。图书馆属于学校，就如犁属于农民。此外还要有报刊和杂志阅读室。

每一个在校人员都可以进入整个图书馆。学生们必须参与图书馆的建设，同时他们也将学会，对文献资料的真正彻底的判断意味着什么。今日学术生活的内在肢解莫过于体现在“文献批判”的状况上。

11. **学生**的**数量**和**选择**。学生数量不得超过 40 名。如果容许正在争取执教资格和业已取得执教资格的学生，那么，学校在录 312
取过程中，始终要、并且只要保留这样的可能性，亦即有权拒绝那些从外部提供的、但**不**适合入校的后备力量。因为即便是正在争取执教资格者，确实可能已经被他们的“教授”所选择。谁能保证，这些人恰恰不是最适合**将来**高校教师的人，而他们有意或无意地被忽视了？因此，必须开放大龄学生和博士生进入教师学校的自由通道。有可能是这样的情况：有一些在今日的大学及其活动中背离教师职业的年轻力量,会在教师学校的影响下,转变态度,支持高校教师这一职业。

由于申请人的数目庞大,因此,即便是对于业已取得执教资格者的录取也很难把握。在此,当地教师学校的领导必须和适合的专家保持一致,作出预先录取决定。

尽管重点放在对整个年轻的后备力量的教育上,但是,因为要着眼于最广阔的将来,因而对业已取得执教资格者的培育和录取,也是不容忽视的。

正在争取执教资格者有义务在两年的教学活动之后,参加教师学校的复习和深造课程,并且,即使他们在此期间已经取得晋升,也需如此,且恰恰需如此。

12. 课程的长度和时间节点。

课程长度至少为三个月。在设置时间节点时,必须考虑到,不要让全日制的领导和教师和大学完全失去联系,相反,他们要和大学、首要地和年轻学生们保持在活生生的共同体中。

313 有鉴于此,课程的时间设置有两个方案:

1. 教师学校的工作延伸至全年。那么其课程就可以设在大学假期,而教师学校的假期与大学学期重合。以此方式,业已取得执教资格者和助教也可以免去繁琐的请假手续而参加教师学校。

2. 教师学校的工作限定在 4 月 1 日到 10 月 1 日的期间内。那么,尚未取得执教资格者可以在夏季学期参加学校,而业已取得执教资格的后备力量则可以在暑假参加。我更赞同第二个方案,这特别是因为在春季和夏季在户外工作和运动,这样的共同生活可能完全是别具一格的。

附注：全日制的领导和教师保持与其大学的联系，以“派遣”的方式进入教师学校。如果他们担任官方的教学职位，必须为他们指定一位持续的代理人。他们可以在教师学校放假期间，在有限的学时内在大学授课，但他们也不必如此，如果他们被要求准备教师学校的新工作。

13. 对“提议”的评论！

根据上述阐述可以看出，我十分同意这些“提议”。只是必须提到两条根本的顾虑：

1. 这些“提议”太过倾向于，将“教师学院”理解为通过对个别问题和对象的“概览”之“课程”而展开的单纯“培训”。以此方式，非但不可能有什么“水准”，甚至参与者会将整件事当作某个临时 314
的事务，当作为了取得执教资格而必须一道完成的事务。

2. 这些“提议”低估了“学术计划”的要求和困难：如果业已太过强势的“美国主义”在今日的学术活动中应该得到克服，并且将来也要避免它，那么，就要让学术的新架构有可能基于其内在必然性而生长。

若非通过“个别名流的特定影响”，这不会发生，将来也绝不会发生。这并非意味着个别学派和方向的片面流行，毋宁说，这只是“斗争”的要求，即便是、恰恰是在精神领域，斗争也是“万物之父”。

弗莱堡，1934 年 8 月 29 日

马丁·海德格尔

315

157.举行就职宣誓

（签名）

海德格尔博士，弗莱堡大学正教授，今日以规定的方式举行了就职宣誓，他将左手放在胸口，右手向上举，响亮地说出以下誓文：

“我宣誓：我将忠于并顺从德意志帝国和民族的领袖，阿道夫·希特勒，遵守法律，认真履行我的职责。愿上帝帮助我！”

弗莱堡，1934 年 10 月 29 日

马丁·海德格尔

158.德国哲学的现状与未来使命 316

(1934 年 11 月 30 日)

我们共同进行的考虑分为以下三个步骤:

1. 对我们追问之方位的沉思:引论

2. 对某些本质性问题的彻底追问:正文

3. 对源自这些问题的决断之准备:结论

1 对我们追问之方位的沉思:引论

我们谈的是“哲学”。希腊词φιλοσοφία可以翻译成德文“对智慧的爱”。智慧是一种知晓(Wissen),并且它不是对这个那个的知晓,也不是对全部事物的知晓,而是对存在者与非存在者之本质的知晓;对事物之存在与假象的本质性的知晓——最初决断与终极决断都间接地从之而出的知晓。

而哲学——不是智慧本身——又是对智慧的爱。爱——热爱意味着:意愿被爱者是它所是的东西。对智慧的爱则意味着:意愿存在着那种本质性的知晓。这种知晓要能存在,只有通过它生成。而它生成,乃是通过它作为意愿知晓(Wissenwollen)而发生,所谓的意愿知晓就是追问。因此,哲学乃是本质性地追问存在者的存在和不存在者的假象之意志和决心。

现在我们知道什么是哲学了吗？不！所说的只是给出了初步的指引，指示我们必须以何种方向、在哪里寻求，才能现实地经验
317 哲学。我们在哪里遭遇哲学？显然，只有在当今的现实性中才有现实的哲学。在现实性中，我们将环顾当前以哲学的名义所发生的东西、所提出的使命。这就是我们探讨的主题。

因此，我们现在能够称呼如今在我们中间流行的各种哲学方向：我们能够概括出它们的立场，指出其主要代表者，讲述这些人著作的主要内容。在此，我们将发现，如今的这些哲学方向从根本上不过是对19世纪三位最伟大思想家的思想成果的改装和模仿：黑格尔、克尔凯郭尔和尼采。黑格尔是西方哲学进程的完成。他的体系——(西方)哲学到那时为止所存在的唯一体系——以作为绝对知识的哲学真理，完成了基督教真理。

克尔凯郭尔代表了信仰个体之基督此在对哲学这一绝对知识的反动。尼采是两者的否定——以往的哲学与基督教——因为两者皆是欧洲虚无主义的开路者——基本实情乃是，最高价值之自行罢黜——对目的、原因的应答之缺席。

然而，当今哲学对这三位思想家及其最内在的关联之统一力量毫无所知，而依赖于其中一个或另一个——从每一位中各自采纳一半，时而这样，时而那样，并且拿各自的半吊子打来打去。从这一切努力中我们可以给出某种更为深入的描述。然后呢？

的确——这样我们作为观察者就认识了目前冠以哲学之名的东西，并且同时也许能弥补我们“教育”的一些缺陷。但是——这样处理的话，我们就遭遇哲学了吗？完全没有。倒是恰好相反！

我们陷入了某种对哲学的灾难性的误解。何以如此？因为当 318
我们通盘检查今日哲学之所具有和所计划的东西的时候，在这样一条确实是显而易见的道路上，我们却始终仅仅为哲学的假象所害，而从未与哲学的存在相照面；因为一旦我们尝试将哲学作为每一个时代的表达或成就，一旦我们完全根据其当下现成的、业已取得或者失去的合时代性来衡量哲学——那么，我们就误认了对哲学本质的基本规定：因为对哲学的本质性追问在任何时候都始终是不合时宜的。之所以如此，乃是因为哲学抑或远远超出其当下的今日，抑或哲学将今日回溯至并维系于某个早前的、开端性的曾在者。哲学始终是某种知晓，这种知晓不仅不让自己合乎时宜，毋宁说与此相反，它将时代置于其尺度之下。

哲学就其本质而言是不合时宜的，因为它属于少数事物，其命运始终在于，从不能够在其当下的今日中发现某种直接的回响，也从不允许作此发现。

因此，哲学也绝非某种人们能在反掌间直接运用的知识，如技术的、经济的和手工制作的知识，这样的知识完全能够归结到其可用性之上。

但是——无用者，反倒能够、才恰恰成为某种力量；它不知道日常生活中的直接回响，但可以与民族历史的本真事件处于最内在的协调中，乃至成为这一事件的前奏；它不合时宜，但拥有其本己的时代。而哲学就是这样。这种无用者还包括民族的历史性此在借之得以创建的另两种基本力量：作诗与建国之行动。作诗、思想与在此本质性意义上的政治行动，这些绝非某种所谓“文化”的表象与进程，某种我们能够用钟表和日历加以计算、能够在报纸中 319

加以追踪的进程，毋宁说，这些乃是诸时代、诸民族及其世界时间的相互共属一体的基本事件。

当我们追问德国哲学的当前和将来，我们指的就是这些时代——而不是某个偶然的今日。但是，我们可知道本真的时代——我们民族的世界时间？没有人知道。(参见荷尔德林，《致德国人》，最后两节。)

我们的有生之年是多么局促，
我们观看和计算我们的年岁之数，
但诸多民族的年岁，
莫非有一只有死者的眼睛看见了它们？

倘你的灵魂超越自己的时代
在渴望中颤抖，
于是你悲哀地逗留在寒冷的海滨
在你的所有中，却从不认识你的灵魂。

我们民族的世界时间对我们是隐蔽的。并且，只要我们不知道，我们自身是谁，那么它就始终是隐蔽的。而只要我们没有现实地追问这个问题，那么我们就不会知道这一点。但当我们追问这个问题——我们是谁，那么，我们就将我们的此在带入了某种运动之中，凭借这种运动我们也许能够移入哲学的某种力量领域，也就是说，移入对存在之本质的本质性追问。

于是，我们追问，我们是谁？

2 对某些本质性问题的彻底追问

所有真正的追问在其自身中都承载着其各个步骤之序列的严格的规律性；主导问题越为本质性，这种规律性就越强。

当我们问，我们是谁，这就产生了关乎我们之存在的问题。因 320
此，首要的任务就是，澄清我们究竟在何种意义上理解我们的存在——亦即人类的存在，我们称其为此在。较之石头、植物和动物，人类存在之别具一格的地方何在？

如果一个人不了解空间的基本规律和一般空间，那么他就几乎无法指出乃至只是追问，例如椭圆是什么，与此相类似，我们也几乎无法正当地哪怕仅仅追问，我们是谁，如果我们没有事先知道，我们究竟必须在何种意义上把握和理解我们的存在。

我们说：人类此在——我们的存在是某种历史性的存在。这始终首先只是某种说法。这种说法有待论证。要获得这种论证，就需要回答这个问题：历史的本质何在。

于是，着眼于业已清理出来的历史的本质，必须自行决断的是，我们是否是、如何是历史性的。

对自然、空间、自由、国家、法律和作诗之本质的阐明，并不意味着仅仅指出诸如此类者一般而言是什么，毋宁说，要表明本质通过什么能够是其所是，也就是说，成为其内在的可能性。

最后，必须首先研究这一可能性的根基。只有当我们知道某物的内在可能性的根基，我们才有关于该物的某种现实的概念。因此，我们的主要问题，亦即追问作为某种历史性存在的人类的存在之本质,展开为三个阶段性问题。

1.究竟何谓历史;

2.何谓历史这样的东西之内在可能性;

3.历史性存在的内在可能性之根基何在。

321 2.1 究竟何谓历史?

历史存在于事情所发生的地方。但是,事情所发生、进展的地方,就始终有历史吗?地壳的改变进程,这是历史吗?但地理学却也根据不同的"地质时代"研究地球的"历史"(诸如地壳变迁、结冰等等)。生物学追问生物的发展史。如此说来,在人类之外的存在者领域(地球、植物、动物)也存在着"历史"。而当我们考虑到农民起义的历史、资本主义的历史、腓特烈王朝的历史,我们指的还是与地球和生物的历史一样的东西吗?在某种意义上确实如此——因为否则我们就不会将所有这些都称作历史。我们指的是什么?时间上相续、不断沉入过去的一系列过程。但是这种对历史的表象,也适用于螺旋桨的旋转过程,但显然后者不是历史过程。这种对历史的表象,意指着一切,却也毫无所指。它没有切中历史的本质。

然而,有一点是清楚的:历史以某种方式与时间相关联。但并非所有"在时间中"发生的事情都是历史性的。因而,历史性的东西必定与时间有着某种特殊的关联。要了解这一点,只需回忆起一种常见的语言用法。我们说:"这个城市有着伟大的历史。"这指的是:富有意义的、丰富的过去。因此,历史性的东西是过去之物。并且,也确实必须有某事发生,也就是说,某事过去了,历史学家将此事作为其知识的历史性对象。关乎将来的历史描述是无意义的，或者是一种幻想。

在目前的历史观中，发生事件（Geschehen）不仅仅完全相关 322
于时间——并且相关于某种特定、个别的时间特征：亦即过去。过去似乎是历史所逗留的空间。但是，这样一来历史不就成了单纯"古董"？向来当前的发生事件不也已经是历史了吗——并且是本真的历史——因而过去只有通过与向来的当前（jeweilige Gegenwart）之关联，成为并且保持为"接近生活"的历史？因此尤其是在历史教育中，我们今天还在要求，清除那种单纯古董的历史描述。

这一明确要求（尼采在 60 多年前已经提出的要求）的基础在于，向来的当前乃是直接可经验和可把握的历史性的东西——而过去之物恰恰已经逝去。诚然，仅仅通过将视线转向向来的当前，这本身还根本不能直接保证我们能够遭遇在当前情形下历史性的东西之本质。因为在一切发生事件中，存在着造成喧闹和呼啸的东西，存在着活动和不可控制者，存在着无形式者和偶然者。所有这些同样也属于历史，并且必然属于历史：单纯的事件。而问题在于，过去是否构成了发生事件的本真本质；我们是否在昙花一现、始终属于昨日的东西所推进的地方，更容易经验到这一本质。问题始终在于，我们究竟能不能发现历史之物的本质，假如我们仅仅将发生事件理解为时间过程的序列——无论是过去的、还是当前的，抑或是两者的结合。

然而，我们应该如何与此不同地经验历史的本质？奇怪的是，时间在对历史之本质的规定中扮演着某种重要的角色。尽管一切自然进程也都"在时间中"进行，但在自然中情况有所不同。我们

将历史标画为过去者，但我们从不将自然称为当前者。这有什么
323 依据？历史在何种意义上与时间有着某种别具一格的关联？

我们重新从通常的规定出发——历史是过去之物——并且进一步地加以考虑。过去之物在回忆中给予我们。当我们回忆历史——比如七十年战争——我们却没有朝向过去之物的消逝，毋宁说，与此相反，我们朝向过去之物的产生和生成。确实，即便是当我们在过去追踪某个历史性的衰落事件——比如希腊城邦的衰落，我们也没有看到这一事件的消逝，而是看到它的产生和生成。历史，作为先前之事，不单单是过去之物的消逝，而是生成之物的生成。但这个生成不是从前的过程，而是发生事件，以某种方式“存在”的发生事件。只要这个生成作为先前之事尚且**现身**，作为从先前出发而现身者(von Früher her Wesende)，那么，借用这个**古德语词并赋予其新的含义**，它就是曾在者。曾在与过去是不同的。两者的不同之处在于它们的时间特征。过去乃是不变者所停留的时间领域。曾在则是我们所停留的、在某种意义上可变的某种强力。诚然，每一种曾在者都也是过去者，但并非每一种过去者都**是**且**能够**是曾在者。而这个曾在者——作为从先前出发而现身者——指的是什么？它包括如今还在影响我们的从前者？但是对如今现实者的影响有很多种。对**这些**影响本身的规定始终取决于，我们在如今这个现实中将何者称作是现实性。但是，那指引我们看到真正的现实性的东西，却根本无法根据当今之事加以把握。

要想经验到从先前出发而现身者——亦即规定着我们的本质的东西，就只有根据对我们而言本质性的东西，根据我们对以下问
324 题的决断方式：我们想要成为什么，成为谁，我们将会成为谁。从

先前出发而现身者自行开启，让我们进入作为将来之物而被我们所命令的存在；它自行展开，其方式是，我们自己根据我们的先行决断从我们的**将来**来到我们身上。但是，甚至将来也属于历史性的存在吗？的确，将来甚至优先于所有其他的时间规定。但这里的将来不是与过去相对立、与当前相连接的尚且保持锁闭的时间段，而是像曾在一样，是一种**强力**。

但是，作为强力的将来不是以某种合乎理智的预先计算，或者以某种预言的方式向我们敞开。将来不能被思考。它根据从先前出发而现身者得到规定。因为这并非过去之物、完成之物，处于当前之门口、不再出现的东西，毋宁说，从先前出发而现身者始终超出向来的当今，作为我们的规定而来到我们身上，它"是"将－来的，假如它朝我们迎面而来。曾在是命运之强力，而将来是使命之强力。只有当我们知悉我们的命运，**向前**争取我们的使命，我们才真正能够当前存在。谁仅仅从事现成之事物，谁就遗忘了命运，也就是说，在计算和利用中伪造使命，那么，他就不**是**当前的——而只是遗失于向来的当今之中。**两者是一样的**——而在双重的时间特征中(业已现身者和即将到来者)，两者是强力的，因而也是**超**强力的。历史既不是坠入某种过去的进程，也不是在某个当前现成的东西，亦非两者的结合，毋宁说，历史是某种发生事件，某种汇聚了将来、曾在和当前的发生事件，某种处身于命运中、根据某种使命而克服向来的当今的发生事件。**谁历史性地存在和思考，谁就在数个世纪中思考**。历史之发生不仅拥有某种与自然不同的另一种时间**关联**，毋宁说，这一发生事件就是时间本身。时间不再被理 325
解为某个漠然无殊的框架，在其中可以给各种过程和事件指派某个时间位置,毋宁说,时间乃是三维延展的强力结构——在这一结构中我们的此在是某个环节,因而是历史性的。

而我们在每一个瞬间所计算并且必须计算的各种事件、状况和意外,这些是历史的非本质。但历史的非本质属于其本质,就像山谷属于山。因而,作为计时领域的时间从属于作为人类此在之最内在强力的时间。

因而,历史性存在(Geschichtlichsein)并非源于自身。历史性存在只有作为与历史之非本质的持续争辩,并且在时间之强力的三重方向中:仅仅作为对传统的、通常的流传至今者之压力的释放,仅仅作为对富有活力的向来的当今之物之逼迫的抑制,仅仅作为对随意计划、提供、偶然期待的事物之窘境的克服。在本质与非本质的不可回避的争辩中,承受和分解这一争辩,置身于两者之间——这叫作历史性存在。

因而,严格来讲,地球"没有"历史,植物和动物"没有"历史,因为它们无法拥有历史。而它们之所以无法拥有诸如此类的东西,乃是因为它们并非历史性的。而它们之所以无法是历史性的,是因为它们没有处于时间之强力中:时间作为开放的强力结构,从根本上规定了其存在的内在延展。自然本身是锁闭着的,无法承受时间之为时间。自然是永恒沉睡的精神。但为何人类可以是历史性的呢?使得历史性存在本身得以可能的东西,存在于何处呢?

326 2.2 历史的内在可能性

只有人才能是历史性的,因为人存在于真理之中。这是什么意思?

何谓真理？这是我们考虑对历史的本质之规定时所提出的第二个问题。

有一个古老的学说认为：真理是认识和命题与实事的符合一致。“硬币是圆的”这个句子是真的，因为它符合实事的关联方式。一切都是那么理所当然，以至于我们害怕对此多置一词了。然而，恰恰是在理所当然的地方，日常理智保持沉默的地方，才开始了哲学的追问。只要我们再往前思考几步，我们就会经验到，这个通常的真理概念本身充满了困难，因而，对于我们知晓真理的本质而言，它根本上是不充分的。

真理是命题与实事的符合。“符合”是某种关联，并且是在两个不同的相关者之间——至少从数目上说是如此。两个五马克的硬币互相符合——就其外观而言。当我现在讲出真命题：这个五马克硬币是圆的——那么，这里也有某种符合，命题和实事的符合。但这是如何？硬币是金属做的。命题不是材料性质的事物。硬币是圆的——这个命题根本没有空间形态。用这个硬币我可以买东西，而命题绝非某种支付工具。命题和实事是完全不同的，但我们还是说：前者，也就是命题，与后者，亦即实事相符合。此处的符合是凭借什么的，又是如何的，这绝非不言自明。

但我们暂且搁置这个困难，来考虑某个**远为重要的东西**。当我们说出真的命题“硬币是圆的”，那么，其原因在于我们的道说与 327
实事的相合。这是我们道说的尺度。但恰恰在这里，我们却必须已经明白给予尺度的东西。事物的外观必须事先得到显明，这样我们才能对此作出陈述。而外观所显示的方式，亦即对事物的观看，却必须本身就是“真的”。换句话说，命题真理根本不是原始的真理,毋宁说,命题应该取决于实事与实事关联(一般而言,取决于在其所是和如何是中的存在者),这预设了,存在者**已经**是敞开的——在以句子的形式出现的命题产生之前。存在者在其存在中的这种敞开状态就是原始的真理。我们说,人类作为此在者被置入此种真理之中。如果符合自然、植物、动物、工具、空间、时间、历史、上帝性质的东西没有事先向我们敞开,那么,我们就永远无法将这个那个**作为**植物,这个那个**作为**动物,这个东西**作为**锤子和钳子,这个**作为**空间构成物,那个**作为**时间性的东西,这个**作为**历史,那个**作为**上帝来经验和使用、经受和尊重。我们**存在**——通过我们隶属于敞开的存在者本身之中。然而,由于存在者是敞开的,它同时也是遮蔽的;因为我们一向只能以某个“视角”通达存在者,并且在这个视角内,也只能在特定的层次上。其他的东西对我们是锁闭的。哪里有敞开状态,哪里就同时有遮蔽状态。

但是,敞开的存在者对于我们而言同时是遮蔽的,这不仅仅在于尚未展开者——未知者乃至不可展开者——隐秘,并且也在第二重意义上,也就是以遮掩和伪装的方式——假象,亦即非真理。真理的本质包括非真理的本质。而现在我们才理解,我们的断言——我们存在于真理之中——意味着什么,亦即:我们隶属于存
328 在者本身,内立于其敞开状态、遮蔽状态和遮掩之间。因为我们在真理中存在,所以我们必然也始终在非真理中存在。我们通过隶属于自行敞开、同时也自行遮蔽的存在者,从而被置入存在之中;存在之强力被交付于统治和奴役之中。只有基于这种对存在者的隶属状态(Ausgesetztheit),我们才能根据存在者而**调整**(richten)

我们的话语和命题。这意味着：一开始被考察的命题真理其实只是**正确性**(Richtigkeit)。很长时间以来，直到现在，真理的本质始终仅仅被视作正确性，也就是说，真理的本质被错过了；因为正确的东西，还不一定是真实的。的确，许多正确的东西乃是深深地不真实的。我们想想之前提到的对历史的规定，将历史把握为时间中的事件序列。这个关于历史的命题是正确的，但不真实，也就是说，就其自身而言，它恰恰遮掩了历史的真实本质。

人类之此－在，亦即对自行敞开的存在者本身的隶属状态，乃是在真理和非真理中存在。而我们宣称，这给出了人类存在之历史性的内在可能性。因为人类同时被交付给敞开者和隐秘者，所以他可以为他的规定而斗争，知晓其命运，居有其使命，推进现成事物。他不仅可以是历史性的，并且他甚至必须是历史性的，因为正是这种对存在者的隶属状态本身就已经是朝向时间之强力(时间延展为将来、曾在和当前)的出移；因为一个看起来无历史的民族，它就始终仅仅是非历史性的民族，无论它是因为内在的无能而被抛出历史，无法再保持适应历史的秘密，还是说它还不够强大，从而不能真正成为历史性的，亦即不能首先成为一个民族。

当我们这样追问真理的本质，将其作为历史性存在的内在可 329
能性，那么，我们就越来越明确，何以地球、植物、动物不能是历史性的。因为历史性的存在者根本无法向它们敞开，也无法向它们锁闭——它们完全外在于真理与非真理的可能性。植物和动物受限于围绕着它们的东西以及暗暗地逼迫和吸引它们的东西，在这种限制中，它们无所隶属、始终是受拘束的。尽管在这种受限的拘束之中,它们各自拥有其适应的方式、满足其生命欲求的方式,但它们从未切中作为存在者的存在者。

确实,真理使得历史性此在得以可能,但是,真理的本质就其自身而言建基于何处?对存在者本身的隶属状态这 发生事件的根基——承载性和支撑性的根基——何在?

2.3 历史的内在可能性之根基

我们再次**宣称**,历史的内在可能性之根基乃是**语言**。什么是语言?我们问的是第三个、也就是最后一个本质问题。每个人都知道语言。同样,什么是语言这个问题,很长时间以来,就有一个现成而通常的答案。语言是对我们的内在体验、想象、意见、愿望、态度的表达,其形态是声音和文字。而因为语言是这样的表达,因而它可用于对经验到的事物的呈现,用于传达和理解。我们可以或多或少清楚地看到,这种对语言的描述,直到今日仍是一切关于语言的反思之基础;它又是正确的,但就深层来讲却又是不真实的,因为它只是把握了语言之本质的**结果**,却没有把握本质本身。

毋宁说,语言的本质在于,在语言中,人类才敢于进入存在者,
330 也就是说,在语言中发生着对存在的原始揭示和敞开;语言并不是对事物之揭示的额外表达,而是这一揭示本身。哪里没有语言——就像在石头、植物、动物那里一样,哪里就没有存在之敞开状态,因此也没有非存在,更没有虚无和空洞。只有语言所发生的地方,才有世界。山谷的优雅与山峰的险峻,星空的崇高与海洋的泰然,植物的沉思与动物的偏执,机器的计算和运转与建国行动的艰难,构建作品时压抑着的狂热与求知追问时冷静的大胆,劳动时

被系缚住的清醒与内心的缄默——所有这些都“是”语言,也就是说,只有在语言之发生中,才能赢获抑或遗失存在。语言乃是某个民族之历史性此在的核心主宰,它塑造世界、保持世界并且摧毁世界。

因此,语言之本质的原始而纯粹的发生之所,乃是存在者之存在首次得到命名、并且在命名中得到创建的地方——在伟大作诗的道说中。作诗是一个民族的原始语言。然而,很少有人指出,连话语也已经让位于平庸的复述和单纯的记诵了。话语陷入了沉沦。语言变成了闲谈。借此,语言的非本质占据了统治地位。日常语言成了语言的先锋。由于仅仅看到日常语言,因而就形成了一种通常的想法,亦即语言是某种理解媒介,并且只是理解媒介。日常交谈的通常道说成了规则。而作诗则成了规则的例外,而真相是,作诗是原始的道说之规律,而其他的道说方式只是结果和沉沦样式。

语言不是随便某种能力,人们除了眼睛、耳朵、理智和意志之外“还”拥有的某种能力;毋宁说,语言乃是人类存在的原始本质。331
并非人类拥有语言,毋宁说是相反,语言“拥有”人类,也就是说,人类只有在语言的基础之上才能“存在”(亦即隶属于敞开的存在者)。

诚如荷尔德林所说,我们乃是某种交谈,这就是说,我们被诸神所称呼,被置身于诸神的呼求之下[①]。诸神将我们带入语言,无

① 此处注意“称呼”(ansprechen)与“呼求”(An-spruch)的字面和意义联系。——译注

论我们是否存在、如何存在，无论我们是否、如何应答存在者及其强力，无论我们向语言的规律是自行允诺、还是自行拒绝。

我们处身于语言之发生中，因此，只有这样，此种存在者才在其敞开状态、遮蔽状态和伪装之中，存在于我们之间。

而仅仅是因为我们处身于存在者的敞开状态之中——被存在者的存在所关涉并且被存在者的非存在所胁迫——亦即处身于真理之中，因此，我们才能在存在与非存在之间决断，选择尚未存在者(作为使命和命运朝我们迎面而来的应该存在者)，并且坚守这种决断，成为历史性的——这意味着，居中内立于胁迫(存在与非存在的胁迫)和斗争(存在针对非存在的斗争)之间。通过这种居中内立，历史之发生将得到分解——是其所是。

3 对某个决断的准备

对以上三个问题的通盘追问——何谓历史，何谓真理，何谓语言——其中的关联向我们指明了，如果说我们是历史性的，那么，我们如何存在。但对我们如何存在这一点的清理，还不是对我们是谁这个问题的回答。

然而，这个问题可以有答案。这就需要我们对此有所理解：重
332 要的不是我们现在是否认识了几个关于历史、真理和语言之规定的新概念，而是我们是否经验到，我们的问题是在准备某个决断。

正因为我们是历史性的，因此我们首先和通常会遗失于日常事件和活动之中，很少考虑，或者只是顺带考虑历史的本质及其使命和命运。

我们为正确和不正确而争吵，却很少追问，或者只是草率地追问事物的真理。

我们一直停留在对人们所道说和云谓的东西的模仿和复述中，却很少被本质性的话语触动，将其保持下去。

在我们的此在中，非本质一直被推到本质之前，渺小和切近者先于伟大和遥远者，令人恶心者先于让人自由者，平庸和半吊子的东西先于优越和整全的东西。

决断在于，我们是否将本质与非本质之间的这一争论理解为某种必然的争论，抑或我们不理解这一争论，因而始终尝试，排除非本质或者否认本质——或者甚至在两者之间寻求某种单调的平衡。

假设我们极其严肃地对待本质与非本质之间的争论，将其作为属于历史本身的本质的、不可消除的争论，将其纳入我们的知识和意愿之中，令其沉入我们民族的此在之中，那么，我们便借此共同创建了某种基本前提，于是，西方将再一次迎来某个崭新的历史时刻。何以如此？

通过对历史性存在之真理的**真正知识**，并且**只有**通过这一点，一个民族乃至各个民族才可能返回并生长于对其**真正独立性**的意愿之中——亦即对**自由**的意愿。的确，对于他人的独立性不在于，排斥或者奴役他人；因为这样一来，被废除的恰恰是这样一个独立者借以证明自身的东西。真正的独立性只发生于相互承认之中，333
其方式是，承认者将自身承认为自行承认者，并借此互相提升，进入对其本质的最高开展之中。

这种真正的历史性自由，亦即民族与民族之间互相承认的独立性,不需要某种有组织的共同体表象,如“国家联盟”。但一个民族的自行解放通过国家而发生。国家不是机器,不是艺术品,不是对自由的限制——毋宁说,根据自由的内在秩序之规律,国家乃是朝向内在自由的、对民族的一切本质性强力的解禁。一个国家要想**存在**,只有当它**生成**,**成为**存在者的**历史性存在**,而这就叫作**民族**。而只有以欧洲各民族真正的历史性自由为**前提**,西方才能够再一次精神性历史性地**返归自身**,并且在对地球的伟大决断中,针对亚洲确保其命运。

但这种历史性自由只有在**很长**时间中才会生成,只有当对**存在**之**本质**的**知识**发生转变,并且抑制了非本质之强力。

哲学无法强迫存在的这种转变。但它可以创造一种知识,这种知识的清晰、完全和严格程度有所不同,但它作为民族本身的本质性知识,间接地植根于民族之中。这种知识**本身**就已经是**意愿**。恰如真正的意愿只作为有所知晓的投入而发生。唯独这种知识带来了暴风雨,在其中——**如果**有的话——我们遭遇诸神之闪电,民族的世界时间得以预告。

没人知道,这何时会发生。但我们知道一点,诚如荷尔德林,最德意志的德国人,在他晚期的、真正的诗作的某个残篇中写道:

334

“我一度追问缪斯,而她
回答我
最终你将发现。
对于至高者我将沉默。
而禁果,譬如月桂,

至多在于祖国。但

终有一人会品尝它。”①

① 荷尔德林:《残篇》第17则,第四部分,第249页。——编注

335 # 159.我们的急难是无急难状态的急难*

弗莱堡,1934 年 12 月 21 日

亲爱的伊丽莎白:

尽管我在脑子里已经多次写信,但当我真正写下这封信的时候,竟然已经快圣诞节了。在你阅读荷尔德林的那个早晨(11 月 6 日),我开始了我的讲课,并且恰巧宣读了 1799 年 1 月 1 日的信件中的引文。昨天,伴随着 1801 年 12 月 4 日的那封感人的信,我结束了这门课。

“关于”创作,关于这样一位诗人的创作而加以谈论,本就已经十分困难了,然而,难上加难的是,将这种道说再一次报告出来。正是根据晚期创作最内在的中心,我首先开始阅读《日耳曼人》;并且这恰恰是为了防止每一种错误的合时代性。我发现了创作所处、所活动的基本情调:今日的悲伤作为有所准备的困境——这种基本情调界定了真正的形而上学急难的场所,在这一急难的空间中,诸神与人类的存在才重新从整体上、原始地得到了经验。

对创作的基本把握建基于《追忆》的最后一句:“而诗人创造了始终持存的东西。”诗人是那个事先创造了存有的人——所谓创

造，乃是预先奠基，乃是在首次称谓和道说中将存在者提升，进入存有之中。

荷尔德林预先创造了我们历史性此在的新生的急难，借此这一急难等候着我们。

而我们的急难是无急难状态的急难，是对于此在之可追问性的原始经验的无能为力。对这一追问的畏惧统治了西方世界；这种畏惧将各民族赶回老路上，迅速将它们逐回业已腐朽的保护罩内。

今日对诸神之死的悲伤之急难，就其本身而言却是有所准备 336
的期待，只有这种急难才为重新创造存有打开了光明、做好了准备。但这种基本情调不是单纯的"情感"，而是此在的基本强力，这种基本强力与大地和故乡有所关联；悲伤是伴随着"神圣的水"亦即河流的一道悲伤。

这样，我就过渡到对伟大的河流诗歌的解释，首先是《莱茵河》这首诗，其基本态度在第十部分的开端就被说出了："现在我思考着半神……"

现在我才得知，在*解释*古今哲学家时那种通过长久的自律以维持稳定的做法带来了什么，我几乎无法理解，文献史家之流怎敢妄谈创作，我无法理解这种微不足道的做法。

现在，这里的学期分布有所改变；以后的冬季学期从 9 月 15 日到 12 月 15 日，接着是下个学期，从 1 月 15 日到 5 月 15 日。明年是过渡，因此我们在 2 月 15 日就结束了，然后从 4 月 1 日开始直至 6 月 28 日。

因此，我将在 4 月份继续我的荷尔德林讲课，但愿*第一遍*就能把握整体。整个讲稿已经准备好了;因此你也可以读一读。但我不打算出版。对于整个创作而言,我还把握得太少。同时,我在高级研讨班上探讨黑格尔的《精神现象学》,在初级研讨班上则讨论黑格尔的国家理论。我如此这般完全封闭地生活在那个时代。

但这一切仅仅是对本己使命的准备、澄清和沉思,这一使命在此秘密地生长。此外,我完全不接触学校事务。我给自己提供的唯一一次"额外旅行",是11月底在康斯坦茨"德国协会"的一个演
337 讲,在那里我讲了德国哲学的将来使命。一旦我有了与手稿相应的完整的打字稿,你也会得到一份。在康斯坦茨,我住在保罗森博士(Paulßen)那里,他有一所令人惊叹的湖边的房子。他的父亲之前是魏玛的国家部长,那时恰好也在场,这样熟人和朋友的圈子同时也就完整了。小保罗森还回忆起和你一起跳舞的时光;他和那时耶拿的精神科医生宾斯万格(Binswanger)的女儿结婚了;他儿子现在是海军军官候补生,他时而去"卡尔斯鲁厄",去环游世界;此外还有两个女儿,她们正在上学。

我们一切都好。约尔克昨天从斯图加特回来。我们想要在明年春季将他送往毕博斯泰因(Bieberstein),这既是由于那里的学校,也是为了那里封闭的生活方式。瓦尔乡村学校的课程尽管好,但太不严格了,而除了数学、物理、化学和技术这些科目之外,约尔克对于学习又没有特别的上进心。他现在想要成为国防军技术部队的军官。他正在热恋中,但他同时保留着底线、坚持正当的行为。赫尔曼对他这里的学校很不开心,这学校也不合适,特别是因为来自学校和少年队的双重要求还根本没有完成。

埃尔弗里德和女学生们一起工作,她首先想要让学生们沉思

女性的使命，而不再像在生命行将结束时那样投入生活（女子学习的问题**在于**为其权利展开的新的斗争）。其方式是博伊默（Gertrud Baeumer）今年又一次实施并且在其杂志上所介绍的，你也可以试试。

周日我们将和往常一样，前往小木屋，并且待到明年1月6日。

你的来信对于我是一大乐事，并且带给我内心深深的平静。你还是应该将故乡及其精神保持在你径直的日常工作中，即便这往往会让痛苦更大。但是，痛苦是知识的一种本质形式，精神根据 338
这种形式知晓自身。在这些日子里，我会特别思念你。

以老朋友的名义，我衷心问候你。

你的马丁

给你的圣诞小礼物是里尔克已出版的《晚期诗歌》的一个新版本，但有可能会迟到；但这封信应该会准时寄到。

339 # 160. 对业已开始的工作的持续开展*

弗莱堡，1936 年 1 月 10 日

主题：瓦尔特·布勒克（Walter Bröcker）博士，哲学系助教的使用期的延长申请

致弗莱堡大学哲学学院院长

院长阁下：

布勒克博士作为哲学系助教的使用期截至今年 4 月 1 日，我最忠诚地请求并提交其延期申请。

在此期间，布勒克博士完成了教师席位的规定条件，并且他在过去的 4 个学期中，认真、勤奋地履行了他所负责的任务。他对图书馆的维护和重建极其杰出，而对学生的建议和教导体现出他的丰富知识和机智。举办低年级的练习课带来了不断增长的成功。对业已开始的工作的持续开展则需要进一步使用这位现任助教。此外，为了让年轻力量在某个有一定范围的工作小组中成熟起来，这是最合适的方式。

希特勒万岁！

海德格尔

161. 无法参加诺贝尔奖获得者的庆典*

340

弗莱堡,1936 年 1 月 15 日

尊敬的斯佩曼(Spemann)先生!

非常遗憾,我无法参加您下周日的庆典,因为我周五必须在苏黎世大学举办一个演讲,而接下去的两天则要在内部圈子中开展学术座谈。

因此,我请求您,将今日的问候作为对我的愉悦的表达,我为您获得来自大学和城市的美好尊敬而感到愉悦!

致以诚挚的尊敬

您的极其忠诚的

马丁·海德格尔

162. 格特鲁德阿姨的八十诞辰

康斯坦茨，1936 年 3 月 16 日

尊敬的母亲、祖母和阿姨！

今天，一个极其罕见的节日将我们聚集在这里：您八十岁生日的庆典。此刻，我们希望再一次一起向您证明我们对您的尊敬，同时向您表明我们诚挚的感谢；因为我们每一个人都要出于这样那样的原因而感谢您。

八十年——若是比起永恒来，这连一个极小的瞬间都算不上。然而，这八十年对于人来说乃是一个足够的游戏空间，在八十年里，我们可以经历大事小事、乐事苦事，我们可以创造作品、抑或沦于无所作为，我们可以承担义务、坚守义务，抑或全无所谓、恍惚度日。

八十年中——您生命时间的主要部分是在家乡村落的校舍里度过的数十年，这是义务与劳作的数十年，快乐与幸福的数十年。尽管也包括两次严重的苦痛——诚然是难以忘却、难以克服的苦痛，但这痛苦也是幸福的痛苦。

哥津根（Göggingen）的村落校舍——那里有精心照养的大花园，有干净的房间，有明亮的厨房。这不只是乡村儿童上课的大

楼，它体现了一所真正的村落校舍所应该是的样子：简单的生活、有序的家务，这是整个村落的富有影响的典范。

在楼上的房间里，老师曾经坐在书桌边上，用红笔在学生的本子上批改着。他仍旧用鹅毛笔写字，懂得精细地切割羽毛。今天的我们大多只听得见打字机的碰撞声，因为一切必须尽可能快地 342
运行，一切必须平均，以至于根本无法再看到这样的字迹，无论在其背后的是一个能干的小伙，还是一个无用的饭桶。但那时候，人们还可以在房间里听到鹅毛笔划过纸片的从容、柔和的声音。

左边靠窗是女老师的缝纫桌。校舍的所有窗子都装有明亮的花。那时我还是一个小孩，总是觉得房间很奇怪，因为一大片花挡住了视线，让人无法看到窗外，而恰恰只能看到那笼罩着村庄的天空。即便是大人们也很难越过花看到些什么，他们不知道，是"马儿"朝着花环奔跑而来，还是邻居家的收割车幸福地开往仓库。

这个村落校舍及其花园——只有以孩子的眼与心才能体验到它的整个魔力：在挂满醋栗的灌木丛、明亮的花圃和肥沃的蔬菜地之间的隐秘小路，后面是带有水桶的井，水桶可供玩耍、更可喷洒，而旁边是带有炉灶的小屋，新鲜出炉的面包香味飘浮在四周。

在这个村落校舍逗留，是我童年最珍贵的回忆——亲爱的阿姨，我记着这些时刻，为了衷心地感谢您，这同时也是以我兄弟姐妹的名义，感谢您陪伴我们度过了这些假日。要感谢的不只是您，还要特别感谢您的儿子们，尽管其中最快乐的那个过早地离开了我们。您的所有三个儿子都始终给予我这个小表弟全部的友谊和悉心的关照。

但这还有其他的意义。与此同时，通过在哥津根的这段逗留

343 时间,它向我们一再呈现了我们母亲也就是您的妹妹的家乡村庄,让我们对此有所熟悉——在这片土地的农田里,祖先们拉过犁,并且在稳定的四季交替中实现了其农民生活的简单秩序。

由此我们共同得到的东西,无法用任何的聪明和机巧所取代,它是一再将新兴的自生力量送入我们民族的生活和创造中的东西。亲爱的阿姨,当今天我为所有这一切感谢您的时候,您应该同时也能从我的话中听出我母亲也就是您妹妹的声音。而我们认为这也是时候了,因为根据农民们的说法,您二姐妹是远近闻名的最美的少女。

然而,所有这些都已经过去了——但并没有遗失,而是在记忆中保存下来了。尽管人们说,老年人会健忘。但我们只是遗忘那些漠然无殊的、并不根本的事情——恰恰因此,才有生活所带来和要求的本质者、真实者和质朴者的自由活动的空间。

记忆的力量——此乃老年的标志。

诚然,我们大多会迟疑,竟还会赋予老年一种本己特征;人们仅仅将老年看作衰退、缺陷、长远计划的缺失、停滞。人类与老年的关联根本上是奇怪的。所有人都想**变老**(*alt werden*),但没人想**保持年老**(*alt sein*);一个奇特的悖论。但这建基于某种谬误,而这个谬误又源于对老年的某种误解。

人们想要**变**老,这指的是人们将老年仅仅当作青年和创作时期的**延长**;而人们**保持**年老,这又是指人们将老年仅仅当作所有这一切的**遗失**。在此,人们遗忘了,老年具有其本己的规律与真理,而这一点也适用于每个年龄阶段。有些事情,只有在十五六岁的
344 时候才能做;而又有些事,要想把握和掌控它,必须等到四五十岁。

同样也有某些事情，只在高龄才属于我们。因此，生活的智慧包括，我们不要胡乱处置各个年龄阶段的尺度，而要清楚地区分和加以承认。只有能够做到这一点的人，才能真正拥有变老的力量；而也只有能够适时变老的人，才能够保持年老。

只要我们看到并且珍惜老年的本己尊严、其本质性回忆的财富、其对于人生的本质者和非本质者的洞悉，那么，就有理由乃至有必要庆祝高龄，并且在庆祝时祝愿幸福。

那么，让我们将一切都总结为一句祝愿吧：

愿亲爱的阿姨，您的老年是真正的老年：

幸福在于安静地回忆过去的苦与乐：因为即便是苦楚我们也必须一直记得，从而能完整地经历我们的人生；福祉在于质朴的善意和对于当下之物的智慧。

此刻，我们欢聚于此，并且祝愿：这共同的快乐，这将我们聚集在令人尊敬的您身边的快乐，将持续长久地扩散，日复一日，年复一年。

345 # 163.给教育部的建议杳无音讯*

弗莱堡,1937 年 6 月 14 日

致弗莱堡大学校长先生

梅斯(Metz)教授

校长阁下:

我在今年 6 月 11 日收到来自教育部的信件(于 6 月 8 日寄出,关于我是否参加巴黎举办的第九届国际哲学会议),请允许我对此作出下述回应,并且我最忠诚地请求转交本信。

我认为,根据我迄今为德国哲学所献出的写作和教学工作,以及出于这些工作在国外的影响(拙著拥有法语、英语、意大利语、西班牙语、阿根廷语和日语译本),我能够要求,在组建参加国际哲学会议的德国代表团时,我即便不被任命,也能作为顾问而有所参与。为这次会议的筹备已有半年。在一年半前,我曾收到来自大会主席的私人邀请,并将其提交给教育部,同时,我附上以下建议:将这个同时作为笛卡尔周年纪念日的大会有意识地扩大为对流行的一般自由民主的知识观的推进,并尽早组建相应的有所准备和有影响力的德国代表团。因为这一建议没有得到回应,我也没有
346 告知此后来自巴黎的多次邀请。因为在整件事情中,对我来说重

要的不是法国大会主办方的愿望。唯独重要的始终只是*德国*决定方的*原本*意愿，他们是否想在德国代表团中看到我。

因而，在上述情况下，我必须极其遗憾地告知，我不能在大会开始前近一个半月内，以后补的方式加入某个我迄今对其组建和领导都不明就里的代表团。基于这样的事实，我这边没法再保证有计划和有影响地筹备大会事宜。

海德格尔（签字）

347

164.参与大会不复可能*

弗莱堡,1937 年 7 月 24 日

致教育部(学术、教育及大众教育)部长先生

柏林

对于刚刚收到的任命(任命我担任前往巴黎的官方代表团成员),我致以最忠诚的谢意。由此我推断,部长先生希望我参加大会。因此我认为我有义务遵循这一要求,尽管我在 6 月 14 日的信件中曾表达过我的顾虑。但很遗憾,目前由于健康原因,我完全无法实现这个要求,因为早在夏季学期的最后几个星期,我就已经相当艰难地才完成了我的讲课和练习课。在此我附上医生的诊断。同时,我会将不参加的理由告知大会主办方主席。

我想要再一次坚决地表明,我时刻准备接受部长先生的差遣。

海德格尔(含附件)

165. 助教使用期的延长 * 348

弗莱堡,1938 年 1 月 12 日

致教育部(学术、教育及大众教育)部长先生

柏林

哲学系助教,讲师瓦尔特·布勒克博士的使用期,将于 1938 年 3 月 31 日到期。我最忠诚地请求,将他的使用期再延长两年。

理由如下:

布勒克博士在过去的两年内带领低年级练习课和工作组,取得了持续的成功。由于他丰富的知识、清晰和深入的表达,在过去的几个学期中,我的高年级学生也请他带领练习课,我在自己的教育工作中也清晰地感受到了其富有成效的影响。

此外,布勒克博士极其谨慎和仔细地参与了系图书馆的扩建,在合理利用图书馆资源上,他始终是学生们的一个乐意的顾问。

基于布勒克博士本人在国内外都获得承认的研究工作,他对古代哲学这个一切哲学教育的预备训练极其通晓,而在年轻的讲师中几乎没人能像他那样,就此而言,他的帮助也始终是不可或缺的。

海德格尔

哲学教授

哲学系主任

166.关于科学的沉思 349

(1938年6月)

这里所进行的关于科学的沉思，与《德国大学的自身主张》(1933)中所说和所要求的东西并不矛盾。因为那个讲话有意地跳过了现代和“太过当前的科学”(第7页)，从而让科学的本质能够源自某种更原始的知识。而这种知识只有在与西方思想的第一开端的争辩中才能建立，并且要严肃对待尼采的问题，后者处于西方思想的终点，并且被设定为其终结(第12页)。那个讲话没有深入探讨现代科学的本质，也就是说它没有深入探讨笛卡尔。但是，在那个讲话中为了某个“对自身有所知晓的民族”(第7页)而进行的“自身沉思”(第6页)所根据的东西，亦即“形而上学的”基本态度，和眼下的这个关于“现代科学”的沉思所根据的东西是一致的。那里说的是某种将来的科学，其又将成为某种知识；这里有待把握的是某种明显仍在持续的当前科学，这种科学将知识融解于科学之中，并且在知识的遗失处让世界观登场，从世界观中感受其活动的冲击力。但在那个讲话中所说的命题也适用于现代科学：“一切科学都是哲学，无论它对此知道与否、意愿与否。”现代科学是哲学，其方式是，现代科学否认哲学。政治的科学概念只是现代科学之本质特征的一种大略的、被误解的派生样式。因为这是技术的某种方式。

167. 简历

我在1889年9月26日出生于梅斯基尔希(巴登)。高中毕业考过后(弗莱堡的贝尔霍德高中,1909年),我在弗莱堡大学首先学习神学,然后是数学与自然科学、古典语言学和历史,不过在整个学习期间我的主要精力放在哲学上。在1913年7月我在弗莱堡大学以优异的成绩获得博士学位。在战争爆发时,我报名参军,此后,由于心脏问题,我于1914年10月又退役了。从1915年秋天到1918年年初我就职于弗莱堡的信件监察处。经过一段较长时间的培训,我被调往前线414气象台(凡尔登),直到战争结束。

1915年夏季学期,我在弗莱堡大学哲学学院完成了哲学专业的教职论文,在接下去的三个学期中,我除了军中的服役,还开设了讲座课和练习课。自1919年春到1923年夏,我作为私人讲师和助教,在哲学系工作。1923年10月1日,我前往马堡担任正教授,1928年10月1日,我又以相同的身份回到弗莱堡。

弗莱堡,1938年6月17日

海德格尔

168.完全空穴来风的表述*

弗莱堡，1938 年 9 月 13 日

致弗莱堡大学校长先生

曼高德(Mangold)教授

在此，请校长阁下允许我作如下陈述：不久前，我收到一本移民杂志《新世界舞台》(1938 年 7 月 28 日，编号 30)，我以党内公务的方式，将其提交给讲师协会主席。这本杂志中包含了一篇论及我此处的教学活动的文章。那里所讲的事实和表述，完全是空穴来风。我认为有必要作此报告，因为前不久我听说，英国传媒也在谈论我的教学活动。

希特勒万岁！

校长阁下的极其忠诚的

海德格尔

169.泰奥菲尔·里斯五十诞辰

1939 年 7 月 8 日晚于弗莱尔斯海姆[①]

曾经有一个年轻的医生，在一战的最后几年，在他医生工作少有的休息期里，带着画板登上弗莱堡的各座山头：暮夏的阳光洒落在庞大的森林中；草原上响起回家牧群的铃铛声；而在他自己的心中也承载着某种宁静的声音，因为有着深沉的黑眼睛的少妇正在家里等着他，充满了慈善和幸福。

然而突然到了夜里。一种苦涩的伤痛笼罩着弗莱堡的所有事物。但伤口肯定会再次愈合。医生换了新工作，博登湖也为此出力。外面的"海岬"上，傍晚的海滩边上无助的波浪轻轻地、含糊地告诉他，幸福又回来了。如今，在他的工作中，吸引他的是乘着帆船的旅行。然而，一个"真正"应该出行的人，必须成为一个"哲人"，并且能够反思。为此他将自己锁在房间里，但他没有思考，而是在笔记上睡着了，就这样夏日的一个下午过去了。

不过不久，傍晚的波浪许诺给他的东西就来到了医生这里。幸福来了，他搬进了离岸边不远的一间小屋，在这里可以同时看到上湖和迈瑙岛。幸福之神给他带来了第一个儿子。孩子们不断成

---

① 弗莱尔斯海姆（Freiolsheim）：德国巴登州地名。——译注

长，受到了他的影响，而他在此期间也成了泰奥菲尔叔叔。

这一个好觉，让他最后成了“教授”，与此同时，他也为科学界出谋划策。在他的家乡，一个新的工作世界展开了。玛格丽特(Margret)夫人造了一座房子，自此，朋友和同事们可以聚在那里，一起思考、一起焕发活力，共享节日的快乐。就这样，有一天医 353
生举办了他的第一次公开的学术演讲，并且远渡重洋，参加了放射学医生的国际会议——但他始终还是那个泰奥菲尔叔叔。

突然——似乎一切都在一个唯一的瞬间里一下子挪到一起——到了他的50岁生日。亲人和朋友们准备庆祝这个日子。为什么要这样？只是因为这是风俗习惯，而50这个数字恰好是“百年”的一半吗？是因为在这个时候，人们更喜欢回顾过去，而不是向前展望吗？看上去好像是这样，我们只是想要通过这段短短的叙述，将某种对逝去时间的伤痛回顾形诸文字，为了找到一条出路，以遗忘变老的事实。然而，我们除了这样沉溺于过去，还能做什么呢？

但我们不想如此。这不是医生的风格，这位沉睡而非扬帆起航的“哲人”也不打算如此。我们不想要手足无措地依赖于某件过去之事，依赖于它的消逝。相反，我们想要沉思**曾在者**。我们创立了这个带有数字50的日子，乃是**为了真正回忆的开端之瞬间**。

数字——包括50这个数字——看起来是某种外在、偶然的东西。但是一位伟大的德国思想家的话给我们指出了某种不同的东西。莱布尼茨说：si Deus calculat, fit mundus. 当上帝计算时——以数字和尺度思考——世界生成了。

而当**我们**将50这个数字作为生命历史的尺度来考虑，那么，我们的世界就变得焕然一新了。

我们创立了这个带有数字 50 的日子,乃是为了真正回忆的开端之瞬间。因为一个是对过去的单纯当下化,另一个是对曾在者的回忆。前者让我们成为过去之物的奴隶,将我们夺入过去,让我们转而去攫取和计算还剩下的东西。而回-忆给我们带回了曾在
354 者,向我们指明了过去的本质,并借此让我们超越自身,进入对我们的规定之明晰中。

回忆是一种基本情调,在其中,伴随着我们的视角所变换的事物保持不变,并且给出朝向其持留之物的暗示,从而引导我们作出简单的决断,以重新构造出某个世界。

回忆是通往将来的隐匿大门,它将道说:进入对有效、持久之物的准备状态。

但回忆也是打开真正变老的秘密的钥匙。而这无关乎被迫的青年时代,也与单纯的偏离轨道无关,后者只是让人达到一件事,亦即让自己存活下来。

回忆同时是大门和钥匙。但是,与一切事物的质朴规律所相符的本质洞察力,亦即回忆的力量,将会被获得和庇护。能做到这一点的,是发自内心喜悦的沉思。

因此,现在我们也不会给我们故事中的医生送上通常的“祝福”;因为这始终是某种模棱两可的祝愿,当我们考虑到,幸福较之不幸更难承受。毋宁说,不幸甚至反倒能打开进入伟大者和唯一者的视域,将我们从迷惑中释放出来,进入本质之物中。相反,幸福太会蒙蔽我们的双眼,因为它只是迷惑我们。

然而,对五十岁的医生的祝福让我们振奋。我们祝福他,在我

们迷惑的同时，他能够从迷惑中释放出来，进入本质之物。医生所钟爱并且经常阅读的柏拉图称之为τὸ ἐκφανέστατον καὶ ἐρασμιώτατον，最闪耀的显现者，承载我们进入事物的本质。这是什么？τὸ καλὸν，美好，与单纯的幸福和不幸既遥远、又切近。

然而，当我们逗留于内心的泰然任之，同时持守于沉思的严格性之中时，我们遇到了美好。回忆的力量出自两者的合一，它让我们与上帝的情调保持一致。

回忆乃是唤醒始终沉睡者、始终对人类保持隐蔽者的能力。 355

我们该如何称呼它？希腊诗人品达，我们德国诗人荷尔德林在其话语中成长起来的那位诗人，说道：

> ἀλλὰ παλαιὰ γὰρ
> εὕδει χάρις.（Isthm. VII，17.）
> 而因为老者
> 沉睡：献身者闪耀
> 严格的优雅——
> Χ άρις［快乐］。①

① 原文为：Aber das alte nämlich/ schläft：das sich verschenkende Leuchten / der strengen Anmut/ die Χ άρις。——译注

356

170. 布勒克和伽达默尔：唯一的人*

评论：在整个极其不可靠的后辈集体中，布勒克是目前德国除了我的学生莱比锡的伽达默尔之外，唯一一个确实还掌握古代哲学的人。古代哲学始终是哲学教育的开端和终结；此外，对莱布尼茨、黑格尔和尼采这几位属于将来的本质性的德国思想家作一些了解，也就足够了。

布勒克自 1939 年 9 月初以来，在西部的某个建筑连队服役。

171.“小型聚会”

弗莱堡，1940 年 3 月 10 日

尊敬的法布里休斯(Fabricius)先生！

在下周五，3 月 15 日晚八点半，在我家有“小型聚会”。我将尝试解释亚里士多德《物理学》第二卷第一章，在此将对φύσις[自然]作出本质规定。

很遗憾，我们的汽车不能用了，因此我不能要求您在夜里、况且在天气也不稳定的情况下还能过来。但我希望，在下次复活节我拜访您时能向您报告一些内容。

我十分希望，您满意于您的处境，并且能收到孩子们的消息。我们这里目前也一切都好。消息一直很少。但较之始终不确定的消息更为本质性的是坚定的信心，我们不仅坚信德国会“胜利”，更是首先坚信，德国人会找到其本己的本质，找到其精神性历史性的规定。

致以诚挚的尊敬

衷心问候您

您的感恩的

海德格尔

358 172.请求免去1940年最后三分之一学年的教学任务

弗莱堡，1940年8月24日

我请求，免去我1940年最后三分之一学年开设指定的讲课和练习课的任务，并且也相应地免去这三分之一学年的讲课费。

理由如下：

几年前，我最重要的著作已经售罄。因为新的注释版的出版伴随着新工作的公开，为此我需要一段较长的准备期。取消我的教学活动不成问题，因为我所有的学生都在国防军那里，而现在正在学习的年轻一辈首先忙着为更快找到工作而学习。要是这些人对哲学有入门的必要，我的助手，布勒克博士可以提供辅导。此外，为了在战后能够进行高强度的教学活动，我现在十分需要保持自由。

因为在工作计划中，我会住在弗莱堡或者附近的地方，因此哲学系的事务可以继续交由我处理。

希特勒万岁！

马丁·海德格尔

173. 德拉根道夫不在了*

弗莱堡，1941 年 2 月 8 日

十分尊敬的、亲爱的法布里休斯先生！

在此，我想邀请您参加 2 月 13 日，周四在我家举行的“小型聚会”。发言的是里特尔（Ritter）先生。

我不知道，在这个潮湿而多变的天气下，我究竟是否能够期望您前来查林根。但是，假如您要来的话，我请您及时告诉我（通过电话），这样我能确保您往返的汽车。

假如您没法来，同样，打个电话就可以了。

这是第一次没有德拉根道夫的聚会。这一切对我来说还是那么难以置信。但是沉思无济于事，也许这次迅速的继续前行也属于平衡和美好的生活，德拉根道夫尽管有些困难、却也曾能经历的美好生活。

从几年前开始，我的少数几个愿望就包括去希腊旅行。每一种关于这个国家的叙述都让我内心中的图像更为生动。因而，我十分希望您能尽快给我们举行那个说好了的演讲，这特别是因为，以前不那么现代的旅行和旅行报道较之如今发散着某种完全不同的魔力。

有个好的机缘让我们能够期待，弗莱堡的古典语言学又会焕然一新。尽管我离开现在的任职已经数年之久，但这一次我又被选入委员会。

我希望，不久以后就能向您陈述这件事。

致以最好的祝愿，祝您一切安好，并致以衷心的问候！

我始终是您的感恩的

马丁·海德格尔

174. 印刷被禁止 * 360

马丁·海德格尔　　　　托特瑙堡,1941 年 10 月 20 日

致弗莱堡大学校长

校长阁下:

我最忠诚地请求,让秘书处给我的出版商赫尔曼·尼迈尔(萨勒河畔的哈勒,布鲁德街 6 号)发送一个简短的证明,证明我在今年由学校所举办的战时演讲系列中,讲过荷尔德林的赞美诗《如当节日的时候》,并且这个演讲必须加以重复。对这个演讲的印刷被文件管理处所禁止,尽管出版商那里为此次印刷还备有相当的剩余库存。现在出版商要重申并尝试达成印刷批准。来自大学的一个相应的陈述一定会赋予这次尝试以非凡的意义。也许校长阁下还能强调,学校十分重视让大量听众,尤其是前线的学生们能够听到这个演讲。

我请求,原谅我的这种冒昧之举。

致以最忠诚的谢意和德国式的问候

对于校长阁下十分忠诚的

马丁·海德格尔

361

175. 出任心理学教席*

弗莱堡，1941年11月15日

亲爱的舒哈特（Schuchardt）先生！

刚刚收到来自克罗（Kroh）的附信，其意思十分明确。我们必须完全搞明白状况。

先是开始培养心理学硕士，然后一定是要出任这一教席。在我看来，对心理学硕士的培养之实施规定是失败的，这是由于，如果各大学不放弃这个事实上恰恰完全美国式的机构，那么，它们就只是被逼着任命“纯粹的心理学家”。

当然一切都取决于校长的决定。如果他决定建立“心理学”，那么，哲学历史方面的工作不过是次要的附属物；或者更具“哲学意味”地出任这一教席，这表明他还不满足于这些拥有明确统领计划的决定性的“心理学家”。

一条可能的出路是，好好担任“我的”助教职位，有希望成为编外教授。但在战争期间这又是不可能的。

我们必须再一次谈谈**原则性的东西**。

友好的问候

您的海德格尔

176.回绝马德里和里斯本的演讲* 362

梅斯基尔希,1942 年 10 月 16 日

致弗莱堡大学校长先生

校长阁下:

请允许我引用 9 月 28 日(编号 6096)和 10 月 2 日(编号 6197)的信件,总结并作出以下陈述:

学术交流中心罗马分部邀请我在 12 月份举办演讲,而我在 8 月底已经回绝,理由是,在接下去的冬季学期中,又有前线休假士兵前来学习,因而我无法长时间地打乱乃至损害我的教学活动。这一回绝的重要理由,在罗马也完全得到理解,现在我想重新强调这一点,并且这也适用于在马德里和里斯本的演讲。在去年冬季学期的进程中,我与前线士兵展开了富有成效的联系,这一经验迫使我在这个假期为这个听众集体考虑,全新地准备我的讲课和练习课。为此我也必须在下学期的几个月中保持自由。着眼于长期的战争,休假士兵的学习除了单纯实质上的课程以外,还有更高的意义。按照和其他学生一样的方式去辅导这些学生,已经不能满足当前的情况了。在下一阶段中,我们必须将这些学生当作听众

的核心部分，并且所有超出单纯课堂学习的部分，必须根据他们的
363 需求而裁定。因此，我想请求将我的工作完全奉献给这一最最紧迫的学术使命。

以后有机会我一定会接受这些悬而未决的演讲。但那时候也需要仔细的准备，因为仅仅是将德语翻译成罗曼语就会产生意义上的出入，只有通过某种相应的陈述才能再次将其排除。将我的著作翻译成法语、意大利语、西班牙语和葡萄牙语，以及其所产生的回响，这些教会了我，即便是演讲，也必须与有关国家拥有德国哲学知识的教师合作，让他们来翻译。

希特勒万岁！

马丁·海德格尔

177. 纪念马克斯・考默海尔 364

于1944年6月25日晚去世

8天前，考默海尔（Max Kommerell）以42岁之龄在马堡去世。对于外界而言，他是“德国文学史”的一个教授。他以清晰的意识承受着这一专业的可追问性。这里顺便提一下，他是这个专业中唯一一个通晓思想与作诗的历史性规定的人，我曾经与他就此展开富有成效的对话。

考默海尔肯定犯过许多错误，并且他能够犯错。但他同时也听得进去。

他所尝试和创造的，将始终保持争议。但这恰恰是某个有效的标志，证明他开创了某些东西。

考默海尔是一个好学的人。他去世时，仍是一个好学者。

考默海尔是一个急需的人。他能感受急难，他对于急难是必需的。

他的去世带来了一个空白，一个将一直存在的空白。

第五编

清洗与禁止教学时期

178.致弗莱堡市长

1945年7月16日

在您1945年7月9日的来信中，您通知我，我的住宅将被没收，因为我曾是纳粹党员。

7月13日，有个人拿着房产管理处的证明，想要检查被没收的住宅。他说，房子已经被许诺给他和另两个指定人士，因此，所有住着的人（我和我夫人，还有两个房客，贡德特教授和吉斯伯特博士）必须搬出。只有衣物、食品，最多还有燃料可以带走。当我指向我的藏书室，他回答，这些书也必须留在家里。我反驳说，这些是我工作不可缺少的工具，他回答说，反正我在最近一段时间里也没法再从事我的工作了。

我不知道，我为什么会遭受这样一种闻所未闻的待遇。对于这种对我个人和工作的歧视，我表示最尖锐的抗议。为什么我不仅仅被没收房产，并且要完全撤离我的工作地点，为什么恰恰是我应该这样被惩罚，在整个城市乃至可以说在整个世界的公众面前，如此污蔑我？我从未在纳粹党内担任过任何职务，也从未在其中或者在其分支中从事过任何活动。而如果人们将我的校长任职看作某种政治罪证，那么，我必须要求，让我有机会针对任何向我提

368 出的控告为我自己辩护，这意味着，我首先要得知，针对我和我的公职究竟提出了何种客观上的控告。

我于1934年春季，作为所有大学校长中唯一一个，冒险辞去校长职务；这清楚地表明了我对纳粹党的态度。纳粹党方面，他们在我的校长任期内已经开始干扰我，并且在我撤去校长职务后，马上变本加厉地纠缠和阻扰我，在他们的杂志（如《变化中的民族》这本杂志的所有年刊）和报纸（如《阿勒曼人报》）上贬低我乃至辱骂我，这一切都不是没有原因的。纳粹党通过出版禁令和禁止提及我的名字，让我遭受了巨大的经济损失，这也一定是有原因的。

对于您的通知，请允许我还要简短地确认下述情况：我从1906年开始在弗莱堡定居，已将近40年；在这里，我上了贝特霍尔德高中，我所有的修学时间都仅仅在本地的大学度过；除了在马堡大学的短暂中断，我几乎持续地为这所大学工作了25年之久。1930年我拒绝了来自柏林大学的聘请，为了在我家乡的大学继续经营好一个国际最知名的哲学教席，从而让整个大学突显其特色。出于相同的理由，我在1933年再一次拒绝了柏林和慕尼黑的聘请。我1927年出版的著作，再版数次，并被翻译成法语、英语、意大利语、西班牙语、葡萄牙语、罗马尼亚语、土耳其语和日语。而现在，在弗莱堡这座城市里，由于某种控告，由于某种我尚且不明其内容和来源的控告，我竟遭到如此的对待，就像迄今仅仅针对纳粹党内高级干部所进行的一样。那些人，我无论在校长任期上、还是
369 在完全退出职务后，都从未与他们有过任何政治上的或者个人的联系，无论以任何方式把我与这帮人归到一起，我都必须要对此表达最尖锐的拒绝。

上述反驳所针对的，是通过我提到的那种方式对我个人和工作的污蔑；而我绝不会反对的，则是另一种几乎不言自明的情形，也就是每个人都要分担那共同的困难，因此要尽可能缩紧自己。即便是首选的方式，亦即照顾从集中营释放出来的人，我也完全认可。我来自一个贫穷和简朴的家庭，极其节制地度过了我的学生和私人讲师时期，我的房子时刻保持着简朴的生活风格；因此，不需要有人教我什么是有关社会公益的思想和行动。

为了有效地调解和结束上述情况，我提出下述请求和建议：我与住在我家的两位租客解约，给他们找其他单人房，以便腾出一个家庭的居住空间。因为公用厨房，以及冬天缺少炉灶和排烟设备，这些都会产生极大的困难，因此我请求，您能派来一位当地的建筑师，和我进行协商。

致以特别的尊敬

您忠诚的

马丁·海德格尔

179. 对历史性的自身意识的反思*

弗莱堡，1945 年 7 月 20 日

亲爱的斯塔德曼(Stadelmann)先生！

目前我必须休养几日，因此，我在床上给您写信。这是很罕见的情况。在您的信件到来前不久，我正在反思历史性的自身意识及其本质与潜能，同时也生动地想起了您。您从图宾根寄来的几行字之于我，就像诗人从他的塔楼发往家乡河流的声音。最近半年我逗留在我出生的地方，有时住在我父辈的祖宅的邻近处，它处于威尔顿斯坦伯格[①]下面的多瑙河谷的上游，这里极具启发性。我的思想远远超出了单纯的阐释，演变为与诗人的会话，而他生动的邻近，构成了我的思想要素。由此您可以推测，我从您"大胆的思想"中感受到了什么。

但目前这里还没有对我的未来作出决断。尽管自从我辞去校长职务以后，越来越遭到阻扰和辱骂，情况越来越糟糕和艰难，但是，人们(不是同盟国，而是我们自己人)现在却在我的校长任职中

---

① 威尔顿斯坦伯格(Burg Wildenstein)：德国地名，位于巴登符腾堡州，多瑙河上游流域。——译注

挖掘出我的罪证，尽管这些罪证完全不同于为纳粹党及其学说作辩护。因此我必须等待。

如果我能够留在大学里，那我首先将非常愿意考虑一个访学学期，要是这里的情形能够许可的话。然后在这个学期可以考虑进一步的事情。如果我能在黑格尔、谢林，尤其是荷尔德林的故乡，他们亲临的故乡，将我真正的思想带入合适的形态，那么，我就实现了一个儿时的梦想。除了饱腹之外，再没有什么让我逗留在这个学院和学校了。但我希望，一切都严格地保持 371
秘密。

关于进一步的消息，我只能告诉您我的三个学生的名字：伽达默尔（莱比锡）、克吕格（Krüger）（明斯特）和布勒克（罗斯托克）。但他们现在何处，我不得而知。我坚决地提醒您注意爱德华·鲍姆加滕（Eduard Baumgarten）（柯尼斯堡），此人出自哥廷根，并多次辗转，同样一度表示愿意在海德堡（克里克[Krieck]的教席）和这里求职。

在心理学方面，罗伯特·海斯（Robert Heiß）可以考虑，他不是党员，但他将失去职位，因为他担任的是教派的哲学教席，而这里的这个教席（其他地方也一样）是由政府转变成心理学教席的。海斯是雅斯贝尔斯、尼古拉·哈特曼和我的学生。

我还想跟您说，您的姐夫奈斯特（Nestle）的命运让我和所有认识他的人都十分悲痛。在这里，他通过默默的、坚定的和始终具有建设性的工作，创造了一个永久的纪念。

现在所有人都想象着没落。我们德国人是不会没落的，因为我们还根本没有升起过，我们必须穿越黑夜。

一旦我作出决定，我将给您写信。

衷心的问候

您的

马丁·海德格尔

180.1933—1934年的校长任职：事实与思想（1945年） 372

1933年4月，我被大学全体大会一致推选为校长。由于部长的指示，我的前任，冯·默伦多夫（v. Möllendorff），在短暂的就职后必须撤离他的职务。冯·默伦多夫本人经常和我深入讨论接班的事，他希望我可以接替校长职务。同样，再前一任校长骚尔（Sauer）也尝试说服我，让我为了大学的利益而接任校长。选举日的早上我还在犹豫，想要从候选人中撤回。我与政府和纳粹党要员没有任何关系，我既不是纳粹党员，也从未以任何方式参政过。因而，鉴于我所认为是必要性和使命的东西，我无法确定，我是否归属于政治权力集中的地方。而同样不确定的是，大学本身在何种程度上能够一道前行，去更原始地发现和组建其本己的本质，而其使命，我在1929年夏季的教授就职讲话中就已经公开阐述过。

在就职讲话《形而上学是什么》的引言部分写道："**此时此际，我们**是为自己进行追问。我们的此在，在研究者、教师与学生共同体中的此在，是由**科学**来规定的。科学已然成了我们的**激情**，就此来讲，我们的此在的基础中发生了什么本质性的事情呢？诸科学的领域各有千秋。诸科学处理对象的方式亦是大相径庭的。在今天，各种科学的分崩离析的多样性只还通过大学和系科的技术组

织结合在一起，并且通过各个专业领域的实用目的而保持着某种
373 意义。相反，诸科学的根基在其本质基础上已经衰亡了。”[①]这个演讲在1933年已经被翻译为法语、意大利语、西班牙语和日语。

人们随处都可以知道，我如何思考德国大学，我将其最紧迫的使命看作什么。大学应该基于其本质根据——同样也是科学的本质根据——亦即真理的本质而自行更新，而不是固执于技术性的组织机构上的统一假象，从而赢回追问者和知晓者的原始、生动的统一性。

关于真理的本质，我在1930年做过演讲，后来甚至不断重复，直到1932年，在德国的多个地方举办过这个演讲，并且它通过反复的笔记而为众人所知。[②] 1943年这个演讲首次印刷。与这个演讲同时进行的是每周两个小时的讲课，通过对柏拉图洞穴比喻的解释，阐述希腊的真理概念。这门课在我担任校长期间，即1933—1934年冬季学期再一次举行，同时还补充有一门关于“民族与科学”的研讨班，参与者众多。对洞穴比喻的解释于1942年付梓，刊行于《精神遗产年鉴》第二卷，标题是《柏拉图的真理学说》[③]。对这篇论文的提及和讨论被纳粹党公然禁止，同样也不许印发此文的单行本，或者在书店销售。

直到最后一天我还对接任校长职务犹豫再三，因为我认识到，

---

① 译文参见海德格尔：《路标》，中译本，孙周兴译，北京：商务印书馆，2001年，第120页。——译注

② 参见海德格尔：《路标》，中译本，孙周兴译，北京：商务印书馆，2014年，第208页以下。——译注

③ 参见海德格尔：《路标》，中译本，孙周兴译，北京：商务印书馆，2014年，第236页以下。——译注

我的计划必定会遭到“新”“旧”两方双重的反对。“新”势力在此期
间以“政治科学”的形态登场,其理念基于对真理之本质的某种歪
曲。“旧”势力想要停留在“专业”中,促进专业的进步,令其通过课
堂变得有用,而每一种对本质基础的沉思都被当作抽象的、哲学的 374
而遭到拒绝,或者至多只是允许其作为外在的装饰,而从未将其作
为沉思来实行,并且**根据这种实行**来思考,让沉思从属于大学。

因此存在着这样的危险,也就是说,我的尝试会被新旧两方——尽管它们之间是互相对立的——以相同的方式所抗议,因而变得不复可能。诚然,我在接手校长职务时**尚未**看到和无法预期到的是,在第一个学期中就出现了这样的状况:最终新旧双方一致联合起来,将我的努力整垮,最终将我排除在外。

尽管我的计划(某种原始的对大学的本质建基)遭到了双重的损害,但最终我还是在许多同事(特别是被免职的前校长冯·默伦多夫,以及再之前的、当时的前校长骚尔)的催促下决定接受职务,这特别是考虑到骚尔提出的可能性,也就是说,假如我拒绝的话,可能会从外部派来某人作为校长接管大学。

因此,大体上促成我接手校长职务的,有以下三点:

1. 我在当时掌握权力的运动中看到了民族的内在聚集和更新的可能性,看到了一条可以发现民族的历史性、西方性规定的道路。我相信,自身更新的大学可以被共同召唤起来,在民族的内在聚集中给予尺度,一道发生影响。

2. 因而我在校长职务中看到了这样一种可能性,亦即将所有可能的力量——不包括党员和党派教条——引导到这种沉思和更新的进程中,从而加强和稳固这些力量的影响。

3. 我希望通过这种方式，去直面那些不合适的人员的入侵，直面纳粹党机关和党派教条之极具威胁性的霸权。

375 事实在于，那时候已经有许多劣质的、无能的、自私的、妒忌的事物，在驱动着其非本质。但着眼于我们民族的总体状况，这对于我恰恰是一个理由，让我更多地尝试，将可能的力量和本质性的目标相互关涉起来。诚然，更舒坦的做法是，躲在一边，对于那些“不可能的人”撅撅鼻子，无视西方的历史性处境，夸赞迄今的状况。那时我已经看到了这种历史性处境，这可以通过一条提示来表明。在1930年，恩斯特·荣格尔的文章《总体动员》出版了；这篇文章预告了1932年出版的《劳动者》一书的基本框架。那时候，我与我的助手布勒克在我们的小圈子中详细讨论过这些著作，我想要指出，在其中作者如何表现出对尼采的形而上学的某种本质性理解，在何种程度上西方的历史和当前会在形而上学的视域内被观看和被预见。根据这些著作，更本质地、根据其基础状况来思考，我们思考着将来者，这就是说，我们尝试，在争辩中同时遭遇将来者。许多其他人也阅读了这些作品；但是人们带着其他的兴趣，将他们所阅读的东西抛到一边，没能切中其要害。在1939—1940年冬季我又一次和同事们部分地讨论荣格尔的《劳动者》一书，我得知，这些思想在那时是多么令人陌生和惊讶，直到它被“事实”所证实。荣格尔在劳动者的支配与形态这一思想中所思考的，以及根据这一思想所看到的，乃是强力意志在全球历史中的普遍支配。今天所有的一切，无论叫共产主义还是法西斯主义抑或是世界民主，都处于这一现实性之中。

那时，从这种强力意志的现实性中，我就已经看到了**存在**着的

东西。这种尼采所谓的强力意志之现实性通过“上帝死了”这句话 376
得以道说出来。我在校长讲话中，出于本质性的原因，引用了这句话。这句话和某种粗鄙的无神论之断言毫无瓜葛。它的意思是：超感性世界，特别是基督教上帝的世界，在历史中丧失了其作用力。(参见我 1943 年关于尼采的话“上帝死了”的演讲[①]。)如果不是这样的话，第一次世界大战还可能吗？进一步讲，如果不是这样的话，第二次世界大战还可能吗？

如此说来，为了在原始的沉思中朝向某种对强力意志之形而上学的克服而思想，也就是说，通过回溯到西方思想的开端，从而开始与西方思想争辩，我们是否有足够的根据和本质性急难？为了尝试，在我们德国人这里，为这种对西方精神的沉思而唤醒那个场所、那个维护知识和认识的地方，也就是德国的大学，并将其转变为战场，我们是否有足够的根据和本质性急难？

诚然，这种违反历史进程的论点，总是以这样的话开场：“要是……或者要是不……，就会怎么样”，而这种论点始终太过冒进。但还是可以提出这样的问题：如果在 1933 年的时候，一切可能的力量都被发动起来，并且在隐秘的团结中，逐渐提炼并调控那个掌权的“运动”，要是这样，会发生什么，又不会发生什么？

诚然——人们预知罪责，并将其分配给别人，这始终太过狂妄。但是，如果人们已经开始寻找罪犯，并且根据罪责来衡量罪犯：难道本质性的疏忽不也有责任吗？那些那时已经通过其天赋

① 参看海德格尔：《林中路》，中译本，孙周兴译，北京：商务印书馆，2015 年，第 240 页以下。——译注

而预知和看到一切将发生的事情的人——我是没那么聪明的——何以他们等待了将近十年，才开始反对这一灾祸？何以在1933
377 年，那些据说知道一切的人，恰恰是这些人，没有发动起来，将一切从根本上纳入正轨？

诚然——对一切可能力量的聚集是困难的，困难的还有对整个运动及其权力位置的缓慢影响——但更沉重的是，结果交付给我们、让我们承担的东西。

接手校长职务时，我曾大胆尝试，拯救、提炼和确定那些积极的东西。

我的意图绝不是，仅仅去实现党派教条，按照某种"政治科学"的"理念"去行动。我所想的也不是，去守卫迄今的事物，通过单纯的中介和平衡将一切平均化，保持在平庸之中。要是这样的话，按照我对于本质性事物的清楚信念，远远凌驾于一切与大学相关事务之上的东西，就处于危险之中。

我也清楚，首先要强调和肯定运动中的积极可能性，从而为一切可能力量的现实并且实质上的聚集作好准备。单纯的、立马的反对，既不符合我那时的信念(绝非对纳粹党的迷信)，也不是明智的选择。

在校长任职内我的基本态度可以由以下两点作为标志刻画出来：

1. 从未有任何纳粹党部门向我作过任何政治上的咨询；我也从没寻求过这样一种合作。

2. 此外，我也没有和纳粹党机关保持任何私人的或政治上的联系。

校长任职的意图和态度在1933年5月的校长讲话中就说过了。

然而，和任何讲话一样，重要的是如何加以解释，以及是否愿 378
意深入本质性的东西，将本质性的东西完全保持在视野内。校长讲话的核心，就其范围而言已经十分明确，乃是对知识和科学的本质呈现，也就是说，大学建基于何种本质，又是在何种基础上，大学将自身及其本质宣称为德国的大学。知识义务是在劳动义务和国防义务之外的第三种义务，它之所以占据第三位，不是因为它被排在前两者之后，而是因为知识乃是本真的至高者，大学的本质及沉思聚集于知识。先说劳动义务，它可能让人想起，这一"义务"在1933 年之前的很久就已经基于时代的急难和青年的意志而产生了，并且留下了印记。而"国防义务"，我既非指某种军国主义，也不是在侵略性的意义上使用，而是将其思考为自卫性质的防卫。

讲话的核心在于澄清知识、科学以及以科学为榜样的职业之本质。在内容上可以突出四个主要环节：

1. 在科学的实事区域之本质经验中对诸科学的奠基。

2. 真理之本质作为让存在者如其所是地存在。

3. 保持西方思想之希腊开端这一传统。(参见我 1932 年夏季学期的每周两小时的讲课：《西方哲学的开端》[①]。)

4. 与此相应的西方的责任。

在所有这些中，我坚决拒绝纳粹主义所预告的"政治的科学"理念，这种学说是通过对尼采关于真理和认识之本质的理解的粗

① 现被辑为海德格尔《全集》第 35 卷。——译注

糙化而产生的。总之，对“政治的科学”理念的拒绝在讲话中表达得十分清楚。

379 沉思和追问的态度集中于“斗争”。但讲话中的“斗争”该作何解？如果说，沉思之本质者要回溯到希腊的ἐποστήμη[知识]以及因而是ἀλήθεια[真理、无蔽]之上，那么，可以作此猜测：“斗争”的本质同样也不是随意提出的。“斗争”要在赫拉克利特《残篇》第53则的意义上来思考。但是，要领会这句经常遭受误解的格言，首先要注意以下两个方面，这两个方面我在讲课中已经足够多地提到。

1. 残篇以πόλεμος这个词开始，这个词的意思不是“战争”，而是和赫拉克利特同样使用的ἔρις一词同义。而后者又意味着：“争论”——但不是在冲突、口角、单纯纷争意义上的争论，更非对敌人使用暴力，打败对手——毋宁说，这是争－辩，在争辩中，相互争辩者的本质相互隶属，并且以希腊的方式自行显示和显现出来：进入无蔽和真实者之中。因为斗争是相互承认的对本质之物的隶属，因此，在讲话中，当沉思和追问集中于“斗争”时，始终在谈“隶属状态”(Ausgesetztheit)。所说的要以赫拉克利特的格言为方向，这一点，格言本身就十分清楚地证明了。人们只需注意第二点。

2. 我们不仅不能将πόλεμος思考为战争，同样，也不能将这句所谓赫拉克利特的话“战争是万物之父”如此加以运用，以至于将战争和战斗宣告为一切存在的至高原则，从而从哲学上论证战争的合法性。

我们必须首先并且同时注意，以通常的方式引用赫拉克利特的格言，这种做法歪曲了一切，因为这样一来，这句格言的完整形

态就被忽略了,因此本质性的东西也跳过了。整句话是这样的:

“争辩既是一切的萌芽,也是(首先是)一切的至高——保存 380
者,这是因为,争辩将一方显示为诸神,却将另一方显示为人类,因为它让一方作为奴隶涌现入敞开域,却让另一方作为自由者。”

πόλεμος的本质在于δεικνύναι即显示(zeigen)与ποιεῖν即制-作(her-stellen),按希腊的方式来讲就是:设置-出来(hervor-stellen),进入敞开的视域之中。这是从哲学上思考“斗争”的本质,而在校长讲话中所说的,仅仅是在哲学上思考的。

在每一门科学中,都要进行这种相互争辩的对本质领域的沉思,否则科学就成了没有知识的“科学”。根据这种对科学整体的沉思,大学通过自身将自身带入其本质基础,只有由大学所维护的知识才能通达这一本质基础,因此,大学的本质不是在别处、由“政治的”或者其他任何目的所规定。

根据这种基本观点和态度,讲话的题目是“德国大学的自身主张”。很少有人清楚 1933 年的这个题目已经说出的东西,因为只有少数人能够无偏见、不被闲谈所蒙蔽,致力于透彻地思考它所涉及的东西,思考它到底说了什么。

然而,人们也可以有其他做法。人们可以远离反思,逗留于切近的表象之中[而对我的校长讲话作下述解释]:在纳粹主义掌权后不久,一位新选出来的校长举行了一个关于大学的讲话,这个讲话“代表”纳粹主义,它宣告“政治的科学”理念,大致想来,它说的是:“真实的东西,乃是对于民族有利的东西。”由此人们十分理直气壮地得出结论,德国大学的本质核心被否认了,这个讲话致力于摧毁德国大学;因此毋宁说,讲话的题目是“德国大学的自行斩

381 首”。人们**可以**这么做，要是人们足够无理智、对于沉思足够无能，要是人们足够舒服地遁入闲谈，要是人们仅仅怀着足够的恶意。

人们也**可以**如此这般不负责任地解释校长讲话；但这样做的话，人们就不能假装对精神负责，对德国大学的疗救负责。因为这样浅薄地思考，浅薄地在光天白日下闲谈，也许是符合政治方法的，但违背了思想之实事性的最内在的精神，但人们还要假装拯救这种精神。

校长讲话的一些重要方面没有得到理解；无论是内容上，还是以下述视角：校长讲话道出了我在任职期间的准绳，凭借这一准绳，我能够区分本质性的东西和不那么本质性、仅仅是外在的东西。

尽管纳粹党和重要部门对于校长讲话和我的态度理解得不多，但他们还是“理解”了，他们立马察觉了其中的反对立场。在同一天，在为校长就职而举办的聚餐过后，部长瓦克（Wacker）还跟我谈到他对我的讲话的“看法”。

1. 这是一种“私人的纳粹主义”，它避开了党纲的视角。

2. 整个讲话首先不是基于种族思想。

3. 他无法承认对“政治的科学”理念的拒绝，尽管他也承认，这种理念没有得到充分的论证。

部长的这个表态并非无关紧要，因为它立马就被一些纳粹之友，当时的州学生领袖席尔（Scheel），医学院的讲师斯坦因（Stein）博士和法兰克福的克里克（Krieck）所获知。此外，这三位从一开
382 始就掌控着卡尔斯鲁厄的文化部，并且将善良好心的高校负责人菲尔勒（Fehrle）处长完全掌握在手中。

在校长庆典后不久，当我前去文化部时，他们就向我暗示：1. 以后不愿看到大主教在这样的庆典中现身；2. 我在校长庆典结束后的圆桌讲话是某种出轨，因为我多此一举地特意点名了神学院的同事骚尔，我为他对我的学术教育表示了感谢。

文化部会说出这些事，这不仅完全刻画出文化部的态度，同样也表明，人们根本不愿意接受我在一切争执面前、为大学的内在更新所追求的东西。

此前我已经任职几个星期。我的第一个职务行为是在任职的第二天，我禁止在任何属于大学的区域内悬挂“反犹海报”。这种海报已经在所有德国大学悬挂出来。我告诉学生领袖，只要我是校长，那么，这种海报就不能出现在大学中。学生领袖和他的两个随从离开了，并且说道，他会将这一禁令呈报给帝国学生领导团。大约八天后，冲锋队最高领导团中的高校负责处打来电话，来电的是冲锋队的一个小组领袖鲍曼(Baumann)博士。他要求悬挂反犹海报。假如我拒绝，我想到了我可能被免职，甚至可能大学要被关闭。但我还是继续拒绝。瓦克部长宣称，他没法反对冲锋队，冲锋队当时的角色，后来被党卫队所取代。

上述过程只是最初的标志，它标志着在校长任期中逐渐清楚地显现出来的某种状况：不同的政治力量群体和利益共同体在大 383
学中各自宣讲着它们的要求；文化部经常扮演着配角，此外他们忙于保证相对于柏林的独立性。到处都只是权力斗争，参与者之所以对大学有兴趣，是因为大学作为机构、作为学生团体或讲师团体乃是一个权力要素。此外，医生、律师和教师这些职业群体表现出他们的政治要求，要求清除那些令他们感到不快和不可信的教授们。

这种支配着一切的混乱氛围让我没有可能一直努力去从事那些事情，那些对我而言唯独重要的事情，正是为了这些事情我才接手校长职务，我甚至无法仅仅将其表达出来：对知识之态度和教学之本质的沉思。夏季学期过去了，在对人事和机构问题的讨论中过去了。

唯一的、但却仅仅在消极的意义上的成果在于，我能够在经常有可能超出目标和界限的“清洗活动”中，阻止不公正行为，阻止对大学和同事的迫害。

这种单纯保护性的工作的成绩并不会显现出来，并且也没有必要让同事们知道这些事。那些有声望有成就的法学、医学和自然科学学院的同事们，假如他们听说当时对他们要做什么，他们一定会感到十分惊讶。

在我的职务活动的前几周，我得知，部长十分重视让校长归属于纳粹党。有一天，当时的地区领导科尔柏(Kerber)博士、他的副手还有另一个成员来到我的校长室，想要邀请我入党。仅仅是
384 为了在政治权力游戏中毫无地位的大学的利益，我这个之前从未属于任何政党的人，才同意了这个邀请，但仅仅在以下这个明确得到承认的条件下：我个人，更别说作为校长，绝不会接受任何党内职务，从事任何党派活动。我遵守了这个条件，这并不困难，因为自从1934年春天我辞去校长职务(见下文)后，我被认为是政治上不可靠的，越来越处于纳粹党的监控之下。

入党之所以仅仅是一种形式，是因为党派领导团没有考虑过，在大学、文化和教育问题上咨询我。在整个校长任职期间，我从未

参与领导团或者各种党内机关的任何商议、会话甚或决定。大学是不可靠的,但人们同时想要利用它,作为文化宣传的工具。

我自己每天越来越忙于那些按照我自己的计划不重要的事情。对于诸如此类的空洞的职务活动的形式上的运作,我非但毫无兴趣,同时也没有经验,因为我之前拒绝了所有的学术职务,因而我是个新手。此外还有一个棘手的状况,秘书处的主管也是不久前才入职,他对于大学事务同样没有经验。因此发生了一些不充分、不正确和不小心的事情,这些事看起来仅仅是让同事们瞎忙活。校长讲话被当作空气,在校长庆典那天之后就被遗忘了;在整个校长任职期间,从未有同事来和我讨论这个讲话。人们在数十年前已经退出历史舞台的学院政治的轨道上活动。

所有这些混乱以及在此表现出来的非本质之物的霸权都可以忍受,除了在 1933 年夏季学期进程中越来越清楚地呈现出来的对 385
于大学的两桩威胁。

在海德堡大学举行关于科学之本质的演讲的时候,我从斯坦因博士和席尔那里得知了对弗莱堡的几个教席重新任命的计划。大学应该渗透着可靠的党员,因此要为此创造条件,与此相应,各个院长首先应该由党员担任。起作用的是这样的观点:现如今,在任命这些职位的时候,第一位的不在于其学术意义,以及作为学院教师的能力,而是政治可靠性以及积极的执行力。这些声明和计划也显示出,法兰克福的克里克在海德堡和卡尔斯鲁厄的影响越来越强了。我在卡尔斯鲁厄时,就有人暗示我,保留迄今的院长,是不可忍受的。学院需要某个纳粹主义的领导。因此,为了预防对大学的真正本质的损害,有必要以相应的方式去行动。

第二个威胁来自外部，夏季学期在埃尔福特所举办的校长会议中已有端倪。这个威胁在于，学院的所有教学活动都通过医生、律师和教师这些职业及其要求和需求来规定，这样，大学最终将分化为各个专业学校。这不仅仅威胁着大学的内在统一性，也威胁着学院教学的基本方式，而这恰恰是我试图通过某种更新想要拯救的东西，也是我接手校长职务的唯一目的。

为了应对这两个分别来自海德堡和来自专业学校趋势的威胁，我试图提议修改大学章程。修订章程的目的在于，通过对院长的任
386 命，从而拯救学院的本质和大学的统一性。修订章程的动因绝不是某种颠覆性的或者改革狂的活动欲，而是因为看到了上述威胁，着眼于政治力量的分配和运作方式，这绝不是凭空想象出来的。

在大学内部，人们越来越片面地仅仅停留在迄今的事物上，因而修订章程仅仅被看作是机构上和法律上的；同样地，对院长的重新任命仅仅按照个人喜好和厌恶的视角得到评价。

在1933—1934年冬季学期，我所任命的院长，是那些不仅仅按照我个人判断、并且按照普遍的判断在学术世界以及他们的专业内拥有名声的同事，同时，他们也能保证，每个人都可以按照自己的方式将科学精神转移到其学院工作的核心。没有一个院长是党员。党派机关的影响被排除在外。我希望，在学院内部获得和激活某种科学精神的传统。

但实际情况却有所不同。一切希望都变成了失望。每一项努力和本真的东西都付之东流。

对于1933—1934年冬季学期来说，一个独特的预兆是“托特瑙堡训练营”，它让讲师和学生们为真正的学期工作做好准备，试

图澄清我对科学和科学工作的本质的理解，同时也对其加以探讨和讨论。

对于训练营参与者的选择，并不遵循是否是党员、是否从事过纳粹主义意义上的活动这样的标准。在卡尔斯鲁厄这个训练营的计划得到公布后，海德堡方面马上表达了强烈的愿望，能够派遣一些参与者前来；基尔方面与海德堡取得了一致。

我试图通过一个关于大学和科学的演讲，澄清校长讲话的核 387
心，着眼于上述威胁，更加紧迫地提出大学的使命。在某些小组中，立刻产生了关于知识与科学、知识与信仰、信仰与世界观的积极对话。在第二天早上，州学生领袖席尔和斯坦因博士突然驱车前来、未经报名就出现在训练营中，与其中的海德堡参与者们热心地交谈，其"用心"逐渐变得清楚了。斯坦因博士请求能够自己做一个演讲。他讲了种族和种族原则。这个演讲传达给了训练营参与者，但没有得到进一步的探讨。海德堡小组接到了任务，来驱散这个训练营。但事实上他们要对付的不是这个训练营，而是弗莱堡大学，因为弗莱堡大学的各个学院没有由党员来领导。这是令人不快的过程，甚至是有些令人痛心的，但我必须接受，如果我不想让接下去的整个冬季学期事先就宣告失败的话。也许更为正确的做法倒是，这时候就辞职。但我那时候还没有想到那些后来马上发生的事情。反对意见不断尖锐化，它不但来自部长和决定他的海德堡小组，也来自同事方面。

尽管部长在形式上同意了对院长的重新任命，但是他惊奇地发现，不仅没有党员取得了那些职位，而且我竟敢在对医学学院院长的任命上，使用了那个半年前在校长职务上已经被部长否决的人。此外，从文化部越来越清楚地传来要求，要求弗莱堡大学在对政治的科学理念的贯彻上，要严肃对待，而不是像现在那样。

388 奇怪的是，在冬季学期的进程中，从医学学院和法学学院的同事圈中，多次有人向我建议，重新任命院长，用其他人取代冯·默伦多夫和沃尔夫（Wolf）。我认为这些请求归根于学院内部的争执和竞争，就不再重视它们。直到我在1933—1934年的学期末被邀请到卡尔斯鲁厄，在那里，处长菲尔勒和同时在场的州学生领袖席尔向我表明，部长希望我能撤销冯·默伦多夫和沃尔夫这两位的院长职务。

我马上解释，我绝不会这么做，这样的一种重新任命既不对个人负责，也不对事实负责。如果部长坚持他的要求，我只好为了表达对这个要求的抗议而辞职了。然后，菲尔勒先生跟我说，特别是对于沃尔夫这个院长，用其他人来取代他，这也是法学学院的愿望。于是，我解释道，我会辞职，并且请求与部长进行一次会谈。在我解释的时候，从州学生领袖席尔的脸上飘过一丝冷笑。以此方式，人们达到了他们想要的东西。而清楚明确的是，大学的同事们，看起来反对一切纳粹主义的事务，对这些事务感到愤慨，但他们并不害怕，与文化部和决定了它的小组同谋，把我挤出校长职务。

我与部长进行了会谈，而他也马上同意了我的辞职，在会谈中，我逐渐清楚了，在纳粹主义对大学和科学的理解和我的理解之间存在着一道不可克服的鸿沟。而部长宣称，他也不愿意让这个矛盾，这个可能建基于我的哲学与纳粹主义世界观之不可兼容性
389 之上的矛盾，作为弗莱堡大学与文化部之间的对抗而公之于众。我回应道，我对此毫无兴趣，这是因为大学与文化部是一致的，而

我本人也不想以对抗的方式将我自己带入公众视线之中。部长回答，在不出意外的辞去校长职务之后，我没有必要再做那些我认为必要的事情。

我还是做了，我拒绝按照传统的方式，作为前任校长去参加下任校长的交接仪式，以及作报告。大学也理解了这种拒绝，并且自然不再像之前和之后所常见的那样，咨询前任校长，请我作为离任校长给出进一步的建议。我也从未期待过诸如此类的事情。

自从1934年4月，我就生活在大学之外，因为我不再关心大学的"进程"，而是仅仅尝试按照我的力量去实现最必要的教学义务。但即便是教学，在接下去的几年内，都毋宁说是本质性的思想与自身的一种对话。可能在这里那里还有人被遇到和被唤醒，但思想没有在某个特定行为(这一行为本身又能够产生出原始的东西)的某种生成结构之中组建自身。

1933—1934年的校长任职本身是一个无意义的事件，但它也许是科学之形而上学本质状况的某种标志，科学不再能够通过更新而被规定，对科学之本质的改变停留在纯粹技术层面。在接下去的几年中我才认识到这一点。(参见《形而上学对现代世界图像的奠基》[①]。)校长任职是一种尝试，在掌权的"运动"中，越过一切不充分和粗糙的东西，看到那个远远超出一切的东西，有朝一日，它可能带来某种朝向德国人的西方历史性本质的聚集。不可否认 390
的是，那时我还是相信这种可能性，因此为了某种职务上的影响，

① 此文收录于《林中路》，改题为《世界图像的时代》，载海德格尔《全集》第5卷，参看中译本，孙周兴译，北京：商务印书馆，2015年，第83页以下。——译注

放弃了思想最本己的召唤。我自己在职务上的不充分表现所造成的东西也是无法低估的。然而,以此为视角,本质性的东西尚未触及,而正是它规定着我对校长职务的接手。对这次校长任职的不同评判,在通常的学术活动的视域内,也许按照它们自己的方式是正确的、有道理的,但是,它们尚未触及本质性的东西。而今天,较之那时候,更无可能向那些被蒙蔽的人敞开这一本质性的视域。

本质性的东西在于,我们处于虚无主义之完成中,上帝"死了",每一种为了神性的时-空都失效了。尽管对虚无主义的经受在德国人的创作性思想和歌唱中有所呈现,但是,这种创作对于德国人还是很难接受,因为德国人致力于按照包围着他们的虚无主义的标准建立自身,而没有认清某种历史性的自身宣言的本质。

校长任职之后的时间

以下的内容仅仅针对那些乐于找到并停留于按照他们的判断我在校长任职上所犯的错误上的人。就其自身而言,它无非是对过去的尝试和措施的消极挖掘,这些努力在全球性的强力意志之总体运动之中是极其渺小的,因此也是微不足道的。

我对于在1934年春季辞职的可能结果有所知晓;而在当年6月30日之后,我就完全清楚了。谁在这段时间后还在大学的领导层中任职,就可以清楚地知道,他是在与谁为伍。

391 在我的接任者入职时传媒界所报道的内容中,也记录了纳粹党和文化部、讲师和学生团体对我的校长任职的评价。此后,这位接任者才是弗莱堡大学的第一个纳粹主义校长,他作为一个"前线士兵”，为某种斗争性的、士兵般的精神及其在大学的传播提供了保障。

而现在开始了对我的怀疑，甚至侮辱。要证明这一点，只需看那时由克里克所编撰的杂志《变化中的民族》的全部年刊。几乎没有一本杂志不是以公开或隐藏的方式对我的哲学的无知论战和贬低。因为我对这种活动迄今没有作过笔记，也完全没有打算作出反驳，因此，其狂热也不断升级，尽管他们的言辞毫不充分，我从未特意攻击过他们。在罗森博格(Rosenberg)的指示下，鲍姆勒在他的教育杂志上也以稍微不同的形式搞了相同的怀疑活动。这本杂志将希特勒青年队作为头版，它的名称是《意志与强力》。在讲师营中，在此期间出版的我的校长讲话成了常见的论战目标和对象。(这一点可以由伽达默尔、克吕格和布勒克所证明。)

尽管我在 1934 年之后在纯粹学术领域很少再作演讲，但我所作的每一个演讲，都被本地的党报以某种令人厌恶的方式辱骂，并且当时的大学领导层每次都很难决定干涉其中，反对这种辱骂活动。我所作的演讲有：1935 年《艺术作品的本源》；1938 年《形而上学对现代世界图像的奠基》；1941 年《荷尔德林的赞美诗〈如当节日的时候……〉》以及 1943 年《荷尔德林纪念庆典》。[①]

这种封锁也延伸到了我的讲课上，并且逐渐取得了所意图的

① 《艺术作品的本源》、《形而上学对现代世界图像的奠基》(后改题为《世界图像的时代》)，载《林中路》，海德格尔《全集》第 5 卷，参看中译本，孙周兴译，北京：商务印书馆，2015 年。《荷尔德林的赞美诗〈如当节日的时候……〉》和《荷尔德林纪念庆典》(即《追忆》)，载《荷尔德林诗的阐释》，海德格尔《全集》第 4 卷，参看中译本，孙周兴译，北京：商务印书馆，2014 年。——译注

392 效果。在1937年夏季学期，在某个研讨班上出现了一位来自柏林的汉克（Hancke）博士，他十分聪颖和感兴趣，在我这里帮忙。后来他向我承认，他不能再隐瞒我了，他是在席尔博士的任命下来工作的，席尔博士当时领导着西南安全部的主要力量。席尔博士向他指出，弗莱堡大学之所以呈现出非纳粹主义的面貌，对纳粹主义态度冷淡，真正的原因在于我的校长任职。在此，我不想将其列为我的功劳。我之所以提及这一点，只是为了表明，从1933年开始，对我的敌意一直存在并且逐渐加强。

这个汉克博士也跟我说，在安全部流行着这样的意见，我是和耶稣会同流的。事实上，直到最后，我的讲课上还有天主教修教会的成员（特别是耶稣会、圣方济会弗莱堡分会）。这些人和其他学生一样，拥有在我的练习课中合作和提高的可能性。在很多学期里，耶稣会的神父罗茨[Lotz]、拉纳[Rahner]和惠多博[Huidobro]教授都是我高级研讨班的成员；他们也经常来我们家做客。人们只需阅读他们的作品，就可以马上看出我的思想对他们的影响，他们对此也毫不否认。

后来盖世太保对我的侦查也仅仅涉及我的研讨班的天主教成员——舒马赫[P. Schumacher]、古根伯格[Guggenberger]博士、博林根[Bollinger]博士（与慕尼黑学生事件相关，人们在弗莱堡、在我的讲课中寻找这一事件的发源地。）

之前已经有人指出，我允许之前的学生（非雅利安人）参与到我的课程中来，而在我辞职之后，这一点更是遭到了抗议。

再者，众所周知的是，我的三个最能干的学生，他们显著地超出了哲学后备力量的平均水平，但他们长时间地被冷落，因为他们

是海德格尔的学生(伽达默尔、克吕格和布勒克)。一直到人们最 393
终无法再回避他们的资格,以及这桩丑闻被曝光了之后,他们才找到了教职。

从 1938 年开始,在报纸和杂志中提及我的名字,以及讨论我的作品(如果这些作品还在再版中)都遭到了禁止。最后,《存在与时间》和康德书①的再版也被禁止了,尽管出版社为此还准备了必要的纸张。

尽管在国内封杀我,但人们试图在国外利用我的名字作为文化宣传工具,让我去作演讲。我回绝了所有这些演讲:西班牙、葡萄牙、意大利、匈牙利和罗马尼亚;我也绝不参与学院在法国的国防军演讲。

人们是如何评价和排除我的哲学工作的,对此可以提及下述事实:

1. 在布拉格 1935 年的国际哲学大会上,我既不属于德国代表团,也根本没有被邀请参与。

2. 以相同的方式,我被排除在 1937 年巴黎举办的笛卡尔大会之外。这一针对我的做法在巴黎引起了震惊,以至于巴黎的大会领导方通过索邦的布雷耶(Bréhier)教授向我询问,为何我不属于德国代表团。大会想要自己出面,邀请我做一个演讲。我回复道,柏林的帝国教育部会得知这一情况。一段时间过后,柏林方面要求我,以后补的方式加入代表团。这一切的运作方式,让我不能与德国代表团一起前往巴黎。

---

① 指海德格尔的《康德与形而上学疑难》。——译注

394 在战争期间，人们准备公开呈现德国的精神科学。“系统哲学”部门由尼古拉·哈特曼领导。为了这一行动计划，在柏林举行了为期三天的会谈，所有哲学教授都被邀请，除了我和雅斯贝尔斯。人们之所以不需要我们，是因为在这一出版活动中，他们打算反对“实存哲学”，并且也这么做了。

与在校长任职期间一样，在此也显示出对手们的一种奇怪的倾向，尽管他们内部是对立的，但他们会联合起来，反对一切令他们感到精神上的威胁和疑问的东西。

然而，这些事件也仅仅是我们历史的某种运动的巨浪的某个短暂表象，即便是现在，在灾难席卷他们之后，德国人还是没有得知这一运动的方向。

181. 对伽达默尔、克吕格和洛维特的推荐*

弗莱堡，1945 年 9 月 1 日

亲爱的斯塔德曼先生！

在 7 月中旬，我已经给您写过信，谈了谈"哲学"。您 7 月 28 日寄出的第二封信，我昨天刚收到。

首先我要推荐伽达默尔（莱比锡）；他现在在哪，我不知道。他具有标准的精神品格，完全是一个最具价值的教师和同事。如果可能的话，我愿意让他做我的接班人。

特伦巴赫跟我说，克吕格回明斯特了。他极其缜密，在近代哲学史这一块很优秀，由于布洛克曼和马堡的影响，他侧重神学，但他也许有些教条，对我而言太柏林了。

洛维特现在在美国，但十分想念德国，他具有广泛的兴趣，在判断上极其活跃和仔细，作为教师也非常好。他不熟悉古代，正如他也许无志于历史性的思想；他是一个令人愉快的同事，在一切人际关系中都显得正派。

这三人中的每一位，对于学院都是很好的选择。

据我所知，雅斯贝尔斯没有适合您的学院的学生。

心理学方面，我推荐您弗莱堡的海斯，但我们希望，他能保留这里的职位。他已经通过了肃清；但他接替的是霍奈克（Honnecker）的教席，这个教席将被重新设立。

对威舍德尔（Weischedel）的判断我和您一样。我听到传闻说，你们图宾根有瓜尔蒂尼（Guardini）；我私下希望，把他引到这里；但这里的空气对于他又太缺少自由了。

396 因而有时我也在这里（还有这个城市）被“炮轰”。法国人——特别是巴黎人——对此十分愤怒。现在事情已到了这个地步，在巴黎和法国，目前我被当作“流行哲学家”，因此人们认为我背离了同胞；特别是在巴登－巴登，情况也是如此。

从气氛上讲，图宾根十分吸引我，而这里的许多东西都让我感到陌生。此外，我相信，西方精神源自我们的施瓦本地区。现在瓜尔蒂尼也在图宾根，而他从学生时代起就十分钟爱这个地方，因此，我也会十分严肃地考虑来自图宾根的邀请。但我不知道，您的学院对这样一个计划持何种态度。但仅仅一个临时的教学工作，我恐怕不会接受。

我们的两个儿子（都是军官）在东线从一月还是三月起就下落不明了。

但愿您一切都好。奈斯特的命运让我们所有人都深感悲痛。

也许我近期会再一次去梅斯基尔希，然后再尝试前去图宾根。

衷心的问候

您的

马丁·海德格尔

182. 关于恢复教学活动的申请*

（重新归队）

弗莱堡，1945 年 11 月 4 日

致弗莱堡大学校长处

基于对校长 1945 年 10 月 30 日来信的回复，我申请在教学活动中复职。同时我也回忆起，我在 1945 年 10 月 8 日曾在哲学学院提交退休申请。我请求，将这一退休申请转交给负责部门。

关于我于 1933 年 5 月 1 日加入纳粹党的原因和条件，以及关于我在 1933—1945 年与纳粹党的关系，我作出下述陈述：

1. 1933—1934 年的校长任职

1933 年 4 月，我被大学全体大会一致①选举为校长，而并不是像今天外界多番谣传的那样，被纳粹主义的部长所任命。在同事们的多次催促下（特别是在我的前任冯·默伦多夫的迫切请求下），我接受了这次选举的候选人身份，也参与了这次选举。在此

---

① 在卡尔·莫琳所保留的草案中，补充到：（两票弃权）。在所有 56 张选票中，海德格尔实际获得 52 票，其中 3 票弃权，1 票投给了冯·默伦多夫。——编注

之前我从未争取过或者担任过任何学术职务。我也不属于任何政
398 党，与纳粹党和政府部门没有任何关系，包括私人关系和实质关系。我只是出于大学的利益才接手校长职务。

但我那时候也相信，通过独立的精神工作，可以深化和转变"纳粹主义运动"的许多本质性开端，从而让这一运动能够以其方式协助克服欧洲的混乱状况、克服西方精神的危机。在那些年里，甚至在德国外，西方的命运也以严肃、急迫和宽广的思想得到透彻地思考，要证明这一点，看看保尔·瓦雷里[①]的三个讲话就够了(《精神的危机》、《精神的政治：我们的主权》、《知识分子的判断》)。因为那时候，绝大多数德国人民在自由选举中所表现出的意志是支持在纳粹主义运动意义上的建设工作的，因而我认为有必要并且有可能，在大学领域也展开合作，从而以某种一致而富有成效的方式，直面西方的普遍混乱和危机。正是因为在科学和精神领域，从这一"运动"中多次出现了所谓"不可能"的人们，他们拥有影响和权力，因而，我认为有必要，反对他们而表明本质性的精神目标和视野，并且尝试，出于对西方的责任，将这些目标和视野扩展到现实之中。在我的校长讲话《德国大学的自身主张》中，我已经足够清楚地表明了这一点。请允许我，根据以下两个视角来澄清这个讲话的精神基础：第13页，紧接着对精神的本质规定，说道："一个民族的**精神世界**不是某种文化的上层建筑，也不是可利用的知

① 保尔·瓦雷里(Paul Valéry，1871—1945年)：法国现代抒情诗人、作家，法国象征主义的主要代表人物。——译注

识和价值的资料室……仅仅一个精神的世界就保证了一个民族的伟大。”对于每个有知识的思考者而言，这些话表达了对罗森博 399
格[①]的世界观学说的反对，后者认为，精神和精神世界仅仅是人的种族特性和身体机制的某种“表达”和分泌。根据纳粹学生会首先提出的“政治的科学理念”，科学应该依据实践职业所设定的目的，而知识是否有价值要根据“生活”需求加以评估。与此相反，讲话里清楚地说道：“知识不是为了职业之用，而是相反：为了民族的整体此在，职业力图取得并支配其至高的本质性知识。”“大学”是“精神立法的场所”。每一个实质性的思者都可以判断，关于大学的本质，能不能比这里所思考的要更高。而下面这句话最坚决而清晰地从精神上规定了学院的本质：

“学院要成为学院，只有自行扩展为植根于其科学本质的精神立法的能力，以便将逼迫着学院的此在力量组建为民族的*某个*精神世界。”（同上，第 18—19 页）

在上述讲话的指导下，我尝试，在夏天的这个必然不平静的革命学期过后的 1933—1934 年冬季学期初，将大学的工作纳入轨道，尽管我已经有一些失望。我十分清楚，在与现实的摩擦中，若是不承认非原则性事物，向它妥协，行动是不可能的。但我也相信，特别是在 1933 年 5 月 1 日希特勒的和平演说之后，我的关于
大学使命的基本精神态度和观点与政府的政治意愿是可协调的。 400

1933—1934 年冬季学期的实践尝试失败了。在圣诞节那几

---

① 罗森博格（Rosenberg，1893—1946 年）：纳粹党党内思想领袖，种族主义的倡导者，1946 年以战犯身份被判绞刑。——译注

天休息中，我认识到，我那种出自长期哲学工作的精神态度，要想能够**直接**影响转变纳粹主义运动的精神或非精神基础，这是一个错误。从 1934 年新年起，我就决定，在学期末辞去职务。教育部方面不断增长的拒绝马上演变为一个要求，由于法学和医学学院院长（沃尔夫教授，冯·默伦多夫教授）在政治上的不可靠，要用其他人士去替换他们。我拒绝答应这一要求，并辞去了我的职务。

[我同样拒绝执行通常的校长交接手续，因为接任者是作为第一个纳粹主义校长被隆重引进的，同时我向档案馆提交了声明，由于新校长是由政府所指定和任命的，所以没有什么可以交接的。]

2. 我加入纳粹党

在我接手校长职务后不久，有一天，地区领导带着两个官员进入大学的行政区域，要求我按照部长的愿望加入纳粹党。部长宣称，以这种方式我可以在职务活动中与党和政府部门更为容易地交涉，这特别是因为那时我与这些部门还没有任何联系。在长久的考虑后，我声明，为了大学的利益我可以入党，并且坚决遵循以
401 下条件：无论是在我的校长任职期间，还是此后，我都绝不会在党内担任任何职务，或者为纳粹党从事任何活动。这些条件被地区领导所接受，而我自己在接下去的时间里直到最后，都严格地遵守着这些条件。

3. 1933 年后我与纳粹党的关系

然而，入党对于职务活动的减轻实际上毫无帮助；地区领导从未咨询过我。在辞去职务后我清楚地认识到，要想继续我的教学

活动,必须不懈地反对纳粹主义世界观的基础。为此我不需要采
取特殊的攻击;只需要将我对哲学的基本态度表达出来,去反对由
罗森博格所提出的生物主义的教条化和野蛮性,就足够了。从本
质上讲,我的状况和某个科学专业的代言人的状况有所不同,对于
他们而言,形而上学的基本态度从未符合本质地、直接而原则性地
形诸语言,而这在我的讲课中时刻在发生。因为纳粹主义的世界
观一再地僵化,并且越来越少地寻思去投入任何一种哲学争辩中,
因而,我作为哲学家以我的方式在活动,这个事实已经是足够的反
抗了。在辞职后的第一个学期(1934 年夏季学期)我阅读了《逻辑
学》,并且在逻各斯学说这个名称下探讨了语言的本质。需要指出
的是,语言不是人类(根据生物学-种族角度来思考的人类)的表
达构成物,毋宁说,恰恰相反,人类的本质建基于作为精神的基本
现实性的语言之中。学生中每一个有思考能力的人,都领会了这
一讲座和它的根本意图。但是,同样理解了这一点的,还有那些密
探和特务,自此,他们就将我的教学活动报告给海德堡的克里克 402
(Krieck)和柏林的鲍姆勒(Baeumler),在罗森博格领导下的科学
职务方面的领导。然后,在克里克编辑的杂志《变化中的民族》中,
立刻开始了针对我的哲学和我本人的恶意攻击。在将近十年的这
一机关报中,几乎没有一本不包含对我的思想的某种恶意的曲解
和诽谤。本地的党派媒体也以同样的口吻发表评论,每当我在本
地的学术协会所组织的学术活动中或者大学里发表言论的时候
(如关于“艺术作品的本源”、关于“形而上学对现代世界图像的奠
基”、关于“荷尔德林”的演讲)。在 1934—1944 年期间,弗莱堡大
学的所有教师中没有一个像我一样,在报纸和杂志上,以及在希特

勒青年杂志《意志与权力》中，如此遭到诋毁。从1936年开始，通过直到1943年的尼采课程和演讲系列，我更加清楚地进入了争辩与精神抗议之中。尼采决不能与纳粹主义等同视之，即便撇开原则性的东西，尼采对反犹主义的反对态度和他对俄国的积极关系就证明了这一点。尽管如此，但是，在更高的层次上，与尼采的形而上学的争辩就是与虚无主义的争辩，而法西斯主义则越来越清楚地体现为虚无主义的一种政治表现形式。

源自尼采系列课程的精神抗议，马上就被重要的党内机关察觉到了，而我的抗议所导致的措施，可以简短地陈述如下：

在1934年，我在罗森博格的指示下，被国际哲学大会的德国
403 代表团排除在外。同样，1937年在巴黎举办的笛卡尔大会，同时也是国际哲学大会，我也以同样的方式被排除在德国代表团之外（尽管法国方面两次表达了强烈的愿望，希望在法国见到我）。①

我1929年出版、1931年已经售罄的书《康德与形而上学问题》（此书包含了对哲学中的人本主义的坚决反对）的重新印刷，由于相同方面的指示，遭受拒绝。自1938年，杂志编辑收到秘密指示，禁止提及我的名字、评论我的作品。我引用1940年的一条指示，这是由熟人秘密提供给我的：

> "马丁·海德格尔的文章《柏拉图的真理学说》即将刊行于由柏林的库珀出版社（Verlag Helmut Küpper）出版的精

---

① 最后，在临近大会前，海德格尔收到柏林的要求，前往巴黎，但他拒绝了，因为他必须服从已经被任命为代表团领导的更年轻的海瑟（Heyse）。——编注

> 神遗产年鉴，这篇文章既不可以被评论，也不可以被提及。此外，年鉴第二卷的其他部分都完全可以讨论，但不许提及海德格尔对此的参与。”

出版社曾向我许诺，将这篇文章单独成书出版，这也被禁止了。同样的遭遇还发生在我为1943年的荷尔德林纪念文集提交的稿件上。

我的名字和作品在德国被封杀，我的文章的每一次出版都不复可能——1943年有三篇小演讲秘密出版，但从未在文献中被提及，与此同时，为了战时宣传的目的，我却一再被外交部紧急要求，
到西班牙、葡萄牙和意大利举行演讲。我拒绝了这些罕见的要求，404
并坚决指出，我无法在国外为了宣传的目的献出我的名字，而在我自己的国家却被禁止，将我的作品公之于众。

在巴黎的德国研究所也以与外交部相似的方式对待我。它将我1936年的演讲《荷尔德林和诗的本质》[①]（其法译文出版于1938年）编入1943年巴黎的一个文集《弗里德里希·荷尔德林》中加以印刷，却没有告知我，也没有经过译者的同意。这种任意的印刷竟然会发生，尽管我早就拒绝了这个位于巴黎的研究所的要求，它要求我参与编辑它的杂志。

我对纳粹党的态度也体现在一些小事中，我既没参加过党内大会，也不戴纳粹党的徽章，我也从不以所谓的纳粹礼开始我的课

① 参看海德格尔：《荷尔德林诗的阐释》，中译本，孙周兴译，北京：商务印书馆，2014年，第34页以下。——译注

程和演讲。

在过去 11 年我所进行的精神抵抗，我绝没有将其视作特殊的功绩。一再产生这种极其粗糙的断言，说在我当校长那一年里，引诱许多学生加入“纳粹”，对于这种断言，我要求得到公正的对待，他们至少要认识到，在 1934—1944 年里，我通过讲课培育了数千听众，让他们沉思我们时代的形而上学基础，我给他们打开了眼界，让他们看到了精神世界及其在西方历史中的伟大传统。

马丁·海德格尔

183.被法国军政府宣布为可任意处置 405

（1945 年 9 月 28 日）

弗莱堡，1945 年 11 月 30 日

亲爱的斯塔德曼先生！

衷心感谢您的来信。我认为图宾根的事情完了。因此，我没有向您进一步报告这里事情的进展状况，也就是 10 月初整肃的结果。我没有被法国军政府解雇或者免职，而是被宣布为可任意处置。法国人知道，我的哲学工作从 15 年前就决定和激发了对于精神性事务的思想，特别是年轻人的态度。在 9 月份我就已经被《喷泉》（前身是《法国新杂志》）的编者请求，将尚未被翻译的作品、尚未出版的论文和最近几十年的讲稿交付翻译和出版。我的思想在法国的如此影响，我不敢承受，除非与此同时我的作品也可能面向德国人。

昨天在这里欢庆哲学系开放；先前被免职和处置者，像在其他学院一样，被“复职”并被邀请参加庆典。今天讲课开始。尽管对我的肃反结果是可任意处置，但我并未被邀请。大学、校委会以及一些重要人物，他们还在考虑，大学本身是否要在法国军政府处申请对我个人的复职。对于这样的肃反结果，它既不符合校长的预 406

期(他希望我免职),而对我本人又如此轻易放过,人们感到很生气。

自从我得知学校的这一态度后,我向学院递交了退休申请;这样我保留教学资格,并且,让年轻人和德国人能够接触我的作品,如果他们有这样的要求。现在,七周过去了,学院并不认为有必要对我的退休申请稍作回应。在神学院和大主教的圈子里,人们开始沉思别的东西,他们正在学习理解,在所谓的“虚无主义”背后有着某种完全不同的东西,因为即使是有智慧的埃克哈特大师也已经开始谈论神性的虚无。但是在其他圈子里,人们对于我对青年的影响,只是具有单纯的恐惧,同时,他们自然不想为此丢脸,于是就要求我的“精神力量”留在大学里,不要传到外国。此外,因为我曾经的校长任职,在城市里一再流行着来自抗议运动方面的煽动性言论。

无论如何,我被排除在教学活动之外。校长的想法是客观的,并且对我是善意的,他也已经向我坦陈,想让我理解,即便我退休,他也不希望我在明年重新开始教学活动。我已对他作了书面答复,就我自己而言我完全可以等待,但问题在于,青年和德国当今的精神状况能否等待。大学必须为此负责。

我将这些事情写信告诉您,以便让您对此有所了解。否则就不值得提及这些事,因为我也必须承认,这一切——不是因为我个人,而是因为大学和我们的处境——实在让我伤心。我既没有兴趣,也没有力气,继续去纠缠于此种事端,因为有其他更重要的东
407 西正面临着遗失的危险。这样您就可以理解,那种从荷尔德林的故乡朝我而来的理解和好感有多么触动我。

如果有大学聘请我，那一定是要克服某些实际和外在的难处的；这些难处不仅仅是对“这里的东西”的放弃，毋宁说，难处在于在那里至少找到必要的东西。

根据您的信来判断，你们大学的工作和思想是更为大度的。瓜尔蒂尼怀有极大的热忱，这我早就知道。那时，我在准备荷尔德林纪念文集时，就建议克拉克洪（Kluckhohn）先生和瓜尔蒂尼合作。但他看起来不能接受。沙德瓦尔德（Schadewaldt）是一个大赢家，但他不愿放弃他的希腊作品，这也是个遗憾。

说到教育学家，维内格（Weniger）这个老“图宾根人”是最好的。但诺尔（Nohl）是不是放走他了？博尔诺（Bollnow）更适合于哥廷根，并且太过于“生存哲学”和“狄尔泰”也不好。对于温克（Wenke）我知之甚少，他和索尔布鲁赫（Sauerbruch）合作出版的关于痛苦的著作，体现了他的勤奋，但太过微薄。在哲学史家方面，我和你观点一致。

伽达默尔的确是一位优秀的教师，他首先拥有经验和意愿。最近他从莱比锡给我写信，在那里他当了院长，但他更愿意去一个“更小的”大学。尤斯图斯·施瓦茨（Justus Schwarz）这个人我十分重视，但我也有顾虑，担心他能否足够驾驭古代和中世纪。诚然，就对材料的掌握这方面来讲，尤阿西姆·里特尔（Joachim Ritter）是最合适的。但伽达默尔对于学生和学院工作来说却更为重要，因为他恰恰是那种最好的天生的卓越教授——他拥有广阔的自由视域，对实事有着直接的感触。如果弗莱堡还来咨询我，我会首先提名伽达默尔作为我的继任者。“体系性”的能力方面， 408
除了哈特曼实在没人能够更为宽阔广博了，尽管这种类型对于我是完全陌生的。

计划去梅斯基尔希的旅行，我迄今还没达成。我请求，给克拉克洪和瓜尔蒂尼先生带上我的问候。

祝您和您的学院在这些困难[？]的计划中取得最大的成功，衷心地问候您！

您的马丁·海德格尔

184. 解释与原则性的东西*

409

弗莱堡，1945 年 12 月 15 日

冯·蒂泽(v. Dietze)教授

大学政治清洗委员会主席

十分尊敬的同事先生！

请允许我，对于商谈会中的最后一点(关于高校联盟和电报)再给出一些解释，然后再陈述一些原则性的东西。由于数周以来我身体的不稳定状况，在这个长时间的会议的最后阶段，我无法再一下子看清一切，尤其是当忽然有一份公文放到我面前，而我在记忆中早已忘记这份公文，但奥伊肯(Eucken)先生却从数周前开始收集这些东西，并且根据他的回忆将其再现。十分尊敬的同事先生，您马上将这份公文提供给我，让我能再一次安静地对此考虑。尽管如此，但我太累了，基于这整个商谈过程，我首先看到的是，在我和奥伊肯先生之间，在对进程和事实的理解上，存在着一条不可跨越的鸿沟。在我看来，奥尔科斯(Oehlkers)先生的话在这一点上击中了要害。

我对高校联合会的反对不是从 1933 年春季才开始的。基于众所周知的蓝皮书，很长时间以来，我和雅斯贝尔斯，还有我的朋

友们和学生们，都一样看到了，以这样一种方式，根本无法实现德国大学的内在转变，将其改变成源于哲学精神的大学。在这数年
410 中，大学越来越陷入了“高校”的影响，也就是说，专业教育和职业教育越来越获得优先权。站在台面上的是授课技术、管理技术问题和内容问题。“精神事务”仅仅偶尔“顺带”被讨论。

此外，从1933年法兰克福会议以来，我就看到了，诚如我在清洗委员会的第一次会议中所提到的，正是高校教师中的主要源自技术高校、医学和法学学院的“老党员”们，他们完全意在涌向专业学校，这种专业学校具有政治意图，定位于纳粹党及其世界观。

如果要从精神上、形而上学上为科学奠基，而不是让科学沦为某种“技术”、某种方便的政治工具（这一点在科学的四年计划开始后，以及在战时足够清楚地体现出来），那么，就必须立马将这股势头从根本上扼制住。

通过基尔大学校长沃尔夫（Wolf）（自然科学学院）和哥廷根大学校长纽曼（Neumann）（哲学学院）这两位与普鲁士文化部关系密切的人，我知道，在文化部中有人想要阻止大学发展为专业学校，抵制由纳粹党推动和贯彻的“政治的科学概念”，后者是由罗森博格和鲍姆勒“从世界观上”“奠基”的。罗森博格在1934年就已经在教育部获得了决定性的影响，将他的追随者安置到重要职务上。他同样将讲师营的领导权把握在手中。

在电报中谈到了一体化，我对这个词的使用，就像我对“纳粹主义”这个名称的理解。让大学服从纳粹党的教条，这不是也从未
411 是我的意图，相反，我意在尝试，**在**纳粹主义**之内**，与其相应，从而开启某种精神转变。断言纳粹主义和纳粹党在大学和科学概念上

没有任何精神目标，这是不符合事实的。相反，它们的目标太过坚定了，它们援引尼采，根据尼采的学说，真理本身不包括某种本己的基本内涵和实质内涵，相反，真理是强力意志的某种手段，也就是说，真理是某种“理念”，某种主观的表象。但吊诡的是，迄今为止仍然是，这种“政治的科学概念”在原则上与马克思主义和共产主义的“理念”(Idee)和“意识形态”(Ideologie)学说倒是一致的。

我在5月27日，也就是发送电报的七天后[①]所举行的校长讲话，对此是十分明确和坚决地持反对态度的。而这一态度，支持大学而反对专业学校的态度，我在不久后的埃尔福特会议上公之于众。如果奥伊肯先生不记得这一点的话，那是因为，据我所知，他是在会议前一天晚上才抵达埃尔福特的，而表明立场的决定性的大会，已经在这一天的下午举行了。我在抵达埃尔福特后，马上就来到了大会，还没有来得及跟沃尔夫、赫尔曼和克里克先生说过话。马上，德国高校的未来形态这个问题就进入了讨论的核心。那时，我主动、富有激情地讲话支持大学而反对专业学校，因为大学必须拥有哲学和自然科学学院作为其支撑性的核心。而在这个下午已经产生的分裂，并不是这样：

412

老高校联盟	纳粹主义政党
回应性的	革命性的

而是这样(根据原则来思考)：

① 由编者所改正。海德格尔原文中错误地写成“5月23日，三天后”。——编注

专业学校　　　　　　　　　　大学

在老高校联盟这一边的有柏林大学和莱比锡大学，以及各所技术高校的校长，这些人中有些是"老战士"。

在接下去的几年中，希特勒和罗森博格越来越强调和"承认"高校的地位。在大学中，人们认为这是局面的"稳定"；校长们被邀请参加党代表大会。但人们没有看到，或者只是略微看到，在这种对科学的承认的背后，主导着这样的意图，亦即为了军备而紧缩和利用科学的专业功能和专家力量。

在 1935 年以后，我一再对此加以警告，并且在 1938 年夏天，在我的演讲《形而上学对现代世界图像的奠基》[①]中表明，科学一再让位于技术。纳粹党**十分准确**地理解了这一攻击。此后有一天在《阿勒曼人报》上出现了对这个演讲的恶意报道。在报道的最后评论到，现在不再是玩弄这种哲学文字游戏的时候了，科学要为四年计划做一些实际工作。位于这份报纸的副刊中的这一报道是这样设计的，紧接着这则关于"有趣的演讲之夜"的报道，附上了一则笔记，笔记写道，目前弗莱堡的化学协会采纳了他们的建议，大学也参与了这项为了四年计划的工作。"海德格尔教授的名声仅仅是因为，没人能够理解他，他只传授无（其基础是虚无主义）"，他的这个演讲，比起专业科学之仅仅从事于"生活必需"的工作，是要遭
413 受贬低的。（参见《阿雷曼人报》第 9—12 页，1938 年 6 月。）尽管

① 此文收录于《林中路》，名为《世界图像的时代》，载海德格尔《全集》第 5 卷，参看：中译本，孙周兴译，北京：商务印书馆，2015 年。——译注

我的演讲是在由大学的医学、自然研究和艺术科学协会所共同举办的系列演讲的框架内进行的，然而大学方面对于这种对其教师成员的贬低却毫无作为。那时，我接受了这一事实，这是因为从校长任职的经验中我知道，在这种情形下去针对党派机关的权力是没用的。三年之后，在大学演讲系列中的荷尔德林演讲之际，同样的污蔑又一次发生。

最后，我还想就我的校长讲话再确认一些事情。这一讲话在1933年发表之后的头几个月里，就在国内外的公众和纳粹党那里“起了作用”。它对于双方在相同的意义上“起了作用”。人们或消极或积极地利用着我举行了这一讲话的事实，但根本没有投入到讲话的**真正**内容和基本立场及其与我的哲学作品的联系中。而纳粹党(罗森博格，克里克等)从1934年起开始坚决反对讲话内容。根据出版社的结算可以看到，在接下去的几年中此书始终只是少量出售。自1927年，我的所有出版物都在一两年内售罄，必须再版。而校长讲话的版次还少于我1929年的教授就职讲话，却到1944年还没售完。这一作品被封杀，在关于大学和科学问题的文献目录中也毫无踪影。

在1933—1934年冬季学期我开设了一门关于柏拉图的真理学说的课程(对洞穴比喻的解释)[①]。在1941年，我在本地的人道主义高中协会，对这门课的主要内容未经改变地作过演讲，并且发 414
表于精神遗产年鉴。对这一演讲的提及和单行本的出版都遭受了

① 参看海德格尔：《论真理的本质》，现辑为海德格尔《全集》第36/37卷：《存在与真理》。——译注

禁止。

早在1933—1934年我就站到了纳粹主义世界观的对立面上，但那时我还相信，这一运动在精神上可以被转移到其他轨道上，并且认为，这种尝试和这一运动的社会政治和一般政治趋势是相容的。我相信，在1933年希特勒代表整个民族的责任后，他会超越党派及其教条，一切都会在为了西方责任的更新和聚集之基础上联合起来。这种信念是一个错误，我在1934年6月30日的事件中认识到了这一点。但这个错误在1933—1934年将我带入了一个尴尬处境中，我既肯定社会和国家事务（不是国家主义的事务），又否定党派教条的生物主义这一精神和形而上学基础，因为社会和国家事务，诚如我所见到的，就其本质而言不一定会与生物主义－种族主义的世界观学说相联系。

清洗委员会的评估清楚地表明了我的这种两难处境，这种处境源于某种随从，但这种随从同时乃至仅仅意在某种转变。

在学校管理的技术和人员方面，我犯了不少错误。但我绝没有让科学和大学的精神和本质屈从于纳粹党，而是尝试着更新大学。

对于我是否还能以某种方式参与到大学中，我必须将决定权交给弗莱堡大学。我只是请求大学能够保护我三十年的哲学工作，我相信这项工作有朝一日仍会对西方乃至全世界有所道说。

我承受着普遍的精神命运，担忧着我的两个在俄国失踪的儿
415 子的命运，即便如此，我的力量还是处于这样一种状态中，也许还足以借此完成一些在我心中对于哲学的未来重要的事情。

十分尊敬的同事先生，我想要再次感谢您，感谢您为了公正评

判所作出的一切严肃努力以及您对大学的关心。

您十分忠诚的

马丁·海德格尔

附:请允许我,将我的演讲《论真理的本质》呈交给您,这个演讲我在1930年冬天在弗莱堡大学作过两次。

185. 不同的立场
——“基督性”与“基督教”*

弗莱堡，1945 年 12 月 28 日

十分尊敬的同事先生！

感谢您给我传达的消息，今天刚到。我已获悉。

因为奥伊肯（Eucken）和兰帕（Lampe）先生两人具有根本不同的立场，难以协调，而他们的立场又决定了对那些或多或少可证明的事实的选择和阐释，因此，我还要请求您，只需将今年 12 月 15 日我的来信告知委员会的其他先生们。

说到“基督教”，对我而言，和克尔凯郭尔一样，在“基督性”（作为个体的虔信）与“基督教”（作为基督性的历史、文化、政治上的显现）之间存在着某种本质性的区分。

以上这些只属于我们之间私人的交流。

致以最好的问候和感谢！

您十分忠诚的

马丁·海德格尔

186. 对鲍姆加滕的鉴定*

弗莱堡,1946 年 1 月 17 日

十分尊敬的同事先生!

您 1 月 3 日的来信中附有雅斯贝尔斯信件副本的部分内容,在 7 天后通过邮寄到达我手里。同事里特尔(Ritter)先生真是友好,他已经将他的内容悉数告知我;但在他来访的眼下,我对这份新的、由雅斯贝尔斯作出的反驳完全没有准备,我只能泛泛地回忆起那个情境,撰写对鲍姆加滕的鉴定时的情境。

根据信件摘录,我必须对第二点作出以下评论:我曾收到一份来自哥廷根的关于鲍姆加滕学术能力的询问,在那里也问及他对于纳粹主义是否可靠。就此我提交了一份学术鉴定,而在他的政治“可靠性”上我指明他的出身,因为我对他所展现出的纳粹主义持有强烈的怀疑。根据另外的、从同事那里得来的消息,我认为他属于那些想要借助于纳粹党而突出自己的人。我只是就鲍姆加滕的一份关于加入“纳粹党的某个分支”的申请记录表明了我的态度,这一点他却绝口不提。诸如此类的事情当时我从来不管,也从没人问我(因为从 1934 年开始,我自己就是“不可靠的”)。我要抗议的是,基于一个断章取义的副本就指责我,雅斯贝尔斯甚至将这种指责几乎变成了一种捏造的新闻。在其第二部分所引用的句子极其明显是党派套话。极有可能这是某份**党务性鉴定**的副本，这418 份鉴定是根据**我的**鉴定撰写而成的，然后根据党内常见的粗制滥造修改一番，并以我的名义上交。

我请求您，极其尊敬的同事先生，将我的这一态度告知其余的先生们，并纳入档案；我不想再进一步谈论。至于雅斯贝尔斯自己，我希望找个时间和他交谈。

再次感谢，致以最好的问候

您十分忠诚的

马丁·海德格尔

187. 无限期地取消教学活动*

弗莱堡，1946 年 1 月 23 日

亲爱的斯塔德曼先生！

福格特(Vogt)先生将您的友好的来信交给了我，我这才答复您，之前我想要等到这里的状况明朗起来。

今天，校长(根据校委会坚定的口头表决)向我讲明，校委会一致同意我于 1945 年 10 月 8 日所提交的退休申请，然而条件是“无限期地取消教学活动”。以后将会在适当的时机检验，我是否可能重新被允许回到教学活动中。因为在我的思想中也可能有(按照雅斯贝尔斯对我的评价)“对于大学敌对的和危险的东西”在起作用。

校委会让校长向我建议，从今往后完全在公众面前隐退。我们的房子应该被保护起来，以便我能够工作。但校委会忽视了，批准我的退休申请(雅斯贝尔斯也如此建议)。

在我去大学的路上我碰到我们的朋友鲍赫(Bauch)，他简短地向我表明，您告诉他图宾根也不再有特别的勇气敢用我。根据这里所发生的事件，以及您信件的结束语，我也预料到了。

亲爱的斯塔德曼，感谢您美好的友谊以及为此所付出的也许耗费力气的努力。这里的哲学学院将会避免校委会的做法。实际上，关于我和大学关系的色子已经落定了。

因此，亲爱的斯塔德曼，我想请您不要再为我的候选问题费心了。只会有新的纠缠和阻扰。但现在却到了哲学学院回归其工作中的时候了，也许也能回归沉思之中。

如果我们在今年能再一次安静地、长时间地交谈，那就好了，这让人愉快。我感觉，再一个一百年的隐秘是必要的，直到人们预感到，在荷尔德林诗歌中等候着的是什么。

> “漫长的
> 时间，而居有自身的是
> 真实者。”①

衷心的感谢和问候

您的

马丁·海德格尔

① 《记忆女神》，《诗歌》第16行以下，第5部分，第225—226页。——编注

188. 对我的清除

（1946 年）

和其他人一样，你惊异于，我的“去纳粹化”始终没有结束。这很容易理解。对我的清除在根本上与纳粹毫无关系。人们在我的思想中感受到某些不愉快的东西，或许甚至是阴森的东西，他们想要清除这些东西；而人们同时又对此感兴趣，这恰恰是某种证据。我从未在纳粹党中担任要职，甚至一天也没有，也从未执行过什么，但我同样也被教堂军团坚决地拒之门外；以俄国人为代表的欧洲共产主义的技术主义（不只是俄国）尖锐地抨击我的思想，但我同样也遭遇了盎格鲁－美国的技术统治的明确抵制。

如果一切按照某种视角变得不同的话，那就糟糕了。但我欣然承认，这一切确实很难承受，我经常陷入无力之中——尽管不是在思考那些有待思考的东西时，但通过生活来承载这样的思想，确实十分艰难。

在这样的情况下，我就可以理解，那些曾经是“支持者”和“朋友”或者诸如此类的人，现在却因为考虑到他们的家庭、职位、自身晋升的机会，对自己搪塞道：“海德格尔是一块炙热的铁”。人们承认，他们不想烫伤自己的手，但是，假如这个炙热的东西自己的热情熄灭了，他们认为这是正常的。如果不这样的话，是有悖于生存原则的。

但是，逗留于保护之中，避免损伤也是好的，这种保护让我们在最严格的自我批评中还能扮演虚荣。

我的思想沉默不是从1927年发表《存在与时间》才开始的，毋
422 宁说，**在**《存在与时间》**中**乃至更早就开始了。这一沉默是对有待思想者之道说的准备，这种准备乃是经验，这种经验又是一种行动和作为。然而这是“实存着”的，无需某种投身。

189. 什么是存在本身？*

423

（1946 年 9 月 12 日）

我本人的哲学发展的出发点在于从高中就已开始的、并且持续进行的对亚里士多德的研究，基于此，τί τὸ ὄν（存在）问题对于我始终是哲学的主导问题。

在逐渐清楚的与整个古代哲学的争辩中，有一天我认识到，在西方哲学的开端，因而也在整个后继的哲学中，尽管“什么是存在者本身”这个问题是主导性的，但是从未追问过的是：什么是存在本身，存在的开放性以及它与人类的关系何在、奠基于何处。

直到我遇到胡塞尔（当然他的著作我之前也知道，但仅仅是读过，就像其他哲学著作一样），我才进入与现象学追问和描述之现实实行的关联，一种生动而富有成效的关联。

因而，我这才有可能从哲学上提出真正推动我的基本问题，亦即对存在本身的追问。

在此，从一开始我就始终外在于胡塞尔的哲学立场，亦即某种关于意识的先验哲学。

人们在《存在与时间》中始终仅仅作为某种哲学人类学，或者作为某种自然的世界意识的现象学来阐释的东西，究竟来自何处？

在《存在与时间》已经发表的部分中，专题探讨了人类此在，这

是没有问题的。而更为重要的问题是：究竟为什么要在此在的时
424 间性这个意义上追问人类此在及其存在（亦即追问实存），其意图何在？这根本不关乎某种人类存在论，不关乎在普遍存在论中的某种特殊限定的部门学科——这样的存在论根本不是我的意图，毋宁说，假如说的是存在论，那就说的是一种基础存在论，从传统意义上讲，就是关于对一般存在论的奠基，从而也关乎对普遍存在论的奠基。因为严格地来思考，要是人们将存在论理解为对存在者及其领域之存在的普遍或特殊的追问，那么这个问题根本不再是存在论问题，更清楚地讲，唯一的问题，不是要追问存在者的存在，不是根据其存在（存在"意义"本身自柏拉图到尼采到处都确定地、未经追问地被预设）去追问存在者，而是追问存在本身，也就是说，同时追问存在（而非存在者）的敞开状态和澄明。

这一问题的名称在《存在与时间》中是存在之意义问题（第1页），意义（第151页，"第323页"——让·波弗勒[J. Beaufret]），简而言之，就是无蔽或澄明（可领会性）之领域，它使得一切领会和筹划（带入敞开域）得以可能。

《存在与时间》中的问题仅仅针对存在之真理，而非存在者之存在，也就是说，不再针对某种存在论，无论是普遍存在论还是特殊存在论。

因为我早就知道，希腊人未经反思就将存在规定为在场状态（也就是说，根据时间规定存在），这给了我决定性的暗示，存在以某种隐匿的方式处于时间之澄明中。

当我们追问存在之真理（亦即存在之澄明），我们必须根据《存在与时间》而提问——而因为人类与存在处于某种别具一格的关

系之中，也就是说，人类处于存在之澄明（以隐匿的方式就是时间本身）中，因而，必须追问时间与人类本质的原始关系。因此，《存 425
在与时间》一开始就探讨人类此在的时间性。

所有这些关于人类的时间性的追问，仅仅朝向存在之意义问题，这对于诸如克尔凯郭尔这样的思想家是完全陌生的，这些问题在迄今的全部哲学中根本没有被认识，尽管《存在与时间》出版了，但这些问题现在也尚未得到哪怕一丁点的理解。

在此，我想要注明一些个人的想法：在对存在本身之真理的追问中，这一思想完全不关乎个别人的某种特别成就或者独特发现，毋宁说，在这一问题本身中，存在及其神秘在人类最极端的急难（亦即我所说的，存在之遗忘状态）中，召唤大地之上的人类，迫使他们进入沉思。即便是仅仅为了让一个人在某种程度上适应对这一问题的这种沉思，这也许就需要长达二十年乃至更长时间的沉默。

426 # 190. 精神工作场所的最简朴的条件*

马丁·海德格尔　　　　弗莱堡-查林根,罗特布克街,47号

1947年10月16日

致弗莱堡大学校长处

我最忠诚地请求,将下述事务呈送到校长处:

在1945年8月,我的住房(由三个房间、一个厨房和一个卧室组成)中的两个房间和厨房被一个法国军曹家庭所征用,他们自此一直住在这些房间里。我和我的夫人则留有一个房间(我的书房)和一个仅有一张床的卧室。这个卧室在1946年年初给了一个流亡的西里西亚人,他请求寄宿在此;我的夫人则住在我们儿子的房间里,那时他还在俄国的战犯牢房里。现在这个儿子回来了(由于生病而从俄国军方医院被释放),因此我和我的夫人仅仅只有一个带有沙发的书房了,它既作为工作室,也作为起居室和卧室。

法国军曹家庭(夫妇和一个孩子)在11月中旬将离开弗莱堡。我迫切地向法国住房处请求,将来仅仅征用**一个**房间给一位法国先生或女士,而不是两个房间。如果这不可能,那么我**最迫切**地请求,在分配被征用的房间时要考虑到,如果是一个带有小孩子的家

庭来占用这些房间，这将会让我集中精神的工作变得完全不可能，因为这是一个相互不隔音的小房子。请允许我指出，恰恰是法国的精神世界对我的哲学工作具有强烈的兴趣，法国的杂志一再向我约稿，一直有人从国外，特别是法国，来拜见我，因此，我只是请求，给我留有精神工作场所的最简朴的外在条件。

最忠诚的

海德格尔

191. 致皮乌斯·施韦策尔的悼词*

(1947年12月)

12月21日,一个星期天的早上,木匠师傅皮乌斯·施韦策尔在初冬去世了。明年2月他就七十岁了。在12月23日的早上,来自吕特地区(Rütte)的邻居们在暴风雪中用他自己的雪橇将他送往教堂墓地。施韦策尔老大妈,由于脚上有病无法前去,在家里敲响了小铃铛,送别她的丈夫,那是我们的孩子们在孩提时期始终将其当作回家标志的铃铛声。

在冬日的清晨就已经响起了沉闷无力的铃铛声,铃铛不断被雪覆盖,当送葬队经过牲畜胡同,步入大街时,儿子阿尔伯特(Albert)清理着铃铛,为了让它的声音能更响亮,传到被雪覆盖的冷杉树那里。

四个儿子、两个女儿,女婿赫尔曼·施耐德(Hermann Schneider),以及五个儿媳妇,护送着父亲。最年轻的儿子,和他的父亲同名,曾向约尔克和赫尔曼传授吕特男孩的风俗习惯,阵亡于俄国的某处。他年轻的妻子玛丽勒(Mariele),仍在家中生活和劳作着。

在25年前,施韦策尔木匠按照我们母亲的规划,根据他对地与水、树与风的经验,满怀着爱护和细心建造了小木屋。自此,“施韦策尔”就成了我们的好邻居和好顾问，作为我们的朋友他时而找我们谈话，经常给我们讲述他艰苦的童年，以及在吕特居民身上和他们的院子里发生的故事。老施韦策尔知道村里和周围的每一个农场，甚至最小的也知道。有时他微笑着说道，造一所新房子并不难，相反，难的是维护一所老房子，让它保持着一所良好的黑森林房屋的样子。

木匠施韦策尔没有经过专业学校的培训，他通过自己的力量 429
成了一个建筑大师。他经常彻夜坐在他的那些设计图的边上。他喜欢读出来。在那个冬天，当我在布兰德（Brender）家里的小房间里写作《存在与时间》的时候，我曾经看到了隔壁他家的灯光，看到他整洁的工作场所。

三个儿子在这位严格的父亲那里学习手艺，还有如今已经从习惯和记忆中消逝了的事情和技巧。周围人不知道他们，他们始终安静而熟练，这位手艺人正是凭借着这种娴熟而能够在今日仓促而粗制滥造的产品中存活下来；他拥有着标杆和真正的“尺度”。

施韦策尔喜欢以尖锐的目光观察天气还有动物的生活。他有着犀利的眼睛，也能泰然自若地照看他的牧场和田野。在去年夏天，他还努力而缓慢地——仿佛他知道就要走了——走过牧场里高耸的草，想要知道，需要加多少草料。而现在，铃铛在他家屋顶上响着，这是对这个勇敢的人，以及随着他一起消逝的一切的某种纪念。

在老施韦策尔去世的几周前，在吕特，还有两位老人也去世了：“画家”克林格勒（Klingele），他粉刷了小木屋的门窗；还有 83 岁的戈特弗里德（Gottfried），“老凯撒”的亲密朋友之一，他在两年前的9月份去世了。这两位经常在星期天，在名为“凯撒”的小房间里碰面，一起打雅思牌。老“木匠”充满了善意；在他去世前的日子，他再一次用他无力的双眼搜寻着牧群吃草的斜坡，那时，他还在询问约尔克和赫尔曼的情况：“哦俄国”——他抱怨道，随之陷到软垫之中。

小木屋的柜子和长凳、窗户和窗板，都令人想起那个热爱着他的手工作品的人。

192. 关于1933—1945年*

弗莱堡,1948年1月20日

亲爱的马尔库塞!

您在8月28日信中所说的包裹,我已经收到。非常感谢。我相信,如果我将全部内容分享给既不在党内、亦与纳粹主义无任何关联的早前的学生们,这样做是符合您的意思的,并且也能安慰您的朋友们。我也以他们的名义感谢您的帮助。

当我收到您的信件,您说要对我的工作和人格作出正确的判断是一件严肃的事,您的信件也让我意识到,要与这些人对话是多么困难,这些人从1933年开始就不再住在德国,因而他们只能根据纳粹主义运动的终结来评判其开端。

对于您信件的要点,我想要作如下陈述:

1.关于1933年:我期望纳粹主义能给全部生活带来某种精神上的革新,带来社会矛盾的调解,在共产主义的威胁下拯救西方此在。这样的思想在我的校长讲话中曾说过(您全都读完了吗?),还见于我的演讲"科学的本质"中,以及两个面向弗莱堡大学师生的发言中。此外还有大约25—30行的竞选辞,在弗莱堡的学生报上公开过。其中有一些句子,在我今天看来,是偏离正轨的。

这就是所有了。

2.在1934年，我认识到了自己的政治错误，于是在对国家和
430 党的抗议下辞职。人们在国内外一方面为了宣传的目的利用我，另一方面同样为了宣传而隐瞒我，这些事情那时我并不知道，也不能成为我的负担。

3.我没有作一个公开的、让**所有人**都能理解的忏悔，这一点您完全正确；这会把我推到刀尖上，同样还有我的家人。雅斯贝尔斯为此说过：我们活着，是我们的罪过。

4.在1934—1944年的讲课和练习课中，我采取了一个如此明确的立场，因此我的学生中，没有一个落入纳粹的意识形态中。我这段时间中的文章一旦出版，就会证明这一点。

5.在1945年之后的忏悔对我而言是不可能的，因为纳粹的支持者以最令人反感的方式表明了他们的思想变化；而我与他们完全没有共同之处。

6.您严厉且有理地指责和宣称纳粹政府是一个杀害了百万犹太人的政府，一个将恐怖变成常事的政府，一个将一切与精神、自由和真理概念相联系的现实事物都转换为其反面的政府，对于此我只想补充，要是将其中的犹太人换成东德人，这些指责也恰好适用于其中一个同盟国，唯一的区别在于，从1945年来所发生的一切，对于全世界是公开的，而纳粹的流血恐怖政策在德国民族面前事实上是秘密进行的。

最后，我想请您想一想，即便是今天还是存在某种错误的宣传，也就是说，违背真相的谣传正在散布。就拿我来说，有那么多关于我和我的作品的荒唐诽谤为众人所知。

感谢您能够公开表明您对我的顾虑；我只是希望，您在我的作品中能够再次找到那样一个哲学家，那个您曾经学习和研究的哲学家。

最好的问候

马丁·海德格尔

193. 我和大学的关系

马丁·海德格尔　　　　　　　　弗莱堡，1949年1月9日

在第一次基于上交的调查表而进行的清洗中，我于1945年9月被军政府宣布为可任意处置。然而，大学拒绝支持为我复职。

1945年10月初，我申请退休。然而，学院希望，如果我退休，将不再占用教学资格。为此我递交了书面申明，我作为退休人员将不再从事教学活动，除非出于大学的强烈希望。

1945年12月我多次被大学的清洗委员会传讯，最终他们支持我退休。而在接下去的一年半中，对事务的进一步处理，我没有被告知。

1947年夏季①，军政府发布对我的无限期的教学禁令。

如果现在学院要解决这一状况，那么，根据先前发生的事，只有这样做：首先大学在军政府处获得对我教学禁令的取消，然后我所提出的退休申请才能按照规定完成。

海德格尔

---

① 准确时间是1946年12月28日。这一决定于1947年3月11日由巴登州文化宣传部发文告知海德格尔。——编注

副本发给特伦巴赫（Tellenbach），席拉西（Szilasi），海斯，马克斯·穆勒（Max Müller）

194. 十年忠心的帮助*

1949 年 4 月 1 日

亲爱的胡赫(Ruch)女士：

我们已经多次在一些家庭节日里一起围坐在这张圆桌边上了。但今天是一个特殊的日子，我们以前从来没有庆祝过这个日子。

这一天并不体现在通常的日历上。但今天这个日子所在的日历，是您自己用这十年时光创造出来的，在此期间，您在我们家里和花园里帮忙。

这个日子也不是像平常节日那样，用红色字母标注出来。在这些年里，您以忠诚和绝对的可靠让这个日子变成一个别具一格的日子。

这些年里，您不仅很好、静静地完成了日常事务，并且，您也证明了您的忠诚和坚守，特别是在一些困难时期，在法国人入驻的时候，您仍旧极其愿意帮忙。您也帮助我们很好地度过了那段宿营的时间。这段时间我们之所以能够减轻痛苦，是因为我们家里幸好还有友好的人。

亲爱的胡赫女士，为这一切，我们今天发自内心地感谢您。我们很高兴能给您准备这个小小的节日，如果我们的约尔克也能一起庆祝的话，那这个节日就完美了。

同时，我们感谢您亲爱的父母和兄弟姐妹，还有您的女儿罗斯玛丽（Rosmarie），所有这些人都经常一起努力，让您能来我们这帮忙。

您的友好和安静让您渐渐自然地融入了我们的家庭，并且出于某种自然的信赖，您以真正的忠诚支持着这位“女教授”（Frau 434
Professor）。

而当这位教授在有些日子里“不大说话”[①]，这是因为他一切都要集中脑子思考，但您仍然要知道，他还是认为您很好、很友善，他对您在家、在田野上、在马厩中的生活和行为充满了兴趣。

希望我们之间的这种美好而正在升温的关系能够持续下去。

希望您保持健康、能干、周到和愉快。

您的罗斯玛丽，勇敢而能干，走上了像她母亲一样的道路，她始终想着：重要的不是人创造了什么，而是人如何将其创造出来。

在弗莱堡的查林根，在查林根的罗特布克街道，一个特别的小地方；我们衷心祝愿您，能够将一切都保持下去。

---

① 此句引号中海德格尔使用了施瓦本或者高地阿勒曼尼方言，应该是引用胡赫女士平时说的话。——译注

435

195. 泰奥菲尔·里斯六十诞辰

（1949年7月9日）

亲爱的泰奥菲尔！

你的六十诞辰之夜要在我们的小木屋里庆祝，这以最美好和衷心的方式证明了我们之间已经持续超过三十年的友谊。诚然，首先令我们痛心的是，我们这边还缺少一个人，你的教子，我们亲爱的约尔克。

这一刻将所有符合你迄今生活的东西，都汇聚到一个纯粹而适中的瞬间：实际的影响、忘我的善意、精神的沉思。

这是一个医生生活的完美的三重奏，之所以完美，是因为你不畏惧去应和时代的必然性，然而你穿越了技术层面的东西，保存并发散着你的内心和灵魂。

现在，在此处，你的生活的这种三重奏与围绕着我们的事物一道回响：与蓝色的起伏山脉，与高耸的天空，与陡峭的冷杉，与牧群的钟声，与宽阔的牧场，与窃窃私语的清泉。

有这样的事物**存在**，并且以其柔和的力量照亮一切，这要求我们以某种对此在的深远的信赖来回应这些事物的单纯词语。在今日，这种对此在的信赖应该为某种新的此在获取新的呼吸；因为六十岁生日是新的开端，也就是老年的开端。

“老年”在我们的语言中既表明了时间段，也表明了时间。老年就是时间。

然而，人们很容易误认老年的秘密本质和财富；特别是当他们
如此度过这段时间，也就是将一切遇到的东西都只与此前的或者 436
过去的进行比较，并且停滞于这种算计中时。

以六十岁生辰开始的老年，是生命的秋天。

秋天是充足的、均衡的因而也是补充着的时间。

在此何谓秋天，对此我不需要你，亲爱的泰奥菲尔，详尽阐述；我只需记起 1935 年 10 月的一个美好的日子，我们一起在费尔德山(Feldberg)上漫步。

秋天是深思熟虑的时间，它为所有事物的隐秘共鸣唤醒了意义。

对秋天的信赖是进入老年秘密的有益随从。

人生的每一个阶段，如果是真正的人生，都具有其本己的固有风格。

要发现属于生活的适宜者，这取决于我们。

十年前，玛格丽特在你们弗莱尔斯海姆的小房子里，为你的五十大寿准备了一个卓越的节日。

你生活中周到和能干的配偶和你孩子的母亲，同样为你的六十岁生日再次确定了节日的风格。

同时，我们要默默地感谢小木屋的创建者和守护者。我们认为，守护者包括牧师的乐器。在我看来，长久以来，笛子都是形而上学的乐器。

在你的节日里，吹笛子的不是陌生人，而是笛子艺术家，她是

我们马堡的朋友之女，也是在从前小木屋里我们儿子们的演奏伙伴。

这样，一种美好的共鸣必定会与小木屋的这个节日时光相协调。

437 ‘Αρμονίη ἀφανής φανερῆς κρείττων——这是一位从前思想家的格言[①]。“在不可见者中隐秘的共鸣，能够高于某种从外面塑造而成的合并。”

这一美好瞬间的共鸣，亲爱的泰奥菲尔，乃是你将来的基调。这种基调承载着你生活的三重奏：你的影响，你的善意和你的沉思。

将这一基调保持在你心中吧。

你的最亲爱的、最邻近而又最遥远的朋友们，在你的六十诞辰之际，将这一祝福衷心地献给你。

① 这里指的是古希腊哲学家赫拉克利特。——译注

196. 纪念鲁道夫·斯塔德曼* 438

1949 年 8 月

十分尊敬的斯塔德曼太太！

在几周前，您的丈夫将他关于雅各布·布克哈特《世界历史沉思录》一书的文章寄给我，并称其为“之前努力的一个暂时的休止”。那时，美好的共同时光再现眼前。我马上从这一无比协调的著作中感到，他所探讨的对象是多么紧密地扎根于斯塔德曼自己的追问。那时我暗自打算，前往施瓦本的故乡，再次看望斯塔德曼并和他交谈。而现在，他突然去世。一条不仅仅捕捉历史，而是思考历史的充满希望的道路，也突然中断了。

而学会这一点，严肃地对待历史性的现实性，同时对其加以思考，这恰恰是今天这代人最大的急难。斯塔德曼在这方面应该能够为人师表；“应该”——他的去世让这成了徒然困惑我们的秘密。

诚如我所认识的那样，斯塔德曼自己清楚地知道，在这样的天命之下需要行动、需要拯救、需要保持。

尽管直接的语词和人类的当前无可替代，但是斯塔德曼的呈现和思考方式有助于将他所创造并遗留给我们的东西，根据自身的力量被带入语言。

他从被摧毁的祖国的黑暗道路上被带走了。但是他行走的踪迹始终留存。

这对于您和孩子们，还有亲爱的、衷心向我推荐的姐姐和姐夫，都是巨大的伤痛。希望在这一切苦难中，他始终是您的生活能够重新收获果实的胚芽。

439 我问候您，同时以共同分担的我的家人的名义问候您。

您十分忠诚的

马丁·海德格尔

197. 现在是时候了*

440

小木屋，1949 年 9 月 22 日

亲爱的恩斯特(Ernst)！

现在是时候了。或者说 60 只是一个数字，一个我们计算的标志呢？但是与这个数字无关的却是，我们过渡到老年了。尽管看起来很容易的是，如果我们没有其他选择的话，那就肯定老年吧。然而，我们究竟只是满足于变老，还是去发现老年自身的本质财富、信赖我们自己，这两者之间存在着本质的差异。如果我们得到了这种财富，那么，承载和引领着我们的所有关联就复苏了。同时，过去也赢得了新的面孔。当我们认识到，看起来无法重来、业已完成的过去，究其本质却是未完成的，是面向某种全新的敞开的，并且这样的过去陪伴着我们：这乃是美好的思想经验。

我们认识快四十年了。我还清楚地记得第一次在你的学生公寓里与你碰面，它位于希尔达大街上，那是 1910 年的夏天，我记得如此清楚，以至于我还能感受到房间里的气味。与此紧密联系的是你对西里西亚故乡和那里可爱的人们的第一次讲述，与之相伴的还有一种自由生活的可能性，这种生活拥有美好的精神食粮，并将其显示出来。这对于我，一个经历了狭小的高中集体生活和神学院集体生活的人，是一种全新的经验：一种在精神上、在科学中的自由的、但又不失根据和秩序的自我运动。然而，我们马上在这一点上产生了生动的共鸣，在一切本质性的、值得思想的事物中，并且在那个觉醒和向上的年岁里。

441 尽管我们踏上了不同的道路，但这一切都完好无损地保留着。这种共鸣后来始终以新的形态存在，直到今天。

在1909到1914年的在精神上如此激动人心的数年中，即便是最大胆的想象，我们也无法预料到今天所现实发生的一切。对你而言，这意味着在外远离家乡。我太了解，在过去的数年中，一切与丽娜（Lene）一起重新流向弗莱堡的东西，对你而言，都只是一种虚弱的安慰，让你能承受离家之苦。我也知道，你拥有足够的力量，来承受这种艰难的命运，而不逃避、不沉入痛苦中。在所有这一切中，我们的友谊始终是一片小小的希望，这一点时常令我宽慰不已。

也许在这一年中，你将重新开始一份富有成果的工作。这属于变老的隐秘艺术：我们一再能够成为新手。

你和我一样，不会为某个节日而激动。

但是，我们希望在这两个邻近的纪念日中，从你弗莱堡生涯的开端开始，更新我们的友谊，并且为彼此保存相互的祝福。

你在你的生日时应该会收到的《林中路》，尚且作为一份礼物吧。

我衷心问候你和丽娜。我祝愿你们在这个节日里保持着苦与乐的某种丰富的平衡。

以忠诚的友谊

你的马丁

198. 退休[①]申请*

马丁·海德格尔教授、博士

弗莱堡－查林根

罗特布克街,47号

弗莱堡,1950年3月3日

致巴登州文化教育部

在今年2月28日,弗莱堡大学校长先生,特伦巴赫教授、博士,在口头上将教育部的决定告知于我:由大学所申请、由军政府在去年晚夏所批准、向我确切许诺的荣休事宜,出于法定原因,只有到62岁才能实行。

出于这一情况,现在我收回1945年10月向大学所提交的荣休申请,而提出退休申请,因为目前由于健康原因我不能完全胜任

① 在此注意 Pensionierung 与 Emeritierung 的区别,两者意思皆为"退休",但情形略有不同。前者是完全的退休,不再承担教学任务;而后者则依然享有某些学术权利,可以承担教学任务,也具有更高的退休金。因此,在强调两者之区分的情形下,我们将 Pensionierung 翻译为"退休",把 Emeritierung 译为"荣休",以示区别。——译注

一个教职的教学任务。在此附上医生证明。

副本发给弗莱堡大学校长

马丁·海德格尔

443

199. 致玛尔维娜·胡塞尔[①]九十诞辰的信*

弗莱堡，1950 年 3 月 6 日

十分尊敬的胡塞尔太太！

在您这个令人尊敬的年纪的生日里，我和我的夫人出于某种不变的敬意和深深的感谢，向您表示问候，同时，我也始终回忆着那段独一的时光，那时候，胡塞尔是我的老师，也是我父亲般的朋友。

在这个日子里，我请求您出于您的见识和宽容，原谅我所犯的人性上的错误，我在您丈夫去世时所犯的错误。但是，除了这个错误之外，在我的态度中绝对没有对你们的疏远乃至敌意的踪迹，哪怕一点也没有。其中一个证据是，在那糟糕的、对您和您的亲属极其痛苦的几年中，我和往常一样，从未让胡塞尔的著作远离我的研讨班。

---

① 玛尔维娜·胡塞尔（Malvine Husserl）为现象学大师埃德蒙德·胡塞尔（Edmund Husserl）之夫人。此信中所说的“错误”是指海德格尔未出席胡塞尔的葬礼。——译注

我的夫人在近期会询问护理，她是否以及何时可以拜访您。尊敬的胡塞尔女士，我们俩带着一切良好的祝愿、尊敬和感谢，共同问候您。

马丁·海德格尔

444

200.阻止延期*

1950年3月7日，弗莱堡

校长阁下：

由于家里的不幸和不安，文件上没有签名，对此我深表歉意。

很遗憾，冯·格比萨特(von Gebsattel)先生长期出门在外。但因为我给他写信，所以我知道，他只是一时疏忽才弄丢了您所希望的附件[指签名]，并且肯定同意补充这份附件。基于我的这一说明，**修改过**的证明可以作为由校长办公室所认证的副本而呈交，而原件会补交到档案里。

我不知道还有什么方法，来阻止这个可能会持续很长时间的延误。

衷心的感谢与问候

您的

马丁·海德格尔

201.希望学院提出复职申请* 445

1950年4月6日

致弗莱堡大学校长

特伦巴赫教授、博士

校长阁下：

我确认收到您的两封信，时间分别是今年3月24日和4月4日。第一封信我在一周之后才看到，因为我那时出门了。

基于您对我当前情况的陈述，我曾提出完全退休的申请。但前提是，这从法律上讲要完全是可行的，并且，退休（Pensionierung）在明年会转为荣休（Emeritierung）。

在此我按照您的要求交回申请原件，我并未要求得到这个原件。至于确定退休时间，则是大学乃至教育部的事情了。

校长阁下，您还告诉我，不受我的退休申请的影响，学院想要为我申请教学任务。在我们的商谈中，我立马指出了这一解决方案的棘手之处。

但是，假如现在学院方面不是给我申请教学任务，而是申请复职，那么我认为这是更加符合情形的一种做法，尽管我在我们的商谈中尚未提及这种可能性；之所以更加适宜，这尤其是在我遭受了长达五年之久的“惩罚措施”之后，而这样的惩罚远远超出了大学的清洗委员会在1945年所认定的尺度。

446 但作决定是学院的事情，我不想对其施加影响，正如我在这五年里，也没有以任何方式（即便是正当的方式）试图影响学校的意图。

致以特别的尊敬

您忠诚的

海德格尔

（含附件）

202. 全面的澄清*

447

弗莱堡，1950 年 4 月 9 日

致哲学学院院长

克莱曼・鲍尔（Clemens Bauer）教授、博士

弗莱堡

院长阁下以及各位专业代表们，我再一次感谢你们的参与。商谈带来了全面的澄清，其结果我想简短总结如下。

1. 我本人将维持退休申请，这是校长先生向我指明的目前唯一可能的解决方案。不过，校长先生也坚决强调以下两个条件：这一退休只是作为从现在到 62 岁荣休之间的过渡；它包含了对大学任教资格的承认。

2. 以上两项条件需要书面允诺。

3. 如果教育部不批准这一书面允诺，学院则将这一退休申请视为失效。

4. 从我来说，从今年 4 月 1 日起我将不再请求确认这一退休申请。因为根据院长先生的要求，对此的确认除了尽快改善我的经济状况外，不再有其他目的，因而只要大学或者学院向教育部申请这一时限，我对此完全同意。

5.关于我是否属于学校的教学力量这个问题，我将一如既往，448 把对此问题的处理完全交给学院及委员会。我既不会提出特殊的要求，也不会寻求以任何方式影响学校的决定。

6.关于我的法定职位，我并不将自己视作被免职的。院长先生告诉我，在学院里关于这个问题有不同的意见。教育部的观点则是，无论如何我“事实上”已经被免职。

7.最后，还附带有语言表达的问题，在我退休之后、分配教学任务时，我的名字应该以什么形式出现在讲课目录里。在此我想要坚决地强调（我在商谈时尚未指出这一点），我必须并且也希望出现在符合实际关系的职位上，也就是在讲师里面。任何对我的名字的其他编排，例如编入正教授一栏，都将会掩盖实情。

我请求，院长阁下将这封信既告知专业代表，也告知学院的所有成员。

致以最好的问候

院长阁下的忠诚的

海德格尔

第六编

退休时期

203. 同意退休*

1950 年 4 月 12 日，弗莱堡

致弗莱堡大学校长

特伦巴赫教授、先生

校长阁下：

学校申请将我的退休时期确定于今年 4 月 1 日，对于这一申请，我坚决表示支持。

校长阁下的

十分忠诚的

海德格尔

452

204. 回应：笔记“汉夫斯丹格尔反海德格尔”，载于慕尼黑《南德报》1950 年 6 月 14 日周三

对于埃德加·汉夫斯丹格尔（Edgar Hanfstaengl）在慕尼黑市议会所提出的控告，我作出如下澄清：我从未强迫我的学生或者其他人加入纳粹党。很遗憾，我自己作为由全体成员选举产生的弗莱堡大学校长，在 1933 年夏天被迫入党，但仅仅在以下条件下（我也严格地遵守了这一点），亦即我不会以任何方式为纳粹党工作，也不会在党内或者在某个分支下担任任何职务。我在 1933 年犯了政治错误，就像很多同样在精神事务上享有世界性声誉的名流那样，在希特勒及其运动中看到了我们民族的建构力量，并对之加以拥护。在 1934 年年初，我就已经意识到了这个错误，并且在对巴登州文化部的纳粹主义要求的抗议下，辞去了校长职务。自此，在过去十年的学术活动中，直至 1944 年秋天，我越来越尖锐地投入到与“纳粹主义世界观”之非精神基础的精神性争辩乃至批判中。

能够极其准确地理解我的这种态度的有，我在这十年间出于对西方的责任所培养的数千学生，还有纳粹党的机关及其喉舌。安全部对我的数年调查和监控，在党内刊物中对我的作品的持续

攻讦,继而是出版禁令,最后是他们无视我的年龄和身份,将我征入民族冲锋队,却放过了许多更为年轻的同事,这些都明确地证明了我的态度。

在 1945 年,我 1933 年的政治错误被大学的政治清洗委员会 453 确认为唯一的“罪证”,他们同时强调,我从 1934 年起不能再算作纳粹主义者。1947 年,我被法国占领军宣布禁教令[①],1949 年这一禁令取消。在德国的去纳粹化运动中,我被列入共犯,但没有制裁措施。

任何罪过都必须抵偿。但是,将那些短期或者长期犯了政治错误的人,一再放在公众面前加以诽谤,这究竟还要持续多久,并且,这发生在这样一个国家中,根据它的宪法,每个人都可能是共产党的成员和战士。以此方式,一种罕见的遮掩将会把我们民族的最后的实质性力量消耗殆尽,直至内在的解体。

弗莱堡,1950 年 6 月 24 日　　　　马丁·海德格尔

---

① 1946 年 12 月 28 日。这个禁教令由巴登州文化和课程部于 1947 年 3 月 11 日转达给海德格尔。——编注

205.我的思想道路的必然性*
(1950年前后的笔记)

人们认为,我在过去的十年中、特别是过去的五年中所思考的,无非是让我自己重新回到广泛和多元的教学活动中。

人们不承认,根据我的思想道路的质朴的必然性产生了这样的使命,这种使命要求我放弃教学活动。

人们甚至现在还想——根据过去五年所发生的事——要求我,将所有力量献给大学。仿佛这是如此重要,以至于是生命中的本质性使命,它超出了单纯的专业教学、深入到这种专业教学背后。

人们将这一机构绝对化,就此提出道德要求。人们将一切逼入不自由。人们思考一切,最终却将为了坚守一条道路而作出放弃的内在必然性解释为不忠诚。

人们不承认,今日的教学活动的基本前提乃是,将历史性思想的道路带入值得思想者敞开其前景的地方。

机构的强迫如此之广泛,竟试图规定一切个人的、真正实质性的关系,这是为何?

我们缺乏伟大而不可见的开放态度,这是为何?一切都必须得到一个空洞的机构的认可,这是为何?

也许在这些年里，我正步入一条不可避免的漫长道路上，在这条道路上，需要恰当地处理各种看似微不足道的必然性：不断重新 455
检验、直到聚集为某种值得思想者，将自身赋予这种聚集之中并且要求某种应和。现在，没有任何机构（甚至是那个我长期所属、最终却长时间忽视我、认为我是无足轻重的机构）能够像某种法律权力一样登场，将它的各种要求设为绝对的要求，甚至召唤道德义务。

对这一道说之应和能否自行隐匿，抑或这一道说仅仅作为附带者，从较低的等级移到上方乃至移开，为了解决某种看起来是属于青年、事实上却只是数十年来老人们已在其中到处游荡的困境（老人们仅仅想要用噪音、程序和更新的意图来掩盖这种困境，而直到现在，出现的却只有空洞的企业活动、单纯的对有效性的追求以及可怕的仓促状态）？什么东西迫在眉睫？它显现为某个偶然的机遇，以学会表面上的困境与意愿？抑或是某种远远超出前者、有待于思想、有待于保存在某种道说中的东西，而这种道说本身必须承载着一切先行者的标志？

人们不恰当地评价这些关系，不想看到符合关系的东西。人们依赖于机构，从而将一切束缚于机构之中，他们认为，只有在这里、从这里出发才能产生有效者和有作用者。

但是，假如现在乃至长久以后，重要的都不是作用和效果，那又如何？

通过对不断变化的目标的多番努力，现在大学对我的事件的完成达到了这样一种程度：假如我向来有意于反对大学的话，可能这件事倒会被逼着走上合法的道路。

在过去的五年里，在不断更换的校长和文化部之间，到底在何种程度上、以何种方式，是合作还是互相反对，此中的细节大概不得而知了。

456 假如大学时刻都坚决地站在我这边、反对政府的话，那事情的发展就绝不会像今天那样了。

206. 对迫令退休[①]的接收*

托特瑙堡，1950 年 7 月 15 日

致弗莱堡大学校长

奥尔科斯(Oehlhers)教授、先生

校长阁下：

在附件中，我将对迫令退休的接收证明(一式两份)寄给您。这样，退休事件就结束了。

对我的情况的法律状态的阐述，我在以后会告知校长办公处，补交到我的档案中。然而，这一阐述明显不同于那些观点，那些由其他教师成员所分享和提出的观点。

校长阁下，我也十分希望能够和您直接对话，从而澄清那些令人有些不快的事情，最终清除掉这些事情，因此，我请求在 8 月份(我下次留在弗莱堡时)和您进行一次谈话。

在穆勒教授那里，我听说了关于书商克罗恩(B. Krohn)(巴登维勒)的某个事件。在此我澄清，我一点也不知道这个事件，从

---

① Zurruhesetzung，意思也是“退休”，为与上文的 Emeritierung(荣休)和 Pensionierung(退休)加以区分，译作“迫令退休”。——译注

一年半前就完全没有与克罗恩先生谈过我的事情。

而与此相反，在过去几年里所计划的各种尝试、在公众场合代表我的尝试，每一次都被我坚决拒绝了，因此，这些尝试也停止了。同样，对于学生们的最新行动，我也毫无所知，这种行动是违背我的意愿的。

458 感谢您，校长阁下，感谢您的来信和您对我的事务的努力。

致以友好的问候

您十分忠诚的

马丁·海德格尔

207. 回应《巴斯勒消息》中的笔记 1950 年 8 月 11 日第 339 号晚报 459

1. 我没有收回我的教席,而是带着教学任务退休了。

2. 我在希特勒时期的“有力罪证”在于我持续了一年之久(1933—1934 年)的政治错误。在 1934 年,我在对纳粹主义的巴登州文化部的要求的抗议下,辞去了校长职务,并且,诚如大学的清洗委员会在 1945 年所确定的那样,“从 1934 年其不能算作是纳粹”。

3. 从 1945 年起,我没有在德国获得出版禁令(也许恰恰相反,从 1943 年起戈培尔对我下过出版禁令)。

4. 我从未不顾我的犹太人老师胡塞尔(我自 1928 年起接替了他在弗莱堡大学的教席),或者以某种方式“排挤”他。相反,在后来人们命令撇开犹太作者的一切著作时,我却从未在我的讨论课上执行过这个命令,不仅如此,那时的参与者可以作证,我还一再坚决地向大家推荐研究胡塞尔的著作。

报纸上的笔记的作者贝克(M. Beck),是不是那个从 1928 年起就开始在由他编辑的哲学杂志上长期恶意地批评我的马克西米立安·贝克(Maximilian Beck),这一点我不知道。

托特瑙堡,1950 年 8 月 18 日

208. 绝非“从法律上”被解除职务

马丁·海德格尔　　　　　　　托特瑙堡，1950 年 8 月 2 日

致弗莱堡大学哲学学院院长

弗里德里希(Friedrich)教授、先生

院长阁下：

在此我确认收到您今年 7 月 17 日寄来的信件。除了我对教育部信件(1950 年 7 月 7 日)的附函(来自校长阁下)的回信之外，我还附上了对上述信件的接收证明(一式两份)。

我之所以立刻回信，这不仅仅是因为校长阁下强烈请求，“尽可能马上寄出”接收证明，更是因为通过教育部的信件，我的事件按照教育部和校长办公处的意思得到了一致的决定。然而，我在回复 1950 年 7 月 15 日校长阁下的来信时特别指出，我将会把对我的事件的法律状态的阐述告知校长办公处，并补交到我的档案中。借此我要表达的是，我对我的事件的法律状态的判断有别于文化部和校长处。我绝非“从法律上”被解职，在此期间，一个巴登州法律部的高官依据材料向我确认了这一点。

关于您 1950 年 7 月 7 日来信中的问题，我回答如下。

在政府拒绝了由大学在 1949 年初夏所提出的荣休申请之后

不久，并且当时的校长，特伦巴赫教授向我指出，要想将我的事件纳入正轨，唯一还剩下的可能性是基于医生证明的完全退休，此后 461
我决定，提出退休申请。对我而言不言自明而从法律方面也得到确认的退休申请的条件是，它必须与医生证明一道，由还在任职的某人所提出。与此相反，州政府在1950年6月28日的决定中，根据教育部的信件，将我认作是已经被迫令退休，其前提是，我属于“出于政治原因而离职的公职人员”。

我要着重指出的是，校长处在附函中对于州政府的这一前提没有提出任何相反的表态。院长阁下，在您的信件中也同样没有提到州政府的这一责难。因此，按照州政府、文化部和大学的理解，这一迫令退休就意味着，我被排除在大学的全体教师之外。

院长大人，现在您自己在信中（1950年7月17日）以学院的名义询问我，通过教育部1950年7月7日的信件的第二段，我是否“认为这已经满足了我对得到荣休承诺的希望”。荣休承诺绝不是出自“我的希望”。也许是那时候的校长，特伦巴赫先生，他给我提出了这个承诺作为条件，在这个条件下，大学可以将退休申请（大学紧迫地建议我申请退休）递交到教育部。在我和当时的校长谈话后，校长的这一态度又通过前任院长在我家的一次口头谈话再次得到了确认。因此，这是学院和学校的事情：在教育部的承诺中，它们是否认为由大学提出的条件已经得到了满足。

在1950年7月7日来信的第三段中，教育部按照学院的申请 462
给我颁发了教学任务；这意味着：一个不属于大学的师资力量的人被任命开设讲座课和练习课。这种情况就好像剧院的戏剧顾问被教育部任命，举办关于剧院的课程。通过这一任命，戏剧顾问绝不是“讲师”，同样，我在这种情况下，也绝不是退休教授。如果学院已经决定，将课程目录中的教学人员公之于众，其中将我的名字“直接放在在职的正教授里”，也就是放在通常由州政府确认为讲师的非正教授和私人讲师前面，那么，这就是某种对事实的隐瞒，我绝不会同意这种做法。尽管学院在 1950 年 5 月 2 日的信件中表达了它的看法，认为我具有教学权。但是，通过州政府和教育部所提出的离职，我已经丧失了官方认证和仅仅如此才有效的教学权，因而也丧失了讲师的特征。通过迫令退休，我无法再收回已经被没收的东西，即便学院声明，我拥有教学权。目前状况的要点在于，由州政府所授予的教学权是悬缺的。这意味着：我不是讲师，更别说是退休的正教授，而是在哲学系的三个正教授、一个空缺教席的代理教授和一系列通常的讲师之外，仅仅作为助理教师而得到许可。

在这样的情况下，基于这样的事实，我认为很难接受这个着眼于我三十年学术生涯并不光荣的教学任务。但假如我决定接受的

463 话，这是因为我考虑到那些想要参与我的课程的学生们，以及为了通过我的接受，让这一令人不快的状况以及它所引起的相关人士的不安尽快结束。如果在过去的五年中，州政府以及大部分的教师都真诚希望并坚决促成我作为荣休者的共同工作，那么，早就可以找到某种方式，将海德格尔事件静静地、悄悄地纳入正轨了。但这并没有发生，因此随着时间的流逝，必然会出现越来越多的误解、愤恨和分裂，最终引发了令人不快的事情以及我一直拒绝的外部干涉。这一切都不是我的错；因为在这五年里我一直有所节制，尽可能不抛头露面——无论是直接的还是间接的。

我始终都要承认和感谢，在过去的几年里，有些教师以及各个学院的某些团体，在不同的情况下，严肃和坚决地努力，基于大学的清洗委员会在1945—1946年冬季所作出的判决（我完全接受这一判决），将我的事件纳入正轨，这既是为了大学的利益，也是为了我的利益。

院长阁下，关于您的来信的第3条，我请求以后再作回应。

您忠诚的

马丁·海德格尔

附件：开启证明（一式两份）

464 # 209.从未被通知解除职务*

马丁·海德格尔　　　　　　托特瑙堡,1950 年 8 月 13 日

致弗莱堡大学校长

奥尔科斯教授、先生

(含 3 份附件)

校长阁下:

在附件中,我将我寄给哲学学院院长的信件(1950 年 8 月 2 日)连同副本一起寄回。在和您的谈话后,我将其检验了一遍,并且同时,我在附件中同样附上了院长先生写给席拉西教授的信件(1950 年 7 月 28 日)。

院长先生向我保证,“学院会尊我为荣休教授”,您,校长阁下,以大学的名义告知我相同的话,我为这一保证感谢您和院长先生。然而,仅凭这种“尊重”不会产生我和大学的任何法定有效的关系。

十分尊敬的校长阁下,在今年 8 月 8 日我们的谈话中,您告诉我,教育部和大学将 1947 年宣布的对我的“教学禁令”解释为解除职务。我再次强调,这种理解从来没人告诉过我,我完全不知道,这种“解职”是基于何种谈判、何种论证而作出的判断。

因此,很遗憾,我认为自己不能修改写给哲学学院院长先生的

信件。

此外，从我收到的课程目录里，我看出，席拉西教授被委托"承 465
担"（而非"代理"）哲学系的第一教席，他事实上已经拥有这个教席。因为我不想取代席拉西教授，因此关于我在全体教师内的共同工作的任何进一步讨论，都是多余的。

我绝不会开设大课，而只打算小范围地开设某个练习课。

十分尊敬的校长阁下，我请求您，以此方式将海德格尔事件视为已经结束。

我对我的工作负有责任，鉴于我的年纪和我还剩下的力气，我需要安静和集中精力，我不想让我的工作再被牵扯进无尽的或"支持"或"反对"的谈判中去了。我请求您，十分尊敬的校长先生，能够理解我的决定。

您十分忠诚的

马丁·海德格尔

210. 荒唐和捏造的指控*

马丁·海德格尔　　托特瑙堡，1950 年 9 月 5 日

致弗莱堡大学校长

奥尔科斯教授、先生

校长阁下！

昨晚收到您今年 9 月 1 日发出的信件，我马上回复您。同时，我答复您 8 月 14 日的信件。我们的信件互相错过了。

您现在才收到我从 8 月 13 日寄出的挂号信，这一点不再让我感到奇怪，因为在过去几年中，我在寄信和收信时已经有了这种经历。

很遗憾，在您的假期还要烦忙于我的事情。然而，十分尊敬的校长阁下，我想再一次衷心地请求您，既然我的事件已经决定为退休，那就让它最终定格下来。我认为，无论从哪种角度来看，要让我现在再次公开出现在弗莱堡大学，都是无用且不便的。

很遗憾，我无法对哲学学院的决定（它只与 1949 年 5 月 2 日所提出的荣休申请有关）表态，因为既没有人通知我这次会议，也根本没有人通知我学院的其他会议，同样我对校委会的审理也一无所知。

我同样不清楚，基于何种“罪责”我被教育部方面认为是被解职的，为何大学对于教育部的这一决定，未经反驳就全盘接受，很 467
明显，这一决定远远超出了大学的清洗委员会曾经作出的判断。

我始终只是偶然地，从朋友那里或者通过传媒，听说那些针对我的荒唐和捏造的指控。比如，我可以指出《巴斯勒消息》中的笔记（1950 年 8 月 11 日，第 339 号晚报）。

十分尊敬的校长阁下，祝您在黑森林还能好好休息，致以友好的问候。

您十分忠诚的

马丁·海德格尔

211. 对某些一再散布的诽谤的评论
(1950 年)

我从未加入冲锋队或者党卫队,也没有参与任何其他军事团体;因此我也从未——除了在第一次世界大战中穿过四年的军装之外——穿过任何一种制服。

无论是 1933 年之前,还是此后,我都从未与纳粹部门或者纳粹主义运动的积极分子有过任何个人的或者书面的联系。即便是在校长任职期间,我也仅有几次,并且是出于工作上的原因和几个党派人士有过接触。

我从未参与过任何反犹措施;相反,在 1933 年,我在弗莱堡大学禁止了纳粹主义的学生会的反犹号召,同样我也禁止了反对某位犹太教授的游行。对于我那些逃往外国的犹太学生,我一直十分投入;我的推荐让他们在很多方面减轻了阻扰。

说我作为校长禁止胡塞尔进入大学及图书馆,这是个尤其卑鄙的诽谤。我从未停止将胡塞尔看作我的老师,感谢和尊敬他。然而,我的哲学工作在很多方面偏离了他的立场,因此胡塞尔自己在 1931 年柏林的体育宫[①]的讲话中公开攻击我。早在 1933 年之

① 这里海德格尔弄错了。胡塞尔的讲话是在柏林大学举办的。——编注

前，我们之间的友谊关系就有所松动了。在 1933 年，第一部反犹法案出台之后（这让我和许多其他人都深感震惊），我的夫人给胡 469
塞尔夫人寄了一束花，并附有一封信，信里——同时以我的名义——表达了我们不变的尊敬和感谢，同时对反犹的严酷做法表示谴责。在《存在与时间》后来的某个版本中（1941 年），出版商写信给我，只有删去献给胡塞尔的献词，此书才能出版。我对这一删除表示理解，但条件是，在文本第 38 页上真正的献词要原封不动地保留下来。后来也这样发生了。当胡塞尔去世的时候，我因病卧床。然而，在我康复后没有给胡塞尔夫人写信，这无疑是某种疏忽；其动因在于对于在此期间所发生的反犹行为的痛苦和羞愧，这已经远远超出了第一部反犹法案的范围，并且人们无力反抗它。

但是，在胡塞尔夫人[①]九十诞辰之际，我给她送花并附上一封信，在信中表达了我强烈的请求，请她原谅我在胡塞尔去世时的疏忽，这种疏忽在这些年里一直压抑着我，让我极其痛苦。

---

① 玛尔维娜·胡塞尔，1860—1950 年。——编注

470

212. 在比勒荷尔一个诗歌朗诵会的开场白

1951年2月24日

我仅仅作为听众中的一员，来作这个开场白。这个开场白仅仅要表明，我们必须以何种方式去倾听。

在这个动荡的世界中，什么东西比诗歌更值得追问？在这个一切生活空间都已毁灭的时代，什么东西比做一个关于诗歌的看起来随意的公开演讲更为冒险？

然而这还是发生了！

"……诗意地栖居/人在大地上。"

甚至技术的本质和支配也出自这句话所体现的真理。

在何种程度上人们诗意地栖居？人如此栖居，因为他言说。

人如何言说？他言说，通过应和语言。因为真正言说的是语言。终有一死者始终通过应和语言的赋予（Zuspruch）、向语言的赋予允诺其本质，才得以言说。

而语言如何言说？语言在诗歌中原始而完善地言说。但是，创作和诗歌并不等同。因为散文也以相同的方式是创作。散文的言说不是散文式的东西。因此，真正的散文和高贵的诗歌一样是稀少的。

然而，为了将诗歌从无家可归的状态中拯救出来，我们应该如何行动？我们能够将诗性的东西从流放中解放出来吗？

一切创作都被流放到何处了？

在写作活动中，在文学中。写作事先预订了被创作的东西，并且仅仅在被写成的东西中。而它会被提供给分散的、无法聚集的读者进行单纯的阅读。诗歌只是被读者所阅读。它不再歌唱。也 471
许在幸运的情况下，创造者自己进行阅读，同时还仅仅保留着有待创作者的“某个调子”。

将作诗从写作活动那里解放出来，是一方面。

而另一方面，紧要的是：**为了世界而拯救大地**。需要根据神人之际的崇高游戏，为了这一游戏，将大地庇护于完善之中。这里产生了一种必然性，亦即重新以开端的方式经验我们今日尚且称之为“自然”的东西（这种称呼是不充分的且不再知晓本质性的东西的）。因此在今日，在某种单纯跛脚的浪漫主义“自然诗歌”的表象之背后，已经可以开启某个拯救大地的不可见的开端。正如某个无雷的闪电那样，在转瞬之间，存有之完美的邻近将被赋予我们。

这两者，解放和拯救，只有当我们开始学会倾听，我们才有能力做到。此处封锁着开端性的学习。它要求我们，注意语言的本质，以便从这种注意中觉知到纯粹的被言说者，从而经验，这种被言说者如何尚且源自某种赋予。

一切努力都必须聚集到一处：我们有死者互相鼓舞进入纯粹的道说和倾听。这种鼓舞让我们避免每一种狂妄。它让我们知道，被写成的东西之公开起作用尚且不是词语的有效性。因而在此时此地，我们不必惊叹名人的成就，抑或对其加以责难——两者从根本上是一样的。

同样，也不应该在这个时候底气不足地端出某些众所周知的名字。

我们互相鼓舞，我们倾听着，与道说的令人愉悦的努力一道前行；既不一味听从，也不像无权的批判家。那些今日跟我们交谈的人，自己最清楚地知道他们的言谈的临时性和不可见状态。

472 自从我知道了斯托曼（Stroomann）博士的这个计划，在这几天里，我就经常想起西方所有抒情诗人中最伟大的那位诗人的最美的那首诗，想起了萨福（Sappho）的几行诗，它道说着诸神的召唤：

κάλοι δέ σ’ ἄρον
ὤκεες στροῦθοι περὶ γᾶς μελαίνας
πύκνα δίννεντες πτέρ’ ἀπ’ ὠράνωἴθε-
ρος διὰ μέσσω

“你看到，美丽的
匆忙的麻雀飞过大地，黑压压
密集地嗡嗡作响地从天空飘过
穿越中心。”[1]

---

① 《歌集》，第一卷，第9—12行。——编注

在这一神圣的劳作中，美丽的、难以展翅的麻雀，较之所有只在自己的虚荣中装腔作势的孔雀，是更为本质性的。

473 # 213. 一个没有举行的关于老年的讲话

为友人布鲁诺·莱纳(Bruno Leiner)六十诞辰的补充庆典

黑贝尔园(Hebelhof),1951 年 9 月 15—16 日

马丁·海德格尔

亲爱的朋友布鲁诺!

在这个晚夏的日子里,在这样一个友好的圈子里,为你的六十诞辰补办庆典,是多么美好——并且是在“黑贝尔园”里。

“一切事物缓缓地/朝向老年……”黑贝尔(Hebel)在他的诗歌《逝去者》如此写道。

为什么我们的语言将我们现在进入的年龄称作是“老年”本身及其开端? 如果语言较之我们的日常理智拥有某种更深的智慧,那么,在这种语言用法中一定有某种真理。

老年是那样的时间,我们已经*足够*年老,因而能够认清和评价人类此在之如何存在,以及一切事物之如何存在。老年是那样的时间,认识和存在相互变得成熟。老年是生命的秋天;而秋天是最柔和的时间:在那时,一切都进入了平衡;在那时,幸福和痛苦同等本质性地属于此在;在那时,在安静中自由地思考乃是在每一种行动与放任中的任何活动的核心。

进入这种安静的河流之中，是某种伟大的天命。亲爱的朋友，我的愿望是，这一天命之遣送能够等待着你。

你的生日房子的长久和高贵的传统，你的家乡城市的丰富历史，你为精神与艺术之萌发力量而清醒的内心，你为人性的尊严和
高贵的态度而天生的性情——这一切集中起来，都是为了让你在 474
你的亲人和朋友们那里，经历某种高贵的老年。

回忆属于老年。但回忆是朝向过去者还是曾在者，是有区别的。过去者**不再存在**。如果我们留恋于此，那么我们就失控地游荡在虚无者之中。但是，曾在者是自行聚集于本质之中的东西，因此仍然**存在**，并且还将存在。

当我们尊重曾在者，那么我们就会在其中发现那重新贯穿和支配着每一个重要生命阶段的东西。

我经常想，这一曾在者包括我们共同的高中时光，以及这个世纪的前十年。那里所萌发和逼入成长的东西，很长时间都没有达到成熟。

因此，在这个艰险的世界时代里，我们的老年必须保持清醒，并且根据被遣送之传统的财富，悄悄地成为榜样：在对真实者和非真实者的评价和区分中，在对本质之物和非本质之物的决断之中，在对存在之至高要求的应和之中。

这样的老年是它所是的东西。它的真实性为它的必然性提供了担保。这样的老年放弃了某种年轻人的刻意的矫揉造作。

老年就是界限。古希腊人知道，何谓界限。界限不是终结，而是开端；它是一切事物自行完成的方向。

亲爱的朋友，让我们长久、顽强地保持在这一界限中。

第七编

荣休后

214.关于重归与母校的适当关系

托特瑙堡,1951 年 9 月 30 日

致文化教育部司长

保罗·弗莱克教授先生

尊敬的司长先生!

衷心感谢您关于我退休的来信。我请求您向部长先生、总统先生转达我最衷心的感谢,他们与州政府一道,使我有可能重归与我的母校的适当关系。

对您认真负责的工作,我谨致以最高的敬意,并向您表达美好的祝愿!

您忠诚的

马丁·海德格尔

215. 荣休后致谢*

托特瑙堡，1951 年 10 月 1 日

亲爱的特勒巴赫先生！

现在通过荣休手续，所有的努力终于大功告成了，我想在此向您表示问候，感谢您在您任职期间为我所做的一切。

谨致友好的问候！

您的

马丁·海德格尔

216. 始终只收到退休金的 80%[*] 479

海德格尔教授　　　　　　　　　　　　1951 年 12 月 31 日

弗莱堡－查林根

致阿尔伯特·路德维希大学校长

校长阁下

谨请告知我的退休教授薪水状况。正如副校长先生在今年 9 月底写给我的信中所讲，在关于我退休问题的持续多年的协商中，总是说到要给我全额薪金。但我从巴登州总出纳那里收到的，却始终是退休金的 80%。

致以崇高的敬意

您忠诚的马丁·海德格尔

217. 教职委任失效了*

马丁·海德格尔　　　　　　　1952年3月16日,弗莱堡

致弗莱堡大学学术委员会

谢谢3月10日关于补足我的基本薪水的通知。在同一次口头商谈中我曾提醒,按理自我退休以后,授予我的教职委任及其报酬就已经失效了。但财务处始终还把这一报酬转账给我。我请求澄清此事。

顺致崇高的敬意!

马丁·海德格尔

218.思想乃是思念 481

（1952年6月20日）

女士们、先生们！今天在弗莱堡，展览“战争被俘者发言”开幕了。

我请求您们前往参观，为的是倾听这无声的声音，使之不再从内心的耳朵里消失。

思想乃是思念。[①] 但思念有别于对过去之物的稍纵即逝的回想。

思念思考与我们相关涉的东西。只要我们**同样也**对这种自由的消灭视而不见，那么，我们就尚未处于相称的空间里，尚不能思索自由，哪怕只是谈论自由。

---

① 此处关于“思想”（Denken）与“思念”（Andenken）之间的关系的断言，是海德格尔后期的一个基本想法，特别可参看海德格尔：《什么叫思想？》，《全集》第8卷等文本。——译注

482 # 219.关于1945—1951年经历的说明[*]

弗莱堡,1954年1月9日

致阿尔伯特·路德维希大学校长先生

弗莱堡

校长阁下

附件中呈上我的说明,涉及我在1945—1951年间任大学正教授职位期间的经历。

我请求您把这个文件装入我的档案中。细部的书面材料在我这儿。

您忠诚的

马丁·海德格尔

关于1945—1951年经历的说明 483

1945年9月 递交问卷 占领军当局的决定： 可支配的	系里拒绝我的重新入职申请。 我于是提交了荣休申请书。 大学拒绝转交这份申请，除 非我放弃行使大学任教资格 证书的权利。我于是在退休 申请上附上了声明：只有当 大学明确表达希望时，我才 会重新行使这种权利。
1945年11/12月 大学“清洗委员会” 审理判决：1933年 有严重政治错误， 自1934年以后不再 能被称为“纳粹”。 作为该错误的赎罪， 荣休可视为恰当的。	荣休申请被转交了。

1946年夏季和秋季
在紧闭的大门后面
又开会了，没有通
知甚或传唤被指控
484 者，一个所谓“州
清洗委员会”。根据
它的建议，军政府对
我宣布一项无期限的
禁教令。这一禁教令
1947年3月由巴登
州教育部在官方报纸
上发布。

大学用一张简单的财务通知单，把我的收入汇票调到每月300马克，作为最终调整的预支。系主任多次通知我，无期限地宣布的禁教令只具暂时的效力。军政府明确地保证，我作为研究人员在大学的位置会原封不动地保留，保留全部收入，只讲课费担保金将不再被支付。我于是对禁教令不再提出上诉申请。

1947年3月
一年半以来流转的荣休申请未被军政府批准，相反，全额退休金则被批准了。

1948年1月1日没有进一步的通知，每月300马克的预支已调整到位；根本不再有别的支付了，直到在我聘请的律师的干预下，于1948年5月追溯，自1947年7月1日起支付全额退休金。

1949年7月
最终的清洗决定：追随者，无赎罪措施。

1949年4月1日起，我突然被财政部服务部门处理为被解雇的官员（收入汇给海德

格尔博士，退休金降至40%——每月160马克）。根据我 485
的请求，校长办公室插手了，重新提出批准我的荣休申请书的申请。

1949年9月
军政府取消禁教令，批准我的荣休申请。

1950年2月
我的荣休申请被巴登州政府拒绝，因为尚未达到年限。

1950年4月，校长和系主任**最急切**和**最匆忙地**建议我申请退休，以之作为**唯一**可能的“我的问题的解决方案”。当一份同时由多位本系成员提出的关于让我完全重新入职的申请未被考虑时，我提交了退休申请。大学和系里同时向政府提出授予我“高校任教委任书”，并请求得到保证，在我达到年限时把我的退休改为荣休。

486 1950年7月

巴登州政府批准我退休。

1951年9月

巴登州政府宣布我荣休。

总结起来我得指出：本人既没有被大学清洗委员会提请解雇，也不曾由军政府方面或者德国官方报纸公开说明我之被解雇。无论是大学还是我本人，都没有收到教育部方面关于我被解雇的通知。我没有提出过关于禁止授课的上诉申请，因为禁止授课绝不能被视为解雇，这一点也反复由系主任和法国驻大学的联络军官表达过了。

只是到1949年7月，由于收入减少，由于财政部服务部门的官方函件，我才弄清楚，我已经被申报为“被解雇的官员”了。是谁申报的？根据哪个决议？还有，这个决议具有何种理由？凡此种种，我是一无所知的。

1954年1月9日于弗莱堡　　　　马丁·海德格尔

220.“诡黠”

弗莱堡,1954 年 4 月 15 日

尊敬的博士!

“kuinzig”一词的词源未得到澄清[①]。这个词语的使用仅限于博登湖与多瑙河上游的上施瓦本地区。

大致说来,这个词语的含义指向苏格拉底的反讽(*Ironie*)方向,后者也不能用一个概念来表达。相对于一切通常和流行之物(它们总是自以为十分重要)的明朗而阴郁的优越感,正是这个词语所指的意思——但这种优越感并不是什么高调上行的东西,也不是恶毒讽刺的方式。

“诡黠”(Kuinzige)包括一种对于人和物的家乡般的喜爱,以及一种对人和物的真正忧心;但它意在——并非有意识地——保

① 如海德格尔下文所指出的,“kuinzig”一词(德国上施瓦本地区用词)指的是一种“相对于一切通常和流行之物的明朗而忧郁的优越感”。海德格尔《乡间路》的法译本把“das Kuinzige”译为“一种狡黠的智慧”(une sagesse malicieuse)。我们勉强试译为“诡黠”。绍兴俚语中有“调摆”(音)一词,大意为:以一种智力的优势去捉弄他人——民间相传徐渭(徐文长)经常有此勾当。——译注

持于可能容易被误解为阴谋诡计的不可看透的东西中。

这个词语所指的意思在不同领域里(甚至在最高的思想领域里)发挥作用,在那里标识着对于本质性的东西的深思(Tiefsinn),这种深思显现于毫不起眼的东西中,并且把万物的对立性扬弃于更高的统一性,但同时始终保持着运动状态;所有这一切都在人们所具有或者并不具有的上施瓦本的此在方式之中。

对于《乡间路》的补充,我要向您指出的是我的一个小册子《从思想的经验而来》,是弗林根的京特·纳斯克出版社新出的。

致以美好的问候!

马丁·海德格尔

221. 在侄子海因里希·海德格尔首次弥撒庆祝会上的祝酒词 488

（1954 年圣灵降临节）

亲爱的侄子海因里希！

今天这个庆祝日对你来说充满了恩宠，充满了向你的教士职业顶峰的聚集，以至于几乎不需要一个世俗的致辞了。

因此就让我以至亲好友的名义来做一简单讲话。

我想讲三个意思：我们的快乐、感恩和一份愿望。

当人感到快乐时，通常是指，他的快乐是他感受快乐这样一回事情的结果和后果。但实际情形却是完全不同的。

唯在人首先获赠一种明快的存在时，他才感到快乐。

明快①敞开了那些大门，它们通向那感动人之心灵深处、并且护送人之心灵成为持存者的东西。

明快通向自由和光明。但明快和愉悦本身始终起源于一种并非由我们点燃的光。

而毋宁说，我们是接受之。我们作为被照亮者置身其中。

---

① 此处德文词语“明快”(das Heitere)也有“快乐、明朗”之义。——译注

如果说我们可以在这个庆祝日与你一道感到快乐，那么，我们本身加上去的东西十分少，就像现在的情形一样。

我们从自身而来一道带来的东西，充其量还是第二个意思：**感恩**（*Dank*）。

我们的感恩在于，今天实现了一个请求，这个请求的祷告远远超越我们自己，追溯到我们的父母和祖父母。

于是，我们全部祖先都分享了我们的感恩。

489 在典礼后，我们从圣·马丁教堂送你回来，那是在同一条道路上，是我六十多年前经常走的路，当时我还是个小男孩，满心怀着母亲的告诫，身后拖着我的蓝色小车，那是做教堂司事的父亲在他的作坊里找到的。他的作坊当时被安排在应急教堂（Notkirche）建筑左侧房的地下室里。

在今天这个日子里对你爷爷的作坊的追忆令我感动，但这种追忆属于我现在还想说的第三个意思：

祝愿。

你从神学角度知道这个句子：gratia supponit naturam[①]。较自由的译文是：

恩典基于自然而盛开。

在这里，“自然”一词包含诗人荷尔德林在一首赞美诗（《莱茵河》第4节）中所命名的一切。荷尔德林说：

---

① 语出托马斯·阿奎那。后者也有言：“恩典不会取消自然而只会使自然完善”（Gratia non tollit naturam sed Perficit）。——译注

“…………………………因为
你怎样开端，就将这样保持，
厄运的作用也一样大，
还有培育，就是说多半
能够诞生，
还有这新生儿
碰到的光芒。”

自然赠礼的大部分，是由家乡的大地与大地上的天空带来的。从中长出那个强壮得足以迎着恩典之馈赠生长的东西。

然而，恰恰是一切纯正的人之本质的自然生长的这一源泉，今天前所未有地受到了威胁。这一源泉也不可能通过人为的措施而免于枯竭。任何一个组织都不能替代那种自然的生长力量。

但在源泉尚在流淌之处，我们就能够守护它的祝福，保护它的支配作用。

现在要说出来的**唯一**祝愿就是针对这一源泉的。这是一个微 490
不足道的祝愿。它甚至给人一个假象，仿佛它只是一个尘世的祝愿。

然而它是一个伸展深远的祝愿，关乎你将来的全部工作：

愿千百年来在我们家乡的尘世和天国的力量中聚集起来的遗产在你心中保持着清醒。

愿这份遗产以自己的份额、并且在自己的界限内襄助你，在一个忙碌和荒芜的世界里随时都能感受到有根基的东西，经验到属于源泉的东西，洞见到**那道**使纯粹和正派得以显现的光芒。

愿这种光在你的道路上永远保持为一道温暖而明亮的光，照耀你的每一步。

在这种唯一的祝愿中有我们的感恩。这样一种感恩完成于对于你的期备状态的快乐，即你对成为你的指令的东西的期备状态。

你为自己的典礼的广告牌选择了先知耶利米的一个箴言：

> "主对我说：
> '我叫你说什么，你都要说。'"①

记住共同庆祝你的典礼的人们的快乐吧，记住他们的感恩吧，记住他们在一种美好的追忆中的唯一祝愿吧。

① 德译文为："Der Herr sprach zu mir：〉Verkünde，was ich Dich heiße〈"。参看《圣经·耶利米书》，第1章第7行，参看中译本，香港圣经公会，2005年，第1192页。——译注

222. 约翰·彼得·黑贝尔
(1954年9月5日查林根讲话)

亲爱的伯尔尼客人,亲爱的查林根人和弗莱堡人!

当我坐在位于罗特布克路的我家的书房里,从书桌上抬起头来,让自己的目光越过费里小溪、牧场和耕地,扫向森林山坡,这时候,我的目光就会碰到查林根城堡的钟楼。钟楼在那里伫立、休息。当我的目光又回到我自己的工作上,我总是清楚地看到,我的工作何以也只是一道归属于城堡下的查林根人的每日的作业,一道归属于耕地上的查林根农民的劳动。

经常有来自各地的严肃的访问者,偶尔也有纯粹出于好奇的客人,走进我的书房。他们首先会惊奇地赞叹壮丽的远景和宁静的山水。但我跟他们说:亲爱的,这里可不是对一个美丽地带的全景眺望,相反,这里有种种隐秘的力量对思想工作发挥作用:长好的土地、山林的寂静、邻居们踏实的力量。在这里一切名望都像烟云一般消失。在这里留存的只是时时刻刻重新被接管下来的日常作业的质朴和必需之物。只有在我们获赠毫不起眼者[①]的祝福的

① 或译为"不可闪现者"。——译注

地方，这种质朴和必需之物才会兴盛起来。

Wo denn so einer tagus tagi mit den andere Lüte unter der Zähringe Burg si Arbet tuet, do isch es ei tue, as er mit debi isch, wenn's e Zähringer Fescht mit so fründlige Gäscht us Bern git, wie am hütige Tag.[①](因为如果一个人天天都与其他人一道在查林根的城堡里做自己的工作，那么正确的做法是，当人们像今天这样与来自伯尔尼的友好客人一道庆祝一个查林根的节日时，他也参与其中)。

于是这原是一个幸运的想法，即在伯尔尼客人与我们查林根人的隆重友好和同乡般的会见时间里插入一个沉思瞬间。但是问
492 题出来了：如何卓有成效地开始进行这样一种沉思？我对自己说：do loßt en andere dra, der's besser cha——und das isch dr Johann Peter Hebel[②]。(就让另一个能够做得更好的人来做这事吧——而且这人就是约翰·彼得·黑贝尔。)

如果我们不会在某一天(就像今天)对黑贝尔的话语开启期备的耳朵，以更期备的心灵去面对它，那么，我们到底为何要接受这位诗人及其"阿雷曼语诗歌"呢？因为黑贝尔的语言是对两者说话的：它向着客人的心灵说话，它从主人的心灵而来说话，这一切都是直接发生的，就像查林根的城堡对两者来说始终是一种共同的历史性起源和规定的默然无声的标志。

谁是这位约翰·彼得·黑贝尔？值得赞扬的是，我们还能在

① 作者这段话是用阿雷曼语写的。——译注

② 作者这句话是用阿雷曼语写的。——译注

公立学校里听到黑贝尔的名字，在读本里了解他的几首诗，而且约略记得这首或者那首诗。但在通常情况下——阿雷曼语诗歌似乎已经过时和失踪了。然而，这些诗歌实际上新鲜如 150 年前它们产生的时候。过时的也许只是我们的现代世界及其永远的时髦，关于这个世界，黑贝尔在一个半世纪之前就说过："… und wemme nootno gar zweitusig zehlt, isch alles z'semme g'keit."[1]（……而且如果人们事后根本付不起 2000 元，那么一切都崩溃了。）

谁是约翰·彼得·黑贝尔？只有当我们倾听他的"阿雷曼语诗歌"，而且像他所说的那样，让这些诗歌按他的愿望"进入"我们的"心灵"时，我们才能真正经验到谁是黑贝尔。

知道一点诗人的生平经历，这固然可能是好事。因为这种生平经历碰巧能让在这个人身上蕴藏的诗意源泉喷涌而出。

黑贝尔 1760 年生于巴塞尔，他的父母在瑞士任职。父亲在小汉斯彼得（Hanspeter）出生后只活了一年左右。13 岁时，少年黑贝尔失去了母亲，他母亲一直住在威斯恩塔尔的家里。后来，青年黑贝尔去卡尔斯鲁厄上了人文中学。他在爱尔兰根学习神学，成为马克格拉夫勒兰德[2]的助理牧师，很快又成了罗拉赫[3]的教师。31 岁时，黑贝尔——现在作为教师——又回到了卡尔斯鲁厄人文
中学，成了学校的教授和校长，最后在教会和政治上获得了崇高的 493
地位和身份，直到 1826 年 9 月 22 日去世，享年 66 岁。

---

① 作者这句话是用阿雷曼语写的。——译注

② 马克格拉夫勒兰德（Markgräflerland）：德国地名，位于弗莱堡西南部。——译注

③ 罗拉赫（Lörrach）：德国地名，位于弗莱堡南部，近巴塞尔。——译注

超过他生命的一半时间,黑贝尔是远离家乡度过的。这就是说,卡尔斯鲁厄对他来说就已经是远方,因为出身地切近不断地以一种不可违抗的方式调谐着这位威斯恩塔尔人的情绪。家乡大地的活力和力量,那里喜欢他的人们的强壮而明朗的心智,始终活在黑贝尔的性情和精神中。黑贝尔越是无望实现自己的生命梦想,也即作为乡村牧师在马克格拉夫勒兰德生活和工作,家乡的魔力作用就越强大。而且,当我们回想到这一点时,我们——为了向我们的伯尔尼客人表示敬意——便想到另一个牧师,瑞士最伟大的小说家:我们说的是来自伯尔尼州的戈特赫尔夫。① 我们想念的这位诗人比黑贝尔晚一辈,在自己的家乡工作和写作。出自戈特赫尔夫的一个美丽诗句,适合于不同人、种族和民族之间的所有关系:"谁想收获爱情,必须种植爱情。"

在卡尔斯鲁厄(而不是在马克格拉夫勒兰德),黑贝尔在1800年至1803年少数几年间创作了《阿雷曼语诗歌》。这些诗歌是在一种对家乡的渴望和眷恋中诞生的。人们经常注意到这一点,但对之少有思量。如果我们假定黑贝尔的梦想得到了实现,他当时可以成为某个马克格拉夫勒兰德乡村的牧师,那又如何?那样的话,他就会获得更丰富的机会,来写一写家乡的风土人情。当然啰——倘若只关乎此,那么这种写作就可以说是以民俗学的方式描绘乡土及其民众。但这位流落到卡尔斯鲁厄的教授却是别有使

① 戈特赫尔夫(Jeremias Gotthelf,1797—1854年):瑞士德语小说家,原名阿尔伯特·毕齐乌斯,以他的第一部长篇小说《农民之镜,或名耶雷米阿斯·戈特赫尔夫的生活史》(1837年)的主人公名字为笔名。著有38部长篇或中篇小说,多以农村生活为题材。——译注

命:诗意地歌唱家乡——用诗句来照亮家乡的本质。

真实和崇高的诗歌永远只完成一件事:使不可闪现者闪现出 494
来。然则不可闪现的始终是那种东西,它完全支配和规定着一切习惯的和表面的东西。不过,只有当我们从不可闪现者那儿退回来,充分远离之,它才得以闪现,出现在我们的目光前。家乡的本质只有在疏离陌生的东西中才能达乎闪现。伟大诗人们所歌唱和道说的一切,都是从乡思之苦出发被看见的,并且是通过这种痛苦而被召唤入词语中的。

因此,黑贝尔的《阿雷曼语诗歌》属于伟大的诗歌。约翰·彼得·黑贝尔不是乡土诗人,而是关于乡土的诗人①。这两者不是同一回事。乡土诗人用来描绘乡土的天真和老实劲,还远远不是那种把乡土和家乡的本质表达出来的诗意道说——那个人类此在的领域,它越来越快速和确定地对现代人隐失了。因此,黑贝尔的诗歌真正地"进入心灵"的时代才依然会到来;也就是当现代世界正在加重的荒芜化对人来说变得不可忍受时,也就是当人处处不再在家,也就是无处不再在家时。而且,如果我们有所预见地说,人们尚未认识黑贝尔的《阿雷曼语诗歌》,而不是说,我们只是遗憾地断定人们不再认识这些诗歌,这听起来倒是更为贴切的。

然而——有人已经做了如此回应——如果这些"阿雷曼语诗歌"只是通过自己的语言而局限于一个特殊的地方及其民族特点,那么它们如何可能成为伟大的世界性的诗歌?

---

① 此句中的"乡土诗人"(Heimatdichter)与"关于乡土的诗人"(Dichter der Heimat)在字面上并没有多大的差别。其中"乡土"自然也可译为"家乡"。——译注

黑贝尔本人以下面的句子开始他于1803年出版的《阿雷曼语诗歌》第一版的序言：

> “这些诗歌所采用的方言可以为它们的命名做出辩护。这种方言流行于弗里克塔（Fricktal）与从前的宋得高
> 495 (Sundgau)之间的莱茵河一隅，它的一些变种远及福格森（Vogesen）与阿尔卑斯山脉，穿过黑森林，在施瓦本的大部分地方。”

而且在1802年2月8日的一封书信中（也就是在诗集出版的前一年），黑贝尔还更清晰地写道：这些诗歌“保持在小民族的特性和视野中”；他指的是那个“小民族”，它的边界穿越阿尔卑斯山脉、福格森，穿过黑森林，限于施瓦本地方。

所以，黑贝尔诗歌的世界**其实**是一个有局限的世界，因为它们只是“阿雷曼语的”诗歌。人们也经常以为，方言是标准语言和书面语言的糟蹋和毁坏。但实际上情形恰好相反：方言是每一种成熟语言的神秘源泉。语言精神于自身中庇藏的一切都是从这个源泉中涌向我们的。因此说到底，恰恰对于瑞士的山景和山谷来说，依然完好无损地保存着一种崇高的财富，它们不仅以自己的方言说话，而且也以自己的方言思想和行动。

一种语言的精神庇藏着什么呢？它于自身中保藏着毫不显眼的、但支撑性的与上帝的关系、与世界的关系、与人及其作品的关系以及与物的关系。语言**精神**（Sprach*geist*）于自身中庇藏的东西乃是那种高度，那种贯通并支配一切的东西，一切事物都从中起

源，从而变得有价值、结出果实。

这种高度和价值在语言中欣欣向荣，但一旦一种语言必定会失去来自方言这个源泉的涌流，那么，这种高度和价值也会随语言一道死去。诗人约翰·彼得·黑贝尔清楚地意识到了这一点。

因此，在上面提到的书信中，黑贝尔写道：这些阿雷曼语诗歌虽然保持在小民族的特性和视野中，但同时也是“高贵的诗歌”。什么是这种——“高贵的诗歌”呢？那是一种具有高贵气质的诗歌，也就是说，它具有一种崇高的来源，来自那个本身是持存者，而且其持续力量从来不会枯竭的东西。

从外部来看引人注目的是，黑贝尔的《阿雷曼语诗歌》数量不 496
足。因为显然，诗人本来是有能力以一种已经成功的方式继续写诗的。但他却没写。听来可能不无奇怪、但却真实的是：黑贝尔的阿雷曼语诗歌的伟大之处恰恰也在于，他能够把诗歌限于某个特定的量。个中原因很可能是黑贝尔对于界限法则的深度洞察。为此，很快就有另一个诗意道说的领域向这位诗人开启出来。黑贝尔成了年历制作者。黑贝尔的诗意力量，他的知识远见，他对读者们及其持家才能的友好和喜欢——所有这一切都首次赋予传统的年历一个艺术形态和真正易记的效应。

这本年历叫《莱茵地区家之友》，是黑贝尔 1803 年至 1811 年间，以及再次在 1819 年主持完成的。他直到 1811 年贡献出来的最美的叙述和观察，被收入《莱茵家之友的小宝盒》中，1811 年在柯塔出版社[①]出版，该出版社也出版过歌德和席勒的著作。如果

① 柯塔(Cotta)出版社：即现在德国斯图加特的克莱特－柯塔(Klett-Cotta)出版社。——译注

您今天在广播里或者在别的地方碰到“小宝盒”这个名称，您当想到黑贝尔。

然而，在黑贝尔的《小宝盒》里隐藏着什么宝贝，迄今为止只有少数人给予完全的估量。黑贝尔的叙述和观察所采用的德语书面语言，是向来被写下来的语言中最质朴、最明亮、同时也最具魔力和最沉思的语言。黑贝尔的《小宝盒》的语言，对于每个打算主要用这种语言来说话和书写的人来说，始终都是一种崇高的训练。

黑贝尔的语言的奥秘何在呢？并不在于一种矫揉造作的风格意愿，也不在于尽可能大众化地来写作的意图。《小宝盒》的语言
497 的奥秘乃在于，黑贝尔能够把阿雷曼方言的语言纳入书面语言中，并且让这种书面语言作为那种方言的纯粹回响（Echo）而鸣响。诚然这也意味着一种耐心的和细心的倾听（Lauschen），为的是在标准语言中真正听出这样一种独一无二的方言的矛盾。而如果这一点成功了，那么我们就能触及一种猜度，了解到黑贝尔也反过来深入方言，听见了标准语言和书面语言中的隐秘珍宝。约翰·彼得·黑贝尔以清晰的心智漫游在那些道路和小径上，后者作为语言跨越了大地与天空之间的“之间领域”。而且，这同时给我们一个暗示，暗示着《阿雷曼语诗歌》的奥秘。

黑贝尔并没有从某个地方获得诗歌的灵感和情调，然后不同于其他诗人，以阿雷曼语方言把它们表达出来了；而不如说，黑贝尔在倾听之际等待着这种方言的语言精神的涌流，也就是这样：这种语言不时凝结为个别的诗歌，其方式有如晶体的形成。而且，因为这些诗歌植根于本地，所以它们能达到辽远之境，并且超越一切表面上由方言所给予的限制。

黑贝尔《阿雷曼语诗歌》中的每一首都是一个隐秘的源泉，它施与不可闪现者和高贵者的祝福——有如来自原石深处的山上的水。在我们听《阿雷曼语诗歌》中的两首诗之前（其中一首比较短小的诗，从其形态上看又是所有诗中最大的），让我来读一读约翰·彼得·黑贝尔的年历《莱茵家之友》中的两篇散文：首先是他1809年作的一篇短文，然后是一篇较长的观察。[1] 这篇短文题为《巧妙的回答》。它立即显示出简单塑造的大师般的严格性，但同时也显示出诗人的深度幽默和静默智慧。

巧妙的回答 498

谁若能付出，也必重新接受。有一回，有个人骑马路过一个客栈，这个人有一个相当可观的大肚子，也就是说，他的肚子从两边下垂，几乎落到马鞍上了。店主站在阶梯上，从后面叫他："邻居啊，为什么你把你前面横着的袋子系在马上，而不是挂在后面呢？"骑马者高声回答他："是为了我能看着它。因为后面有小偷呀。"店主再无话可说。［1809年］

关于一个鸟窝的考察

如果有兴致的读者把一个燕雀窝放在手上，观察之，他会有何

---

① 《好答案》，《约翰·彼得·黑贝尔著作集》，威廉姆·阿尔特韦格编，阿特兰迪斯出版社：苏黎世-柏林，第1卷，第401页。——《关于一个鸟窝的考察》，同上，第2卷，第221—225页。——原注

想法呢？他敢于也来编织这样一个鸟窝，而且是用嘴和脚吗？家之友难以相信这一点。是的，他愿意承认：人能做许多事。一个灵巧的艺术家有二十个精细的艺术工具，他能在经历许多次失败的尝试之后最后弄出某个看起来像燕雀窝的东西，所有看到它的人们都不能把它与一个由鸟建造起来的现实的鸟窝区分开来。艺术家很快想象出某个东西，并且以为现在自己也是一只燕雀了。我的好朋友，要到这一步还缺许多东西呢。而且，倘若出现了一只真正的燕雀（正如你现在也相信自己是一个燕雀），而且能仔细检查你的拙劣制品，就像行会先生之于一件大师作品，那么，它就会把脑袋稍稍转向左边，用右眼奇怪地看着你，这样它就可以以人的方式与你说话，它就会说："亲爱的人儿，这可不是一个燕雀窝。如果可以用我愿意的方式来观察它，那它根本不是一个鸟窝。没有一只鸟会造得如此幼稚和笨拙。好吧，是你这个敷衍了事的人自己做了这物事！"这是燕雀会对艺术家说的话。一个受到鄙视的蛛蜘网也是一样。人类决不能编出一个蛛蜘网来。

织物的情况亦然，当一只毛虫开始禁食和净化自己，它可以说
499 要通过织物为自己穿上衣服，变成一个白衣修士或者方济各会修士。一个人决不能做出毛虫的轻柔织物。

家之友想来多说一句。世上所有的燕雀窝看起来都是相互一样的，差不多像耶稣会信徒的教会，从天国里的第一个到 1813 年春天的最后一个，都是一样的。没有一个燕雀窝从别的鸟窝那里学了些什么。每只鸟都能自己做。母亲已经把自己的技巧置入蛋中了。所有的蜘蛛网也是一样的情况，每一个都各有千秋；同样的，毛虫一类的每一个方济各会修士的袈裟也是各有千秋的。人

们可能都明白这个,但人们不去思考它。

还有一句话。一只燕雀的第一个窝就已经跟它的最后一个窝一样具有艺术性。它从未学得更好些。是的,有的小动物在它的一生中只需要编织一次,而且为此用不着费太多时间。要是它首先不得不做一件笨拙不堪的活儿,而且会想:今年已经蛮不错了,明年我会做得更好些——这或许是令人讨厌的。

还有一句话。每个鸟窝都是完美的,毫无瑕疵的。不太大也不太小,不多也不少,经久耐用,适合于它为之存在的目的。在整个大自然中,没有任何学习场所[①],纯然是大师习作。——

然而人却不一样。凡是人能熟能生巧地做的事,他都不得不花很多时间和精力去学习,直到他学会为止;人得吃别的大师的若干耳光。因为没有一件人类作品是完美的。如果有兴致的读者从来没有买过一只手表,而且如果他以为,现在它走得最好,那么它就会被保留下来;抑或是一双靴子,有时候太紧,有时候太松,或者在最初的八天内一个鞋跟掉了,开小差了。

有兴致的读者对此会说些什么呢?会说一个人还不如一只燕雀么?——毫无用处!

因为第一,并不是鸟在造自己的窝,也不是毛虫在为自己提供睡床,而毋宁说,是永恒的造物主通过它那无法把握的全能和智慧在做这些事,鸟必须献出来的只是小小鸟嘴和鸟足,可以说只是提供了名义。所以,每只鸟也只能筑一种窝,就像每棵树只能开一种花、结一种果。所以,人也不能模仿鸟窝和蜘蛛网。上帝的作品是

① 此处“学习场所”原文为 Lehrpletz,应为阿雷曼语。——译注

没有人能模仿的。

500 **第二**，正如永恒的造物主在他的位置上为每个所谓的创造物准备好了住所，但并不是对所有创造物都一样，而是对这个这样，对那个另样，这按照造物主的目的和需要来说是正当的，也就是说，造物主给予人某种来自他那神性理智的东西，使之滴入心灵中，使人同样地能够按照自己的考虑而为各种各样的目的建造和忙碌，就像他本身以为正确的那样。人能制作一个小岗亭、一个洗衣间、一间仓库、一幢住宅、一座宫殿、一个教堂，每每按不同的方式，或者是一个教堂的钟，或者是有48个音区的管风琴，或者是一本年历，无论叫什么。一只燕雀不能筑两种窝，不能写出一本年历，更不会印刷了。

第三，永恒的造物主赋予人恩惠，使人能够开始他所有的事务，并且能够通过自己的思索，通过自己的努力和练习，使自己的事务接近于神性作品的完美性——尽管从来都不是完全的完美。这是人的光荣和荣耀。你会念这诗句吗？家之友有一回对盖格(Geiger)先生的小男孩说：

“上帝，你有满满的快乐吗？——”

这个小男孩继续道：

“因为你的理智是光。你的意志
是真理和公正。
你以始终如一的力量

只热爱良善，而你的作品
是**秩序**和**完美**。
哦，按你的样子造我吧，——”

“看哪孩子，”家之友说道，显得像一个儿童教育方面的教士先生，而其实他不是教士，外套上打着邋遢的结，“看哪”，他说，“这是上帝的美好的相像者，在其全部的内容上都与上帝相像，在这方面，人必须毕生通过思索，不仅通过学习和虔诚，而且通过自己职业上的努力和熟巧，去获得和积攒。”他说，“假如你学一门手艺，或者要成为一个作者或一个教士，或者有一次轮到你替代你父亲去印刷年历，那么，你同样要努力给予你所有的工作和活动以完满性 501
的印记，最后再也没有其他人以自己的方式把这事做得跟你一样好。你一定不会在某个年度印得很好，而在另一个年度印得很糟糕；你一定不会在某个星期天很好地布道，而在另一个星期天却并非易事。因为上帝**以始终如一的力量**，只热爱良善。——随后也就有满满的快乐等着你。对人来说，没有比他的作品的完满性更纯粹的快乐了——如果人人都不得不承认和坦白，而且人人都能够说或想，以为他的作品是正当的。因为即便神性之快乐的丰富性也无非是他的作品的完满性。”

这时小男孩向天空举起手，说道：

“哦，按你的样子造我吧，——”

这样一个小孩是可以有所成就的。

今天选出来的几首诗[1]现在能够对我们说话,能够使我们的目光对于不可闪现者而言变得更自由和更敏锐。要是这事发生了,那么,人与民族的相互联系和关系就会自发地生长,变成正当的和可靠的东西。

然而,我们对这些诗歌中的某一首所说出的每一个词语都是既太多又太少了。太多,是因为通过关于诗歌的言谈,它们的柔美和芳香很容易失落,隐蔽的管风琴的声音不再响起。太少,是因为在诗歌中闪耀的东西的丰富性和光华从未达到过,更遑论被我们对一首诗歌想说的东西所穷尽了。因此让我们只在看起来必需的地方做一些简短的说明。

我们首先来读《夏日傍晚》一诗。有必要对"'s Möhnli"一词做一种说明。"Mön"是拉丁语的 maius,即我们表示 5 月(Mai)的名称。"'s Möhnli"是 5 月的青蛙、铃蟾,它们在春天夜晚里呼叫和鸣响。在罗特布克路附近的费里小溪里也还有这种东西。

502

夏日傍晚[2]

O, lueg doch, wie isch d'Sunn so müed,
lueg, wie sie d'Heimet abezieht!

---

① 《夏日傍晚》,《约翰·彼得·黑贝尔著作集》(同注 1),第 1 卷,第 78 页以下;《短暂性》,第 1 卷,第 124 页以下;《雷雨》,第 1 卷,第 161 页以下。——原注

② 《夏日傍晚》(Der Sommerabend),原文为阿雷曼语,中译文根据标准德语译本,参看约翰·彼得·黑贝尔:《阿雷曼语诗歌》(附标准德语翻译),威廉姆·策特纳编,斯图加特,2010 年,第 70—74 页。——译注

O lueg, wie Strahl um Strahl verglimmt
und wie sie's Fazenetli nimmt,
e Wülkli, blau mit rot vermüscht,
und wie sie an der Stirne wüscht.
呵,看哪,太阳多么疲倦,
看哪,她怎样静静地回家!
呵,看哪,光线怎样一缕一缕地渐渐熄灭
还有,她怎样拿着她那小块小手帕,
那一小片云彩,蓝里透红,
就用它来擦拭自己的额头。

's isch wohr, sie het au übel Zit,
im Sommer gar, der Weg isch wit,
und Arbet findt sie überal
in Hus und Feld, in Berg und Tal.
's will alles Liecht und Wärmi ha,
und spricht sie um e Segen a.
真的,她也有倒霉的辰光,
尤其在夏日,路途迢遥,
处处都有她的劳作。
在家里在乡间,在山上在谷间,
万物都想要她金色的光芒,
万物都诉求她的赐福。

Meng Blümli het sie usstaffiert,
und mit scharmante Farbe ziert,
und mengem Immli z'trinke ge,
und gseit: Hesch gnueg und witt mo meh?
und 's Chäferli het hinte no
doch au si Tröpfli übercho.
她妆扮了一些小花朵,
用迷人的色彩加以点缀,
她给小蜜蜂提供饮料,
而且说:你够了吗,还是要更多?
然后来了一只甲壳虫
依然盛了满盘满钵。

Meng Somechöpfli het sie gsprengt,
und 's zitig Sömli use g'lengt.
Hen d'Vögel nit bis z'allerletzt
e Bettles gha, und d'Schnäbel g'wetzt?
Und kein geht hungerig ins Bett,
wo nit si Teil im Chröpfli het.
她砸开了一些种子壳,
把种子从里面取出。
到最后她给了鸟儿,
不论它们怎样吱吱乱叫;
它们上床时,

全都吃得饱饱的。

Und wo am Baum e Chriesi lacht,
se het sie'm roti Bäckle gmacht;
und wo im Feld en Ähri schwankt,
und wo am Pfohl e Rebe rankt,
se het sie eben abe g'lengt,
und het's mit Laub und Bluest umhengt.
那树上有一枚樱桃在笑,
太阳已经把它变得红扑扑;
那田野上一束麦穗在摇晃,
木桩上缠绕着葡萄藤,
太阳已把它们照料
为它们披上叶子和花朵。

Und uf der Bleichi het sie gschafft, 503
hütie und ie us aller Chraft.
Der Bleicher het si selber g'freut,
doch hätt' er nit: vergelt's Gott! gseit.
Und het e Frau ne Wöschli gha,
se het sie trochnet druf und dra.
晒衣场上她也竭尽全力,
创造了火热和干燥。
漂白工暗自高兴,

却连一句感恩的话都没有！
若有一个女人挂出洗好的衣物，
她就帮忙把它们晒干。

‘s isch weger wohr，und überal，
wo d’Sägesen im ganze Tal
dur Gras und Halme gangen isch，
se het sie g’heuet froh und frisch.
Es isch e Sach，bi miner Treu，
am Morge Gras und z’obe Heu！
多么真实啊！无所不在，
收割者在整个山谷里
穿过青草和禾秆，
把它们做成草料，开心而新鲜。
真的，事情确实是这样：
早晨青草，晚上变成草料！

Drum isch sie jez so sölli müed，
und brucht zum Schlof kei Obelied；
ke Wunder，wenn sie schnuuft und schwitzt.
Lueg wie sie dört uf ‘s Bergli sitzt！
Jez lächlet sie zum letzte mol.
Jez seit sie：Schlofet alli wohl！
因此现在她已是极其疲倦，

无需夜歌就能入睡；
如果她喘气出汗，完全不用奇怪。
看哪，她如何端坐山上！
现在她最后微微一笑。
现在她说：全都睡个好觉！

Und d'unten isch sie！B'hüet di Gott！
Der Guhl，wo uffem Chilchturn stoht，
het no nit gnueg，er bschaut sie no.
Du Wunderfitz，was gafsch denn so?
Was gilt's，sie tuet der bald derfür，
und zieht e roten Umhang für！
她终于落山了！上帝保佑你！
站在教堂塔楼上的公鸡，
它还没个够，还看着她。
你这自以为是的家伙，你看啥呀？
她果然又操起心来，
拉开了红色的帷幕！

Sie duuret ein，die gueti Frau，
sie het ihr redli Huschrütz au.
Sie lebt gwiß mitten Ma nit guet，
und chunnt sie heim，nimmt er si Huet；
und was i sag，jez chunnt er bald，

dört sitzt er scho im Fohrewald.
她令人同情,这好心的女人,
她真的是负担重重。
肯定与她的男人不合,
她回家,她男人却拿起了帽子;
这是我说的,他很快来了,
他已经坐在松林里。

Er macht so lang, was tribt er echt?
Me meint schier gar, er traut nit recht.
504 Chumm numme, sie isch nümme do,
‘s wird alles si, se schloft sie scho.
Jez stoht er uf, er luegt ins Tal,
und ‘s Möhnli grüeßt en überal.
他搞了这么久,在做什么呀?
仿佛是,他信不过自己了。
出来吧,她已经不在了,
就一会,她就要入睡。
现在他站起身来,向山谷望去,
到处都有青蛙向他问候。

Denkwohl, mer göhn jez au ins Bett,
und wer kei Dorn im G’wisse het,
der brucht zum Schlofen au kei Lied;

me wird vom Schaffe selber müed;
und öbbe hemmer Schöchli gmacht,
drum gebis Gott e gueti Nacht!
我想，我们也得上床了，
只要没做亏心事，
睡觉无需小夜曲；
劳作本身让人累；
今天我们做好了许多干草堆，
因此愿上帝赐我们晚安。

这首诗的后记适合于黑贝尔的所有诗歌。这始终是一个悬而未决的夏日傍晚，根本上说的是太阳，说的是本质，说的是"想要光明和温暖"(will Licht und Wärmi ha)的一切东西。太阳以一个女人的形象显现出来，黑贝尔的另一首诗说这个女人："多么美丽的一个女人，而又多么善良和友好"(So ne tolli Frau und doch so güetig und fründli)。但正确地看起来和听起来：黑贝尔并没有把太阳比作一个女人，也没有反过来把女人比作太阳，而不如说，一方在另一方中得到映射：而且，在这种映射游戏中，一切活动和存活的东西的支配作用得以显露。在这种在黑贝尔的每一首诗歌中闪现的映射游戏中，真正诗意的东西在说话。

我们读的下一首诗是《短暂性》，它有个副标题："在斯泰因纳与勃罗姆巴赫之间通向巴塞尔的街头的谈话，夜里"。诗人把这个谈话搬到那个地方，在那里，面对一个 13 岁的少年，病重的母亲在通往老家的途中永远地闭上了眼睛。父亲(Ätti)和他的儿子(sin

Bueb)乘一辆由两头牡牛(Zuegochse)拉着的车,其中一头叫Laubi,另一头叫März。这些名称需要解说。Laubi、März、Horni和Luschti是拉车的牡牛(Zuegochse)的称呼,是按月份名二月、
505 三月、长草之月四月、欢快之月五月来构成的。在一个地方,Laubi schnuuft,Ätti sait:“er het der Pfnüsel”(三月喘气了,父亲说:“它流鼻涕了”),意思就是流鼻涕(Schnupfen)。

短暂性[1]

(在斯泰因纳与勃罗姆巴赫之间通向巴塞尔的街头的谈话,夜里)

Der Bueb seit zum Ätti :
Fast allmol, Ätti, wenn mer's Röttler Schoß
so vor den Auge stoht, se denki dra,
öb's üsem Hus echt au e mol so goht.
Stoht's denn nit dört, so schuderig, wie der Tod
im Basler Totetanz? Es gruset eim,
wie länger as me's bschaut. Und üser Hus,
es sitzt jo wie ne Chilchli uffem Berg,
und d'Fenster glitzeren, es isch e Staat.
Schwetz, Ätti, goht's em echterst au no so?

---

[1] 《短暂性》(Die Vergänglichkeit),原文为阿雷曼语,中译文根据标准德语译本,参看约翰·彼得·黑贝尔:《阿雷曼语诗歌》(附标准德语翻译),威廉姆·策特纳编,斯图加特,2010年,第136—145页。——译注

I mein emol, es chönn schier gar nit si.

男孩对父亲说：

几乎总这样子，爸爸，当我面对
罗特勒宫[①]时，我总会想，
是不是我们家有一天也会变得这么好。
难道它矗立在那里，不像巴塞尔死者舞蹈中的死亡
那么恐怖吗？我看着它越久，
就越是害怕。而我们家的房子，
真的就像一座小教堂坐落在山上。
窗户闪闪发亮，那是一种壮观！
爸爸，告诉我，我们家也会有这么好吗？
我总以为，事情根本不可能是这样的。

Der Ätti seit :

Du guete Burst, 's cha frili si, was meinsch?
's chunnt alles jung und neu, und alles schliicht
sim Alter zue, und alles nimmt en End,
und nüt stoht still. Hörsch nit, wie's Wasser ruuscht,
und siehsch am Himmel obe Stern an Stern?
Me meint, vo alle rüehr sie kein, und doch
ruckt alles witers, alles chunnt und goht.

① 罗特勒宫（Röttler Schloß）：位于弗莱堡附近的罗拉赫。——译注

Je, ‘s isch nit anderst, lueg mi a, wie d’witt.
De bisch no jung; Närsch, ich bi au gsi,
jez würd’s mer anders, ‘s Alter, ‘s Alter chunnt,
und woni gang, go Gresgen oder Wien,
in Feld und Wald, go Basel oder heim,—
‘s isch einerlei, i gang im Chilchhof zue,—
briegg, alder nit! —und bis de bisch wien ich,
506 e gstandene Ma, se bini nümme do,
und d’Schof und Geiße weide uf mi’m Grab.
Jo wegerli, und ‘s Hus wird alt und wüest;
der Rege wäscht der’s wüester alli Nacht,
und d’Sunne bleicht der’s schwärzer alli Tag,
und im Vertäfer popperet der Wurm.
Es regnet no dur d’Bühni ab, es pfift
der Wind dur d’Chlimse. Drüber tuesch du au
no d’Auge zue; es chömme Chindeschind,
und pletze dra. Z’letzt fuults im Fundement,
und ‘s hilft nüt me. Und wemme nootno gar
zweitusig zehlt, isch alles z’semme g’keit.
Und ‘s Dörfli sinkt no selber in si Grab.
Wo d’Chilche stoht, wo ‘s Vogts und ‘s Here Hus,
goht mit der Zit der Pflueg—

爸爸说:

好小子！当然可能这样子的！你在想什么呀？

一切都会年轻和新鲜,一切都缓缓变老
一切都会走向终结,没有什么会静止不变。
你没有听到地上流水潺潺,
你没有看到天上星罗密布?
人们以为,一切都没受到触动,
但一切都会继续推动,一切都会来来去去。

是的,事情无非这样,看着我吧,如你所愿。
你还年轻;傻孩子,我也曾经这样,
现在我不一样了,年纪,年纪到了,
我可以自己去格雷斯根或者维也纳,
去田野或者森林,去巴塞尔或者回家,——
那是一样的,我也会走向墓地,——
哭或者不哭!——你刚刚成为
跟我一样的老练男人,我再也不在了,
羊群在我的坟墓上吃草。
只管信吧,家园将老朽而荒芜;
雨水在每个夜晚更野蛮地把你洗涤,
太阳在每个白昼把你脱色,使你更加黝黑,
蠕虫盯在木板上。
雨水依然穿透大地,
风呼啸划过。你也仍旧对此视而不见;
子孙们来了,
在那里做手工。最后彻底毁掉了,

再也帮不上忙。如果有人事后竟然
能够数上二千，一切就都崩溃了。
小村庄仍旧自己沦于死寂。
有如教堂矗立，家的保护人和主人
与犁的时间同行。

Der Bueb seit：

Nei，was de seisch！

男孩说：

不是啊，你说什么呢！

Der Ätti seit：

Je，'s isch nit anderst，lueg mi a，wie d' witt！
Isch Basel nit e schöni，tolli Stadt？
's sin Hüser drinn，'s isch mengi Chilche nit
so groß，und Chilche，'s sin in mengem Dorf
nit so viel Hüser. 's isch e Volchspiel，'s wohnt
e Richtum drinn，und menge brave Her，
und menge，wonni gchennt ha，lit scho lang，
im Chrützgang hinterm Münsterpltzt und schloft.
's isch eitue，Chind，es schlacht e mol e Stund，
goht Basel au ins Grab，und streckt no do
und dört e Glied zum Boden us，e Joch，
en alte Turn，e Giebelwand；es wachst

do Holder druf, do Büechli, Tanne dört,
und Moos und Farn, und Reiger niste drinn—
's isch schad derfür! —und sin bis dörthi d'Lüt
so närsch wie jez, so göhn au Gspenster um,
d'Frau Faste, 's isch mer jez sie fang scho a,
me seit's emol, —der Lippi Läppeli, 507
und was weiß ich, wer meh? Was stoßisch mi?

爸爸说：

是的，事情无非这样，看着我吧，如你所愿！
难道巴塞尔不是一个美丽的、好玩的城市？
那里有许多房子，有些教堂不是太大，
有那么多教堂，在有些村庄里
并没有多少房屋。那里有一种喧嚣，
里面住着富贵，一些正直的先生，
有一些我认识的，早就躺卧
在大教堂广场背后的十字形回廊里。
有一回，孩子，有一回钟敲响了，
巴塞尔也进入死寂，那里仍然隐藏着
大地的一个肢体，一个柱子，
一座古老的钟楼，一堵山墙；
从中长出接骨木属，这里是山毛榉，那里是冷杉树，
还有苔藓和蕨类，鹭鸶就在其中筑巢——
这是多么遗憾啊！——直到那时候，人们
像现在一样疯癫，也要躲开鬼怪幽灵，

女人禁食，我现在也已经开始，
我们终将这样，——利皮·拉佩里[①]说，
我知道什么，还有谁？什么东西碰撞了我？

Der Bueb seit :
Schwetz lisli, Ätti, bis mer über d'Bruck
do sin, und do an Berg und Wahl verbei!
Dört obe jagt e wilde Jäger, weisch?
Und lueg, do niden in de Hürste seig
gwiß 's Eiermeidli g'lege, halber ful,
's isch Johr und Tag. Hörsch, wie der Laubi schnuuft?
男孩说：
小声说话，爸爸，直到我们过了桥
过了那些山边和树林边的桥！
那上面有一个野蛮的猎人在狩猎，你知道吗？
看哪，在那下面的灌木丛中
肯定躺过一个拾蛋的女孩，已经半腐烂了，
这就是岁月和日子。你听见牡牛是怎么喘气的吗？

Der Ätti seit :
Er het der Pfnüsel! Seig doch nit so närsch!
Hüst, Laubi, Merz! —und loß die Tote go,

① 利皮·拉佩里（Lippi Läppeli）：一个幽灵的名字。——译注

sit tüen der nüt meh! —Je, was hani gseit?
Vo Basel, aß es au e mol verfallt. —
Und goht in langer Zit e Wandersma
ne halbi Stund, e Stund wit dra verbei,
se luegt er dure, lit ke Nebel druf,
und seit si'm Kamerad, wo mittem goht:
》Lueg, dört isch Basel gstande! Selle Turn
seig d'Peterschilche gsi, 's isch schad derfür!《

爸爸说:

它有鼻涕呀! 但别这么傻乎乎的!
加油,傻瓜,快呀! ——让死者走吧,
他们对你再也干不了什么! ——我都说了什么?
说巴塞尔也将会沦落。——
在漫长的时间内变成漫游者
半个小时,一个小时过去了,
要是上面没有雾气,他就能看透,
向与他同行的伙伴说:
"看哪,巴塞尔已经站在那儿。这个钟楼
曾经是彼得教堂。这真的很遗憾!"

Der Bueb seit :

Nei, Ätti, isch' der Ernst? Es cha nit si!

男孩说:

不,爸爸,你当真吗? 不能这样的!

Der Ätti seit：

Je 's isch nit anderst, lueg mi a, wie d' witt,
und mit der Zit verbrennt die ganzi Welt.
Es goht e Wächter us um Mitternacht,
e fremde ma, me weiß nit, wer er isch,
er funklet, wie ne Stern, und rüeft:》*Wacht auf*!
Wacht auf, es kommt der Tag!《—Drob rötet si
der Himmel, und es dundert überal,
z'erst heimlig, alsg'macht lut, wie sellemol,
wo Anno Sechenünzgi der Franzos
so uding gschosse het. Der Bode schwankt,
508 aß d'Chilchtürn guge; d'Glocke schlagen a,
und lüte selber Bettzit wit und breit,
und alles bettet. Drüber chunnt der Tag;
o, b'hüetis Gott, me brucht ke Sunn derzue,
der Himmel stoht im Blitz, und d'Welt im Glast.
Druf gschieht no viel, i ha jez nit der Zit;
und endli zündet's a, und brennt und brennt,
wo Boden isch, und niemes löscht. Es glumst
wohl selber ab. Wie meinsch, sieht' us derno?

爸爸说：

是的，事情无非这样，看着我吧，如你所愿！
随时间推移，整个世界将烧毁。

一个看守人来自子夜时分，
一个陌生的男人，人们不知道他是谁，
他就像一颗星一般闪耀，并且呼叫："醒来！
醒来，天亮了！"——天空泛出红霞，
到处都有雷鸣，
起先是暗暗地，然后是响亮地，就像当时，
在我十六岁那年，法国人
多么可憎地射杀。大地摇晃，
教堂动摇；时钟撞响，
上床时间自动鸣响，传之广远，
一切都上床入睡。于是白昼到了；
噢，上帝保佑我们，为此人们不需要太阳，
天空布满闪电，世界处于光华中。
之后还有许多事，我现在没时间一一道出；
最后燃烧起来，火烧火燎，
在大地上，没有人能把它熄灭。可能要
自发地消隐。你以为后来的情况会怎样？

Der Bueb seit：

Ätti, sag mer nüt me! Zwor wie goht's
de Lüte denn, wenn alles brennt und brennt?

男孩说：

爸爸，不要再说了！如果一切火烧火燎的，
人们可怎么过呀？

Der Ätti seit：

He，d'Lüt sin nümme do，wenn's brennt，sie sin—
wo sin sie? Seig du frumm，und halte di wohl，
geb，wo de bisch，und bhalt di Gwisse rein!
Siehsch nit，wie d'Luft mit schöne Sterne prangt!
's isch jede Stern verglichlige ne Dorf，
und witer obe seig e schöni Stadt，
me sieht si nit vo do，und haltsch di guet，
se chunnsch in so ne Stern，und 's isch der wohl，
und findsch der Ätti dört，wenn's Gotteswill isch，
und 's Chüngi selig，d'Muetter. Öbbe fahrsch
au d'Michstroß uf in die verborgeni Stadt，
und wenn de sitwärts abe luegsch，was siehsch?
e *Röttler Schloß*！Der Belche stoht verchohlt，
der Blauen au，as wie zwee alti Türn，
und zwische drinn isch alles use brennt，
bis tief in Boden abe. D'Wiese het
ke Wasser meh，'s isch alles öd und schwarz，
und totestill，so wit me luegt—das siehsch，
und seisch di'm Kamerad，wo mitder goht：
»Lueg，dört isch d'Erde gsi，und selle Berg
het Belche gheiße! Nit gar wit dervo
isch Wisleth gsi，dört hani au scho glebt，

und Stiere g'wettet, Holz go Basel g'füehrt, 509
und broche, Matte g'raust, und Liechtspöh' g'macht,
und g'vätterlet, bis an mi selig End,
und möcht jez nümme hi.《— *Hüst Laubi, Merz* !

爸爸说：

现在，火烧火燎之时，人们不再在那儿了，他们在——
他们在哪？你要虔信啊，好好守住自己，
在你所在的地方，让你的良心保持纯洁！
不要看天空怎样拿美丽的星星来炫耀自己！
每颗星都可比作一个村庄，
上面更有一座美丽的城市，
人们在那里看不到它，好好守住你自己吧，
于是你便能迎向这样一颗星，你便能过得好好的，
如果有上帝的意志，你便能在那里找到父亲。
妈咪有福了，母亲。而你向着银河
驶向那隐蔽的城市，
如果你从旁边向下观望，你看到了什么？
一座罗特勒宫。贝尔谢山①已被烧焦，
布劳恩山②也一样，就像两座老钟楼，
其间的一切都被烧毁殆尽，
直到大地深处。草地不再有水，

① 贝尔谢山(Belche)：位于布莱斯高的一座山。——译注

② 布劳恩山(Blauen)：位于布莱斯高的另一座山。——译注

一切都变得荒凉而黑暗，
目力所到之处，一片死寂——你看得到的，
向与你同行的伙伴说：
“看哪，那里曾经是大地，这座山
被叫作贝尔谢。离这里不远，
曾经是维斯莱特[①]，我也曾在那里生活，
在那里放牛，把木材运往巴塞尔，
在那里耕地，给草地浇水，制作灯管，
直到我寿终正寝，
现在我不再想前往。”——加油，傻瓜，快呀！

下一首诗是《雷雨》，黑贝尔在其中道出了某种本质性的东西，也即孩子气（Kindersinn），我们还将在下一首诗中看到这种孩子气的某个形态。

雷雨[②]

Der vogel schwankt so tief und still,
er weiß nit, woner ane will.
Es chunnt so schwarz, und chunnt so schwer,

① 维斯莱特（Wisleth）：未查明，应是附近地名。——译注

② 《雷雨》（Das Gewitter），原文为阿雷曼语，中译文根据标准德语译本，参看约翰·彼得·黑贝尔：《阿雷曼语诗歌》（附标准德语翻译），威廉姆·策特纳编，斯图加特，2010年，第174—179页。——译注

und in de Lüfte hangt e Meer
voll Dunst und Wetter. Los, wie's schallt
am Blauen, und wie's widerhallt.
鸟儿摇摆不定,多么深多么静,
它不知道它要飞往哪儿
天变得多么黑多么重,
在天空中悬着茫茫一片
充满云雾和雷雨。听哪,
山间怎样发出回音,怎样回响!

In große Wirble fliegt der Staub
zum Himmel uf, mit Halm und Laub,
und lueg mer dört sel Wülkli a!
I ha ke große G'falle dra,
lueg, wiener's usenander rupft,
wie üser eis, wenn's Wulle zupft.
在巨大的喧嚣中,尘土飞扬
朝着天空,带着草茎和树叶,
为我留神那里吧,看着这些云朵!
对此我没有多大的乐趣,
看哪,云朵散落开来,
像我们把羊毛拔下来。

Se helfis Gott, und bhüetis Gott!

Wie zuckt's dur's G'wülch so füürig rot
und 's chracht und 's tost, es isch e Gruus,
aß d'Fenster zitteren und 's Hus.
Lueg 's Büebli in der Waglen a!
Es schloft, und nimmt si nüt drum a.
上帝就这样助我们,照管我们!
怎样颤动着穿过云层,那么火热
发出噼啪之声和咆哮之声,那是一种恐惧,
使得窗户摇动,房屋发抖。
看那摇篮里的小孩!
他在那里安睡,对此毫无忧虑。

Sie lüte z'Schlienge druf und druf,
je, und 's hört ebe doch nit uf.
Sel bruucht me gar, wenn's dundere soll
und 's lütet eim no d'Ohre voll.—
O, helfis Gott! – Es isch e Schlag!
Dört, siehsch im Baum am Gartehag?
这声响高扬,一直传到了施林根[1],
是的,这其实没完没了。
雷声隆隆时,人们十分需要这样,
这声响仍然灌满人们的耳朵。——

---

① 施林根(Schlienge):村庄名。——译注

哦，上帝保佑！——这是一个打击！
那里，你在院子边的树上看到了。

Lueg, 's Büebli schloft no alliwil
und us dem Dundere macht's nit vil.
Es denkt:»Das ficht mi wenig a,
er wird jo d'Auge binem ha.«
Es schnüfelet, es dreiht si hott
ufs ander Örhli. Gunn der's Gott!
看哪，婴儿整天在睡觉，
轰鸣声对他没多大影响。
他想："这没有干扰我，
其实是在照看我呀。"
他呼气，翻身转向另一只耳朵。
你要接受上帝的赐予！

O, siehsch die helle Streife dört?
O los! hesch nit das Raßle g'hört?
Es chunnt. Gott wellis gnädig si!
Göhnt weidli, hänket d'Läden i!
's isch wieder akurat wie fern.
Guet Nacht, du schöni Weizenern.
哦，你看到那些明亮的线条了吗？
哦，快呀！你没有听到那吵闹声吗？

会到来的。上帝会恩赐我们！
快走吧，卷起百叶窗！
就像当时，这次又会十分彻底。
晚安，你这美丽的麦收。

Es schetteret uffem Chichedach;
und vorem Hus, wie gäutscht's im Bach
und 's loßt nit no—daß Gott erbarm.
Jez simmer wieder alli arm.—
Zwor hemmer au scho gmeint, 's seig so,
und doch isch 's wieder besser cho.
在教堂屋顶上发出噼啪之声；
在房屋面前，有如小溪中流水潺潺
毫不松懈——上帝怜悯。
现在我们全又变得贫困。——
以前我们也已经这样以为，事情就是这样，
但事情又得到了改善。

Lueg 's Büebli schloft no allewil
und us dem Hagle macht's nit viel!
Es denkt:》Vom Briegge loßt's nit no,
er wird mi Teil schon übrig lo.《
He jo, 's het au, so lang i's ha,
zue rechter Zit si Sächli gha.

看哪，婴儿整天在睡觉
冰雹对他没多大影响！
他想："哭泣是没有用的
我的一份反正留下来了。"
现在是的，只要他在这里生活
就总是在正确的时候有了自己的东西。

O gebis Gott e Chindersinn!
's isch große Trost und Sege drinn.
Sie schlofe wohl und traue Gott,
wenn's Spieß und Nägel regne wott,
und er macht au si Sprüchli wohr
mit sinen Englen in der G'fohr. —
哦，上帝给我们一种孩子气！
那是其中的大安慰和大祝福。
他们就能安睡，依赖上帝，
哪怕会落下枪林弹雨，
上帝也会把自己的格言变成真实
带着自己的处于危险中的天使。——

Wo isch das Wetter ane cho? 511
D'Sunn stoht am heitre Himmel do.
's isch schier gar z'spot, doch grüeß di Gott!
»He«, seit sie, »nei, 's isch no nit z'spot;

es stoht no menge Halm im Bah'
und menge Baum, und Öpfel dra.《—
但现在天气如何?
太阳高高挂在明朗的天空。
虽然她简直是太迟了,但上帝祝福你!
"什么,"她说,"现在还不是太迟呀
田野里还有许多草秆,
还有许多树,也有苹果。"

Potz tausig, 's Chind isch au verwacht.
Lueg, was es für e Schnüüfeli macht!
Es lächlet, es weiß nüt dervo.
Siehsch, Friederli, wie' ussieht do? —
Der Schelm het no si G'falle dra.
Gang richt em eis si Päppli a! —
天哪! 孩子也醒来了。
看呵,他发出这样一声甜蜜的喘息!
他笑了,但对此毫不知情。
你看,弗里德尔,他的样子如何?——
淘气鬼现在也会喜欢他。
去吧,快为他端上粥汤!

我们读的《雷雨》一诗唱的是处身于生命暴风雨中的孩子气(Chindersinn)。

下面这首诗《燕麦粥》[1]诗意地表达了进入人类生命进程之辽远和伟大之中的一切——但又是根据自然中的神秘映射。作为最后那些更伟大诗歌的简短序幕：《燕麦粥》先行道出黑贝尔的一句话，是他在《面对一个乡村的就职布道草案》里已经记录下来的。在这里黑贝尔写道（III，第 357 页）："难道童年不是一个隐秘的胚胎，一个使丰富的生命之树与它所有的痛苦和快乐一道渐渐地从中分化出来的胚胎吗？"

燕麦粥[2]

'S Habermues wär ferig, se chömmet, ihr Chinder, und esset!
Betet: *Aller Augen* —und gent mer ordeli Achtig,
aß nit eim am rueßige Tüpfi 's Ermeli scharz wird.
燕麦粥已经做好了，你们来吧，吃吧！
祈祷吧：向所有的眼睛——请给我正式的关注，
在熏黑的罐上面，你们的袖子不会变黑的。

Esset denn, und segnich's Gott, und wachset und trüeihet!
D'Haberchörnli het der Aetti zwische de Fure

① 《燕麦粥》（Das Habermus），《约翰·彼得·黑贝尔著作》（同注 1），第 1 卷，第 104 页以下。——原注

② 原文为阿雷曼语，中译文根据标准德语译本，参看约翰·彼得·黑贝尔：《阿雷曼语诗歌》（附标准德语翻译），威廉姆·策特纳编，斯图加特，2010 年，第 96—105 页。——译注

512 gseiht mit flißiger Hnad und abeg'egt im Früeihjohr.
Aß es g'wachsen isch und zitig worde, für sel cha
euen Ätti nüt, sel tuet der Vater im Himmel.
Denket numme, Chinder, es schloft im mehlige Chörnli
chlei und zart e Chiimli, das Chiimli tuetich ke Schnüüfli,
nei, es schloft, und seit kei Wort, und ißt nit, und trinkt nit,
bis es in de Fure lit, im luckere Bode.
Aber in de Furen und der füechtigen Wärmi
wacht es heimli uf us sim verschwiegene Schlöfli,
streckt die zarte Gliedli, und suget am saftige Chörnli,
wie ne Muetterchind, 's isch alles, aß es nit briegget.
Siderie wird's größer, und heimli schöner und stärcher,
und schlieft us de Windlen, es streckt e Würzeli abe,
tiefer aben in Grund, und suecht si Nahrig und find't sie.
Jo, und 's sticht's der Wunderfitz, 's möcht nummen au wisse,
wie's denn witer oben isch. Gar heimlig und furchtsem
güggelet's zum Boden us—Potz tausig, wie gfallt's em!
Üse lieber Herget, er schickt en Engeli abe.
»Bringen e Tröpfli Tau, und sag em fründli Gottwilche!«
Und es trinkt, und 's schmecktem wohl, und 's streckt si gar sölli.
Sieder strehlt si d'Sunnen, und wenn sie gwäschen und gstrehlt isch,
chunnt sie mit der Strickete füre hinter de Berge,
wandlet ihre Weg hoch an der himmlische Landstroß,
strickt und lueget aben, aß wie ne fründligi Muetter

no de Chindlene luegt. Sie lächlet gegenem Chiimli,
und es tuetem wohl, bis tief ins Würzeli abe.
»So ne tolli Frau, und doch so güetig und fründli!«
Aber was sie strickt? He, Gwülch us himmlische Düfte!
's tropflet scho, ne Sprützerli chunnt, druf regnet's gar sölli.
's Chiimli trinkt bis gnueg; druf weiht e Lüftli und trochnet's,
und es seit: »Jez gangi nümmen untere Bode,
um ke Pris! Do blibi, geb, was no us mer will werde!«
吃吧,上帝赐福你们,生长发育吧!
你们看那小小的燕麦粒,是父亲用勤劳的双手
在春天耙了地,在垄沟之间播下了种子。
种子已经生长和成熟,这不是你们的父亲
能够做到的,而是天国父亲的所作作为。
你们只要想想,孩子们,在燕麦种子中沉睡着
一个小胚胎,微小而柔弱,这小胚胎在里面不会喘气,
不,它沉睡其中,一言不发,不吃不喝,
直到它微躺在垄沟中,在松软的土地中,
而在垄沟中,在湿润的温热中,
它从无声的沉睡中悄悄醒来,
伸展柔软的肢体,吮吸多汁的种子
就像一个妈妈的宠儿,只是还不会哭。
随时间推移,它变得更大,暗暗地变得更美丽和更强壮,
从襁褓中孵化,把根苗延伸在下面,
直抵大地深处,并为自己谋求食物,找到食物。

是的，它的好奇心被激起来，现在也想知道，
到底上面是什么情况。非常隐秘地和胆怯地
它朝大地望出去——天哪，这让它多么喜欢！
我们亲爱的主啊，他派了一个天使下来。
“带给它一小滴露水吧，友好地跟它说：欢迎！”
它喝了，感觉味道极佳，它十分舒适地伸展开来，
这时太阳开始为自己梳头，而当她梳洗完毕，
她带着编织用具从山后升了起来，
在天空的公路上蜿蜒上升，
编织，俯视，犹如一位和善的母亲
望着孩子们。她笑迎小胚胎，
使之感到舒适，直到根部深处。
“多美的一个女人啊，多么善良和热情！”
但她编织什么呢？那就是来自天国芳香的云层！
已经滴下来了，细雨落下，然后下起了大雨。
小胚胎喝了个够，然后一阵微风吹来，把它弄干，
它说道：“现在我不再到地下去了，
绝不！我呆在这上面，听着，无论我们发生了什么！”

Esset Chindli, gsegn'es Gott, und wachset und trüeihet!
's wartet herbi Zit ufs Chiimli. Wulken an Wulke
513 stöhn an Himmel Tag und Nacht, und d'Sunne verbirgt si.
Uf de Berge schneit's, und witer nide hurniglet's.
Schocheli schoch, wie schnatteret jez, und briegget mi Chiimli!

und der Boden isch zue, und ‘s het gar chündigi Nahrig.
»Isch denn d’Sunne gstorbe«, seit es, »aß sie nit cho will!
Oder förcht sie au, es frier’ sie? Wäri doch bliebe,
woni gsi bi, still und chlei im mehlige Chörnli,
und deheim im Boden und in der füechtige Wärmi.«
Lueget Chinder, so goht’s! Der werdet au no so sage,
wenn der use chömmet, und unter fremde Lüte
schaffe müent und reblen, und Brot und Plunder verdiene:
»Wäri doch deheim bi’m Müetterli, hinterem ofe!«
Tröstisch Gott! ‘s nimmt au en End, und öbbe wird’s besser,
wie’s im Chiimli gangen isch. Am heitere Maitag
weiht’s so lau, und d’Sunne stigt so chräftig vom Berg uf,
und sie luegt, was ‘s Chiimli macht, und git em e Schmützli,
und jez isch em wohl, und ‘s weiß nit z’blibe vor Freude.
吃吧,孩子们,上帝赐福你们,生长发育吧!
艰难的时候等着小胚胎。云朵挨着云朵,
日日夜夜悬在天上,太阳遮蔽了自己。
群山上下起了雪,进而落下冰雹。
哎呀,哎呀,现在我的小胚胎发出怎样的吱嘎之声和呻吟声,
大地关闭,它只有可怜兮兮的食物。
“难道太阳死了吗?”它说,“她不能出来了!
抑或她也担心,她会冻僵的。但愿我还留在
我通常待的地方,安静而微小,待在燕麦种子里,
以大地为家,在湿润的温热中。”

看啊，你们小孩们，就是这样！当你们离开家里，
不得不在陌生人中间劳动，受尽折磨，
挣得面包和衣装，你们也会这样说的：
“但愿我还待在家里，在母亲身边，火炉后面！”
上帝给你们慰藉！这终将会结束，终将会变得更好，
就像小胚胎身上发生过的。在晴朗的五月天，
风吹得如此温和，太阳如此有力地从群山上升起，
她看着小胚胎在做什么，给它一个吻，
现在它舒服了，欣喜若狂，不知道自己待在哪儿了。

Nootno prange d'Matte mit Gras und farbige Blueme;
nootno duftet 's Chriesibluest, und gruenet der Pflumbaum;
nootno wird der Rogge buschig, Weizen und Gerste,
und mi Häberli seit:》Do blibi jo nit dehinte!《
Nei es spreitet d'Blättli us—wer het em sie gwobe?
und jez schießt der Halm—wer tribt in Röhren an Röhre
's Wasser us de Wurzle bis in die saftige Spitze?
Endli schlieft en Ähri us, und schwankt in de Lüfte—
Sagmer au ne Mensch, wer het an sideni Fäde
do ne Chnöspli ghenkt und dört mit chünstlige Hände?
d'Engeli, wer denn sust? Sie wandle zwische de Furen
uf und ab, vo Halm zue Halm, und schaffe gar sölli.
Jez hangt Bluest an Blest am zarte schwankigen Ähri,
und mi Haber stoht, as wie ne Brüütli im Chilchstuel.

Jez sin zarte Chörnli drin, und wachsen im Stille,
und mi Haber merkt afange, was es will werde.
D'Chäferli chömme und d'Fliege, sie chömme z'Stubete zue'nem,
luege, was er macht, und singen *Eie Popeie*!
Und 's Schiiwürmli chunnt, potz tausig mittem Laternli, 514
z'Nacht um Nüni z'Liecht, wenn d'Fliegen und d'Chäferli schlofe.
草地很快就以青草和缤纷花朵炫耀；
樱花很快就散发芳香，李树泛出绿意；
黑麦很快就变得茂盛，还有小麦和大麦，
我的燕麦说："我其实没有躲在那后面呀！"
不，叶子张开了——谁为它织起了叶子？
现在草茎开始萌芽——谁在用管子加管子
从根茎中逼出水来，直抵多汁的尖端？
终于一个麦穗孵化出来，在空中摇晃——
告诉我一个人，谁在丝线上面
这里挂了一个蓓蕾，那里挂了假手？
是天使，不然是谁呀？她徜徉在垄沟间
来来回回，从草秆到草秆，孜孜不倦地劳作。
现在，在温柔的、晃动的麦穗上，花朵连连，
我的燕麦站立，就像坐在教堂椅子上的新娘。
现在，柔和的种子就在里面，安静地生长，
我的燕麦开始发觉自己要变成什么。
甲壳虫和苍蝇来了，它们来造访燕麦，
它们看着它在做什么，唱道晚安！

萤火虫也来了,天哪,提着灯笼,
夜时九点的夜访,在苍蝇和甲壳虫入睡之时。

Esset Chinder, segn' es Gott, und wachset und trücihet!
Sieder het me gheuet, und Chriesi gunne no Pfingste;
sieder het me Pflümli gunne hinterem Garte;
sieder hen sie Rocke gschnitte, Weizen und Gerste,
und die arme Chinder hen barfis zwische de Stupfle
gfalleni Ähri glesen, und 's Müüsli hetene ghulfe.
Druf het au der Haber bleicht. Voll mehligi Chörner
het er gschwankt und gseit:»Jez isch's mer afange verleidet,
und i merk, mi Zit isch us, was tueni ellei do,
zwische de Stupfelrüeben, und zwische de Grumbirestude?«
Druf isch d'Muetter usen und 's Efersinli und 's Plunni,
's het ein scho an d'Finger gfrore z'morgen und z'obe.
Endli hemmer en brocht und in der staubige Schüre
hei sie'n dröscht vo früeih un Zwei bis z'oben um Vieri.
Druf isch's Müllers Esel cho, und hetten in d'Mühli
gholt, und wieder brocht, in chleini Chörnli vermahle;
und mit feister Milch vom junge fleckige Chüeihli
hetten 's Müetterli g'chocht im Tüpfi. - Geltet, 's isch guet gsi?
Wüschet d'Löffel ab, und bett eis: *Denket dem Heren* —
und jez göhnt in d'Schuel, dört hangt der Oser am Simse!
Fall mer keis, gent achtig, und lehret, was menich ufgit!

Wenn der wieder chömmet，so chömmet der Zibbertli über.
吃吧，上帝赐福你们，生长发育吧！
从此人们做好了干草，在圣灵降临节后采集了樱桃；
从此人们采集了院子后面的李子；
从此他们割下了黑麦、小麦和大麦，
可怜的孩子们光着脚在田里拾麦穗，
小老鼠帮了他们的忙。
从此连燕麦也变得苍白了。充满麦种
它摇晃着说："现在我渐渐地失去了兴致，
我发觉，时间结束了，在芜菁之间，
在土豆中间，只有我在那儿做什么呀？"
于是母亲出去了，埃费塞纳和普鲁尼[①]出去了，
有人已经在早晨和傍晚冻坏了手指。
我们终于把它打断，在积尘的仓库里
从凌晨二点左右到晚上四点左右，他们把它打了下来。
于是穆勒的驴来了，把它带进磨坊，
又把它折断，磨成小小的种子；
与有斑点的小母牛的浓浓牛奶一道
母亲在锅里把它煮了。不是吗，孩子们，这不是蛮好吗？
擦干净勺子，做个祷告：感谢主——
现在去学校吧，那里墙上挂着口袋！
要是无物落到我手上，留心啊，要学会人们交付给你们的！

---

① 埃费塞纳和普鲁尼(Efersine und die Plunni)：两个小名。——译注

如果你们放学回来，这里有烤好的李子！

也许，我们现在间或已经触及诗人约翰·彼得·黑贝尔的基本情调了。因此，我们可能就得最后来解说一下这种基本情调，以便我们从此以后会更乐意适当地和经常地去倾听这位诗人。黑贝尔本人曾以少数几行诗，对他整个本质的基本情调做了总结，一种既折叠又打开的总结。

黑贝尔的本质中包含着一种戏谑的快乐（Heiterkeit），与忧郁达成了均衡。但两者的协调和照耀乃是由一种欢乐的信赖来完成
515 的——那是对从毫不起眼的东西中允诺给这位诗人的东西的信赖。黑贝尔本人从未公开发表这几行诗（I，第 225 页）。这几行诗如下：

［慰藉］[①]

Bald denki，'s isch e bösi Zit
undweger 's End isch nümme wit；
bald denki wider：loß es goh，
wenn's gnueg isch，wird's scho anderst cho.
Doch wenni näumen ane gang
un 's tönt mer Lied und Vogelgsang，

---

① 《慰藉》（Trost），原文为阿雷曼语，中译文根据标准德语译本，参看约翰·彼得·黑贝尔：《阿雷曼语诗歌》（附标准德语翻译），威廉姆·策特纳编，斯图加特，2010 年，第 184—185 页。——译注

so meini fast, i hör e Stimm:
»Bis z'fride! 's isch jo nit so schlimm.«
有时候我以为:这是个坏时代,
末日真的不远了。
有时候我以为:让它去吧;
如果受够了,就会变好的。
但当我走上快乐的行程,
鸟儿的啼鸣就像一首歌,
我就觉得自己听到了一种声音:
“满足吧,其实没那么糟!”

223. 为布鲁诺·莱纳做的悼词*

亲爱的布鲁诺，当年在这儿，在你的故乡康斯坦茨，在人文中学与你同班的所有同学——

你班上后来剩下的同学，你后来内心乐意与之交游的同龄人——

还有那些最后在几周前，在一个秋天晴朗的日子里，与你一道游湖、与你共饮梅尔斯堡葡萄酒之“幽暗之光”的人们——

大家都来问候你了：为了纪念。

（放下一束玫瑰花。稍停。）

而这位朋友愿你现在安静地、毫无迹象地离去，因为他知道，真实的当前，精神与精神之间的在场，比一切离别更经久。

康斯坦茨，1954 年 12 月 14 日

224. 泰然任之
(1955 年 10 月 30 日)

在故乡城市我能公开说的第一个字只能是：谢谢。

我感谢她给我的一切，这一切在漫长路途中伴随着我。我曾试着以寥寥几页表明这份嫁妆的内涵，这几页以“乡间路”为题，最初发表在 1949 年孔拉丁・克洛伊采一百周年忌辰的纪念文集上[①]。我感谢市长许乐（Schuhle）先生的热情欢迎，而尤其要感谢的是这个美好的委托，在今天的纪念庆典中做纪念讲话。

尊敬的庆祝会成员！

亲爱的乡亲们！

我们聚集一堂纪念我们的同乡，作曲家孔拉丁・克洛伊采。如果我们庆祝那位以创作为使命的人，那么首先要做的是，向他的作品表达它所应得的尊敬。如果他是一位音乐艺术家，那么我们就要如上所述，将其艺术的作品表现为声音。

---

① 孔拉丁・克洛伊采（Conradin Kreutzer，1780—1849 年）：德国著名音乐家和作曲家，出生于梅斯基尔希。为早期浪漫派代表人物之一。——译注

在此刻，孔拉丁·克洛伊采的作品鸣响为歌与合唱，歌剧和室内乐。艺术家自身就在乐声中；大师**于作品中**的当前现身（Gegenwart）显然是唯一真实的当前现身。愈伟大的大师，其个性就愈纯粹地消失在他的作品的背后。

参加今天庆典的演奏家和歌唱家，为我们保证了孔拉丁·克洛伊采的作品于此刻化作乐声。

但是，庆典因此就已经是一个纪念庆典（Gedenkfeier）吗？我们**思想**，这当然是一个纪念庆典不可缺少的。[①] 只是，我们应该在
518 纪念一位作曲家的庆典中思想什么并且说什么呢？音乐已经通过它的声音的乐声来“说话”，从而不需要普通语言，即言辞的语言——这难道不正标志着音乐的特性吗？人们是这样说的。不过仍然有问题：用演奏和歌唱来庆祝就已经是纪念庆典——我们在其中思想的一个庆典了吗？恐怕并非如此。所以，主办人在节目中加上一个“纪念讲话”（Gedenkrede）。它应该帮助我们达到对所庆祝的作曲家及其作品的思念。一旦我们重新描绘孔拉丁·克洛伊采的生活历史，一一列举并描述他的作品，则这样的思念就成为富有生命的。我们能够通过这样一种叙述体会到某种欣悦和沉痛，体会到富有教益的和具典范性的东西。当然，归根到底我们只是通过这样一种讲话而让自己过得愉快。我们完全没有必要在倾听这样的叙述时思想，也即思索某种在其本质上直接地且持久地触动我们每个个人的东西。因此之故，甚至一个纪念讲话依然还

① 海德格尔在此显然强调了“思想”（denken）与“纪念庆典”（Gedenkfeier）的字面和意义联系。——译注

没有作出保证，保证我们在纪念庆典中思想。

我们不要给自己做任何姿态。我们所有的人，包括那些似乎由于职业而思想的人，我们大家往往是够思想贫乏的（gedanken-arm）了；我们所有人都是太容易无思想的（gedanken-los）了。无思状态是一位不速之客，它在当今世界上到处进进出出。如今人们把一切的一切以最快速和最廉价的途径纳入知识，又同样迅速地忘却于同一瞬息。如此这般地一个聚会也追逐着另一个聚会。纪念庆典变得越来越思想贫乏。纪念庆典和无思状态一起和睦相处。

然而，在我们是无思想的同时，我们却并没有放弃思想的能力。我们甚至急需这种能力，当然是用一种奇特的方式，亦即我们于无思状态中闲置我们的思想能力。可是能够闲置的只是这样的东西，它于自身中是生长的根基，比如一块耕地。上面什么也不长 519
的高速公路也从来不会是一块休耕地。正如只因为我们是听者，所以才会聋，正如正因为我们曾年轻，所以才会老，同样地，我们之所以也会变得思想贫乏甚至无思想，是因为人在其本质之基础上具有思想的能力，具有“精神和理智”，并且是被注定要去思想的。只有这个我们在知或不知之中所拥有的东西，也才是我们能够失去或者——正如人们所谓——丢掉的东西。

可见，增长着的无思状态乃基于一个消耗着当今人类的至内精髓的过程，即：当今人类在逃避思想。这种对思想的逃避（Gedanken-flucht）是思想之失去（Gedanken-losigkeit）的原因。属于这种对思想的逃避的还有：人既不愿意看到，也不愿意承认其对思想的逃避。今日人类甚至断然否认这种逃避。他认为情形与此相反。他要说，也有充分的理由说：没有一个时代像今天这样做如此广泛的规划，如此众多的调查，如此狂热的研究。确实如此。这种洞察力和思考的奢意耗费有其巨大的效用。这样的思想仍不可缺少。然而——尽管如此，它只不过是一种特殊方式的思想。

它的特性在于：当我们进行规划、研究和建设一家工厂时，我们始终是在计算已给定的情况。为了特定的目标，出于精打细算，我们来考虑这些情况。我们预先就估算到一定的成果。这种计算是所有计划和研究思维的特征。这种思维即使不用数来运行，不启用计数器和大型计算设备，也仍然是一种计算。计算性思维权衡利弊。它权衡进一步的新的可能性，权衡前途更为远大而同时更为廉价的多种可能性。计算性思维唆使人不停地投机。计算性
520 思维从不停息，达不到沉思。计算性思维不是沉思之思，不是思索在一切存在者中起支配作用的意义（Sinn）的那种思想。

因此就有两种思想，两者各以它们的方式而为有根据的和必要的：计算性思维和沉思之思。[①]

我们说，今天人们在逃避思想，这时我们指的是后面这种沉思之思。但人们反驳道，一味的沉思冥想实际上在不知不觉中飘摇于现实之上。它没有根基。它无益于掌管日常的事务。它无补于实践的贯彻执行。

而最后人们会说，一味沉思、沉溺于冥想，这对于普遍的理智

---

① 此处"计算性思维"（das rechnende Denken）和"沉思之思"（das besinnliche Nachdenken）的区别对后期海德格尔的哲思至为重要，在他看来，"计算性思维"也就是由西方形而上学传统烙印的对象性的、表象性的思维，而所谓"沉思之思"则是后形而上学的非对象性的思想。——译注

太“高”了。在此通词中只有一点是对的,即:沉思之思和计算性思维一样不是自发的。沉思之思有时要求一种更高的努力。它需要一个较长的入门训练。与任何其他的真正手工艺作品相比,它更需要精益求精。它也还必须耐心等待,像农夫守候种子抽芽和成熟那样。

另一方面,每个人都能够以他的方式力所能及地追随沉思的道路。为什么呢? 因为人是思想的、亦即沉思的生命。可见我们在沉思中也大可不必“好高骛远”。我们只需栖留于切近处而去慎思最切近的东西,即思索此时此地关系到我们每个个体的东西;所谓“此地”,就是在这块故乡的土地上,所谓“此时”,就是在当前的世界时刻。

如果我们准备好去沉思,那么这个庆典会给我们带来什么呢? 在此情形中我们注意到,一种艺术作品在故乡大地上繁荣一时。思索一下这一简单的事实,我们就立刻想到在上一个世纪,上上个世纪,施瓦本的大地造就了伟大的诗人和思想家。我们再仔细想 521
想,就马上清楚了,德国中部以同样的方式是这样的大地,东普鲁士、西里西亚和波希米亚亦然。

我们进入沉思并且要问:优秀作品的成熟不都植根于故乡的大地中吗? 约翰·彼得·黑贝尔写道:“我们是植物,不管我们是否愿意承认,我们这种植物必须连根从大地中成长起来,方能在天穹中开花结果”(《作品集》,阿尔特韦格编,第三卷,第 314 页)。

诗人想说:在真正欢乐而健朗的人类作品成长的地方,人一定能够从故乡大地的深处伸展到天穹。天穹(Äther)在这里意味着:高空的自由空气,精神的敞开领域。

我们更加深思并且要问：约翰·彼得·黑贝尔所言于今日如何呢？还有那种天地之间的人的安居吗？思索的精神仍笼罩着大地吗？还有根枝强劲的故乡——人在故乡的根基中持存，也就是说，人在其中是根基持存的①——吗？

许多德国人失去了家乡，不得不离开他们的村庄和城市，他们是被逐出故土的人。其他无数的人们，他们的家乡尚有可救，但他们还是移居他乡，加入大城市的洪流，不得不在工业区的荒郊上落户。他们与老家疏远了。而留在故乡的人呢？他们也无家，比那些被逐出家乡的还要严重几倍。每个钟点，每一天里，他们都为广播电视所迷住。每周里，电影都把他们带到陌生的，通常只是习以为常的想象区域，那里伪装出一个世界，此世界其实不是世界。到处唾手可得“画报”。现代技术的通讯工具时刻挑动着人，搅扰和折腾人——所有这一切对于今天的人已经太贴近了，比农宅四周
522 的自家田地，比大地上面的天空更亲近，比昼与夜的时间运转，比乡村的风俗习惯，比家乡世事的古老传说更熟悉。

我们要进一步深思并且要问：这里发生了什么——在被逐出故乡的人那里，同样也在留在故乡的人那里？答曰：当今人的根基持存性（Bodenständigkeit）受到了致命的威胁。更有甚者：根基持存性的丧失不仅是由外部的形势和命运所造成，并且也不仅是由于人的疏忽和肤浅的生活方式。根基持存性的丧失来自我们所有人都生于其中的这个时代的精神。

---

① 此处“根基持存的”（boden-ständig）亦可译为“土生土长的、本地的”。——译注

我们要更进一步深思并且问：如果情形如此，那么，人，人的作品，将来还会从荒废的故土中成长出来并且上升到天穹之中，也即升入天空和精神的浩瀚之境中吗？或者，一切都掉入规划和计算、组织和自动化企业的强制之中？

如果我们在今日的庆典中想到它带给我们的，那么我们就注意到，根基持存性的丧失威胁着我们的时代。而且我们要问：在我们的时代里到底发生了什么？这个时代的标志是什么？

人们近来把现在开始的这个时代称为原子时代。它的最强烈的标志是原子弹。但是这个标志只是表面的。因为人们很快就认识到，原子能也可用于和平的目的。因此，在今天，核物理及其技术人员无处不在，力图实现核能在广泛的各种规划中的和平利用。权威国家（最尖端的是英国）的大型工业联合企业已经料到，核能可以成为巨额交易。人们在核交易中看到新的福祉。核科学没有袖手旁观。它公开宣布出这个幸运。于是，今年七月在玛瑙岛上，523
十八位诺贝尔奖获得者在一份呼吁书中明确声明："科学，这里即现代自然科学，乃是人类通往更加幸福的生活的道路"。

这样的断言如何？它源于一种沉思么？它可曾思索过核时代的意义么？没有。如果我们让自己满意于上述科学的断言，那么我们与一种对现时代的沉思就南辕北辙了。为什么呢？因为我们忘记了深思。因为我们忘记了追问：科学技术能够在自然中发现并且开发新能源的根据为何？

它的根据在于几个世纪以来所进行的对一切规范性观念的彻底变革。人因此而被置入另一种现实之中。这种世界观的彻底革命完成于近代哲学之中。由此产生了人在世界中的和对于世界的全新地位。于是世界就像一个对象一般显现出来,计算性思维对此发起进攻,似乎不再有什么东西能够抵挡它们。自然变成唯一而又巨大的加油站,变成现代技术与工业的能源。这种人对于世界整体的原则上是技术的关系,首先产生于十七世纪的欧洲,并且只在欧洲。地球上的其他地区很长时期内对此并不熟悉。它对于较早期的时代和民族命运来说也是完全陌生的。

隐藏在现代技术中的力量决定了人与存在者的关系。它统治了整个地球。人类已经开始离开大地而向宇宙进军。而不足二十年的时间,随着核能的兴起,一个如此巨大的能源为人类所知了,以致在可预见的时间内世界上各种方式的能源需求将一劳永逸地
524 得到满足。可直接获得的新能源马上就不再像煤、油以及森林木材那样,局限于某些国家和地区。在可预见的时间内,地球上的每一个地方都能够建立起核电站。

现代科学和技术的基本问题不再是:从哪里获得足够的燃料和能源?现在决定性的问题叫作:我们能够以何种方式限制并且控制难以想象的巨大核能,以维护人类的安全,防止这种巨大的能量——即使没有战争——突然在某处爆发出来,“渗透”并且毁灭一切?

若对核能的限制得到成功和将得到成功,那么技术世界就将开始一种全新的发展。我们今天认识到的电影电视技术,交通和特殊飞行技术,通讯技术,医疗技术,食品技术,也许仅仅是一个粗糙的开始阶段。无人能够知道即将到来的变革。技术的发展在此期间将越来越快且势不可挡。在此在(Dasein)的一切领域中,为技术设备和自动装置所迫,人的位置越来越狭窄。以任何一种形

态出现的技术设备装置每时每地都在给人施加压力，种种强力束缚、困扰着人们——这些力量早就超过人的意志和决断能力，因为它们并非由人作成的。

技术的成就以最快的途径为人所知晓，令公众瞠目，这也是技术世界的新特色之一。于是，对这种关于技术世界的谈论所提到的东西，今天的每一个人都能在有巧妙导读的画报中读到，或者在收音机旁听到。但是——我们听和读到了某些东西，也即简单地 525
知道某些东西，这是一回事情；而我们是否认识到，也即思考过所见所闻，却是另外一回事。

1955 年夏季，在林道(Lindau)又举行了诺贝尔奖获得者的国际会议。就此机会，美国化学家斯坦利[①]说道："生命掌握在化学家手中的时刻不远了，化学家将随意分解、组合和改造生命机体"。人们认可了这样一句名言。人们甚至惊诧于科学研究的大胆而什么都不想。人们没有考虑到，这里借助于技术手段在为一种对人的生命和本质的侵袭作准备，与之相比，氢弹爆炸的意义微不足道。因为，恰恰当氢弹并不爆炸而保留了人在地球上的生命之际，一个莫测风云的世界变化随着核时代而掀起了。

这里，真正莫测高深的不是世界变成彻头彻尾的技术世界。更为可怕的是人对这场世界变化毫无准备，我们还没有能力沉思，去实事求是地辨析在这个时代中真正到来的是什么。

没有任何个人，任何团体，任何委员会，没有任何举足轻重的

---

① 斯坦利(Wendell Meredith Stanley，1904—1971 年)：美国生物化学家，1946 年获诺贝尔化学奖。——译注

政治家，研究人员和技术人员，也没有任何经济及工业首脑的协商会议，能够刹住或者控制核时代的历史进程。没有一个单纯的人类组织有能力夺得对时代的统治地位。

于是，核时代的人或许会软弱而无奈地任凭无休止的技术强权。假如今日人类放弃了面对单纯计算性思维而把沉思之思带入
526 决定性的作用之中，那么情形就会如此。但如果沉思之思得以复苏，则深思必定绵延不断地运作于所有最微妙的时机；也包括此时此际在这个纪念庆典上。因为庆典让我们思考某种东西，即核时代中以一种特殊尺度而受到威胁的东西：人类作品的根基持存性。

因此我们现在要问：如果旧的根基持存性业已消失了，难道就不会有新的基础和根基——人的本质及其所有的作品赖以以一种新的方式，甚至就在核时代之中得以健康成长的那种根基和基础——回赠给人吗？

对于未来的根基持存性，会是何种基础和根基呢？我们随着此问而追寻的，也许近在咫尺；它是如此之近，以致我们熟视无睹。因为通往近处的道路对于我们人来说，任何时候都是最遥远的，因而也是最艰难的。这条道路是深思的道路。沉思之思要求我们，不是片面地系挚于一种表象，不是在一种表象向度上单轨行进。沉思之思要求我们，深入那自身内初看起来好像完全不集中的东西之中。

我们来试一试。对于我们所有人，技术世界的装置、设备和机械如今是不可缺少的，一些人需要得多些，另一些人需要得少些。盲目抵制技术世界是愚蠢的。欲将技术世界诅咒为魔鬼是缺少远见的。我们不得不依赖于种种技术对象；它们甚至促使我们不断

做出精益求精的改进。而不知不觉地，我们竟如此牢固地嵌入了技术对象，以至于我们为技术对象所奴役了。

但我们也能另有作为。我们可以利用技术对象，却在所有切合实际的利用的同时，保留自身独立于技术对象的位置，我们时刻 527
可以摆脱它们。我们可以在使用中这样对待技术对象，就像它们必须被如此对待那样。我们同时也可以让这些对象栖息于自身，作为某种无关乎我们的内心和本真的东西。我们可以对技术对象的必要利用说“是”；我们同时也可以说“不”，因为我们拒斥其对我们的独断的要求，以及对我们的生命本质的压迫、扰乱和荒芜。

但如果我们以这种方式对技术对象同时说“是”与“不”，那么，我们与技术世界的关系不是分裂的、不可靠的吗？完全相反。我们对技术世界的关系会以一种奇妙的方式变得简单而安宁。我们让技术对象进入我们的日常世界，同时又让它出去，就是说，让它们作为物而栖息于自身之中；这种物不是什么绝对的东西，相反，它本身依赖于更高的东西。我想用一个古老的词语来命名这种对技术世界既说“是”也说“不”的态度：对于物的泰然处之（*die Gelassenheit zu den Dingen*）。

在这种态度中我们不再仅仅在技术上来看物。我们变得目光明朗并且发现，对机器的制造和利用虽然向我们要求另一种对物的关系，但这却不是无意义的。例如，从耕作农业到机器化的食品工业就是如此。与在其他领域一样，在这里，人与自然以及世界的关系发生了深刻的变化，这是无疑的。然而，何种意义支配着这场变化，这一点尚未明了。

因此，一种意义统治着所有的技术过程，这种非人所发现并造出的意义要求着人的有为与无为。核技术的迅猛发展令人生畏，我们不知道核统治的意义何在。**技术世界的意义遮蔽自身**。但528 是，如果我们始终特别地注意到，技术世界里一种隐蔽的意义无处不触动着我们，那么，我们就置身于一个向我们遮蔽自己的东西的区域中——诚然，这个东西是在朝我们走来的同时遮蔽自己的。以这样的方式显示自己同时隐匿自己的东西，乃是我们所谓的神秘的基本特征。我称那种我们据以对在技术世界中隐蔽的意义保持开放的态度为：**对于神秘的虚怀敞开**（*die Offenheit fur das Geheimnis*）。

对于物的泰然任之与对于神秘的虚怀敞开是共属一体的。它们允诺给我们以一种可能性，让我们以一种完全不同的方式逗留于世界上。它们允诺我们一个全新的基础和根基，让我们能够赖以在技术世界范围内——并且不受技术世界的危害——立身和持存。

对于物的泰然任之和对于神秘的虚怀敞开给予我们达到一种新的根基持存性的前景。这种新的根基持存性或许甚至有一天能够唤回旧的、正在迅速消退的根基持存性，唤回到一种变换了的形态中。

不过，目前——我们不知道有多久——这个地球上的人处境危险。为什么？只是因为将造成人类完全覆没和地球毁灭的第三次世界大战会突然爆发吗？不是的。在正在开始的核时代中，一个更大的危险咄咄逼人而来——恰恰当第三次世界大战的危险被排除了之后。一个奇怪的论断。但它只在我们没有深思的时候才是奇怪的。

刚才说出的论断在何种意义上才有效呢？是在下述意义上：核时代中滚滚而来的技术革命可能会束缚人，蛊惑人，令人目眩进而丧心病狂，以至于有朝一日只剩下计算性思维作为唯一的思维还适用和得到运用。

那样，何种巨大的危险会席卷而来呢？那样的话，与计算性的规划和发明的最高的、最富有成效的敏感和对深思的冷漠状态结伴而来的，将会是总体的无思想状态。然后呢？人将否定和抛弃 529
他的最本己的东西，即他是一个深思的生命本质。因此，重要的是拯救人的这种本质。因此，重要的是保持清醒的深思。

不过——对于物的泰然任之与对于神秘的虚怀敞开从来不会自动地落入我们手中。它们不是什么偶然的东西。两者唯从一种不懈的热烈的思中成长起来的。

也许今天的纪念庆典对此有所推动。如果我们要抓住这种推动力，那么我们就要通过思索孔拉丁·克洛伊采的作品的来源，思索他的故乡霍伊山[①]的根的力量，来纪念这位作曲家。而当我们此时此地有自知之明，意识到我们是必须去发现和拓宽那条进入核时代并且贯通核时代的道路的人，则我们就是这样进行思考的人。

如果对于物的泰然任之和对于神秘的虚怀敞开在我们身上苏醒，那么我们就会走上一条道路，这条道路通往一个新的基础和根基。在这个根基上，永恒作品的创作或许就会扎下新的根。

于是，以一种变换了的方式，在一个变化了的时代里，约翰·

---

① 霍伊山(Heuberg)：德国梅斯基尔希附近的山名，位于城西北部，海拔 900 米。——译注

彼得·黑贝尔所言必将重新成为真实：

> “我们是植物，不管我们是否愿意承认，我们这种植物必须连根从大地中成长起来，方能在天穹中开花结果”。

225.约翰·彼得·黑贝尔 530

(戈平根,1955年11月9日,业余大学)

约翰·彼得·黑贝尔有一次写道:“我们是植物,不管我们是否愿意承认,我们这种植物必须连根从大地中成长起来,方能在天穹中开花结果。”(《著作集》,阿尔特韦格编,第三卷,第314页)。

这位诗人是想说:凡在一种真正快乐的和有益的人造物要成长的地方,人必须能够从家乡土地的深处,上升到天穹的高处。“天穹”(Äther)在此意味着:高空的自由空气、精神的敞开广度。

约翰·彼得·黑贝尔本人及其作品,乃是他自己这句话的一个寂静地闪光的见证。但黑贝尔的作品也告诉我们,应如何来理解这句话。“我们是植物——”:诗人是要把人的本质与植物的本质等同起来吗?不是。黑贝尔在说什么呢?既不只是说大地,也不只是说天空。他想指出别的东西——即大地与天空**之间**的领域,人在创造和忍受之际栖居于这个领域中。这个领域从大地之深处延展到天空之高处。

这种延展由人类的尘世栖居所穿越和测度(durch-messen)。这个之间乃是人在大地上的逗留的维度。然而,这个在大地与天空**之间**的敞开广度(人就在其中站立和行走)并不是一个空洞的空间——而不如说,普遍地从深处到高处,又从高处到深处,为道路和小径所穿越，配以人永久栖居的茅舍和房屋。“大地”——这个词语在黑贝尔的句子中表示所有作为可见的、可听的、可感的东西承载着我们、包围着我们、激励着我们和令我们平静的东西。“天穹”即天空——这个词语在黑贝尔的句子中表示感官不能感知的所有东西，即非感性的东西——意义与精神。[①]

531 然而，感性之物的深度与意义的高度之间的道路和小径是——语言。因为语言的词语在语音中传露和鸣响，语言的词语在文字中闪光和显现出来。不过，语音与文字本身虽然是感性之物，但在感性之物中，向来就有一种**意义**（*Sinn*）传露出来并且显示自己。**词语本身**乃是感性之物**与**意义的紧密性（das Innige）。语言是感性的意义，是大地之深处与天空之高处之间的道路和小径。语言是大地与天空之间的延展的那个敞开广度。

无论人何时以及如何说话，人都只有通过预先已经**倾听**语言才能说话。人始终只能这样说话，即**他从**一种语言**而来**说话——**从**他生**于**其中的那种语言**而来**。人们把它称为母语。

母语对我们来说是如此熟悉和如此切近，以至于我们难以特别地去经验它的丰富性和它的道说强力。

赫尔德尔曾说过，与“哲学抽象的小数目”相比较，母语是一座与人为堆积起来的鼹鼠丘相对照的高山，与被抽离的作为哲学呈现自己的精神的点滴相比较，母语是大洋。

人始终只是这样说话，也即他是从语言而来说话。这话意味

---

① 德语中的 Sinn 有多重含义，主要有三：1.感觉、感性、感官；2.意识、思想；3.意义、意思。在此上下文中主要取“感性/感官”与“意义”两义。——译注

着什么，对此我们以前少有深思。相反，在日常言谈和书写的仓促和习惯中，语言完全不同地向我们显示出来。我们同样也是意指，语言就像我们交道的一切日常事物一样，只是一个工具，而且是相互理解和传达的工具。（说语言已经被我们认为是充分熟悉和被意识到的[?]，这是完全正确的吗?）这种关于语言的观念差不多带有某种无害的东西。

然而——此间，这种关于语言的观念的阴森可怕的性质已经昭然若揭了。语言工具观如今已趋于极端。我们几乎不重视这一事件；更未能估量它的影响范围。您们知道，人们今天在与“电脑” 532
结构的联系中不仅要建造计算机，而且也要建造思维机和翻译机——即语言机了。

所有这一切再也不是一种怪癖，也不是偶然的夸张。理解和通告的现代形式正在走向这种机器。我们惊奇地注视着这种机器，我们已经被它的功效迷惑了，我们忘了思索，何种事件才使这种机器的建造和利用成为可能。那是这样一个事件，即：语言越来越成为单纯的信息工具。

这就是说：人与语言的关系沦于一种阴森可怕的转变之中了。这种转变过程根本无法直接阻挡。这种转变同时以最大的寂静发生出来。

虽然不能否认，语言在日常生活中委实表现为一种理解工具。如此被利用的语言涉及生活的通常关系。然而，还存在着不同于通常关系的其他关系。歌德径直把它们称为“更深的”关系，说语言[《关于自然学说和知识学说的著作，象征语言》]：

"在普通的生活中，我们将就着对付语言，因为我们只表明表层的关系。一旦我们谈到更深的关系，就立即会出现另一种语言，即诗歌的语言。"

就歌德这种关于语言的支配作用的洞察，我们是不是会感到惊奇，正是歌德认识到了约翰·彼得·黑贝尔的《阿雷曼语诗歌》的神秘性，歌德在耶拿的文学报上为黑贝尔的阿雷曼语诗歌"写了荣誉文书"（阿尔特韦格语）？黑贝尔的阿雷曼语诗歌乃是这样的诗歌，在其中，表面上表层的人类关系被带入大地与天空之间的之
533 间－空间（Zwischen-Raum）之中。他的阿雷曼语诗歌是这样的诗歌，通过它们，看起来表层的人类关系变成了诗意的、因而深刻的关系。

226.关于黑贝尔的讲话 534

（1956年5月9日于勒尔拉赫[1]）

在庆典前夜做关于黑贝尔的讲话，这是一个美好的习惯。但要遵守这个习惯变得越来越困难了。因为一方面，约翰·彼得·黑贝尔是不需要我们的颂扬的。另一方面，要是有人已经给予颂扬，他就会快速陷于一种危险，即有可能自以为比他所颂扬者更高明。因此请允许我避开这项表达崇敬的任务。

倘若我们把关于黑贝尔的讲话转变为一场与黑贝尔的对话，那会如何？这样一个尝试诚然还是困难的。为什么？因为在一场对话中，支撑性和指引性的东西决不是讲话，而是：能听（Hörenkönnen）。为了能够听成功，我们必须知道，我们想听其言的人是谁，方能回答这个人。不过在我们的情形中，我们已经知道这个人是谁。他是约翰·彼得·黑贝尔。没错。但这个黑贝尔是谁呀？我们想邀请来做一次对话、在此时此地与我们相关的这个黑贝尔是谁呀？这个黑贝尔是：家之友（Hausfreund）。

家之友——一个质朴的名词，但却是一个具有深远意义的词语。借助于一种神奇的灵敏听觉，黑贝尔找到了“家之友”这个名

---

① 勒尔拉赫（Lörrach）：德国地名，位于德国巴登-符腾堡州。——译注

词，而且抓住了这个名词的令人激动的多义性。黑贝尔为他自己编的巴登地方年历而选择了这个名词。但同时，黑贝尔在这个年历标题中认识到了一个命名他的诗歌使命的词语。黑贝尔为“这个美好的理念所激励，就是要把莱茵河的家之友的年历弄成广受欢迎的乐善好施的现象，而且尽可能弄成全德国最出色的年历，在任何可能的竞争中的胜利者。”黑贝尔在此关于自己美丽的年历理念所讲的意思，值得我们逐字逐句来加以思考。

年历要成为一个现象。它要不断可见地闪光，照耀人们的日
535 常生活。年历不应该像其他任何印刷品那样单纯地出版；人们看到其他印刷品时，它已经消失了。

年历的现象[①]要成为一种“广受欢迎的”现象：一种自由地受欢迎的现象，但不是——像当时通行的——受当权人物强制的现象。

年历的现象要成为一种“乐善好施的”现象：它承载着一个愿望，意在促进读者们的福祉，缓解读者们的痛苦。

同时，年历应以“最出色的”方式超越狭隘的地方局限，对全德国发挥作用；因为黑贝尔用至高的标准来衡量自己的道说和书写。因此他对这样一种现象的影响范围做了估计。

最后，黑贝尔并没有怯于承认，人能构成的一切本质性的东西，都是在高贵的竞争中的胜利的一个赠礼——甚至一个年历。今天，“插图的报刊”已经替代和消灭了古老的年历。前者（“插图的报刊”）分散、瓦解、打击了本质性的和非本质性的东西，使之落入扁平的、短暂而棘手的、也已然消逝了的东西的本身单调乏味的

---

① 此处“现象”(Erscheinung)也有“出版”之义。——译注

层面上。后者(年历)曾经能在毫不起眼的东西中显示持存者,并且依然保持重复的阅读和思索。

然而,黑贝尔却在没有预感的情况下,帮助他的年历的"美好理念"超越当今而达到了一种光华,一种常新地使人类的思索和感觉着迷的光华。这是如何发生的呢?是由于黑贝尔成其所是了:成了家之友。"家之友"这个质朴的、但仍然难以捉摸的词语乃是表示黑贝尔之诗歌天职的基本特征的名称。

当然,如果人们唯一地只在诗歌创作中看诗人的事业,那么,黑贝尔在出版了《阿雷曼语诗歌》之后就已经停止写诗了。但诗歌《致具有田园本性和习性的友人》只是他的世界性的诗人天职的开 536
始。这种诗人天职首先通过黑贝尔的年历的叙述和观察才成为最高贵的德语语言。黑贝尔,这位在一种与语言的巨大切近中生活的黑贝尔,是知道这件珍宝的。他按照自己的诗意估量,挑选了他在《莱茵河家之友的年历》中给出的最美片段。于是他把珍宝限于最珍贵者,为之造了一个柜子,并且把它当作"小宝盒"献给了整个德语语言。

使《小宝盒》成为我们赞赏的语言作品的思索和塑造(das Sinnen und Bilden),乃是那种诗人的表情(Gebärde),我们借此把黑贝尔识别为家之友。但在《小宝盒》中,《阿雷曼语诗歌》同时被扬弃掉了,所谓"扬弃"是在三个层次的意义上来说的,这是诗人同时代的大人物之一、来自施瓦本地区的思想家格奥尔格·威廉·弗里德里希·黑格尔关于"扬弃"一词的思考。[①]

---

① 黑格尔的"扬弃"(动词 aufheben,名词 Aufhebung)概念具有"拾起、保存、取消"三重意义。特别可参看黑格尔:《精神现象学》、《小逻辑》等著作。——译注

“扬弃”(aufheben)一方面意味着:从地上拾起摆在眼前的东西。但这种扬弃却是表面的,只要它没有被一种意同“保存”(aufbewahren)的扬弃所规定。不过,后面这种扬弃,只有当它来自一种表示“把……举上去、美化、使变得高贵并且由此发生转换”的扬弃时,它才能获得负荷能力和持久性。以这样一种方式,黑贝尔把《阿雷曼语诗歌》扬弃为《小宝盒》了。从小宝盒中处处闪烁着诗歌的魔力,而小宝盒中并不包含这些诗歌。

我们通常从世界中、从人类的和神性的事物中看到的东西,通过诗意的道说而被重新铸造,变成为珍贵的东西和神秘之物的过剩。这种重新铸造的高贵化通过一种得到提升的语言而发生。但这种提升走向质朴之物。把语言提升入质朴之物中,这意味着:把一切转变入静静地鸣响的词语的柔和光华中。这样一种高贵化的道说标识着黑贝尔的诗人天职的特性。

537 唯当我们充分思索这一点时,我们才能同时完整而持久地理解那些有贡献的人物如艾米尔·施特劳斯、威廉·阿尔特韦格和威廉·策恩特纳已经认识到的东西,即:黑贝尔的书信也与《阿雷曼语诗歌》和《小宝盒》一样,属于他的诗歌作品。

只有越来越清晰地洞察到、并且越来越明确地接受他自己的本质(作为家之友的本质)的诗人,才可能写这些书信。

但谁是家之友?黑贝尔以何种方式是朋友,又是哪个家的?

首先我们会想到乡下人和城里人居住的家。今天我们甚至会过于轻松地,而且经常出于一种困境,把家设想为人的日常生活在其中展开的各个空间的布置。家差不多成了一个单纯的居住容器。然而实际情形是反过来的:家只有通过栖居才成为家。如果我们能充分深远地和本质性地来想想“栖居”(wohnen)这个动词，那么，它为我们命名的是人在大地上、天空下从生到死的旅程的完成方式。这种旅程是多形态的，是富于变化的。但无论在哪里，这种旅程都是栖居的主要特征，也就是人在大地与天空之间、在生与死之间、在快乐与痛苦之间、在作品与词语之间的逗留的主要特征。

如果我们把这种多样的之间(Zwischen)称为世界(Welt)，那么，世界就是家，是终有一死者栖居的家。相反，个别的家、村庄、城市，就都是在自身中和在自身周围把那些多样的之间聚集起来的建筑物。这些建筑物首先把大地取来，把大地当作被栖居的山水风光纳入人之切近处，同时把相邻的栖居之切近置于天空之辽阔中。唯当人作为终有一死者栖居在世界之家中，人才处于一种使命中，要为天国之物筑造一个家，为自己筑造一个居所。

家之友是对世界所是的家而言的朋友。家之友倾心于人之本 539
质的完整而广大的栖居。但他的倾心(Zuneignung)乃依据于一种原始的、起初未展开的、但在任何时候都是得体的与世界及其建筑的归属关系中。因此，我们在家之友的《小宝盒》中发现了“关于世界建筑的考察”。更有甚者：家之友并非偶然和杂乱地把这些考察插入叙述中。他对小盒的珍宝做了完好的设想和美好的安排。更有甚者：小宝盒甚至开始于“对世界建筑的一般考察”。这个家的朋友首先把“大地与太阳”推到了人们眼前。接着这个，后面是对月亮的考察。之后，在关于无危险的和冒险的人类行为和活动、关于正派的和狡诈的人类行为和活动的叙述中，星星开始闪烁：首先是分布在两处的行星，然后是彗星，最后有意放了恒星。

现在人们会说(甚至有一定的道理),黑贝尔关于世界建筑的考察只是跟上了他那个醉心于启蒙的时代的进程。在他那个时代,人们再也不能回避正在升起的近代自然科学的知识了。人们意愿把它们当作关于自然的更佳知识传达给他人。可是,这种正确的断言完全错认了家之友以其关于世界建筑的考察所想做的事。黑贝尔感兴趣的事,我们只有在知道了谁是真正的家之友的时候才能发觉。

必定让我们吃惊的是,真正的家之友并非黑贝尔。不然是谁呢?黑贝尔自己为我们给出了答案,而且是在他关于世界建筑的考察的一个标志性的段落里。只是从这里,我们已然得出一个决定性的指示,尝试从世界之家出发来思考家之友。相关文字位于有关月亮的考察的结尾处,原文如下:

539 “第八点也是最后一点:天上的月亮究竟能做什么?——答曰:做大地/地球能做的。确凿无疑的是:月亮通过它那柔和的光芒(那是它对太阳光的反射)照亮了我们的黑夜,注视着小伙子们如何亲吻少女们。月亮是真正的家之友和我们地球上的第一个年历制作者,而且当他人睡觉时,月亮便是最高的总守夜人。”

这是黑贝尔所言。真正的家之友是月亮。谁胆敢以少数几句话、同时无可避免地过于宏大的话,表达出这里作为家之友的本真要素而得到形象呈现的东西呢?

正如月亮通过它的闪耀,尘世的家之友黑贝尔通过他的道说带来一种光芒，而且是一种柔和的光芒。月亮带来的光芒照亮了我们的黑夜。但它带来的光芒并不是由它自己点燃的。它只不过是反光，是他预先接受到的——从它的太阳，后者的光华同时照耀着大地。

被月亮柔和化后又投给大地的太阳反光，乃是被允诺给家之友的道说(Sage)的比喻；家之友受了允诺，也就是被照亮后，方得以又向与他一道栖居在大地上的人们道说被允诺给他的东西。

在他所道说的一切中，家之友守护着本质性的东西，作为栖居者的人所依赖的东西，当然也是人太容易因睡眠而耽误掉的东西。

家之友就像最高的总守夜人，就像月亮，是一个在黑夜里保持清醒的人。他照看着栖居者的适当安宁，关注着有威胁的和干扰性的东西。

作为第一个年历制作者，月亮预先规定了时辰的运行。诗意的道说先行于终有一死者从生到死的道路。家之友注视着小伙子们如何亲吻少女们。家之友的注视是神奇的：不是好奇的呆看。
家之友注视着，恋爱者如何获得了柔和的光亮，那月亮的光亮，它 540
既不只是尘世的也不只是天空的，而是两者的，而这两者是原始不可分的。

家之友的道路与片刻(Weile)、态度与表情，乃是一种独特地被抑制的、同时具有看护作用的闪耀，它让一切事物都进入一种柔和的、几乎不可察觉的光芒中。

与此相应的是黑贝尔本人关于作为家之友的自己所讲的话。这位家之友有时候把一粒“小小的金种子”(II，第 99 页)放入他的叙述和考察中。

“因为这位莱茵地方的家之友来来回回地努力接近莱茵河，向有的窗户窥探，而人们看不到他；坐在有的酒店里，而人们不认识他；与有的正派人走上一条安息日之路，或者如果碰巧，走上两条安息日之路，而且不让人发觉他的身份。”

所以，这位家之友在他向有兴趣的读者所说的话中思考甚多，但又让本真的东西处于未被道出状态。正如在一个年历故事结尾处所说的（II，第164页）：

“家之友同时想到什么，但他不说。”

当然，家之友也知道他的道说向何处说——也就是对“世界和生命的伟大年集”（II，第172页）：

“人们起先没有太注意，不论人们如何去如何来，直到人们感觉自己处于与开头时完全不同的人群当中。”

家之友也清楚地知道，终有一死者的生命如何本质性地为词语所规定和支撑。在1808年9月的一封书信中，黑贝尔写道：

“我们生命的大部分是一条由词语造成的舒适的或者不舒适的迷途，我们的大部分战争是……词语战争”（《书信集》，第372页）。

不用奇怪，家之友比我们所以为的更难以担当，难以忍受以正 541
确的方式通过自己的道说忍受这种词语战争。

黑贝尔有一回写信给朱斯蒂努斯·克尔讷(Justinus Kerner)(1817年7月20日，《书信集》，第565页)：

> “您知道对于一个读者来说把要道说的东西如此正确地放入其生命的真理性和清晰性中意味着什么”……而且我们可以补充说，同时又要保持“未被关注和未被召唤的状态”(1817年8月10日，《书信集》，第569页)

因为这就是家之友的方式。对于这个名词，黑贝尔在同一时期还做了再次解说，他写道(1817年10月24日致朱斯蒂努斯·克尔讷的信)：

> “以家之友这个名词，人们诚然是要真诚地与读者说话，并且毫无约束地戏弄之。”

在毫不显眼的道说中(这种道说让要道说的东西保持在未被道说状态之中)，家之友的友好便流向读者。在这样一种道说中，家之友找到并且保持了一种向终有一死者之栖居的转向和关注，由此他便来到世界之家中，但却是如此这般地成了它的客人，就仿佛他不是它的客人似的。

“家之友”——这是一个具有深远预见的、同时具有掩饰作用的名词，表示我们通常所谓的诗人的本质。

诗人把世界聚集入一种道说，其词语始终是一种柔和地抑制的闪耀，世界就在其中如此这般地显现，仿佛它是第一次被看见。家之友既不想一味教训，也不想教育谁。家之友听任读者自便，以便读者自发地进入那种对本质性的东西的喜爱；而家之友为了与我们对话，先已俯身走向这个本质性的东西。

家（即世界所是）之友打算做的是何种对话呢？家之友首先想谈论什么？答曰：谈论他本身在《小宝盒》中开始谈论的东西。那
542 就是“关于世界建筑的一般考察”。黑贝尔以下列句子结束这种考察的导论部分：

> “所以，家之友现在想做一次布道，首先是关于大地，关于太阳，然后是关于月亮，再然后是关于星星。”

做一次布道吗？当然是。不过我们要好好关注，是谁在此布道。是家之友而不是教士。但一位布道的诗人是一个烂诗人。除非我们对“布道”（predigen）这个动词有更沉思的理解。布道在拉丁语中是 prae-dicare。它意味着：先行－道说（vor-sagen）某物，由此来表明某物，赞扬某物，并且因此让要道说者在其光华中显现出来。这种“布道”乃是诗意道说的本质。

因此，黑贝尔的“关于世界建筑的考察”是诗意的。这是一个大胆的断言；因为黑贝尔自己的意图和表达似乎是与此相反的。黑贝尔其实是想以所谓的考察把他的年历的读者引导到一种关于世界建筑的更好知识上，为的是把他们从漫不经心的无知状态中解放出来。

《小宝盒》的第一页始于下列句子(I,第264页):

“对于有兴趣的读者,如果他坐在熟悉的处于群山与树林之间的家中,守着自己的所有,或者喂着山雕,那对他来说便是舒适的,而且他恰好不会想得太远。但当太阳早早地以其寂静的壮丽升起时,他不知道太阳从何而来,在傍晚何时落山,他不知道太阳到哪里去,太阳在哪里穿过黑夜把自己的光芒遮蔽起来,以及太阳通过何种隐秘的小道重新找到了它升起的群山。或者当月亮时而苍白而瘦弱地、时而浑圆而丰满地在黑夜里漫步时,他又不知道这是由什么造成的。而且,当他仰望星空,发现一颗星比另一颗星闪烁得更美丽、更快乐,这时候,他就会以为,它们全都因为他的缘故才这样的,其实却并不真正知道它们想要什么。好朋友哪,人们天天都这样 543
看某物,从不追问个中意味,这是不值得称道的。”

家之友想使自己的读者愿意去思索在自然过程和状态中昭示出来的东西,因为自然贯通并且支配着我们的栖居世界。因此,他也这样来向他的读者描绘自然,就像近代自然科学的“自然行家和占星先知”,尤其是“正直的哥白尼”用数字、图形和定律来表象自然。我们深思熟虑的说法是:家之友也用自然科学的可计算性来显示自然。但他并没有迷失于这种自然理解中。家之友虽然把目光对准可计算的自然,但他同时把自然召回到自然的自然性之中。自然的自然性乃是太阳、月亮、星星的那种升起和下降,这种升降通过把世界的奥秘说给栖居的人而直接地招呼栖居的人。以哥白尼方式被表象的太阳始终是那个“美丽的女人”(tolli Frau),从她那里“一切都想要光明和温暖”(alles Liecht und Wärmi ha will),“一切都祈求她的赐福”(alles um e Segen a-spricht),“但又多么善良和友好”(doch so güetig(blibt) und fründli!)。[1]

黑贝尔在这里是把太阳转变为一个农妇了?抑或,只有当天然自然的太阳和星辰以其寂静的壮丽向我们照耀时,这样一个女人和一切人类本质的质朴性才得以显露出来?

在评论黑贝尔的《阿雷曼语诗歌》时,歌德写道:“这位作者把自然对象转变为乡下人,并且以最质朴的、最优美的方式彻底把宇宙乡下化了:以至于随着这位作者,山水风光(其实在其中,人们看见的永远都是这个乡下人)似乎在我们提高了的和变得晴朗的想象中仅仅构成一点。”[《耶拿普通文学报》,1805 年 2 月 13 日]

黑贝尔把宇宙乡下化了[2]。歌德这个判断听起来不免冷酷,
544 但其实意思是友好的。它甚至触及到一个问题,一个恰恰推动了歌德后期的作诗与思想的问题。究竟什么是我们不得不认为值得不停地追问的东西呢?

它是那个值得追问者,它在此间已经提升到不可量度和深不可测的状态,撕扯着我们的时代,而我们不知道何往。

它是那个值得追问者,我们今天甚至还没有一个合适的名称来表示它,即:技术上可控制的科学的自然与人类习惯栖居的天然自然,犹如两个疏异陌生的区域相互脱离,并且以一种持续的加速

---

① 此处为阿雷曼语。——译注

② 此处动词“把……乡下化”原文为 verbauern,其词根为 Bauer(农民、乡下人)。——译注

度飞奔起来,越来越远地分道扬镳。

它是那个值得追问者,即:自然的可计算性被假装为通向世界之神秘的唯一钥匙。

它是那个值得追问者,即:可计算的自然作为所谓真实的世界把人类的一切心思都据为己有,把它们改变和固化为一种单纯计算性的思维。

它是那个值得追问者,即:天然的自然沦落为一种幻想产物的虚无的东西,甚至不再让诗人们感兴趣了。

它是那个值得追问者,即:诗歌本身不再能够成为真理的一个决定性形态了。

所有这一切也可以这么来说:我们今天在一个没有了家之友的世界之家里瞎跑——也就是那个家之友,他以同样的方式和强度倾心于在技术上被扩建的世界建筑,以及适合于一种更原始栖居的作为家的世界。那个家之友缺失了,他能够把自然的可计算性和技术重又庇护入一种重新被经验的自然性(Natürlichkeit)的开放奥秘之中。

诚然,这个家之友把宇宙乡下化了。但这种乡下化却具有那种筑造(Bauen)方式,一种思及更原始的人类栖居的筑造方式。

为此就需要筑造者,他们知道人类是不能通过原子能活命的, 545
相反,原子能只会使人类丧命。真正的筑造者要思量的是:人们所过的单纯的生活还不是一种栖居。因为当人"诗意地……在这片大地上"栖居时,人才"栖居"。

约翰·彼得·黑贝尔乃是以家之友为形态的诗人。但无疑地,我们今天再也不能返回到他在一个半世纪前经验的世界中去,既不能返回到那个时代完好无损的田园之中，也不能返回到那个时代有限的自然知识中去。

然而，我们能够注意的是，人类栖居的诗意性质需要诗人，诗人在一种高而广的意义上是朋友：世界之家的朋友。我们能够预见的是，当黑贝尔把诗人看作家之友时，他在暗示什么。因此，诗人便获得了指引性的话语。

黑贝尔在《小宝盒》中说（I，第284页）：

“最大的智慧显露在对事物的简单而自然的安置中，人们不知道这一点，正是因为一切是如此简单而自然。”

227.关于黑贝尔。家之友[①] 546

（草稿，未演讲，1956 年 5 月）

整体来看，具有如此兴致的读者应当来思量一下，“一个诚实的名叫哥白尼的占星者”已经证明了，在太阳和月亮的上升和下落中，在星辰位置的变化中，可以断定另一些在事物的表面现象中没有显露出来的自然事件。现代的“博物学者”发现了它们，同时把自然以可证明的过程的形式表象出来。如此被表象的自然，再也不能撇开现代人的此在而得到思考了。所以，黑贝尔在他的考察中讲授了现代自然研究的知识。这位家之友的讲话富有教益，乃是作为博物学者、而不是作为诗人来说话的。不过，决定性的东西依然是，黑贝尔**如何**把这种关于自然的考察提交和推荐给读者，从而把读者的爱好保持在正确的光照中并且把它们带入合适的轨道中。黑贝尔把科学地被表象的自然取回到直接被体验的世界，在其中，太阳升落，玫瑰盛开，泉水潺潺。黑贝尔并没有想到把表面现象的世界消解于一个单纯的假象之中，并且为了现代科学意义上所谓唯一真实的世界，而把这个假象当作不真实的世界放弃掉。

---

① 家——作为存在之家。参看《关于人道主义的书信》：也就是**语言的本质现身**。——原注

不过，黑贝尔也没有把表面现象的世界直接并置于被认为唯一正确的关于自然的科学表象一旁。黑贝尔更没有想到事后把这两个分离的区域挪到一起去。黑贝尔诗意地直观到一个原初未被分离的东西。

547 由于黑贝尔作为家之友深思地观察到世界之家，他的诗意目光就已经把科学地被表象的世界取回到日日夜夜闪现着的世界。后面这个世界重新显现出来，在其为人的栖居而不停闪烁、发出声响和芳香、既波动又静止的丰富性中得到了拯救（参看歌德）。

现在我们必须找到时机，仔细而反复地去收集在黑贝尔的《小宝盒》中所有关于星星、大地、月亮、行星、彗星、恒星的考察，方能倾听他是怎样诗意地道说这一切的。但对于今日读者来说，这样一种倾听变得困难了。因为今日读者立即就会反抗，会端出一种更佳的关于自然的知识，胜于黑贝尔在一个半世纪前能够拥有的知识。今日读者会毫无矛盾地断言，这位家之友的自然知识不仅早就被超越了，而且所有以往关于自然的观念现在都处于一种颠覆一切的变化之中。今日读者会断定，黑贝尔充其量只是用诗歌方式装饰了过时的科学教导。今日读者最后会指出，甚至这种诗歌在此期间也已经变得毫无根底了，因为乡土自然及其风俗正在不可遏制地崩溃和消失。

今日读者的所有这些断定都是正确的。更有甚者：如果我们来沉思一下，我们就会发现，在他们这些断定中，某些情况已经得到了证实，而它们的阴森可怕之处，我们只是难得直观之，它们的影响范围，我们几乎不能估量之。那是什么呢？答曰：被认为单纯的表面现象的世界与可计算的自然的领域，这两者以一种日日提高的加速度，飞速地分道扬镳，并且张开了一个空虚之区域，后者把人在这个大地上的栖居留在讳莫如深的、未经保障的状态之中。在这个今天依然难于思考的世界上，计算性思维的虚假清晰性越是明确地把一切东西和一切人都撕扯入一种形式之物的魔力之 548
中，在那里，唯有组织和功能的统治地位才伪装出一种秩序的持存。

哪里还有一个地点适合于这种家之友式的诗人呢？没有任何一个地方了——除非这样一种诗人方式(Dichtertum)以至高的风格将来本身首先成为一个位置(Ort)，在其中，一种全新的栖居得以在一个重新被拯救的世界中聚集起来。这样一种诗人方式或许会创建一个地方(Ortschaft)，在那里，今日表象和言说的一切区域都得到了协调，并且被存在者存在(ist)而并非一无所有这样一回事的开放的神秘所贯通和支配。

一种对这样一个地方的诗意创建是否、何时、何地、如何会出现，无人知道。但有心去沉思的每个人都知道，这种创建乃是一种至高的困境(Not)，需要一种多样的预先关心。

关于这件事，我们今天就能经验到一点：假如我们开始与家之友的对话，那么，黑贝尔这个以家之友的形象呈现给我们的诗人，就能给予我们一个暗示。但对话中的支撑因素和本质现身因素绝不是言谈(Reden)，而是能够倾听(Hörenkönnen)。所以，我们首先必须慢慢地学会倾听这位家之友在他所道说的一切中未道出的东西。当务之急是把"家之友"这个质朴之名当作神秘的和深远的表示一种诗人方式的词语来倾听，这种诗人方式在正在临近的原子时代里为人拯救他的本质的最隐蔽的和最耀眼的珍宝。这就是语言,只有当人应合于语言的劝说(Zuspruch)时,人才能言说语言。

但如果世界在词语中才是世界,如果世界在语言中在家,那么,语言作为世界之家将来便需要一个守护者,他或许就是至高意义上的诗人。他或许就是与黑贝尔有着亲缘关系的一个诗人。他或许就是家之友,这个家之友在同样高的程度上使人的栖居产生惊愕之感又使之平静。

228. 哲学教席的更替*

弗莱堡，1956年5月23日

致哲学系系主任罗曼教授

事由：哲学教席I更替委员会

尊敬的系主任！

作为荣休教授，我对本委员会工作的参与仅限于简短地报告自己关于相关教席的**合法**更替的见解，并指出相应的人选。我对人选的列举是有保留条件的，即对于年轻一辈，甚至极年轻的新生学术力量（从他们的圈子里或许同样会有人来申请教席），无论是他们的出版物还是他们的教学活动，我都一无所知。

因为哲学系从未通过文件让我了解该教席迄今为止的代理过程，相反我受到校长办公室特伦巴赫的排挤而至于退休，使得我当时甚至不可能作为荣休教授发表现在这样的见解，所以我今天不得不拒绝对那些错综复杂的问题发表看法，它们并不依赖于教席更替问题，而是从不言而喻的眼下教席代理教授的年龄考虑中产生出来的问题。

如果我们应当坚持一种与各自时代状况相应的教席传统，那

550 么，关键问题就不可能在于保障一种对以往哲学立场的学院式继承。这在哲学中将导致僵化。要紧的是使教席保持开放，使之成为这样一个场所，即成长中的新生学术力量得以在其中发展，通过他们的工作辐射到学术事业中。

从这个角度，我给出可供考虑的名字：芬克（E. Fink）、舒尔茨（W. Schulz），福尔克曼－施卢克（K. H. Volkmann-Schluck）则在其次。

拥有足够长久而多面的教学经验以及广博的哲学史见识者，是布勒克（W. Bröcker）和伽达默尔（H. G. Gadamer）。对于布勒克，我们可以期待总是尚未被充分掌握的对数理逻辑的哲学争辩；而对于伽达默尔，我们可以期待一种与今日难题相应的对人文科学的奠基。

根据我的判断，一张唯一的和本地的名单（unico-loco-Liste），无论来自较年长的候选人范围还是来自较年轻的候选人范围，在今天还绝对得不到支持。

229.致普罗旺斯的爱慕之情*

（1958年3月20日）

校长先生！同事们！女士们先生们！

我感谢副院长先生的热情欢迎。

我感谢哲学系的邀请，让我有机会在此讲话。

最后我感谢同事萨加维（Sagave）和我的朋友让·波弗勒，感谢他们的翻译工作。

为什么我要在这里，在普罗旺斯的艾克斯①讲话呢？

我爱这地方及其村庄的柔和。

我爱这地方群山的严峻。

我爱这两者的和谐。

我爱艾克斯、毕贝姆②、圣维克多的山脉。

我在这里找到了保罗·塞尚的路，从其开端直至终结，而我自己的思想之路在某种程度上是与他的路相合的。

我爱这地方以及它的海滩，因为其中显示出与希腊的切近。

---

① 普罗旺斯的艾克斯（Aix-en-Provence）：法国城市名，普罗旺斯的前首府。——译注

② 毕贝姆（Bibemus）：法国地名，塞尚曾在那里创作。——译注

我爱所有这一切，因为我确信，一部重要的精神作品，无不在一种原始的土地植根性中有其根源。

230. 艺术与思想 552

1958 年 5 月 18 日高级研讨班记录

海德格尔:我们想从我们欧洲的立场出发做一个尝试,去把握艺术的一些本质特征。艺术在我们时代里是否还有一席之地,这对我们来说是一个紧迫的问题。我们想这样来开始我们的高研班,我们来问一问,我们所谓的东亚艺术是怎样来理解自己的? 我们要十分具体地来问一下——东亚世界的多样性是预设的前提——,在那里究竟是不是能在我们的意义上来谈论艺术和艺术作品? 在日本,您们有一个表示“艺术”(Kunst)的名称吗?

贡德特:人们或许同样有权提出相反的问题,那就是:我们所谓的艺术在东亚人的眼里和他们的意义上是不是艺术? 这在日本是备受争议的。

海德格尔:为回答这个问题,我们必得追问关于一般艺术的概念。在此我们限于一个暂时的问题。在日语中有一个词来表示我们所谓的艺术吗?

久松真一[1]:这个问题不难回答的。大约 70 年以来,在日本

---

① 久松真一(Shinichi Hisamatsu,1889—1980 年):日本佛教学者、禅思想家,著有《东洋的无》、《禅与美术》等。——译注

有了现代（西方－美学）意义上的艺术，而且是一种翻译。日本人接受了所有的西方概念，用自己古老的词根来复述它们。在对于这些西方概念的复述中，人们首先构造了复合词。所以，Gei（“芸”）原本意味着作为一般能力、熟巧的艺术。相反，复合词Gei-jiz（“芸术”）则是对西方美学的艺术概念的复述。[①]

海德格尔：以前是什么呢？它是在一个艺术作品中被看到的一个图象（*Bild*）吗？在接受欧洲艺术概念之前的原始艺术经验是何种经验？这是有意思的地方。

553 **久松真一**：有另外一个古词表示“艺术”；一个古老的日语词语，带有一种未受欧洲影响的更深意义。这就是“芸道”（“Gei-do”）：艺术之道[②]。“Do”是中文的“道”（Tao），它不光意味着作为方法的道路；它有着一种与生命、与我们的存在本体的深刻的内在关联。也就是说，艺术对生命本身具有决定性的意义。

菲太：这条艺术之路对于禅宗佛教来说是必然的吗？禅宗有一种对于艺术的必然性吗？为什么艺术被叫作道路？为什么禅宗竟需要艺术呢？

久松真一：在禅宗艺术中，技能意味着两样东西：首先，人由此被现实带向现实的本源；艺术是一条道路，是人如何突入本源的一条道路；其次，艺术具有这样一种意义，即人在突入本源以后又回到现实。禅宗艺术的真正本质就在于这样一种回归。这种回归无非是禅宗真理本身的作用，即禅宗真理自行设置入作品之中。所

① 日语的Gei和Gei-jiz即中文的“艺”和“艺术”。——译注

② 日语的Gei-do（“芸道”）即“艺道”。——译注

谓的现实之本源乃是原始的真正的生命或者自身(Selbst),仿佛是摆脱掉一切束缚的神性的孤寂,是摆脱掉一切礼仪限制的无约束状态(Ledigsein)。这种无约束的自由状态也被称为虚无(*Nichts*)。所有这些被命名的东西都是自身。

贡德特:也就是说,在禅宗中有两条道路:首先是否定性意义上的道路,在这条道路上现实被否定了。这种否定是赢得肯定的前提。从这种虚无中回行,产生出鲜活的东西:这是禅宗艺术的本质。

久松真一:不是要赢得本源,而是让本源本身显现出来,这是禅宗艺术的本质。禅宗之本质的肯定性方面就在于这种本源的跃出,在于本源本身的显露。这就是禅宗真理的作用。禅宗的本质 554
不在于前行(Hingehen)之道路,而在于回归(Rückkehr)之道路。

海德格尔:我想提一下我和久松真一先生在维也纳的一个对话,从而让我们能够在我们这里所关注的问题上走出更深入的一步。欧洲艺术本质上是以描绘(*Darstellung*)特征为标志的。描绘即爱多斯(Eidos),就是使可见。艺术作品、构成物把……带入形象中,使……可见。在东亚世界却不是这样,描绘成了一种障碍,形象因素、使可见的形象意味着一种阻碍。

久松真一:只要人处于通往本源的路上,艺术作为对形象的描绘对人来说就是一种障碍。但如果人已经突入本源中了,那么,使形象化的东西(das Eidentische)可见这回事就不再是什么阻碍,而毋宁说是原始的真理本身的显现。

海德格尔:写下来的、画下来的东西不只是阻碍,而是阻碍之解除(Ent-hinderung),是自身向本源的运动的动因。

久松真一:如果从一件禅宗艺术作品中活生生地道出了原始-根据(Ur-Grund),那么它就是美的。那么,观赏者也有可能体悟到这个根据。

海德格尔:在东亚艺术中没有生产出对观众发挥作用的对象性的东西。图画不是符号,不是象征;而毋宁说,我在绘画、书写中实现向自身的运动。

久松真一:实际上,一根画下来的线条的本质不在于符号特征,而在于运动。这种关于运动的理解是我完全同意的。艺术作品不是背后藏着某个含义或某种意义的对象;它毋宁说是直接的作用、运动。然而,只要人们去谈论如何通达本源本身之运动,人
555 们就不再或者尚未在本源中存在。但如果人们在本源中,那么,是运动本身在运动。

穆勒:总结一下,以我的理解,我会说:只有当人们已经突入本源中了,这种运动才会发生。它不是入门初阶。真正的艺术是在赢获了本源之后才产生的。真正的艺术并非来自把我们带入本源的运动,而是来自本源在显露中完成的运动。

久松真一:在西方,本源是一个以某种方式存在的东西,是一个形象化的东西。禅宗中的本源则是无定形的,是不-存在者(das *Nicht* -Seiende)。但这种"不"(Nicht)并不是单纯的否定。这种虚无(Nichts)不受一切形式约束,因此作为完全无定形的东西,它能够完全自由地运动,总是而且处处完全自由地运动。在这种自由的运动中有艺术作品得以从中产生的运动。

海德格尔:这种虚空(Leere)不是否定的虚无。如果我们把虚无理解为空间概念,那我们就必须说,这个空间的虚空恰恰是把一

切事物聚集起来的设置空间的东西。

久松真一:我完全同意“设置空间”(Einräumen)这个说法。这种设置空间必定始终摆脱了所有的约束。它必定无关乎客观性和有效性。它是禅宗真理本身的生命的自由作用。在禅宗中,一件艺术作品的美就在于,在某个形象因素中,无定形的东西达到了在场。没有这种无定形的自身在有形之物那里的在场,禅宗艺术作品是不可能的。所以在禅宗中,美始终要在与原始自身的自由的联系中才能得到思考。

布勒泽:人们或许可以说,这里说的事也是今天西方造型艺术的要求和关切。在今天艺术家的意向中,艺术作品不是一个标志,而是使藏在事物自身后面的东西公开出来的运动本身。今日艺术中有三大方向:几何的、完全无定形的、设定符号的。当代造型艺 556
术想要消除任何含义和意义。目标不是某种有意味的东西,而是可以说具有聚集作用、具有设置空间作用的空间,不是无论哪种在空间中的物。在此意义上,克利还是一个象征艺术家(Sinnbildner),在他那里还有一种客观的机关(Instanz),不只是艺术家的自行设置入作品。

海德格尔:您关于克利所讲的话对头吗?我认为不对。但假如当代艺术的情形如您所讲的那样,那么,在象征性的东西被克服掉以后其中还剩下什么呢?那是什么样的一个世界呢?人们不可忽视这样一种区别,即:我们在此也许一直都在寻求的东西,在日本早就存在了,日本人有这种东西。

久松真一:抽象绘画:其抽象的本质在于,画家进入消灭有形式的东西的方向中了。这种超越形式的运动依然受缚于有形式的东西，恰恰是因为它依然试图超出有形式的东西之外去寻求某个东西。与之相反，禅宗绘画正好活动在相反的方向上。在那里重要的是无形的自身（Selbst）向我们的显露。

穆勒：同样不可忽视的区别在于，日本绘画径直画事物，而抽象绘画不画事物。

布勒泽：包括无题材绘画，它只是从形式、从运动出发，完全一味地陷于形式，陷于与现实事物十分类似的事物之中。但它们其实不是描画（Abbildung）。它们起于这样一种努力，即要赢获虚无的确定维度。

久松真一：我们日本人对于抽象绘画有良好的悟性。

阿尔科普莱：我想问一下，墨人团体[①]的特定的书法，是否能被称为禅宗艺术。这个小组与现代抽象绘画十分接近。

久松真一：我不想谈这个小组，因为我不想在这里批评它。

557 **阿尔科普莱**：评判一件艺术作品是否来自本源，有何种标准吗？

久松真一：这只能根据本源本身来观察。

布勒泽：在我们这里有多样的艺术领域，诸如绘画、音乐等等。在日本也有各种不同的艺术吗？还有，那些按我们的概念来看并非艺术的艺术，诸如插花、茶道等，它们的情形如何？这些艺术也具有艺术意义吗？

久松真一：禅宗艺术作品的美在于原始的自身（Selbst）的自由运动。如果这种运动在某个有形之物那里显露出来，那么，这个

① 墨人团体（Bokujin）：成立于1952年的日本前卫书法团体。——译注

有形之物就是一件艺术作品。这种在场并不局限于艺术意义上的有形之物的领域。而毋宁说,最高的美存在于没有任何形式或结构剩下来的地方。也就是说,禅宗中的艺术并不局限于特殊的领域。而不如说,这种运动是处处都能显露出来的。

Y:在禅宗艺术中有一种技术,一种技能吗?这种艺术是可学的吗?抑或这种艺术来自禅的经验?抑或有一种天赋吗?

久松真一:如果一位艺术家达到了这种经验,他也就能找到让真理显现出来的方式。在合适方式的寻找方面,是有艺术家的技术和技能的。

Y:有现代禅宗艺术吗?

久松真一:有,在多重意义上。禅宗存活的地方,处处都有艺术。

海德格尔:现在已经变得清楚了,以我们的想法(也就是关于一条直接而稳定的道路的想法),我们根本就达不到日本人已经存在的地方。我想以禅宗大师白隐慧鹤①最喜欢的一个公案(Koan)来作结束语:(举起一只手)"听吧,一只手的拍打声!"

---

① 白隐慧鹤(Hakuin Ekaku,1685—1768 年或 1686—1769 年):日本僧人、艺术家和作家。人们通常尊称其为"白隐禅师"。白隐禅师为江户时代中期的禅僧,也是临济宗的中兴祖师。——译注

231.感谢故乡梅斯基尔希*

(1959年9月27日)

市长先生、亲爱的同乡们、亲爱的朋友们、亲爱的客人们!

我剩下的只有感恩。要与我今天分享到的一切荣耀相匹配,是不可能的。首先是这个:我故乡梅斯基尔希的荣誉市民。我特别要感谢市长许勒(Schühle)先生、市议会和市民们,使我现在依然能以另一种方式属于您们。

自从我知道这件事,我常常在思索,什么是一个荣誉市民。我在法律方面相当无知,不能为您们给出一个定义。但我以自己的方法想好了这句话。所谓荣誉市民,乃是要——在此情形下特别地——保存值得荣耀的和要尊敬的东西:从熟悉之物意义上的家乡元素,到阴森可怕之物,在今天尤其是,思想必须在其中活动的东西。而同样也包括庇护和保存某人由之而来、某人从中成长、某人所归属的那个东西。把所有这一切保持下来,我尤其把它理解为这种荣誉市民之名分的意义。

许多赞扬之辞已经说过了。人们衡量此事的标尺有它自己的合法性。但与此事相关涉的人还有另一个标尺,我可以用一个施瓦本地方的箴言命名之:“要我来说,我就是标尺”(Wenn i wär,

wia i sei sott!)[1]在这样的日子里,有人更清楚地看到了他在这样一条道路上冒险一试的东西的距离、遥远和不可达到。而且由此,以道路(Weg)一词——您们今天也已经听到了这个词——我就不会离题了。因为思想中的道路不只是方法,而不如说,道路在思想中属于实事本身——这是我要为您们做一简单而清楚的说明的,以便在人们思考时,我关于感恩的简短说法向思想的过渡不会那 559
么艰难。因为感恩与思想不只是同一个词[2],而是同一个实事。

感恩,一种思念意义上的思想,一种并不回溯到过去,而是回溯入曾在之物的思念,也就是说,这种思念回溯到那个聚集起来还延续着、并且规定着我们的东西之中。但思念同时也意味着:先行思向今天困扰着我们、我们的国家、欧洲、整个地球的东西。所以,从感恩到思想的过渡真正说来并不是一种过渡,而不如说,我保持在同一者那儿,只想简短地来描述一下这个地球、这个时代的人类今天生活于其中的神秘状态。请各位允许我跟您们读一读希腊最伟大的女诗人萨福的诗句(德译文),通过一种简单的对照来向您们表明上面讲的这一点:

“当浑圆的月亮发出最强的光芒
洒满大地,
围绕着壮丽月亮的星星们

---

① 原文为阿雷曼语。——译注

② 注意此处“感恩”(Danken)与“思想”(Denken)的字面和意义关联。海德格尔经常强调:真正的思想乃是一种感恩。——译注

又蒙上它们闪烁而明亮的形象。”①

这些诗句不只是一个处于某种孤独状态的伟大女诗人的诗句，而不如说，它们是对我们来说属于曾在之物的一个国家、一个世界的诗句。

现在请各位只花片刻时间，来想想月球探测火箭吧。就我们时代以及整个人类的阴森可怕的发展，人们喜欢谈论正在逼近的人类的没落。但我在此却要说些别的，它不是一位先知的话，而只是致力于沉思所有这一切的人的猜测。在眼下这个时刻，我想说：在这个地球上还不可能出现人类的没落，因为人的意愿和能力的原始的和原初的丰富性依然为人保持和储存下来了。

560 这依然是一个猜测，依然是一个也被称为哲学家的思想者的猜测而已。如果某人是一个哲学家，那么他就是尼采所说的那个东西——尼采这位思想家在阴森可怕之境中为阴森可怕者牺牲掉了，他有个说法：“哲学家乃是一种稀罕的植物”；这就是说，哲学家这种植物需要他特有的土壤……，这种土壤的隐秘的生长和保存力不是土壤化学在任何时候都能找到的。一种稀罕植物需要一种稀罕的土壤。而且，要是在这方面有一些土壤或者只有一丁点儿土壤，那么，我们这里的土壤的稀罕性的标志就在于，这种土壤，这大地和土壤上面的天空，没有任何显眼的东西，没有任何异常的东西，没有任何突出的东西。

然而，也许有一天，另一个人可能在此一下子成长起来，成为

① 萨福：《Carmina》，第一卷，4 D. 第1—4行。——编注

有效的大思想家——对于后者，这同一个尼采也说了："他是像一支绷得紧紧的弓一样的人。"思想的原始性并不在于发明所谓的"新"想法。真正的原始性在于这样一种力量，它能接受所思的想法，忍受所接受的想法，并且把如此这般隐隐地忍受的东西展开出来。于是，这些想法便从自身达到它们所属的地方，进入我所谓的"开端性的东西"[1]中。于是，思想的真正激情成长起来，也就是对于"无用之物"的激情。于是，便出现了这样一种见识，即只有当一种想法不需要任何用处，不需要任何功利计较时，才是一个真正的想法。如果有一种激情首先苏醒了，那么，人们有时候也许就能成功地保持在道路上，并且成为所谓的先行者。我现在所说的先行者，并不是指早先之人，而是指走在前面而别人没有发觉的人。

如果允许我来总结一下，今天我从所有令人尊敬的讲话者那里、同时通过您们友好的在场而获得的一切，我可以用一位诗人荷尔德林的伟大诗句来表达；这位诗人被我视为**独一**的诗人（个中原 561
因我现在不能加以探讨）。荷尔德林这个诗句来自他伟大的赞美诗《莱茵河》，位于该诗第四节：

> "你怎样开端，就将这样保持，
> 厄运的作用也一样大，
> 还有培育，就是说多半
> 能够诞生，
> 还有这新生儿

[1] 此处"开端性的东西"（Anfängliches）也可译为"原初的东西"。——译注

碰到的光芒。”

可是，人类生活和思想的神秘也意味着，人们对我们通常借以观看事物的歌唱和光芒少有洞见，几乎没有洞见，让我完全清楚地讲来，人们很迟才对这种光芒有所洞见。

但现在，为了——因为哲学家们有时也会自相矛盾（个体也会自相矛盾）——但现在，为了谈论无用之物的作用（不过我没有把它理解为通常意义上的作用），我想指某种东西，它同时也是对家乡的感恩，那就是：我经常加以沉思的一个简单的事态：

“乡间路”（Feldweg）并不是只有我们周边才有的路——有很多乡间路；而且，我指的乡间路通常被叫作“比希特林格小路”（Bichtlinger Sträßle）。现在它径直被叫作“乡间路”了。它这种叫法并不是我的功劳，而是基于一些人的热心，他们读了一些书，真的乐于倾听和理解这些话语及其指令。

而且这里又要掉头了：先前是从感恩到思想，现在则是从思想到感恩。感恩在此的意思是，每一个人都以自己的方式感谢[①]对他来说适合者。

① 此处“感谢”原文为 sich verdanken，也可译为“归因、归功”。——译注

232.摘自海德格尔致阿尔科普莱的信* 562

(1959年)

今天我想对您说，您为友人布勒泽(Bröse)诗歌画的插图经常令我思考，而且与一种新的尝试联系在一起，这种新尝试意在深思符号(Zeichen)的本质，此外，关于语言本质的问题也越来越强烈地激发我做这种深思。还有那种不断激动人心的联系(同一性?)，即中国古代象形文字上的图像与文字的联系。从所有这一切中，我看到，我们在关于此类事态的*思想*和思想道说中，还完全在开端中盲人摸象，而传统形而上学的概念方式没有多大帮助的了。

最后还有一个见解，我以为，造型－显示的*艺术*更容易道说本真，而本真始终是无以言表的。

马丁·海德格尔

563

233. 路德维希·冯·菲克尔八十寿辰致辞*

亲爱的、尊敬的朋友！

人们把这等影响叫什么呀！在您的“复活节告解”期间，我已经把我原本想要讲的话推翻掉了，现在我来讲点别的吧。当您讲话时，我回想到安东尼·德·圣·埃克苏佩里[①]的一句话，这句话出现在他的遗著《城堡》(*Citadelle*)中，叫作：“创建爱情吧，向着塔楼，因为它们掌控着荒漠。”

荒漠乃是没有任何生长的区域。不仅没有任何生长，而且荒漠就是不让任何东西生长的区域……比摧毁更阴森可怕的是荒漠化。而且在某种远远地被思考、但并没有否定性地被理解的意义上，我想说，我们生活在荒漠化的时代里，因为不再有任何生长，相反，一切都屈服于规划和计算，甚至于语言，语言在可预见的时间内将被改造为一种信息工具。“创建爱情吧，向着塔楼，因为它们掌控着荒漠。”塔楼！诗人想到的是不同的塔楼。但有一些塔楼，

---

① 安东尼·德·圣·埃克苏佩里(Antoine de St. Exupery，1900—1944年)：法国作家，法国最早的一代飞行员之一。1940年流亡美国。著有小说《夜航》、童话《小王子》等。——译注

有声音从上面传来，显示着日子和岁月的时辰运行。如果我们做深度解说，从这种塔楼里发出的声音乃是寂静之音①：即那种道说(Sagen)，诗人和思想家们试图在其中言说(sprechen)。

“创建爱情吧，向着塔楼，因为它们掌控着荒漠。”创建(stiften)意味着：建立和赠送。创建爱情吧！对爱情的最深刻的解释，很可能是在奥古斯丁的一句话中，叫作：“amo volo ut sis”②，我爱，意味着我要爱人如其所是，保持本色。爱是更深意义上的让存在(Seinlassen)，依此意义，这种让存在唤起本质。

创建这种爱情——它让本质之物存在，按所引句子来讲就是 564
向着塔楼的爱情，从塔楼而来可听到寂静之音。创建、建立和赠送这种爱情，这就超越了科学的一切成就，也超越了一切行为。

因为您，尊敬的朋友，是我们上面所解说的意义上的一个创建者，所以我们在此为您欢庆，共饮这喜庆之酒。

---

① 此处“寂静之音”(das Geläut der Stille)是海德格尔主要在后期的《在通向语言的途中》等著作中阐发的语言思想。可参看海德格尔：《在通向语言的途中》，中译本，孙周兴译，北京：商务印书馆，2015年，第23页以下。——译注

② 奥古斯丁此句通常译作：“我爱你，希望保持原来的你。”——译注

565 # 234. 在国家黑贝尔纪念奖颁奖仪式上的答谢词*

(1960年5月10日)

部长先生！

巴塞尔黑贝尔基金会主席！

福格特·胡塞先生！

亲爱的黑贝尔之友！亲爱的托特瑙堡居民们！

我衷心感谢您，部长先生，为我颁发黑贝尔纪念奖，令我深感荣耀。我只能接受这一嘉奖，因为光荣和奖励唯一地只属于这位诗人，他家乡的山水，以及——他的世界性使命。

*

他的《阿雷曼语诗歌》最后一首的最后一节唱道：

und s' sin no Sachen ehne dra.

nämlich uf dr andere Sitte vom stille Grab im chüele Grund.

Sel Plätzli het e gheimi Tür,

und s' sin no Sachen ehne dra.
而且这背后还有东西。
也就是清冷土地的寂静坟墓的另一面。
这地方有一道隐秘的门,
而且还有那另一边的东西。

现在让我们好好关注一下:这最后一节诗结束了《阿雷曼语诗歌》,但却是这样,即它同时开启了《阿雷曼语诗歌》,使之首先作为整体开放出来。何往呢?

向着一切作诗、每一种思想由之而来的那个领域。因此,通过所有诗歌的所有诗节来倾听这最后一节诗的音调,这不仅是允许的,而且对于每一个深思地倾听者来说是必需的。

und s' sin no Sachen ehne dra.
而且还有那另一边的东西。

东西?在诗歌《夏日傍晚》中,诗人说到非同寻常的、因而令人 566
惊奇的太阳每日的工作:

Es isch e Sach, bi miner Treu,
am Morge Gras und z'obe Heu!
恕我直言,这是一个东西,
早上是草地,晚上是草料!

一个东西（*e Sach*）——这意思是说：某种因为神秘而令人惊奇的东西。只要没有一个事物是不言而喻的，那么，第一个事物就都是一个东西（*e Sach*）。每一个本质都有一道隐秘的门（*het e gheimi Tür*）通往神秘，它通过这扇门才显露出来，才对我们闪现。诗人的天职在于：根据这扇通向一切事物的隐秘的门（*gheimi Tür*）来显示，甚或护送我们穿过这扇门。唯有约翰·彼得·黑贝尔，这位以一种独特的方式实现了这种诗人天职的诗人，他早就认识到，把万物中的神秘（即任何事物都是 e *Sach* 的）表达出来意味着什么。因为早在《阿雷曼语诗歌》出版之前十年，黑贝尔就在一首他自己从未发表、后来被威廉·阿尔特韦格（Wilhelm Altwegg）所发现的伟大诗作中写道：

语言在声响中发声，
声音通过音节出现，
语言在回声中响起，
它没有道出也不能道出
在虚无中消隐是多么幸福。

同一首诗中的题为“绽出”（Ekstase）的一节诗更为简略，如下：

语言中无词道说——
生命中无图描绘

但在诗意语话中仍旧有不可思议者呈现，仍然有感官不可听者即事物的寂静出现，仍然有感官不可见者即事物本质的闪烁与人相接近。

所以，如果我们把约翰·彼得·黑贝尔的诗意话语保持在内 567
心之耳和心灵之眼中，那么，我们就向这位诗人表达了敬意，我们就为黑贝尔带去了他应得的奖赏。若然，我们中的每一个就都是黑贝尔奖获得者，甚至是一个未被委任的获奖者。

这些未知的黑贝尔奖获得者在寂静中默然面对黑贝尔本人的一个诗句，这个诗句中聚集了关于约翰·彼得·黑贝尔可以说的一切。那是《阿雷曼语诗歌》倒数第二首诗第一节中的两行诗：

Gang, wo de witt, suech no so ein!
Sel isch verbei, de findsch mer kein.
去你想去的地方，还要寻求这样一个人！
这样一个人已经过去，为我，你找不到任何人。

235.致一位学生的信*

(1960年9月19日)

尊敬的亨佩尔先生!

谢谢您的来信,您在这封信里道出了严肃的努力,想要解决一个困扰着您的冲突。我想试着帮您一把。

举例说来,只要您在某天早上阅读《根据律》,晚上看希特勒政权晚期的报道或者纪录片,只要您**仅仅**从今天出发来回顾,并且着眼于1934年以后渐渐清楚起来的东西来评判纳粹主义[1],那么,这个冲突依然不可解。

三十年代初,我们民族中的阶级差别对于所有凭着社会责任感生活的德国人来说,都已经无法忍受了,同样还有凡尔赛条约对德国经济的严重压制。1932年德国有700万失业者,他们以及他们的家庭眼前只有艰难和贫困。这种状况造成的混乱,是今天这代人再也无法设想的,它自然也蔓延到大学里;当时大学的状态,我早在就职演讲《什么是形而上学?》的导论(1929年)中作了描绘。

---

① 纳粹主义(Nationalsozialismus,缩写为Nazismus):字面义为“民族社会主义”,也被译为“国家社会主义”,是第二次世界大战前希特勒提出的政治主张和意识形态。——译注

在上述形势下，1933 年 4 月，我未能躲开同事们的不断催促，接受了法定的大学校长选举；不过，我是以极大的抵触来做这事的，因为在我直到那时候的学者生涯中，我从未碰过大学内部的官职，也从未当过无论哪个党派的成员。催促最甚的同事，是我的邻居和友人默伦多夫（Möllendorff）教授，他在此前之久——作为社会民主党成员——被纳粹教育部免掉了校长之职。我被全体大会 569
一致——有一票弃权——选举为校长。[①] 我接受了这个职位，心怀希望，希望纳粹主义能承认所有建设性的和生产性的力量，并且把它们吸收进去；但也带着一种意愿，想要阻止那直接面临的威胁，即完全由党的干部霸占大学里的领导职位。

为了让您了解我在担任校长职务时的思路和意图，我附上了我的校长就职讲话的一本样书。但我不得不请求您尽早归还此书，因为现在几乎弄不到一本样书了，原因是，当时纳粹党在这个小册子出版后不久即下令从书店里把它撤回了。那时候，只有在讲师训练营里才允许人们阅读此书，绝不是为帮助“训练”，而只是作为讨伐和拒斥的对象。出于这个讲话的精神，我随后写下了那些让您感到不安的表态。它们产生于在日常的公务繁忙当中，而且仅限于当地学生报纸的小小印量。但在号召和呼吁中还有另一些句子，是“人们”隐瞒不说的。人们可以毫不顾及当时的形势和当时的目的，把这些表态选取出来，以“证明”海德格尔当时在想什

---

① 冯·默伦多夫教授鉴于来自卡尔斯鲁厄的出版物和本地纳粹印刷物的粗暴攻击，再也看不到无阻碍地履行校长职务的可能性了，故“自愿地”辞去职务。1933 年 4 月 21 日，海德格尔几乎一致地被选举为校长（一票投给了冯·默伦多夫，三票弃权）。——编者

么，怎么想的。恰恰这个到处被端出、您也引用了的句子，在关键的地方是被错误地引证了。“元首本人，而且只有元首本人，才**是**今天的现实及其法则。”倘若我只是在想人们匆匆阅读中所抓住的东西，那么“元首”必定是被加了重点号的。与此相反，特地加了重
570 点号的“**是**”（*ist*）意指的正是校长就职讲话第二个句子所说的，而且不是一种断言，而是暗示和要求：“首先，在任何时候元首们本人就是被领导者”——受命运和历史法则的领导。可我绝不再坚持上述关于希特勒和纳粹主义的句子，绝不是今天才这样。在这些表达之后没几个月，我就清楚地拒绝了自己的错误，为抗议纳粹教育部，我提前辞去了我的校长职务。但恰恰对于这一事实，今天人们不光是处处对之保持沉默；这事在 1934 年 2 月就已经发生，而且无论从党报方面还是在纳粹出版物中，都对之秘而不宣。在 1934 年春天以及后来一般时间，纳粹党的大兴趣在于闭口不谈我在如此短的任期后辞去校长职务；因为当时大学校长的任期是二至三年。同样闭口不谈，而且至今依然闭口不谈的事情是，我当时拒绝参加校长交接的公开法定仪式。这位继任者——第一次不是被选出来的，而是由教育部任命的——随后在本地报纸上以“弗莱堡大学第一位纳粹校长”的大字标题而受到庆祝。①

我辞去校长职务有种种原因，但主要起因是，我任命我的前任默伦多夫教授（1933 年 4 月被免职）为医学院院长。部里要求把

---

①　在我唯一知道还现存的弗莱堡大学图书馆收藏的纳粹报《阿雷曼人》（*Alemanne*）中，我没有找到这个大字标题。不过在这个收藏中缺一份克恩教授（Kern）就任校长时的那一期晚刊。——编注

他免职,这是我拒绝的,我便中断了校长职务。人们也对我1933年的首次职务行为闭口不谈:禁止在大学里展示所谓的"犹太人宣 571
传画"。人们今天还断言,我推动了大学门口的焚书,尽管我恰恰是加以禁止的。人们闭口不谈我在校长任内挽留了医学院和自然科学学院的犹太同事;没有人在我的校长任内被解雇,相反在我的继承者任上才有人被解雇。

我在接着几年里与纳粹主义的争辩的事实情况,不光我的讲座课的听众们知道,而且秘密国家警察也知道。在战争头几年,有500名科学家和艺术家被免于兵役,而我不在此列。相反,1944年夏天,当时与党关系融洽的校长把我当作"最多余的高校教师"派往莱茵前线挖战壕,在接着的秋天,我作为教授中最年长者又被纳入人民冲锋队(Volkssturm)。

1945年以后,人们进而——显然有意识地做了准备——到处传播关于我的极其荒唐的谎言。我不想列举我听到的一切,只想提一提一件最令我愤怒的事:据传,我禁止了我的老师和教职前任胡塞尔进入大学和利用大学图书馆,据说这些措施可由一份相应的文件来证明,而这份由我签字的文件可以在美国找到。几年前我就已经要求人们向我出示这份文件;但直到现在我也没有收到对我这个要求的任何答复。甚至在不久前也还有人声称,我在我的校长就职讲话中要求放弃大学而改建兵营。

也许我在本地大学主持的研讨班的图书馆,是唯一的一家图书馆,没有遵守党要求的清除犹太人以及其他不受欢迎的作者的图书的规定。在希特勒执政时期,我也不断地在我的讲座课和研 572
讨班中讨论犹太哲学家的著作,与十年前并无二致。

1937年夏季学期，来自柏林的汉克（Hanke）博士报名参加了我关于尼采的高级研讨班。在几次研讨会之后，他觉得我们是在实事求是地研讨和辨析尼采哲学，于是来找我，承认他是保安队党卫军（S. S.）成员，被作为特务派到我这里；他想警告我，但请求我允许他继续参加我的研讨班。他还待了两个学期，在战争头几年里就牺牲了。

我向您指出这些事实，是为让您能够对当时的时代取得一个清楚一些的图景。当然，要消除流传的种种谎言和歪曲是无望的，因为“人们”不想这样做。所以在今年春天，一家巴塞尔的大报拒绝刊出更正，是我为了纪念我三十年代的早期学生之一施纳贝格（Schneeberger）先生的小册子而要求它做的一些更正。

我把我从1934年以来试图在我的教学活动中完成的实际工作，以及我的著作的出版，视为反驳和回应的唯一路径。

我在此告诉给您的，绝不是要掩饰或者稀释以下事实，即：我在我的校长职位上的几个月里，怀着巨大的希望投身于工作，但在政治上我却迷惑于在所有领域里旋即增强的不良的政党统治。这样一种错误在一些伟大人物身上早就发生过：黑格尔把拿破仑视为世界精神，荷尔德林则视拿破仑为庆典的王侯，而受邀参加庆典的乃是诸神和基督。

关于雅斯贝尔斯的弟子施纳贝格先生的方法，您可以自己判断。

如果您遭到真正的忧虑（就像您的信里所显示的那样），您可以把我这里告诉您的事情传达给您的同学们。

573 您出于完全的信赖直接求助于我，是我要感谢的。希望您工作顺利,并致以友好的问候。

您的

马丁·海德格尔

236. 梅斯基尔希 700 年

（1961 年 7 月 22 日家乡晚会致辞）

傍晚[1]，无论是日子的傍晚，还是人生的傍晚——傍晚都是沉思的时间和时刻。沉思意味着：聚精会神于思索中。我们此时此刻只被允许做一会儿沉思。但一会就足矣；甚至这一会儿快速地被演出周提供出来的一切所掩盖，这时候，它也足够了。也许，这一会儿的沉思会在后来另一个时刻在这里那里重新回来。

然而，我们现在能够沉思的是什么呢？——而且是这样，这个沉思的时刻以自己的方式一道归于家乡之夜？最切近的东西是对家乡的沉思。关于家乡，我们现在已经有太多的泛泛之论和泛泛之作了。“家乡”这个主题此间已经变得无聊了，这并不是偶然的，而是有其深层的原因的。思索一下这一点，或许是值得的。

为这个城市的 700 周年，出版了一本家乡之书。它讲述了“梅斯基尔希的昨天”，报道了“梅斯基尔希的今天”。于是，关于我们的家乡，一切似乎都说过了。一切吗？梅斯基尔希的昨天，梅斯基尔希的今天，很好呀！还有——梅斯基尔希的明天呢？如果我们来追问这个问题，或许可以为家乡之书做一个小小的补充。

---

① 标题中“家乡晚会”（Heimatabend）中有“傍晚”（Abend）一词。——译注

不过，每个人都立即会提出一个反问：我们竟能够对明天有所知吗？可以对将来有所确认吗？甚至于那个最智慧的人也不能预言将来。我们这样的人也许在沉思方面是比较训练有素的，作为他的同类也不再知道；他顶多是更清晰地知道，我们一无所知，以及为什么我们一无所知。我们仍然敢于坚持问：梅斯基尔希的明天？将来？

我们是否以及在何种程度上能够为这个关于家乡的问题给出一个可靠的答案，这取决于我们如何来理解"将来"一词的意思。

如果"将来"对我们来说无非意味着跟在今天后面的后几年和 575
后几十年的时段，那么，我们就决不能说明，这个时段将如何被充满；即便当我们估计到，随后国家经济形势可能是什么样子，农业和农民生活会如何变化，学校和教育事业会走上何种道路，基督教信仰和教会会保持何种地位和影响力，即使这样，我们也还不能，而且恰恰这时更不能说明，这个时段将如何被充满。如果我们想以此方式来估计明天，那么我们就只能把将来看作当前的延长，在其中一切都还是不确定的。

但如果我们把将来理解为今天接近我们的东西，那又如何呢？在此情形下，将来就不是任何跟在今天(das Heute)后面的东西，而不如说，将来是耸立入今天之中的东西。这样，今天就不是自为独立的处处被封锁起来的时间片段。今天在曾在之物中有其起源，同时遭受到接近我们的东西。

这样一种接近我们的东西持续地切中我们、规定我们，而我们没有特地关注之，而我们不能清晰地说，这个接近我们的东西是什么。但对此往往有丰富多样的标志。举例说来，其中一个标志是电视接收器和收音机接收器，我们能很快把它们排成行，固定在城市和农村的屋顶上面。这些标志显示什么呢？它们显示出，人在他从外部看来“居住着”的地方，恰恰不再在家。而毋宁说，人每天每时都被拖进陌生的、招引的、刺激的、偶尔也消遣的和有教益的区域里了。可这些区域并不提供任何持久的、可靠的逗留；它们不间断地变换着，力求最新。被所有这些东西所吸引和裹挟，人可以说搬出了家。人从家乡本土搬到非家乡的阴森之境(das Unheimische)中去了。我们面临一种危险：曾经被叫作家
576 乡的东西正在消散和崩溃。非家乡的阴森之境的暴力似乎战胜了人，以至于人不再能与之匹敌。我们如何能够为抵抗非家乡的阴森之境的涌逼而进行自卫呢？只有这样，即我们不停地唤醒家乡本土之物的捐助、疗救和保存的力量，我们使家乡本土之物的力量源泉一再重新流动起来，并且使它们的河流获得正确的轨道。

这样一种做法在哪里最有可能，在哪里能产生最持久的影响？在周围自然的力量、历史性传统的回响一同保持下来的地方，在习俗和自古以来得到保养的风俗规定着人类此在的地方。在今天，只还有乡村区域和小城市还能符合这种决定性的任务——当然，前提是，它们能常新地认识他们不寻常的任务；前提是，它们懂得划出界限，区别于大城市的生活和现代工业企业的庞大区域；前提是，它们并不把后者树为它们的榜样和模范，而是坚持本己之物，保存家乡本土之物。为此就必需有一个双重的东西。

一方面，我们要把非家乡的阴森之境认作这样一个东西，也就是它在其中、并且由之而被引起和被规定的东西。而另一方面，我

们又不能让家乡本土之物本质上总是毫不起眼的力量荒废和萎缩。

为了满足这两个要求，或许这个百年庆典会成为一个很好的“动因”，也即会是一个合适的庆典。

首先要紧的是，最清晰地看到这个非家乡的阴森之境，其中涌逼的威胁以及在其中起作用的权力。

存在着这样一种可能性（而且它日复一日地在证明自己），即很快会出现一种状态，人在其中不再能认识、不再需要那种被叫作家乡的东西了，因为人不再缺乏这种东西。如果家乡本土之物必 577
定会消失掉，那又会怎样呢？那么，对人来说也就不再有非家乡的阴森之境了。然后呢？然后就会只剩下从最新之物到全新之物的疯狂切换，那是人以其不断赶超的谋制[①]来追逐的东西。当我们已经准备好去拯救和保护家乡本土之物时，我们对于这种可能性就不能视而不见了。

处处而且不断地，我们在极其多样的形态中观察今天规定着世界现实性的东西。正是现代技术现在已然千篇一律地统治着整个地球，甚至地球之外的宇宙区域。如果说今天人们经常说的不

---

① “谋制”（Machenschaften）：译者对海德格尔生造的德文词语 Machenschaft 的尝试性翻译。Machenschaft 是日常德语中没有的词，在英语中有 machination 一词，《哲学论稿》（《海德格尔全集》第 65 卷）英译本也以此对译，其意为“阴谋诡计”。但海德格尔使用的 Machenschaft 显然不取“阴谋诡计”之义，而倒是与希腊的 techne（技艺）和 poiesis（制作）相关，是指人对存在者的制作（制做）——诚然海德格尔强调这种制作是以某种存在者解释为基础的。故我们试译为“谋制”。关于该词的含义，特别可参看海德格尔：《哲学论稿》第 61 节“谋制”，中译本，孙周兴译，北京：商务印书馆，2014 年，第 150 页以下。——译注

发达民族理当获赠现代技术的成就、成果和用场，那么就会出现一个问题，是否这样一来，它们最本己的东西和祖传的东西并没有被剥夺和被摧毁掉，是否以这种方式，它们并没有被逐出自己的家乡本土，而进入非家乡的阴森之境中。但也许，“发展援助”根本上无非是所谓的发达民族和国家的赛跑，所追求的目标是唯一的，就是要尽可能快速和确定地进入交易市场，并且由此在围绕地球统治地位的巨大权力斗争中赢得一种统治工具。这种统治地位的形式将被打上绝对的技术国家的烙印。

并非偶然地，人们现在谈论技术时代。这个技术时代本身在其历史中经受了推动一切现代技术不断地超越自身的神秘飞奔。前不久，现时代还被叫作“核时代”。这个名称已经过时了，被“火箭时代”替代了。一夜之间会出现另一个名称。

人人都知道技术生产现象。人们惊奇地注视着它。但没有人
578 知道，这实际上是什么，今天的人类通过什么而越来越受到挑衅，走向如此毫无边际的忙碌状态。以这样一种方式战胜人类的东西本身不可能是单纯的人类制品。因此它是神秘的和阴森的。不过，恰恰这种阴森可怕的东西在非家乡的阴森之境中占上风，通过后者而接近人类，规定着人类的将来。明天不只是接着今天而来的明天，而不如说，明天已经在今天范围内起着支配作用。

梅斯基尔希的明天？它将被卷入技术时代的网络之中。有个问题将被提出来，不光是对于这座城市，不光是对于我们这个国家，不光是对于欧洲，而是对于这个地球上的人类——这个问题就是，在现代技术的统治地位之下，而且在由现代技术造成的世界变化中，是不是还在某种意义上可能有家乡。也许人类将移居到无

家可归状态之中。也许人与家乡的关联、人与家乡的牵连[①]，将从现代人类的此在中消失掉。但也许，甚至在非家乡的阴森之境的涌逼当中，也在酝酿一种与家乡的新关系。也许恰恰是我们今天这种庆典，可能就在参与这种酝酿，可能会由此赢得它对于明天的意义。有些人会怀疑这一点，而且这是因为，非家乡之物与阴森可怕之物的优势地位似乎禁止了任何一种与家乡的牵连。但实际情况却全然不同。

我们的语言把这种与家乡的牵连称为"乡思"（Heimweh）。在乡思中，家乡如此迫切缠人地作为家乡呈现出来，是别处不可能有的事。但看起来，因为现代人处处在家又无处在家，所以仿佛恰恰对于现代人来说，乡思已经渐渐枯死了。尽管经常有这种假象，但我们必须小心提防，避免作出断言，说现代人不再识得家乡和乡思了。因为与家乡的牵连依然是活生生的，而且在我们最少猜测这种牵连的地方最多地呈现——当然，此所谓活生生的作用是以一种稀罕的我们几乎未加关注的方式。

让我们充分而长久地来想一想：在人持续不断地逃遁入非家 579
乡之物中，而非家乡之物能够使人消遣、让人迷惑、填满人的时间、缩短人的时间，因为时间对人来说持续地变得太长久了，这时候，乡思是活生生起作用的。人不再能够自发地独自开始他的自由时间。这说的是什么呢？某种十分值得注意的东西，即：现代人有更多的时间无所事事，如果他是自由的，时间立即变得太

① 此处"与家乡的牵连"（der Zug zur Heimat）也可译为："向家乡的迁移"。——译注

自由了。他必须通过娱乐消遣缩短时间，由此来消除漫长的时间。娱乐消遣据说能排除无聊，或者至少掩盖无聊和让人遗忘无聊。何种无聊呀？不是那种偶尔冒出来的、快速消逝的无聊；当我们对某个特定的东西，一本书，一部电影， 个演讲感到了无趣味时，也就是感到空虚和多余时，这种真正的无聊便向我们袭来。

关于这种特定的无聊之事及其无聊，我们不难摆脱。当我们说"某人无聊了"时我们所指的无聊则完全不同。我们发现其中没有什么特定的东西，使我们无聊的不是这个或者那个物，不是这个或者那个人，不是这个或者那个事件，而不如说：在"某人无聊了"这句话中不再有任何东西让我们感兴趣，一切都变得无聊了，一切都一样多也一样少，因为一种深度无聊贯穿并且谐调着我们的此在。

难道说到底，我们的情形是，一种深度的无聊在我们的此在的离基深渊中反复拉动，犹如一种缓慢的烟雾？

这是我们要追问的问题。为什么恰恰现在在家乡之夜？因为我们要来思索一下，在现代技术世界的非家乡之物中，是否以及如何还有家乡？家乡依然在，与我们相关涉，但却是**作为被寻求的**。因为也许正是深度无聊这样一种几乎未受关注的基本情调，把我们逐入所有的时间消遣之中，而这种时间消遣每天都向我们提供
580 出外来疏异的、刺激性的、迷惑性的东西。更有甚者：也许这种深度的无聊——以消遣癖好为形态——就是与家乡的牵连，一种隐蔽的、未被承认的、被推卸的，但无可避免的与家乡的牵连：那是一种隐蔽的乡思。我们的语言说得更引人深思，甚于我们所指的意

思。当一个人有乡思时，我们的语言说："他待久了，该走了"。[1]我们所拥有的漫长时间无非是长长的片刻(Weile)，在其中没有任何东西让我们发生兴趣，但同时我们却在寻求那个东西，它以某种完全占有我们的方式对我们说话，以至于时间决不是空虚的了，不需要任何时间消遣了。

"过会儿之后"说的是：短时间内。漫长时间意味着无聊。也许技术世界的非家乡之物与深度的无聊(作为与所寻求的家乡的隐蔽牵连)是共属一体的。因为没有任何技术设备，没有任何技术装置的功效和援助，没有任何还受如此高驱动的发明力量，也没有无边无际的忙碌，能够给予我们家乡，也就是给予我们在我们此在的核心处承载我们、规定我们、让我们生长的东西。

深度无聊、漫长时间、乡思，它们不停地和静静地见证了与家乡的牵连，与家乡的不可摧毁的归属关系。

所以，在所有的非家乡之物中，其实——尽管是隐蔽地——都有所寻求的家乡在接近我们。因为家乡总是一再地以这种方式碰触我们，所以我们必须迎合之。但如何迎合？以这样的方式，即：我们想要保存我们的来源。即便对于这个起源，也是有标志的。

如果我们想重新找到老一辈和较老一辈的梅斯基尔希人当中我们的朋友、我们的知己、我们的熟人，那么，其中一些人，我只好去墓地寻找了。"墓地"(Friedhof)这个词在跟我们说话。但更有话语力量的是慢慢地来自风俗的名词"教堂墓地"[2]。这个词可以

---

① 原文为：er hat lange Zeit。按字面直译为："他有长时间"。——译注

② 此处"教堂墓地"原文为Gottesacker，按字面直译为"上帝之耕地"。——译注

有几种解释，举例说：在这片耕地上，总是有对曾在者的记忆被常581 新地耕耘。于是在这片耕地上生长出对父母老宅的想念，对青年时代的想念，以及与之一道，对所有施与救治力的势力和力量的想念，以及对卓有成果的和持留的东西、偶尔也有对显著可观的东西的想念。对于这个接近我们的非家乡之物，我们必须从起源而来迎合之。于是我们便为喧嚷者和飞奔者送去寂静和克制。因此，来自梅斯基尔希的大师们的作品展览构成本次城市周年庆典的重头戏。它是一个名副其实的“动因”，也即真正意义上的庆典。因为这个作品展促使我们，不只是为画作之美高兴，不只是赞赏大师们的艺术成就。这个展览是一个动因，让我们站在作品面前重新找回通向宁静和专心之路，也即通向家乡之路。因此之故，这是我们的市长的一个伟大功绩，他不仅作出了举办这个展览的设想，而且也把它付诸实现了。同样地，新发现的孔拉丁·克洛伊采的乐团弥撒曲的演出，也唤起了人们对静静地起作用的家乡之力量的记忆。最后请允许我插入一个议论：大主教格罗伯（Gröber）为当时康斯坦茨的城市神甫，他送给我（我当时 17 岁，人文中学学生）一本哲学书，这本书对我的整个思想道路具有决定性的意义。可见是一个衔接着另一个——只要我们留心照料在寂静中起作用的东西。

在非家乡之物中，我们完成一种向家乡之物的回归。如果我们小心谨慎地、不慌不忙地保持在这种返乡中，那么，这样一种返乡（Hcimkehr）就能够常新地超越一切进入非家乡之物中的撕扯。

通过对明天的沉思，我们将唤醒那确当地被理解、真正地被居有的昨天的救治力量。以这样的途径，我们才能通达今天，我们必须在将来与来源之间忍耐的今天。这种忍耐帮助我们内立于那个相对于一切变化而坚守下来的东西之中。

夜晚——沉思的时间，思索的时刻。思想诚然是一件严肃的 582
事情，但同时也是一件欢庆的事情。因为在思想中，对存在之物的洞见得到了释放，也就是得到了庆祝。沉思不是意气消沉，而是明快欢乐，在其中一切都露出喜色，变得明亮和透明。

所以，连我们现在所说的可能也无非是一道微弱的光，它在这个夜晚被点燃了，在我们的家乡城市，这个城市的居民如此丰富而细心地用鲜花装扮他们的家——因为这也是一个标志，标志着他们有意照料合适的栖居。

这道已经点燃的微弱的火光会照耀多久，它如何很快熄灭掉，这取决于我们中的每个人——为快乐的游戏和友好的谈话，今天的家乡晚会把我们聚集在一起了。

583

237. 今日人类与艺术的关系*

(1961年12月2日)

献给英格五十岁生日的讲话,未演讲。

亲爱的英格,

今天为庆祝你的五十岁生日而欢聚一堂的朋友们都知道你是谁,都了解你的人生道路,多年来都对你的乐于助人心怀感激,都敬重你对所有重要和美好事物的开放性格。

不过你还太年轻了,我们不可特别地以回顾方式说这些。我们更应该做一种前瞻。

前瞻是指一种长期推动着你的意图:要把大师 H. L. 描绘出来;但这一点并不是唯一的和孤立的。前瞻意指和希望,你以这项工作同时获得力量和稳定性,重新唤起你全部的能力和经验,你全部的知识和判断力,并且聚精会神于你的主要课题。那就是:今日人类与艺术的关系。

虽然艺术在今天越来越在现代工业社会的文化产业里像一个有用之物的组成部分一般被消耗,但问题依然:是否恰恰艺术在今天还最有可能得到了规定,去接受和引导对技术世界的辨析(Auseiandersetzung),对现代技术最本己之物的辨析。

如此看来，你的生活、所作所为便被摆到一个位置上，在那里或许会有决定性的事情悄悄地发生。

凭着这样的想法，我们诚然就必须处处想到一个阴暗化了的 584
世界，这个在你今天的节日里径直触动了你的世界。

因此，我们在这个时刻，把对你双亲的想念与我们对你、对你的生活和你的使命的最衷心的祝愿联结在一起，让他们超越痛苦的分离而在此共同在场。

你和我们今天与你同乐的所有人，尽管是以极度缩小的尺度，都以不同方式具有歌德所歌唱的那个人的性格：

> "你不能终结，这使你变得伟大，
> 你从未开始，这是你的命运。
> 你的歌旋转如星形穹顶，
> 开端与终结始终同一，
> 中心带来的东西显而易见
> 保持到最后的，就是原初存在。"[①]

马丁·海德格尔

---

① 歌德：《东西诗集》(*West-Östlicher Divan*)，哈菲兹一章，"无限制的"(*Unbegrenzt*)，第1节。——编注

585

238.医道的拯救*

(1962年10月19日)

亲爱的彼得,亲爱的贝贝尔!

亲爱的玛格里特!

亲爱的里斯一家!

本次婚礼的亲爱的来宾们!

在这个喜庆的日子里少了一个人:泰奥费尔(Theophil),这位父亲、丈夫、朋友、帮手。

抑或——他其实以自己的方式在这儿么?他依然近在眼前,依然持留于此吗?也就是在所有那些东西之中,它们感动他,而且现在已经托付给你们了——彼得和贝贝尔——,是由母亲历经艰难岁月坚持下来的?

那是什么东西呢?只是业务的继续吗?只是固守美好的风俗和家的精神吗?

那是更多的东西;那是别的东西,因而却是同一者——

那个东西,模糊而不确定,已经在泰奥费尔那个美妙的生日庆祝会(费莱奥斯海姆,1939年1月)上就出现在我们内心的目光面前:同一者,它是什么呢?

在工业社会的技术世界里医道的拯救[1]。

在原始意义上看，拯救（Retten）说的是：为某物的本质辩护，常新地对某物进行奠基——创建（*stiften*）。真正意义上的拯救多于：径直使某物脱离一种危险。

然而，如此这般理解的医道的拯救并不是某个独立职业的个别任务。它属于几乎还不可综观的世界困境（*Weltnot*）领域：在某个世界里拯救人的本质和使命——通过这个世界，所有人类的关联都从内部而来受到了威胁：

它们在制度中僵化了；

它们通过组织丧失了全部的生长力量；

它们通过毫无阻碍的信息而变得盲目了； 586

人只还由二手和三手获得一切，并且快速用光已经达到的东西。

但是，我们因此很快会追问，人竟能拯救自己吗？

人不能拯救自己——而且是出于简单的原因，因为人通过倾听那种规定着其本质的要求只是成为他自身。

可见，现代人需要从别处获得帮助，帮助他达到他自身。

从前，在欧洲－西方的过去几个世纪中，基督教规定了各个民族的形态和历史，而在远东，哲学的指导者为整个人类此在打上了烙印。那么今天呢？

没有一个具有清醒意识的人会想断言，宗教乃是在作为今天

---

① 此处"医道的拯救"原文为 die Rettung des Arzttums。其中"医道"（Arzttum）或也可译为"医术"。——译注

的世界与今天的人类一道发生的东西中决定性的、具有塑造作用的权力。

如果我们清醒思索，那就只能承认：把现代人规定到他的对他来说隐蔽起来的本质之中的声音——这种声音是默然无声的。

但是，如果工业时代的现代人能够倾听那起规定作用的声音的默然无声——以便他能经验到，他没有倾听自身，没有谋制和规划能帮助人摆脱困境，而倒是会掩盖这种困境，那或许已经是一种帮助了。——

然则为什么在这个欢庆的时刻要提出这种表面上如此昏暗的想法呢？因为它并不昏暗，而不如说作为所思，它在自身中隐藏着一种具有照亮作用的力量，作为所思点燃一种光，一种贯穿所有制度、组织和信息而闪亮的光。诚然，这种光为了连续不断地闪光，就需要灼热的心脏。

还有，除了两者已经一体地找到自己的地方，哪里还能更确凿地找到这种灼热的心脏呢？

587 你们令人喜悦的自我发现是一种许诺，即许诺你们对拯救者保持清醒，乐意并且积极地，处处品尝到事物的隐秘意义。于是，自身之传统——在现代工业社会的技术世界里医道的拯救——就不会保持为一种随身携带的负担。传统变成 deliberatio［熟思、审慎］——变成向一种承受使命的可能性的释放。

因此，你们的自我发现会变成一种孕育一切的快乐和喜悦的地方。你们的教育过程和你们的爱好，家和朋友圈，担保了你们可以大胆冒险，面对拯救者而直面世界困境。这样，你们的自我发现也会保持在那种奥秘中，就是歌德一度隐藏在一个疑问性的诗节

中的奥秘。(歌德:《东西方诗集》,苏莱卡一章)

银杏(Gingo biloba)

这种叶子的树木
从东方移进我的院子,
给我一个隐秘的启示,
何以它令识者振奋。

这是一个有活力的存在,
它在自身中分裂?
还是自我挑选的两个,
我们却把它们认作一个?

为了回答这样的问题
也许我已找到正确的意思:
难道你没有在我的歌中感觉到,
我既是一个又是两个?

我们所有人与你们一道高兴,我们让一切都留在这个问题中——在探寻中,总是一再有某种发现保证着这种探寻。——但愿对不可言说者的敞开状态犹如星辰一般悬挂于你们的生活之上。

239. 第五十个“周年纪念日”*

（1963 年 7 月 26 日）

马丁·海德格尔　　　　　　　梅斯基尔希，1963 年 8 月 1 日

致阿尔伯特－路德维希－弗莱堡大学校长

米切利希教授

校长阁下

衷心感谢您个人以及大学对我的祝贺，自 1909 年冬季学期我的大学时代开始直到今天（中间有一次短暂的中断），我一直属于这所大学。

也感谢您关于我的工作精力和健康的特别祝愿。我深感遗憾的是，我暂且不能享受来自马克格拉弗勒地区的友好馈赠，因为我得了一场严重的黄疸病，饮食方面受到极严格的限制。但我对所赠葡萄酒的感谢并不因此而减半分。

顺致最美好的问候

您忠诚的

马丁·海德格尔

240.摘自与一位佛教和尚的对话
（1963年秋）

［在寒暄以后］

海德格尔："我很高兴，现在终于实现了这个会面。"

摩诃牟尼[①]："为什么您不试试用现代媒介，诸如收音机和电视机，向人们传达您的思想呢？"

海德格尔："以我的理解，今天向思想提出来的任务，在某种意义上是全新的，它要求一种全新的思想方法。这种方法只有在人与人的直接对话中，通过一种长期的训练和练习，在某种程度上是思想之观看的练习，才可能获得，也就是说，这种思想方式起初只是对少数人来说才是可实行的，而然后可能间接地通过各种不同的教育领域传达给他人。我给您举个例子：今天在我们这儿，每个人都会使用一台收音机或者电视机，而不知道背后藏着哪些物理学定律，不知道对于这些物理学定律的研究来说哪些方法是必需的。根本上，这些方法的真正内涵在今天也许只有五六个物理学家懂得。我们讲的这种思想的情形起初也是这样的。这种思想开

① 来自泰国的摩诃牟尼比丘（Bhikku Maha Mani）曾于1963年9月和11月访问海德格尔，两人之间的对话于1969年9月26日在西南广播电台播出。——译注

始是如此困难，以至于只有少数人能够受到这方面的教育。

我刚刚向您阐发的，即所谓首先只有少数人才能学会这种思想，这种说法容易引起一种误解，仿佛这些人是别具一格的高人。事实上，每个人，只要他是思想的动物，都是能实行这种思想的。
590 然而在我们的教育体系里，而且依照我们的历史，只有少数人有能力居有这种思想的前提……我们有太多的文化！……”

摩诃牟尼：“他理解的宗教无非是创始人的学说。”

海德格尔［对译者］：“您跟他说，我认为只有一点是决定性的：服从创始人的话语。只有这个是重要的——重要的既不是体系，也不是教义和教条。宗教就是追随（*Nachfolge*）……”

“没有神圣者，我们就没有与神性的接触。没有被神性感动的状态，关于上帝的经验就付诸阙如。”

摩诃牟尼：“到我们国家来吧！您将理解一切。”……“教授先生，您对人之本质做了几十年的思索。您获得了哪些观点呢？”

海德格尔：“我的思想的决定性经验——这对西方哲学来说同时也意味着：对西方思想史的沉思——告诉我，在以往的思想中，有一个问题从来就没有被提出来，即追问存在的问题。而且这个问题之所以是重要的，是因为我们在西方思想中是这样来规定人的本质的，即：人处于与存在的关联中，而且与存在相应合而实存。这就是说：作为这种应合者，人是那种具有语言的生物。我相信，区别于佛教的学说，西方思想在人与其他生物（植物和动物）之间做了一个本质性的区分。人是别具一格的，因为人有语言，也就是说，是因为人处于一种与存在的知识关系中。而且，在迄今为止的西方思想史中，这个追问存在的问题没有被提出来——或者更清晰地讲：在这个角度，存在本身对人而言一直是隐而不显的。而且因此，我坚信，这个问题现在必须被提出来，方能同时获得关于人 591
是什么和人是谁的答案。”

摩诃牟尼：[问人类如何才能摆脱他们的纷争状态。]

海德格尔：“如果在这里，在一个可预见的时期里，竟有一种可能的相互理解得到酝酿，那么，这种相互理解只有——且撇开政治条件不谈——通过人类的一种在所有方面的自我沉思才可能实现。而且正如我在其他问题中已经提及的，由于我们今天——不光是在德国，而是在整个欧洲——没有一种与现实和我们自身的清晰的共同的关系，所以这种自我沉思恰恰已经变得难乎其难了……”

“人们不可也不能因为思想与信仰在一个漫长的历史中没有达到它们所追求的东西而把它们取消掉——而且，人们也不能因为人的本质是有限的而把这种思想和信仰取消掉：因为按其本质而言，人必须要走向常新的试验！恰恰在我们现在这个时代，我以为，对人是什么和人是谁的问题的沉思是必要的——在今天，存在着这样一种危险，即：人类被完全移交给技术，终有一天会被搞成一个受控制的机器。”……

“一个德国物理学家，马克斯·普朗克，有一句著名的话：‘只有可测量的东西才是现实的。’而且，现实只有当它可测量时——在数学化的物理学意义上——才能为人们所理解，这个想法决定着全部技术。因为这个想法首先是由现代哲学的奠基人笛卡尔想出来的，所以现代技术与哲学思想的联系是十分清晰的。”……

[摩诃牟尼插话说，泰国属于不发达民族，关于这个插话]：

592 **海德格尔**:"如果人们说不发达,就总是必须追问,我们想好了何种发达目标?按照今天的理解——欧洲和美国的理解——发展首先意味着一个现代的'技术的'世界。从这个观点出发,我会说,您的国家根据自身古老而持久的传统是高度发达的,而相反,美国以其技术和原子弹却是欠发达的。

在我们对话的最后,允许我向您再提一个问题吗?这个问题就是:佛教与现代技术处于何种关系中,也就是说,它是不是只在技术的可利用性角度来看待现代技术?抑或佛教也看到了现代技术的哲学含义?"

摩诃牟尼:"在我们佛教学说中人处于中心位置。我们所有的努力都是为了人的发展、改良。因此对我们来说,所有物质方面的东西,也就是技术,都是次要的。我们把一切科学发明都视为人类的创造。人类有权创造、发明什么。对人来说重要的是如何利用所创造的东西。如果现代技术以错误的方式被使用——就像原子弹或者类似的发明——,那么,我们不应把责任推给原子弹,而是要怪罪于利用原子弹的人,首先把原子弹创造出来的人。一件没有生命的事物并不利用自己,而是被利用的。这在我们的佛教理解中是某种十分根本性的东西……"

海德格尔:"我相信,我们在此看到了一种巨大的差别,也就是在一个欧洲国家及其历史与您的家乡所在的国家之间存在的差别。"……

摩诃牟尼说,虚无不是"一无所有"……

海德格尔:"这是我一生一直在说的话。"

593 **摩诃牟尼**:"来我们国家吧!我们能理解您。"

海德格尔［对译者］："请您跟他说，如果我没有被理解，没有得到理解，那么，我在世界上的全部声誉对我来说是无所谓的。所以，我不光是感谢而已，而是在这次对话中经验到了一种我已经难得领受的证明。"

241. 为弟弟七十岁生日做的祝酒词

（1964年2月6日）

亲爱的弟弟！

在哀歌《面包与美酒》第三节中，荷尔德林说道：

> "……总是有一尺度，
> 所有的人都注定有自己的命运，
> 每个人走向和到达他能到达的地方。"

到了七十周岁生日，我们人——至少大概地——对我们能走向和到达什么地方已经一目了然了。这种一目了然的概览给予我们一个见识：整个生命道路是以及如何是一种命运安排，我们有时应合之有时并没有应合之，由这样一种人的方式来服从命运的安排。

这个见识变得越来越清楚了：我们的劳绩微不足道。而最多的东西是：起源的随礼和时代的影响，但尤其是我们至亲至爱的帮助，而说到底首先是来自使命的赠品。

这种使命依然是一个奥秘。它偶尔会让生命道路分道扬镳，然后又会聚在一起。但我们每天都经验我们的至亲至爱的帮助，往往低估这种帮助。而对于时代的权力，我们几乎看不透它们的来源和方向。

起源的随礼（Mitgift）首先在年纪方面简单而清晰地向我们呈现出来。于是童年又随着一种稀奇的显突和透彻而成为新的当前。

所以，亲爱的弗里茨，今天在你的七十周岁生日，我们首先想念我们的双亲。在他们简单有限的生活圈里，他们为我们操劳，然后为我们开启出自己的生命道路。我们想念我们的姐姐，她安静，总是喜欢在我们两个小伙子之间，与我们一道成长。

我经常驶向梅斯基尔希——无论走哪条道路，首先展现给我 595
的是钟楼。钟楼是我们少年时代生活圈的中心：钟和古老的塔楼大钟。把我们召唤到那里并且让我们守在那里的东西，始终半是弥撒半是游戏。甚至我们在别处——在庭院里，在海格尔磨坊或者在梅藤小溪[①]习惯的游戏的节奏，也是由钟楼决定的。

但固有之物早就已经铸成。在你身上形成了对于农民生活的偏爱，对于马的喜欢，喜欢驾驶马车，哪怕只是套上了奶牛。

在学校放假时，我们的游戏便扩大了，变密集了，但依然在小镇及其邻近周边的范围里。最远的边界是多瑙河谷和博登湖。人们今天会把这些看作一个十分狭窄的世界，但它本身蕴含着一种集中的广度和一种维系的力量，而对此我们当时一无所知。

---

① 海格尔磨坊（Hägelmühle）和梅藤小溪（Mettenbach）均位于海德格尔家乡城市梅斯基尔希附近。——译注

然而在第一次世界大战前几年，你在康斯坦茨的人文中学时代结束后，你的道路很快远离了家乡：布莱斯劳、柏林、东普鲁士，这些名称标志着你的漫游岁月，但它们绝不意味着与家乡的分离。在第一次世界大战后，出生地变成了永远的家乡。你熟悉了一份职业，虽然它从未完全让你实现自己，但却为你赢得了周围乡亲和居民的依赖和尊重。

同时你径直在步入老年的父母身边，建立了自己的家庭，从我们今天庆祝你七十周岁生日的房子里娶来了你忠诚的、勤劳的夫人里塞尔(Liesel)。共同的快乐和安宁的幸福与茁壮成长的孩子们一道兴旺起来，你通过经常的旅行，把孩子们带出家乡的狭窄界限。

596 直到第二次世界大战的困难时期以及随后到来的岁月。那时候，你持续不断的乐于助人的精神以一种特殊的方式显示出来——这种精神在一只山羊的采购中达到了顶点，这只山羊从迪特斯霍芬[①]找到了通向“罗特布克”[②]的道路。

但在此期间，你的生活道路与我的生活道路在某种意义上变成了一条道路；而在此之前，它们似乎是相互并存的两条路。

碰巧，你成了同一件事的工作人员，这件事长期与我相干而且今天依然与我相干。表面上看，你承担了把有时候十分难以识读的讲座手稿和工作手稿转化为打字稿的工作。但你的工作超出了简单地制作抄件的水平，因为它有别的要求，就是：熟悉连当时的

① 迪特斯霍芬(Dietershofen)：德国地名，位于梅斯基尔希。——译注

② 罗特布克(Rötebuck)：德国位于弗莱堡-查林根的街名。海德格尔的家位于罗特布克路第47号。——译注

学界和专业人士都还不知道和不能理解的思路。

这些“抄件”每次都为我提供了重新深思问题的基础。

此外，由你完成的对原稿的辨认也是所有进一步从手稿到可读的内容的转化的基础。

你的工作给我本人一种确信：我不愿托付给他人的事情已经很好地得到了解决。

于是今天的日子带来了*这个*时刻，使我得以在此为你的这份帮助表达我衷心的感谢。兄弟间，更多的话就不用说了。

但我也知道，你这份工作对你自己来说，也成了你自己思索和廓清你的此在生命的动因和纽带。你在工作中发展了自己的风格。而我们兄弟关系中最美好的，曾经是而且依然是：相互承认和放任。

你的两个大点的儿子托马斯和海尼开始适应他们已经选择好
的职业，而你的小儿子弗兰茨却突然离开了你和你家人。在这个 597
时刻，我们对他有特别的怀念。

*

那么，七十周岁生日带来了什么可见的礼物呢？就是要领悟到，我们不能把人生的大多数归因于我们自己的业绩，而是要归功于其他：起源的随礼，时代的权力，至亲至爱的帮助，来自使命的赠品。这些使我们认识到：我们靠感谢[1]而生。在感谢中生活，乃是我们人能达到的唯一彻底的和地道的知识。

---

① 此处“感谢”（Verdanken）也有“归因、归功”之义。——译注

鲜活的感恩具有神奇的力量，能够使过去远远地发生的和差不多被遗忘的事呈现在眼前，但也使我们准备好，乐于向那苛求我们的东西、困扰我们的东西保持开放。

唯有受困扰者才能把握什么是“精神”。

人们经常在今天这样的日子里慷慨地表达祝愿。亲爱的弟弟，我们只需要一个祝愿：愿你不会放松真正的困扰（Bedrängnis），使得你的精神保持清醒；愿我们所有人出于感谢的基调相互归属。

作为对你七十周岁生日庆祝会的一个小小的纪念符号，我在你的书房里放了一本诗人阿达尔伯特·施蒂夫特[1]的心爱之作《我曾祖父的书包》。施蒂夫特给他这部作品写了一个主题句：

> Dulce est，inter majorum versari habitacula
> et veterum dicta factaque recensere memoria.
> “栖留于祖先隐秘事物中，在思念中
> 考验古人话语和作品，这便是热诚的爱心。”

---

① 阿达尔伯特·施蒂夫特（Adalbert Stifter，1805—1868 年）：奥地利小说家。著有长篇小说《晚夏》等。——译注

242. 关于亚伯拉罕·阿·桑·克拉拉 598

（在梅斯基尔希中学聚会上的讲话，1964年5月2日，马丁礼堂）

同学们和乡亲们！

> “……并非所有在一个茅草屋顶下生下来的，脑袋里都有茅草。”

写这句话的，也是梅斯基尔希学校的一个学生——虽然不是初级人文中学的学生，不是实科中学的学生，也不是市立中学的学生。但310年前，他在梅斯基尔希的拉丁文中学上学。这位学生来自克莱恩哈恩斯退特[1]。1644年，三十年战争结束前四年，他出生在那儿。他是那里的葡萄园庄主的儿子。他叫约翰·乌里希·梅格莱(Johann Ulrich Megerle)。如果在我们的中学聚会时我们与这位梅斯基尔希拉丁文中学的学生碰在一起，那是很得体的。

“……并非所有在一个茅草屋顶下生下来的，脑袋里都有茅

---

① 克莱恩哈恩斯退特(Kreenheinstetten)：德国施瓦本地区的一个村庄。——译注

草。”这句话在一种出色的意义上适合于这位学生乌里希·梅格莱。因为他不久就离开梅斯基尔希，进入因戈尔施塔特[①]的耶稣会信徒学校了，17 岁时从那里去了萨尔茨堡，在那里，他跟随本笃会修士，完成了中学学习。在萨尔茨堡时期，中学生梅格莱发现了年轻的本笃会教士奥托·爱修尔（Otto Aicher），一个学问高深、见识远大的诗艺和修辞学教师，这位教育者对他整个人生和事业都有决定性意义。这里有一种古老的经验得到了证实，而我们今天却太经常地把这种经验当作耳边风了。我的意思是：在学校中决定性的始终是教师活生生的榜样，而不是教学计划的僵死框架。

学生乌里希·梅格莱从萨尔茨堡漫游到了维也纳。在那里，
599 18 岁的他进入了奥古斯丁－赤脚僧侣修教会，并且选择了这个修道院僧侣的名字：亚伯拉罕·阿·桑·克拉拉。

一段时间前，我们城市以此名字命名了庭院后面的一条街。

在 1666 年教士授职之后，亚伯拉罕开始了自己作为教士的活动。在早期，当时的皇帝莱奥波德一世[②]留心到这位年轻的刚刚获得神学博士学位的僧侣。他指定这位不到 33 岁的年轻人为宫廷教士。在接着的几十年中，亚伯拉罕·阿·桑·克拉拉发展为最强有力的讲道者，以及他那个时代最受欢迎的作家。他把自己在修教会内部的一种卓有成效的活动与他在世界上的伟大影响结合在一起。1680 年，亚伯拉罕长老成了修道院院长，10 年以后成

---

① 因戈尔施塔特（Ingolstadt）：德国慕尼黑北部城市。——译注

② 莱奥波德一世（Leopold　I.，1790—1865 年）：从一个小公国到遍布欧洲的萨克森·科堡·哥达家族的首领、谋略家，比利时第一位国王（执政期 1831 年至 1865 年）。——译注

了奥古斯丁修教会的大主持。两次到罗马的旅行为他带来经验和见识。1709 年亚伯拉罕·阿·桑·克拉拉去世，享年 65 岁。

在上列简历的枯燥罗列背后，隐藏着一种命运，只有当我们能想象它在其中实现自己的时代时，我们才能认识和评估它的特性和意义。

让我们来简单说说这个时代的两个主要特征。一方面，1648 年威斯特法伦和平条约之后的 17 世纪后半叶绝不是一个和平的时代。大战留下的荒芜和困厄，加上新的战争和威胁、饥饿和贫困。外来的军队横行于地方。瘟疫肆虐维也纳。土耳其人守在城墙上。战争与和平、死亡的恐惧和求生的欲望，无情地共居一处。因此，对于当时的时代，亚伯拉罕·阿·桑·克拉拉写道：

> “在我们这儿，在同一天，人们感到温暖、贫困以及上帝的怜悯，我们的和平如此远离于战争，就像萨克逊豪森远离法兰克福。”（《起来，起来……》）

另一方面，在 17 世纪后半叶，一种创造性的世界肯定和世界 600
塑造的新精神苏醒了——那就是巴洛克精神。

亚伯拉罕·阿·桑·克拉拉一生的最后几十年，刚好是大作曲家巴赫和亨德尔的青年时期。

在同一时期，建筑大师们开始上路了。奥托博伊伦（Ottobeuren）、魏恩加滕（Weingarten）、魏林瑙（Weißenau）、施泰因豪森（Steinhausen）、伯瑙（Birnau）的巴洛克教堂就是他们的作品。

在同一时期，现代物理学的基本认识已经被制订出来了，我们今天把它称为古典物理学，以区别于现代原子物理学和核物理学。

亚伯拉罕·阿·桑·克拉拉的一位直接的同时代人是莱布尼茨，欧洲哲学大家中的一位。莱布尼茨的赞助人是同一个皇帝莱奥波德一世，也正是这位皇帝把亚伯拉罕长老任命为宫廷教士。这两位已经在那个时代出名的人物，讲道者和哲学家，是不是曾经在维也纳相遇，此事尚属未知。

“一个无知的人”，亚伯拉罕·阿·桑·克拉拉说，“就像一片没有星辰的天空，就像无核的果子，上帝本身不喜欢蠢驴。”博学的长老亚伯拉罕则把他的全部激情投入布道，以及撰写他的多半包含着他的布道的著作。

亚伯拉罕·阿·桑·克拉拉的言论和著述，乃基于一种丰富的世界经验，基于一种对他那个时代的状况和命运的清醒洞察，基于一种非同寻常的关于社会诸等级和民族诸阶层的知人之明。他所言所书基于一种内在的自由，同样也直面自身。他所言所书带着一种无所畏惧的勇气。

他布道传教，他著书立说，以一种尖锐的批判精神，如果必要，
601 还带着一种辛辣的嘲讽态度。但他并不是一个一味想要取乐于听众和读者的小丑。也许在自己所说的一切中，他的所思具有教育上的忧切和关怀。他所言所书基于一种能对付任何情形的优越性。

有一次在布道时，亚伯拉罕·阿·桑·克拉拉谈到女人的时尚，说她们的服装“露出了半个背”，他使用了十分强烈的话语，从而激起了巨大的愤怒，尤其是在皇城的宫廷社交圈里。按照更高

的指令，他感到自己不得不收回自己的讲话。下一个星期天，特别多的听众——主要也是他的妒忌者——来到教堂，为了到场听听这位年轻僧侣的道歉。在亚伯拉罕长老结束他的布道之后，他在布道坛上多待了一会，然后说：

> “我在上次布道过程中断言，把一种时尚当作主流风尚来赶的女人们，人们不该用粪叉去碰她们。我收回这话。——**她们可以这样碰的**。”

两件非同寻常的事件——1679 年在维也纳延续九个月的瘟疫，以及 1683 年土耳其人对这座城市的围攻——促使他把他当时所做的布道也作为著作出版。它们是他最重要的著作。其中一部著作与瘟疫有关，书名为《记录维也纳》；另一本著作的书名为《起来，起来，你们基督徒》。

亚伯拉罕·阿·桑·克拉拉所言所书基于一种对德语语言的非同寻常的、丰富多样的、创造性的掌握。他的语言显示出巴洛克时代的特征。这种语言中的某些成分在我们今天看来是太重太高了，甚至可以说是太做作了。但其中许多因素属于他那个时代的风格，而他本人就参与了对这种风格的铸造。

如果我们关注一下他是怎样来说话的，我们就能猜度到他的语言的独特强力和丰富性的某些情况。

要认识这一点，我们只需听听他的《记录维也纳》这部著作的 602
完整书名，或者甚至把这个书名看作印刷字样就足够了。这个书名的样子，就像巴洛克教堂里一个布道台的结构：

记录维也纳

这是：

对肆虐之死神

一种仔细的

描写

在

著名首都以及

皇城而不是

在奥地利

时为十七世纪七十年代

第九年

附上既与知识又与

良知相关的

学说

处于上列城市和时代中心

汇编者

亚伯拉罕·阿·桑·克拉拉长老

改革过的奥古斯丁赤脚僧侣

以及皇家宫廷教士

印制于维也纳

维维安

大学印刷者 1680 年

现在我们要来听听亚伯拉罕·阿·桑·克拉拉本人的话。这当儿我们应关注什么，这总归要做一下简单的说明。亚伯拉罕·阿·桑·克拉拉用比喻来思想。通过比喻，他让人径直看到他想说什么。所以，在谈到维也纳瘟疫期间大量死亡的布道书中，亚伯拉罕说：

“我看到，死神是一个割草机，他用自己的镰刀不只剪掉 603
了低矮的植物，而且也割掉了长得高高的草；我看到，死神是一个园丁，不只把在地上爬行的小鸟（Veigelein）粉碎，也要把往天上飞的翠雀（Rittersporen）粉碎；我看到，死神是一个游戏者，而且是一个不听话的游戏者，因为他是在摔球而不是在安放，他不只刺向农民也刺向国王；我看到，死神是一个史前人类工具（Donnerkeil），它不只击中最透光的草房茅舍，也打击最透亮的君主豪宅……

我看到，身体不是身体；我想说，躯体不是躯体；我想说，腿不是腿；我想说，尘埃不是尘埃；我想说加冕的皇帝和君主的虚无。”

这位演讲者通过把前面说过的话取回来重说，达到一种提升和累积，由此达到了一种张力。以此方式，他显示出从身体向僵死的躯体的沦落，从躯体向单纯的骨骼的沦落，从骨骼向尘埃的沦落，从尘埃向虚无的沦落。

这里也包括那个容易记住的关于人的比喻，他用下面的话来描绘：“人——五步长的虚无”。这话含着某种自相矛盾的东西；因为虚无是没有延展的，所以，虚无也不可能是“五步长的”。然而，恰恰这种矛盾，即虚无与五步之长的矛盾，道出了真理：尘世的大小与它的意义的虚无性是共属一体的。

另一个例子可说明亚伯拉罕·阿·桑·克拉拉的语言的比喻力量，说明他在语言塑造方面的高超艺术（他由此把人带向他想要引导他们去的地方）——我们在《灭绝维也纳！》这本著作中找到这个例子。这本著作是瘟疫发生一年后写的。他在其中写道：

> “奥地利人在他们古老的土地牌上画了五只云雀，可以想
> 604 见，他们首先吸引了维也纳人，一种云雀人（这就是说，他们按照云雀的方式生活，而且这显然是一种可爱的快乐的生活）；因为云雀特别喜欢田野，而且谁若想看见云雀，听见云雀，（逮住云雀），他就得去田野。田野是云雀的营地，是云雀的口粮屋，是云雀的音乐歌坛。可以满心希望，维也纳人像云雀一样行事，热爱田野，造访田野，领悟上帝的田野，所到之处都念着已故的基督信徒……”

用突兀的说法“领悟上帝的田野”，他把听众突然从云雀的快乐歌坛置换到了上帝之田野的严肃的寂静之中了。

以类似的方式，他通过一系列的问题，在听众心中激起一种期望，进而又通过给出所期望的东西的方面而突然使这种期望失望了。这位传道士说：

> “是什么使格林高利一世[①]变得神圣而福乐？是金钱对吗？是什么使格林高利一世变得神圣而福乐？是金钱对吗？”

当然不是金钱，听众会想。神圣和福乐不是通过金钱能获得的。这位传道士继续说：

> “是什么使马丁努斯、伊丽莎白以及无数其他人变得神圣而福乐？是金钱对吗？——他们出于同情把金钱送给了穷人。”

所以，与期望相反，金钱其实给人带来福乐，也就是说，金钱是我们要奉献的东西，而不是我们要去疯狂攫取的东西。

亚伯拉罕·阿·桑·克拉拉长老经常谈论金钱。他关于金钱所说的话，今天依然有效：

> “弯者变直；粗鲁者变谦逊（温顺）；丑者变美；右边的变左边；老者变年轻；冷者变热；轻者变重；浅者变深；低者变高；讨厌者变可爱；如此等等，不一而足。所有这一切金钱都能做到。”

可见，他的语言的比喻特征并不是单纯的修饰。他倒是首先 605

① 格林高利一世（Gregorius Magnus）：罗马教宗，任职期间（590—604 年）。——译注

赋予他谈论的事情合适的规定性。

他的著作的肤浅的读者倾向于认为，亚伯拉罕·阿·桑·克拉拉只是在玩语言游戏。然后他不只是在玩语言游戏。他是在倾听语言。

他十分高超地抓住了词语和音节的押韵、和谐，以至于它们能立即生动而直观地呈现出演讲者想要说的意思。亚伯拉罕·阿·桑·克拉拉长老写道：一个统帅把这些土耳其人“完全斩首了，也就是说，土耳其人的脑袋和辫子就像盆盆罐罐散落一地。”①

由语言本身呈现的词语游戏帮助我们更容易记住他那些表达生命的中心词语。我们读到：

“许多父母有时溺爱孩子们，有时不免愚弄孩子们。”②

或者：

“半磅艺术应当比一担恩惠更有价值。”

在亚伯拉罕长老的语言中，经常出现词语的多义性现象，比如他说：

“我乐于舍弃无人能信赖的东西。”

---

① 此句引文德语原文为：“völlig auf das Haupt geschlagen, also daß der Türken ihre Köpf und Zöpf wie Töpf herumlagen.”我们的中译文未能完全显示其中的语言特色，特别是其中的“脑袋”(Köpf)、“辫子”(Zöpf)和“盆盆罐罐”(Töpf)三词形成的节奏感。——译注

② 此句中的“溺爱”(vergaffen)与“愚弄”(veraffen)仅一个字母之差。——译注

这里的意思是："放弃"意义上的"舍弃"(verlassen)与"建立在某物基础上"意义上的"依赖、信赖"(sich verlassen)。有一回，他用一个唯一的动词构造了一个分成各环节的句子，以端出一个决定性的想法。他这个句子如下：

"谁若在自己死之前死，在他死时他就不死。"这意思是说：谁在死亡之前摆脱了尘世的俗事，当他走向终结时就不会停止存在。我重复一下这个句子："谁若在自己死之前死，在他死时他就不死。"

亚伯拉罕·阿·桑·克拉拉继续道：

"这种日常赴死的艺术所包含的，多于一双鞋子了，多于 606
一件神圣的制服，多于一个修士僧衣。"(《死者礼拜堂》)

道出对立面的押韵词语的和谐赋予讲话以鲜明的烙印，例如：

"你说，人是一朵花，今天是美人胸前之花，明天是泼妇之花。"

"你说，人是一根弦，时而可爱地奏响，时而发出令人痛苦的裂帛之声。"

"你说，人是一口钟，指针有时指向一点，有时一无所指。"

但最终我们必须认识到，在亚伯拉罕·阿·桑·克拉拉长老的语言中，有一种崇高的诗意力量在发挥作用。在他用形象把自然的摆动和运作表达出来的地方，这种力量得以最清晰地显露出来。例如他写道：

“在寒冷的冬季，树像老人一样长出一头白发，刚刚在银子般流动的小溪关进了冷冷的禁闭室，不再能前进一步了，高高低低的地势，也即山脉和山谷，全都处于白色的覆盖下，鸟儿虽然躲在羽毛中，但仍然由于严寒而久久停止了歌唱，那时候，一个旅行者上了路，要穿过一大片树林和稠密的丛林。”

亚伯拉罕·阿·桑·克拉拉的一个文本为我们提供了早春一瞥，他在其中解释了表示云雀的拉丁文名称。

他写道：

“在拉丁人那里，云雀获得了 alauda[云雀、百灵鸟]这个名词。”

亚伯拉罕长老把这个原本属于凯尔特人的词语 alauda[云雀、百灵鸟]翻译为“赞美之鸟”(Lobvögele)，这在语言史上虽然是错误的，但在诗意上则是无与伦比的。于是他这样来说云雀：

607 “所以从长出羽毛和扑翅而飞的一群中，没有一个像云雀那样倾向于上帝之赞美，因为云雀从地上向天空飞起，无论哪里，它们都在高空开始一种可爱的旷野音乐，以美好而灵敏的颤音 voce sola（单声部的），没有经常出现的中断，去赞美它们的上帝，把上帝当作它们的创造主、保护者、抚养者而唱出一首快乐的光荣（Gloria）之歌，从而并非徒然地，云雀（alauda）（这个词语）获得了‘来自赞美’（a laude）①这个名称。”

［用德语来说也就是“从赞美而来”（vom Lobe）；所以云雀具有“赞美之鸟”这个名称］。

但也许，亚伯拉罕·阿·桑·克拉拉在下面关于天鹅的话，表现出最令人惊奇和最美的诗意的语言比喻：

“来吧，你们银白的天鹅，用你们的翅膀抵御着冰雪，在水面上来回划动。”

为了正确地观察这个比喻，我们必须关注亚伯拉罕·阿·桑·克拉拉通常关于雪所讲的话。他提问道：

“你难道不知道，人类的生命就像一场雪和一种草，两者都不能持久？”

人人都知道：雪融化于水而消失。与之相反，天鹅恰恰以自己的羽毛保持了一种纯粹的白色。它们仿佛把雪带到水面上。它们在游动中并没有让雪沉没于水中。白天鹅在水上的运动是最稍纵

① 拉丁文中的“云雀”（alauda）分写为 a lauda，意为“来自赞美”。——译注

即逝的东西的不朽性质的比喻。因此，亚伯拉罕·阿·桑·克拉拉召唤道：

“来吧，你们银白的天鹅，用你们的翅膀抵御着冰雪，在水面上来回划动。”

正确地来倾听和思考，这样一句话足以让我们更清楚地洞察到这个人是谁——人们经常仅仅把这个人设想为骂骂咧咧的粗暴
608 之人，说他诅咒人类的事业进步，只谈论死亡和魔鬼。——

梅斯基尔希拉丁文学校的学生乌里希·梅格莱来自克莱恩哈恩斯退特，经由梅斯基尔希、因戈尔施塔特、萨尔茨堡，去了维也维，他从荒凉贫乏的霍伊贝格，到了哈布斯堡－德意志王国的首都和皇城，他这条道路是一个重要的标志。我们问：标志着什么呢？我们恐怕会想：标志着从茅草屋顶下的房子到华丽皇宫的提升，从无名的拉丁文学生到著名的讲道者和作家的提升。

我想，不对！乌里希·梅格莱的道路是一个关于忠诚和严谨的标志，亚伯拉罕·阿·桑·克拉拉正是以此来服从他获赠的使命。如果我们注意到这一点，那么，在我们现在的中学聚会中，我们不光是碰到了梅斯基尔希中学的一个早期学生，而不如说是碰到了一个指导我们生活的教师，一个语言大师。

给读者的说明：

关于讲道者和作家亚伯拉罕·阿·桑·克拉拉长老的布道和著作，很遗憾至今还没有一个学术上可靠的全集版——为阅读起见，可推荐不久前出版

的集子《亚伯拉罕·阿·桑·克拉拉：世界的金玉与败絮以及其他著作》（*Abr. a. S. Cl. Hui und Pfui der Welt und andere Schriften*）[尤根·荷兰德尔编选和导论]，布鲁克曼出版社，慕尼黑 1963 年。大可感谢的也包括做出贡献的亚伯拉罕·阿·桑·克拉拉研究者卡尔·贝切尔（Karl Bertsche）编辑的文本：《亚伯拉罕·阿·桑·克拉拉文选》（*Abr. a. S. Cl., Blütenlese aus seinen Werken*），赫尔德尔出版社，弗莱堡，第一卷 1917 年，第二卷 1919 年。

编者：引自亚伯拉罕·阿·桑·克拉拉著作的文字，我们未作改变，保留了马丁·海德格尔为梅斯基尔希印刷所采用的形式。

609

243. 七十五岁生日后的谢恩[*]

（1964年秋）

问候、祝愿和馈赠，它们对我来说
曾是思想的最后路段上一道被给予的
它们乃是鼓舞、标志，同时进入
那不应得的东西。一个人如何能恰当地
感谢这种令人高兴的东西呢？除非他能不懈地追问：
什么叫思想？意味着带来谢恩吗？

马丁·海德格尔

244. 为米凯拉和弗里德里希·雷勃霍茨而作 610

（1965年6月5日在马尔豪斯举办的婚礼）

亲爱的新郎新娘！

上午在市政厅，刚刚在教堂里，婚礼的风俗习惯都已经有了，那么现在，我们该如何庆祝，庆祝什么呢？只要我们思考一下什么叫“庆祝”，对上面这个问题的回答便是简单的。“庆祝”（feiern）乃是一个古老的德语词语。它有两个不同的含义，但这两个含义又是一体的。

虽然看起来，仿佛关于语言的如此枯燥的思索是不得体的。但一旦我们注意到，语言这种“最危险的财富”“被给予”人，“使人保存精神”，那么，上面这个假象就会涣然冰释。这里提到的关于语言的诗句是荷尔德林写的。荷尔德林用“精神”（Geist）这个名词来命名上帝、神性，那规定着人之本质的东西。

内立于语言中，人持续地处于最高的危险中，有可能对他与本质性要素之间的关联做不当的处理，要么操之过急和夸大其辞，要么疏忽和丧失这种关联。

通过语言，我们总是在危险中，在本质性要素之假象下沦于失去本质。

“庆祝”的情形也是如此。我们想要庆祝,但不知道什么叫庆祝。

如前所述,“庆祝”(feiern)一词具有两个不同的、但本身共属一体的含义。我们说:有人“庆祝”,意思就是他不工作——他已经摆脱了日常的要求。这个意义上的庆祝指的是:摆脱习惯和通常——不受辛劳和同样的空虚乏味的影响了。所以,我们的古德
611 语还知道一个说法:“一个庆祝的房间”,——也就是一个没人住过的房间;“一张庆祝的床”,——也就是一张未动用过的床。[①]

然而,庆祝同时也意味着庆祝某事;上帝、英雄、精神——结婚者。庆祝在此意味着:向非同寻常的事开放自己、投身于其中、承认其最本己要素、尊重之。如此这般得到庆祝者就是高者(das Hohe)。因此,在其中有某个高者被庆祝的时间被叫作高的时间。——**高**的时间(*Hoch*zeit)是教会的节日,是骑士和工人的节日;一个**高**的时间**也**是结婚的日子。我们现在只还把**高**的时间认作婚礼,[②]并且在结婚意义上来理解这个词——这是来自语言史的标志之一,我们从中可以解读出,语言的道说力量是如何被狭隘化、如何被磨损、如何沦落的。

庆祝说的是:**从**通常**中**摆脱出来,**为**非同寻常者、高者开放。庆祝包含着**这两者**;一方限制着另一方,反之亦然。

如果我们如此这般正确地理解庆祝,那么很清楚,我们在真正的庆祝中并不庆祝节日活动,并不庆祝庆祝会,而是庆祝在庆祝会

---

① “一个庆祝的房间”德语原文为 ein feierndes Zimmer,“一张庆祝的床”原文为 ein feierndes Bett。——译注

② 此句中的“高的时间”与“婚礼”都是 Hochzeit。——译注

中、并且通过庆祝会要被庆祝的东西，即高者，我们尊重这个高者并且思考它的令人尊敬的东西，由此参与其中，为之开启自身。

可是，经常发生的事情是，我们只还在庆祝节日，也即不再庆祝什么，充其量是庆祝自己的娱乐和自己的开心。

歌德曾写道："人们只庆祝自己有幸完成之事。"① 这大概是说：只有已经以正确的方式进入自己的使命中的东西才值得我们庆祝之，通过对其高度的尊重而为之开启自身。

这样我们便看到自己被带回到开头提出的问题上了：现在，我们该如何庆祝，庆祝什么呢？

我们说过，对这个问题的回答是简单的。它之所以**是**简单的，是因为我们已经给出了回答。我们给出回答的办法是，我们这些至爱至亲，我们这些友人，与你们这对亲爱的新人，在这里，在马尔 612
豪斯欢聚在一起，我们相互间经验到也记着，我们逗留于**何方**。

我们庆祝，通过对容纳和守护这幢房子的东西开启自己。我们庆祝，通过——在某个时刻——参与到这幢房子要向我们言说的东西之中，参与到这幢房子使之向我们呈现出来的东西之中。我们庆祝，通过对它的过去和曾在的想念。两者不是相同的。

过去从不返回。而曾在却持留着。因为它是本质现身者，也即持续者。

我们庆祝，通过在思念中向在这幢房子中向我们派送出来的东西保持开放。

眼下，我想通过荷尔德林诗句的引导来唤起**这样**一种思

① 《威廉·麦斯特的学习时代》，第五卷第13章。——编注

念——通过荷尔德林的赞美诗《莱茵河》的倒数第二节。马尔豪斯及其城市与这条河相邻，关于这条河，我们提到的诗歌（第五节）是这样写的：

“真的很美好，正如他后来，
离开了群山，
在德意志的土地上静静地漫游
心满意足……”

但这首诗倒数第二节的一部分却说：

“永恒的诸神
总是充满了生命力；一直到死
一个人也能
把这最美好的留在记忆里，
然后他就体验到了至高者。
只是每个人都有自己的尺度。
因为承担不幸是艰难的，
但更艰难的是承担幸福。”

“只是每个人都有自己的尺度。”对于什么事的尺度呢？对于我们当中的每个人能够如何以自己的方式把最美好的留在记忆
613 里、让持留者呈现出来的方式：这就是马尔豪斯对我们说的话。

对房子的女主人、夫人、母亲来说，当前情形是不一样的。

对每个孩子来说是不一样的。

对于子孙们来说是不一样的。

对于朋友来说是不一样的。

我们怀念布鲁诺。

他头一个出于至高的快乐来欢迎这个节日，因此懂得排除任何无助的哀伤。通过他，现在马尔豪斯的精神说话了。——这种精神作为什么显示出来呢？

这种精神是：对人类命运的世界敞开状态。

这种精神是：对一切创造性的东西的等级的意识。

这种精神是：在任何情形中都大度而豁达。

这种精神是：在所有人类关联中举止得体。

现在指出的这种精神就是这种处于神秘的统一性中的四重性。但只有当我们把它保存下来，它的宝贵之处才能持留。当我们每个人以自己的方式照料它时，我们便保存之——在正确的时机和正确的地点，从而使得这种精神像从前一样散布于马尔豪斯这个城市里，并且共同决定这个城市在将来的日子里有着何种重要使命。这也包括"康斯坦茨大学"，以及这个城市应当如何遭遇新事物的方式。

对于知情者来说，无需任何特别的努力去设想，布鲁诺·莱纳(Bruno Leiner)是如何参与这项任务的。他看到了，仅仅把大学仿佛列入城市里，把它计入城市的利益中，这是不够的。他意识到，城市的精神及其传统必须重新唤醒，方能使自己以及博登湖周围地区丰富的历史与这所大学展开对话。因为单纯的规划以及规

614 划的实现不足以把这样一个事业真正奠基于一个已然准备好的基础之上。只要哪儿还要规划和执行规划，哪儿就生长不了什么。生长、繁荣、纯正之物只出现在为未规划之物留下了运作空间的地方。为此就需要那个自由活泼的宝贵之物——我称之为马尔豪斯的精神。

我本人早就已经与之遭遇了——在某个时候，当时今天在场的人当中，还没有一位能够踏进这幢房子。请允许我在这个庆祝时机讲一个小故事——以之作为对友人的纪念的标志。

故事发生在60年前——1905年夏天；那一年是人文中学300周年。布鲁诺与我当时在人文中学五年级，人文中学当时设在教堂旁的老耶稣会士神学院里。那一年，我读了大量阿达尔伯特·施蒂夫特的著作——也有关于他的生平和著作的书。从中我了解到，施蒂夫特是歌德的一大崇拜者。在这种阅读中，我碰到了一个神秘的令人激动的箴言，应该是在歌德的《诗与真》里面找到的。这个箴言如下：

nemo contra Deum nisi Deus ipse

“没有人能反对上帝，除非上帝本身。”

这个箴言引发了我笨拙的思索。我心生愿望，希望在歌德自己的著作中找到这个箴言所在的段落和上下文；但我没有歌德著作。不过我知道，在马尔豪斯有许多书——有一个图书馆。因此有一天我请求布鲁诺，我们是否能在某个下午去那儿，在歌德著作中寻找这个箴言。由此路径，我第一次去了马尔豪斯。当然，我们稚气的研究是徒劳的。

此外，我们直到今天还是不知道这个箴言的出处——歌德本人究竟是否在其中表达了深刻的思想——一个以某种变式在谢林哲学中出现的思想。

这是我第一次访问这幢房子。 615

那么我们今天如何来庆祝？通过对布鲁诺·莱纳的想念。通过这种做法，我们也就知道：我们庆祝什么——我们为之开启自身的东西：那就是马尔豪斯的精神。

但这种精神乃是一个支配性的领域，两位亲爱的新人，你们的婚礼就在其中举行。这种精神保持为一种气氛，它贯通并支配着婚礼所创建的东西：你们在莱茵河另一边的共同生活和共同工作。

在这首河流赞美诗中有诗句：

"……承担不幸是艰难的，
但更艰难的是承担幸福。"

此所谓"不幸"，诗人并不是指令人厌恶的东西、失败——而是指上帝之遥远、得救和本质性的东西之不可通达。与之相反，"幸福"则是上帝的巨大切近、虚弱之火的巨大切近；我们所属的本质性的东西的困扰作用。它是比"不幸"更难承担的。

我们人习惯于在今天这样的喜庆日子里表达"幸福"的祝愿。因此，按照诗人的想法，我们是在祝愿最艰难的东西——因为这要求我们把规定人类此在的最极端的东西保持常新的呈现，经受住它不断的切近。

如果将来你们共同的工作献身于某个区域，在那里给出尺度的是数字和重量，那么，要紧的就是不要测量，而是关注另一个更高的、但不可把握的尺度，即无法量度者和不可测量者的尺度。

在《小说〈海因里希·封·奥夫特丁根〉续篇笔记》[①]中，诺瓦利斯对这种尺度及其来源做了一次诗意的描写：

616

　　如果数字和形象不再是
所有造物的钥匙，
如果他们如此歌唱，或者亲吻
甚于博学深思者之所知
如果世界返回到自由的生命中，
返回到“自由的”世界中，
如果光明与阴影重新
结合为真正的清澄
人们在童话和诗歌中
认识到“古老的”真正的世界史，
那么，整个颠倒的本质
便会在**一个**隐秘的词语面前飞离。

认识和保护针对“颠倒的本质”而得到恰当安排的本质——这是必然之事。那个宝贵的东西——我所谓的马尔豪斯的精神——

① 《诺瓦利斯著作集》，保罗·克罗克霍恩与理查德·萨姆尔联合编辑。根据手稿补充和重排的版本。第一卷，莱比锡书目研究所（1928 年）。《海因里希·封·奥夫特丁根》补遗，第 244 页。——编注

就指向那儿。

今天在此，在你们的喜庆日子里——为了你们——我们想要庆祝的，正是这种精神。

这种不曾言明的遗赠
静静地保持在记忆中。

617 245. 致西格弗里德·布勒塞七十寿辰

(1965年8月8日)

亲爱的布勒塞先生,

在这个庆祝您七十寿辰的夜晚,我愿意遵循一句名言,它也合乎您的想法。

这是老子《道德经》①里的一句名言。

这个诗句如下:

> "功成身退,
> 天之道也。"②
> 第九章(J. 乌伦勃罗克译,不莱梅1962年版)

您以中国艺术展圆满完成了您在弗莱堡艺术协会承担的工作,可谓功成。这次展览将于明天开幕,正值您七十岁生日。

我猜,在这个时候做这次展览的想法起于一种思索,它同时想以艺术作品的展示产生令人深思的情调。

---

① 作者把《道德经》译成"Vom Weg"(论道/道路)。——译注

② 作者此处采取的老子《道德经》第九章德译文为:Dem Werk nachgehen,/ sich selbst entziehen,/ das ist des Himmels Weg.——译注

因为：

这次展览展示的是来自一个具有四千年丰富传统的世界的艺术作品，自从19世纪最后十年以来，这个世界已经进入与我们技术时代的日益增强的争辩之中。

这次展览显示：

艺术，承载着古老的、自成一体的、恒定的传统——

在一种世界文明中(对它来说，历史性的经验消解于一种 618
单纯信息形式)，一种科学技术的权力的世界瞬间。

艺术与技术——一种必定极端疏异的对立。

然而，这种相互追逐的对立还没有展开为一种冲突，后者或许需要思想和造型的伟大经验。

倒不如说，这就有了一个假象，仿佛艺术创造有时以其持续的产品赶上了常新的技术效应的排放，而没有在等待中思考冲突——艺术作品栖留于自身中的安宁与不断地加速赶超的技术之飞奔之间的冲突。

当然，依然奇异的是，古代中国世界的思想者已经以自己的方式先行思考了这种冲突。

因为老子在《道德经》第十五章中道说了这一点：

“孰能浊以静之徐清？
孰能安以动之徐生？”①

跟这里所道说的内容以及首先还有待思考的冲突相比，任何关于一种对所谓矛盾对立的辩证法的扬弃的明显努力都失灵了。因为辩证法仍旧是无疑之物的专政。

要紧的倒在于，让艺术的本己因素就像科学技术的本己因素一样首先处于其冲突的本己因素之中。

我愿意认为，这就是这个时代举办的中国艺术展所要完成的。

亲爱的布勒塞先生，这次展览同时也是您不断深思的工作的美好见证。

619 与此论断相联系，我的一个愿望是：

希望您能用艺术——用艺术活动——把自己的经验记录下来，并且用文字抓住自己的经验。

这样，您就能够——为了快乐，为了教导后来者——把您的事业带向相称的完满状态，并且遵循品达的一个诗句，后者在《涅墨亚颂歌》（*Nemeischen Ode*）第四首第6—8行中说道：

ῥημα δ' ἐργμάτων χρονιώτερον βιοτεύει,
ὅ τι κε σὺν Χαρίτων τύχα
γλῶσσα φρενὸς ἐξέλοι βαθείας.

---

① 作者此处采取的老子《道德经》第十五章德译文为：Wer aber ist imstande, ein quirlend Wasser/ durch die Behutsamkeit der Stille zu erkären? / Wer aber ist imstande, die Ruhe/ durch die Behutsamkeit dauernder Bewegung zu erzeugen? ——译注

“但词语——历经更多时光,作为作品而存活,
带着美惠三女神的命运
它从心灵深处带来语言。”

马丁·海德格尔

(1965 年 8 月 7 日,以简化形式演讲)

620

246. 论思想之实事的规定问题

（1965年10月30日）

在这个庆祝晚会上，我们可以了解到，路德维希·宾斯万格通过他的医疗活动和学术探索，贯通了我们世纪几个不同的哲学研究和哲学思潮。

每一门科学都依据于那样一些基础，一些它自己原则上不能理解的基础，而且是以它的研究方式的问题提法和方法达不到的基础。但是，每一个研究者都能够沉思地致力于这些基础的探讨——假如他具有清醒的精神状态，并且因此敢于大胆参与到与哲学的对话中。我们在此庆祝一个人的意志和功业，他的生命是有这样一种胆量的。

因此请允许我，从哲学所属的思想领域出发来说一句话，这句话与其起源相应，具有与生俱来的问题形式。我们问：在当今时代，什么是思想之实事，以及如何来规定思想之实事？实事（Sache）——这指的是那样一个东西，思想由之而被要求，并且由之才被规定。诚然，我们在此必定只能做少量提示。但我们的提示或可当作对这个庆祝晚会的祝贺和赠礼。

关于思想之实事的规定问题是否被追问以及如何被追问，这在我看来决定了思想之天命。这里要做的决定不是我们自己来做的。我们只是参与此事——诚然是必需的。

谁若来谈论这种决定,他就预设了:在思想之实事的规定方面看,思想处于一种未定状态中。这种未定状态的原因何在?也许在于,思想在其长期流传下来的形态中已经达到其终结了。倘若 621
情形若此,那么随着哲学的终结,虽然哲学的命运已经被裁定了,但思想的命运并没有被裁定。因为有可能,在哲学的终结中隐藏着思想的另一个开端。人们可以把上面的说法看作一系列未经证明的断言。只不过,它们确是问题。

这些问题中也包括这样一个问题:在思想领域里,科学所知道的证明是否有自己的地盘。不能被证明的东西仍然可能是有根据的。但如果思想之实事不再具有根据的特征,因此不再可能成为哲学之实事,那么,甚至根据之论证①也落入空洞中了。

因此,要紧的是首先去经验,哲学何以进入其终结中了。

如果我们谈论一种终结,我们指的是,某物不再到达了,某物已经停止存在了。终结被看作某种缺失和棘手之事。终结——听起来就像是无能和沦丧。

然而,诸如"从一个终点到另一个终点"以及"在所有角落和端点"②的说法显示出"终结"一词的不同含义。它说的意思无异于"地方、位置"(Ort)。我们下面将把"终结"(Ende)理解为位置,即

---

① 此处"根据之论证"原文为 Begründen,有"奠基、创立、提出根据、说明理由"等义。——译注

② 这两个短语原文为"von einem Ende zum andern"和"an allen Ecken und Enden"(口语中也译为"到处"),其中都有我们前译为"终结"的 Ende 一词。我们在这两个短语中译为"终点"和"端点"。——译注

某物把它最后的可能聚集到其中、并且在其中得到完成的位置。

在哲学的终结中实现的是那个指令(Weisung),哲学思想自其开端以来在其历史道路上一直都遵循着这个指令。在哲学终结处,真的出现了哲学思想的最后可能性。我们可以在一个用少数几个句子就能刻画清楚的过程中来经验这一点。

哲学消解于独立的科学之中:消解于逻辑斯谛、语义学、心理学、社会学、文化人类学、政治学、诗学、技术学等。自行消解的哲
622 学通过这些新的科学和所有已经现存的科学的新式统一而被接替了。它们的统一性显示在,诸科学的主题区域普遍地是根据一个独一事件而被筹划的。各门科学受到挑战,要把这个事件描述为控制和信息的事件。把所有科学在一种新的统一性意义上统一起来的新科学被叫作控制论。就关于它的主导观念及其在所有科学的采用的澄清而言,控制论尚处于初始阶段。但它的统治地位已经得到了保障,因为它本身已经被一种权力所控制,这种权力不仅为各门科学,而且为所有人类行为,铸入一种规划和控制的特征。

同样地,今天已经清楚的是:迄今为止,通过控制论的主导观念——信息、控制、反馈——迄今为止各门科学中决定性的主要概念,诸如基础与后果、原因与结果,几乎可以说以一种阴森森的方式被改变掉了。因此,控制论不再能被称为基础科学。主题知识区域的统一性不再是基础的统一性。它是一种严格意义上的技术的统一性。控制论一直倾向于处处为我们提供和置造出对于普遍可控制的事件的视野。要求这样一种可置造性的无限权力决定了现代技术的特殊性,但逃避所有依然以技术方式表象自己的尝试。这种越来越清晰地显示出来的各门科学的特征是不难认识的,可

以从它们理解那些范畴——即界定和划分自己的主题区域的范畴——的方式来认识，也就是一种工具性的理解方式。范畴被视为切实有效的模型观念。它们的真理是根据它们在研究进程内的应用所导致的效应(Effekt)来测量的。

科学的真理被等同于这种效应的效率了。各门科学本身接受了总是必要的模型概念的形成过程。这些模型概念只配获得一种 623
技术－控制论的功能，与之相反，每一种存在学的内涵都被否认了。哲学变成多余的了。偶尔还被提出来的那个判断，所谓哲学跟在诸科学后面踱行(指的是自然科学)，已经失去了它的意义。

此外，控制论的主导概念"信息"是足够广泛的，足以有朝一日使历史学的人文科学也臣服于控制论的要求。就现代人与历史传统的关系明显地转变成一种单纯的信息需求而言，这一点是越来越容易实现了。然而，只要人依然把自己理解为一个自由的历史性存在，那么，他就肯定会抵抗，免于把人的使命交给控制论的思想方式。首先控制论本身也承认，它在这里碰到了难题。但它认为这些难题原则上是可解决的，并且把人暂时视为控制论计算的"干扰因素"。但对于自己的课题，即被当作受控制的事件为计算的一切，控制论可能已经是确定无疑的，因为产生了这样一个想法，就是要把人的自由规定为一种被规划好的、也即可控制的自由。因为看起来，只是对于工业社会来说，这种自由才提供出一种可能性，即人在越来越确实地突现出来的技术世界里栖居的可能性。

哲学之终结的标志是哲学学科消解于各门独立的科学之中，它们的新式统一在控制论中显示出来。但倘若人们把哲学消解于各门科学以及它被控制论所接替的情况评估为一种完全的衰落现象，那么，关于哲学之终结的意思的实事求是的洞见就会因此而被错失了。

这个判断或许也过于匆忙了，因为直到现在为止，我们只是举出了哲学之终结的标志，但尚未思考终结之固有特性。

624 只有当我们——至少就眼下来说——关注这样一个问题，即哲学自开端以来一直被指定好的特有实事是何种实事，这时候，上面讲的思考才可能成功。

在其开端处，思想(后来被叫作哲学)便受到指引，首先去觉知和道说那令人惊讶的事情，即存在者存在以及存在者如何存在。被我们——十分多义而模糊地——称为存在者的东西，希腊哲学家们把它经验为在场者，因为存在被他们说成是在场状态。在在场状态中同时被思考的是在场向不在场的过渡、到达与消失、产生与消逝，也即运动。

在哲学史进程中，关于在场者之在场状态的经验和解释发生了变化。如果这种变化在其最终的可能性中得以实现，则哲学之终结就达到了。这种变化的历史及其完成之所以直到今天还没有被认识，是因为把现代观念加给了希腊思想。这种大格调的做法的经典例子是黑格尔的哲学史解释。①

所以对于希腊思想来说，对象之对象性意义上的在场状态还是未知的。对它来说，在场者从来没有表现为客体。对哲学来说，

① 参看马丁·海德格尔:《黑格尔与希腊人》，载《路标》，《全集》第9卷，第427—444页。——编注

只有在在场者——希腊语的ὑποκείμενον[基体、主体],即从自身而来呈放者,也就是罗马的 Subiectum[基体、主体]——被笛卡尔在 Ego cogito[我思]的 Ego sum[我在]中被发现之后,客体性意义上的在场状态才开始成为可设想的。据此,人的自我、人本身才显现为别具一格的 Subiectum[基体、主体],后者后来唯一地为自己要求主体(Subjekt)之名。从此以后,主体性构成这样一个领域,在其中并且对之而言,一种客体性才得到了安排。

此间,在场者之在场状态也已经失去了客体性和对象性的意 625
义。在场者作为向来可订置者而与现代人相关涉。尽管本身几乎还没有得到思考和表达,但在场状态显示出一切事物无条件的可订置性的特征。

在场者不再以对象形态照面和栖留。它消解于存料中,这种存料在任何时候都必须是对于各自的目的来说可制作的、可提供的和可替代的。存料是根据各自情况、按照各个规划而被要求的。它们本身是根据它们的性质而被摆置的。存料并不具有一种持续的、不变的在场状态意义上的持存性。存料的在场方式乃是可订置性,其突出标志是不稳定的常新的和被改善的东西的可能性——没有对最佳者的展望。

但对谁来说,如此这般形成的在场者变成可订置的。并不是对于个别的人,他们作为主体来面对客体。存料的可订置性是根据与工业社会的互助互为状态的关联而得安排和调节的。虽然工业社会依然多重地显现出来,显现为对于技术世界文明的产物和机制的客体性来说决定性的根据自身来摆置的主体性。社会学思想懂得回头把存在着的一切都与工业社会的要求和设置关联起来；工业社会因此在很大程度上还把自己看作主体-客体模式中的主体性，也即一切现象的说明根据。然而，工业社会既不是主体也不是客体。而毋宁说，与它根据自身而被摆置、唯一决定性的独立性相反，工业社会已经被促逼性的摆置的同一种权力摆置入管辖状态之中了，而这种管辖状态也把从前的对象之对象性转变为存料的单纯的可订置性了。

626 连自然科学的自然也被设定为可订置的存料。在控制论主题区域里的自然之在场状态，只要它依然被表象为客体性而不是可订置性，那么它就还是不可思议的。但现在，在场者之在场状态从对象性向可订置性的转变也是下面这回事情的前提，即：根本上诸如控制论的表象方式之类的东西是能够形成的，并且这种东西能够提出对于普遍科学之作用的要求。

因为控制论虽然不能知道，也不能思考这一点，但它却隶属于所谓的在场者之在场状态的转变，所以它只能被引为哲学之终结的一个标志。哲学之终结本身的依据在于，与在场者之可订置性一道，在场状态之转变中的最后可能性已经达到了。由此，在场者之不同区域对表象来说就成为可订置的。以这些区域为定向的思想学科可以独立地从事自己的探讨。哲学的消解展开为一种可订置的任务，其统一性通过控制论的出现而被替换了。

哲学正在进入其终结中，这是一个合法的过程。只要哲学服从指令，要去思考在场者之在场，依照的是在场状态要求思想的方式，而同时它本身没有被思考，那么，这个过程就要满足哲学据以获得开端的那个定律。

在场者之在场状态的转变并不依据于哲学家观点的变化。而毋宁说，哲学家只是思想者，由于他们能够满足在场状态的转变了的要求，他们便成其自身了。诚然，与这种满足一道，已经指出了一种关联，这种关联属于那个值得追问的东西的范围，而关于思想之实事的规定问题就被引向这个值得追问的东西。

然而，一旦我们投身于一种思考之中，而这种思考在前面关于 627
作为可订置性的在场状态的解释中依然未受重视，那么，上面讲的这同一种关联便得以显露出来了。问题在于：可订置性何以是在场状态之转变历史中的最后阶段？没有人能决定，是不是还有进一步的转变即将来临？我们不知道未来。然而，为了把可订置状态规定为在场状态之历史性转变的最后阶段，我们并不需要关于未来的先知般的目光。如果我们不是要描写人类的世界状况和形势，而只是要重视人和事物的在场状态之方式（与人对于物的在场状态一体的）的考察。于是显而易见：在在场者之可订置性的统治地位中，在这种统治地位本身中，那种促逼性摆置的权力显露出来，因为这种权力首先把人本身摆置到那个方向上，即保障一切在场者，因而保障在其可订置状态中的自身。

虽然无可阻挡的技术发展的巨大成果总还会唤起一种假象，仿佛人是技术的主人。但实际上，人是那种贯通和支配着一切技术置造的权力的奴仆。这种促逼性摆置的权力把人铸造为被它所要求、为它所占有和摆置、并且在此意义上被使用的终有一死者。这种在在场者之在场状态中起支配作用的权力需要人。在这种需要中显示出那种在场状态与人的关联，这种关联要求人有一种独特的应合。鉴于这种关联，在场者之在场状态显示为某逃避哲学思想之视野的实事的事态。

自其开端而来，贯穿其历史，这种哲学思想就被指派了一项任务，就是要着眼于在场状态来思考在场者——但这本身是在其转
628 变的历史中的在场状态，而不是着眼于对它具有规定作用的那个东西来看的在场状态。关于这种规定的问题是在某个领域里展开思考的，这个领域对于哲学思想来说（作为存在学的、先验的和辩证的思想而为人所知）依然是不可通达的。

与其不同的实事一道，不光是与此实事相应的思想成了另一种思想，连其实事之规定的意义和方式也发生了变化。我们越是清晰地经验到，促逼性摆置的权力以及与之相随的在场者之可订置状态的统治地位伪装和掩盖了它本己的来源，则关于思想之实事的规定问题就变得越是令人困惑，同时也越是令人诧异。

哲学的终结是有歧义的。一方面，哲学的终结意味着某种思想即哲学思想的完成，在场者在其可订置性的特征中向这种哲学思想显示自身。另一方面，恰恰这种在场状态之方式包含着一种指示，指示着促逼性摆置的权力，而要规定这种促逼性摆置，就要求有另一种思想，对这另一种思想来说，在场状态之为在场状态变成可疑问的。因为它还带来未被思考的东西，后者的固有特性逃避哲学思想。

尽管在场状态中的这个未被思考者对于自早期以来的哲学思想来说并非完全不熟悉，但它不仅没有被哲学所认识，而且其特性甚至被错认了，也就是说，在哲学在“真理”名下所思考的东西意义上被曲解了。

然则我们不是冒着径直低估希腊思想之意义和影响的危险吗？如果说柏拉图看到了在其外观（εἶδος[爱多斯]，ἰδέα[相、理

念])中的在场者之在场状态(这种外观是由对在场者之为在场者的视见提供的),那么,他其实同时把这种视见带向一种与光的关系之中(根本上这种光允诺了一种视见)。这就表明,他看到了在在场者之在场状态中起支配作用的东西。他因此只是应合了关于在场者的希腊经验的某个基本特征。

让我们来回想一下荷马,他同样已经——仿佛自发地——把 629
在场者之在场带入与光的关联中了。我们不妨来回想一下奥德赛返乡时的一个场景。在欧迈俄斯[①]离开时,雅典娜以一个美少女的形象出现。这位女神向奥德赛显现出来。但儿子忒勒玛科斯[②]没有看到她,而且,诗人说:οὐ γάρ πως πάντεσσι θεοὶ φαίνονται ἐναργεῖς(《奥德赛》,XVI,第161行)。"因为女神们并非ἐναργεῖς向所有人显现"——人们把ἐναργεῖς这个词语译为"可见的"。然而,ἀργός意味着闪光的。闪光的东西自发地照亮。如此照亮的东西自发地在场。奥德赛和忒勒玛科斯看到的是同一个女人。但奥德赛觉知到女神的在场。罗马人后来把ἐνάργεια即自发地照亮翻译为 evidentia[明见];evideri 意味着变成可见的。明见性(Evidenz)是从作为观看者的人出发被思考的。与此相反,ἐνάργεια乃是在场着的物本身的一个特征。

在柏拉图以后,物的闪现被归因于一种光。人们把这种理念

① 欧迈俄斯(Eumaios):古希腊英雄奥德赛的仆人和牧人。——译注

② 忒勒玛科斯(Telemach,希腊文Τηλέμαχος,意为远离战争):古希腊神话中奥德赛与珀涅罗珀的独子。奥德赛出征特洛伊后,他由门托尔抚养。许多人向他母亲求婚,他劝求婚者离开,但没有用。在雅典娜的建议下前往皮罗斯寻父,雅典娜化成门托尔,一路陪着他,保护他。后终于遇见阔别多年的父亲,一起返回故乡,杀死所有向他母亲求婚的人。——译注

与光的关联理解为隐喻。但这个问题依然是要追问：在场之固有特性中究竟是什么东西，对它的规定要求和允许一种向光的移交？何以诸如相似性、异质性、自同性、运动之类的规定（它们属于在场者之在场）依然能够被思考为理念，这个问题久已使沉思者不安了。莫非在这里隐藏着一个完全不同的事态么？——这个事态通过现代对ἰδέα［相、理念］的重新解释，从在场者之外观被重解为perceptio［知觉］，即一种由人类自我构成的表象或观念，变得不可通达了。

在场者之在场状态本身并不具有与光明意义上的光的关联。但在场状态依赖于澄明意义上的光。

“澄明”（Lichtung）这个词语给予思想的东西，我们可以举个例子来说明——假如我们充分地加以思考的话。一块林中空地[1]是其所是，并不是基于白天能够在其中闪现的光明和光。甚至在
630 夜晚也有澄明。林中空地说的是：森林在这个地方是可穿行的。

光明意义上的光和澄明的光不仅在实事上是不同的，而且在词语上也是不同的。动词“澄明”（lichten）意味着：使开放（freimachen）、开启（freigeben）、释放（freilassen）。澄明也意味着轻松（leicht）。使某物变轻松、放松指的是：为它消除阻力，把它带入无阻力的自由之境中。启锚[2]说的是：把锚从周围海底释放出来，把它提到水面和空气中。

---

[1] 通常认为海德格尔的“澄明”（Lichtung）是从“林中空地”（Waldlichtung）的意义来了解的，甚至就是“林中空地”（有不少中国学者干脆主张把 Lichtung 径直译为“林中空地”）。在此上下文中，海德格尔作了区别性提示。——译注

[2] “启锚”（den Acker lichten）按照字面可直译为：使锚澄明。——译注

在场状态依赖于自由之境之允诺(Gewährnis)意义上的澄明。问题出来了:在把在场状态之为在场状态开启出来的澄明中什么得以自行澄明?

这种关于澄明的说法不也只是一个从林中空地中解读出来的隐喻吗?可是,林中空地本身是某种在在场的树林中在场的东西。而作为对在场者之在场和栖留而言的自由之境之允诺,澄明既不是某种在场的东西也不是在场状态的一个特性。但只要思想关涉到在场状态本身具有何种性质这样一个问题,那么,澄明及其所澄明者就还是与思想相关的东西。

澄明允诺在场状态以及它是如何允诺在场状态的,对这一点的思考属于思想之实事的规定问题;如果思想要应合这个实事及其特有的事态,那么思想就看到自己不得不要求一种转变。作为这样的事态,空间和时间显示自己,对于思想来说,它们从来都处于与在场者之在场状态的联系中。但唯从澄明而来,空间和时间及其与在场状态本身的关联才是可规定的。

空间空间化。空间设置空间。因为空间开启出切近与遥远、狭窄与辽阔、位置与间距。在空间之设置空间中起作用的是澄明。

时间时间化。时间把……释放入由曾在、将来和当前组成的 631
绽出统一性的自由之境中。在时间之时间化中起作用的是澄明。

只是空间与时间的统一性吗?两者的共属既不是空间性的也不是时间性的。但也许在它们的共属中起支配作用的是澄明。然而澄明自为地持存于空间与时间之上和之旁吗?抑或澄明只是以空间和时间及其神秘统一性的方式来澄明?抑或澄明完全不止于空间的空间化和时间的时间化?

问题加问题，何其繁复，一种哲学式的思想甚至都不能追问这些问题，更遑论解答这些问题了。因为，只有当对于哲学来说始终无疑的东西已经成为可疑的了，上面这样一些问题才会来困扰思想。

所以，可能在这个瞬间得体的做法是，至少大体上指明澄明为另一种思想的别具一格的实事。因为在四十年前，在我的《存在与时间》中，为了展开存在问题，我做的解释学的此在分析就已经谈论了澄明。后来，与如此这般设定的此在分析一道，旨在澄清精神病学之基础的"此在分析"也得到了讨论。

然而，为了认识到，《存在与时间》中的一个句子"人之此在本身是澄明"（第28节）[①]也许已经预感到了思想之实事，但绝没有充分地思考思想之实事，也即把它当作一个已经达到实事的问题而端呈出来，这是需要一种数十年之久的林中路上的行进的。

此在是对于在场状态本身而言的澄明，同时也根本不是这种澄明，因为澄明才是此在，也即才允诺了此在之为这样一种此在。此在分析尚未进入澄明之本自因素中，尤其是没有进入澄明本身所属的那个领域中。

632 探讨完全不同的实事的思想的必要转变，对哲学思想的终结和内在界限的指明，这并不意味对哲学的贬低，就仿佛这种不同的、首先还远远不确定的思想越出了哲学。这里既不涉及对哲学的提高，可以说一种加倍的先验问题提法，也无关乎一种"回到形

---

① 参看海德格尔：《存在与时间》，中译本，陈嘉映、王庆节译，北京：商务印书馆，1999年，第152页以下。——译注

而上学之基础”意义上的对哲学之基础的加深。

而毋宁说，成为必要的是摆脱哲学的返回步伐（der Schritt zurück）。所谓返回步伐就是投宿于以澄明之名才得以显明的领域之中，我们人已经持续地逗留于其中。而物也以自己的方式栖留于其中。

借助于返回步伐，哲学既没有被放弃，也根本没有为了思想之人的记忆而被带向消隐。诚然，这种危险以一种不断提高的尺度咄咄逼人而来，来自于自行安排的世界文明内部的各门科学以及它们的控制论－技术组织。但通过返回步伐，哲学整体以及哲学在其完成过程中的历史，也没有在黑格尔所思考的辩证的历史进程意义上被扬弃。不如说，通过返回步伐，出现了这样一种可能性，即把哲学首先特地转让给它的本己要素。因此，哲学便进入一种开端性的持留中，这种持留为另一种与哲学的对话准备好了丰富的思想积累。

只有当我们预先追问究竟思想之实事是什么，思想之实事从哪里获得其规定性时，对思想提出的回归“实事本身”的要求才有自己的意义和一个可靠的依据。但对这个问题的探讨很快就能让我们经验到，一切思想都是有限的。思想的有限性不只是在于、并且并不首先在于人类能力的限制，而倒是在于思想之实事的有限性。经验这种有限性，比对一个绝对者的仓促设定要困难得多。633
个中困难乃基于一种从它的实事出发被限定的、因此并非偶然的思想方面的未受教育状态。亚里士多德早已经以自己的方式暗示了这种未受教育状态（《形而上学》IV，1006a 第 6 行以下）。他说了下面的话：：ἔστι γὰρ ἀπαιδευσία τὸ μὴ γιγνώσκεν τίνων

δεῖ ξητεῖν ἀπόδειξιν καὶ τίνων οὐ δεῖ. “因为(在思想方面)未受教育状态就是看不到,关于何者有必要寻求一个证明,以及关于何者这种寻求是不必要的。”[1]这种未受教育状态在今天的思想中是相当大的。而着眼于首先追问并且充分地展开关于思想之实事的规定问题这个任务,这种未受教育状态就更大了。因此,亚里士多德的话就要求一种小心谨慎的沉思。因为依然未决定的是,不需要证明的东西为了成为对思想而言值得思的实事,以何种方式才能成为可经验的和可道说的。

这是通过辩证法的中介而发生的事吗?对中介的要求,尽管有对立的假象,但难道不就是一种绝对的要求,一种对思想的本真有限性的错认吗?抑或,关于思想之实事的经验,是通过原初给予的、终极论证的对不可中介化的东西的直观而发生的吗?对这样一种直觉的引证不就是同一种对于绝对知识的要求吗?难道中介和不可中介化的东西[2]不是以同一种方式与手段相关联吗?

思想之实事要求一种思想方式,其基本特征既不是辩证法也不是直觉?对此,只有关于思想之实事的规定问题才能对此做准备。

但倘若对这个思想问题的回答又只不过是另一个问题,那又如何呢?

---

① 现有中译本译为:“有些人由于学养不足的确认为需要对此加以证明,但是不知道对哪些应该及对哪些不应该寻求证明,正是学养不足之表现。”参看亚里士多德:《形而上学》,《亚里士多德全集》第七卷,苗力田主编,北京:中国人民大学出版社,1997年,第91页。——译注

② 此处“不可中介化的东西”原文为 das Ummittelbare,也可译为“直接者”。——译注

而且如果这样一个事态，它不是指引到一个无穷的进程之中，而是显示出以其实事为根据的思想之有限性？

247. 家乡的失落*
（1966年2月15日为格泰·格拉尔八十诞辰而作）

亲爱的格泰表姐！

这个称呼是不够的，尤其是我能够在这个隆重的日子里，在这个时刻这个圈子里，也以海德格尔全家的名义来说话。

不光是表姐——首先和同时必须有的称呼是：妈妈、奶奶、太奶奶。这样也就一并举出你那已经仙逝的伴侣的名字。

只有在这种多样的称呼中，你的生命的广度，你的生命的丰富性，才能恰当地得到表达。

然而，如果你——仿佛不言自明地——以前面提到的名字，献给至爱者、至亲者和朋友们以爱情和忧心，忠诚和信念，如果所有这一切依然未被说出来，那么，这也吻合于你那热心肠的、总是乐于助人的、体谅人的和不无矜持的性格。

可是，如果"表姐"（Base）[①]这个名字最后出现了，那么，要是

① 德语中的"表姐、堂姐妹、姑母、伯母"（Base）也有一层意思同 Basis，即有"基础、基地"之义。——译注

我们仔细考虑你的生活道路，这个名字在时间上也必定排在第一位。因为它唤起了两个表兄弟共同的青年时代的记忆。而且，这些早先岁月的高潮依然是你的婚礼，埃尔弗里德参加了这场典礼，对此她至今依然历历在目。

对青年时代的回忆把我们的目光和想法引向厄尔士山脉[①]，那里是外婆家居住的地方。在这种在场中，当时辛劳、富裕、好客和仆人们的责职聚集在一起，形成了一个自然的统一体，一切都守在一种同时典范性的生活的界限内。

今天这个世界已经消失了——通过任意专横和权力要求，乡土及其风光甚至已经与我们分离了。但息息相关的东西是不会被 635
人类的暴力毁掉的。

这个失落的东西甚至在黑森林里为你找到了它的代表，黑森林柔和的山麓和美丽的山谷此间已经为你所熟悉。

所以，"表姐"(Base)这个名字不仅意味着一种亲属关系，而且也指示着黑森林——作为代表失落的厄尔士山脉的宝盒。

这个宝盒当时提供出一种令人安静的平衡，对冲奋发向上的大城市刚开始的烦躁不安，在这些大城市当中，德累斯顿发展为最美丽和最高贵的城市。这个城市的世界和精神，我是从埃尔弗里德的叙述中知道的。

因此，当我 1931 年夏天受邀去理工大学做演讲时，我并没有进入异乡之感。我们与你和亲爱的丈夫的第一次问候和碰面对我

---

① 厄尔士山脉(Erzgebirge)：位于德累斯顿西南，德国与捷克交界处。——译注

来说还近在眼前，如同与阿希姆（Achim）一道在“魏塞尔赫希”[①]的行程，他在那里向我展示了易北河畔的这座壮丽的城市。

而同样地，直到今天我仍然记忆犹新的是您父母亲家里的宴请。

隆重的宴席固然令我惊讶，但其格调我是熟悉的，因为1917年在维斯巴登，父母为我们布置了婚宴。由于在战争时期，那是一场节约的婚宴，但1931年在德累斯顿那一场的丰盛仍然是质朴的，保持在一种自然适度的界限内。

所以我当时在父母家里看到你，氛围的基调是抽雪茄的枢密大臣（Geheimrat）先生的高贵而无拘束的友好，以及安娜阿姨那活泼的性格。

这种生活格调今天变得十分少见了。它仿佛也不再能日复一
636 日地作出来了；因为它属于那种财富，这种财富只能从漫长而细心照料的传统中生长出来，在一种共同的精神气质中，就像那独一的城市德累斯顿呈现给我们的那样。

十年后，这种庄严的美妙因为一次残酷地计算好的暴行而破灭了。

随之而来，阴暗和痛苦进入了你的生活：亲爱丈夫的丧失，家乡的失落，以及动荡不安的迁徙。

我们在弗莱堡直接地为你家庭的命运所感动，当时，哥德弗里德（Gottfried）精疲力竭地从法国监狱里出来，经过我们这儿，又要回到不定的危险的关系和境遇中去。但他勇敢的夫人爱娃

---

① 魏塞尔赫希（Weißer Hirsch）：德累斯顿城区地名。——译注

(Eva)却通过自己的职业活动掌握了这些关系和境遇，她的活动终于把你们全都带到了这儿。

一种为了孩子们和孙子们的新生活得以开始了。

一切都安排停当了。但关于失落的东西的痛苦依然在，犹如一种阴影，由于阿希姆的突然死亡而笼罩在你和你家人头上。

希望和意愿在终有一死者(古希腊人也这样来称呼人)的此在生命中作用不大。但如果在凡人的努力中有良好的心意在说话：爱情和信任，好感和谢恩，关怀和尊重——那么，通过这样的心意，仿佛自动地构成了一份最美的礼物，是我们所有人一致地，能够在你八十寿辰献给你的——亲爱的格泰。

为这样一种心意所包围和激发，你在其中找到了适合于你可敬的晚年的居住地点，快乐和健康可能同样地得到了允诺。

但此刻，我必须再次像讲话开头那样提及“表姐”(Base)，因为你的根基(Base)不光属于你的青年时代，而且也属于你的晚年。

因为只有当我们同时在那里看到你，在我们每年重新期待你
的地方：在我们的阳台的一个安静角落，在夏日早晨的阳光中，读 637
着一本美好的书，或者辛勤地做着编织物——总是明快地，总是乐于助人——直言之，一大快乐，这时候，我们才能设想你在这里，在你的孩子们和孙子们的簇拥下的活生生的在场。

但最后讲的这个话同时也想暗示，我们今天在你八十寿辰之际，也把你在你的生活中喜爱和接近过的所有人，召回到今天这个欢庆时刻的当下，以便他们与我们一道为你见证得体的欢乐和感恩。

那曾经在你父母家的庆典里响起的酒杯声的回声，现在我们又能听到了，那是对你的致敬。——

248. 不符合事实*

弗莱堡，1966 年 2 月 19 日

亲爱的里特尔先生，

衷心感谢您 1966 年 2 月 14 日来函，请原谅我迟至今日才回复您。我夫人和我因一次家庭庆祝会出去了几天。

我丝毫没有怀疑，《明镜》关于“德国历史名家”的报道纯属虚构。因此您的来信对我来说愈显重要。

虚构，一种谣传的粗野诽谤也包括，说我通过一封亲笔签名的信禁止胡塞尔进入大学。这是最恶毒的诽谤，在 1945 年以后，它与下述断言同时出现，说我革除了胡塞尔的职位，以便自己取代他的位置。

还有在这篇《明镜》文章中所写的其他一些内容，也与事实不合。

至于我 1961 年在梅斯基尔希的讲话，您自己可以在我所附的小册子里读到。

很遗憾，连累您也因这篇《明镜》文章而生气。

我不曾忘记，您 1945 年圣诞前夜特地来看我，向我报告我的案子的进展情况。

我们全家向您们全家致以友好的问候！

您的

马丁·海德格尔

639

249.致《明镜》主编室

2 汉堡 新闻之家 1 号　　　　　　　　1966 年 2 月 22 日

关于《明镜》1966 年第 7 期哲学版第 111 页以下发表的《世界大国[①]的午夜》一文，我特申明如下：

1.说我在任校长期间(1933 年 4 月底至 1934 年 2 月)以某种形式禁止我的老师胡塞尔进入大学，这是捏造的。

2.说我在 1933 年中断了与胡塞尔和雅斯贝尔斯的关系，这是捏造的。

3.说里特尔教授作为大学全体教师中唯一的成员参加了胡塞尔的葬礼，这不是事实；同样，说里特尔教授 1952 年反对我享受荣休待遇，也不是事实。

4.第 113 页上的图片所标出的声明不是 1934 年做的，而是 1933 年秋天做的。

5.对于那些相对而言不重要的不实陈述，我不再表态。

马丁·海德格尔

---

① 此处“世界大国”(Weltmacht)应为“世界黑夜”(Weltnacht)之误植。——译注

250.致松田庆纪的一封信[①] * 640

弗莱堡,1966年6月20日

尊敬的松田庆纪先生,

几天前,惠泽(Ezawa)博士已经把您翻译的《存在与时间》第二部连同您友好的题词转送给我了。

衷心感谢您多年来为翻译我的著作所付出的艰苦劳动。我知道这样的工作在此情形下是要有特别高的评价的,因为对德语读者来说要恰当地理解《存在与时间》就并非易事。遗憾的是,我现在对您的译文压根儿不能说什么。但从极为漂亮的装帧和细心的印刷中,我已经可以推断,这是一项伟大的和值得赞扬的成就。至于您的译文,我眼下还毫无认识。

我总是一再地惊奇,也对我的著作在您们国家所激起的兴趣、所受到的严肃对待和辛劳译介而感到高兴。

因为我们欧洲人多半没有掌握日语,所以很遗憾,十分必要的相互理解始终只是一种单方面的理解。

---

① 松田庆纪(Keikichi Matsuo):日本学者,曾翻译过海德格尔的代表作《存在与时间》。——译注

但如果说通过您的译文这样的十分重要的成就，哲学领域里一条对话的道路根本上已经开启，那么，这已经是具有重大意义的事。

我祝愿您学术研究顺利。对您的馈赠，我再次致以最衷心的感谢。

您的

马丁·海德格尔

251. 在托特瑙堡乡土节日上的祝词 641

高贵的先生们！亲爱的托特瑙堡人，乡亲们和来宾们！

首先想请托特瑙堡镇长先生和乡镇代表大会代表允许我，对庆典节目单做一个小小的改动。上面的标题“祝词：马丁·海德格尔教授，弗莱堡”须改成：祝词——两点[1]：“e Ma us der Rütte”[2]（“一个吕特人”）。

今天这个乡土节日的动因之一，其实涉及吕特，它与这个村庄合并成一个镇了。于是，一个来自吕特的人被指定为节庆演说者，才可能是对头的。对于这样一种选择来说，也有另一个促成这个节日的动因：人们回想到，700 年前在托特瑙堡建立了矿山移民区。矿井的大矿脉止于吉尔瓦特（Gierwald），刚好在吕特的后上方。现在我虽然与家人住在吕特的一个木屋里，已经有 45 年光景了，但在吕特有个木屋，这并没有立即就给我一种权利，让我可以作为一个吕特人来装腔作势了——前提是，“一个吕特人”意思应当是：一个人属于吕特人。这样一种归属关系不是一个人自己能

① 指冒号“：”。——译注

② 此处原文为阿雷曼语。——译注

搞定的。充其量这种归属关系能够对一个人说出来，而且这只能由吕特人自己来说。这事就这样发生了，而且不是以一种明确的、特别的声明的方式。它悄悄地发生了，差不多自发地随时间逐渐发生的。

这事是如何发生的，我想现在来做简单的叙述。但故事不是在吕特开始的，而是从村庄里开始的。1920 年和 1921 年的短假期里，我太太和我住在当时的老镇长爱德华·米尔(Eduard Mühl)家里，他是今天还在我们中间的 91 岁的老镇长约翰·米尔
642 (John Mühl)父亲。因为这个爱德华·米尔能做出色的节庆演说，比我现在做的好许多，所以，他被叫作"节庆演说德华"[①]。虽然我没听过他的节庆演说中的任何一个，相反，在漫长的冬夜，他以一种异常活泼和完美的方式向我们讲述了他年轻时作为"瑞士制刷工"(Bürstema in der Schwiz)的漫游经历。在当时，他这个类型的人不只挨家挨户推销他们的刷子商品。他们同时也带来最新的消息，因而是活的报纸。对这个"节庆演说德华"来说，他的第二任比较年轻的妻子来自"比尔雷特恩"[②]。她的父亲是当时已经去世的木匠罗茨英格(Rotzinger)，后者是吕特的木工皮乌斯·施韦策尔(Pius Schweitzer)的师傅。我们于 1922 年下决心，在托特瑙堡建一个六七米长宽的小小木屋，意图是为我找一个专心工作的地方，也为我的家人找一个亲近自然的地方，这个时候，我受到指点，去找这位施韦策尔。村里有人告诉我们，木工施韦策尔的院

① 原文为 Festreduard，是"节庆演说"(Festrede)与人名"爱德华"(Eduard)的合写。——译注

② 比尔雷特恩(Büreten)：德国地名，位于托特瑙堡附近。——译注

子不难找到，因为他在屋脊上装了一个钟房（Glockenhüsle）。这口小钟（Glöckli）今天仍然是祷告时用的钟（Betzitglöckle），每当有人在吕特去世了，被带到村庄坟墓那儿时，它也总是响彻高地山谷。

所以，是这位皮乌斯·施韦策尔造了我们的木屋。他是一位地道的老师傅，名声远远超出了托特瑙堡，由于他手工技能的缜密和细心而很是吃香。他不仅对于合适的尺度和他所计划和建造的一切东西的简单之美有着一种出色的天然感觉，而且本身在工作中也总是相当可靠而准确的。所以，也是他挑选了木屋的场地。那是一块荒地，归皮乌斯·克林格勒（Pius Klingele）即所谓"黑皮乌斯"所有，后者住在"修道院"的后半部分，是一位活跃的、容易激动的男人，一个性情急躁的人。对此还有一个有趣的故事呢。

这位过早去世的师傅皮乌斯·施韦策尔，他的太太曾是——更准确地说，一直是——德约瑟芬（d'Josephine）；她现在还活着， 643
已经91岁了，得到她女儿保莉妮（Pauline）很好的照顾。她老家来自圣·威廉山谷（St. Wilhelmer Tal）。在周日和节日，她还盛装去村里的教堂，戴着美丽的绣花的便帽，背后系着长长的带子。

参与木屋建造工作的另一位师傅是施林纳·奥斯瓦德·凯泽（Schriner Oswald Kaiser）。他制作的木屋前窗精确到毫米，差不多已经45年了，今天依然管用。这个施林纳是一个善意的、不动声色的男人。对于许多托特瑙堡人来说，他是制作"死者之树"（Totenbaum）即棺材的。当他自己快死的时候，他请求自己的孙子奥斯卡，把一根刚刚掷下来的新鲜木头柱子带到他床前，这样做，仿佛也是为了要孩子保证，在爷爷死后，院子里的一切还能像从前那样保持着。

施奈德霍夫的农妇(那是她的家乡呀)一开始表现出某种怀疑，而且对于陌生人住在吉尔瓦德上面，她起初也不是特别高兴的。但渐渐地，德索菲(d'Spophie)—　那是她的名字——也有了热情的态度。她对于人的特性有着良好的眼光，而且她也是善于应对的。施奈德农夫当时也是吕特地方公牛和公羊的饲养者。有一次，“黑皮乌斯”家的一头母牛只产下一头“微不足道的”病恹恹的小牛犊，为此感到恼怒的黑皮乌斯从修道院一路跑到施奈德霍夫，碰到了农妇，便向她诉苦，说是种牛不灵啊，施奈德农夫要对没长好的小牛犊负责呀，云云。听着这个黑皮乌斯如此不断地责骂，德索菲突然间打断了他，说道：“Jetzt hör doch uf mit dim dumme G'schwätz, 's nächstmol machsch's du's ebe selber!”[①]（“现在快停止愚蠢的废话吧，下回你就自己弄吧！”）

（在夏季，在割草期和二茬草生长期，吕特仿佛与木屋直接为邻了。这时，施奈德农夫及其儿子们，以及施韦策尔及其儿子们，
644 一大早四点左右就开始收割了。正如当时的大镰刀以相同的节奏穿越草地，同样地，还有一种比割草机的马达噪音更好听的声音。）

吕特地方的最后一位种畜饲养者(Stabhalter)是布伦德·阿道夫(Brender Adolf)，一个头脑清楚的人，so grusig gern g'schafft hätt er nit[②]（因而他不是特别愿意干活）；但他能讲述讨人喜欢的故事，几乎像“节庆演说德华”一样生动。在夏天，他多半轻

① 此句为阿雷曼语。——译注

② 此句为阿雷曼语。——译注

松愉快地在星期天走路，耳朵后面夹着一朵花，穿过埃伦巴赫霍夫的施蒂本草地和费尔德山[1]，他的一个儿子住在那儿。回来路上，他就出现在托特瑙堡木屋里。因为在他青年时代，他就是那儿的牧羊少年。有一回，布伦德·阿道夫狡黠地笑着对我说："Ihr sein nämlig au nu einer von dene, die Brot esse"[2]（您也只是一个要吃饭的人呀）——这意思首先是说：也只是 en Ma（一个人），"跟我一样"，做不了一切，也会犯错；但他这话同时也是想说："Ihr ghöret au zu is"[3]（您也是我们中的一员）——属于我们，其中每个人都会把 si Sach（事情）做坏和做对。而且，吕特的其他人们也是如此不紧不慢地思考这一点的。于是，渐渐地就有某种十分简单和不起眼的东西显露出来了，那就是：每个人都赞赏另一个人的本色，而且承认另一个人。这种事无论何时何地发生在一个人身上，都是一份赠礼。

我现在所讲述的东西没有什么特别的。但对于每一种互相和互为此在来说，这始终是决定性的。

如果我现在只想到这些，那么，这种思想就完全自发地变成了一种感恩。这种感恩不仅对于吕特，而且也针对村庄里的友人和人们。我们明天首先要一起去公墓祭拜死者，这是这份托特瑙堡庆典节目单上特别亮丽的一笔。在那里安息的人们，始终也还归属于这个村庄，他们说着他们自己的语言。我们只能用感谢来回

① 施蒂本草地（Stübenwasen）：德国黑森林里的高山草地，近费尔德山；费尔德山（Feldberg）：德国南部黑森林最高山。——译注

② 阿雷曼语。——译注

③ 阿雷曼语。——译注

应他们，为他们有生之年为我们做过的一切。所以又是一种感恩。这是围绕着感恩的某种神秘的东西。如果我们感恩，并且为感恩
645 所充满，我们就会突然明白，何以我们所是和我们所拥有的东西中大部分最有价值的，并不是我们自己做成和造成的，相反，是我们获赠的。如果我们能够感恩，我们就会经验到在生命中重要的是什么。如果我们心怀感恩，我们就能看到那个路牌，为我们指示我们从哪里获得那些规定着人类此在的适当尺度和目标。

早就有一个人知道了这一切。这个人以他的沉思和道说，对于黑森林及其人们来说是同样亲近的，犹如对于下面这个马克格拉夫勒州及其人们一样。我指的是诗人约翰·彼得·黑贝尔。他老家在豪森(Hausen)，前威斯塔尔与后威斯塔尔之间界线上的一个村庄。出于对这个家乡的眷恋，这位诗人创作了他的“阿雷曼语诗歌”。这些诗作是用方言、用母语写的，而他记在日历上的故事则是用高地德语与有倾向的读者说的。

他的阿雷曼语诗歌中的最后一首，题为《路牌》。我朗读一下其中的几节：

路牌[①]

Weisch, wo der Weg zum Mehlfaß isch,
zuem volle Faß? Im Morgerot

---

① 原文为阿雷曼语，中译文根据标准德语译本，参看约翰·彼得·黑贝尔：《阿雷曼语诗歌》(附标准德语翻译)，威廉姆·策特纳编，斯图加特，2010 年，第 189—191 页。——译注

mit Pflueg und Charst durs Weizefeld,
bis Stern und Stern am Himmel stoht.
通向面粉桶的路会在哪里，
通向满满一桶的路？在晨光里
带着犁和石灰，穿过麦田
直到夜晚来临，星罗密布。

Me hackt, solang der Tag eim hilft,
me luegt nit um und blibt nit stoh;
zletzt goht der Weg durs Schüretenn
in d'Chuchi, und do hemmer's jo.
人们锄地，只要白昼还能帮忙，
人们不会东张西望，也不会停下来，
于是通向谷仓的路
接近人们能看到的厨房。

Weisch, wo der Weg zuem Gulden isch?
Er goht de rote Chrüzero no;
und wer nit uf e Chrüzer luegt,
der wird zuem Gulde schwerli cho.
通向古尔登[1]的路在哪里？
它跟随那红色的十字架久矣，

---

① 古尔登(Gulden)：德国古货币。——译注

谁若没有瞄一眼十字架，
他就难以拿到古尔登。

646 Wo isch der Weg zuer Sunntigfreud?
Gang ohni Gfohr im Werchtig no
dur d'Werkstatt und durs Ackerfeld!
Der Sunntig wird scho selber cho.
通向星期日快乐的路在哪里？
无忧地追随工作日
通过作坊，通过耕地，
星期日就会渐渐地跟着你。

Wo isch der Weg zue Fried und Ehr,
der Weg zuem guten Alter echt?
Grad fürsi goht's in Mäßigkeit
mit stillem Sinn in Pflicht und Recht.
通向和平和荣耀的路会在哪里，
通向好年纪的路通往哪里？
径直进入适度节制，
在义务和权利中，以静静的感官。

Und wenn de amme Chrüzweg stohsch
und nümme weisch, wo's ane goht,
halt still und frog di Gwisse zerst,

's cha Dütsch gottlob, und folg sim Rot!
而且,如果你站在一个十字路口
从来就不知道,你的小路何往,
保持静止吧,你的良心先要问问,
这可能是德语,谢天谢地,服从它的建议吧!

Wo mag der Weg zuem Chichhof sy?
Was frogsch no lang? Gang, wo de witt!
Zuem stille Grab im chüele Grund
füehrt jede Weg, und 's fehlt si nit.
通向墓地的路会在哪里?
去你想去的地方吧!你反复问的是什么?
去清冷土地中的寂静坟墓
每一条路恰好都通往目的地。

Doch wandle du in Gottisfurcht!
I rot der, was i rote cha.
Sell Plätzlic het e gheimi Tür,
und 's sinn no Sachen ehne dra.
你要转变到对上帝的敬畏中!
我能给的劝告,我都给你。
这地方有一扇隐秘的门,
还有那另一边的东西。

"und 's sinn no Sachen ehne dra"("还有那另一边的东西")——关于最后这句诗,我们现在还想来做点思索:"ehne"意味着"在另一边"、"在……彼岸"、"ehne dra","在那另一边"。在黑贝尔的诗歌中,"Sachen ehne dra"指的是:坟墓和死亡之彼岸。不过,我们满可以觉察到,在生活中天天都有"Sachen ehne dra"(那另一边的东西),即我们不能用眼看、不能用耳朵听、不能用鼻子闻、不能用舌头品尝的事物(Sachen),甚至是我们从来不能用双手把捉、但仍然现实存在的事物。那是我们从来不能通过还如
647 此复杂的机器、通过最精巧的装置达到的事物。举例说来,这种"ehne dra"(那另一边)的事物也包括相互的赞赏和承认、信任和忠诚、助人为乐,但也包括欢乐与悲伤、宁静的心灵与欢快的勇气——所有这些事物都是"ehne"(在另一边),也即超出了可把捉之物的范围,它们是不能通过金钱、通过任何阴谋诡计来获得的。但它们却比一切物(Dinge)、比我们以为离我们最切近的物更切近于我们,也更为重要。因为这种"Sachen ehne dra"(那另一边的东西)规定着我们的此在(Dasein)——如果它应当是一种人的此在的话。

"ehne"这个小词,"在另一边",我们托特瑙堡人经常在名词"恩纳溪"(Ennerbach)[①]中听到它,这个名词意思是"ennert dem Bach",在小溪那边。"Ennerbach"这个名词指的是城市或村庄的一部分(Ortsteil),通常我们在这个名词上是不会想到更多的东西了。但现在,如果我们变得更深思一些,这个地名就可能常常使我

① 或译为"溪那边"。——译注

们回想到，在人的生活中而且必然地，已经有我们不可遗忘的“Sachen ehne dra”（那另一边的东西）。我们甚至可以在一种借用的意义上说：每个托特瑙堡人，无论是本地人还是客人，不管他的家是在汉洛赫（Hangloch）还是在比尔雷特恩，是在村庄里还是在吕特，都必须在“溪那边”（Ennerbach）居住，这意思就是说：他必须让自己由“Sachen ehne dra”（那另一边的东西）来规定。

［名词吕特（Rütte）的情况如同名词“恩纳溪、溪那边”（Ennerbach）一样。阿雷曼语的“Rütti”与施瓦本语的“Reute”和图林根语的“Roda”是同一个词。“开垦”（roden、reuten）的意思是：使可耕种、把土地释放出来，使之变成人所需要的一切能够在上面生长的地方，意思也就是，赢得自由开放的空间，使人能够在其中定居和居住。我们在“吕特”（Rütte）这个名词上是不会想到更多的东西了。但现在，如果我们变得更深思一些，“吕特”这个地名就可能使我们回想到，人必须不断地开垦，也就是说，要为自己保留那个空间，在其中，“Sachen ehne dra”（那另一边的东西）能够招呼人并且规定人。］

所以，在这个乡土节上，“Ennerbach”这个名词可能使我们产 648
生深思的情调，不只是为了此时此刻，而是为了托特瑙堡的将来。在这个飞速变化的世界里，村庄及其居民都面临一些以前时代的人们不知道的任务。因为要紧的是，把忙碌而疲于奔命的人们从大城市和工业区接受下来，以便为他们提供一个逗留之所，在那里他们突然能听到寂静，在那里他们能在这种寂静中获得安宁，在那里他们能够经验到一片森林是什么，一个高山草原是什么，一块岩石是什么，一条欢快地流动的小溪是什么，一片高远的天空是什么，一个闪烁的星夜是什么，以及什么叫居住在这样一个山水里，在那里人们还能以他们浓烈的母语说话。只不过，只有当托特瑙堡人本身面对种种城市习惯和要求，依然守护和保存着自己的本色，这时候，本地人才能以正确的、完好无损的方式为客人们端出这一切。因此之故，在本地人身上，就需要有一种特殊的礼节和一种内在的确信，他们知道，一切事物中哪里必须设定适当的界限，使得这个村庄不至于否定自己特有的生命方式。

对于本地人来说，同样也对于客人们而言，都必需有那种对本己之物的相互赞赏和承认，而只有当对于“Sachen ehne dra”（那另一边的东西）的感受普遍地保持着生动活力时，这才是可能的。不然的话，村庄有一天会完全失去自己的面貌，它的居民也会失去他们祖传的特性。这样一种危险的一个可靠标志是方言的灭绝，是没有勇气去保存母语。从前的情况还是不一样的。我在此想到的是老巴尔比（Balbi），20 年代初她还在村庄里生活。这个小人物有着大大的乌黑的眼睛，当时住在镇公所里，教士先生每周都会去那儿看她。有一回，教士见到她，她正激动地在她的房间里到处寻找什么，由于正在热切地寻找，她几乎没有注意到教士先生进

649 来。教士就问她：“巴尔比，您在找什么呀？”她答道：“在找 Almäri 的钥匙！”——“Almäri 是什么呀？”教士先生向她打听。这个老女人略显愤怒地答道：“Jetzt will der en Gschudierte si und weiß nit mal, was en Almäri isch.”[①]（现在你想充当一个有学问的人，但居然不知道 Almäri 是什么。）也许我们这里在场的人当中，许

① 此处为阿雷曼语。——译注

多人也不再知道了。Almäri 是某种完全日常的东西——就是："Chuchikaschte"(神龛)。

回来说这个托特瑙堡镇吧:每个沉思者和有洞察力者当然必定会同意,今天在这个技术时代里,要为恰当的决定找到合适的尺度和道路,使得托特瑙堡保持为托特瑙堡,这变得越来越困难了。因此之故,我要感谢我几十年来毫不起眼的、但却美好而卓有成果的与托特瑙堡的归属关系,与此感恩相联系,我要表达自己的一个愿望,愿托特瑙堡人现在和将来都不会忘掉这个神秘的诗句:"und 's sinn no Sachen ehne dra"("还有那另一边的东西")。

如果他们能坚守这个诗句,他们就随时都能从中汲取一种对于自身的勇气,而同时也能汲取一种对于来他们这儿的客人们的自由。

约翰·彼得·黑贝尔质朴而恰当地道说了这一切:

»e rueihig Herz und frohe Muet
isch ebe doch no's fürnehmst Guet.«①
"平静的心灵和快乐的性情
这就是最高贵的良善。"

① 此处为阿雷曼语。——译注

650

252. 为匹茨堡迪尤肯大学举办的海德格尔哲学学术研讨会写的祝词

（1966年10月15—16日）

弗莱堡，1966年9月20日

尊敬的同事施里内梅克斯！

我很高兴，能够以此途径向您和由您领导的学术研讨会的参与者表达问候。您提到的发言者也许将更了解我的思想的“影响”，比我本人了解的好得多。

作为对本次研讨会的小小贡献，我想提出下列问题供大家思考：

在《存在与时间》中提出的问题，即“存在之意义”（作为存在）的问题，竟被接受为问题了吗？如果答案是肯定的，那么，这个问题是以何种方式、在如此角度得到探讨的？人们的批评曾经追问过，所提出的问题是可能的抑或不可能的吗？为刻画海德格尔思想与西方哲学传统的关系，从对上面举出的问题的解答中能得出什么结论吗？

《存在与时间》的提问方式的界限何在？对于当今技术时代的解释而言，对存在问题以及存在命运的时代的探讨能做出什么贡献？

现代科学乃以方法相对于它的可能对象的绝对优先地位为标志，那么，存在问题的思想与现代科学处于何种关系中？

今天可能几乎再也无需明确地指出一点：我的思想既无关乎 651
实存主义，也无关乎实存－哲学。①

我希望，本次研讨会结束于对这些问题中的某个问题的制订和清理。

我感谢所有与会者，您们以极大的兴趣来面对我在充满危险的思想旷野上的努力。

致以友好的问候！

马丁・海德格尔

---

① 此处“实存主义”(Existenzialismus)通译“存在主义”；“实存－哲学”(Existenz-Philosophie)通译为“存在－哲学”。——译注

253.《明镜》记者与马丁·海德格尔的谈话[①]

（1966年9月23日）

《**明镜**》：海德格尔教授先生，我们总是认为，您的哲学事业被您一生中一段持续不是很久但却从未澄清过的经历稍微投上了一丝阴影，要么是因为您太骄傲了，要么是因为您认为不适宜于对此表态。

海德格尔：您的意思是指1933年吧？

《**明镜**》：是的，这以前和这以后。我们想把这个问题摆进较大的考虑范围并由此来谈论一些看来是重要的问题，比如：有些什么样的可能从哲学方面来对现实，也对政治现实发挥作用？根本上还有这种可能性吗？如果是，它具有何种性质？

海德格尔：这确是一些重要问题，我是不是能够全部回答呢？但我首先必须说，我在就任大学校长以前从未从事过任何政治活

---

① 本文据熊伟先生译文补译和加工而成，熊伟先生依据的是海德格尔：《只还有一个上帝能救渡我们》，西德《明镜》杂志，1976年第23期，第195—219页；译文刊于《外国哲学资料》第7辑，北京：商务印书馆，1984年，第159页以下。我们现在的中译文是根据《全集》版重新校订的。眼下这个文本与《明镜》杂志发表时的文本有较大出入，可参看本书编者做的“文献说明与注释”。——译注

动。1932/1933 年冬季学期我休假，大部分时间我住在山上我的小木屋里。

《**明镜**》：那么您是怎样变成弗莱堡大学校长的呢？

海德格尔：1932 年 12 月我的邻居、解剖学教授冯·默伦多夫被选为校长。新校长的就职期在这个大学是订在 4 月 15 日。我们在 1932/1933 冬季学期中常常谈论时局，不仅谈论政局，而且特别谈论了各大学的局势，谈论大学生中有些无望的局势。我当时的判断是：就我所能判断事物的范围看来，只还有一种可能性，就是和确实还有生气的有建设能力的人物一起来试图掌握未来的发展过程。

《**明镜**》：可见您当时看到了德国大学情况和德国一般政治局 653
势之间是有联系的。

海德格尔：我在 1933 年 1 月至 3 月之间当然注视了政治发展情况并且有时还和较年轻的同事们谈论时局。但我当时的工作是广泛校释苏格拉底以前的思想。我于夏季学期开学时回到弗莱堡。在此期间，冯·默伦多夫教授于 4 月 15 日就了校长职。只约在两星期后，他就被当时的巴登州教育部长解除职务。这位校长禁止在大学校内张挂所谓反犹太人文告，据说这件事实就成了部长作出这个决定的正希望得到的导因。

《**明镜**》：冯·默伦多夫先生当时是社会民主党人。他被免职后干了些什么事？

海德格尔：冯·默伦多夫还在被免职的当天就来我家，并且说："海德格尔，现在必须您来接任校长了。"我说必须考虑我缺乏任何行政经验。当时的副校长骚尔（神学教授）也来逼我去竞选校长，其理由是我若不去，就有任命一个干部来当校长的危险。一些较年轻的同事，多年来和我畅谈过办大学问题的，都来要我去接任校长。我犹豫了很久。最后我宣称，如果我准能得到大学评议会的一致同意，我只是为了大学的利益而准备接任校长。此时还有人对选我当校长持不同意见，于是我还在已定进行选举的当天早上去到校长室并向在场的已被免职的同事冯·默伦多夫和副校长
654 骚尔说，我不能接任校长。此时两位同事回答我，选举已准备到这一步，我现在要收回竞选已经不可能了。

《明镜》：您当时就是这样终于宣告同意。以后您和纳粹党人的关系又是怎样进展的呢？

海德格尔：我就职后的第二天，"学生会长"就由两人陪同来到校长室，重新要求张挂"反犹太人文告"。我拒绝了。这三个学生离去时声言要把禁令陈报到全国学生会去。过了几天，冲锋队的最高总部的冲锋队高等院校处打来长途电话，由冲锋队团长包曼博士讲话。他要求照在其他大学都已实行的那样张挂上述文告。如遭拒绝，我就须估计要被免职，如果不是要根本封闭这所大学的话。我当时力图取得巴登州教育部长对我的禁令的支持。这位部长宣称，他不能做任何反对冲锋队的事。然而我还不收回我的禁令。

《明镜》：这件事过去一直没有人知道。

海德格尔：使我决定就任校长的动机，早在1929年我接任讲座开的课《形而上学是什么？》第8页中已经讲到了："各种科学的领域差异很大。对各种科学的对象的处理方法根本不同。这些学科的纷然杂陈如今只还靠各大学和各学系的技术组织来维系在一

起，并靠各专业的实践目标来维系在一种意义中。反之，各种科学在其本质深处生的根却枯萎了。”我在校长任内鉴于当时更加趋于极端的各大学的这种状况而试图做的事情，已叙述在我的校长演说中。

《**明镜**》：我们力图判明，您在 1929 年讲的这些话，和您在 655
1933 年的校长就职演说中讲的东西如何一致以及是否一致。我们在此从这种联系中摘引出一句话来“大家歌颂的‘学术自由’从德国大学中取消了；因为这种自由是不真的，因其只起反面作用。”我们相信可以估计，这句话至少把您今天还不疏远的一部分想法表达出来了。

海德格尔：是的，我现在也这样想。因为这种学术“自由”在当时只往往是一种消极的自由；努力于从事科学研究在深思熟虑上要求做的事的自由。再说您抽引出来的那句话却不可孤立起来读，而要放在它的整个联系中来读，那么我想用“消极的自由”来说明的意思就清楚了。

《**明镜**》：好，懂得您的意思。可是当希特勒被任命为国务总理以后四个月，当您在校长就职演说中谈论什么“此次破晓的庄严伟大”的时候，我们相信是听到了一种新的音调呢。

海德格尔：是的，我当时也是这样的信念。

《**明镜**》：您现在还能谈谈这个信念吗？

海德格尔：愿谈。我当时看不出有其他出路。在 32 个政党的各种意见和政治倾向搅得十分混乱的情况下，必须找到一种民族的、特别是社会的思想，比方说弗里德里希·瑙曼的尝试的意义之下的思想。我在此只举一个例，就可指出爱德华·施普兰格尔的一篇文章[1]，这篇文章走得比我的校长演说远得多了。

《**明镜**》：您是什么时候开始过问政治的？当时32个政党早已存在。几百万失业者也早在1930年就有了。

656 **海德格尔**：在这段时期中，我还完全在思考在《存在与时间》（1927年）中和以后几年间发表的著作和讲稿中考虑的问题，即思想的根本问题，这些问题也间接地牵涉到民族问题和社会问题。当时我作为大学教师直接考虑的问题是从大学的任务的角度来探讨科学的意义的问题，因而也就是大学的使命问题。这种用心已在我的校长演说的题目中道出来了：《德国大学的自身主张》。这样一个标题当时没有哪一个校长演说敢冒险提出。但是在反驳过这篇演说的人们中间，有谁曾仔细研读过、仔细思考过并从当时的局势来解释过这篇演说呢？

《**明镜**》：大学的自我主张，在这样一个扰攘的世界里，这样讲不是有点不识时务吗？

海德格尔：怎么不识时务？——"大学的自我主张"，这是反对当时已经在党内并由纳粹学生会所要求的所谓"政治科学"的。这个名称当时有着一种完全不同的意义；这个名称没有今天所讲的政治学的意义，而是指：这种科学及其意义与价值，都要按对民族的实际用场来评定。对把科学这样政治化的反对态度，在校长演说中特意表达出来了。

《**明镜**》：当时到处占有强大权势的潮流不想让大学保有独特

---

① 这篇文章载于菲舍尔、弗利特纳、利特、诺尔与施普兰格尔合编的《教育》杂志，1933年3月，第401页以下。——原注

地位，当您把大学卷入您当时感到是破晓情况中去的时候，您是想主张大学抗拒这种强大的潮流——我们这样来理解您，对吗？

海德格尔：当然是，但是自我主张同时还要提出任务，要面对大学仅有的技术组织还从回溯西方-欧洲思想的传统中争取到一种新的意义。

《**明镜**》：教授先生，我们须这样来理解尊意：您当时是认为，大 657
学能够和纳粹分子一起来达到健康状态，对吗？

海德格尔：这话表达得不对。不是和纳粹分子一起，而是大学须从本身的回溯中革新自己，并由此而面对在前述意义之下科学被政治化的危险取得一种坚实地位。

《**明镜**》：因此您在您的校长演说中宣讲了三根柱子："劳动服务"、"军役服务"、"知识服务"。这样一来，您就认为，"知识服务"就由此被提高到一个同级地位，这个同级地位是纳粹分子不肯给予知识服务的，对吗？

海德格尔：谈不上几根"柱子"。如果您仔细研读：知识服务虽说按顺序说是排在第三位，可是按含义说是被摆在第一位。还须细想一下，劳动、军役和任何人类行动一样都是以知识为基础并由知识启发出来的。

《**明镜**》：但是我们必须在此——我们将马上停止引用这种令人恶心的话——还提到一句话，这句话是我们不能设想您今天还会签署同意的。您在1933年秋天说过："任何原理和理想都不是你们的存在的准则。元首本人而且只有元首本人是今天的与未来的德国现实及其法则。"

海德格尔：这些话并不在校长演说中，而只是登载在1933/

1934年冬季学期初的弗莱堡地方大学生报上。当我接任校长的时候,我已看清楚了,我若不实行妥协就干不下去。刚才引的话我今天就不会再写。类似的话我在1934年就已经没有再说过了。不过我今天依然,而且今天比以前更坚决地重复这个关于《德国大学的自身主张》的讲话,当然与纳粹主义无关。取代"民族"的是社会。但这个讲话在今天跟在从前一样,同样是白费口舌。

658 **《明镜》**:我们可以再提一个中间问题吗?这次谈话搞清楚了,您在1933年的态度动摇于两极之间。一方面:您不能不讲一些模棱两可的话,这是一极。但另一极却更加积极;您是这样讲的:我有这种感觉,这是一种新事物,这是一次破晓——正如您说过的那样。

海德格尔:是这样。

《明镜》:在这两极之间——这从当时的处境来说是完全可以相信的……

海德格尔:是的。但我必须强调,"模棱两可"的说法没有多少意思。当时我相信,与纳粹主义的争辩(Auseinandersetzung)可能会开启一条新路,开启一条通向革新的唯一依然可能的道路。

《明镜》:您知道,在这种联系中有一些人对您提出责难,这些责难是针对您和纳粹党及其团体的合作的,并在舆论界至今还认为无可否认的。比如有人责难您参与了学生会或希特勒青年团的焚书事件。

海德格尔:我禁止了计划要在大学楼前进行的焚书事件。

《明镜》:还有人责难您容许把犹太籍作者写的书都从大学的或哲学系的图书馆中去掉。

海德格尔:我是哲学系主任,只有权管系图书馆。我没有同意过一再提出的去掉犹太籍作者写的书的要求。早年参加过我的课堂讨论的人们今天能够作证,当时不仅任何犹太籍作者写的书都没有被去掉,而且这些作者,首先是胡塞尔,还和1933年前一样被引用并被讨论了。

《**明镜**》:我们想抓住这一点。但您怎样解释这样一些谣言的 659
出现?是出于恶意吗?

海德格尔:就我所知的来源看来,我认为是这样;但是诽谤的动机藏得更深。接任校长大概只是导因,不是起决定作用的根据。因此估计今后一有导因出现,辩难还要爆发。

《**明镜**》:您在1933年以后也有犹太籍学生。您和一些犹太籍学生的关系是热情的吧,包括1933年以后?

海德格尔:我的态度在1933年以后仍未改变。我的一个最早而又最有才能的女学生,海伦妮·魏斯,后来亡命迁居苏格兰去了。当她已不可能在此地大学进行博士考试时,就到巴塞尔去取得了博士学位,论文是《亚里士多德哲学中的因果律与偶然性》,1942年在巴塞尔印出。作者在论文的序的结尾处写道:"在本文第一部分中展示出来的现象学的解释的尝试,多亏得海德格尔的尚未发表的解释希腊哲学的著作之助,才可能完成。"

您看这本样书,带有作者本人的献词,是她1948年4月送给我的。我在魏斯女博士去世前还在布鲁塞尔访问过她好几次。

《**明镜**》:您曾长时期与雅斯贝尔斯友好。1933年以后这个友好关系开始消退。谣传都说友谊消退要和雅斯贝尔斯的妻子是犹太血统一事联系起来看。您想就此事说点什么呢?

海德格尔:您这里讲的是谎言。我从1919年起就和卡尔·雅斯贝尔斯友好;我于1933年夏季学期在海德堡做报告时访问过雅斯贝尔斯夫妇。雅斯贝尔斯把他在1934至1938年之间发表的所有著作都寄给我了——“附致热忱”。我给您看看这些著作。

660 《**明镜**》:这里写着:“致以衷心的问候”。现在,要是以前发生过某种损害,那么问候可能就不会是“衷心的”了。[1] 另一个类似的问题是:您是您在弗莱堡大学担任的哲学讲座的犹太血统的前任埃德蒙德·胡塞尔的学生。他曾向学校推荐您任正教授,作他的继承人。您和他的关系不能是没有过感谢之忱的吧。

海德格尔:您当然晓得用《存在与时间》所作的献礼。

《**明镜**》:自然。

海德格尔:1929年我编辑了庆祝胡塞尔70寿辰的纪念文集,在他家搞的庆祝会上,我发表了讲话,这篇讲话印在1929年5月的《学术通讯》上了。

《**明镜**》:可是后来出现了一种关系的伤害。您可以向我们而且愿意向我们说说,这是怎么引起的吗?

海德格尔:从业务角度来看的分歧尖锐化了。胡塞尔于三十年代初表示与马克斯·舍勒和我两人公开决裂,其态度之鲜明是不容置疑的。什么原因推动胡塞尔来这样公开地反对我的思想,我都没有明白。

---

[1] 海德格尔给看的这本书是《理性与实存》(*Vernunft und Existenz*)。此外,海德格尔还展示了雅斯贝尔斯的《笛卡尔与哲学》(*Descartes und die Philosophie*)一书,带有雅斯贝尔斯1937年致海德格尔的献词。——编注

《**明镜**》:是在什么场合表明的?

海德格尔:胡塞尔在柏林大学面对1600名大学生讲的。海因里希·米萨姆在一份柏林大报上报道了"一种体育馆气氛"。

《**明镜**》:这个争论本身我们无意详知。我们只想弄清楚,这个争论却和1933年事件没有关系吧。

海德格尔:丝毫关系也没有。

《**明镜**》:我们的观察也是这样。您后来从《存在与时间》里去 661
掉了给胡塞尔的献词,这没错吧?

海德格尔:有这回事。我在我的《在通向语言的途中》这本书中已将真情摆明了(1959年,第269页)。我在书中写道:为了澄清多方传播的不实说法,特在此强调说明,在对话文本第92页中提出的《存在与时间》的献词在1935年出的第4版还放在书的扉页。当出版商认为1941年的第5版可能印不成甚至被列为禁书时,终于根据出版商尼迈耶[1]的建议和希望达成协议,在这一版中把献词去掉,但有一个我提出的条件,即出这一版时也要保留第38页的注,这条注本来就是扉页献词的根据,而这条注是:"如果这部研究成果在探讨'事情本身'取得若干进展的话,那么作者首先要感谢胡塞尔,他对作者在弗莱堡学习的年月中给予深入的亲身指导并将其现象学研究的各领域的尚未发表的著作尽量提供作者参考从而建立亲密关系。"

《**明镜**》:那么您当弗莱堡大学校长期间曾禁止退休教授胡塞

---

① 赫尔曼·尼迈耶(Hermann Niemeyer),海德格尔当时的出版商。——编注

尔进入或利用大学图书馆与哲学系图书馆,这个传说是不是真的,我们几乎完全用不着再提这个问题了。

海德格尔:这是一种诽谤。

《**明镜**》:也没有写过什么信提出上述禁止胡塞尔的事吗?这个谣言究竟是怎样出来的呢?

662 **海德格尔**:我也不知道,我也找不到什么解释来。这整个事情不可能发生,我可以向您用下述也没有人知道的情况来表明:在我任校长期间,教育部曾要求解聘大学医院院长坦豪塞尔教授和后来的诺贝尔奖金获得者物理化学教授冯·赫费西——两个都是犹太人——我向部长说情,都保留下来了。我保留了这两个人,同时又以所传的方式去干反对退休教授和我自己的老师胡塞尔的事,这是荒谬的。我还阻止了学生和教师们组织的一次反对坦豪塞尔教授的示威。坦豪塞尔教授去世后,他的家人在当地报纸上发布的讣告称:“直到1934年他都是弗莱堡大学医院受尊敬的院长,马斯,1962年12月18日。”关于冯·黑费西教授,1966年2月出版的《弗莱堡大学报》第11期上有这样的报道:“从1926年至1934年,冯·黑费西是弗莱堡大学物理化学研究所的所长”。我当不成校长之后,这两位院长、所长也被免职。当时有些没有晋级的讲师,他们想:现在力求升级的时刻到来了。当这些人来找我说情的时候,我把他们通通打发回去了。

《**明镜**》:您没有参加1938年胡塞尔的葬礼。为何?

海德格尔:在此我想说说下述情况:说我把与胡塞尔的关系断绝了的指责是没有根据的。我妻于1933年5月以我们两人的名义写了一封信给胡塞尔夫人,信中表达了我们“如旧的谢忱”,送去此信时还附一束花致胡塞尔。胡塞尔夫人随即回信表示感谢并写道，我们两家的关系要断绝了吧。我在胡塞尔住院期间和死后都没有再一次去表达我的谢忱和敬意，这是一件在人情上说不过去 663
的事，为此我曾在一封信中向胡塞尔夫人请求宽恕。

《**明镜**》：胡塞尔死于 1938 年。您在 1934 年 2 月就已辞校长职了。这件事是怎么出现的呢？

海德格尔：这就要我讲出一点情况啦。为了克服大学的技术组织的目的，这就是说，要从内部，从专业任务方面来革新各学院，我曾提出建议，要在 1933/1934 年冬季学期任命几位年岁较轻而在业务上有卓越成就的同事为几个学院的院长，而不问他们对党的态度如何。我提议埃里克·沃尔夫教授（Erik Wolf）任法学院长，沙德瓦尔特教授（Schadewaldt）任哲学院长，泽尔格尔教授（Soergel）任理学院长，年初被免除校长职务的冯·默伦多夫教授任医学院长。但早在 1933 年圣诞节时我就看清楚了，我在心目中盘算着的革新大学计划，既不能克服大学同事内部的抵抗而得到贯彻，也不能顶住党的看法而得到贯彻。例如当时同事们向我问罪，说我把大学生吸收进大学的负责管理机构中了——这却恰恰是今天出现的情况。有一天，我被召往卡尔斯鲁厄[1]，部长通过他的参事——州大学生会长在座——要求我同意换上两个由党同意的同事来任法学院长和医学院长。我拒绝了这个无理要求并声明，如果部长坚持他的要求，我就辞去校长职务。果真就辞职了。这是 1934 年 2 月，我担任了十个月校长就辞职，而当时一般大学

---

① 卡尔斯鲁厄（Karlsruhe）：当时弗莱堡所属的巴登州首府。——译注

校长是任职两年以上。当时国内外报纸对此次更换校长作了各种各样的解释，而人们却对我的辞职默不作声。

664 《**明镜**》：您当时与鲁斯特[①]磋商过吗？

海德格尔：当什么时候？

《**明镜**》：现在还常谈起鲁斯特 1933 年曾到弗莱堡这里来的一次旅行。

海德格尔：有两件事。因参加在舍瑙举行的施拉格特尔[②]纪念会我和部长进行了一次短暂的形式上的见面问候。第二件事是我于 1933 年 11 月在柏林和部长谈过一次话。我向他陈述了我对科学和可能改造各学院的想法。他曾仔细地听了，以致我对所陈述的一切可能实现怀有希望。但是什么结果都没有出现。我不明白，为什么据我和当时的中央教育部长作的这些谈话就受到责难，而当时所有外国政府正忙于承认希特勒并给他以国际通行的礼遇。

《**明镜**》：在您辞掉校长职以后，您和纳粹党的关系改变了吗？

海德格尔：辞校长职后，我就只从事教学任务。1934 年夏季学期我讲《逻辑学》。在 1934/1935 年冬季学期我开第一次荷尔德林课。1936 年开始开尼采课。所有当时能够听课的人，都听到了，这是一次和纳粹主义的分手。

《**明镜**》：校长职务的交替是怎样实现的？您不曾参加典礼吗？

海德格尔：对，我拒绝参加校长交替典礼。

---

① 鲁斯特(Rust)：当时的中央政府教育部长。——译注

② 施拉格特尔于 1894 年生于弗莱堡附近的舍瑙。1923 年在法军占领的鲁尔区袭击法军的交通线被捕，由法国军事法庭处以死刑。——译注

《**明镜**》:您的继任人是一个积极的党员吗?

海德格尔:他是法学家;南德党报《阿雷曼人》报道他被任命为校长时用整页标题:"第一个纳粹主义大学校长。"[①] 665

《**明镜**》:之后您与党有麻烦吗,或者情况如何?

海德格尔:我经常被监视。

《**明镜**》:您有这方面的例子吗?

海德格尔:是的,和汉克博士接触的情况就是一个例子。

《**明镜**》:您怎么觉察到的呢?

海德格尔:因为他自己来找我。他在1936/1937年冬季学期已经考得博士学位并于1937年夏季学期来作我的课堂讨论高班成员。他是由保安队[②]派到这里来监视我的。

《**明镜**》:他是怎样来突然找您的?

海德格尔:以参加1937年夏季学期我的尼采讨论班为由并由于这个讨论班进行工作的方式的关系,他向我承认了,他不能够把交给他的监视任务承担下去并且他愿意考虑到我今后的教学活动而把此一事实情况让我知道。

《**明镜**》:此外您跟党没有任何麻烦吗?

海德格尔:我只知道,我的著作,例如《柏拉图的真理学说》,不

---

① 引文出处迄今未能找到。——编注

② 保安队的德文缩写名称为SD,是党卫军(SS)属下的团体,从事监视国家机关及军队人员的工作,后又从事外国情况工作并渗入秘密警察工作。第二次世界大战期间,在东部战区执行大屠杀任务,残酷消灭大量犹太人,游击队员及战俘,并执行驱赶波罗的海各国、波兰、乌克兰及白俄罗斯居民至西西伯利亚拟使该区完全日耳曼化计划。1946年与党卫军及德国秘密警察一同被纽伦堡国际军事法庭宣判为罪犯组织。——译注

许讨论。我于1936年春在罗马的日耳曼研究所作的荷尔德林演讲被希特勒青年团刊物《意志与权力》恶毒攻击。在克里克的刊物《民族在成长中》从1934年夏天开始的反我的议论，有兴趣的人们都可复查。1934年在布拉格开的国际哲学会我没有被德国方面派为代表。同样的情况，我也没有被派参加1937年在巴黎开的国
666 际笛卡尔会议。这件事在巴黎引起惊异，竟至于那里的会议领导——巴黎大学的布里叶尔教授——由个人主动来问我，为什么我没有参加德国代表团。我回答，请会议领导直接去问德国教育部是怎么回事。过了一段时间，柏林方面来要求我作为追回的代表去参加会议。我拒绝了。我的《形而上学是什么?》和《论真理的本质》两篇演讲在书店还可买到，可是封面上没有书名。校长就职演说自1934年起立刻由党安排不许出售。它只还允许在纳粹的大学讲师军营里被谈论，作为党政治的论战对象。

《明镜》:1939年以后，战争……

海德格尔:战争的最后一年，500个最著名的科学家与艺术家被免除一切战时劳役。[①] 我不属于免役之列，相反，我于1944年夏天被送到莱茵河对岸的凯撒施图尔(Kaiserstuhl)去挖战壕。

《明镜》:卡尔·巴尔特在另一边，在瑞士那边挖过战壕。

海德格尔:有趣的是此事进行情况。校长召集全体教师在第5教室训话。他讲话不长，内容是:他所讲的是和纳粹党区领导人和州领导人商定的结果。他现在要把全体教师划分为三类:第一

---

① 以这句话，《明镜》把佩茨特博士(H. W. Petzet)转述的一个说法编入海德格尔的文本中，海德格尔最后采纳了这个说法，因为它是完全合乎实情的。——编注

类是完全无用的;第二类是半无用的;第三类是可用的。完全无用一类的第一个人就指名是海德格尔,第二类是里特尔。[①] 1944/ 667
1945 年冬季学期莱茵河岸的战壕劳役结束后我开了一门课,名为《作诗与思想》,在一定意义上是我开的尼采课的继续,也就是与纳粹主义分手的继续。开讲的第二个钟头以后我就被征召入民团,我是所有被征召的教师团体成员中年纪最老的人。

《明镜》:我相信,直到您事实上的退休,或者我们说直到您法定荣休,这段过程我们可能无需听海德格尔教授先生说些什么了。这些是众所周知的。

海德格尔:可这段过程却并非众所周知。这是一件不妙的事。

《明镜》:除非您还想对此说点什么。

海德格尔:不说了。

《明镜》:也许我们可以这样来总结:您在 1933 年是作为一个非政治性的人,就狭义说而不是就广义说,而进入此时所谓破晓的政治……

海德格尔:……通过大学的途径……

《明镜》:……通过大学的途径陷入此种所谓破晓。大约在一年以后您把当时接受的职责又辞卸了。但是:您在 1935 年讲的一门课后来在 1953 年以《形而上学导论》的书名出版了,您在这门课中说:"今天"——就是说 1935 年——"作为纳粹主义哲学端出来的东西却和这个运动的内在真理与伟大性(即和生逢全球化规定

---

① 格哈特·里特尔教授(《卡尔·格德勒与德国抵抗运动》)当时是弗莱堡大学近代史教授,与 1944 年 7 月 20 日谋杀希特勒案的牵连中于 1944 年 11 月 1 日被捕,1945 年 4 月 25 日被盟军释放。这位历史学家于 1956 年荣休,1967 年死亡。——编注

的技术与新时代的人的壮举）毫无共同之处，这种东西是在‘各种价值’和‘完整性’的浑水中摸鱼”。括弧中的话是您在 1953 年，即付印时，才加进去的呢——以求向 1953 年的读者解释您在 1935 年讲的“这个运动的”，实即纳粹主义的“内在真理与伟大性”是什么——，还是早在 1935 年您也有了括弧中的解释呢？

668 **海德格尔**：这在我的手稿中已有了，而且完全符合我当时对技术的看法而还没有后来才有的对技术作为座架的本质的看法。我当时不讲这一处，是因为我从对听我的课的人的准确理解，确信这些蠢人和侦察暗探不这样来理解这句话——也不要这样来理解这句话。

《**明镜**》：您准会也把共产主义运动安排在这里吗？

海德格尔：是的，必须如此，作为由全球化技术所规定的。

《**明镜**》：您是不是也把美国的那一套也安排在这里？

海德格尔：我也要说是这样。在过去三十年间越来越清楚了，新时代技术的全球化运动是一股力量，这股力量规定历史的伟大作用是无论怎么估计也不为过的。我认为今天的一个关键问题是，如何能够为技术时代安排出一个——而且是什么样的一个——政治制度来。我对这个问题提不出答案。我不认为答案就是民主制度。

《**明镜**》：您说的民主制度只是一个大杂烩概念，在这个大杂烩概念下面各种很不相同的想法都放得进去。问题是，还有没有可能把这些政治形式变一个花样。您在 1945 年以后曾对西方世界的各种政治改革发表过意见并且也谈到过民主制度，谈到过在政治方面表达出来的基督教世界观，也谈到过法治国家理论——而您把所有这些改革图谋都称为“半吊子”。

海德格尔:我请您先讲讲,我在什么地方谈论过民主制度以及您还引了的那话。我也会把这些人们算做半吊子的,因为我认为这些人都没有真正搞清楚技术世界,因为据我看来,这些人思想深 669
处仍然还有的看法是,技术在本质上是人掌握在手中的一些东西。我认为这是不可能的。技术在本质上是人靠自身力量控制不了的一种东西。

《**明镜**》:据您看来,刚才历数过的这些潮流中哪一种会是最合时宜的呢?

海德格尔:我看不出来。但我在此看到一个关键问题。首先须解释一下,您所谓合时宜是什么意思,这里的“时”是指什么。还须问,标准的合时宜情况是不是就人的行动的“内在真理性”而言,标准的行动是否就不是思想与诗歌,我这样提问时是把关于我的讲法的一切诽谤置之不顾的。

《**明镜**》:人在一切时代都用他的工具不能百事顺利,这是一目了然的,请看魔术学徒的情况就清楚了。而今,我们用现代技术这个确实厉害得多的工具也不能百事顺利,这样说,岂不是有点太悲观主义了吗?

海德格尔:悲观主义,不是的。在现在所进行的这种深思的境界之内,悲观主义和乐观主义都是太不闻大道的处事态度了。首先要搞清楚——现代技术根本不是“工具”,而且不再和工具有什么相干了。

《**明镜**》:为什么我们对技术要这样激动得不得了呢?

海德格尔:我不说激动。我说,我们还找不到适应技术的本质的道路。

《**明镜**》:人们却可十分天真地来对您讲话:还要控制什么?一切都运转起来了嘛。越来越多的电站建立起来。生产丰富。人类在地球上高度技术化的部分得到很好的供应。我们生活得很舒服。到底还要什么呢?

海德格尔:一切都运转起来了。这恰恰是令人不得安宁的事,
670 运转起来并且这个运转起来总是进一步推动一个进一步的运转起来,而技术越来越把人从地球上脱离开来而且连根拔起。我不知道您是不是惊惶失措了,总之,当我而今看过从月球向地球的照片之后,我是惊惶失措了。我们根本不需要原子弹,现在人已经被连根拔起。我们现在只还有纯粹的技术关系。这已经不再是人今天生活于其上的地球了。前不久我在法国普罗旺斯与雷内·夏尔长谈过一次,你知道的,他是诗人与抵抗战士。现在正在普罗旺斯建立火箭基地,而这块地方在令人意想不到的情况下被荒废了。这位诗人毫无疑问是多愁善感而且赞美田园诗意的,他对我说,如果思想和诗歌再不成为不用暴力的力量,那么现在正在出现的人被连根拔起的情况就是末日了。

《**明镜**》:我们必须说,现在我们固然宁可待在这儿,而且在我们的时代我们大概也将必定是离不开的;但是谁知道,待在这个地球上是不是人的命运?也可以想到人根本没有什么命运嘛。然而无论如何也还可能在人身上见到一种可能性,就是他从这个地球跨到另外的行星上去了。当然还有很长时间做不到这一步。不过,哪里写着,人的地位就是在此地?

海德格尔:不管怎么说就我所能弄清楚的情况看来,按照我们人类的经验和历史,一切本质的和伟大的东西都只有从人有个家并且在一个传统中生了根中产生出来。比方说今天的文献就是颇有破坏性的。

《**明镜**》:我们在此听到破坏性的这个话很刺耳,也和听说虚无主义的这个话恰恰是通过您并在您的哲学中获得了一种十分概括笼统的复杂含义时很刺耳一样。联想到您可能或者必定要完全看 671
作这种虚无主义的一部分的那些文献,听到破坏性的这个话就使我们触目惊心。

海德格尔:我想说,我所指的文献并没有我所想的虚无主义的意义。(《尼采》第2卷,第335页以下)

《**明镜**》:您显然见到,您也已经这样说过,您见到一种世界运动,这种世界运动正在演出或者已经演出来了绝对技术国家,是吗?

海德格尔:是的!但恰恰技术国家最不能适应由技术之本质所规定的世界和社会。面对技术的强力,技术国家或许是最卑下和最盲目的听差。

《**明镜**》:好。现在自然就可提出一个问题:一个人还能够影响由势所必至的情况组成的这个总体吗?或者再说哲学能够影响它吗?或者让哲学指引一个或许多个人进行一种特定行动时两者合在一起能够影响它吗?

海德格尔:如果我可以简短而且也许是说一点老实话,但却是从长期的沉思来回答,我就要说:哲学将不能引起世界现状的任何直接变化。不仅哲学不能,而且所有一切只要是人的思索和图谋都不能做到。只还有一个上帝能救渡我们。留给我们的唯一可能是，在思想与诗歌中为上帝之出现作准备或者为在没落中上帝之不出现作准备；我们瞻望着不出现的上帝而没落。

《明镜》：在您的思想和这个上帝之出现之间有联系吗？在您看来，这里有一种因果联系吗？您认为，我们能够把这个上帝想出来吗？

672 **海德格尔**：我们不能把他想出来。我们至多可以唤醒大家准备期待他。

《明镜》：但是我们能够有所帮助吗？

海德格尔：作好准备就可以是第一种帮助。这个世界之成为今天这个样子以及它如何成为今天这个样子，不能是通过人做到的，但也不能是没有人就做到的。这件事据我看来是和下述这件事联系在一起的：我用一个长久流传下来、含义很多而现在又遭废弃的字眼"存在"来称呼的这个东西，需要人来启示它、维持它、使它成形。我认为技术的本质就在于我称为"座架"的这个东西中。这个词初听起来容易让人误解，但真正想来，它所意指的东西却回溯到形而上学的最内在的历史，这个历史至今依然规定着我们的此在。座架的作用就在于：人被座落在此，被一股力量安排着、要求着，这股力量是在技术的本质中显示出来的。恰恰在关于人的这种被座落状态的经验中，在关于人被他自己所不是、他自己不能控制的东西所摆置的状态的经验中，显示出某种见识的可能性：人被"存在"所需要。在构成现代技术之最本己特性的东西中，恰恰隐藏着这种经验的可能性，即有关人被存在所需要和人对这些新的可能性作好准备的经验可能性。就是要帮助达到此种见地：再多的事思想也不要求了。哲学到此结束。

《**明镜**》:在过去的时代——而且不只是在过去的时代——一直是这样想的:哲学间接地起很多作用,直接地只起很少作用;但哲学间接地曾经能起很多作用;哲学帮助过许多新思潮涌现出来。如果人们仅就德国人范围想一想康德、黑格尔直至尼采这些伟大人物,不消说马克思了,那么就可证明,哲学在曲折道路上已经起过多么巨大的作用。现在您认为哲学的这种作用已经结束了?而当您说,旧哲学已死了,再没有哲学了,您这样说时的思想也包括: 673
哲学的这种作用,如果过去曾有过,至少今日不再有了吗?

海德格尔:我说过,通过另外一种思想还可能起一种间接的作用,但不能有这样一种直接的作用,仿佛思想循因致果地改变着世界状况。

《**明镜**》:请您原谅,我们不想搞哲学,我们没有那种本事,但是我们在此却有了政治与哲学之间的接触点,因此请您宽恕我们在此把您拉到这样一篇谈话中来——您刚才说了,哲学和个人都不能做什么事了,除非……

海德格尔:……作好准备随时迎候上帝的到来或者上帝的缺席。就是上帝缺席的经验也不是一无所获,而是人从我在《存在与时间》中称为沉沦于在者的境界中解放出来的境界。要对今天的情况进行沉思,就须作好上述的准备。

《**明镜**》:但是这就在事实上还须待从外部来一个著名的动力啰,一个上帝或者一个什么。也就是说从自身出发并全凭自力那么思想而今就再不能起什么作用了?这种事,按照一般人的看法而且我相信也按照我们的看法,在从前是有过的嘛。

海德格尔:但不是直接的。

《**明镜**》:我们已经举过康德、黑格尔和马克思是伟大的推动者。但动力也从莱布尼茨身上发出来——对现代物理学的发展因而就一般地对现代世界之出现。我们相信,您在上文说了,您在今天不再估计会有这样的一种作用了。

海德格尔:在哲学的意义上不再有了。今天各种科学已经接
674 管了迄今为止哲学的任务。为要把思想的"作用"完全说清楚,我们就须进一步讨论作用和起作用在此会是什么意思。如果我们已经讨论过充足理由律的话,就须在此在导因,动力,要求,扶助,障碍与辅助之间作出根本区别。哲学消散在几种特殊科学中了:心理学,逻辑学,政治学。

《**明镜**》:谁现在占据了哲学的地位呢?

海德格尔:控制论。

《**明镜**》:或者是随时准备迎候着的那个虔敬者?

海德格尔:但这就不是什么哲学了。

《**明镜**》:那么是什么呢?

海德格尔:我把它呼叫另一种思想。

《**明镜**》:您把它呼叫另一种思想。您可以把它稍微表达清楚一点吗?

海德格尔:您曾想过我的《追问技术的问题》这篇讲演结尾处的"这种追问是思想的虔敬境界"这句话吗?

《**明镜**》:我们在您讲的尼采课中找到了一句使我们有所了悟的话。您在那儿说:"因为在哲学思想中弥漫着最高限度可能的联系,所以所有伟大的思想家都思想着同一件事。这同一件事却有

这样的根本性与丰富性，以至于任何个人都不能把它想光了，而是每一个人都只能把每一部分联系得更严密些。"可是正是这个哲学大厦而今按照您的意见却似乎一定已经走到终点了。

海德格尔：是终点，但对我们说来却不是化为乌有了，而是恰恰在对话中重新活跃起来了。我在过去30年间的讲课和讨论中的全部工作主要就只是解释西方哲学。回溯思想的历史基础，深思自希腊哲学以来还未追问过的问题，这都不是摆脱传统。但是我说：传到尼采哲学就终结了，传统形而上学思想方法就再没有可 675
能去对现在才开始的技术时代的根本特点进行思想工作了。

《**明镜**》：您在差不多两年以前在一次和一个佛教和尚的谈话中谈到"一种完全新的思想方法"，并且说，这种新的思想方法"暂时只有少数人可以做到"。您讲这个话是不是想说，只有极少的人能够有按照您的看法可能而且必需的那种见识？

海德格尔："有"的极其原始的意义，就是说，这极少的人能够多少说出点那种见识来。

《**明镜**》：是的，但是如何转为现实，您在这次和佛教徒的谈话中也没有从您这方面陈述得显然可见。

海德格尔：我也不能使其显然可见。我并不知道这种思想如何"实现"。也可能是，一种思想的途径今天引向：无言，以求防止这种思想在一年之内被贬价卖掉。也可能是，这种思想需要300年，以求"实现"。

《**明镜**》：我们很能理解。但是既然我们不生活在300年之内，而是生活在此地此时，无言就不解决我们的问题。我们都是些政治家，半政治家，国家公民，新闻记者以及其他等人，我们不得不不失时机地作出随便一种决定。在我们生活于其中的这种制度下，我们不得不进行安排，不得不力求革新，不得不对小的阻碍探求改革，不得不对大的阻碍探求革命。我们期待哲学家给予帮助，即使只是间接的帮助。通过曲折道路的帮助。而我们在此听说：我不能帮助你们。

海德格尔：我也不能。

《**明镜**》：这不能不使非哲学家丧气。

海德格尔：我不能，因为这些问题太难了，假如公开站出来说
676 教并作出道德评定，那就会有违这种思想任务的本意。或许可以大胆地说这句话：具有全球化的巨大威力的技术的本质还没有被思想过，与这种没有被思想过的巨大威力的秘密相适应，试图深思这个还没有被思想过的东西的思想暂时就还处于不显眼状态。

《**明镜**》：有些人只消把话讲给人听听，就可能指出一条道路，您不把自己算在这些人之列吗？

海德格尔：不算！我全不知道任何直接改变现今世界状况的道路，即使说这种改变根本就是人可能做到的我也不知道。但是据我看来，作这种试图的思想可能把上文提到的准备唤醒起来，明确起来并稳定起来。

《**明镜**》：这是一个明确的回答——可是一个思想家能够而且可以说：你们只消等着，在300年之内就将有我们没有想到的东西出现吗？

海德格尔：不是只消等着，直到300年后人们没有想到的东西出现的问题，而是不带任何先知的要求而从没有被思想过的现今

时代的根本特点去预先想入正在到来的时代的问题。思想并不是无所作为，而是自己在自身中行动，这种行动是处于与世界命运的对话中。在我看来，从形而上学产生出来的与实践的区别和二者之间的转化的想法阻塞着洞察我所理解的思想的道路。也许我可以在此指出我讲的一门课程，这门课程已于 1954 年以《什么叫思想?》的书名出版。恰恰这部书是我发表过的一切著作中最少被人阅读的一部，这件事或许也是我们时代的一个标志。

《明镜》：认为哲学家用他的哲学应当直接发挥某种作用，这种想法当然始终是一种对哲学的误解。我们还是回到最初的话题。也许可以这样设想：把纳粹主义一方面看成是“生逢全球化时代” 677
的实现，另一方面又看成是对生逢“全球化规定的技术”与新时代的人的壮举的抗议，最后的、最糟的、最强烈的同时又是最无力的抗议。显然您在您的身上当了一个对立面，以至于您的活动的许多附带结果其实只有用下述情况来解释清楚：您凭您的本质中各种与哲学核心无涉的部分，把您自己和许多您作为哲学家知其不能持久的事物牵扯在一起了——比如说和一些概念如“家”，“生根”或类似的概念牵扯在一起了。全球化技术与家怎么合得在一起呢?

海德格尔：我不会这样说。在我看来，您是太绝对地看待技术了。我不把人在全球化技术世界中的处境看成是不可解脱、不可避免的宿命，而是恰恰认为思想的任务，能够在它的限度之内帮助人们与技术的本质建立一种充分的关系。纳粹主义固然是走向了这个方向；但是他们那些人在思想上太无用了，不可能对 300 年来一直是这样走过来而今天正在出现的事情争取到一种真正明显的关系。

《**明镜**》:这种明显的关系,也许今天的美国人有吧?

海德格尔:美国人也没有这种明显的关系;美国人还陷在一种思想中,就是实用主义,这种实用主义思想固然推动了技术运转与技术操作,但同时阻塞了对现代技术的根本进行深思的道路。如今在美国偶尔有些地方也出现一些尝试,想摆脱实用主义实证主义思想。是不是有朝一日一种“思想”的一些古老传统将在俄国和中国醒来,帮助人能够对技术世界有一种自由的关系呢?我们之中有谁竟可对此作出断言吗?

678 《**明镜**》:如果所有的人都没有而且哲学家也不能给所有的人这种明显的关系……

海德格尔:我用我的思想尝试取得多大成就以及我的思想尝试在将来以什么方式还被接受并且化为成果,论定此点就不是我的事情了。我于1957年作过一篇对弗莱堡大学纪念庆典的纪念演说,题目是“同一律”。我最后是在这篇演说中在思路上用了几个步骤大胆指出,对“现代技术的根本是什么”进行思想,在多大程度上有可能探悉技术时代的人对一种要求有关,这种要求不仅是人能够听到的,而且是人自身倒属于其中的。我的思想和荷尔德林的诗歌处于一种非此不可的关系中。我认为荷尔德林不是文学史家将其著作与其他人的著作并列为研究题目的许多人中的随便一个诗人而已。我认为荷尔德林是这样一个诗人,他指向未来,他期待上帝,因而他不能只不过是文学史思想中的荷尔德林研究的一个对象而已。

《**明镜**》:谈起荷尔德林——我们请求原谅,我们要再念一段话:在您讲的《尼采》课中您曾说,"各种有名的抗争,希腊的狂欢酒神和文艺光神的抗争,神圣的热情和清醒的叙述的抗争,都是德国人的历史使命的一个隐而不显的格律,而且我们有朝一日不得不准备把它形成起来。这个对立绝不是一个我们可以只是藉以描写'文化'的公式。荷尔德林和尼采已经用这种抗争在德国人要从历史上找出他们的本质来这个使命面前提出一个疑问号。我们将理解这个疑问号吗?有一点是靠得住的:如果我们不理解这个疑问号,历史将给我们报应。"我们不知道您是在哪一年写这段话的,我们估计是在1935年。

海德格尔:估计这段引文是在1936/1937年名为《权力意志是艺术》的尼采课中讲的。也可能是在以后几年中讲的。 679

《**明镜**》:好,您可以对这个问题再解释几句吗?这却是把我们从一般道路引到一个德国人的具体使命上来了嘛。

海德格尔:我也可以把这段引文中讲的意思这样说一下:我深信,现代技术世界是在世界上什么地方出现的,一种转变也只能从这个地方准备出来。我深信,这个转变不能通过接受禅宗佛教或其他东方世界观来发生。思想的转变需要求助于欧洲传统及其革新。思想只有通过具有同一渊源和使命的思想来改变。

《**明镜**》:您的意思是说,技术世界在什么地方出现,它也必须就在同一个地方……

海德格尔:……在黑格尔的意义之下被扬弃,不是被消除,是被扬弃,但不是仅仅通过人。

《**明镜**》:您认为德国人当特别担负一种特殊使命么?

海德格尔:是的,在这种意义之下,在和荷尔德林的对话中。

《**明镜**》:您相信德国人对这种转变具有一种特有的品质?

海德格尔:我是想到德国语文和希腊人的语言及其思想家的特殊内在亲属关系。这一点今天法国人一再向我证实了。当他们开始思想时,他们说德国话;他们总说,他们若用他们的语文就搞不下去。

《**明镜**》:您这话的意思是不是说,您在拉丁语国家,特别是在法国人那里,已经有了如此强烈的影响?

海德格尔:因为法国人见到,如果事情是要从今天的世界的本
680 质的渊源中去理解今天的世界的话,那么他们在今天的世界中用出他们的全部伟大理性传统来搞不下去了。就像诗是不能翻译的一样,思想也是不能翻译的。人们可以把它不管三七二十一改写一番。只要人们去进行字面翻译,一切都变样了。

《**明镜**》:这是一个别扭思想。

海德格尔:假若能以高标准去严肃地对待一下这个别扭之感,以至于人们终于去想一想,希腊思想通过译为拉丁语文遭到了后果多么严重的改变,那就好了。出现的这种情况,阻碍着我们,使今天还无法对希腊思想的基本言论进行充分的深思。

《**明镜**》:教授先生,我们本来总是要从乐观主义出发,认为事情是可以转告的,也可以翻译的,因为如果认为思想内容是也可以越过语文界限转告给别人的这种乐观主义无效了,那么就有由地方化来起决定作用的危险。

海德格尔:您要把希腊思想因与罗马帝国中的想法有区别就算是"地方化"的吗?商业票据是可以翻译成一切语文的。科学,

也就是我们今天已经认为是以数学物理作基础科学的自然科学，是可以翻译成世界上一切语文的，正确地说起来是：不是被翻译了，而是都在讲同一个数学语言。我们在此是在遨游一个广大无边难于穷尽的园地。

《明镜》：或许现在所谈也属于这个话题范围之内：我们当前，毫不夸大地说，有一个民主议会制度的危机。很久以来我们就有这个危机了。我们特别在德国有这个危机，但我们不仅在德国有这个危机。我们也在民主制度的古典国家，在英国和美国，有这个危机。在法国已经不再是什么危机了。现在的问题是：从思想家方面，依我说就算作为附带产品吧，能不能作出一些指点，或者是 681
用一种新制度来替换这种制度以及这种新制度应是什么样子，或者是指出改革必须是可能的以及这种改革如何可能。否则就停留在老样子，没有受过哲学训练的人——而这在通常情况下就是手中掌握事物（虽然他不规定事物）也在事物掌握中的这种人——达到错误的决断，甚至也许闯祸。总而言之：哲学家就应该全心提供思想，使人们能够在这个由他们自己技术化了、却又使他们控制不了的世界里彼此很好相处嘛。人们很有理由期待哲学家提供指点，使人想到可能如何生活；如果他什么指示也不给，那不是有负于他的职责和他的本分的一部分、哪怕是小部分吗？

海德格尔：从我所能见到的说来，一个个人从思想方面做不到把世界整体看得这样透，以至于能够给出实践的指示，尤其是做这件事还要考虑到要为思想本身重新找出一个基础这个任务——这些都是一个个人从思想方面做不到的事。如果要思想在此准备给出指示，那么，只要思想是考虑到伟大的传统而严肃对待自己的话，思想就是被要求得过分了。它凭什么资格能够办这件事？在思想范围之内是说不出可以作准的话来的。适用于思想的唯一标准来自有待思想的事情本身。这有待思想的事情却是优先于其他一切而值得追问的东西。为要洞察此事内幕，首先须研讨哲学和科学之间的关系，这些科学的技术实践的成就今天已经越来越多地使哲学意义之下的思想显得是多余之事了。思想本身现在考虑到它自己的使命正陷入困难处境，与此种困难处境相适应，就出现了一种恰恰是由科学的有力地位培养起来的对思想的陌生感，那
682 么，思想在今天还被要求来对实践世界观问题作出回答，就必然是不灵了。

《**明镜**》：教授先生，在思想范围之内是说不出可以作准的话来的。那么现代艺术也难于说出可以作准的话来，这其实也毫无足奇了。同样您把它称为“破坏性的”。现代艺术常常把自己理会为实验艺术。您的著作都是一些尝试……

海德格尔：愿闻其详。

《**明镜**》：……都是一些从人和艺术家都个别化了的情况中作出来的尝试，而在一百次尝试中，偶尔就出现一次打中目标的人。

海德格尔：这正是一个大问题：艺术处在什么地方？它占有什么样的地位？

《**明镜**》：好，但是您在这里向艺术要求一种您向思想也不再要求了的东西。

海德格尔：我什么东西也不向艺术要求。我只是说，艺术占据什么样的地位，这是一个问题。

《**明镜**》：如果艺术不认识它的地位，它因此就是破坏性的吗？

海德格尔:好,请您涂掉这个问题。但是我想断言,我看不见现代艺术的指路者,特别是现代艺术在什么地方去认出或者至少是寻找艺术的最固有的东西,仍然是晦而不明的。

《**明镜**》:艺术家也对流传下来的东西缺乏责任心。艺术家可以觉得东西美,而且他可以说:是呀,如果人是生活在600年前就能画出来了,或者在300年前或者哪怕在30年前。但是他现在却画不出来了。即使他想画,他就画不出。于是最伟大的艺术家就要算天才的伪造家汉斯·范·梅格伦了,他还能画得比其他的人"更好"呢。但是现在就是不行了。所以艺术家、作家、诗人就是这样处在一种和思想家一样的境况中。我们硬是多么经常地不得不说:闭上眼睛吧。

海德格尔:如果我们把"文化事业"作为安排艺术、诗歌与哲学 683
的框框,那么这样并列是对的。但是如果不仅事业值得怀疑,而且连什么叫"文化"也值得怀疑,那么,对这值得怀疑的东西的深思也落到思想的使命的范围中来了,思想的灾难处境简直还想不清楚呢。但是思想的最大的灾难是,今天,就我所能见到的而论,还没有一个足够"伟大"的思想家说话,把思想直接而又以铸成的形态带到它的事情面前,从而带到它的道路上去。就我们今天活着的人来说,有待思想的东西的伟大处是太伟大了。也许我们能够修修一个过程的一段段狭窄而又到不了多远的小路,也就疲惫不堪了。

《**明镜**》:海德格尔教授,我们感谢您的这篇谈话。

684

254. 芝加哥海德格尔研讨会(1966年11月11—12日)祝词

弗莱堡,1966年10月20日

尊敬的同行弗林斯先生,

衷心感谢您召集了这次研讨会的与会代表。而同样的感谢也要给与会代表们,他们对我在思想道路上的努力集中投入了如此鲜活的兴趣,意在廓清和推动我所提出的问题。

倘若在研讨会的最初时光立即就能成功地把对话纯粹而明确地对准实事,这对我来说将是最大的快乐。若然,就不是一个“海德格尔研讨会”,而是变成**关于存在问题的高级研讨班**了。因为存在问题——而且只是这个问题——规定着我的思想道路及其界限。

关于存在之敞开状态(Offenbarkeit des Seins)的问题要求我们去沉思作为在场状态之存在的原初意义。关于敞开状态的问题要求我们去沉思这种敞开状态的特性,它在西方思想的肇始处以'Α-Λήθεια(无蔽状态)著称,但本身未得到主题性的思考和认识。

一种对无蔽状态本身之本质渊源的进一步沉思可能得出这样一个洞见,即:在西方哲学史的进程中变化的关于在场状态之存在

的规定，是与无蔽状态之本质共属一体的。存在问题展开为关于
无蔽状态与在场状态（“真理”与“存在”）之共属性的问题，也即要 685
追问什么规定着这种共属本身。以此问题，思想便回到西方思想在希腊人那里的开端背后，并且因而把它从前苏格拉底到尼采的整个历史带入一个新维度中。由此变得清晰的是，不同于科学，在哲学史上是没有什么进步的，而只有理解得当的返回步伐（Rückschritt）。可是，这种返回步伐并不在历史学意义上迷失于一个神话时代，相反，它命运性地活动于现今时代的当前中。理解得当的“存在问题”揭示自身为现代技术之本质及其与今天人类也即与工业社会的关系的问题。只要这个在社会学上作为秩序和价值而具有设定作用的主体，是相对于技术世界的客体性而得到规定的，则对于“存在问题”之深思来说就会产生一种必然性，必然要去认识，社会学的世界阐释系于主体性与客体性的表象框架，因而根据存在问题合乎实事和合乎时代地来认识今天实际**存在**的东西。但一旦这种认识被唤醒，就会激起一种经验，即：思想不再能按照理论与实践之区分的传统模式，被推到单纯理论一面。思想将作为一种原始的行为而得到经验，这种行为虽然不能获得直接的效应，但恰恰因此以其无用性超越了一切技术－实践的行动，因而为人类未来实存的可规定性作了准备。

上述简要的提示，如果在与西方形而上学历史的争辩中得到实行和检验，就容易解释清楚。这方面的若干引线，我已经在《演讲与论文集》第 71 页以下和《尼采》下卷第 335 页以下有所描述。[1]

---

① 参看海德格尔：《演讲与论文集》，中译本，孙周兴译，北京：三联书店，2005 年；以及海德格尔：《尼采》，中译本，孙周兴译，北京：商务印书馆，2015 年。——译注

686 要紧的不是对不同思想家的立场的博弈和利用，而是深思实事本身的实情，并且熟稔于它的值得追问性。

希望本次研讨会的与会者能够成功地在这项任何时候都常新的使命方面有所斩获。我以此愿望与您们这两天的工作相伴，并且问候所有同仁。

马丁·海德格尔

255. 怀念吾友汉斯・扬岑

（1967年2月20日）

此系朋友们对这位进入孤寂中的朋友所说的话。

汉斯・扬岑的人生领受了那种稀奇的实存（ek-sistieren）方式，以此方式，我们终有一死者能够洞见、倾听（简言之就是领悟）崇高和恒久，也即常新的重新显现者。

我把这种能力称为：在克制中抢先。[①]

这种能力引导着这位友人的全部教学活动和研究活动。

但在克制中抢先也烙印了他的友谊。他的友谊因此就有了在思想态度和行为方面的独特的克制性质，也规定了朋友间的谈话。

此刻我想来回忆一下我们之间长达四十八年的友谊关系中的两次谈话。

一次发生在几年前，1963年5月15日，阿尔贝特音乐会期间。勒文古特演出小组在大礼堂演奏莫扎特后期的四重奏。休息时大厅里空了。我们落在后面，谈论起艺术作品的语言。这种语言也许远非德尔斐神的那种言说。关于后者，赫拉克利特说[残篇第93]：

---

① 原文为：das Zuvorkommen in der Zurückhaltung。——译注

Ὁ ἄναξ, οὗ τὸ μαντεῖόν ἐστι τὸ ἐν Δελφοῖς,
οὔτε λέγει οὔτε κρύπτει ἀλλὰ σημαίνει.

"高高在上者，其神谕之所在德尔斐，
他既不揭示也不隐蔽，而是暗示。"①

暗示乃是揭露性的又是掩蔽性的显示。艺术作品的语言以这样一种暗示所说……

688 这当儿中场休息结束了。接着演奏的是 D 大调四重奏 KV 593，有着壮丽的柔板（Adagio）及其小调的加演节目（Moll-Einlage）。这个作品作于 1790 年 12 月，刚好是在莫扎特去世一年前，当时死神已经作为"未知者"对这位艺术家说话了。当四重奏的拨弦乐演奏逐渐消失，一会儿在大厅里出现了无声的静默，汉斯·扬岑轻声说道："来自死神近处的暗示……"

当时我们每个人各自思忖，而且两人都想着同一回事。

但现在我们必须追问：何以我们如此难以倾听艺术作品的语言，要恰当地应合这种语言殊为难得？答曰：因为我们几乎难以猜度语言的奥秘。

语言说，乃由于语言传露出来。但发出声响每每打破了寂静。在语言中传露出来的乃是寂静之音（Geläut der Stille）。

寂静镇静。寂静通过把我们聚集于持存者之中而起平静

---

① 有中译本译为："那位神主，其神谕便是在德尔斐的，他既不说也不藏而是象征。"参看基尔克等：《前苏格拉底哲学家》，中译本，聂敏里译，上海：华东师范大学出版社，2014 年，第 312—313 页。——译注

作用。

还有与这位友人的另一次谈话呢？那是最后一次，在他去世前十天。我们谈论了希腊。虽然其时他说和听都已经艰难了，只是简单地举出一些名字，但还是清醒的。

我们谈到希腊的岛屿。荷尔德林在他的一首"夜歌"中呼唤，这首"夜歌"题为《流泪。萨福的天鹅之歌》。这位诗人于1803年前后完成了这首诗；其时，他已经慢慢地被剥夺而进入自行掩蔽的精神的庇护之中。

荷尔德林呼唤道：

"你们可爱的岛屿，神奇世界之眼！
因为你们现在唯一地只与我相干，……"

在谈话中，我们举出了"莱斯波斯岛"[①]、"萨摩斯岛"[②]等名字——提到了我们共同的朋友恩斯特·布塑尔（Ernst Buschor）的名字——当时有一种简短的追溯和回忆。

但最后是"得洛斯"[③]，而且又是德尔斐的神——这个神带着琴和弓，他的飞弹带来"温柔的"死亡。 689

表示弓的希腊名词βιός与表示生命的βιός是同一个词。

---

① 莱斯波斯岛（Lesbos）：即希腊的米蒂利尼岛，北爱琴海上的一个大岛屿，位于爱琴海的东北端，临近土耳其。——译注

② 萨摩斯岛（Samos）：位于爱琴海东部的岛屿，与小亚细亚只隔窄狭的萨摩斯海峡。——译注

③ 得洛斯岛（Delos）：爱琴海岛屿，位于基克拉泽斯群岛的中心，相传为阿尔忒弥斯（Artemis，森林之神，阿波罗的孪生姐姐）和阿波罗（Apollo）的诞生地。——译注

赫拉克利特在残篇第48中说：

> Τῷ οὖν τόξῳ ὄνομα βίος,
> ἔργον δὲ θάνατος.

> “弓之名乃生命，
> 而它的作业却是死亡。”①

在早期希腊据说有过一个箴言，其译文如下：

> “死者倾听——他们在寂静中听”

现在，这说的就是荷尔德林在其献给酒神狄奥尼索斯的哀歌《面包与美酒》中所言：

> “……但寂静地尚存几分感恩。”

此刻，我们把荷尔德林的这个诗句听作几位友人的诗句，是向我们这位进入孤寂的朋友说的：

> “……但寂静地尚存几分感恩。”

---

①　现有中译本译为：“弓与生同名，它的作用却是死。”参看《西方哲学原著选读》上卷，北京：商务印书馆，1986年，第24页。——译注

256.宁静的心灵——清明的思想 690

在理查德和乌苏拉·克莱纳(娘家姓戴勒)婚礼上的简短致辞

(1968年7月20日明辛根[1])

亲爱的新人!

新娘和牧师新郎从教士住处出来。两人受过良好的教育,现在已经造就,将来自己也要从事教育方面的工作。两人召来了最美的生命庆祝活动。它同时也是同居的开始,也是通向日常要求和职业义务的共同道路的开始。

而我们其他人,我们可以来一起庆祝你们的典礼,我们这些年轻人和老人们,我们带来了一份庆典礼物,它既不是眼睛能看到的,也不是手能抓到的。

我们的礼物是一种祝愿,一种真诚的祝愿,它将年复一年越来越明确而清晰地在你们将来的生活中实现,并且作为实现了的东西持存下来。

我们祝愿你们:宁静的心灵与清明的思想。

---

① 明辛根(Münsingen):瑞士地名。——译注

唯有凭着心灵的宁静，你们才能经受住当今世界的动荡不安。唯当思想清明，你们才能在时代的混乱中找到头绪。

宁静的心灵与清明的思想——以此可以成就一种在故乡施瓦本地方的真正的生活和工作。

现在我想到，在新娘母亲找到返回父亲般的家乡土地的路之前，不得不走过一段长长的弯路。这条道路从巴西到布赖斯高的弗莱堡，穿过黑森林，经过阿雷曼地方，通向施瓦本的教士住处。

因此，现在我们的庆典礼物——即祝愿："宁静的心灵与清明的
691 思想"——要由两首歌来相伴，那是由一位阿雷曼教士和一位施瓦本教士创作的。这两位诗人通过他们的作品而永享盛名。

一首歌是约翰·彼得·黑贝尔的，另一首则是爱德华·莫里克[1]的。

黑贝尔的诗题为《汉斯与维莱纳》(Hans und Verene)(1802年)。[2]

汉斯与维莱纳

Es gfallt mer nummen eini,
und selli gfallt mer gwiß
O wenn i doch das Meidli hätt!
Es isch so flink und dundersnett,
so dundersnett,

① 爱德华·莫里克(Eduard Mörike，1804—1875年)：德国著名诗人、小说家。——译注

② 此诗原文为阿雷曼语。——译注

i wär im Paradies!

　　我只喜欢一个人
而且十分十分喜欢。
啊，要是我拥有这姑娘，
那么伶俐和奇妙，
　　那么奇妙，
那我就上了天堂。

’s isch wohr，das Meidli gfllt mer，
und ’s Meidli hätt i gern!
’s het allewili e frohe Muet，
e Gsichtli het’s wie Milch und Bluet
　　　　wie Milch und Bluet，
und Auge wie ne Stern.

　　真的！我喜欢她；
我多么想拥有这姑娘。
她总是有快乐的心情，
她的臀部就像奶和血，
　　就像奶和血，
眼睛就像天上两颗星。

Und wenn i’s sieh vo witem，
se schießt mer ’s Bluet ins Gsicht：
es wird mer übers Herz so chnapp，

und ’s Wasser lauft mer d’Backen ab
wohl d’Backen ab,
i weiß nit, wie mer gschicht.
我远远地看见她,
我再也不得安宁。
我的心变得那么柔软,
眼泪马上掉了下来,
是的,马上掉了下来,
我不知道怎么办。

Am Zistig früeih bym Brunne,
se redt ’s mi frey no a:
》Chumm, lüpf mer, Hans! Was fehlt der echt?
Es isch der näume gar nit recht,
nei, gar nit recht!《
I denk mi Lebtig dra.
星期二清早在井旁,
她随意地招呼我:
“来吧,帮我,汉斯!——你不舒服吗?
你有什么不对头,
不,完全不对头呀!”
我一辈子都想着这话。

692 I ha’s em solle sage,

und hätt i 's numme gseit!
Und wenn i numme richer wär,
und wär mer nit mi Herz so schwer,
mi Herz so schwer,
's gäb wieder Glegeheit.
或许我该说出这事；
说了这事该多好呀！
啊，如果我真的变富了，
我的心就不会如此沉重，
我的心如此沉重；
也许我本该大胆一试！

Und uf und furt, jetz gang i,
's wird jäten im Salat,
und sag em's, wenn i näume cha;
und luegt es mi nit fründli a,
nit fründli a,
so bin i morn Saldat.
现在我就要离开；
在杂乱中除草。
我要表白，无论她怎么走，
尽管她不能直接明白，
不能直接明白，
明天我将成为战士。

En arme Kerli bin i,
arm bin i, sell isch wohr.
Doch han i no nüt Unrechts to,
und sufer gwachse wär I jo,
das wär i jo,
mit sellem hätt's ke Gfohr.
我是一个可怜的少年;
真的,我多么可怜。
但我从没做过不当坏事,
长得也不算差,
长得也不算差,
这方面不会有风险。

Was wisplet in de Hürste,
was rüehrt si echterst dört?
Es visperlet, es ruscht im Laub.
O bjüet is Gott der Her, i glaub,
i glaub, i glaub,
es het mi näumer ghört!
现在灌木丛为何晃动?
簌簌作响,又发出沙沙声。
鬼怪出没,在树叶中叹息,
上帝保佑我,主啊,我相信
我相信,我相信,

我在这里受到了窃听。

》Do bin i jo, do hesch mi,
und wenn de mi denn witt!
I ha's scho siderm Spötlig gmerkt;
am Zistig hesch mi völlig bstärkt;
jo, völlig bstärkt;
und worum seisch's denn nit?
"我在这里,在这里拥有你!
如你愿意,把我带走吧!
我在秋天就已经发觉,
在星期二你使我更坚强,
你使我更坚强。
究竟为何你不告诉我?

Und bisch nit rich an Gülte, 693
und bisch nit rich an Gold,
en ehrli Gmüet isch über Geld,
und schaffe chasch in Hus und Feld,
in Hus und Feld,
und lueg, i bi der hold《
你不因地租而富有,
你不因金钱而富有;
一颗真诚的心灵超越了金钱,

你能好好创造，在家里在田地里，
　　在家里在田地里，
看哪，我感觉你多么可爱。”

　　O Vreneli, was seisch mer,
o Vreneli, isch's so?
De hesch mi us em Fegfür gholt
und länger hätt i's nümme tolt,
　　　　net, nümme tolt.
Jo, fryli will i, jo!
　　啊，维莱纳，你说什么呀？
难说你就站在我面前？
把我从地狱中带出来吧，
我再也不能忍受了
　　不，再也不能了
是的，当然我要，是的！

莫里克的诗作于一代以后（1832 年），题为《一个老者的忠告》。

一个老者的忠告

我曾经年轻过，
能够参与意见，

现在我已经变老了，
所以我的话是有用的。

美丽成熟的草莓
挂在小树上面：
邻居，院子四周的篱笆
毫无帮助；
快乐的鸟儿
知道道路。

但我的姑娘啊，
让我给你忠告：
抓住你的宝贝
安放在爱恋中，
安放在敬重中！

用两段小小的麻线， 694
缠绕在一起，
你用小手指
把它拉紧。

正直的心灵，
却可能沉默，
与太阳一道早起

勇敢地去劳动，
健康的肢体，
干净的亚麻布，
使少女和女人们
变得可敬可爱。

我曾经年轻过，
能够参与意见，
现在我已经变老了，
所以我的话是有用的。

愿这两诗人的精神贯穿和支配你们的生活。愿这种精神也始终活在我们所有人心中，活在所有参加你们典礼的人心中。

257. 关于思想之实事的规定的问题 695
（1968年）

我们追问：在当今时代里，思想之实事是什么，以及如何得到规定？实事——它指的是那个要求着思想的东西。通过这种要求，思想本身首先被调谐于它必须思的东西。

当我们尝试去经验这种规定，也即去倾听这种要求的声音时，我们就能洞见被我命名为"澄明"(Lichtung)的某种东西。"澄明"这个现象首先在《存在与时间》中得到命名，且此后一直得到重新思考。

通过"澄明"之思，通过对它的充分刻画，我们得以进入一个领域，该领域也许有可能把转换了的欧洲思想带入一种与东亚"思想"的卓有成效的争辩之中。这种争辩或可能协助那种努力，即挽救人类之本质，使之免受一种对人类此在(Dasein)的极端技术的计算和操纵的危险。

258.致爱德华多·奇利达

下面的思索关乎艺术之谜,艺术本身所是之谜。绝不会有解开此谜的要求。我们面临的任务是看到这个谜。

偶尔我们还有一种感觉,长期以来物之物性受到暴力侵犯,而在这种暴力行为中思想也参与其中,因为人们发誓放弃思想,而不是致力于让思想变得更具思想性。

致爱德华多·奇利达

圣加伦,1968年11月24日

马丁·海德格尔

259. 对世界处境毫无洞见的大学*

1969年1月10日

尊敬的帕尔米耶先生，

请您原谅，我今天才有时间向您表示感谢，感谢您惠寄大作；其间别的一些受期限约束的事务阻碍了我，使我未能立即阅读大作。我尤其要感谢您的友好献词，它同时也向我显示出大作令人愉快的意图。这是一部大胆之作，力求地道的客观性；它见证了一种伟大的工作热情，并且让人看到希望，今后您笔下对哲学问题的实事求是的辨析将是值得注意的。

我自然不可能深入讨论大作的所有细部，所以请允许我只做少数几个评论。

当年是什么推动我接受同事们（几乎）一致的选举，担任了弗莱堡大学校长？个中动因不光是后来变得极其失望的对于希特勒的希望。起决定作用的同样还有那样一种期待，即大学全体教师或许会因此获得成功，促使纳粹主义朝着国家社会主义方向发展，[①]并且使其中的精神潜能发挥出作用。然而，即便这种期待也

① 此处"纳粹主义"（Nationalsozialismus，简称为Nazismus）有时也被译为"国家社会主义"，在字面上无不可，但却是不当的译法；"国家社会主义"（Nationaler Sozialismus）比前者有更广的含义，是起源于19世纪晚期、流行于20世纪上半叶的德国政治，主张把民族、国家与社会融合起来，但并不含有种族主义倾向。当然两者是有联系的。——译注

没有得到满足。大学保持一成不变，对世界处境毫无洞见。今天的情况依然类似。现在又处处由学生们提出来的许多要求，在1933年是由学院青年们主张的。

在您的文本中有一些错讹。只略举若干处：

第41页，那托普不是犹太人。

698 第47页，胡塞尔是在1928年因达到年龄限制而正常荣休的。当时纳粹主义尚未掌权。

第167页，我没有为大学生举办过关于恩斯特·荣格尔[①]的研讨班，而只是为一个由同事和朋友组成的研究小组举办的，它尽管带有完全私人的性质，但仍旧激起了党的反感。

第173页，恩斯特·荣格尔生于1895年。

对于今天的新一代来说，已经很难真正地设身处地地理解和想象当年德国大学(而且它们在不同地方是殊为不同的)的世界处境和形势。人们现在根据1937年向1933年回顾的视野来评判纳粹主义。当时德国新政府立即得到了其他国家的承认，甚至1936年柏林奥林匹克运动会的邀请没有任何国家拒绝，凡此种种，现在鲜有提及。

以这些评论，我并不是要粉饰什么或者稀释什么，因为只要缺乏合乎实事的视域，那么光列举具体的事实是绝对不够的。说明

---

① 恩斯特·荣格尔(Ernst Jünger，1895—1998年)：德国作家和思想家。荣格尔是一位有争议的作家。有人认为他带有强烈的民族主义倾向；在德国，甚至也有人把他看作纳粹分子。但荣格尔的寓意小说《在大理石危岩上》(1939年)影射希特勒；在第二次世界大战期间，荣格尔也曾希望有人能够推翻元首，拯救德国。荣格尔创作了大量的文学作品，对20世纪德国文学产生了巨大的影响。——译注

这些事实，必定还是以后的历史研究的任务。

为感谢您的努力，我只能表达真诚的祝愿——

对您以及您的工作。

您的

马丁·海德格尔

699

260. 极其不正确的陈述*

1969 年 7 月 13 日

尊敬的布卢门塔尔女士，

感谢您的来信，以及所附的您们的报纸，但它对我的有关情况的陈述是极其不正确的。我必须对若干要点做出反应：

1. 我从未出席过某个心理学家大会。我既不认识利特(Litt)本人，也不认识德里施(Driesch)本人，还有克吕格尔(Krueger)，向来都不认识；至于埃里希・延施(Erich Jaensch)，自从我在马堡任教时期(1923—1928 年)结束后，就从未谋面过。您们把我与谁弄混了，或者谁错误地向您们指出某个参会者是我，这是我无法断定的了。我在 1933 年晚秋参加过在莱比锡举行的教师联合会大会，会上有几个与会者的演讲谈到过即将于 1933 年 11 月 12 日举行的选举。我在这个大会上的讲话原文还在；其中根本没有谈到《我的奋斗》[①]。

---

① 《我的奋斗》(*Mein Kampf*)是由希特勒口授、由同僚鲁道夫・赫斯执笔撰写的(1924 年完成于巴伐利亚监狱)，在初稿时被希特勒取名为《四年来与谎言、愚蠢和胆怯的斗争》。该书深刻影响了二战前以及二战时所有的德国年轻人，因为它是纳粹首领希特勒的著作，是纳粹主义理论的集中体现。——译注

2. 我从未穿过一件“棕色制服”。

3. 我从未在什么地方讨论过《我的奋斗》一书。

我于1933年至1934年2月拥护希特勒，并与其他许多并非最坏的德国人一样支持纳粹主义；我从未否认过这一政治错误；但我不得不一而再、再而三地反击一些完全不实的断言。倘若您们现在没有把报纸剪报寄给我，这些不真的谎言——援引您作为见证人的话——就将继续散布。如若您们把我这封信的内容传达给 700
美国报纸，我必万分感谢。再次感谢您们寄来您们的文章。

对您们的工作致以最好的祝愿

并致以友好的问候

马丁·海德格尔

701

261. 已计划好的百货商店里的庆祝会*

弗莱堡，1969 年 8 月 6 日

尊敬的市长先生，

通过一位年轻同事和学生，我得知，您与市议会正在为我的八十岁生日计划一个在百货商店里举行的庆祝会。

我觉得在这个想法里，有一种特别光荣的嘉奖，对于我个人，对于我在弗莱堡大学的活动，以及对于我与这个可爱的美丽城市的长达几十年的归属关系，都是如此。

请允许我向您和市议会议员们表示衷心的感谢，同时我请求您，还是让这个庆祝会保持为一个想法吧。这样才最合乎我的哲学工作。

由于您的发起，我收到城市管理部门发布的一份关于我生日的公告，这对我来说仍然是一大快乐。所以，请允许我建议，您或许可以委托查林根同乡人，里门施佩格教授（Riemensperger），于 9 月 26 日上午向我转达一份祝愿，以之为城市管理部门的好意的标志。

致以最高的敬意和诚挚的感谢

您的

马丁·海德格尔

262.马丁·海德格尔在谈话中
（1969 年 9 月 17 日）

维塞尔：海德格尔教授先生！在我们时代，有一种声音变得越来越响亮，而且将更加响亮，它鼓吹当代的决定性任务在于社会关系的改变，并且认为这是未来的唯一卓有成效的出发点。

对于这样一种所谓的“时代精神”的定位，您有何看法？比如着眼于大学改革？

海德格尔：我只回答后面这个问题，因为您前面的问题太宽泛了。而且我给您的回答是我 40 年前在弗莱堡大学的《就职演讲》（1929 年）里给出的。

让我把《形而上学是什么？》这个报告中的一句话引在下面：“诸科学的领域各有千秋。诸科学处理对象的方式亦是大相径庭的。在今天，各种学科的分崩离析的多样性只还通过大学和系科的技术组织结合在一起，并且通过各个专业领域的实用目的而保持着某种意义。相反，诸科学的根基在其本质基础上已经衰亡了。”

我相信，这个回答或许就够了。

维塞尔:那么,正是那些合适的动机导致了现代的种种尝试,要在社会层面内,或者甚至在邻人层面内达到一种目标设定的重新定位和一种对于实际情况的“重构”。明显地,许多哲学参与其中,有好处也有坏处。

您认为哲学有一种社会使命吗?

海德格尔:没有!——在此意义上人们不能说一种社会使命!

如果人们想要回答这个问题,那就必须首先追问:“什么是社会?”并且必须来思索一下如下情况:今天的社会只不过是现代主体性的绝对化,由此而来,一种克服了主体性立场的哲学根本就不能发表什么意见。 703

另一个问题是,究竟在多大程度上可以谈论一种社会的改变。要求改变世界,这个问题可以追溯到卡尔·马克思在《关于费尔巴哈的提纲》中说的一句被广为引用的话。

我愿意准确地引用这个句子,并且朗读一下:“哲学家们只是以不同方式解释世界;而问题在于改变世界。”[①]

在引用这句话,并且遵循这句话时,人们忽视了一点:改变世界是以改变世界观为前提的,并且,要获得一种世界观,人们就得充分地解释世界。

这就是说,马克思立足于一种完全确定的世界解释,方得以要求他的“改变”,而恰恰由此,他这句话被证明为没有牢靠根基的

---

① 马克思:《关于费尔巴哈的提纲》,参看《马克思恩格斯选集》第一卷,北京:人民出版社,1995 年,第 54—61 页。——译注

话。它唤醒一种印象,仿佛它是坚决反对哲学的,而实际上这句话的后半句已经暗暗地预设了对于一种哲学的要求。

维塞尔:鉴于一个具体的社会有着多样的任务与关切、困厄与希望,您的哲学在今天何以可能发挥作用呢?抑或您的那些批评者是对的,他们断言,马丁·海德格尔如此专心地研究"存在",以至于他牺牲了 conditio humana[人的条件],牺牲了在社会中并且作为个人的人之存在?

海德格尔:这种批评是一大误解!因为存在问题以及对此问题的阐明恰恰是以一种对此在(*Dasein*)的阐释为前提的,也就是
704 说,是以一种关于人之本质的规定为前提的。而且,我的基本想法恰恰是,存在或者说存在之敞开状态需要人,反过来说,只有当人置身于存在之敞开状态中,人才成其为人。

于是,我何以只关注存在而遗忘了人,这个问题就可以休矣。人们不可能在不问人之本质的情况下追问存在。

维塞尔:尼采曾经说过:哲学家是他那个时代的坏良心。我们暂且搁一搁,不去讨论尼采何以这么认为。

但如果人们来考察一下您的尝试,即着眼于存在而把以往的哲学史当作一种沉沦史来认识,并且因此给予"解构",那么,有些人也许就会受到诱惑,把马丁·海德格尔称为西方哲学的坏良心。

您所谓的"存在之被遗忘状态"和"存在之被离弃状态",最

能体现其特性的标志何在——且不说最能体现其特性的纪念－碑[①]？

海德格尔：首先，当您谈到"沉沦史"时，我必须在某个方面纠正您的问题。它的意思不是负面消极的！

我不想说沉沦史，而只说存在之命运，因为与希腊人那里的存在之敞开状态相比，存在之命运越来越隐匿自己了——直至存在被展开为科学的单纯对象性，在今天则成为对世界的技术掌控的存料(Bestand)。也就是说：我们置身于其中的并非一种沉沦史，而是存在之隐匿(*Entzug des Seins*)。

对于存在之被遗忘状态来说，最能体现其特性的标志——在这里，被遗忘状态始终是从希腊角度，从遮蔽(Lethe)也即存在的自行遮蔽、存在的自行隐匿角度来思考的——也就是我们置身于其中的命运的标志性特征，就我所能观察到的情况而言，就是这样 705
一个事实：我提出的存在问题尚未得到理解。

维塞尔：有两件事是您总是一再地追问并且总是使之变得值得追问的，那就是：科学的统治要求与对技术的理解，这种理解无非是把技术看作一种更快地达到各个心仪目标的合适手段。在我们这个时代里，大多数人都把一切寄望于科学，世界范围的、实即

① 此句中的"标志"(Merkmal)和"纪念－碑"(Denk-mal)构词方式相同。——译注

远离世界的①电视节目也向大多数人表明，人可以通过技术获得他想要的东西——恰恰是在我们这个时代里，您关于科学和技术之本质的思想让许多人大伤脑筋。第一，当您断言科学并不思时，您是想说什么呢？

海德格尔：是为了首先从伤脑筋开始：我觉得这是完全健康的！在今天的世界上还太少伤脑筋了，有的是一种巨大的无想法状态，它恰恰是与存在之被遗忘状态联系在一起的。

还有这句话：科学并不思，当我在一个弗莱堡讲座课中说出这句话时，颇有轰动效应。我这话的意思是：科学并不在哲学维度内活动。但科学却在它不知情的情况下被指引入这一维度之中了。

举例说来：物理学活动于空间、时间和运动中。什么是运动、什么是空间、什么是时间，是科学之为科学不能决定的。可见科学并不思，在这个意义上，科学以自己的方法根本就不能思。

比方说，我不能用物理学方法说什么是物理学。物理学是什么，我只能以哲学追问的方式来思考。“科学并不思”这句话并非一种谴责，而只是一种对科学内在结构的确定：科学的本质包含
706 着，它一方面被指引到哲学所思考的东西上，但另一方面本身又遗忘了这种有待思的东西，没有关注这种有待思的东西。

维塞尔：还有第二，当您说，对于今日人类来说比原子弹的危

① 此处“远离世界的”(weltfern)的日常含义为“隐遁避世的”。我们取字面意义。——译注

险更大的危险是技术的定律(Ge-setz),即“集置”(Gestell)(您把它称为技术的基本特征),就是要以订置(Bestellen)方式把现实当作存料(Bestand)来解蔽,换个说法,把一切都搞成一按电钮就可取回的——您这样说时是什么意思呢?

海德格尔:就技术而言,我关于技术之本质的规定(至今尚未被人们所接受)说得具体点就是:现代自然科学植根于现代技术之本质的发展,而不是相反。

首先要说的是,我并不反对技术。我从未说过反对技术的话,也没有说过反对所谓技术恶魔的话。而不如说,我试图理解技术之本质。

如果您以原子弹的危险性以及一种更大的技术的危险性来引用我这个思想,那么我就会想到今天生物物理学的进展,即:在可预见的时间里,我们将能够制作人类了,也就是纯粹在其有机本质中如人们所需要的那样来构造人类:精干的与笨拙的,机灵的与愚蠢的。事情将发展到这一步!技术的可能性今天已经备好,已经为一些诺贝尔奖获得者在林道的一次学术会议上表达出来了——这是我几年前在梅斯基尔希的一次演讲中已经引用过的。

所以,首先是要拒绝那种误解,仿佛我是反对技术的。

在技术中,也即在技术之本质中,我看到人屈从于某种权力,这种权力向人挑战,面对这种权力,人不再是自由的——在此昭示出某个东西,就是存在与人的关联,而且这种关联在技术之本质中 707
遮蔽自己,也许有朝一日会在其无蔽状态中得到揭示。

此事是否发生,我不知道!但在技术的本质中,我看到了一种殊为深邃的奥秘即我所谓的“本有”(Ereignis)的最初显露——从中您可以得知,根本就谈不上一种对技术的抵抗和判决。相反,关键就在于理解技术和技术世界的本质。以我之见,只要人们在哲学上还活动于主体－客体关系之中,人们就不可能理解技术之本质。这就意味着:从马克思主义出发,我们是不可能理解技术之本质的。

维塞尔:您的所有思索都植根和汇聚于那个问题,您的哲学的基础问题,即所谓“存在问题”。您总是一再地指出,您并不想给迄今为止的存在论点添加一个新的论点。恰恰因为人们已经对存在做了相当不同的规定,比如把它规定为性质、可能性和现实性、真理甚至上帝,所以您才要追问一种可理解的协调(Einklang);并且不是在一种综合意义上,而是作为关于存在之意义的问题。

为什么存在者存在而无倒不存在?——通过您的思想,对此问题的解答得以在哪个方向上开出了路子?

海德格尔:对此我必须分两个问题来回答。第一,对存在问题的澄清。我相信,在您的问题提法中有某种模糊不清。“存在问题”这个名称是有歧义的。一方面,存在问题意味着对存在者之为存在者的追问。在此问题中要规定的是存在者是什么。对此问题的回答给出存在之规定。

然而,存在问题也可能在下列意义上被理解:每一种关于存在者的问题的回答都基于何处?也就是说,存在之无蔽状态究竟植
708 根于何处?举例说来,希腊人把存在规定为在场者之在场状态。

在在场状态中说话的是当前，在当前中含有一个时间要素，也就是把存在规定为与时间相关涉的在场状态。

如果我现在尝试从时间出发来规定在场状态，如果我在思想史上寻求关于时间所说的话，那么我就会发现，自亚里士多德以来，时间之本质是从一种已然确定的存在出发来规定的。这就是说：传统的时间概念是无关紧要的。而且因此，我在《存在与时间》中便试图发展出一个新的时间和时间性概念——在绽出的敞开状态意义上。

另一个问题是莱布尼茨早就提出来过的一个问题，后来谢林又接过这个问题，我自己则在前面已经提及的演讲《形而上学是什么？》的结尾，又逐字逐句地重复了我这个问题。

可是，这个问题在我这儿有着完全不同的意义。关于在此问题中所追问的东西的习惯的形而上学观念意味着：为什么竟是存在者存在而无倒不存在？这意思就是：存在者存在而无不存在的原因或者根据何在？

相反，我追问的是：为什么竟是存在者存在而无倒不存在？为什么存在者具有优先地位？为什么无没有被思考为与存在相同一的？这就是说：为什么存在之被遗忘状态获得统治地位，以及它是从何而来的？

所以，这是一个与形而上学的问题完全不同的问题。也就是说：我追问“形而上学是什么？”我并不追问一个形而上学的问题，而倒是追问形而上学的本质。

正如您看到的，这些问题全都是异常困难的，对于流俗的理解来说根本就是不可通达的。这就需要一种长久的“伤脑筋”，一种

长久的经验，以及一种对伟大传统的真正辨析。在今天，我们思想
709 的大危险之一恰恰就在于，思想——在哲学思想意义上——不再具有任何与传统的真正原始的关联了。

维塞尔：显然，对您来说，一切都取决于主体性的拆解（Abbau），而不在于今天被大写的东西，即人类学和人类中心主义的东西，不在于这样一种观念，即：在他关于自身所具有的知识中以及在他自己完成的行为中，人已经掌握了自己的本质。您却指引人去关注此-在（Da-sein）之经验，在此经验中，人认识到自己是向存在敞开的东西，而存在则作为无-蔽状态而呈现给人。您的全部工作都在于证明这样一种基于此-在之经验而发生的人之存在的转变。

这件被思为必然的事会变成现实，您看到这方面的预兆了吗？

海德格尔：思想的命运到底会变成什么样子，无人知晓。1964年，我在巴黎有过一个报告，并不是我亲自做的演讲，而是有人用法语译文做的，我这个报告的标题为《哲学的终结与思想的任务》[①]。正如我所理解的那样，我在哲学（也即形而上学）与思想之间做了一个区分。

在这个报告中脱离了哲学的思想——这事主要是通过对希腊语的ἀλήθεια[无蔽、真理]之本质的廓清来实现的——，按实事本

① 可参看海德格尔：《面向思的事情》（增补修订译本），中译本，陈小文、孙周兴译，孙周兴修订，北京：商务印书馆，2014年，第80页以下。——译注

身来看，与形而上学的思想相比，这种思想要比哲学简单得多，但恰恰由于它的简单性，它在实行中也要困难得多。

而这就要求：一种全新的语言上的细心和谨慎（Sorgfalt der Sprache），不要一味发表新术语（就像我曾经想过的那样），而是要努力返回到我们本己的、但不断地处于枯萎之中的语言的原始内涵中去。

一个将来的思想者也许会面临一项任务，真正地去承担这样一种思想，就是我尝试为之**做准备**的这种思想。他于是不得不服从海因里希·冯·克莱斯特[①]曾经写下的一句话，这句话说的是： 710

> “他尚未此在，我便在他面前后退，先于他一千年，我已屈服于他的精神。”[②]

---

① 海因里希·冯·克莱斯特（Heinrich von Kleist，1777—1811 年）：德国剧作家、现实主义诗人。一生落魄凄惨，最后自杀。代表作有：喜剧《破瓮记》、浪漫主义剧本《海尔布隆的小凯蒂》以及心理剧《洪堡王子弗里德里希》等。——译注

② 克莱斯特："笔记"（论诗歌与诗人），1803 年 10 月 5 日，载克莱斯特：《关于世事的观察——美学与哲学著作》，海尔姆特·森布德纳（Helmut Sembdner）编，斯图加特，自由精神生活出版社，1958 年，第 20 页。——编注

711

263.1969 年 9 月 26 日
在梅斯基尔希的答谢词*

我的第一份感谢只是一种无语。我把它献给亲人们，你们为小孩、少年、青年、男人和老人带去信赖和照顾，而且一仍其旧。

这份感谢将永远留给感恩者，留在他所接受的东西背后。

但公开的感谢首先要给您们，市长许勒先生(Schühle)、市议员们以及安排本次庆典的市政当局。同时也要谢谢您们刚刚送给我的礼物；尤其是为了这本小书，您们与克劳斯特曼博士先生一起，使得更广大的读者群能够获得这本书。

这份感谢也要给梅斯基尔希的克罗伊策尔乐队(Kreutzer-Chor)，以及它的指挥奥伯莱尔·里特尔先生(Oberlehrer Ritter)。这个乐队守护着来自山谷磨坊的男人的思念，这真是好事一桩。

最近一些日子，我常常在回想十分美好和成功的我七十岁生日庆典，刚刚也在想着这事儿。我觉得它仿佛就在今天；而实际上，之间已经十年过去了。在这个不长的时间范围内，不安宁的世界遭受了急剧发生的种种变化。过去固然已经可疑的期望，以为故乡的家园性质还可能得到挽救——我们现在再也不能继续抱有这样一种期望了。更恰当的说法，是我 1946 年写给一位法国友人的信中讲的:“无家可归状态乃是世界命运”。现代人正在这种无家可归状态中安排自己。

然而,这种无家可归状态却隐藏在一个现象背后,我的朋友辻村(Tsujimura)[①]已经指出这个现象,我则把它简洁地命名为“世界文明”,它在一个世纪前也侵入日本了。世界文明在今天意味着:自然科学的统治地位,经济、政治、技术的统治地位和优先地位。712 其他所有的东西甚至不再是上层建筑,而只还是一个十分脆弱的附加建筑了[②]。

我们处于这种世界文明中。针对世界文明需要做思想的争辩。这种世界文明此间已经遍及全球。因此,辻村先生,我们的困境与您们的困境是同一的。您做了一种尝试,试图通过几个例子来使禅宗变成“可理解的”,您以此对梅斯基尔希人和我本人提出了一些过高的要求。对此我在这里不能深谈,但我想提及一个也许您也熟悉的事实。

1929 年,我作为我的老师胡塞尔在弗莱堡大学的教席的继承人,以《形而上学是什么?》为题做了我的教授就职讲座。在此讲座中,我谈到“虚无”(Nichts);我试图指出,区别于一切“存在者”,“存在”不是任何“存在者”,在此意义上“存在”就是一种“虚无”。德国哲学(外国哲学亦然)把我这个演讲称为“虚无主义”。次年(1930 年),有一位日本年轻人,名叫汤浅诚之助[③],年龄也许跟您

---

① 应指日本和尚辻村公一(Tsujimura Koichi),海德格尔的日本弟子。——译注

② 此处“上层建筑”(Überbau)和“附加建筑”(Nebenbau)。——译注

③ 当时就读于弗莱堡大学哲学系的日本人汤浅诚之助(Seinosuke Juassa),曾于1930 年完成海德格尔《形而上学是什么?》的日语翻译。——译注

儿子差不多，样子也像，他当时在第一个学期，听了我这个就职讲座，就把它译成日语了。他懂得我这个讲座想要显示的东西。这足以充当对您的演讲的回应。我要感谢您，也请您代我问候日本朋友们，尤其是您最亲密的老师、也是您的教职前任西谷教授(Nishitani)[①]，并且请代致对西谷教授的老师田边教授(Tanabe)[②]的思念，后者于1922年来弗莱堡求学，当时我自己还是一名新手，向他讲解了“现象学思想”的基本特征和方法。他成了日本最重要的思想家，孤独地死于山间，也许就像您刚才所概述的方式。

还有，亲爱的欧根·芬克，我要感谢您。但我必须纠正市长先
713 生的说法，您并不是我在弗莱堡大学的第一哲学教席的继承人。我倒是希望如此，但您不愿意。您仍然赢得了您自己的位置和您自己的影响力。您在讲话中关于我个人说了许多，也许说得太多了。但对于了解您的思想的人来说，处处回荡的其实是您常常认识到的(也许在我的学生当中第一个认识到的)想法：我把思想规定为一种“有限的”思想，更有甚者，是无疑值得追问的关于“存在之有限性”的想法。如果我们把您为了我的荣誉和我的“名声”而在这里所讲的一切都归于这种“有限性”，那么，我们相互间就达成一致了。

我曾说过：无家可归状态乃是一种以世界文明为形态的世界

---

① 指西谷启治(Nishitani Keiji，1900—1990年)：日本当代哲学家，日本京都学派的代表人物。——译注

② 指田边元(Tanabe Hajime，1885—1962年)：日本当代哲学家，曾留学德国，后任日本京都帝国大学教授。——译注

命运。看起来,仿佛这种世界文明——现代人不是自己为自己弄来这种世界文明,而毋宁说,现代人是“被遣送入”这种世界文明中了——带有一种对人之此在的阴霾化(Verdüsterung)。看来如此。不过,倘若我们只想到这个地步,而不再探其究竟,即不再思考一种转折(Wende)的可能性,那是错误的。但我们对于将来一无所知。也许一切都将终结于一种巨大的荒芜化(Verödung)。也许人类以自己的谋制(Machenschaften),在他所谓独特的“制作物”中终将厌倦于自身,并且突然地开始追问。也许情况可能是,这种荒芜化触及范围如此之广,需要变得那么浅薄,以至于人类竟再也不能觉察到自己的此在的内在崩溃和空虚。也许也可能有其他事情发生。无论如何,无论如何到来和存在,**我们不可一味悲叹和抱怨,我们必须追问**。

714 # 264.技术——其本质是不可知的*

（1969年9月27日）

今天，有些人似乎正在绞尽脑汁，要为现代技术以及与之同一的科学的支配作用寻找一个历史观念，从而可以把由这种支配作用规定的世界状况编排入这个历史观念中，因而使之进入一种可理解状态之中而将其把捉。但即便这种情况如愿以偿，现代技术以及被分派给现代技术的科学本质上还是不可知的。

诚然，倘若现代技术本身的本质是从自身中显示和先行烙印了天命的形态，与此天命相归属，一切都进入其命运性的东西之中，那就会有不同的结论。

为了勘察此类可能性，我们就必须首先学会，思考“本真地”已经发生的东西的本质，并且在持续不断的追忆中记住这个东西。

265.追问人类之逗留
——在阿姆里斯维尔[①]举行的生日庆祝会上的答谢词
（1969年9月28日）

亲爱的拉雷泽先生，亲爱的朋友们，尊敬的客人们！

开始和结束都是感谢。首先要感谢您，亲爱的拉雷泽先生（Larese）。您和世界村成功地搞了一个庆典。

为了恰当地感谢您们，我在这个时刻似乎想回避。

每当我来阿姆里斯维尔，真正感动我的总是这个村子与豪普维尔村的切近，荷尔德林于1801年1月从西格玛林根、宇柏林根、丁格斯多夫、康斯坦茨漫游到豪普维尔村。[②] 他只能待三个月，4月又重回施瓦本故乡。之后不久，他得了灵感，创作了题为《返乡》的一首诗。这首诗的最后一节说：

---

① 阿姆里斯维尔（Amriswil）：瑞士地名。——译注

② 西格玛林根（Sigmaringen）、宇柏林根（Überlingen）、丁格斯多夫（Dingelsdorf）、康斯坦茨（Konstanz）、豪普维尔（Hauptwill）均为德国巴登－符腾堡州的地名。——译注

当我们忙完一天生活，你们说，我如何表达谢恩？
呼唤那高空的天神么？……

“我如何表达谢恩？”——唯当谁经验到了一种归因，也即对规定着他、非他本身所是的东西的归因，他才可能谢恩。归因（Sich-Verdanken）意味着：知道或者至少预感到，或者哪怕只是追问：我们逗留于何处？这个关于当今时代人类之逗留的问题，我眼下只想追问，而不是解答。

*

荷尔德林在豪普维尔逗留之后的返乡首先是向施瓦本地方的
716 返乡。但这也是向他那伟大的诗歌使命之居所的返乡；因为从这些年开始，他创作了一些伟大的哀歌、颂歌，以及一些诗歌草稿。但返乡对他来说也是神经错乱。在某个神秘的夜晚，夜幕之降临为这位诗人送去一种道说（Sagen），我们到今天才慢慢学会了倾听这种道说，而且在“晚期诗歌”名下知道了这种道说。

诺伯特·海林格拉特就已经认识到了这些晚期诗歌的清晰性（正如他所说的）和尊严。这些诗作中的一首，是荷尔德林在他死之前一年创作的，题为《秋天》，第一句诗是：“**自然的闪光是更高的显现**。”难以解说，但很简单。这个诗句的意义可追溯到斯泰格（Staiger）先生前面提到的赫拉克利特的句子。[①] 如果我们来追问

① Φύσις κρύπτεσθαι φιλεῖ（残篇第123）。“涌现，把恩惠捐赠给自行遮蔽。”——原注

当今时代现代人的逗留，我们是要问：还有自然的闪光吗？还有一种显现吗？甚至还有一种更高的显现，也即：高空的显现（das Erscheinen des Hohen）吗？

自然的闪光被伪装和阻挡了，它的显现被禁阻了——只要我们在这样一个时代里生活，在其中，在场者只以人类的谋制（Machenschaft）所置造和订置的东西的形态而在场。而且，这种存料（Bestand）同时是不可持存的东西，其目标是损耗、替代和不断超过自己。

替代可订置者的显现，而且这是如此确实，以至于我们今天甚至不知道，可订置者本身也即可订置性（Bestellbarkeit）源自何方？现代人以为，他制做自己和他周围的事物。说这种存料的可订置性只是被希腊人思为在场者之在场状态的东西的一种隐蔽命运，这是现代人无法理解的。

因此，现代人看不到，更不用说追问，他逗留于何处；他所遭受 717
的东西对他隐匿起来；更有甚者，他不能隐匿这种隐匿本身；更有甚者，他不能思考也不能追问，是否他的逗留地带的隐匿也许导致了某个东西，在其中更高者被扣留起来而不再给人了——这种扣留并不是空洞的虚无，而是一切所谓实在论的制做和推动的唯一实在性。

我们要追问这样一个问题：我们的居住是在一种高空之扣留中的逗留[①]吗？在这样一种扣留中，起支配作用的是不是一种震

① 此处"在一种高空之扣留中的逗留"原文为：der Aufenthalt in einem Vorenthalt des Hohen。注意其中"扣留"（Vorenthalt）和"逗留"（Aufenthalt）的词根联系。——译注

颤状态(Betroffenheit),它完全不同地击中了人的本质和居住,不同于今天可订置的存料和所谓的实在性?

倘若是这样的情况,那么,为这种隐蔽的在场者所击中,思想也必定首先发生了转变。而且,思想在此应当听从荷尔德林的一封书信里给出的一个暗示,也就是这位诗人在1802年秋天,他在豪普维尔的逗留不到一年半之后,写给他的友人波林多夫的一封信,信中写道:“我亲爱的!我想,我们诗人直到我们这个时代都没有受到评论,而倒是一般歌唱方式将取得另一种特征……”现今时代的思想难道不应当取代逻辑实证主义和科学理论跟在时代的谋制状态后面赛跑的做法,不应当取得另一种特征吗?我们虽然不能一举跃出技术世界,因为技术世界是现代生活的一个必要条件。但是,这个条件不是一个充分条件,它达不到也许能使人类此在获得拯救的东西。因此,这种思想必定要始于这样一个问题:**在今天,人类的居住是在高空之扣留中的逗留吗?**

266. 向哲学系致谢* 718

马丁·海德格尔

弗莱堡-查林根

罗特布克 47 号

1969 年 10 月 25 日

致阿尔伯特·路德维希大学

哲学系副主任

弗兰茨·林克教授

亲爱的同事！

特别感谢您为我八十岁生日发来的友好的贺信，我也请求您，为系里的祝愿和礼物转达我的感谢。

我的愿望是，愿我们哲学系面对技术-经济的诉求，重新发挥出它的"哲学的"显著作用和卓越贡献。

致以友好的问候

马丁·海德格尔

719

267. 您的信是一份宝贵的财富*

1969 年 10 月 25 日

联邦总统先生！

您为我八十寿辰写来的信，对我的余生和事业始终是一份宝贵的财富。我为此要衷心地感谢您。

我尝试酝酿的思想，在不可避免的技术时代将越来越难以唤起沉思者和共思者，并且将越来越难以依然保持对于直接无用之物的控制性权力的感受，因为一切有用之物都是可服务的，没有它的支配作用就什么也没有。

总统先生，请允许我除了感谢再奉上我的愿望，愿您的思想和行动的“直感”[①]（就像歌德所言）能有力地促进单纯有用之物那一面，但同时能让无用之物的神秘毫不显眼地显现。

致以崇敬的问候！

您的马丁·海德格尔

---

① 此处“直感”原文为 Geradsinn（作者指出是歌德的说法），或也可译为“直觉”。——译注

268. 找到正确的道路* 720

马丁·海德格尔 弗莱堡－查林根

罗特布克路 47 号

1969 年 10 月 25 日

致阿尔伯特·路德维希大学校长

布鲁诺·伯施教授先生

校长阁下!

感谢您给我八十寿辰的祝愿和礼物,希望您和全体同仁在这个纷乱不堪的和难以洞穿的高校形势里找到正确的道路,维护学术的得到正确理解的"理论"以及"实践"的有效性和界限。

致以友好的问候!

马丁·海德格尔

721

269. 致1969年11月17—21日在夏威夷檀香山举行的海德格尔会议代表的祝词和答谢词

(致波格曼教授的信)

海德格尔
78弗莱堡-查林根
罗特布克路47号
联邦德国　　　　　　　　　　　　　　1969年7月4日

尊敬的同行!

您7月23日的来函对我来说是一大荣誉。对于您和其他先生们对我的工作的兴趣,我深表感谢。

得知您和日本同行们正在计划一次研讨会,以庆祝我的八十寿辰,为此我也深为感谢。我一再急切地感觉到,要开展一场(由此出发)与东方世界的思想的对话。但我认为这种对话的最大困难在于,无论在欧洲还是在美洲,除了少数例外,人们都没有掌握东方语言。而把东方思想翻译为英语,这种翻译与其他所有翻译一样,都只是一种权宜之计。尽管有这种尴尬的情况,我仍希望您所计划的会议将是卓有成效的。极为热情地，您为我提供了所有的方便，邀我参加这次在夏威夷的聚会。可是——正如您已经正确地猜测到的那样——以我的年纪，我不再能做这样的旅行了。

至于您所请求的祝词和开幕致辞，如果我不能满足您的要求，那我就不得不对您的善意表示歉意了。现在方方面面都向我提出 722
这样的请求，以至于为了不伤害个别，我只好全都拒绝。请您理解我的决定。

为一次卓有成效的对话，请代我向您的同事们转达我的感谢和最美好的祝愿，并向您和其他先生们致最热诚的问候。

您的

马丁·海德格尔

弗莱堡，1969年10月29日

尊敬的同行，

十分感谢您10月21日的来信，以及在信中再度表达的对我的工作的兴趣。如果您想友好地把我的信当作对会议代表的特殊问候和感谢，在会上朗读并印刷，这对我来说当然只是一种满足。您随时都可得到我的同意。

我也要再次感谢，很荣幸您们为我确定了这次会议的日期；要是年轻些，我会很高兴接受您的邀请的。

向您和会议代表致以亲切的问候

您忠诚的

马丁·海德格尔

270.写给扬·阿勒纪念文集*

(阿姆斯特丹)

弗莱堡,1970 年 11 月

亲爱的阿勒先生,

为了回忆您在弗莱堡大学求学期间我们度过的共同时光,让我以枯燥乏味的罗列方式,把您参加过的我主持的讨论班练习课记录如下:

1935 年夏季学期:黑格尔《精神现象学》(续)

1935—1936 年冬季学期:莱布尼茨的世界概念与德国唯心论(中级)

1936 年夏季学期:康德《判断力批判》第一部。

您的名字被登录在我使用的讨论班手册上,这就提供了一个证据,表明您参加了相关的文本阐释课程。

与练习课同步,您在 1935 年夏天听了讲座课《形而上学导论》,它作为一本书出版于 1953 年;在 1935—1936 年冬季学期,您听了讲座课《形而上学的基本问题》,它作为一本书出版于 1963

年，书名为《物的追问》。[1] 在后面这个讲座中，我试图推动关于世界概念和“时间－空间”问题，因为此间我已经清楚地意识到，由我发动的关于存在与时间的追问是不充分的。我探索时间与空间及其统一性的起源。这种尝试在途中失败了。我选择了一条出路，进入对康德“纯粹知性之原理”的解释，这种解释同时也给出了一
724 种对我 1929 年出版的康德书[2]的必要补充。1936 年夏，您听了我关于谢林的讲座。那是对谢林《论人类自由的本质以及与之相联系的对象》（1809 年）一书的解释。[3]

上面做的简短报道是为何呢？它是要向您证明，从当时与您毫不起眼的谈话面试中我就已经得知，您在上列练习课和讲座课期间并不是一个从属者，而是成了一个聆听者，因而成了一个追问者；而我自己则是一个通过教课总是重新学习的人。

如今，“教师与学生共同体”这个说法已经成了一个被嘲笑的空话，因为被订置为人类此在之决定性主体的工业社会，通过它对思想的畏惧，只还乞灵于信息了，并且以其“思维模式”截住了自己通向它本己的值得－追问状态的去路。唯这种值得－追问状态或许可以把它带到那个逃避所谓的人类自我生产和一切可制作性的东西面前。

亲爱的阿勒先生，您把自己的思想和教学工作奉献给关于艺

① 现被辑为《海德格尔全集》第 41 卷。——译注

② 指作者的《康德与形而上学问题》，现被辑为《海德格尔全集》第 3 卷；参看中译本，王庆节译，北京：商务印书馆。——译注

③ 现被辑为《海德格尔全集》第 42 卷；参看海德格尔：《谢林：论人的自由的本质》，中译本，王丁、李阳译，北京：商务印书馆。——译注

术的沉思。我希望您在此计划方面有真正的和持续的推进。我衷心地问候您，并且以若干问题来结束我的简短回忆。如果您自己以深远的思虑来对付这些问题，那么，对于一种回答来说就已经够了。我的问题是：一件艺术作品与生产和消费社会的产品处于何种关系中？在这种社会中，一个被创建而持存的东西意义上的作品还是可能的吗？这时候，“持存着”(bleibend)就意味着：对进入另一种创建(Stiftung)之中的没落来说是决定性的。在一个社会中(它的规划意志必定越来越多地“显露”出来)，难道真正的将来不会被取消掉么？与之相随，难道关于传统的主要规定性不会被取消掉么？

十分想念

您的

马丁·海德格尔

725

271.坚信礼

弗莱堡,1971年4月28日

亲爱的阿尔穆特,

对你的节日,我们送上我们衷心的问候和美好的祝愿。

坚信礼[1]意味着:固定,而且是把心灵固定于你迄今为止可以通过父母姐妹、通过学校和朋友接收到的所有的善良和慈爱、守望和相助之情。

但坚信礼同时也意味着:勉励,把这种馈赠保存于将来的岁月里,并且更丰富地发挥出来。

在今日时代里,比起你爷爷在你这个年纪的时代(《乡间路》对你讲了一些),年轻人要找到和守住自己的道路无疑是更为困难了。

然而,人被分配了艰难困苦,为的是人能承受艰难,同时由此学会克服自己,从而成长起来,变得宽容大量,在馈赠和接受信赖之际把自己巩固起来。

---

① 新教的坚信礼(confirmatio,又译坚振礼),是进入成年期的一种宗教仪式。——译注

以此方式，我们人才会真正地开放，真正自由地面对明朗和美好，持久和伟大——生命的礼物和珍宝，我们总是应该，而且总是可以重新带着感恩之情朝向它们。

在你如此热心地呵护的音乐中，你可以经验到一个奥秘，那就是：声响的快乐音调是由规律和法则决定的，我们身上的耳朵恰恰听不到它们，但它们在音乐艺术作品中却是决定性的。相应地，一位古希腊思想家的一个箴言已经说了："不可见的和听不到的和谐 726
比可见的和可听的和谐更强大。"[①]这话恰恰也适合于人与人之间的所有关系。

亲爱的阿尔穆特，在你的坚信礼的日子里，我们特别地想念你。

你的爷爷和奶奶

① 此为古希腊思想家赫拉克利特的箴言（残篇第54），通译为："看不见的和谐比看得见的和谐更美"或"看不见的和谐好过看得见的和谐"。——译注

727

272.书信——序言

弗莱堡,1972 年 6 月 7 日

亲爱的蒙吉!

以此信我首先要感谢您出色的研究著作《海德格尔与价值概念批判》。在我看,有三个事实是特别重要的:

其一,您着眼于整个西方哲学史,清晰地认识到了一种有关价值概念的批判性探讨的基本意义和必要性。

其二,您把我从《存在与时间》以来分散在不同著作中的有关价值概念之批判的尝试,汇聚到一种统一的描述中了,而这种统一的描述是以《尼采》讲座中的阐述为定向的。

其三,您把价值问题带入一种与存在问题的决定性联系之中了。

以这种方式清晰地定向的对于价值问题的处理,在您的文本中达到了一种异常清晰和鲜明的描述。

因此,我特别希望您的研究作为一种有关价值问题的原则性探讨,能很快以合适的形式公之于世。为了保证不光在哲学圈里,而且在今日历史性的社会生活的所有领域里获得决定性的作用,我觉得,有益的做法或许是,您可以适当扩展自己关于价值思想之作用和价值概念在现时代的多样使用的简短的引导性梗概，并予以更为具体的把握。

对与存在问题紧密相关的价值问题的严格探讨，在价值问题的起源和发展的历史的所有三个阶段（柏拉图、康德、尼采）中，都 728
必然地导致一些重要的和困难的问题，而居中心地位的就是“存在学差异”现象和ἀλήθεια［无蔽、真理］意义上的“真理”现象。因此之故，对于经过十分彻底的深思的说明，是必须在正文合适的地方做一番探讨的。您在那里提出了一个重要的、批判性的问题，即关于在“形而上学的主导问题”和“基础问题”中出现的两种关联的问题，即：“存在者与存在”的关联，区别于存在与存在之真理的关联。如果我正确地理解了您的描述，那么您要追问的就是，在“基础问题”中的关联是否径直就是在“主导问题”中与我的思想的决定性问题——即“存在之意义”问题——的关联的摹写？在两种关联中涉及的是不是“使……成为可能”（Ermöglichung）现象？我的回答是：确实是，两者涉及**同一**个现象，但不是相同的现象。

由于您援引了荷尔德林的一首诗，并且指出荷尔德林对“敞开的”（offen）一词的使用，上面这个论题现在变复杂了。这个论题要求一种特殊的处理。在此我只能限于一种简短的说明：诗歌《害羞》（Blödigkeit）是诗歌《诗人之勇气》（Dichtermuth）的第三稿。在第一稿第 16 行中尚未出现“敞开的”一词；那里说的是：“依赖每个人”；只是到第二稿里才有：“向每个人敞开”；这意思是说：襟怀坦白的、信赖的，而不是矜持和保留的。

在哀歌《乡间行》的第一行诗中，“敞开者”（Offene）显然具有上面这个含义：“来吧朋友，进入敞开域中！”也即进入我们能够相互信赖、共同存在的地方。

在诗歌中,“敞开域”并非特别地在澄明意义上被思考的——诚然,这种澄明首先在“存在学上”使那种信任和信赖的关系成为可能。我的荷尔德林阐释所取的方向是:对荷尔德林的诗句做一种思想性的解说,而这并不意味着,荷尔德林也已经在哲学上思考这一现象了。

729 所以我想建议,姑且省掉关于诗与思的关系问题,可另作探讨。光是价值问题就已经够难的了。

您这方面的研究做出了一种出色的贡献。

关于柏拉图的ἰδέα τοῦ ἀγαθοῦ[善的理念]的解释,我们必须做一次特别的对话,也许得与穆尼尔(Munier)先生一道。在我的文章《柏拉图的真理学说》中[①],我对ἰδέα[相、理念]问题的探讨并不顾及辩证法,也即没有充分地阐述由此得到规定的存在问题。在此起作用的是一种十分困难的事态,它后来规定着整个形而上学历史:关于ὄν[存在]的规定早就与关于ἕν[一]的规定纠缠在一起了,甚至于关于“统一性”的问题超越了关于存在状态的问题,ἀλήθεια[真理、无蔽]现象最终对于形而上学来说是隐藏的。对此我已经在我的马堡讲座稿中做了探讨,尽管还是不充分的。在此也显而易见,存在问题也只有作为与整个存在命运(Seinsgeschick)之传统的对话才能得到探讨。奇怪的是,今天的实证主义和科学理论对这一事实一无所知,甚至于根本不想知道。

---

① 参看海德格尔:《路标》,《海德格尔文集》第9卷,中译本,孙周兴译,北京:商务印书馆,2014年,第236页以下。——译注

然而，连价值问题也归属于这个视角，而对价值问题的处理，您做出了如此精美的贡献。

衷心地问候您，对您今后的研究致以美好的祝愿。

(……)

您的马丁·海德格尔

730

273. 打印的致谢辞*

（1972 年秋季和 1973 年秋季）

马丁·海德格尔　　　　　　　　　　弗莱堡－查林根

费里巴赫 25 号

1972 年 10 月 25 日

衷心感谢友好而亲切的记挂，以及与之相随的礼物。

但我要请求您们理解，我因年事已高，不再能够以恰如其分的方式消受各种各样的馈赠了。所以只能满足于不起眼的纸上的单调感谢了。

马丁·海德格尔

马丁·海德格尔　　　　　　　　　　78 弗莱堡－查林根

弗里巴赫 25 号

1973 年 10 月 15 日

感谢记挂，

问候并致以最美好的祝愿

忠诚的

马丁·海德格尔

731

274. 怀念马塞尔·马修

（1973年1月）

几天来，这张拉格[①]村庄的图片摆在我面前。通常它与其他展示布斯克拉兹和勒托尔[②]的图片放在一起，平放在工作台上，为的是让自己有机会回忆起在心爱的普罗旺斯的曾经的日子。拉格，马塞尔·马修的诞生地，位于雷班克高地与大卡姆福克斯平原之间[③]，现在死神已经从那里把他带走了。上述地点的范围，本身就属于一个地区，其中心由布斯克拉兹构成，西面包括勒托尔。而这个地区的确定边界又毗邻于旺度山[④]和带有比伯穆斯的圣维克多山[⑤]。

只是罗列地方吗？看起来是这样。但地方的特性隐瞒于此，

---

① 拉格（Lagnes）：法国村庄名，位于法国东南部。——译注

② 布斯克拉兹（Les Busclats）和勒托尔（Le Thor）：法国地名，位于法国南部，普罗旺斯北面。——译注

③ 此处地名雷班克（Rebanque）和大卡姆福克斯（Les Grands Camphoux）未查明，采音译。——译注

④ 旺度山（Mont Ventoux）：法国地名，在普罗旺斯一带。——译注

⑤ 圣维克多山（Montagne Sainte-Victoire）：法国地名，因画家塞尚的画作而闻名世界。比伯穆斯（Bibemus）：圣维克多山山区地名，塞尚画过它的采石场。——译注

即：每个地方都以自己的方式把那里居住的人们及其所作所为、作诗与运思聚集于自身，给予烙印，进行调校。

现在我想，拉格，那是孤寂者的故乡村庄，其墓地的土地把它的终有一死的人召回到自身那儿，并且把一种简单生活的财富庇护于它的安宁之中。这种安宁的安抚作用向上伸展到雷班克，向下伸展到大卡姆福克斯。在其中显现出可敬女士的形象，后者憩息于变了样的形象中。

在卡姆福克斯，受到女主人招待的客人由于她的亲近而不知不觉成了东道主，就仿佛通过她的朴素好客（其中同时隐藏着一种克制的骄傲），从并非太过遥远的海滨依然吹来古老希腊的热情好客的气息。

然而，这种骄傲却被一种奇妙的畏惧所抑制，这种畏惧是如此原始，仿佛它针对的是她自己的此在（Dasein）本身。

唯当卡姆福克斯的女主人邀请朋友们到雷班克高地（有着对 732
一片伟大风景的多形态的全景环顾）时，她的畏惧的毫不显眼才得以显露出来了。那上面，她为有创造和塑造精神的人们随便多长久的居住提供了一间农家式的布置简朴的山地小房子。在朋友们谈话时，她始终是安静地留神细听的听众，只关心朋友们的安康。她在此既不是女主人也不是女仆，而是超越两者节制地顺从于某个未被言说者。

也许，在她许多次独自穿过家乡土地的远游中，她就在与这个未被言说者做静静的对话。

还有畏惧？其中有一个宝贵痕迹，她已经把它留给我们了，留在弗莱堡了——在一次有意的访问中，她站在我们家门口，不敢大声说话，然后又离去了。

因此，有时候，未实行者比被道说者和已实现者更强大、更持久。

孤寂者投宿于一种转变了的在场状态之中了。

但对朋友们而言，依然有几分感谢，以及“先行于一切离别”的努力。

弗莱堡，1973 年 1 月

马丁·海德格尔

275.代替一个讲话

为梅斯基尔希人文中学落成典礼

(1973年7月14日)而作

人文中学的大楼矗立着。它的设施满足了工业时代学校教学的最新要求。

我们要问:人文中学矗立在哪儿?答案显而易见。它矗立在一条宽阔的马路边。这条马路从前是一条狭窄的乡间路,今天和明天依然以隐蔽的方式是这条乡间路。

对于一个在许多年前经常走在上面的学生来说,这条乡间路变成了一条思想之路,这种思想试图沉思伟大思想家的典范,旨在向他们学习。

最伟大的德国思想家是伊曼努尔·康德。他自1724年至1804年间生活在柯尼斯堡(东普鲁士),在柯尼斯堡大学任教。他的父亲从事皮革制品手工业。他的母亲生在列乌特①,其祖先原是施瓦本人,从图宾根迁到纽伦堡,最后到了柯尼斯堡。

在一个关于逻辑学(关于思想的学说)的讲座中,康德谈到思想的领域。他用下面的句子来描写这个思想的领域:

---

① 列乌特(Reut):德国巴伐利亚的一个镇。——译注

思想的领域……可以表达为下列问题：

1. 我能知道什么？

2. 我应当做什么？

3. 我可以希望什么？

734 通过上列问题，康德思想穿过自己的领域。但思想的乡间路并不仅仅在于上述三个问题。思想家康德加上了第四个问题，叫作：

人是什么？

只不过，这第四个问题并不是补充性地附加在上列三个问题上的。康德倒是明确地指出：

根本上前面三个问题关乎最后这个问题。

这一切告诉我们：在思想之乡间路上的行进乃是持续的追问：人是什么？

如果说在今天，在技术工业社会和技术信息传达的时代里，我们试图穿行于思想的领域，那么，我们发现自己面临着这样一个令人震惊的问题：

人是那种生产自身以及自己的生活手段的动物吗？

抑或：

人之此在(Dasein)是由一种他所不能支配，而是必须在其全部所作所为中服从的命运来规定的吗？

这就是通过思想之领域的支撑一切的问题。

上述思考始于一个看起来肤浅的问题：人文中学矗立在哪儿？也始于一个明显的、近乎肤浅的答案：它矗立在早先的乡间路上。

如果我们在穿过思想之领域的道路以及思想的急迫的主导问题"人是什么？"意义上来倾听乡间路(*Feldweg*)这个名词，那么，人文中学诚然不是矗立在乡间路上，而只是矗立在乡间路旁。[①]这就是说：

人文中学的使命不在于，追问甚或解答"技术时代里人是什么和人是谁？"的问题。但人文中学矗立在乡间路旁——不论它的师生是否特别地知道和思考这一点——处于由"现代人是谁或者现代人是什么？"这个问题造成的窘境的边缘。关于现代人是谁的规定从何而来？有关这种规定的来源问题与所有关于日常任务和诉求的自身规定和共同规定相比，有着不可超越的优先地位。 735

关于人之规定的问题的窘境涉及每一所人文中学。每一所人文中学都矗立在乡间路旁。更为甚者：每一所学校——不论是小学、中学、高级中学、职业学校，还是任何类别的高校——整个学校

---

① 作者此处用了两个不同的介词"在……上"(auf)和"在……旁"(an)。——译注

教育、整个国家，都不可能回避关于人之规定的问题的窘境，因为人由于其本质的有限性而持续不断地遭受到错乱(Irrnis)的危险，注定要去追问“人是什么?”的问题。

乡间路旁的人文中学——我觉得，这或许是这座新楼的恰当铭文，想必它还没有适恰的写法吧?

诚然，有时候，这个未写的铭文必须由师生们各各以自己的方式来加以评论和思考。

人文中学，乡间路旁的学校——这个位置规定所命名的，无非是现代人之本质的值得追问性，现代人的此在及其谋制(Machenschaften)的自我威胁。

马丁·海德格尔(市立中学1899—1903年学生)

276.弟弟八十寿辰致辞 736

（1974年2月6日）

亲爱的弟弟，

当着你的至爱的面，怀着对此前已经离去的至亲的思念，我要为你的八十寿辰献上几个礼物。

其一是我亲手写的文本。其中第一个文本包括我新近的思与言的两个尝试。第二个文本关乎我们共同工作的岁月的回忆，当时是里塞尔（Liesel）悉心照料我们的；因此这个文本也是对她的纪念。

这些文本当在孤独、但明朗的时光里跟你说话，与你交谈。

我们这般高龄的日夜，若要不至于沦于空虚，就需要常新地和沉思地专心致志于恒久持存的东西。尤其是这样一个时代，这个时代往往只推动变化，把一切都硬拖入公共性之中，这个时代对于不显眼者的神秘运作和闪现一无所知。

与我写下的文字这件小礼物相随的第二件礼物，是这样一些照片中的一张。这些照片展示出一条乡间路，而且是老旧狭窄的乡间路，还不是铺上沥青的路：从庭院门口，穿过通向恩里特（Ehnried）的戈尔德施（Goldesch），直到橡树下的椅子。这些关于乡间路的照片对于回忆我们青年时代整个多样的地方风情是有代表性的。

但关于我们青年时代的最美速写,你自己为我的八十寿辰而写的长信(已印刷)中已经抓住了。岁月匆匆,很快又五年过去了。

737 碰到陌生人或者访客,你在自我介绍时经常自称为"小海德格尔"、"差劲的海德格尔"。这时候我总是想——此时就让我直说吧——:小(minor)与大(maior)的程度差别,从一开始就基于一种兄弟共性而得到了平衡。这种共性就是"诡黠"①。

"kuinzig"(诡黠的)一词在字面上同样难以正确地表达出来,就如同按照所指的实事内容来看,它不能充分准确地得到规定。在某种程度上,该词包含着苏格拉底的反讽(Ironie)的痕迹,甚至可以说是这种反讽的变种;这个苏格拉底在哲学家当中的突出之处在于,他从未写过一行字,但却能把他的弟子柏拉图培养成为西方最伟大的和最有影响力的思想家,而且是通过他所奉行的独特的对话方式。

生日致辞通常要以对未来的美好祝愿结束。以我们这般高龄,未来的跨度会越来越快地收缩变窄。因此,如果我们能够先行为这种残留着的狭窄跨度建造一个完全不同的宽度,从而泰然镇静地把人生落坡纳入精神之贫困中,那就是最好的了。

亲爱的弟弟,但愿你能获得这种先行建造,但也不至于为此失去你的幽默,你比人们所以为的更深地懂得你的幽默——这就是

---

① 此处"诡黠"(das Kuinzige)为阿雷曼语,更接近于于绍兴民间俚语"调摆"(音)。参看本卷第220篇文章及中译者注释。——译注

我身为兄长对你八十寿辰的祝愿。同时祝福今天团聚在你身边的全体亲人们。

为强调这份祝愿,但也为感谢你的邀请,按老规矩,让我们举杯,为你的健康干杯!

738

277. 纪念多年同事、博士希尔德加特·费伊克女士（1974年）

亲戚朋友当中，没有人会猜到，也没有人会担心，这位不倦的充满活力的女士如此突然地告别了我们。

她开始从事我的著作的研究，与埃贡（Egon）和多利·菲太（Dory Vietta）友好地合作，参与我的讲座课和练习课。

在她们早逝以后，费伊克女士另做打算，找到了一项特有的任务，意在推进对我的著作的研究，以及对我的问题的深思：

她着手编写了《存在与时间》的索引。这个索引很快就出版了扩充第二版，而且此后始终是深入修改的对象。

当然，我们经常在谈话中探讨一个索引的界限和危险。

界限显示在，一个还如此详细的索引必然肢解了一部著作的整体，而且阻止了理解其最内在运动的路径。

而危险则来自一个显而易见的诱惑，即会放弃对这部著作的钻研，并且根据总是直接协商好的概念来搜索和利用这部著作。

然而，费伊克女士却坚定地守住自己的意图，并且把索引做成一个特有的形态，以此来减轻顾虑。

替代一个单纯的词语一览表，她为引导词语提供了一个上下文,其做法是,给这些引导词语附上了从文本中得当地选取的引导句子。

通过附加对其他后期著作的相关文字的参阅,她的索引不仅 739
说明了各个所指的事态,而且同时也给出了一种可能性,让人们得以洞察我的思想的变化之路。

这种在索引方面的谨慎工作为这位作者带来了一种对我的思想的如此丰富而可靠的洞察,以至于我最后也把我关于谢林自由论著的讲座课(1936年)的独立出版物,以及我弟弟提供的为两个谢林研讨班(四十年代初)准备的笔记,都交托给她了。

但令人吃惊地,费伊克女士从来没有跟我说起过的事,是我们在她死后检查遗留工作时发现的:

关于我所有已出版著作的完整索引。她因此以预期方式——在不知情的情况下——为计划中的全集版和各卷索引的制作做了准备。

以此努力,费伊克女士听从的是一种坚定不移的爱好,希望为彻底掌握和批判性地探讨我的思想尝试提供一点不起眼的帮助。这种态度吻合于她那安静的、总是乐于助人和关心他人的性格。

通过她带着巨大的审慎和严格的细心来从事的在业余大学的教学活动,费伊克女士努力取得并保持了关于所讨论的事态的谈话必要的新鲜感,以及追问的灵活性和开放性。

我们合作整理手稿的时光总是得到值得赞许的住宿接待,要么是由于费伊克女士及其丈夫在达姆斯达特和维斯巴登的热情好客,也或者通过我夫人和我在弗莱堡-查林根的安排。

令人高兴的、振奋人心的和令人受益的气氛,每一次都使我们 740

的工作变得可以接受，变得令人开心。

费伊克女士的死，使我们有责任急切地认为，她所完成的事业值得恰当的承认、可靠的保存和令人赞许的应用。

费伊克女士所完成的创作，她的合作，不仅理应得到我的感谢，而且也值得所有在研读我的著作时需要她那不显眼而又可靠的帮助的人们感谢。

278.在1974年9月26日以后 741

向努力沉思当今时代的所有同仁致以谢忱，为了你们的念想：

比作诗更具创建作用，
比思想更具奠基作用，
感恩依旧。
这些进入感恩之中的人们，
感恩把他们带回到
不可通达者的当前
那是我们——所有终有一死者——
从开－端①而来
所居有的。

马丁·海德格尔

① 此处“开－端”(An-Fang)是作者用连字符对德文Anfang的分写。——译注

742 279.为 1974 年 11 月在贝鲁特举行的研讨会而写的一个祝词

我先要感谢为纪念我 85 岁生日而举行的光荣的学术研讨会活动。我特别要感谢组织本次会议的全体先生们，他们采纳了用于探讨我的思想的全部论题，并且由此促使与会者开展各种澄清和批判的对话。

技术-工业文明时代于自身中隐含着一个极少在其根基方面得到深思、并且日益增长的危险，那就是：诗歌、艺术和沉思之思的基本的振奋作用，在由它们本身来言说的真理方面不再是可经验的了。这些领域已经被伪装为文明运行模式的单纯工具了。它们以自身为依据的语言，消失在急冲冲而来、没有持久造型力量的信息大潮的倏忽即逝性中了。

因此之故，必需有一种思想，它下决心变得**更具追问特性**，坚持去探讨那些古老的基本问题，即那些常新地在其动荡不安中贯通并且支配着终有一死者的世界逗留的基本问题。

以此方式纠缠不休的对形而上学的争辩，决不是一种过时的针对形而上学关于上帝、世界和人类的学说的论战。而毋宁说，它首先把技术-科学的世界文明的存在学上的基本特征带向一种沉思之思的目光面前。

在此当务之急，在于就其整个影响范围来认识一点：在历史学上看后来才显露出来的现代技术的特性，并不是现代科学的一个结果，甚或只是现代科学的应用。而毋宁说，这种科学实际上已经取决于现代技术的起初隐藏自身的本质。而这一本质本身又基于 743
工业时代里存在者之存在据以起支配作用的独一无二的方式。

也许，现代世界文明正在完成一种过渡，即向时代性的存在天命的最后阶段的过渡——在把存在规定为一切存在者（包括人之存在在内）的无条件的可订置性（Bestellbarkeit）这样一种意义上。

因此就有必要，首先来探问这种危险的起源，然后来洞察这种危险的影响范围。但这就要求我们去追问关于存在之为存在的特性的问题。通过这样一条思想道路，也许今天的人类会被带到一种更高的此在（Dasein）可能性面前；这种可能性不是人自己能提供出来的，但若没有人的追问性思想之行动，人也不能从存在之恩惠（Gunst des Sein）中获得这种可能性。

追问性的存在之思本身就是某种行动，如果它——被理解为单纯的理论——急匆匆地委身于一种草率的实践、一种无根基的组织和机构的折腾，那么，它就是放弃了自己的独特之处。

马丁·海德格尔

744 # 280.《理想》杂志第500期出版祝词[①]

(1974年11月19日)

首先衷心感谢《理想》杂志第500期上的献词,同时问候我在日本的弟子们和友人们。

技术-工业文明时代于自身中隐含着一个极少在其根基方面得到深思、并且日益增长的危险,那就是:诗歌、艺术和沉思之思的基本的振奋作用,在由它们本身来言说的真理方面不再是可经验的了。这些领域已经被伪装为文明运行模式的单纯工具了。它们以自身为依据的语言,消失在急冲冲而来、没有持久造型力量的信息大潮的倏忽即逝性中了。

因此之故,必需有一种思想,它下决心变得更具追问特性,坚持去探讨那些古老的基本问题,即那些常新地在其动荡不安中贯通并且支配着终有一死者的世界逗留的基本问题。

在此当务之急,在于就其整个影响范围来认识一点:在历史学上看后来才显露出来的现代技术的特性,并不是现代科学的一个结果,甚或只是现代科学的应用。而毋宁说,这种科学实际上已经

① 本篇内容主体同第279篇(写给贝鲁特研讨会的祝词),只是改写了第一段、删除了第四段。——译注

取决于现代技术的起初隐藏自身的本质。而这一本质本身又基于工业时代里存在者之存在据以起支配作用的独一无二的方式。

也许，现代世界文明正在完成一种过渡，即向时代性的存在天命的最后阶段的过渡——在把存在规定为一切存在者（包括人之存在在内）的无条件的可订置性（Bestellbarkeit）这样一种意义上。

因此就有必要，首先来探问这种危险的起源，然后来洞察这种 745
危险的影响范围。但这就要求我们去追问关于存在之为存在的特性的问题。通过这样一条思想道路，也许今天的人类会被带到一种更高的此在（Dasein）可能性面前；这种可能性不是人自己能提供出来的，但若没有人的追问性思想之行动，人也不能从存在之恩惠（Gunst des Sein）中获得这种可能性。

追问性的存在之思，如果它——被理解为单纯的理论——急匆匆地委身于一种草率的实践、一种无根基的组织和机构的折腾，那么，它本身就是一种放弃自己特性的行动。

马丁·海德格尔

281.关于阿尔贝特·莱奥·施拉格特:我的表态

(1974年11月24日)

阿尔贝特·莱奥·施拉格特[①]被枪杀,在当时的德国引起了深深的震动。

后来他的尸体被运回到他家乡的山谷里,而且是用一辆归联邦铁路所有的敞开的货运车皮运回来的,车厢里的棺材盖满了鲜花,由战友们守护着,车到每一站,都有许多人站在那儿,向这位死者表达最后的崇敬之情。

在弗莱堡火车站,大学校长、系主任们、许多教授——所有人都穿着礼服,学生们拿着带有黑纱的旗子,在火车站外面还有许多男人、女人和年轻人。当火车停下来,校长讲了一个简短的话,向死者表示尊敬。这是魏玛共和国时代。

十年后,我作为大学校长接到巴登州教育部的命令,要我们在

① 阿尔贝特·莱奥·施拉格特(Albert Leo Schlageter,1894—1923年):出生于巴登-符腾堡州,弗莱堡大学学生,青年德意志骑士团成员。因在当时被法国占领的鲁尔区参加抵抗运动,1923年5月26日被法国人杀害。后被纳粹德国大力追捧和宣传为爱国英雄。海德格尔曾在1933年5月26日在弗莱堡大学作《纪念施拉格特》的自由讲话,即本卷第285篇文章。——译注

一个本该进行正常教学的日子里,用一个盛大的庆典,采取所有铺张的学院惯例,来表达对阿尔贝特·莱奥·施拉格特的敬意和追忆。

我没有遵守这个命令,而只是在两个讲座课之间的短暂休息中,面向全校做了一个纪念讲话,没有任何外在的铺张。

我做出这个决定乃是基于这样一个信念,即我相信,理当给予阿尔贝特·莱奥·施拉格特勇敢的死亡之歌一种崇高的敬意和追忆,但不应该在十年之后唤起一种对法国人的民族主义情感——尤其不应唤起一种针对法国的敌视情感——因为在这十年中,德国与法国之间的相互理解已经得到了开拓。

747

282.现代自然科学与现代技术

致 1976 年 5 月 14—16 日芝加哥第十届学术研讨会代表的祝词

思想家相互发问，以此来相互问候。

我用来问候各位的问题是唯一的，是我直到此刻一直都在尝试追问的、越来越具有疑问性的问题。大家都知道这个问题以“存在问题”为标题。

对我们来说，这个问题首先只能通过一种对西方-欧洲形而上学的探讨来加以追问，而且要着眼于在形而上学中自始就起支配作用的存在之被遗忘状态。

在形而上学对存在者之存在的追问中，存在本身在其特性和地方方面被遮蔽起来了。

存在的这种自行遮蔽在各个时代里是不同的(参看《林中路》中的“阿那克西曼德之箴言”一文，第 296 页以下)。[①]

在为技术所烙印的世界文明时代里，存在之被遗忘状态对于存在问题的追问来说是特别急迫而折磨人的。

---

① 参看海德格尔:《林中路》,《海德格尔文集》第 5 卷，中译本，孙周兴译，北京：商务印书馆，2015 年，第 363 页以下。——译注

根据此处必需的问题的多样性，兹举出如下问题：

现代自然科学——如人们所以为的——是现代技术的基础吗？抑或它本身就是技术思维的基本形式，是技术性表象对现代技术正在实行和布置的谋制状态（Machenschaft）的决定性的率先行动和持续不断的干预行动？

现代技术加速提高的"效率"（Efficienz）把存在之被遗忘状态 748
推至极端之境，因而使得存在问题表现为无关紧要的和多余的。

在研讨会的几天时间里，您们不可能解答这个关于现代自然科学与现代技术的关系问题，也许甚至不能充分地提出这个问题。

然而，倘若每个会议参与者都能以自己的方式重视这个问题，并且把它接受为对自己的研究领域的激发，那或许就够了，是大有裨益的。

这样，存在问题或许就会变得比它实际所是的情况更加急迫，变得可经验了：

要思考来自存在历史之开端的遗赠（Vermächtnis），在开端中并且对开端来说必然地还是未经思的遗赠——即'Αλήθεια[无蔽、真理]本身——思考它的特性，由此为一种变换了的人类世界逗留的可能性做准备。

弗莱堡，1976年4月11日　　　　马丁·海德格尔

749

283.荷尔德林的诗句

（1976年春）

摘自其著作第四卷，

诺伯特·海林格拉特编——

缓慢而朴实地念

作为我入墓前的最后致意：

给埃尔弗里德、孩子们和孙子们，

给弟弟弗里茨及其儿子们，

给克洛蒂尔德及其孩子们以及亲友们

1.《面包与美酒》，第4节第55—62行，第121页

2.《致德意志人》，第1—2节，第132页

3.《和解者，你从不相信……》，第1—13行，第162页

4.《泰坦》，第1—3行，第268页

5.《面包与美酒》，第3节第41—46行，第120—212页

《面包与美酒》

第4节第55—62行

极乐的希腊！你这所有天神的家园，
我们年轻时听到的一切是真的吗？
华美的殿堂！地基是大海！把群山当桌子，
真正在远古前造就了独一的风俗！

但王座今何在？神庙今何在？船只今何在？
盛满琼浆玉液、取悦诸神的歌唱何在？
哪里，哪里还闪耀着远播的神谕？
德尔菲已瞌睡，哪里奏响伟大的命运？

《致德意志人》 750

第1—2节

决不要嘲讽孩子，他还是稚童
骑在木马上自命不凡，
你们这些善人啊！我们也一样
总是想得多做得少！

然而，就像光芒穿透云层，
也许思想会化作深思熟虑的行动？
有如从树林里深深的绿叶中
结出寂静的文字的果实？

《和解者，你从不相信……》

第 1—13 行

和解者，你从不相信
现在你在此，不朽者具有
我的朋友形象，但很可能
我认识高空
我屈膝跪拜，
几乎像一个盲者，我必须问你
天国使者，你何往
你为何存在，福乐的和平！
有一点你知道，你不是有死者，
因为一个智者或者目光忠诚的朋友
能照亮某些东西，但如果
一个上帝显现，在天空、大地和大海上
将出现全新的明晰。

751 《泰坦》

第 1—3 行

而这不是
时间。未系缚者依然存在
神性未涉未分享者。

《面包与葡萄酒》

第3节第41—46行

所以你来吧！让我们看那敞开之域，
让我们寻找本己之物，不管它有多遥远。
有一点坚定不移；不论正午还是
到了午夜，总是有一尺度，
所有的人都注定有自己的命运，
每个人走向和到达他能到达的地方。

附录

（关于反复被引用的马丁·海德格尔的讲话和表态的报纸新闻和出版物，文本可靠性可存疑）

284. 大学生们尊敬海德格尔教授

晚 9 点；查林根，电车终点站。天色已暗。学生们成群地站在那儿，在等待。每辆电车都带来新的增量，已经有几百号人了。路灯在闪烁，人们听到一辆载重车咔哒咔哒地驶过。一次奇妙的装载，带着小提琴、大提琴和乐谱架的音乐家。——点亮火把，出发吧！运货马车开动了，沿着罗特布克路[1]气喘吁吁地往上爬，打住。哪儿是 47 号呀？在黑暗中有人影掠过，扛着拖着乐器和乐谱架。“在这里呢。”他们轻轻地走过屋前花园，绕过屋子，爬上平台，打开灯。音乐学院的 25 位音乐家开始布置。一场小小的夜晚音乐会。——一列长长的队伍带着闪烁的火把灵活地穿行于草地。在房子后面的山谷，他站在那儿；人们祝海德格尔：节节高！[2] 余音缭绕不绝。——越来越多的人簇拥在街上，看这夜间的热闹。他们来了，手持火把的几百个学生。他们进入院子，在海德格尔的房子后面成群结队。海德格尔站在阳台上。古里特教授指挥。亨德尔的音乐。25 位演奏者演奏，在夜间，在火把之光中。从灌木

---

① 罗特布克路(Rötebuckweg)：海德格尔在弗莱堡－查林根住处的路。——译注

② 节节高(hoch, hoch, hoch!)，生活祝贺用语，类似于“万岁，万岁，万岁！”——译注

丛中响起一首歌。有人在说话；一切是如此不同于日常。如此欢庆，如此诡秘。大师回答，大师许愿。这夜晚对每个人都意味深长。音乐家们又开始演奏，灌木丛中有人唱歌。然后火把熄灭，在黑暗和无声中，黑影消失。此事发生在1930年5月28日，星期三。

大学生们尊敬海德格尔，信奉海德格尔。有人邀海德格尔去柏林，他拒绝了。4000名学生希望他留下，他留下来了。在三个学期前他来了。他不是谈论哲学，而是进行哲思；他不是教学，而
756 是传道和要求。他不需要首先获得成功，人们从一开始就听他的课。——人们说他是一个大哲学家，青年思想家中最有活力的代表，解释学现象学的奠基人。他讲课出色，讲话带着个人信念的狂热。他的语言敏锐、清晰、生动，赋予词语一种闻所未闻的分量和说服力。他的思想是原创的，他对基本情调的阐释是如此切近时代，哲学根本上也只可能如此。——所有这一切理当获得尊敬。但人们不光是尊敬他，人们信奉他。而且，人们必须信奉他或者拒绝他，因为他让人们别无选择。他无情地要求最终的个人全力以赴的精神，宣扬哲学追问的最终义务。他大胆冒自己的实存之险，投身于其哲思活动本身，唤起此在的本真性。而且，因为他本人大胆冒险，所以人们无法回避他。他有责任感，所以年轻人从属于他，愿意听他的。

哲学博士候选人古斯塔夫·西魏特（Gustav *Siewerth*）做了晚会致辞。他大致讲道：我受命讲话，意在表达，是什么打动了那些人的精神和心灵，那些把外在的敬意和尊重的可见标志带到您家里的人们的精神和心灵！使这个时刻成为可能的东西是尽人皆知的，不需要特别的强调，它更能驱使人们去揭示更深的意义，把

外部呈献的挥霍、奢华和标志与事件的内在性有意义地联系起来！

您没有离弃“家乡的受尊敬的可靠界限”，而倒是即使面对外部现实空间的更大广度也珍视这些界限，因此，家乡道出了现实空间的快乐的问候！因为在这里居住和对这片土地有着家乡般热爱的许多人，他们与您相似，猜度和敬仰那原始的－创造性的追求的奥秘，正如这种追求来源于乡土之根源和民族之养育所，唯有在其母语的保护（Hege）中持续地、健康地和有力地清晰展开出来。

但愿没有人，尤其是您本人会觉得这是**有失体统的**——如果 757
因此会敬畏地和谦虚地谈到后者即精神及其真理所具有的东西，如果这个晚上的华丽场面被解释为一种对创造性大师的严肃和无私服务的意志的美好致敬，如果这里响起的**感恩**（*Danke*）的话语，是以所有那些人的名义，即以那些被您的老师的本源性和深邃性、清晰性和敏感性所感动和震撼的人们的名义，而这快乐的感恩是为了您在我们高校空间里的持续不断的影响！

但这一今天来到您家里的闪耀的华丽场面还能何所为呢！？在深邃知识的更亮丽的外表面前，难道它不会黯然失色吗？我们何来勇气认为，这种赞美的表达是您可接受的和让您快乐的？让我对您说句真心话：对此我们既没有特地追问也没有给出答案。然则我们是有意这样做的，因为一切真诚不必羞于表层，激发力量的热情在最优秀者那儿总是也伴随一种美好的外观，后者既会精致地掩盖起来，也会高贵地显露出来。不过，我们想请您相信，“振奋的热情”（Enthusiasmus）（即创造性地生产的精神）的源自上帝的火花，其隐秘来源之一就是您眼前的光之圆舞（Lichterreigen），在此在集中的运动中外在地得到表达的，是在您的影响的寂静中成长起来的东西，即：一种敬畏的感动（Ergriffenheit），为“逻各斯”（Logos）的珍贵和根基所感动——无论在早生的语言天才那里，还是希腊人的永恒创造中，还是在中世纪撼动上帝的精神性（Geisttum）中，还是在德国唯心论的精神强力的斗争中，这个“逻各斯”都神性地起着支配作用。

我们知道：对于您的感恩只可能是这样，即崇高精神的遗赠得到保存和新生，在我们时代（它不再能看到其最佳的和最终的东西
758 了），德意志民族重新获赠它过去时代的遗产，我们的家乡**保持**它最高贵的歌者对“民族神圣的心脏”歌唱的东西：“崇高、严肃的天才的国度”；严肃与责任、高贵与内在、精神与能力重新生长起来，继续作用和开花结果。为此使命，我们请求您，今后继续召唤我们，让我们保持清醒，而这个夜晚当让您知道所有人要为这项事业奉献生命力量的内心准备！

海德格尔教授应答道：我感谢您们，您们按古老的学院习惯，向我表达了您们的信赖。请您们允许我不在此刻发表个人讲话。但也请您们允许我说几句：我把您们的到来理解为一种表白，一种要助我一臂之力的表白。您们的表白不是针对某种哲学观点或者某个体系，而是这样一种要求：持守于此在之中。我们必须清楚地看到：在当今时代，我们缺乏任何依靠，任何对一种客观的、普遍有约束力的认识或者权力的依靠：今天留给我们的唯一可能获得的依靠是姿态。[①] 我们必须相互帮助。一般地，人们通过赠送来互

---

① 此句中译文未能显示“依靠”（Halt）与“姿态、态度”（Haltung）的字面和意义联系。——译注

助，通过尽全部爱的力量给予对方来相互帮助。我们必须通过要求来给予。我们所有人都必须相互要求，特别是必须要求您们，您们也必须要求我：持守于此在之中。持久地于自身中活生生地保持这种要求，这就意味着斗争；**青年的任务**就是为之而**斗争**！而且，如果您们事后会把您们手中的火把熄灭，那么，但愿这种要求不会在您们心中熄灭，而是燃起新的火光。

759

285. 纪念施拉格特*[1]

（1933年5月26日在大学的讲话）

在工作中间，在讲座课的一次短短休息中，我们来纪念弗莱堡大学学生阿尔贝特·莱奥·**施拉格特**，他作为德国青年英雄，在十年前**极其惨烈**、**极其伟大地**赴死了。[2]

为了对他表示敬意，我们要来思考一下这种死亡，从而根据这种死亡来理解我们的生活。

施拉格特死得**极其惨烈**，不再在最前线作为他的跟随步兵的火炮连的指挥官，不再在紧迫的进攻中，也不是在顽强的护卫中，不，他**手无寸铁地**站在法国军队的步枪面前。

但他站着，承受了极其惨烈之事。

然而，倘若已经取得了一场胜利，正在苏醒的民族的伟大已经闪烁，那么，即便这种极其惨烈之事在一阵最后的欢呼声中也还是可以承受的。

而不是这个民族的昏暗、自卑和变节。

---

① 这个自由讲话刊于1933年6月1日《弗莱堡学生报》。海德格尔于1974年11月24日致信《巴登报》编辑部，又对此讲话作了“表态”，即本卷第281篇文章。——译注

② 施拉格特于1923年5月26日被杀死。——译注

因此，他在极其惨烈之事中还必须完成**极其伟大之事**。他必须独自从自身而来、为着自身的荣誉和伟大，把民族的未来觉醒置于灵魂面前，从而得以在此信仰中赴死。

这种忍受极其惨烈之事的**坚强意志**从何而来？这种把极伟大和极遥远之事置于灵魂面前的**清晰心灵**从何而来？

弗莱堡大学的学子！德国的学子！去经验和领悟这一点吧，当你在行驶和行军途中看到这位英雄的家乡黑森林的山川树木时：原石、花岗岩就是这位年轻的农家子弟成长于其中的群山。长期以来，它们磨砺了坚强的意志。

黑森林的秋日阳光把其山脉和森林置于最壮丽的清晰性中。长期以来，它滋养着清明的心灵。

手无寸铁地置于步枪面前，这位英雄的内心目光越出了枪口，760
转向家乡的白昼和群山，旨在面向阿伦曼的土地，为德意志民族及其疆土而死。

以坚强的意志和清晰的心灵，施拉格特赴死了，赴极其惨烈和极其伟大之死。

弗莱堡的学子，让这位英雄家乡群山的力量涌入你自己的意志之中！

弗莱堡的学子，让这位英雄家乡山谷的秋日阳光的力量照耀你的心灵！

把两者保存在你心里吧，把两者，把坚强意志和清明心灵带入德国大学里，带给你的同学们。

作为弗莱堡的学子，施拉格特在此站过，在此走过。但此地久已不见施拉格特。他**不得不**去了波罗的海地区，他**不得不**去了上西里西亚，他不得不去了鲁尔区。

他不能逃避自己的命运，以坚强意志和清明心灵赴极其惨烈和极其伟大的死。

我们崇敬这位英雄，让我们默默地举手致意！

286. 新帝国的大学 761

（1933 年 6 月 30 日）

马丁·海德格尔教授的一个演讲

昨天晚上，海德堡大学生协会举办了他们的政治教育计划的第一场演讲。弗莱堡大学校长**马丁·海德格尔**教授主讲：“**新帝国的大学**”。全体教授、城市代表人物出席了演讲会；大量的大学生和听众涌入新大学礼堂，不得已只好为他们打开了大礼堂，那里有扩音器转播讲话。众多听众的期望也没有落空，因为海德格尔的演讲意味深长，直指我们时代的重大事件，并且纲领性地指明了未来的生成。在海德堡大学生协会主席谢尔（G. A. Scheel）以及其他人的欢迎辞以后，海德格尔阐发道：

我们有新帝国和大学，它们当从帝国的此在意志中获得自己的使命。在德国是革命，而我们必须问问自己：**革命也是大学里面的革命**吗？不是的。这场斗争依然由战斗前的小接触组成，直到现在，它首先引起了一次唯一的碰撞：通过高校之外劳动营和教育协会的新生活之教养，人们**避免了**这种**教育使命**，他们以为**一直以来只能要求**这种教育使命。

或许存在着这样一种可能性，即大学可能遭受由遗忘而致的死亡，并且丧失掉教育力量方面的最后残余。但大学必须**重新适应国民社会**，并且**与国家相结合**。大学必须重新成为一种教育权
762 力，要把国家领导层培养起来，使之有意识地走向知识。这个目标要求三样东西：1.关于新大学的认识；2.关于今日对将来而言的种种危险的认识；3.新的勇气。

迄今为止，大学里的**研究**和**教学**几十年来一仍其旧。教学应当源自研究，人们力求在两者之间寻找一种合适的平衡。在这种看法中说话的始终只有教师的观点，对于作为共同体的大学，人们并无关心。研究变成**漫无边际**的，把它的不可靠性隐藏在有关一种国际科学进步的理念背后，而变得毫无目标的教学则躲藏在考试制度的规定背后。

与之相反，必须以纳粹主义的精神进行一场**尖锐的斗争**，这种精神不能被人道化的、基督教的观念所窒息，但它们会抑制这种精神的无条件性。如果人们把一切都抹上某种政治色彩，想由此来考虑这个新事物，那也是不够的。有重大危险的是到处冒出来的**无约束的规划和陈词滥调**，它们只会导致自我欺骗，恰如那“**新的**”**科学概念**，后者并不能比人们以某种人类学方式加以奠基的老式科学概念走得更远。甚至关于“政治”的夸夸其谈也是一种胡闹，因为例行公事的老套路并不能由此而受到推动。新事物的真正严肃性也包括关于困厄的经验，对现实状态的尽力争辩。只有**行动是合法的**，那是在**对将来的内在投入**中进行的行动。呼声已经响起来了：“由于对防卫运动等而言的时间损失，科学处于危险之中。”然而，如果要紧的是为国家而斗争，那么，在此什么叫时间损失？从为**国家**的**劳动**中不会产生**任何危险**，只有从漠不关心和阻

力中才会产生危险。因此，真正的力量应当具有走上正确道路的可能性，但不是任何动摇不定的态度。

所有这些危险让人清楚地看到新的勇气。唯有新的勇气开启对于到来者和生成者的视见和视野。这种新的勇气要求每个教师 763
和学生去决断(Entscheidnug)，关于科学基本问题的决断，而且这种决断是异乎寻常的，因为它决定了我们德国人是否愿意成为最高意义上的知识民族。与此相关的新教学并不意味着知识的提供，而倒是意味着让学习(Lernen-lassen)和使学习(Zum-Lernen-bringen)。这意思就是让自己受未知之物困扰，进而在把握性的知识中掌握未知之物，确凿地洞见本质性的东西。从这样的教学中生长出真正的研究；由于扎根于民族，维系于国家，它与整体紧紧扭在一起。学生被迫投入到一切事物的不稳定性中，而全力投身的必然性就在其中得到了奠基。学习必须重新成为一种冒险(*Wagnis*)，不是懦夫的保护伞。谁若经受不住斗争，就只好躺下。这种新的勇气必须习惯于连续性，因为围绕领导者之教育场所的斗争将是长期延续的。这场斗争将由新帝国的势力来承担，而人民总理希特勒将使这个新帝国变成现实。强硬的一代不念自身，必须怀疑自己，这一代人乞灵于持续不断的考验，走向为自己开出的目标。这场斗争围绕着大学里的教师形象和领导人[①]形象。

《海德堡最新报道》第 150 期，1933 年 7 月 1 日，第 4 页。

---

① 此处“领导人”与“元首”是同一个词 Führer。——译注

764

287. 高校与手工业*

(1933 年 9 月 3 日)

……大学校长海德格尔教授探讨了如下问题：高校与手工业有何相干？其着眼点在于，阿道夫·希特勒想要唤醒民众，使之成为一个真正的共同体，在此基础上建立一个新的国家。因此，所有的阶层、职业和社团都要担当一种义务和责任。除了学校，青年联合会、劳动营和手工业都是教育的力量和势力。工场作坊必须重新成为真正教育的地方，在那里师傅是领导，口味、目测力和规划转向了青年们。典范和示范乃是所有教育的本质，其他一切讲法和告诫都是无用的。德意志民族的任何一种劳动都是精神劳动和手工劳动，因此高校与手工业必须共同发挥作用，方能赋予国家以声望和荣誉，并且彰显之……

288.纳粹主义国家的大学 765

德国一流高校里的革命尚未开始

弗莱堡大学海德格尔教授的演讲

德国学者当中纳粹主义的急先锋之一,现任弗莱堡大学校长**海德格尔教授**,昨晚在博物馆席勒礼堂做了一个演讲,专题讨论纳粹主义国家的大学。这位学者断定大学一直都是国家里的空虚产物,并且通过自己的学术研究得出结论:新大学将成为纳粹主义国家的一部分,在其中大学教师与大学生作为劳动者围合成一个共同的联盟,这个联盟将达成忠诚的追随,从而达成一种同志关系。海德格尔教授一开始就把大学称为学术性的高校,其使命在于把基于学术研究而得到照料的学术教学带向一种学术性的精心培养。在与国家的关系上,大学被认为是合法的公共团体。对于这种关系的通常解释是由威廉·冯·洪堡完成的,后者参与了1809年柏林大学的创建过程,该大学迄今仍然是大学之典范。洪堡在一篇关于大学与国家的关系的学术文章中写道,国家必须意识到它对于大学是有阻碍的,因此它不应当干涉大学事务。倘若没有国家的干预,大学事务会运行得好得多。另一方面,国家却有责任为大学提供手段。大学由之便获得了三重特征:1.从教师和研究 766

者的观点看问题;2.研究对于教学的优先地位,教学必须建立在研究基础上;3.大学是高等学校,是由大学生和大学教师组成的共同体。

现在轮到我们这儿的革命了。国家已经发生了变化。这种革命并不是接受一种在国家中现成的权力或者政治党派,而不如说,纳粹主义革命意味着整个德意志此在的完全彻底的变革。它当然也包括大学。那么,在新国家里大学是什么样子的呢?新的大学生不再是学院公民,他要深入劳动服务(Arbeitsdienst),参加冲锋队(SA)或者党卫队(SS),从事土地运动。大学学习现在就意味着知识服务(Wissensdienst)。简言之,一切都将进入一种令人愉快的和谐之中。新的大学教师为高等学校制订规划,撰写关于新科学概念的小册子,人们谈论政治大学生、政治院系,举办关于民俗学和劳动服务的讲座。这完全不同于对旧事物的涂抹掩饰。充其量,这只是在一种通常在旧式安宁中拖延的内在化过程中对这种革命的某些结论的外部传送。

还能发生什么事呢?根据元首本人的说法,革命其实已经终结了,为进化腾出了地盘。进化应当接替革命。但**德意志高校**的革命**不仅没有终结**,而是**还没有开始**。而且,如果说那是在元首意义上的进化,那么,它就只有通过斗争、并且在斗争中才可能实现。德国高校的革命与外部修正毫不相干。纳粹主义的革命是,而且将成为人的完全的重新教育,大学生和后来的青年教师们的重新教育。这事不可能撇开新的现实而发生,相反,只有当我们本身置身于新的现实之中,去经验新的现实时,此事才可能发生。只有对
767 于那些具有适合于经验现实的正确意识的人来说,新的现实才是

可经验的;不是对于也许只阅读纳粹主义文献的观察者来说(为了在语言用法方面接受教学),而是对于参与行动者来说,新的现实才是可经验的,因为革命的现实不是什么现成的东西,而不如说,在革命现实的本质中包含着:它首先展开自己,它首先在推进中存在。这样一种现实要求一种完全不同的关系,不同于对于某种事实情况的关系。我们必须首先追问新的现实,问问自己,我们是否以及如何置身于新现实中。同时我们必须使自己出离传统大学形式和外表的窠臼。它们对我们来说更多的只是一种权宜的逗留之所。我们也不可从时机之引诱(Augenblicksanlockung)中反复变化,因为形式取决于我们在这个共同体中的行为。我们的行为乃是必须行动,取决于我们是什么和我们是谁,我们的存在取决于我们在这种新现实中成为什么和成为谁,而我们的成为(Werden)取决于我们能投入什么、我们能够实行什么。我们要弄清楚,外表和形式只是就它们从人类本身活生生的行动中发展起来而言才有其意义。由此得出下面三个问题:1.新的现实是什么? 2.新学生如何置身于这种现实中?新学生是什么、是谁? 3.新教师如何面对这种现实?新教师是谁、是什么?

1. 什么是新的现实?德国人变成一个历史性民族,并非好像他们没有漫长而多变的历史。拥有历史并不意味着历史性地存在。历史性地存在意味着作为整个民族知道,历史并不是过去之物,并不是当前之物,而是从突进的将来而来、并且穿透入过去之中的行动和追问。将来并不是由不存在之物组成的,它进入有意识的决断之中,通过这种决断,民族才向自身突进。历史性存在意味着有意识地存在,为的是因此把过去之物在其有约束力的力量

768 中释放出来，并且在其变化的伟大性质中保存下来。这种知识(Wissen)就是国家本身。国家是具有唤醒和维系作用的结构(Gefüge)，民族作为整体在适应之际被投入这种结构之中。那些权力，诸如自然、历史、艺术、技术、经济、国家本身，得到了实施。于是，把一个民族变得可靠、明亮和强壮的东西就成为可理解的了。这些权力的可理解性乃是真理的尺度。成为历史性的，这意味着在被置入国家之中的伟大的此在权力(Mächte des Daseins)中行动。在这种事件中，呈现出民族对其国家的要求，即要求一种关于自身、关于伟大的此在权力的知识。这一事件乃是一种不可遏制的涌逼(Andrang)，仿佛是一种强制(Zwang)，人类心灵所顺应的伟大的内在必然性之一种。唯由此，它才可能成长为一种伟大。我们服从一种新现实的这样一种命令力量。我们追问那些为执行命令而理解这种新的命令力量的人们。成问题的只是这些人们，他们尚未被消耗，他们以他们的存在和此在之根深入民族之中，他们于自身中感受到一种向前突进，一种冲锋——这就是德意志的青年。德意志青年拥有关于他们的存在的确信。这些真正的青年必须投身于伟大的目标，而且他们知道自己已经投身于伟大的目标。与此目标相应，就要实施一种新的知识。

2. **新学生如何置身于新现实中**？学生的本来使命首先就是学习，而且我们在此就陷入一种经常被强调的危险中，即：人们太过严格地看待学生，把学生提升到一种太大的重要性之中。人们说，人们不可以这样做，因为今天的学生具有过于粗野的气质，而这意思并不是说，今天的学生拥有的知识明显要比教授们少得多。粗野意味着，基于内在的欲望和冲动在那儿存在，在事物发端、事物粗野地存在、事物受内在力量驱动的地方存在。恰恰因为新学生是粗野的，他们才有了实施新的知识要求的使命。他们要求大学教师来解答自然、哲学、艺术、国家等等问题。他们只应当去了 769
解以往总是被传授的知识吗？他们将不会满足于大学教师们附带地和追加地作为自己的私人意见的信条添加进来的东西。将来的学生将坚定地和不懈地努力在他们的国家里实施民族的知识要求。在这种进攻中，青年们将服从他们的可靠意志的领导。谁站在他们受攻击的地方，他们[原文如此!]就与自己和自己的意志联合起来了。在共同的进攻运动中的这样一种追随将获得新的同志关系。不是相反地，基于同志关系才产生追随行为。这样一种同志关系已然培养了领导者[1]，他们干得更多，因为他们承受更多、牺牲更多。同志关系带着每个个体超越自身。我们了解这些年轻人，他们的面貌之坚毅，他们的言谈之无忌，他们的性格之刚强。这个类型的学生不再在传统意义上学习，他们在任何时候都在路上。这种学生成了劳动者。

学生并非总是劳动者吗？人们今天说有额头和拳头的劳动者。[2] 劳动者在此只是一个大的集合名称，是一种对那些通常所谓劳动者的民族同志的合乎时代的承认。随着新德意志现实的出现，劳动和劳动者的本质也被改变了。劳动不是一个等级概念，不是一个文化概念。劳动是有歧义的。劳动首先是一种行为的实

---

① 原文为复数的 Führer，也可译为“元首”。——译注

② 此处“有额头和拳头的劳动者”原文为：Arbeiter der Stirn und der Faust。纳粹德国用语，常作“Arbeitertum der Faust und der Stirn”（手工和精神劳动的工作者）。——译注

行，其次是作为那种实行之结果的获得。每一种人类行为都是劳动。本质性的东西既不在行为之实行中，也不在结果中，而倒是在其中真正地发生的东西中。人类作为劳动者进入与存在者整体的争辩（Auseinandersetzung）中，在其中发生的是自然、艺术、国家等等权力的实施。如此理解的劳动之本质规定了德意志人的此
770 在，而且也许规定了地球上一般人类的此在。我们的此在开始转变入另一种存在方式之中。纳粹主义国家乃是劳动国家，因为新学生懂得为实施政治上的知识要求而全力以赴。所以新学生是劳动者。**新学生学习，因为他们是劳动者**，而且，学习现在就意味着意志的展开，**为的是巩固和学习那种民族知识，借助于后者，新学生在自己的国家里成为一种历史性的存在**。十年以后，也许只是一代人以后，这个新学生类型将统治高等学校。这样，学生们就会接替新教师的劳动阵线。

3. **新教师如何置身于新德意志现实中**？新的知识要求往往是为有眼睛看和有耳朵听的人而获得实施的。作为知识要求，它同时是一种求教学（Lehren）的意志，它是对为这种学习意愿而设的教学的意志的寻求，但**今天的科学教学却是以无目标状态为标识的**，勉强还能满足在考试制度中被要求的东西。与这种教学的无目标状态相应的是崩溃［材料？］[1]的无边无际，后者被视为国际进步，但这两者却导致德国高等学校几十年以来已经变得昏聩无能了，面对最近几十年突入其中的东西同样也是昏聩无能的了。因此，在去年的高校会议上，人们依然在抱怨高校的超负荷，据说

---

① 此处方括号内“［材料？］”（［Stoffes？］）一词为编者所加。——译注

后者损害了有序的教学工作。真实情形恰恰相反，大学的内在失误才是超负荷成为可能的原因。由此产生出一种冲突，是在新德意志现实的命令力量下催逼出来的。当前形势是，人们总还盯着精神，而且自以为看到了德国科学会重归野蛮，而没有看到另一种危险，即：我们可能有意无意地开始贯彻新的科学要求。仅只欢迎 771
新秩序是不够的，要紧的是做出要么－要么的抉择，是服从于新现实的命令力量还是与一个沉陷的世界一道沉没。

如果我们从新现实的最内在经验出发，决定赞成这种新现实，那才开始了与科学要求的争辩，正如它在青年们那里突现出来的那样。这种呈报推动人们去沉思知识的本质，去沉思科学的本质。什么叫知识？知识是能够和能力（*Können und Vermögen*），是对事物之规则和规律的自由掌握。知识是行动，是可靠性，知识是决断状态，是对于将来之物的决心。对于这种知识的要求并不是一种空洞的愿望，要去居有迄今为止依然隐瞒着的认识，这种知识要求乃是力求现实之转变的意志。每一种知识意愿都作为问题展开自己，对必须实行科学要求的我们来说，要紧的是先行知道，现实的问题对于我们来说意味着什么。问题并不是单纯好奇心的无拘无束的游戏，并不是不惜任何代价顽固地坚持于顽固。追问的勇气本身乃是比做作的答复、比一个人为构造的思想体系更高的回答。问题使追问者与权力相对抗，并且把追问者带入事物之本质的切近处。所有追问都是一种先行、一种先行追问。这是真正的教学的基本态度和成就。在与科学要求的争辩中，在我们心中产生出对于教学之使命以及相应的学习行为的原始洞察。教学意味着让学习、使……学习。学习并不是对预先已发现的认识的接受和贮藏。学习并不是取得，而不如说，学习根本上是一种自行给予（sich selbst geben）。在学习中，我给予自身，使自己去占有我在我的本质根基处已经知道和保存下来的东西。**学习意味着，从**
772 **对其民族性此在的原始所有物而来给予自身，并且领悟到自身是在自己国家的民族的真理的共同占有者**。教学意味着让学生如此这般追问，使得他不得不去追求把握性的知识；教学意味着让意愿求知者返回到民族性此在的权力那里，从而使得那激发性的力量向他涌去；教学意味着使人确信对于存在的本质洞察，意味着让人忽略非本质性的东西。**唯有从这样一种教学和学习的关系（作为一个内在共同体）中，才能生长出科学**。值得认知的东西决定了我们要把知识的界限划在哪儿。因此教师自动地结合到向学生提出来的新任务中，就是要展开和澄清新的知识要求。**于是教师成为劳动者**。**由此，学生和大学教师便处于同一种进攻运动中**。追随和同志关系自动出现了，包括大学教师中间的同志关系。旧的共在形式即“同事之谊”将消失掉，它是某种消极的东西。借着追随关系，大学教师与学生被维系于国家，这种新形式将发展为一种现实性，在其中，与国家的关系具有了另一种特征。我们不再能谈论一种与国家的关系，因为大学本身成了国家，成了国家发展的一个环节。由此，以往大学的特征便消失了，那是一个空洞国家的空岛屿。今天我们处于夺取新现实的斗争中。我们只是一种过渡，只是一种牺牲。作为这场斗争的斗士，我们必须有一个强硬的种类，这个种类不再依恋于任何本己之物，把自己固定在民族的根基上。这场斗争并不针对个人和同事，也并不关乎空洞的外表和普遍的措施。每一次真正的斗争都带有斗争者形象及其事业的持久面貌。唯有这种斗争才把真正的规律展开为事物之实现，那是我们意愿的斗争，是我们心连心、肩并肩的奋斗。

对于上述思想深刻的阐发，大学生领袖斯退姆勒（*Steimle*） 773
以大学生协会的名义向演讲者表达了深深的感谢，并且承诺忠诚于元首阿道夫·希特勒，高举元首的旗帜。

774 289. 关于鲍姆加滕的鉴定*

副本

（第二个抄件）

弗莱堡，1933 年 12 月 16 日

鲍姆加滕博士，1929—1931 年间参加过我的讲座课和练习课，有意在弗莱堡大学哲学系取得授课资格。在上述时间段内已可证实，他无论在学术上还是在性格上均不合格。本人于 1932 年向鲍姆加滕博士坦白说出此点，并且与他中断了个人交往。在亲缘方面并且按其精神态度来看，鲍姆加滕博士来自海德堡具有自由民主倾向的圈子，这个圈子的核心是马克斯·韦伯。待在弗莱堡期间，他全然不同于纳粹主义者。我惊讶地听说他是哥廷根大学的**私人讲师**，因为我不能设想，他基于何种学术业绩可以获得授课资格。自他在我这儿失败以后，他与犹太人弗伦克尔（Fränkel）过从甚密，后者先前在哥廷根任教，现在已被我们这儿解雇了。我猜测，鲍姆加滕是以此途径把自己安置于哥廷根的，由此也能说明他现在跟那儿的关系。眼下对于他被接纳入冲锋队（SA），我的看法**同样是不可能**，就如同他被录用为讲师一样。鲍姆加滕在演说

方面殊为灵巧。而在哲学领域,我肯定把他视为一个全面而无懈可击的知识的冒牌货。我这一判断关系到我两年前的了解。此间是否酝酿了他的政治态度的真正转变,此事不在我的评判之列。775
他在美国逗留期间,其态度和思想方式明显被美国化了;基于此番逗留,他无疑获得了对这个国家及其人们的良好认识。然而,我有显著的理由来怀疑他的政治上的直觉可靠性和判断能力。原则上确实总是存在着这样的可能性,即鲍姆加滕彻底地变了,把自己巩固了。但这需要一种完全恰如其分的……

(试用期?)……

(最后一句在抄件中缺失)

(签名)海德格尔

290. 相互映射的镜像*[1]

1958年5月19日久松真一与马丁·海德格尔的对话

久松真一:衷心感谢您,昨晚您虽然事务繁忙,但仍然主持了高级研讨班[2]。我也要衷心感谢您的招待。

海德格尔:昨晚有来自多个不同专业的人士。这不是十分简单的。

久松真一:我很高兴,昨晚有各种各样的对话。

海德格尔:对于这样一个高级研讨班来说,我们需要好几天时间。

久松真一:是的。主题中确实有困难的问题。昨天在场的人士都来自哪些领域呀?

海德格尔:布洛斯(Bröse)先生是艺术协会的主席。原本他是法学家。33年前他参加了我的一个讲座。

---

① 本篇为海德格尔与日本佛教学者久松真一(Shinichi Hisamatsu,1889—1980年)的对话,系从日译文回译成德文,故编者认为"不能被看作海德格尔的正式文本"。——译注

② 本卷第230篇文章(《艺术与思想》)是对这个高级研讨班(1958年5月18日)的记录。——译注

久松真一：他自己也画吗？

海德格尔：不，他自己不画。他从事艺术协会的组织活动，研究绘画理论，资助青年艺术家。另外著名抽象画家斯皮勒（Spiller）也在。

久松真一：他没在保罗·克利那儿待过吧？

海德格尔：克利是包豪斯的绘画教授。

久松真一：克利在日本也大名鼎鼎的。

海德格尔：斯皮勒与克利相熟。

久松真一：我也看过克利的画。

海德格尔：您看过哪些画？我对保罗·克利的评价高于毕加索。以我之见，保罗·克利是一位比毕加索更重要的画家。

久松真一：阿尔科普莱[1]与克利有关系吗？ 777

海德格尔：我不知道是不是有关系。虽然他们看起来有几分类似，但保罗·克利 1940 年就去世了。——这本书（《保罗·克利——生平与作品》）的编者是斯皮勒。也许今晚他还会来。这幅画[一张京都慈照寺[2]的画]是"不莱梅劳埃德"（Bremer Lloyd）航海协会主席从日本带给我的。

久松真一：这是东寓寺[3]，人们也称之为东寓堂（Togudo）。在这个庙里有日本第一个茶室。人们可以说，日本的茶道是从银阁

---

① 画家阿尔科普莱，1910 年生于德累斯顿，1937 年流亡美国。——原注

② 慈照寺（Jisho-ji Tempel）又称银阁寺（Ginkakuji-Tempel）。——译注

③ 东寓寺（Toguji-Tempel）：日本京都一寺庙。——译注

寺发端的。足利义政将军[①]委任村田珠光[②]，促使他推动了茶道。

海德格尔：这本是不久前出版的克利作品集。[③]

久松真一：真是一本漂亮的书。这张画有某种东方意味。我最喜欢这张《蜗牛》[④]。您喜欢克利的哪张画？

海德格尔：唔，我喜欢素描《银月亮》。[⑤] 您去过伯尔尼吗？克利的儿子住在伯尔尼。他有大量的克利作品。

久松真一：很遗憾，我们只是坐火车路过伯尔尼。

海德格尔：可惜！但您来这儿之前已经观赏过《少女》以及其他一些作品，您已经看过不少了。

778 **久松真一**：这幅画很好。它的色彩有寂(sabi)之意味[⑥]。而且在笔法上也没有什么做作之处。

海德格尔：我也喜欢这张画。原作在伯尔尼。这幅画叫《入牖

---

① 足利义政将军(Shogun Yoshimasa，1436—1490 年)：法名慈照院喜山道庆，日本室町时代中期室町幕府第八代征夷大将军。在京都市左京区建造慈照寺，俗称银阁寺。——译注

② 村田珠光(Shuko Murata，1422—1502 年)：日本茶道的“开山之祖”，所创“草庵茶”乃后世茶道的出发点。——译注

③ 《在中间领域——保罗·克利的水彩画和素描》，W.哈夫特曼编(科隆 1957 年)(译者注)。

④ 《蜗牛》，1924 年，纸本水彩，19×28 厘米，私人收藏。插图第 32 件，同上书(译者注)。

⑤ 可能是指画作《银月亮的钟声》，1921 年，30 * 26.4 厘米，重印于比如《保罗·克利的手绘素描，1921—1930 年》(波茨坦/柏林 1934 年)，插图 6(译者注)。

⑥ “寂”(sabi)：日本美学概念，即所谓“侘寂”(Wabi-sabi)。“侘寂”说的是一种残缺之美，源自佛法(小乘)中的三法印(诸行无常、诸法无我、涅槃寂静)。“侘”(Wabi)原指远离尘世、索居禅林的孤寂；“寂”(sabi)原指“寒、贫、凋零”。至 14 世纪，“侘寂”一词的含义就转向了积极一面，茶道宗师千利休将“侘寂”(Wabi-sabi)融入茶道。——译注

的圣灵》。[①] 这幅画也是克利在其晚年创作的。

久松真一:仿佛有某种日本书法的意味。

海德格尔:没错。——克利也是一个重要的音乐家。他好像说过:真正的大师是莫扎特和贝多芬。

久松真一:我很想听听您的最新想法。

海德格尔:新想法我是有的,但还没有完成呢。我虽然把它们写下来了,但还没有公开演讲过。我真的只是十分缓慢地一步步往前走。这是与语言问题联系在一起的。在我刚刚做的演讲中[②],也包含了这种新思想的某个成份;它构成这个演讲的背景,但在其中没有清晰而明确地被道出。我想克服关于语言的偏见。以语法方式把握语言的本质性方式,不光是受到亚里士多德存在学的支配,而且也受希腊存在学的支配。但一位诗人的语言是不能用这种关于语言的语法理解来把握的。关于这一点,我已经讲过了。有鉴于与印度-日耳曼语言还没有任何联系的古老日语,
我在此也许可以提出几个有趣的问题。克利有一回写了下面的 779
话,听起来像是一首诗:"鸟儿可羡慕的,/它们避免,/想念树干和树根,/灵巧的鸟儿自鸣得意地摇摆/在最后分杈的树端歌唱"[③]。

---

① 《入牖的圣灵》,1940/1956 年(X 16),水彩画;参看《保罗·克利,伯尔尼美术馆里的彩色作品》(伯尔尼 1976 年),第 239 件,第 427 页(译者注)。

② 《诗与思——关于斯退芬·格奥尔格的诗〈词语〉》,1958 年 5 月 11 日在维也纳市民剧院的演讲;现在以"词语"为题,收入马丁·海德格尔:《在通向语言的途中》,同上,第 217—238 页。久松真一出席了这个维也纳演讲(译者注)。

③ 《保罗·克利日记(1898—1918 年)》,F. 克利编(科隆 1957 年),第 141 页;以及保罗·克利:《诗集》,F. 克利编(苏黎世 1960 年),第 55 页(译者注)。

久松真一:您这时谈的事情也可以在禅宗语言中找到。在禅宗中,语言被看作完全自由的表达。它是如此自由,以至于它是在被说出之后才能构成语法。

海德格尔:我的思索也在这个方向上。

久松真一:我特别希望,您无论如何能把这个想法完善起来。

海德格尔:我的学生布赫纳[①]去日本了。我请您指导一下他。

久松真一:我也向布赫纳先生学习呢。我希望他在日本的逗留能为东-西方思想的发展做出贡献。我的愿望是,有朝一日,东方能包含西方,反过来,西方能包含东方,以此方式达到一种东-西方思想的展开。

海德格尔:为您这个话我要感谢您。我以为,这样一种东方与西方的相遇和交流比经济和政治的合作更重要。

久松真一:我也这样认为。也许这样一种相遇和交流也将改变政治。

海德格尔:不言自明。反过来却不行。从政治和经济出发,我们走不了多远。我们必须从一个更深的地方开始。

久松真一:实际上我完全赞同。您的话对我来说是我这次回日本的行程的一大礼物。

海德格尔:据我所见,昨天的高级研讨班为在场的人士留下了

---

① 布赫纳(Hartmut Buchner)是海德格尔的弟子,与日本方面关联甚多,编有《日本与海德格尔》等,并与辻村公一合作翻译过禅宗文本《十牛图颂》(德文版书名作 Der Ochs und sein Hirte)。——译注

一个深刻的印象。我们今天的对话也是。

久松真一：但我请您……多谢！如果能带个您的手迹回家，我 780
会特别开心的。您喜欢的一首诗，您自己的某个文本，或者无论别的什么。

海德格尔：（取来一本非卖的、限量特供版《约翰·彼得·黑贝尔——家之友》[①]）我用德文，而不是用拉丁文写。

久松真一：好，多谢！

□村[②]：译成日文，这里写有："您的弗莱堡访问的友好纪念"。（海德格尔此外还在他写的小书《乡间路》上签名，送给久松真一）。

久松真一：衷心感谢您的这么多礼物！（他指着限量特供版《约翰·彼得·黑贝尔》里海德格尔的一张照片）这照片是哪一年的？

海德格尔：1955 年。

---

① 这是一本小册子《与黑贝尔的对话》（译者注）。

② 辻村（Tsujimura）：应指辻村公一（Tsujimura Koichi）。——译注

文献说明与注释

783 ## 第一编：大学生与编外讲师时期

(1910—1922 年)

1.《由死向生》(对约根森《生命谎言与生命真理》的思考)。作者：马丁·海德格尔，弗莱堡大学神学系学生。载于《大学生》，第2年卷，第5期，1910年3月，第72—73页。

2. Fr. W. 福斯特：《权威与自由》(对教会的文化问题的考察)，克瑟尔出版社，肯普滕-慕尼黑。载于《大学生》，第2年卷，第7期，1910年3月，第109—110页。

3. A. J. 库珀斯：《密封之唇》(从十九世纪爱尔兰人民的生活而来的短篇小说)，巴赫姆出版社，科隆。载于《大学生》，第3年卷，第2期，1910年12月，第29页。

4. 约根森：《旅行札记》(在自然和精神中的光明与黑暗)，第二版，基尔希海姆，美因茨，1910 年。载于《大学生》，第 3 年卷，第 3 期，1911 年 1 月，第 45 页。

5. 论大学生的哲学定向。 载于《大学生》，第 3 年卷，第 5 期，1911 年 3 月，第 66—67 页。

6. 齐默尔曼：《神之需要》，8 页前言，192 页正文，8^0——弗莱堡，赫尔德出版社，1910 年，Br. 1。——载于《学术博义通讯》，第 26 卷，第 4 期，1911 年 5 月 15 日，第 214 页。

7. 在寂静的小路上。 载于《大学生》，第 3 年卷，第 9 期，1911 年 7 月，第 140 页。

8. 七月的夜。 此文本来自私人遗产，胡戈·奥托（Hugo Ott）在没有得到允许的情况下发表在《马丁·海德格尔：在通向其生平的途中》，坎普斯出版社，法兰克福/纽约，1988 年，第 72 页。胡戈·奥托拒绝为我列出文献来源，以至于他这个副本不能与手稿进行配页检查。海德格尔的这首诗据说作于 1911 年夏天。

9. 宗教心理学与下意识。 对关于这个主题的各种新的工作的汇评。载于《大学生》，第 4 年卷，第 5 期，1912 年 3 月，第 66—68 页。

10. 格雷德特:《亚里士多德—托马斯主义哲学原理》,第1卷,逻辑学与自然哲学,第2版,弗莱堡,赫尔德出版社。

11.《有价值的中篇小说和短篇小说丛书》,O. 海陵豪斯博士教授(Hellinghaus)编,第9卷,弗莱堡,1911年。载于《大学生》,第5年卷,第3期,1913年1月,第45页。

784 **12. 简历**(为1913年博士学位授予而作)。摘自:马丁·海德格尔(巴登州,梅斯基尔希)著:《心理学主义中的判断理论。批判性且肯定性的逻辑学论稿》,莱比锡,J. A. 巴特出版社,1914年,第111页。海德格尔的这部博士论文已在全集第1卷中重印(第59—188页),但这份简历并未包含在其中。

13. 威廉·冯特的《大众心理学问题》,莱比锡,1911年,共120页,平装本,2.80德国马克。载于《哲学年鉴》(第28卷),富尔达,1915年,第88—90页。

14. 慰藉。 首次发表在《救世主》(旨在看护有文化的天主教徒之宗教生命的天主教月刊),第6年卷,1915年,第161页。

15. 简历(为1915年取得教授资格而作)。为申请进行教授资格论文答辩,马丁·海德格尔提交了这份手写的简历。它现存于斯图加特国家档案馆中的海德格尔私人档案中(巴登－符腾堡州文化部,EA 111/1,弗莱堡大学,马丁·海德格尔)。在我不知道的情况下,胡戈·奥托将其发表在《弗莱堡主教辖区档案》,第104卷,1984年,第323—325页。

16. 孤独。 首次发表在《救世主》(旨在看护有文化的天主教徒之宗教生命的天主教月刊),第7年卷,1916年,第309页。

17. 简历(1922年)。这份由马丁·海德格尔手写的简历连同其讨论雅斯贝尔斯《世界观之心理学》的那篇论文(此文现收入《海德格尔全集》第9卷,第1—44页①)是应格奥尔格·米西教授(Georg Misch)(哥廷根)的请求以挂号信的形式于1922年6月30日从弗莱堡的勒信街寄出的。迄今未发表过。

第二编:在马堡和弗莱堡任教授时期
(1923—1933年)

18. 威廉·狄尔泰的研究工作和当前为一种历史学的世界观而进行的斗争。《卡塞尔邮报》②于1925年4月15日(星期三)以"库尔黑森艺术与科学协会"这样的标题刊登了由该协会向海德格尔求

① 中译本参见:海德格尔:《路标》,孙周兴译,北京:商务印书馆,2014年,第3—51页。——译注

② 卡塞尔(Kassel),德国中部城市,位于汉诺威西南方。——译注

到的“适合报纸用的内容不要太丰富的简讯（Notiz）”。在所刊登的海德格尔文本之前有这样几句话：“本月16日，这个冬天的最后一个讲座课将开始讲授。在这个讲座课中，来自马堡大学的马丁·海德格尔博士教授先生将评论威廉·狄尔泰的研究工作和当前为一种历史学的世界观而进行的斗争（晚上8点钟在地区图书馆的阶梯教室讲授。此后几次课的时间是本月的17日、18日、20日以及21日）。下面的文字可以作为导论，它为所要探讨之主题的广泛意义给出了一个概念。”

785 瓦尔特·布勒克（Walter Bröcker）对“卡塞尔报告”作的笔记——海德格尔的手稿今已不存——于1993年在我的同意下经洛蒂（Frithjof Rodi）的编辑发表在《狄尔泰年鉴》，第8卷，第143—180页。在这里，在《全集》第16卷中全文发表的1925年的“导论”，已于1987年在《狄尔泰年鉴》（第4卷，第172—173页）中发表。“卡塞尔报告”的笔记将收录在《全集》第80卷。

19. 为弗里茨·海德格尔与里塞尔·海德格尔的结婚日而作（1925年10月15日）。弗里茨·海德格尔（Fritz Heidegger，1894—1980年）是海德格尔唯一的弟弟。讲话副本系私人所有，迄今未发表过。

20. 对汉斯·斯佩曼的祝贺（1929年2月24日）。汉斯·斯佩曼（Hans Spemann，1869—1941年）博士教授，1914—1919年间任威

廉皇帝柏林生物学院院长,1919—1937 年间为弗莱堡大学生物学正教授。斯佩曼 1935 年获得诺贝尔奖。原始函件存于美茵河畔的法兰克福的森肯伯格图书馆,迄今未发表过。

21. 埃德蒙德·胡塞尔的七十岁寿辰(1929 年 4 月 8 日)。海德格尔的报道以及他给胡塞尔的献词于 1929 年 5 月 14 日刊登在弗莱堡的《大学通讯》,第 4 卷,第 9 学期,第 3 期,第 46—47 页。在呈献纪念文集时所致献词的手稿现存于德意志文学档案馆(DLA)。

22. 针对柏林的决定(1930 年 5 月 10 日)。阿道夫·格里米(Adolf Grimme,1889—1963 年),社会民主党人,1930—1933 年间任普鲁士文化部长,1942—1945 年间被囚禁,1946 年出任汉诺威文化部长,1948—1956 年间任西北德国广播电台(NWDR)总经理。

23. 始终忠诚于事情(1930 年 5 月 17 日)。原件存于柏林国家机密档案馆普鲁士文化财产中。迄今未发表过。

24.《形而上学是什么?》日译本前言(1930 年)。此前言的日译文收入该讲座日译本(理想社,东京,1930 年)。此前言的德文本首次发表在:《日本与海德格尔:梅斯基尔希市庆祝马丁·海德格尔百年诞辰的纪念文集》,由受梅斯基尔希市委托的布赫纳(Hartmut Buchner)编辑,Jan Thorbecke 出版社,西格马林根,1989 年,第209—210页。

25. 在寂静的小木屋岁月结束之际(1931年9月12日)。在马格利乌斯(Magirus)夫妇[①]到托特瑙堡小木屋造访海德格尔一家之后,海德格尔写下了这篇文章。海德格尔夫妇与马丁·海德格尔最初的未婚妻玛格丽特(Margret)维持着终生的友谊,并且这种友谊被两个家庭的孩子们延续了下去。迄今未发表过。私人所有。

786 **26. 令人绝望的理解之缺乏**(1932/1933年冬天)。此系马丁·海德格尔写给汉娜·阿伦特(Hannah Arendt,1906—1975年)的一封没有标注日期的信。汉娜·阿伦特此前寄来的那封信,如同她直至1966年的所有原始来信,都被马丁·海德格尔销毁了。首次发表在:《汉娜·阿伦特/马丁·海德格尔:1925—1975年间的通信》,Ursula Ludz编,维多里奥·克劳斯特曼出版社,美茵河畔法兰克福,1998年,第68—69页。

27. 所有正在到来的东西都将带来沉重的任务(1933年3月22日)。此系马丁·海德格尔从海德堡寄给伊丽莎白·布洛赫曼的明信片,上面的图案是海德堡古老的内卡河大桥和城堡。伊丽莎白·布洛赫曼(Elisabeth Blochmann,1892—1972年)是埃尔弗里

① 即玛格丽特及其丈夫。——译注

德·海德格尔(Elfride Heidegger,1893—1992 年)(娘家姓佩特里)的女友,自 1913 年以来也成为马丁·海德格尔的朋友。作为半个犹太人,布洛赫曼不得不在 1934 年流亡到英国。1952 年她获得了拉恩河畔的马堡大学的教育学教席,1960 年荣休。这封信首次发表在:《马丁·海德格尔与伊丽莎白·布洛赫曼 1918—1969 年通信集》,J. W. Storck 编,“马尔巴赫作品丛书”第 33 卷,内卡河畔的马尔巴赫,1989 年,第 59 页。(以下引用中简写为《海德格尔与布洛赫曼》)

28. 被迫去省思(1933 年 3 月 30 日)。马丁·海德格尔致伊丽莎白·布洛赫曼的信。首次发表在:《海德格尔与布洛赫曼》,同上,第 60—62 页。

29. 伟大的精神传统的承载者被阻止了(1933 年 4 月 12 日)。马丁·海德格尔致伊丽莎白·布洛赫曼的信。首次发表在:《海德格尔与布洛赫曼》,同上,第 62—63 页。

30. 对不可动摇之友谊的保证(1933 年 4 月 18 日)。“在这些艰难的日子里”:“重建公务员集体”的帝国法令——它首先对准的是犹太人公务员——于 1933 年 4 月 11 日生效。首次发表在:《海德格尔与布洛赫曼》,同上,第 63 页。

第三编：任弗莱堡大学校长时期

(1933—1934年)

31. 致法布里休斯的信(1933年4月22日)。恩斯特·法布里休斯(Ernst Fabricius,1857—1942年),弗莱堡大学1888—1926年间的古代史正教授,1911—1912年间的副校长(巴登大公爵一直担任弗莱堡大学校长直至1918年)。作为新教徒,法布里休斯特别衷心地欢迎海德格尔这个年轻的、身为天主教徒的、缺乏关系背景的编外讲师加入教职队伍。由此而来在他们之间就形成了一种——被海德格尔感激地接受的——维持一生的学术性的和友谊性的联系,并且在海德格尔与法布里休斯的所有孩子之间也同样
787 形成了终生的友谊。威廉·("哈特穆特")·法布里休斯,林务官,直到1933年一直是德国童子军协会(DPB)的帝国总督,并因而是海德格尔两个儿子——他们加入了弗莱堡童子军——的最高领导人。——这封信是海德格尔在其被选为校长后的第一次书面的表态。迄今未发表过。

32. 建造一个新的、精神性的世界(1933年4月27日)。弗莱堡大学档案馆(以下简称UAF)B 1/159。

33. 为遭受威胁之同事的说情(1933年4月28日)。部长公告于

1933年4月26日颁发，海德格尔校长于1933年4月28日将此公告转发给各系主任。UAF B 1/3986。

34. 批准对大学生的一次召唤(1933年4月29日)。第III部分和签名系手写。UAF B 1/3026。

35. 诚挚的和不变的感激之情(1933年4月29日)。这封由埃尔弗里德·海德格尔手写的、同时以其先生之名义写给马尔维尼·胡塞尔夫人的信(附上了一大束鲜花)作于1933年4月29日。胡戈·奥托没有经过我的同意，在我母亲尚在的时候，侵犯了版权，把它首次发表在他的那部著作《马丁·海德格尔：在通向其生平的途中》的袖珍版中("坎普斯丛书"，第1056卷，1992年，第353—354页)。在他的这一版著作中，根据其从法国得到的该信件草稿的一个副本，奥托辨识出了六个被划掉的词语[①]——其辨识结果部分是错误的——并用把它们置入括号内的方式来重述这六个词语。在一个脚注中，他作出这样的假定：埃尔弗里德·海德格尔"在1945年秋天认为这段话不再恰当"。这并不符合事实。这段话在1933年4月的信件草稿中就已经被划掉了。埃尔弗里德·海德格尔在1945年秋天必然想得到，胡塞尔夫人手里还有她的原信。我那诚实的母亲永远都不应遭受这样的要诡计之指责。倘若奥托的假定是对的，埃尔弗里德·海德格尔就应该把那段话涂黑

---

① 按德文计算的六个词。——译注

使之不可辨识才是。信件草稿中被划掉的那段话是："这个新的、严厉的、但从德意志的角度来看却是必要的法令"。对于这封信，胡塞尔夫人给了一个十分简短的回应，即：两个家庭之间的关系破裂了。

36. 对克里斯特勒的推荐（1933 年 4 月 30 日）。犹太学生保罗·奥斯卡·克里斯特勒（Paul Oskar Kristeller，1905—1999 年）在海德格尔的指导下凭借关于普罗提诺的论文而获得博士学位。他也曾在海德格尔的家里与人一起合奏音乐。1933 年 4 月 30 日，海德格尔致信他在巴塞尔的哲学同事保罗·海伯林博士教授，进一步地推荐克里斯特勒到海伯林那里去作教授资格论文答辩。克里斯特勒博士流亡到了美国，二战后与海德格尔重新取得了联系。首次发表在：《保罗·海伯林与路德维希·宾斯宛格通信集：1908—1960 年》，Schwabe u. Co AG 出版社，巴塞尔，1997 年，第 380—381 页。

788 **37. 格勒高级教士**（1933 年 5 月 2 日的葬礼致辞）。神学家埃米尔·格勒博士教授（Emil Göller，1874—1933 年），教会史教席的持有者，是一战后弗莱堡大学的首任校长。迄今未发表过。

38. 对他们的职位关系的延续（1933 年 4 月 28 日/5 月 3 日）。UAF E 58/4. 5. 33——哲学系 1933 年公告 I。海德格尔曾对

我——他的儿子——解释过，他曾亲自在卡尔斯鲁厄的部里为其犹太人同事的事情奔走过，试图中断对他们的停职活动。

39. 被置入新的任务中(1933 年 5 月 4 日)。这是一封在哲学系(第一教席)的标识信笺上机打的信件；最后一句话是手写的。迄今未发表过。私人所有。1936 年 3 月 8 日，海德格尔在一份官方调查表格上指出，他“按照弗莱堡专区领导所提出的特别要求，自 1933 年 4 月 30 日起加入了国社党(NSDAP)[①]，党员编号为 3.125. 894”。他的国社党党员证(现存于柏林联邦档案馆)上在“登记”一栏下盖有“1. 5. 33”[②]的印戳，Elfriede (sic!) Heidegger[③][埃尔弗里德·海德格尔]的党员证同样如此，其编号是 3.461. 085。

40. 在部里进行汇报(1933 年 5 月 5 日)。此系写给斯佩曼枢密顾问的信。在斯佩曼的学院里发生了一件令人不快的、今天不再为人所知的事件，海德格尔校长知道了这一事件。原信存于法兰克福森肯伯格图书馆的斯佩曼遗产中。迄今未发表过。

41. 论注册入学(1933 年 5 月 6 日)。这一讲话迄今未发表过。

---

① 全称“德国国家社会主义工人党”，亦即“纳粹党”。——译注

② 德文日期表示，意指：1933 年 5 月 1 日。——译注

③ “sic”是“原文如此”的意思。埃尔弗里德党员证上的名字写(印)错了，应为“Elfride”。——译注

42. 祝贺和感谢（1933 年 5 月 8 日、5 月 9 日）。UAF B24/1277。迄今未发表过。

43. 致帝国地方长官罗伯特·瓦格纳的电报（1933 年 5 月 9 日）。载于《阿雷曼人》（上巴登州国社党党员的战斗报纸），1933 年 5 月 9 日。馆藏：弗莱堡大学图书馆。

44. 全体大学生（1933 年 5 月）。此系海德格尔遗产中的手写讲话草稿。1933 年 5 月弗莱堡大学举行了三场注册入学仪式。现已不能查明海德格尔是在其中的哪一场仪式（可能是第二场或第三场）中发表这一讲话的。手写的"批判性的表态"附在这个讲话草稿后面，这是由海德格尔所归类的。迄今未发表过。

45. 对祝贺的感谢（1933 年 5 月 10 日、5 月 29 日）。打字稿副本，由海德格尔手写签名。UAF B 24/1277。迄今未发表过。

788 **46. 校长职务移交庆典**（1933 年 5 月 12 日的邀请）。弗莱堡市档案馆 C 4 XI。迄今未发表过。

47. 弗莱堡大学生的国防服务（1933 年 5 月 17 日）。UAF B 17/3026。迄今未发表过。

48. 在领袖 1933年 5月 17日的讲话之后。全文迄今未发表过。内容摘要发表在:《布莱斯高日报》,1933 年 5 月 18 日;《弗莱堡日报》,1933 年 5 月 19 日(晨版);《阿雷曼人》,1933 年 5 月 19 日。

49. 致帝国总理的电报(1933 年 5 月 20 日)。弗莱堡大学校长的这封电报是应基尔大学校长伍尔夫博士教授(Wolf,1901—1969 年)的请求——伍尔夫 1933 年 5 月 18 日给德国所有大学和技术高等专科学校的校长们发去电报请求给予支持——致电以示支持。首次发表在胡戈·奥托的《马丁·海德格尔:在通向其生平的途中》,法兰克福/纽约,1988 年,第 187 页,但没有指明文献来源。这份电报现存于科布伦茨联邦档案馆 R 43 I/936。

50. 准备出版第一个讲座(1933 年 5 月 22 日)。UAF B 24/1277。

51. 德国大学的自身主张(1933 年 5 月 27 日)。《1933 年 5 月 27 日弗莱堡大学校长职务移交庆典上的讲话》,W. G. Korn 出版社,布雷斯劳,1933 年,共 22 页;第二版(印数 4000—6000),1934 年。彻底检查过的新版,赫尔曼·海德格尔编,维多里奥·克劳斯特曼出版社,法兰克福,1983 年;第二版,1990 年。

52. 拟在圣灵降临节后举行校委会会议(1933 年 5 月 29 日)。UAF B 1 XXXIII/6。

53. 为了国防体育运动而感谢阿绍夫枢密顾问(1933 年 5 月底)。此系大学校长办公室中一位工作人员手写的草案,没有日期,由海德格尔签名。阿绍夫(Aschoff)教授于 1933 年 5 月 20 日给校长寄来了“关于在大学开展国防体育运动以及相应导论课的协商会议的笔记,这些会议当时是在柏林夏洛滕堡高校举行的”。

54. 冬季学期的国防体育运动改到周六进行? (1933 年 6 月 2 日)。这封函件的打印件上缺少海德格尔的签名。UAF B 1/3026。

55. 为利夫曼博士教授请求赞许性的鉴定(1933 年 6 月 7 日)。UAF B 1/3986。

56. 没有向前挤到部长那里去(1933 年 6 月 10 日)。此系马丁·
790 海德格尔寄给伊丽莎白·布洛赫曼的明信片。阿尔弗利德·拜乌姆勒(Alfred Bauemler,1887—1968 年),德累斯顿大学编外教授(1928 年),正教授(1929 年);柏林大学政治教育学教授(1933—1945 年)。巴克希尔(Bargheer),普鲁士文化部高级官员。这张明信片首次发表在:《海德格尔与布洛赫曼》,同上,第 67 页。

57. 赫尔曼·施陶丁格博士教授的荣誉(1933 年 6 月 13 日)。赫尔曼·施陶丁格(Hermann Staudinger, 1881—1965 年),自 1926

年起主持弗莱堡大学化学教席，1953 年获诺贝尔奖。这份官方函件——打字稿——由海德格尔手写签名。弗莱堡市档案馆 C 25/2—180/181。

58. 校委会会议（1933 年 6 月 14 日，星期三）。UAF A 10/109，校委会记录。

59. 劳动服务与大学（1933 年 6 月 14 日）。校长“1933 年 6 月 14 日在大学生住宅移交仪式上”的讲话——这是海德格尔在讲话的打字稿上手写的笔记。没有这一提示的讲话文本刊登在：《弗莱堡大学生报》，第 VII 学期（XIV），第 4 期，1933 年 6 月 20 日，第 1 页。

60. 神学学生的体育活动是合格的（1933 年 6 月 17 日）。UAF B 1/3026。

61. 俾斯麦纪念会和夏至节习俗庆祝活动（1933 年 6 月 21 日）。UAF B 1/25。

62. 过时的和已了结的（1933 年 6 月 22 日）。GLA 卡尔斯鲁厄 235/8048。

63. 本校明天举行的夏至节习俗庆祝活动（1933 年 6 月 23 日）。弗莱堡市档案馆 C 4 XI 21/6。

64. 1933年的夏至节（1933 年 6 月 24 日）。弗莱堡的四家日报于 1933 年的 6 月 26 日或 6 月 27 日对此进行了报道，但都只报道了部分文字而且彼此有别。在这里首次发表依照手稿而得到的精确的德语文本。法译文已经发表在：《马丁·海德格尔政治文集：1933—1966 年》，弗朗索瓦·费迪尔编，Callimard 出版社，巴黎，1995 年，第 117 页。

65. 来自新康德主义学派的霍尼希斯瓦尔特（1933 年 6 月 25 日）。巴伐利亚文化部（高级官员爱恩豪瑟博士）致电海德格尔请求其给出专业鉴定意见。此文已由克劳迪娅·绍西特发表在《巴伐利亚诸大学中的哲学：1933—1945 年》，Erlangen 出版社，第 161 页。慕尼黑巴伐利亚国家图书馆 MK 43772。

66. 简短的反对凡尔赛条约的示威（1933 年 6 月 26 日）。UAF B 1/3026。

67. 任命校务长（1933 年 6 月 28 日）。UAF B 1/3645。打字稿副
791 本，海德格尔签名。迄今未发表过。在 1933 年 6 月 28 日的一封简函中，海德格尔校长感谢了瓦克博士部长先生（Dr. Wacker），

感谢其所颁发的公告，并保证会倾全力做到，“按照我们领袖阿道夫·希特勒的思想和精神把德意志高校本身特别是弗莱堡大学的新形态带到正确的路径中去”。校长也同样以简函形式把任命朱利斯·威尔瑟博士教授(Julius Wilser)为大学校务长一事告知了弗莱堡大学的校委会、各系主任、教师和大学生以及全体德国高校。

68. 威尔瑟博士教授成为大学校务长(1933 年 6 月 30 日)。这份公告来自大学校长办公室档案，其复印件是时任校务长西伯格博士在 1988 年 5 月 11 日的来信中为我提供的。今天存于 UAF 中。

69. 由于超负荷工作而表示拒绝(1933 年 7 月 8 日)。罗斯托克的大学生组织邀请海德格尔前去作一次报告。UAF B 24/1277。

70. 对同事冯·赫维西和弗兰克尔遭停职的表态(1933 年 7 月 12 日)。副本存于 GLA 卡尔斯鲁厄 235/8819。

71. 校委会会议(1933 年 7 月 12 日，星期三)。UAF A 10/109，校委会记录。

72. 对艾德瓦特·弗兰克尔教授的表态(1933 年 7 月 19 日)。海德格尔想把犹太人同事艾德瓦特·弗兰克尔(Eduard Fraenkel，1888—1990 年[①])留在弗莱堡大学的这一表态，始终是徒劳的。这

---

① 编者在此写错或是印刷错误，艾德瓦特·弗兰克尔的卒年应是 1970 年。——译注

位古典语文学家流亡到了英国，自 1935 年起在牛津大学任教。UAF B 1/3986。

73. 依照卡尔斯鲁厄的清楚指示（1933 年 7 月 22 日）。海德格尔校长为他的犹太人同事普林斯海姆在文化与课程部（卡尔斯鲁厄）中所作的努力奏效了。弗里茨·普林斯海姆（Fritz Pringsheim，1882—1967 年）于 1935 年被剥夺教职，自 1939 年起执教于牛津大学，1946 年返回弗莱堡。UAF B 1/3986。

74. 校委会扩大会议（1933 年 7 月 28 日，星期五）。UAF A 10/109，校委会记录。

75. 在弗莱堡大学病理解剖学院成立五十周年庆典上的席间祝词节选（1933 年 8 月初）。这一讲话以摘要形式刊登在病理学院的一个内部出版物上，这个出版物于 1934 年 1 月 10 日被献给路德维希·阿绍夫（Ludwig Aschoff，1866—1942 年）以庆祝其 68 岁生日。弗莱堡大学病理学院图书馆。弗莱堡大学的艾德瓦特·赛德勒博士教授先生为我指出了这一出版物的出处，在此表示感谢。

76. 已计划好的业余活动（1933 年 8 月 10 日）。UAF B 1/2345。
792 从档案中既不能得知校长的请求是否得到了响应，也无法得知校长是否参加了这一业余活动。

77. 布洛克博士转至别处作教授资格论文的计划（1933 年 8 月 11

日)。这是海德格尔写给巴塞尔大学教授保罗·海伯林(Paul Häberlin,1878—1960年)的信。海伯林,哲学家与教育家,1914年任伯尔尼大学教授,1922年起执教于巴塞尔大学。1930年,马丁·海德格尔把身为半个犹太人的维尔纳·布洛克博士遴选为助教。根据新的国家规定,海德格尔在1933年秋天失去了他的这位助教。布洛克博士在海德格尔的帮助下获得了前往剑桥大学深造的研究资助。维尔纳·布洛克博士(Werner Brock,1901—1974年)后来作为编外教授返回弗莱堡大学,但却因为身体上的疾病而只能短暂地履行其教学活动。赫尔曼·施马伦巴赫教授(Hermann Schmalenbach,1885—1950年),自1923年起任哥廷根大学哲学教授,1928年起执教汉诺威大学,1931年起任教于巴塞尔大学。首次发表在:《保罗·海伯林与路德维希·宾斯宛格通信集:1908—1960年》,Schwabe u. Co AG出版社,巴塞尔,1997年,第381—382页。

78. 大学生作品的"精选会"(1933年8月15日)。马丁·海德格尔寄给伊丽莎白·布洛赫曼的明信片,其图案是海拔1020米的托特瑙堡-黑森林。首次发表在:《海德格尔与布洛赫曼》,同上,第68页。

79. 我们的大学校长组的会议(1933年8月19日)。马丁·海德格尔寄给伊丽莎白·布洛赫曼的明信片,其图案是德绍大市场。首次发表在:《海德格尔与布洛赫曼》,同上,第68页。

80. 可惜这里的情况是非常令人绝望的(1933 年 8 月 22 日)。海德格尔致卡尔·施密特教授(Carl Schmitt,1888—1985 年)的手写信件。最初以双语形式发表在:《目标》,纽约,第 72 期,1987 年,特刊号“卡尔·施密特:敌人或是?”。此据我所拥有的该手稿的复印件。

81. 对巴登州各大学和卡尔斯鲁厄技术高等学校之章程的重新制定(1933 年 8 月 24 日)。相关公告是由“文化、课程与司法部——文化和课程分部(卡尔斯鲁厄)——部长先生”于 1933 年 8 月 21 日发布的(Nr. A 22296),它并非来自海德格尔的请求。校长于 1933 年 8 月 24 日将此公告全文转发给全体教师和助教。UAF-登记档案 XVIII 2/2。

82. 官方(1933 年 8 月 24 日)。《布莱斯高的阿尔伯特-路德维希-弗莱堡大学:1933/1934 年冬季学期讲座课索引、全体职工索引以及 1933 年夏季学期的大学生数据》,由 H. M. Muth 印刷和出版,弗莱堡,第 3 页。

83. 高校的新章程(1933 年 8 月 30 日)。马丁·海德格尔致伊丽莎白·布洛赫曼的信。约尔克,海德格尔的长子(生于 1919 年)。埃尔弗里德:海德格尔的妻子(1893—1992 年)。萨特勒小姐:伊
793 丽莎白·萨特勒在 1933/1934 年间是海德格尔在弗莱堡那个家(位于采林根区罗特布克路)里的女管家。《海德格尔与布洛赫曼》,同上,第 69—70 页。

84. 柏林方面始终还没有什么清晰的决定(1933 年 9 月 1 日)。海德格尔致市长弗兰茨·科尔伯博士(Franz Kerber,1901—1945 年)的信。弗莱堡市档案馆 C4 XI/237。

85. 柏林大学的聘请(1933 年 9 月 4 日)。原件在斯图加特国家档案馆 EA 3/150。

86. 柏林的聘请(1933 年 9 月 5 日)。马丁·海德格尔寄给伊丽莎白·布洛赫曼的明信片。首次发表在:《海德格尔与布洛赫曼》,同上,第 71 页。

87. 对勒芬根事件没有更确切的了解(1933 年 9 月 5 日)。1933 年 9 月 2 日,当一个大学生国防体育运动营正在举行的时候,校长海德格尔收到了格罗斯曼-多特博士教授(Großmann - Doerth,1894—1944 年)的一封信,被告知了一件与某位勒芬根市民有关的事件。寄信人在信里自称"作为您的助手","我们相信第三帝国并因而想要协助它的实现"。海德格尔给格罗斯曼-多特的回信写于 1933 年 9 月 5 日,打字稿,最后三句话为手写。打字复本上方左侧的"校长"这两个字是他人手写加入的。文本以摘要的形式发表在:《纳粹主义时代中的弗莱堡大学》,Ploetz 出版社,弗莱堡/维尔茨堡,1991 年,第 53 页。弗莱堡大学校长办公室档案 XIV 4/11——现存于 UAF B1/3026。

88. 对德国大学的忧虑(1933 年 9 月 13 日)。海德格尔致汉斯·

斯佩曼的信。所说的斯佩曼的这封信不在海德格尔的遗产中。海德格尔的这封信在汉斯·斯佩曼的遗产中,法兰克福森肯柏格图书馆。迄今未发表过。

89. 疑虑——我还没有决定好(1933 年 9 月 19 日)。马丁·海德格尔致伊丽莎白·布洛赫曼的信。首次发表在:《海德格尔与布洛赫曼》,同上,第 73—74 页。

90. 托特瑙堡训练营(1933 年 9 月 22 日)。复印之通函。被胡戈·奥托发表在:《马丁·海德格尔:在通向其生平的途中》,法兰克福,1988 年,第 218 页。科布伦茨联邦档案馆,鲁道夫·斯塔德曼遗产,N 1183/19。

91. 还没有作出什么决定(1933 年 9 月 23 日)。此系海德格尔在大学校长标志信笺上手写的、寄给菲尔勒博士教授处长的信件。斯图加特国家档案馆 EA 3/150。

794 **92. 决定不去柏林**(1933 年 9 月 30 日)。斯图加特国家档案馆 EA 3/150。

93. 营地——一种试验(1933 年 10 月 11 日)。海德格尔手写的致鲁道夫·斯塔德曼的信件。科布伦茨联邦档案馆,鲁道夫·斯塔德曼遗产。

94. 任命医学系主任（1933 年 10 月 15 日）。UAF B 24/莫伦道夫。

95. 作为校务长继续掌管工作事宜（1933 年 10 月 15 日）。这份 1933 年 10 月 15 日编号 9859 的文件来自大学校长办公室档案，其复印件是时任校务长西伯格博士在 1988 年 5 月 11 日的来信中为我提供的。

96. 不去柏林（1933 年 10 月 16 日）。马丁·海德格尔致伊丽莎白·布洛赫曼的信。随后的那些海德格尔致伊丽莎白·布洛赫曼的信（从 1933 年秋天到 1934 年秋天）都遗失了。首次发表在：《海德格尔与布洛赫曼》，同上，第 76—77 页。

97. 您的追随对我而言是本质性的（1933 年 10 月 23 日）。海德格尔手写的致鲁道夫·斯塔德曼（Rudolf Stadelmann，1902—1949 年）的信。科布伦茨联邦档案馆，鲁道夫·斯塔德曼遗产。除其中一句话出现在胡戈·奥托的《马丁·海德格尔：在通向其生平的途中》（同上，第 223 页）之外，迄今未发表过。

98. 基于教学活动的利益（1933 年 10 月 24 日）。文化与课程部 A 29292。GLA 卡尔斯鲁厄。

99. 哲学系的助教（1933 年 10 月 24 日，1934 年 3 月 18 日）。两封信都是在校长标志信笺上作成的；1933 年 10 月 24 日的这封信为打字稿，海德格尔签名；1934 年 3 月 18 日的这封信为手写。迄今未发表过。GLA 卡尔斯鲁厄 235/7834。

100. 我相信同志集体住所的后果是严重的(1933 年 10 月 26 日)。海德格尔致弗莱堡市长科尔伯博士的信。弗莱堡市档案馆 C4 XI/237。

101. 论学期之开始(1933 年 11 月 3 日)。这一呼吁首次刊登在:《弗莱堡大学生报》,第 VIII 学期(XV),第 1 期,1933 年 11 月 3 日,第 1 页。

102. 教育学和哲学之副教授(1933 年 11 月 3 日)。UAF B 1/1262。

103. 召唤去参加选举(1933 年 11 月 10 日)。刊登在:《弗莱堡大学生报》“选举专号”(1a),第 VIII 学期(XV),1933 年 11 月 10 日。

795 **104. 1933年 11月 11日在莱比锡的讲话**。刊登在:《德意志大学与高校的教授们对阿道夫·希特勒以及纳粹主义国家的拥护》,由纳粹主义教师协会呈交,德国/萨克森、德累斯顿 - A1,信琛多夫街 2 号,德累斯顿,1933 年,第 13—14 页。这篇莱比锡讲话,通过完全微不足道的编辑上的改动,采纳了刊于《弗莱堡大学生报》1933 年 11 月 10 日 1a 专号上的那篇“召唤去参加选举”的文本,但也通过加入一些新的段落对其进行了扩充。

105. 对国民经济学教席的重新配置(1933 年 11 月 18 日)。打字稿，手写签名。弗莱堡市档案馆 C25/2—78 。迄今未发表过。校长已经于 1933 年 9 月 1 日告诉卡尔斯鲁厄的部长，对于该系先前呈交的那份名单，“在我这边存在着不同的考虑，我必须首先请该系予以澄清”。

106. 邀请参加庄严的注册入学仪式（1933 年 11 月 21 日）。打字稿，海德格尔签名。UAF B 1/25。

107. 庄严的注册入学仪式（1933 年 11 月 25 日）。印制的邀请函。UAF B 1 Nr. II/1/12。

108. 作为劳动者的德意志大学生（1933 年 11 月 25 日的讲话）。这一讲话于 1933 年 11 月 25 日通过西南德国广播电台向西部德国电台组亦即法兰克福、弗莱堡、卡塞尔、特里尔、科隆－朗伯格以及斯图加特－穆尔拉克等电台播送。手写全文迄今未发表过。当时的报纸只是节略地和概括地报道了这一讲话。

109. 对我薪水的规定（1933 年 11 月 26 日）。卡尔斯鲁厄文化与课程部的行政专员格鲁宁格博士（Grüninger）要求海德格尔予以表态。副本存于斯图加特国家档案馆，EA 3/150。

110. 兰格马克纪念会（1933 年 11 月 28 日）。UAF B 1/25。

111. 1933年 11月 29日的校委会会议。 UAF A 10/109，校委会

记录。

112. 不坚持先前对我做出的那一允诺(1933 年 12 月 6 日)。海德格尔致文化与课程部菲尔勒博士教授处长的信,手写,信头为寄信人印章。斯图加特国家档案馆,EA 3/150。

113. 对世界有识之士的召唤(1933 年 12 月 13 日)。此文由大学校务长对其进行加工并转换为帝国统一的对所有德意志高校的教
796 授们的要求,其目的是通过签名和捐款来参与一部用于国外宣传的纪念文集。海德格尔作为校长把这一要求转发给了各系主任。UAF B 34/31。

114. 强大的体系性的-哲学的禀赋(1933 年 12 月 14 日)。保罗·奥斯卡·克里斯特勒(Paul Oskar Kristeller,1905—1999 年),参见第 36 篇文章。原件存于哥伦比亚大学图书馆。在德国迄今未发表过。

115. 两个回复(1933 年 12 月 15 日、23 日)。UAF B 24/1277。

116. 放松地聚集(1933 年 12 月 16 日)。圣诞节前,大学校长及其夫人没有举行校长舞会,而是通过印制的邀请函亲切地邀请大家参加一个茶话会,提供旧式德国音乐的这个茶话会于 1933 年 12 月 16 日(星期六)下午五点半举行,地点是弗莱堡大学的庆祝厅。

海德格尔在那里发表了这一祝词。迄今未发表过。

117. 对新的巴登州高校章程之补充规定的建议(1933 年 12 月 18 日)。采用的是官方标志信笺,打字稿,海德格尔签名。GLA 卡尔斯鲁厄 235/No. 4908。迄今未发表过。

118. 挑选领导人的业绩衡量原则(1933 年 12 月 18 日)。帝国地方长官罗伯特·瓦格纳向文化部长瓦克博士询问,阿诺德·卢格博士(Arnold Ruge)——1881 年 1 月 1 日生于格尔里茨,1910 年成为海德堡大学哲学编外讲师,自 1933 年 5 月 18 日起任巴登总区档案馆(卡尔斯鲁厄)的科学助手——是否能够成为海德堡大学的哲学教授或巴登其他高校的哲学教授。卢格博士引以为证的是他与阿道夫·希特勒、恩斯特·罗姆①、戈特弗里德·费德尔②、海因里希·希姆莱③、威廉·弗里克④、迪特里希·埃卡特⑤、格雷戈尔·

① 恩斯特·罗姆(Ernst Röhm, 1887—1934 年),德国政治家,纳粹党早期重要成员,冲锋队头目。1934 年 7 月 1 日被希特勒处死。——译注

② 戈特弗里德·费德尔(Gottfried Feder, 1883—1941 年),经济学家,纳粹党早期主要成员。他是纳粹党的经济理论家。最初,是他的演讲吸引了希特勒成为纳粹党员。——译注

③ 海因里希·希姆莱(Heinrich Himmler, 1900—1945 年),党卫队帝国长官、纳粹德国秘密警察首脑、警察总监。——译注

④ 威廉·弗里克(Wilhelm Frick, 1876—1946 年),纳粹德国内政部长,著名的排犹分子,他起草、签署并执行了多项旨在将犹太人排除出德国生活和经济领域的法令。——译注

⑤ 迪特里希·埃卡特(Dietrich Eckart, 1868—1923 年),德国政治家,纳粹党早期的一位重要成员,也是 1923 年的啤酒馆起义的参与者之一。——译注

斯特拉瑟[①]等人的私人关系和友谊。——文化部于1933年12月13日要求海德格尔立即给出鉴定意见。海德格尔的这一毁灭性的批评于1933年12月18日被呈交给帝国地方长官。日期、“业绩衡量原则”的着重号以及签名为海德格尔手写。GLA卡尔斯鲁厄450/790。

119. 对弗莱堡大学教会史教席的重新配置(1933年12月22日)。这份公函——打字稿——由海德格尔手写签名。它以摘要形式——但也有错误(少了7个词和一个附件)——发表在胡戈·奥托的那部著作中(同上,第233页)。弗莱堡国家档案馆C 25/2—66。

120. 对弗莱堡大学齿科学教席的重新配置(1933年12月22日)。打字稿,由海德格尔手写签名。弗莱堡国家档案馆C 25/2—79。

797 **121. 大学之导言**(1934年1月6日)。《弗莱堡日报150周年》,周年纪念版,弗莱堡,第10页。

122. 诸系非教席教职人员的代表(1934年1月9日)。UAF B 24/3781。

---

① 格雷戈尔·斯特拉瑟(Gregor Strasser, 1892—1934年),德国政治家,纳粹党早期重要成员。1934年6月30日被希特勒处死。——译注

123. 潘考——一位伟大的医生(1934 年 1 月 15 日)。奥托·潘考博士教授(Otto Pankow,1876—1934 年)自 1927 年起任弗莱堡大学产科学和妇科学正教授。他患有严重的癌症疾病,1934 年 1 月 12 日去世。在 1934 年 1 月 15 日的这场葬礼上,海德格尔作为校长发表了这篇纪念辞。

124. 在弗莱堡大学城市应急工人训练课开课仪式上的讲话(1934 年 1 月 22 日)。在阶梯教室 1 中的讲话。马丁·海德格尔的这篇得到认真加工的手写讲话草稿在有细微变化的情况下于 1 月末被转制成打字稿,其文本于是就在 1934 年 2 月 1 日以一个并非来自海德格尔的标题"纳粹主义的知识训练"发表在《阿雷曼人》,第 33 期,晚刊,第 9 页。当前发表的这一文本的基础是手稿以及海德格尔在其报纸样本上在三处地方予以手写改善的报纸文本。

125. 号召进行劳动服务(1934 年 1 月 23 日)。《弗莱堡大学生报》,弗莱堡,第 VIII 学期(XV),第 5 期,第 1 页。

126. 未被损耗的阿雷曼民族特性(1934 年 1 月 23 日)。以并非来自海德格尔的标题"对阿雷曼民族的提醒之词"发表在《弗莱堡大学生报》,第 VIII 学期,第 5 期,第 1 页,1934 年 1 月 23 日。

127. 这样情形下的辞职信是不同寻常的(1934 年 1 月 26 日)。UAF B 24/洛维。

128. 对牙医教授职位的重新配置(1934 年 1 月 29 日)。校长在官方信笺上手写的致卡尔斯鲁厄菲尔勒博士教授处长(Dr. Fehrle)的信,没有编号。弗莱堡国家档案馆,C 25/2—79。

129. 对整个大学的严重伤害(1934 年 1 月 31 日)。海德格尔寄给卡尔斯鲁厄高校分部领导人菲尔勒博士教授处长的打字稿公函。徒劳无果。沙德瓦尔特教授(Schadewaldt)于 1934 年 10 月 1 日接受了莱比锡大学的聘请。迄今未发表过。GLA 卡尔斯鲁厄 235/No. 9000。

130. 冲锋队高校支部参与校委会(1934 年 2 月 2 日)。文化部
798 1934 年 1 月 20 日颁布的公告(Nr. A 35055)要求,冲锋队高校支部的领导人应参与校委会会议。菲尔勒博士教授处长于 2 月 9 日就海德格尔的来函手写草拟了一个回复,它作为正式公文(Nr. A 03599)于 1934 年 2 月 14 日发给弗莱堡大学校长:"……但我们所希望的是,冲锋队高校支部的领导人成为校委会的固定成员。我请求您据此采取行动并且报告上来"。GLA 卡尔斯鲁厄 235/5116。迄今未发表过。

131. 致德国大学生组织的帝国领导(1934 年 2 月 5 日)。在官方信笺上的手写函件。存于圣奥古斯丁[①]"康拉德－阿登纳－基金会"[②]基督教民主政治档案(埃德蒙德·福施巴赫遗产)。对这一

---

① 圣奥古斯丁(Sankt Augustin),德国西部小镇,位于波恩附近,康拉德－阿登纳－基金会总部所在地。——译注

② 康拉德·阿登纳(Konrad Adenauer,1876—1967 年),1949 年至 1963 年任联邦德国总理,在二战后领导了西德经济与政治的复苏。以其名字命名的基金会是德国最大的基金会之一。——译注

文献出处的指示，我要感谢弗莱堡大学的胡戈·奥托博士教授先生。首次发表（有四个错误而且没有指明文献来源，并且当我向编者进行询问时遭到其拒绝）在西尼伯格（Guido Schneeberger）编：《海德格尔补遗》，伯尔尼，1962 年，第 205—206 页。

132. 简历（1934 年）。1933/1934 年冬季学期，马丁·海德格尔被要求为德意志领导人百科辞典呈交一份简历。这份简历刊印在：《德意志领导人百科辞典 1934/1935》，Otto Stollberg 出版有限公司，柏林，1934 年，第 180 页。

133. 对施陶丁格教授档案的研究（1934 年 2 月 10 日）。文化部于 1934 年 2 月 8 日发来公函（Nr. 3673），同时寄来了施陶丁格教授（Staudinger）的档案，要求弗莱堡大学校长迅速对此作出表态。海德格尔把按要求打印的表态——在打字稿上手写加入了三个词，五个打字错误被手写更正，希特勒问候和签名为手写——于 1934 年 2 月 10 日寄给“卡尔斯鲁厄文化部菲尔勒博士教授处长先生”（通信地址在两页打字稿的第一页的下方）。胡戈·奥托把这一函件刊印在：《马丁·海德格尔：在通向其生平的途中》，第 205 页；但其中却有八个转抄错误、两处未被标明的遗漏（五个词）以及一句附加的话。馆藏：弗莱堡国家图书馆 C 25/2—180—181。

从前的和平主义者施陶丁格博士教授 1934 年 2 月 17 日在卡尔斯鲁厄在回答询问时宣称，他“以巨大的喜悦欢迎国家革命的开始。因为我已认识到唯物主义的、共产主义和马克思主义的世界观的颠倒错误之处和劣等之处，我也就在那个时候中止了——虽然在这场婚姻中我们生了四个孩子——我的婚姻，因为我旗帜鲜明地反对这些世界观”……“我相信，我，作为纳粹主义国家中的自然科学家，恰恰在现在拥有一种极其广泛的活动可能性”。虽然施陶丁格 1937 年申请加入国社党的请求被拒绝，但施陶丁格仍然在纳粹主义的战争经济中发挥着领导作用，并为此获得了战功十字勋章(Kriegsdienstverdienstkreuz)。——海德格尔对施陶丁格的
799 尖锐批评显然源出于对其同事的那种讨好式的机会主义的恼火。由于海德格尔完全承认施陶丁格的专业功绩并且考虑到其在国外所拥有的声望，所以在寄出第一封手写的意见看法之后，海德格尔于 1934 年 3 月 5 日补写了一封补充性的函件(参见第 139 篇文章)。

134. 对教会史教席的重新配置(1934 年 2 月 17 日)。打字稿，“又及”等几句话是由海德格尔手写补充到正式信件上去的。弗莱堡国家档案馆 C 25/2—66。迄今未发表过。威特教授 1934 年 7 月 10 日——在他被任命为教会史教席教授之后——给海德格尔写了封感谢信：“……您的好意对我起到了决定性的作用，正如曾经出现的那些困难也正是通过您的友善态度才能得以清除。因此，您 1933 年的大学校长时期将永远存留在我美好的记忆中……”。此信为私人所有。

135. 科学之必要性(1934 年 2 月 22 日)。在 1933/1934 年冬季学期的一个系列讲座(Ringvorlesung)[①]的框架中，马丁·海德格尔

① 这种系列讲座是指由不同讲授者作的不同讲座所构成的一个系列。——译注

为所有院系的听众就“科学之必要性”作了报告。迄今未发表过。

136. 与弗莱堡冲锋队高校支部领导人的争执(1934 年 2 月 26 日)。打字稿,由海德格尔签名。UAF B 1/3026。迄今未发表过。

137. 最为严厉地驳回指控(1934 年 2 月 26 日)。UAF B 1/3026。

138. 对冯·贝克哈特教授的聘任(1934 年 3 月 5 日)。打字稿,寄给菲尔勒博士教授处长。结尾惯用套语和签名为手写。弗莱堡国家档案馆 C 25/2—78。

139. 尽可能地避免外交政策上的负担(1934 年 3 月 5 日)。海德格尔校长 1934 年 3 月 5 日就施陶丁格事件写给文化与课程部行政专员格鲁宁格博士的信,手写于官方信笺上,没有编号。此前曾以摘要形式(并且有错误的对信头的说明)发表在胡戈·奥托的那本著作中(第 207—208 页)。

140. 施陶丁格跻身主持人行列(1934 年 3 月 12 日)。UAF B 24/施陶丁格。

141. 把部里的公告纳入博士学位授予规则(1934 年 3 月 15 日)。UAF B 1/3736。

142. 在所有德国大学统一实行(1934 年 3 月 15 日)。UAF B

1/3736。

800 **143. 唤醒和加强集体的教育工作**(1934 年 3 月 16 日)。[1]

144. 新的博士学位授予规则草案和对博士学位授予制度改革的建议(1934 年 3 月 16 日)。UAF B 1/3736。

145. 给予和正式助教一样的待遇(1934 年 3 月 18 日)。GLA 卡尔斯鲁厄 A 07752。

146. 弗莱堡大学国民经济学教授职位的重新配置(1934 年 4 月 13 日)。弗莱堡国家档案馆 C 25/2—78。

147. 请求不考虑教职委任的延长(1934 年 4 月 13 日)。GLA 卡尔斯鲁厄 235/42996。

148. 补充说明(1934 年 4 月 13 日)。打字稿,由海德格尔手写签名。文化部 1934 年 4 月 10 日颁发的公告指责道,领袖代理人 1933 年 11 月 6 日的那一规定并没有得到遵守。弗莱堡国家档案馆,C 25/2—79。

149. 返回到不受阻碍的教育工作中去(1934 年 4 月 14 日)。副本

---

① 编者在此处无注释。原文如此。——译注

存于斯图加特国家档案馆，马丁・海德格尔私人档案，EA 3/150。

150. 弗莱堡大学国民经济学教授职位的重新配置（1934 年 4 月 23 日）。兰坡（Lampe）教授在校长海德格尔不知情的情况下背地里直接向文化部求助。这是海德格尔作为校长的倒数第二封公函，手写签名。弗莱堡国家档案馆，C 25/2—78。

151. 辞职（1934 年 4 月 23 日）。校长海德格尔的最后一封公函。副本存于斯图加特国家档案馆，马丁・海德格尔私人档案，EA 3/150。在所收到的日期为 1933 年 4 月 27 日的公函（Nr. A 11351）中，海德格尔收到了瓦克博士部长的感谢和"特别的肯定"（附加签名的还有弗兰克、菲尔勒博士以及格鲁宁格博士）："对于您领导阿尔伯特－路德维希－弗莱堡大学的这种艰难工作致以特别的肯定，这一工作在纳粹主义兴起后的第一年里是一种特别困难的工作"。

第四编：第三帝国教授时期 801

(1934—1945 年)

152. 校长交接：过时的仪式（1934 年 5 月 2 日）。海德格尔致其继任者法学教授科恩（Eduard Kern，1887—1972 年）的信。弗莱堡大学档案馆，B1/47。

153. 对维持校长交接手续的表态（1934 年 5 月 4 日）。在同一日期，海德格尔致函新任校长“关于本人对保留校长交接手续的态度的相关澄清”。同时，他将这一表态以副本形式告知教育部高校管理部门领导。迄今未发表过。弗莱堡大学档案馆，B1/47。

154. 高中毕业之后的25年（1934年5月26、27日）。在康斯坦茨的同学会上发表的讲话。迄今尚未发表。

155. 论德国的大学（1934年8月15—16日）。在弗莱堡大学外国人课程上的两个演讲。迄今未发表过。

156. 关于教师学校这一机构（1934年8月29日）。1934年8月18日，普鲁士国家教育部秘书处以司徒卡特（Stuckart）博士的名义致函德意志帝国多位教授，包括“弗莱堡大学校长海德格尔教授”，以便征求对附件中建立教师学院的计划的表态。海德格尔于1934年8月29日在打字稿“关于教师学校这一机构”上签字，并寄给教育部秘书处。而他对于在寄出的“建议”中没有谈及的东西，都表示同意，这体现在他所写的四行字的附函中，其日期是1934年8月28日。海德格尔的表态载于：梅泽堡国家档案馆中心，总目录第76部分，第1单元，第4章，第71号，第499—505页。

157. 举行就职宣誓（1934年10月29日）。所有德意志的在职大学教授都被要求进行就职宣誓，在弗莱堡这一工作是由校长科恩教授所执行的。斯图加特国家主档案馆，EA3/150。

158. 德国哲学的现状与未来使命(1934 年 11 月 30 日)。在康茨坦茨德意志协会上的演讲。迄今未发表过。

159. 我们的急难是无急难状态的急难(1934 年 12 月 21 日)。海德格尔致布洛赫曼的信。毕博斯泰因:胡恩(Rhön)地区的农村寄宿学校,是一所赫尔曼·里茨学校。首次刊于:《海德格尔与布洛 802
赫曼》,同上,第 83—85 页。

160. 对业已开始的工作的持续开展(1936 年 1 月 10 日)。卡尔斯鲁厄的全州主档案馆。编号:235/7834。

161. 无法参加诺贝尔奖获得者的庆典(1936 年 1 月 15 日)。致斯佩曼的信函。文中所提到的演讲《此在与个别者》,将载于全集第 80 卷,于 1936 年 1 月 18 日在苏黎世大学举行。信函原件位于斯佩曼遗稿之中。迄今未发表过。

162. 格特鲁德阿姨的八十诞辰(1936 年 3 月 16 日)。格特鲁德(Gertrud Vetter)阿姨是海德格尔母亲年长两岁的、丧偶的姐姐。海德格尔的母亲在 1927 年以 69 岁的年纪死于梅斯基尔希。迄今未发表过。

163. 给教育部的建议杳无音讯(1937 年 6 月 14 日)。弗莱堡大学档案馆,B24/1277。迄今未发表过。

164. 参与大会不复可能（1937 年 7 月 24 日）。弗莱堡大学档案馆，B24/1277. 迄今未发表过。

165. 助教使用期的延长（1938 年 1 月 12 日）。卡尔斯鲁厄的全州主档案馆，235/7834。迄今未发表过。

166. 关于科学的沉思（1938 年 6 月）。1938 年 6 月 9 日海德格尔在弗莱堡举行演讲《现代图像通过形而上学的奠基》，为此写作的补充并未在演讲中提及。而当时的第 4 条补充“关于对科学的沉思”与校长就职讲话相关。这条补充并未在 1949 年的《林中路》（《世界图像的时代》）中被采纳。相关文本在此首次公开。在括号中所引用的页码源自 1933 年布雷斯劳出版的校长就职讲话《德国大学的自身主张》。

167. 简历（1938 年 6 月 17 日）。这份简历缘何而写作，无法从案卷中查明。弗莱堡大学档案馆，B24/1277。

168. 完全空穴来风的表述（1938 年 9 月 13 日）。印首，打字稿。弗莱堡大学档案馆，B24/1277。

803 **169. 泰奥菲尔 · 里斯五十诞辰**（1939 年 7 月 8 日）。在里斯一家位于弗莱尔斯海姆（黑森林以北）的度假寓所中所举办的生日庆典上海德格尔的傍晚致辞。里斯博士（Theophil Rees），放射学家，是海德格尔同岁的朋友。他是海德格尔于 1919 年所生的儿子约尔克的教父。而海德格尔又是里斯的第一个儿子尤尔根的教父，埃尔弗里德则是二子彼得的教母。两个家庭的友谊同样延续到下一代。迄今未发表过。

170. 布勒克和伽达默尔：唯一的人(1940 年 1 月 22 日)。在一份为延长助教期而寄往卡尔斯鲁厄教育部的打印的表格申请上，海德格尔在“评论”一栏作出了这一手写的补充。卡尔斯鲁厄的全州主档案馆，235/7834。迄今未发表过。

171. “小型聚会”(1940 年 3 月 10 日)。“小型聚会”乃是哲学学院的几个教授的定期傍晚集会，轮流在他们的私人寓所中举行。在大多数情况下，主人就其研究领域内的某个主题进行演讲，随后进行会谈。迄今未发表过。私有物件。

172. 请求免去 1940年最后三分之一学年的教学任务(1940 年 8 月 24 日)。致弗莱堡大学的手写函。收讫戳记是 1940 年 8 月 31 日。这一请求未能得到批准。斯图加特国家主档案馆，EA3/1 海德格尔。

173. 德拉根道夫不在了(1941 年 2 月 8 日)。文中所提到的有：里特尔教授(Gerhard Ritter，1888—1967 年)。德拉根道夫(Hans Dragendorff)教授(1870—1941 年)。迄今未发表过。私有物件。

174. 印刷被禁止(1941 年 10 月 20 日)。弗莱堡大学档案馆，

B24/1277。

175. 出任心理学教席(1941年11月15日)。考古学家舒哈特教授(Walter-Herwig Schuchardt,1900—1976年),1929年起出任法兰克福大学教授,1936—1968年任弗莱堡大学教授,当时正出任系主任。弗莱堡大学档案馆,B3/312. 摘录于:扬克(J.Jahnke)等编,《心理学史:与哲学及边缘领域的关系》,1998年,第260页。

176. 回绝马德里和里斯本的演讲(1942年10月16日)。弗莱堡大学档案馆,B24/1277。

177. 纪念马克斯·考默海尔(1944年8月1日)。悼词的手稿,"宣读于1944年夏季学期8月1日最后一次课程",被海德格尔放入讲课手稿《逻辑:赫拉克利特关于逻各斯的学说》中。首次出版于:《"1933—1945年黑暗时期的学者":马尔巴赫德意志文学档案馆在席勒国家博物馆的展出》第一卷,《马尔巴赫目录38》,策勒编,1983年,第362页。

804 第五编:清洗与禁止教学时期

178. 致弗莱堡市长(1945年7月16日)。打字副本中不含称呼。这一要求的结果是,海德格尔和妻子及其媳妇被允许继续住在两个房间之中。一个法国低级军官的家庭被安排住宿于一楼。海德格尔学生时代的朋友,拉斯洛斯基(Ernst Laslowski,1889—1961

年)及其妻子丽娜(Lene Laslowski,1904—1986年),作为来自西里西亚的难民,也被额外地安排在其家中。全文迄今未发表过。

179. 对历史性的自身意识的反思(1945年7月20日)。海德格尔致斯塔德曼(Rudolf Stadelmann)信件的手写稿。科布伦茨联邦档案馆,R183. 斯塔德曼遗稿。由胡戈·奥托摘引(有违版权),参见同上,第19—21页。

180. 1933—1934年的校长任职:事实与思想(不含日期)。在1945年垮台之后不久,海德格尔写作了这份回溯。在他去世前,他将手写稿转交给我,并交代我,在恰当的时间将其公之于众。本文于1983年在美茵法兰克福的克洛斯特曼出版社与校长就职讲话的新版一道出版,参见1990年第2版,第21—43页。

181. 对伽达默尔、克吕格和洛维特的推荐(1945年9月1日)。海德格尔致斯塔德曼信件的手写稿,1945年9月1日。科布伦茨联邦档案馆,R183。斯塔德曼遗稿。迄今未发表过。

182. 关于教学活动的申请(1945年11月4日)。这份复述的基础是由海德格尔所审查过的机打的信件复本,少数几处作了手写的修改,并附有签名。莫林(Karl A. Moehling)在美国的博士论文《海德格尔与纳粹党》(伊利诺伊大学,1972年)中引用了这封信,但他所引用的是一份错谬百出的后来的复本,它包含语言上的改动、由未名人士作出的增删,参见第264—268页。由莫林新加的括号中的句子，无疑出自海德格尔，在此由编者置入方括号中。亦见于弗莱堡大学档案馆，B24/1277。

183. 被法国军政府宣布为可任意处置（1945 年 9 月 28 日）。海德格尔致斯塔德曼的手写稿，1945 年 11 月 30 日。科布伦茨联邦档
805 案馆，R183。斯塔德曼遗稿。除了一些由胡戈·奥托引用的句子外（同上，第 24 页），未经发表。当时的校长是药理学家杨森（Sigurd Janssen，1891—1968 年）教授。

184. 解释与原则性的东西（1945 年 12 月 15 日）。这封信件的一份副本寄给了校长。胡戈·奥托的摘录版（包含两个错误）参见同上，第 312 页。对某个副本的完整的印刷（包含 17 个错误）参见马丁：《海德格尔与"第三帝国"》，1989 年，第 207—211 页，弗莱堡大学档案馆，B34/31。

185. 不同的立场——"基督性"与"基督教"（1945 年 12 月 28 日）。海德格尔致蒂茨教授的信件。迄今未发表过。弗莱堡大学档案馆，B34/31。

186. 对鲍姆加滕的鉴定（1946 年 1 月 17 日）。这封信寄给了政治清理委员会主席，蒂茨（Prof. von Dietze，1891—1973）教授。迄今未发表过。文中提到的鉴定书的大致原文见于附件（第 288 号）。海德格尔对鲍姆加滕的鉴定原件已遗失。鲍姆加滕（Baumgarten，1899—1982 年）在 30 年代初曾希望成为海德格尔的助手。

而海德格尔则更喜欢“半个犹太人”布洛克(Werner Brock)。

187. 无限期地取消教学活动(1946 年 1 月 23 日)。海德格尔致斯塔德曼的手写稿。科布伦茨联邦档案馆,R183。斯塔德曼遗稿。除了胡戈·奥托引用的一句话外(参见同上,第 25 页),迄今未发表过。当时的校长是神学家阿尔盖尔(Artur Allgeier, 1882—1952 年)。

188. 对我的清除(无日期)。在遗稿中有四张手写的纸条作为信件草稿,可能出自 1946 年。谁是这封信的接收者,无法辨认。迄今未发表过。

189. 什么是存在本身? (1946 年 9 月 12 日)。1946 年 9 月 12 日,让·波弗勒(Jean Beaufret,1907—1982 年)首次拜访海德格尔。在托特瑙堡的小木屋记录本中波弗勒写道:“感谢您热情的接待,我希望,我们能够马上继续我们的对话,并且永不终止。”波弗勒提出问题,而海德格尔用笔写下答案。这些内容首先以双语形式发表于《海德格尔——决断:在力的深渊之中》,1985 年,法语翻 806
译出自波弗勒。1986 年以英法德三种语言出版于《海德格尔研究》第 2 卷,第 1—9 页。口授内容的原件收于波弗勒的遗稿中,为私人物件。

190. 精神工作场所的最简朴的条件(1947 年 10 月 16 日)。弗莱堡大学档案馆,B24/1277。迄今尚未发表。

191. 致皮乌斯·施韦策尔(Pius Schweizer)**的悼词**(1947 年 12 月)。由海德格尔在 1947 年 12 月记入第二本小木屋记录册中。迄今未发表过。小木屋记录册是私人物件。

192. 关于 1933—1945 年(1948 年 1 月 20 日)。马尔库塞(Herbert Marcuse,1898—1979 年)在 1928—1932 年间是海德格尔在弗莱堡的学生,他于 1947 年 8 月 28 日从华盛顿寄来了一封两页的、打字的、充满指责的信件。他认为,“海德格尔至今仍认同纳粹政府”。马尔库塞期望海德格尔对其政治错误作出公开的澄清。海德格尔信件全文尚未发表。原件位于法兰克福大学图书馆的马尔库塞遗稿。在马尔库塞的信中,他评论到,他“并非仅仅作为一个犹太人,而是出于政治、社会和理智的原因从一开始就是反纳粹的。就算我是一个完全的雅利安人(Vollarier),我也会这么做的。”

193. 我和大学的关系(1949 年 1 月 9 日)。海德格尔的这份记录的复本发给了哲学学院的诸成员,包括教授特伦巴赫(Gerd Tellenbach,1903—1999 年)、席拉西、海斯和马克斯·穆勒。被胡戈·奥托节引,参见同上第 335 页。

194. 十年忠心的帮助(1949 年 4 月 12 日)。在胡赫女士(Maria Ruch)为海德格尔一家操持家务的十周年纪念日上,埃尔弗里德为这位带着小女儿、住在罗特布克街(Rötebuck)祖传的农家小屋内的年轻寡妇准备了家宴,在宴席上,海德格尔发表了这个短小的、迄今未公开的讲话。

195. 泰奥菲尔·里斯六十诞辰(1949 年 7 月 9 日)。生日庆典在托特瑙堡的小木屋内举行。海德格尔马堡时期的朋友,神学家鲁道夫·布尔特曼的二女儿(后来成为弗莱堡音乐学院的讲师),在庆典上演奏了笛子。迄今未发表过。

196. 纪念鲁道夫·斯塔德曼(1949 年 8 月)。斯塔德曼(Rudolf Stadelmann,1902—1949 年),作为私人讲师参与了托特瑙堡科学营,1937 年成为基森大学教授,自 1938 年起任教于图宾根大学,在 1949 年 8 月 17 日于图森堡突然病逝。迄今未发表过。

197. 现在是时候了(1949 年 9 月 22 日)。海德格尔致拉斯洛斯基博士的祝福函,为庆祝他 60 岁生辰,后者是弗莱堡博爱档案馆的 807
主任。从 1910 年学生时代起,两人就开始了一段长达一生的友谊。迄今未发表过。

198. 退休的申请(1950 年 3 月 3 日)。斯图加特国家主档案馆,EA3/150。

199. 致玛尔维娜·胡塞尔九十诞辰的信(1950 年 3 月 6 日)。海德格尔的儿媳多洛特·海德格尔(Dorothea Heidegger)在胡塞尔女士 90 岁诞辰时,将本信放在一束花中转交给她。

200. 阻止延期（1950 年 3 月 7 日）。弗莱堡大学档案馆，B24/1277。

201. 希望学院提出复职申请（1950 年 4 月 6 日）。由哲学学院的洛曼（Lohmann，1895—1983 年）教授于 1950 年 4 月 1 日所提出的让海德格尔重回教席的申请，没有得到大多数的通过。弗莱堡大学档案馆 B24，海德格尔。由胡戈·奥托所摘录，参见同上第 339—340 页。

202. 全面的澄清（1950 年 4 月 9 日）。副本参见弗莱堡大学档案馆 B24/1277。哲学学院院长，鲍尔（Clemens Bauer，1899—1984 年）教授将这一副本于 1950 年 4 月 12 日转交给校长，以便告知后者。

第六编：退休时期

203. 同意退休（1950 年 4 月 12 日）。弗莱堡大学档案馆，B24/1277。

204. 回应：笔记“汉夫斯丹格尔反海德格尔”，载于慕尼黑《南德报》，1950年6月14日周三（1950 年 6 月 24 日）。汉夫斯丹格尔（Eberhard Hanfstaengl）曾公开地尖锐批判海德格尔。海德格尔在 1950 年 6 月 24 日的这一表态未曾发表。

205. 我的思想道路的必然性(1950 年前后的笔记)。迄今未发表过。私人物件。

206. 对迫令退休的接收(1950 年 7 月 15 日)。弗莱堡大学档案馆,B24/1277。迄今未发表过。

207. 回应《巴斯勒消息》上的笔记,1950年8月11日第339号晚报(1950 年 8 月 18 日)。在“海德格尔收回了他的教席”这个标题之下,他被指责“在第三帝国的初期肆无忌惮地排挤其犹太人教师和前任”。为此,海德格尔在 1950 年 8 月 18 日写了上述表态,未曾发表。后来,基于当时弗莱堡大学校长奥尔科斯教授的一份文 808
件,这个关于海德格尔对胡塞尔的态度的不真实传言才得到了纠正(见 1950 年 10 月 17 日的《巴斯勒消息》,第 442 号),不过其错误的标题(所谓“海德格尔收回了他的教席”)并未被纠正。迄今未发表过。

208. 绝非“从法律上”被解除职务(1950 年 8 月 2 日)。副本见:弗莱堡大学档案馆,B24/1277。

209. 从未被通知解除职务(1950 年 8 月 13 日)。从托特瑙堡寄出的书信手写稿。副本见:弗莱堡大学档案馆,B24/1277。

210. 荒唐和捏造的指控(1950 年 9 月 5 日)。手写稿和副本见:弗莱堡大学档案馆,B24/1277。

211. 对某些一再散布的诽谤的评论（1950 年）。这些评论由海德格尔在 1950 年夏季打出几份副本，并寄给或转交给几个感兴趣的追问者。迄今未发表过。

212. 在比勒荷尔一个诗歌朗诵会的开场白（1951 年 2 月 24 日）。首次以双语形式发表于法国的《诗歌评论》，第 90 号，1964 年 10 月，第 52—57 页。在德国尚未发表。

213. 一个没有举行的关于老年的讲话（1951 年 9 月 15—16 日）。莱纳（Bruno Leiner，1891—1954 年），康斯坦茨的药学家，是较海德格尔年幼两岁的、从高中时期开始结识的朋友。莱纳的儿子和女儿在弗莱堡大学跟随海德格尔学习。这段友谊是终生的。莱纳于 1951 年 8 月 7 日在康斯坦茨庆祝了他 60 诞辰，海德格尔未能出场。1951 年 9 月中旬，海德格尔在黑贝尔园的补充庆典上向这位朋友及其家人宣读了上述讲话。海德格尔独自一人从托特瑙堡的小木屋步行到黑贝尔园。迄今尚未发表。

第七编：荣休后

214. 关于重归与母校的适当关系（1951 年 9 月 30 日）。致文化教育部司长保罗·弗莱克教授先生（Paul Fleig）的亲笔信。斯图加特国家主档案馆，EA3/1 海德格尔。

809 **215. 荣休后致谢**（1951 年 10 月 1 日）。致特勒巴赫教授（Tellen-

bach，1903—1999 年）的亲笔信，他在决定性的协商年是弗莱堡大学校长。副本见：弗莱堡大学档案馆，B24/1277。

216. 始终只收到退休金的 80%（1951 年 12 月 31 日）。弗莱堡大学档案馆，B24/1277。

217. 教职委任失效了（1952 年 3 月 16 日）。在书信打字稿上有海德格尔的手写笔记："据 1952 年 3 月 17 日通知，已解决"。弗莱堡大学档案馆，B24/1277。

218. 思想乃是思念（1952 年 6 月 20 日）。1952 年 6 月 20 日，展览《战争被俘者发言》在弗莱堡百货商店大厅开幕。在同一天，马丁·海德格尔在《什么叫思想？》课程第五讲开头讲了这些话，刊于《还乡者》1952 年八月号，报纸编辑立了个题目《哲学家与大众》。重印于马丁·海德格尔：《什么叫思想？》，马克斯·尼迈耶出版社，图宾根 1954 年，第 159 页。

219. 关于 1945—1951年经历的说明（1954 年 1 月 9 日），连同 1 月 9 日致校长的短信。打字稿有海德格尔的签名。弗莱堡大学档案馆，B24/1277。

220. "诡黠"（1954 年 4 月 15 日）。马丁·海德格尔不认识的瓦尔特·兹路汉（Walter Zluhan）博士在读了《乡间路》这本小书后，于 1954 年 4 月 6 日从斯图加特给海德格尔写了一封信，请求后者解释“诡黠的”(“kuinzig”)一词。迄今未发表过。

221. 在侄子海因里希·海德格尔首次弥撒庆祝会上的祝酒词(1954年圣灵降临节)。弟弟弗里茨·海德格尔的次子海因里希·海德格尔(1928年生),于1954年6月6日在梅斯基尔希圣马丁教堂举行他的首次弥撒庆祝会。海因里希·海德格尔于1961—1971年间为梅斯基尔希天鹅村的牧师,于1971—1991年为圣布拉西恩(St. Blasien)的教堂牧师,1991—1994年间为瓦尔茨胡特县(Waldshut)的牧师。退休后,他现在又住到梅斯基尔希老家。这个祝酒词按献给侄子的手稿印出。录音副本略有偏差。迄今未发表过。

222. 约翰·彼得·黑贝尔(1954年9月5日)。时值伯尔尼客人与查林根市民在弗莱堡-查林根的雅恩大厅会面,马丁·海德格尔作庆典致辞,并朗读黑贝尔的诗歌。这个致辞的摘要以“黑贝尔的语言奥秘”为题,刊于斯图加特报上。该致辞的一个更短的、只有一页长的摘要于1954年12月9日刊于《祖先》——家乡报《拉
810 尔报》(*Lahrer Zeitung*),第12年度第48期,第192页,并且已收入《全集》第13卷第117—118页。全文首次发表于《一致——约阿希姆·斯多克七十五岁寿辰纪念文集》,鲁迪·施威克特编,罗里格大学出版社,圣·英格贝特,1999年,第201—219页。

223. 为布鲁诺·莱纳做的悼词(1954年12月14日)。关于莱纳,参看第213篇文章的注释。迄今未发表过。

224. 泰然任之(1955年10月30日)。在家乡梅斯基尔希举行的孔拉丁·克洛伊采(Conradin Kreutzer,1780—1849年)诞辰一百七十五周年纪念会上的讲话。1959年收入《泰然任之》一书,由纳斯克出版社出版,弗林根,1992年第10版。

225. 约翰·彼得·黑贝尔(戈平根,1955年11月9日,业余大学)。在戈平根业余大学,马丁·海德格尔重复了他1954年9月5日在弗莱堡-查林根给伯尔尼客人做的关于黑贝尔的演讲(见上文第222篇)。他在戈平根补充的导引性的话在此首次发表。

226. 关于黑贝尔的讲话(1956年5月9日于勒尔拉赫)。为在勒尔拉赫市政厅举办的1956年黑贝尔日开幕式而作。大约一半文字刊于1956年5月20日《巴塞尔国民报》周日增刊上。完整的稿本刊于马丁·海德格尔:《与黑贝尔的对话》,1956年黑贝尔日就《小宝盒》而作,第5—15页——位于勒尔拉赫的注册协会黑贝尔联盟的著作系列之四。——也刊于《黑贝尔谢辞——关于〈小宝盒〉的七个讲话中有关阿雷曼精神的表白》,H. Uhl.编,弗莱堡,1964年,第51—64页。——该讲话经海德格尔修改和扩充。这个修改稿于1957年以一本小册子的形式,由京特·纳斯克出版社(弗林根)出版,书名为《黑贝尔——家之友》(《全集》第13卷,第133—150页),而作为简化的电视节目,于1960年5月10日在德国西南广播电台播出。

引文据三卷本的黑贝尔著作版本,由威廉·阿尔特韦格编,阿特兰提斯出版社;书信引文据威廉·策恩特纳编:《黑贝尔书信集》,C. F. 穆勒出版社,卡尔斯鲁厄,1939 年。

227. 关于黑贝尔。家之友(草稿,未演讲,1956 年 5 月)。迄今未发表过。

228. 哲学教席 I的更替(1956 年 5 月 23 日)。威廉·塞拉斯(Wilhelm Szilasi)(1889—1966 年)教授主持教席十年之久,1936 年已 67 岁。作为可能的更替方案,海德格尔举出三位较年轻的和两位较年长的教授:欧根·芬克(Eugen Fink,1905—1975 年),胡塞尔的私人助手(1928—1938 年),1948 年任弗莱堡大学哲学和教育学教授;瓦尔特·舒尔茨(Walter Schulz,1912 年生),图宾根大学哲
811 学教席教授;卡尔·海因茨·福尔克曼-施卢克(Karl Heinz Volkmann Schluck,1914—1981 年),科隆大学哲学教席教授;瓦尔特·布勒克(Walter Bröcker,1902—1992 年),在弗莱堡大学师从海德格尔,获授课资格,1940 年任罗斯多克大学哲学教席教授,1948 年起任基尔大学教授;汉斯-格奥尔格·伽达默尔(Hans-Georg Gadamer,1900 年生),1938 年任莱比锡大学哲学教席教授,1947 年任法兰克福大学教授,1949 年起任海德堡大学教授。该信的打字复本为私人所有。迄今未发表过。

229. 致普罗旺斯的爱慕之情(1958 年 3 月 20 日)。马丁·海德格尔 1958 年 3 月 20 日在普罗旺斯做《黑格尔与希腊人》的报告,在此之前,他讲了一番话,由让·波弗勒记录,迄今未发表过。普罗旺斯的报告发表于 1959 年 1 月,由让·波弗勒和皮埃尔-保罗·

萨加维译成法文，载于《南方杂志》t. XLVII，第349期，第355—368页。本文稍后的一个稿本是海德格尔1958年7月26日在海德堡科学院全体会议上做的演讲，首次发表于汉斯－格奥尔格·伽达默尔六十寿辰纪念文集《当代思想中的希腊人》中，J.C.B.莫尔出版社（保罗·西贝克），图宾根1960年，第43—57页。如今收入《全集》第9卷《路标》，第427—444页。

230. 艺术与思想（1958年5月18日高级研讨班记录）。这个高级研讨班是在弗莱堡举行的。参与者有：马丁·海德格尔、久松真一（Hoseki Shin'íchi Hisamatsu）、阿尔弗雷德·科普莱（Alfred L. Copley）、赫尔曼·贡德特（Hermann Gundert）、埃贡·菲太（Egon Vietta）、马克斯·穆勒（Max Müller）、兰德拉特·西格弗里德·布勒泽（Landrat a.D. Siegfried Bröse）以及一位不知名的Y。这个记录是由来自米兰的阿尔弗莱多·古佐尼（Alfredo Guzzoni）做的，经海德格尔和久松真一同意发表。首次发表于《海德格尔、久松真一与一位听众》，阿尔科普莱（即阿尔弗雷德·科普莱）编，德文、日文（K. 辻村公一）、英文版，墨美社，东京1963年，第44—（间有阿尔科普莱的插图）84页。

231. 感谢故乡梅斯基尔希（1959年9月27日）。梅斯基尔希城为海德格尔七十寿辰做的官方庆祝会于1959年9月27日在市政厅举行。《一句感恩的话》——1959年9月26日七十寿辰之际接受梅斯基尔希市荣誉市民仪式上的讲话。首印于《马丁·海德格尔1959年9月26日》，阿克（Aker）出版社，梅斯基尔希，第32—

36 页。

232. 摘自海德格尔致阿尔科普莱的信(1959 年)。1959 年 9 月 26 日七十寿辰之际,海德格尔收到一件印刷品,是西格弗里德·布勒泽的诗歌和阿尔科普莱(Alcopley,生于 1910 年)的插图,他在感谢信中对他们发表了看法。这封信以摘要形式发表于《海德格尔、久松真一与一位听众》,阿尔科普莱编,东京 1963 年,第 84 页。

812 **233. 路德维希·冯·菲克尔八十寿辰致辞**(1960 年 4 月 13 日)。这个致辞是作者在茵斯布鲁克[1]的晚宴上献给受庆贺者的,后者是"诗人格奥尔格·特拉克尔最伟大的朋友"——正如海德格尔在其致辞的亲笔誊清稿中所写的那样。根据一个带有三处不重要的语言偏差和一处省略的笔记,本致辞首次发表于一份私人印刷品《路德维希·冯·菲克尔八十寿辰纪念》,是他的纽伦堡友人约瑟夫·E. 德莱克斯(Joseph E. Drexel)献给这位受庆贺者的,纽伦堡印刷厂印制。菲克尔转寄给海德格尔的样书的首页上,附有菲克尔的亲笔题词:"献给马丁·海德格尔,伟大的具有思想远见的时代测量者,成长于他的故乡梅斯基尔希的早晚魅力——菲克尔致谢。"

234. 在国家黑贝尔纪念奖颁奖仪式上的答谢词(1960 年 5 月 10 日)。马丁·海德格尔请求人们邀请他的托特瑙堡农民友人参加

---

① 茵斯布鲁克(Innsbruck):奥地利阿尔卑斯山城。——译注

在维森塔尔的豪森举办的这次黑贝尔庆祝会——诗人 200 周年诞辰庆祝会。巴登-符腾堡州文化部长盖尔哈特·斯多尔茨(Gerhard Storz)博士欣然满足了海德格尔的这个请求。首次刊印于《黑贝尔庆祝会——诗人 200 周年诞辰讲话》,C. F. 穆勒出版社,卡尔斯鲁厄,1960 年,第 27—29 页。与手稿相比,海德格尔的"最后审订"略有变动。

235. 致一位学生的信(1960 年 9 月 19 日)。汉斯-彼得·亨佩尔(Hans-Peter Hempel)时为年轻学生,于 1960 年写信给海德格尔,请求后者澄清自己 1933 年的政治错误。海德格尔的回信被复制并时有传布。迄今未发表过。

236. 梅斯基尔希 700 年(1961 年 7 月 22 日家乡晚会致辞)。为在市政大厅举办的梅斯基尔希协会的欢迎晚会和家乡晚会,市长许勒(Schühle)请海德格尔这位荣誉市民作庆典致辞。首印于 1961 年,梅斯基尔希市编,制作:霍伊贝克印刷厂,梅斯基尔希,弗里德里希·格奥尔格·阿克出版社。也载于《马丁·海德格尔——家乡城市梅斯基尔希庆祝他八十周岁诞辰》,维多里奥·克劳斯特曼出版社,美茵法兰克福,1969 年,第 36—45 页。

237. 今日人类与艺术的关系(1961 年 12 月 2 日)。艺术史家英格·克鲁默-施洛特(Inge Krummer-Schroth,1911—1998 年),库特·鲍赫(Kurt Bauch,1897—1975 年)的学生,马丁·海德格尔夫妇的友人,直至退休都是弗莱堡奥古斯丁博物馆的执行馆长,并任教于弗莱堡大学。迄今未发表过。

238. 医道的拯救(1962 年 10 月 19 日)。马丁·海德格尔在彼得·里斯(Peter Rees)婚礼上的致辞,彼得是他已故的友人泰奥费尔·里斯(Theophil Rees,1889—1959 年)博士的次子。彼得·里斯
813 (生于 1928 年)像他父亲一样,是卡尔斯鲁厄的放射科医生,是埃尔弗里德·海德格尔的干儿子。玛格里特·里斯(1897—1975 年)是彼得·里斯的母亲。

239. 第五十个“周年纪念日”(1963 年 7 月 26 日)。弗莱堡大学档案馆,B24/1277。

240. 摘自与一位佛教和尚的对话(1963 年秋)。1963 年秋,经西南广播电台介绍,年轻的、讲英语的佛教和尚摩诃牟尼比丘(Bhikku Maha Mani)访问马丁·海德格尔,地点是海德格尔在查林根的家。海因里希·维冈·彼茨特(Heinrich Wiegand Petzet)作为译者参加了超过两个小时的对话,笔录了对话,并且在他 1983 年出版的书《迎向一颗星——与马丁·海德格尔的相遇 1929—1976 年》第 175—192 页上详细地报道了这次对话,部分地作了字面摘引(彼茨特能速记)。在查林根私人对话后,1963 年 11 月,在巴登-巴登,面对西南广播电台的电视摄影机,又重复做了一次极其简化的对话。这次录像经加工和再次简化,于 1965 年 3 月 16 日播出。在节目播出时,同声译者用英文传译。1969 年 9 月 26 日,时值马丁·海德格尔八十寿辰,在西南广播电台的《论据》节目中

又重播了部分对话内容，当时的标题是《什么叫思想？——马丁·海德格尔哲学的消息和维度》（底稿和播音：爱拉斯谟斯·舍弗尔）；1965 年未播出的一小部分首次被播出。——除了彼茨特传布的引文外，迄今未付印。在西南广播电台的档案馆里，只存有经过加工和剪切过的稿本。方括号里的内容是由编者加上的。

241. 为弟弟七十岁生日做的祝酒词（1964 年 2 月 6 日）。这个生日庆祝会是在梅斯基尔希举行的，地点是瓦尔特（Walter）家，即弗里茨·海德格尔的夫人里塞尔的父母家里，此时是由她兄弟安东尼（Anton，1903—1988 年）及其家庭住着。里塞尔·海德格尔（Liesel Heidegger，娘家姓瓦尔特，1898—1969 年）。迄今未发表过。

242. 关于亚伯拉罕·阿·桑·克拉拉（1964 年 5 月 2 日）。首次印刷由梅斯基尔希市编辑。制作：霍伊贝克印刷厂，梅斯基尔希，弗里德里希·格奥尔格·阿克出版社。未标年份（1964 年）。

243. 七十五岁生日后的谢恩（1964 年秋）。为了能回应对自己七十五周岁生日的大量祝愿，马丁·海德格尔把他亲笔感谢信拷贝下来，复制在信纸上，发送给亲友。首次发表于《汉娜·阿伦特与马丁·海德格尔通信 1925—1975 年》，乌苏拉·卢茨（Ursula Ludz）编，克劳斯特曼出版社，法兰克福，1998 年，第 150 页。

244. 为米凯拉和弗里德里希·雷勃霍茨而作（1965 年 6 月 5 日在 814

马尔豪斯举办的婚礼）。布鲁诺·莱纳（参看上面第213篇和223篇注释）的女儿米凯拉（Mikaela），1965年6月5日在康斯坦茨结婚。米凯拉在弗莱堡上大学，跟海德格尔学习。马丁·海德格尔在婚宴上做了致辞，至今未发表过。手稿原件为私人所有。

245. 1965年8月8日致西格弗里德·布勒塞七十寿辰。西格弗里德·布勒塞（Siegfried Bröse），退职县长和州行政专员（1895—1984年），曾被纳粹主义者当作不受欢迎的县长而解除职务。1934年起与他的家人一起住在弗莱堡，听了马丁·海德格尔的几乎全部讲座课，并且参加了许多讨论班。1945年任巴登州政府行政专员。1949—1971年任他共同创办的弗莱堡艺术协会主席。——发表于纪念文集《西格弗里德·布勒塞——弗莱堡艺术协会》（西格弗里德·布勒塞八十五周岁寿辰纪念文集）。私人印刷。

246. 论思想之实事的规定问题（1965年10月30日）。本文是马丁·海德格尔在瑞士精神病科医生路德维希·宾斯万格（Ludwig Binswanger，1881—1966年）的一个庆祝会上做的一个讲话（阿姆里斯维尔）的扩充本。首次发表于日本，由辻村公一（Koichi Tsujimura）译，筑摩书房，东京，1968年12月。在欧洲首次发表于1984年，由赫尔曼·海德格尔编辑，艾克出版社，圣加伦。为了1968年的日文版，海德格尔在同一年里亲笔用拉丁字体写了一个导言，在德国首次刊于《日本与海德格尔》，雅恩·托尔贝克（Jan Thorbecke）出版社，齐克马林根，1989年，第230—231页。参看本卷第257篇。

247. 家乡的失落(1966年2月15日为格泰·格拉尔八十诞辰而作)。格泰·格拉尔(Gerta Grahl,1886—1984年),埃尔弗里德·海德格尔的一个表姐,第二次世界大战以后从被毁灭的德累斯顿迁往西德,住到了她的孩子们的近处。她的八十寿辰是由她儿子哥特弗里德·格拉尔(Gottfried Grahl,1908—1996年)操办的。迄今未发表过。私人收藏。

248. 不符合事实(1966年2月19日)。格哈德·里特尔(Gerhard Ritter)教授于1966年2月14日在一封信中向马丁·海德格尔解释,《明镜》杂志扩散了关于他和海德格尔的两个错误断言。他关心的是要澄清,"1)除了我,至少还有几位同事(尽管遗憾的是为数不多)出席了胡塞尔的葬礼;2)这个断言因为您的退休自然是凭空捏造出来的"。海德格尔用1966年2月19日的信来感谢格哈德·里特尔。迄今未发表过。科布伦茨联邦档案馆,N1166 里特尔/355。

249. 致《明镜》主编室(1966年2月22日)。海德格尔这封读者 815
来信发表于《明镜》杂志1966年第11期,1966年3月7日出版。海德格尔的第一句子被《明镜》杂志简化了。五个引文被加了三角符号|>。

250. 致松田庆纪的一封信(1966年6月20日)。首次以德文(复制）和日文发表于：《Sonzai to Jikan（存在与时间）》，株式会社劲草书房，东京，1969 年 4 月第三版，第 I—III 页。在德国首印于《日本与海德格尔》，同上，第 228—229 页。至 1969 年，《存在与时间》在日本已经出版了 15 个不同的译本（或部分翻译），同上，第 245—252 页。

251. 在托特瑙堡乡土节日上的祝词（1966 年 7 月 30 日）。这个首次发表的祝词的基础是一份手写的、经过修改的讲话草稿，以及一个质量不良的录音带，两者都为私人所有。手稿的复印件收在马尔巴赫德意志文学档案馆的海德格尔档案中。手稿与录音之间的偏差，一般根据录音带中的更显生动的演讲稿处理。有八个句子是手稿中有的，但演讲时没有，我们用圆括号标出。

252. 祝词（1966 年 9 月 20 日）。阿图尔·施里内梅克斯（Schrynemakers）教授为本次在匹茨堡（美国）举行的海德格尔哲学学术研讨会的主席。首次发表于《海德格尔与思想道路》，J. 萨利斯编，匹茨堡，1970 年，第 9—10 页。

253.《明镜》记者与马丁·海德格尔的谈话（1966 年 9 月 23 日）。按照约定，马丁·海德格尔的这篇《明镜谈话》要在他死后才能公布，这位哲学家于 1976 年 5 月 26 日去世，本谈话发表于《明镜》周刊，第 30 年度第 23 期，1976 年 5 月 31 日，但发表时的标题、图片以及《明镜》周刊所做的轻微改动是海德格尔不知道的。海德格尔本人同意的可靠文稿由我编辑，1988 年发表于由纳斯克出版社/

弗林根出版的《回答——对话中的马丁·海德格尔》一书中，此书由京特·纳斯克和埃米尔·凯特林编，第81—111页。第1个脚注是海德格尔本人做的；第2个和第6个脚注是《明镜》编辑部加的；第3—5个脚注是我作为遗产管理人加的。

遗产管理人赫尔曼·海德格尔对1976年5月31日《明镜谈话》版本的查证

在《明镜》周刊1976年5月31日的通告中关于《明镜谈话》的来历有并非完全准确的报道，真实情况如下：《明镜》周刊上发表了一篇题为《海德格尔——世界黑夜的午夜》的文章，其中关于马丁·海德格尔有一些不真实的陈述，对此，海德格尔以一封读者来信的方式（《明镜》，1966年第7期）首次作了公开表态[①]。与《明镜》周 816
刊编辑部有联系的埃哈特·克斯特纳（Erhart Kästner）建议《明镜》在1966年2月底与马丁·海德格尔做一次《明镜谈话》。他这个建议起先受到马丁·海德格尔本人的明确拒绝："但我无论如何不会参加以任何形式组织起来的《明镜谈话》"（海德格尔1966年3月11日致克斯特纳的信，载《海德格尔与克斯特纳通信集》，第82页）。只是克斯特纳和其他友人的进一步劝说，但主要是由克斯特纳促动的鲁道夫·奥格施泰因（Rudolf Augstein）致海德格尔的一封两页长的善解人意的书信（1966年3月23日，其中有做一次《明镜谈话》的提议），才促使海德格尔同意接受这次访谈。

1966年9月23日，《明镜谈话》在坐落于弗莱堡－查林根的罗特布克路海德格尔的家里进行。参加者有：马丁·海德格尔、鲁

---

① 参看本卷第249篇。——译注

道夫·奥格施泰因、格奥尔格·沃尔夫(Georg Wolff)、海因里希·维甘德·佩策特(Heinrich Wiegand Petzet),加上负责记录的施泰因布雷歇尔(Steinbrecher)、一个技工以及女摄影师迪格内·梅勒·马尔科维奇(Digne Meller Marcovicz)。

磁带录音的记录稿——对此事先已经有约定——由马丁·海德格尔和《明镜》编辑部两方面做语言上和内容上的修改和补充。马丁·海德格尔在第一稿中没有改动的一些措辞,由《明镜》方面在第二稿中做了润色和修改,马丁·海德格尔保留和接受了"《明镜》第二稿"。

关于《明镜》在谈话中提出的问题的口头回答,海德格尔做了书面加工和修改;而《明镜》只是在海德格尔做的这些加工和修改之后对所提问题作了处理,部分做了重新表述,部分给出不同提法,也有部分插入新的问题。而海德格尔只是在"《明镜》第二稿"中才读到这些变动。但即便在加工过的海德格尔文本中,《明镜》也做了编辑方面的干预,做了一些改动,却没有在给马丁·海德格尔的"《明镜》第二稿"样本中使这些改动变得明显可见。马丁·海德格尔是否在"《明镜》第二稿"中看出了自己的文本中被《明镜》改动过的地方,这一点已经说不清楚了,而且再也无法澄清了。所以,即便在"《明镜》第二稿"中,也有一些海德格尔的回答是针对原本不同地被表述的问题的。"《明镜》第二稿"中对海德格尔文本的语言上的重新表述,它们无疑是编辑方面的修改润色,马丁·海德格尔在整个稿子的下方签了"同意"以表示肯定,这些被我保留下来了。在"《明镜》第二稿"中被《明镜》编辑部省略掉的海德格尔本人的校正文字,我又把它们添加进去了。把格奥尔格·沃尔夫的第一个修改稿与马丁·海德格尔的第一个修改稿进行对照，我们可以看到，多半是在相同的地方寻求新的表述，或者是删掉一些陈述，海德格尔接受了沃尔夫的一些建议，但也有一些建议被拒绝了。

可见，《明镜》的句子和问题，较多的地方只是在海德格尔的加工之后重新表述的，有时甚至给出了不同的问题提法。但海德格 817
尔的回答依然如故，是针对原本的《明镜》问题给出的回答，这样一来，即便在海德格尔签名的稿本中，也屡屡出现他的回答针对的问题已不再付印的情况，因为显然他专心于对自己的文本的最后审订上，根本没有想到《明镜》(尽管有完整的主编室)已经改变了问题，并且补充提出了新的问题。

如前所述，"《明镜》第二稿"并没有采纳马丁·海德格尔的全部补充，而海德格尔却收到这个最后编辑的稿本，显然其中没有包含海德格尔由他彻底修订过的磁带录音样本。在马丁·海德格尔留下来的磁带录音记录稿的打字复本上，他没有录入自己的补充和修改。在做了一些补充性校订之后，马丁·海德格尔于 1967 年 3 月 28 日在"《明镜》第二稿"上最后签了"同意"。

通过与 1976 年发表的付印稿的详细对照可以得知，《明镜》事后在海德格尔不知情的情况下加上了一些小标题，也插入了一些问题，改变了《明镜》文本的语气，但也删掉了一些句子。而另一方面，《明镜》编辑部也擅自划掉、改变了马丁·海德格尔的一些句子(在他不知情的情况下)，而且有两处对马丁·海德格尔的句子作了语言上的轻微润色。

我们这里端出的文本是马丁·海德格尔用自己的签名同意付

印的。《明镜》编辑部事后的改动和补充又被取消了，或者说又被划掉了。《明镜》在海德格尔最后编辑之后（在他不知情的情况下）还划掉的所有海德格尔的文字，现在又被加上了。马丁·海德格尔在第一次校订时亲笔插入的文字，《明镜》在第二稿中却悄然把它们删掉了，现在又在相应的位置补上了。《明镜》编辑部后来才加上去的小标题，是马丁·海德格尔不知道的，我们现在一概予以取消。

马丁·海德格尔在最后编辑时忽略的书写错误，现已被改正。在说明胡塞尔的柏林演讲时（《明镜》，第199页），基于《福斯报》的一则报道（其中写的是“一种体育宫情绪”），马丁·海德格尔把活动地点和新闻记者的名字穆萨姆（Mühsam）弄错了。我根据事实改正了这两处错误。

《明镜》后来的最后编辑，是马丁·海德格尔从来都不得而知的，以至于他从来都没有了解到，《明镜》还做了哪些改动，谈话有哪些小标题，定稿采纳了哪些图片和哪些标题。

818 《明镜》后来在自己的文本中做的文字上的改动，只要不触及内容，我们一概予以保留。《明镜》在海德格尔最后编辑之后所做的所有内容上的改动——补充、删除、其他句子——我们一概恢复原状，恢复为马丁·海德格尔在最后签字时所见的样子。

254. 芝加哥海德格尔研讨会（1966年11月11—12日）祝词（1966年10月20日）。致曼弗雷德·S. 弗林斯（Manfred S. Frings）教授，舍勒遗著编者，马丁·海德格尔全集第34卷（《巴门尼德》）和第55卷（《赫拉克利特》）编者。首次发表于《海德格尔与真理的寻求》,曼弗雷德·S. 弗林斯编并导引,芝加哥,四方图书,1968 年。

255. 怀念吾友汉斯·扬岑(1967 年 2 月 20 日)。为汉斯·扬岑的葬礼,马丁·海德格尔讲了这篇纪念的话。汉斯·扬岑(Hans Jantzen,1881—1967 年)在 1918—1931 年间任弗莱堡大学艺术史教授。原载《回忆汉斯·扬岑——朋友们对这位刚刚去世的友人的话》,大学书店埃伯哈特·阿尔伯特(Eberhard Albert)整理和编辑,弗莱堡(未标年份),第 19—22 页。

256. 宁静的心灵——清明的思想(1968 年 7 月 20 日)。在理查德和乌苏拉·克莱纳(娘家姓戴勒)在明辛根(Münsingen)举行的婚礼上的简短致辞。乌苏拉·克莱纳(Ursula Greiner)(1946 年生),马丁·海德格尔的表外孙女,是埃里卡·戴勒(Erika Deyhle,娘家姓比尔莱)(1921 年生于圣保罗)(埃尔弗里德·海德格尔的一个远房侄女)的四个孩子中的第二个。在双亲早逝之后,埃里卡·比尔莱于 1935 年像亲生女儿一样完全为海德格尔家所接受。她于 1944 年与施瓦本牧师威廉·戴勒(Wilhelm Deyhle,1914—1991 年)结婚。迄今未发表过。

257. 关于思想之实事的规定的问题(1968 年)。1968 年日文版导言。海德格尔用拉丁字体为日文版写了本文。参看本卷第 246 篇的说明。在德国首次发表于《日本与海德格尔》,哈特姆特·布赫纳(Hartmut Buchner)编,第 230—231 页。

258. 致爱德华多·奇利达(1968 年 11 月 24 日)。时值马丁·海德格尔－爱德华多·奇利达（Eduardo Chillida）《艺术与空间》一书的出版，海德格尔于 1968 年 11 月 24 日在圣加伦的艾克出版社用本文描写了该书的基石；本文第一部分摘自《艺术作品的本源》后记（有一处字面改动），第二部分摘自《艺术作品的本源》正文（参看《林中路》，《全集》第 5 卷，第 67 页和第 9 页）。首次刊印于爱德华多·奇利达展览的画册，普福尔茨海姆，1987 年。

819 **259. 对世界处境毫无洞见的大学**（1969 年 1 月 10 日）。本文写在海德格尔致法国人让－米歇尔·帕尔米耶（Jean-Michel Palmier）的打字书信的信笺上（有亲笔签名）。帕尔米耶于 1968 年末把刚刚出版的《海德格尔的政治著作》（*Les écrits politiques de Heidegger*）（巴黎 1968 年）寄给了海德格尔。整封书信迄今未发表过。复印件为私人所有。

260. 极其不正确的陈述（1969 年 7 月 13 日）。索菲·布卢门塔尔（Sophie Blumenthal）博士于 1969 年 7 月 4 日给马丁·海德格尔寄去她的长文《卢森堡研讨会探索德国纳粹时代》，该文发表于 1969 年 6 月 29 日的《西雅图时报》（*Seattle Times*）上。海德格尔在 1969 年 7 月 13 日的回复中纠正了这篇文章中的不实陈述。布卢门塔尔女士写道：接受并正在翻译这些纠正，在《西雅图时报》1969 年 8 月 10 日做一个补充性的表态。

261. 已计划好的百货商店里的庆祝会（1969 年 8 月 6 日）。海德格尔致弗莱堡市长欧根·凯德尔（Eugen Keidel，1909—1992 年）

博士的信。里门施佩格(Riemensperger)教授当时是弗莱堡业余大学的校长,德国社会民主党(SPD)弗莱堡市议员。

262. 马丁·海德格尔在谈话中(1969年9月17日)。这个谈话是1969年9月17日由德国电视二台录制的,谈话地点是在弗莱堡-查林根的罗特布克路47号海德格尔家,首次于1969年9月24日播出。书面刊于《马丁·海德格尔在谈话中》,理查德·维塞尔编,卡尔·阿尔伯特出版社,弗莱堡/慕尼黑,1970年,第67—77页。

263. 1969年9月26日在梅斯基尔希的答谢词。梅斯基尔希市在马丁礼堂为它的荣誉市民马丁·海德格尔八十寿辰操办了一场庆祝晚会。来自日本东京的辻村公一(Koichi Tsujimura)教授致祝词。本文首次发表于《马丁·海德格尔——1969年9月26日》,梅斯基尔希市编,制作:霍伊贝克印刷厂,梅斯基尔希,弗里德里希·格奥尔格·阿克出版社(未标年份)。

264. 技术——其本质是不可知的(1969年9月27日)。以"思想家的手稿"为题复制和转载于《新苏黎世报》,1969年9月27日,第五版,星期天版,第2898号(69)。

265. 追问人类之逗留——在阿姆里斯维尔举行的生日庆祝会上的答谢词(1969年9月28日)。在阿姆里斯维尔新教教堂,迪诺·拉雷泽(Dino Larese)准备了一场马丁·海德格尔生日庆祝会。伴随着欢庆的室内乐,汉斯-格奥尔格·伽达默尔(海德堡科学院

院长）、艾米尔·斯泰格（Emil Saiger，苏黎世文学史家）、克莱门
特·格拉夫·博德维尔斯（Clement Graf Podewils，巴伐利亚美
术学院秘书长）相继致辞。海德格尔发表简短的感谢词。家庭成
820 员和友人，其中有让·波弗勒（Jean Beaufrct）、瓦尔特·布勒克
（Walter Bröcker）、卡尔·J. 布克哈特（Carl J. Burckhardt）、恩
斯特·荣格尔（Ernst Jünger）、弗里德里希－格奥尔格·荣格尔
（Friedrich-Georg Jünger）、维多里奥·克劳斯特曼（Vittorio
Klostermann）和沃夫冈·沙德瓦尔德（Wolfgang Schadewaldt）
等，在哈格维的皇宫广场听保罗·胡贝尔（Paul Huber）的《马丁·
海德格尔进行曲》的首演。——本次讲话的首印没有序言，基于一
个今天不再能找到的录音带，其记录稿载《新苏黎世报》，1969 年
10 月 5 日，第 606 号（远程输出第 273 号），第 51 页。对参与者的
个人感谢，《新苏黎世报》在排印时把它删掉了。在海德格尔遗稿
中只发现一份手写的、部分用关键词速写方式的致辞草稿，它跟海
德格尔的自由讲话多有出入。眼下的付印稿的前两个句子来自这
份草稿。海德格尔对乐队、乐队指挥和发言者的感谢未能在文字
上恢复。

266. 向哲学系致谢（1969 年 10 月 25 日）。原稿为私人所有。迄今未发表过。

267. 您的信是一份宝贵的财富（1969 年 10 月 25 日）。联邦总统海涅曼（Heinemann）以 1969 年 9 月 24 日一封内容丰富的信（打字稿）表达他对马丁·海德格尔八十寿辰的美好祝愿。海涅曼的

这封信和海德格尔的感谢信草稿为私人所有。

268. 找到正确的道路(1969 年 10 月 25 日)。弗莱堡大学档案馆，B24/1277。

269. 致 1969年 11月 17—21日在夏威夷檀香山举行的海德格尔会议代表的祝词和答谢词(1969 年 7 月 4 日和 10 月 29 日致 A. 波格曼教授的信)。波格曼(A. Borgmann)邀请马丁·海德格尔参加《海德格尔与东方思想》学术会议。海德格尔写于 1969 年 7 月 4 日的信(打字稿,亲笔签名)由波格曼在会议上宣读,并且由他译成英语,发表于《东西方哲学》第 20 卷,夏威夷,1970 年,第 221 页。

270. 写给扬·阿勒纪念文集(阿姆斯特丹)(1970 年 11 月)。时值扬·阿勒(Jan Aler,1910—1992 年)教授六十周岁生日,马丁·海德格尔写了这封信。在其中,海德格尔根据讨论班手册忽视了一点,即阿勒也参加过 1938—1939 年冬季学期讨论班《哲学概念构成导论(尼采〈论历史学对于生活的利与弊〉)》。首次发表于《美学与普通艺术学杂志——扬·阿勒纪念文集》,第 XVIII 卷,1973 年,布维尔出版社,霍尔伯特·格伦德曼——波恩。

271. 坚信礼(1971 年 4 月 28 日)。马丁·海德格尔致他的第五个孙女,今天的阿尔穆特·海德格尔博士(Almuth Heidegger,生于 1957 年)。此信迄今未发表过,私人所有。

821 **272. 书信——序言**(1972年6月7日)。罗吉尔·穆尼尔(Roger Munier),海德格尔著作的法文译者之一,在1972年年初到弗莱堡访问海德格尔,向他介绍了年轻法国哲学家亨利·蒙吉(Henri Mongis)。海德格尔收到蒙吉的论文《海德格尔与价值概念批判》,并于6月7日给蒙吉写了一封信,这篇论文出版时收入此信,作为序言(双语),1976年由马丁努斯·尼基霍夫出版社/海牙出版,第VI—XI页。

273. 打印的致谢辞(1972年10月25日至1973年10月15日)。马丁·海德格尔因年事已高,只能以此方式对生日和节日时收到的大量书信和礼物表示感谢。

274. 怀念马塞尔·马修(1973年1月)。马塞尔·马修(Marcelle Mathieu)是勒内·夏尔(René Char)的一位年长的乡下女友,经常出于近邻关系为他的客人安排住宿。在马塞尔·马修1973年1月去世后不久写的这个手稿寄给了勒内·夏尔。本文由弗朗索瓦·费迪埃译成法文,发表于勒内·夏尔:《著作全集》(*Oeuvres Complètes*),伽利玛出版社,巴黎1983年,第1248—1249页。在德国首次发表于马丁·海德格尔:《思想经验1910—1976年》,赫尔曼·海德格尔编,维多里奥·克劳斯特曼出版社,美茵法兰克福,1983年,第171—173页。

275. 代替一个讲话——为梅斯基尔希人文中学落成典礼(1973年7月14日)而作。马丁·海德格尔把这个讲话稿寄往梅斯基尔希，收入1973年7月14日新人文中学落成典礼纪念文集，并作为收藏单行本发送。

276. 弟弟八十寿辰致辞（1974年2月6日）。弗里茨·海德格尔八十寿辰庆祝会在罗特豪斯（黑森林）举行。马丁·海德格尔的致辞在此首次公开。致辞原件为私人所有。

277. 纪念多年同事、博士希尔德加特·费伊克女士（1974年）。两个册子——印刷和复制手稿——私人印刷，维多里奥·克劳斯特曼出版社，美茵法兰克福，1974年。关于其中谈到的索引问题，值得指出的是：费伊克女士对海德格尔隐瞒她自己的隐秘工作，是因为她完全明白，这样一个索引在海德格尔的出版物中是从来都没有做过的。参与《全集》编辑工作的最早两位同仁也提出过可能的索引的问题，但全都受到海德格尔的明确拒绝。弗里德里希-威廉·冯·赫尔曼和瓦尔特·比梅尔（Walter Biemel）（恰恰后者有着与此不同的想法）接受了海德格尔的决定。包括出版商维多里奥·克劳斯特曼，后者在其第一份全集广告说明书上提到了索引，但因为海德格尔的指令，不得不在下一份广告说明书删除了这一项。在费伊克女士1971年编辑的海德格尔的谢林讲座稿中，她 822
未敢违背海德格尔的意愿擅自加上一个索引。但海德格尔在对自己这位同事的悼词中却显示出一种谅解，允许在他自己的出版物之外独立制作一个索引。

278. 在1974年9月26日以后。 在他八十五周岁生日以后，马丁·

海德格尔给祝贺者发送了印刷的亲笔感谢信。首次发表于(无标题也没有第一句话):《纪念马丁·海德格尔 1889—1976 年》,梅斯基尔希市编(1977 年)。

279. 为 1974年 11月在贝鲁特举行的研讨会而写的一个祝词。庆祝马丁·海德格尔诞辰八十五周年哲学研讨会于 1974 年 11 月在贝鲁特举行,由查尔斯·马雷克(Charles Malek)教授发起,后者时任黎巴嫩外交部长,曾听过海德格尔的课。本次研讨会在歌德学院举行。奥托·珀格勒尔(Otto Pöggeler)教授做主题报告。首次发表于:《绽出——哲学与文学手册》(*Extasis—Cahiers de Philosophie et de Littérature*),贝鲁特 1981 年,第 1—2 页。在德国首次发表于《回答——马丁·海德格尔在谈话中》,京特·纳斯克出版社,弗林根,1988 年,第 275—276 页。

280.《理想》杂志第 500期出版祝词(1974 年 11 月 19 日)。这个祝词除了增加第一段、删除第四段,与写给贝鲁特研讨会的祝词相同。首次发表在日本:《理想》杂志第 500 期,株式会社理想社,东京,1975 年 1 月,第 4—5 页。在德国首次发表于:《日本与海德格尔》,哈特姆特·布赫纳编,雅恩·托尔贝克出版社,齐克马林根,1989 年,第 232 页。

281. 关于阿尔贝特·莱奥·施拉格特:我的表态(1974 年 11 月 24 日)。马丁·海德格尔把这份表态信寄给弗莱堡的《巴登报》编辑部,并请求编辑部,把他的表态转给他不认识的读者来信作者路卡斯(Lucas)博士和亚历山大·赫尼克(Alexander Hoenicke),因为他不知道他们的地址。据我所知,本文迄今未发表过。私人所有。

282. 现代自然科学与现代技术(1976 年 4 月 11 日)——致 1976 年 5 月 14—16 日芝加哥第十届学术研讨会代表的祝词。在美国发表于:《现象学研究》,第 VII 卷——海德格尔纪念专号——纽约,人文科学出版社,1977 年,第 1—4 页。——在德国首次发表于:《普通哲学杂志》,1977 年第 1 期——弗罗曼－霍尔茨布克出版社,第 22 页。

283. 荷尔德林的诗句(1976 年春)。《荷尔德林的诗句》的相关文字以及诗歌的选择,是海德格尔在去世前几周亲笔写下的。按照他的遗愿,在马丁·海德格尔安葬于家乡土地上之后,他的儿子赫 823
尔曼·海德格尔读了这些诗作。这个亲笔指示迄今未发表过。所读的诗歌据海德格尔的藏书:荷尔德林《著作全集》第四卷,诺伯特·冯·海林格拉特编,1800—1806 年诗歌卷,第二版,1923 年,柏林,普罗比雷恩出版社;重印于:梅斯基尔希市编《纪念马丁·海德格尔 1889—1976 年》,梅斯基尔希市艾根出版社,1977 年,第 13—14 页。

附录

284. 大学生们尊敬海德格尔教授(1930 年 5 月底)。在拒绝了柏林的召唤之后（参看本卷第 22 和 23 篇），海德格尔得到了学生们的一次火炬游行队伍的庆祝。这里付印的是 1930 年 5 月 30 日《弗莱堡报》第 147 期的报道，其中描述了海德格尔即兴做的简短致辞。这里提到的哲学博士候选人古斯塔夫·西魏特（Gustav Siewerth，1903—1963 年）后来是哲学和教育学的教授，自 1948 年起任亚琛教育科学院院长，1961 年起任弗莱堡教育学院院长。

285. 纪念施拉格特（1933 年 5 月 26 日在大学的讲话）。本次讲话在弗莱堡的四份报纸上以不同文本刊出。字面上并不确实可靠。在遗稿中没有发现这个自由讲话的亲笔草案，倒是相反地有马丁·海德格尔于 1974 年 11 月 24 日致《巴登报》编辑部的“表态”的打字复本，是海德格尔对该报发表的因为他当时的“施拉格特”致辞而引发的批评性的读者来信的“表态”。施拉格特（Schlageter）是青年德意志骑士团的成员，该骑士团于 1933 年为纳粹所禁。——此处付印的讲话据 1933 年 6 月 1 日《弗莱堡学生报》第 1 页。

286. 新帝国的大学（1933 年 6 月 30 日）。《海德堡最新消息》，第 150 期，1933 年 7 月 1 日，第 4 页。

287. 高校与手工业（1933 年 9 月 3 日）。摘自 1933 年 9 月 4 日《弗莱堡报》第 240 期的报道，晚刊，关于海德格尔在巴登州木匠协会第 22 个协会日上的致辞，1933 年 9 月 3 日星期天，在弗莱堡百货商店大厅。

288. 纳粹主义国家的大学（1933 年 11 月 30 日）。本次演讲是 8 点 15 分在博物馆席勒礼堂举行的。图宾根的市民被热情地邀请参加本次演讲。图宾根的编年史，1933 年 12 月 1 日。私人所有的报纸文章的复印件。

289. 关于鲍姆加滕的鉴定（1933 年 12 月 16 日）。第二个抄件的 824
副本，弗莱堡大学档案馆（UAF），B34/31。由冯·迪策（von Dietze）教授 1949 年 7 月 21 日寄给格哈德·里特尔教授。1946 年以来流传着海德格尔这份鉴定的摘要和抄件，带有相互偏离的表述。鉴定原件已经下落不明。海德格尔对这份鉴定的表态可参看本卷第 186 篇。

290. 相互映射的镜像（1958 年 5 月 19 日）。久松真一与马丁·海德格尔的对话，艾尔玛·魏因梅尔（Elmar Weinmayr）翻译。久松真一（Shinichi Hisamatsu）自 1933 年开始听了海德格尔的讲座课。这个记录下来的对话是在弗莱堡－查林根的海德格尔家里进行的。这个对话的前一天，在弗莱堡大学小礼堂的穹顶大厅里，举行了一个近两个小时的高级研讨班，晚六点过后不久就开始了，由海德格尔引导。——这个对话是由藤吉（Fujiyoshi）记录的。——这份记录，它的日语译文，以及向德语的回译——也就是一种三重转换的复述——不能被看作海德格尔的正式文本。在德国发表于：《日本与海德格尔》，同上，第 189—192 页。

海德格尔年表

1889 年 9 月 26 日	生于德国巴登州梅斯基尔希。
1895—1903 年	在梅斯基尔希公立学校和市立中学读书。
1903—1906 年	在康斯坦茨人文中学读书。
1906—1909 年	在弗莱堡人文中学读书。
1909—1911 年	在弗莱堡大学学习神学和哲学。
1911—1913 年	在弗莱堡大学学习哲学、人文科学和自然科学。
1913 年 6 月 26 日	在阿图尔·施奈德教授指导下获哲学博士学位。
1914 年 10 月 10—15 日以及 1915 年 8 月 18 日至 1918 年 11 月 16 日	兵役，其中 1915 年 11 月 1 日至 1918 年初受令前往弗莱堡军事邮政监控处，8 月底至 11 月初在前线气象台 414（第三兵团）。1918 年 11 月 5 日被提为二等兵。
1915 年 7 月 26 日	在李凯尔特教授指导下完成授课资

格论文。

1917年3月20日　与埃尔弗里德·佩特里结婚。

1919年1月1日　任埃德蒙德·胡塞尔的私人助手。

1919年1月21日　长子约尔克出生。

1920年8月20日　次子赫尔曼出生。

1922年8月9日　搬入由埃尔弗里德·佩特里建造的 826
托特瑙堡小木屋。

1923年10月1日　在拉恩河畔马堡大学一个哲学副教授教席上担任编外正教授。

1927年10月1日　转任拉恩河畔马堡大学正教授教职。

1928年10月1日　接替胡塞尔的哲学I教席，搬入埃尔弗里德·海德格尔建造的位于弗莱堡-查林根罗特布克路的房子。

1930年5月10日　拒绝柏林的首次邀请。

1933年4月21日　几乎全票当选为弗莱堡大学校长。

1933年5月3日　加入纳粹党（NSDAP），日期回溯到1933年3月1日。

1933年9月30日　拒绝柏林的第二次邀请。

1933年10月1日　被巴登州政府任命为弗莱堡大学校长。

1933年10月　拒绝慕尼黑大学的邀请。

1934年2月底　向部长瓦克尔博士宣布辞去校长职务。

1934年4月27日　被部长瓦克尔博士正式解除校长

	职务。
1935 年年初	海德格尔家接受养女埃里卡·比尔莱(生于 1921 年)。
827 1944 年 11 月中旬	被征召入人民冲锋队,1944 年 12 月被释放。
1945 年 8 月 1 日	进入盟军政治审查委员会的名单里(一票反对);以“可有受限制的教学活动之条件”荣休。
1945 年 9 月 28 日	被法国占领军当局宣布为“可支配的”。
1945 年 10 月	在图宾根哲学正教授教席名单上被列于第二位。
1946 年 1 月	弗莱堡大学评议会的建议:荣休,但无教学许可。
1946 年 9 月 12 日	与让·波弗莱首次见面。
1946 年 12 月 28 日	法国占领军当局宣布禁教令,解除在大学的任何职务。
1947 年 3 月 11 日	巴登州教育部把这一决定转达给海德格尔。
1949 年 3 月 15 日	海德格尔被负责政治清洗的国家专员归入“追随者”一级,“无赎罪措施”。
1949 年 9 月	法国占领军当局的禁教令被解除。
1949 年 12 月 1 日	不莱梅演讲。

1950 年 7 月 13 日	退休(追溯至 1950 年 7 月 1 日)。
1951 年 9 月 26 日	荣休。
1957 年	被接纳为海德堡科学院院士。 828
1957 年	被接纳为柏林艺术学院院士。
1959 年 9 月 26/27 日	被授予梅斯基尔希市荣誉市民。
1960 年 5 月 10 日	获巴登－符腾堡州黑贝尔奖。
1969 年	被接纳为巴伐利亚美术学院院士。
1971 年	搬迁至埃尔弗里德·海德格尔筹划的费里巴赫房子。
1976 年 5 月 26 日	在费里巴赫的家(弗莱堡－查林根)逝世。
1976 年 5 月 28 日	安葬于家乡梅斯基尔希。

829

编 者 后 记

本书是《海德格尔全集》第16卷，按照作者的一个决定，以《讲话》为书名，收录了作者在1910年至1976年间所作的几乎全部讲话和致辞，外加宣告、呼吁、文章、公务发言、若干书信、图书评论、若干诗歌和谈话、祝贺、问候和感谢、简历、表态和评价——总计为290篇短小的发表的和未发表的文章，来自长达66年的工作时期，它们能帮助我们更好地理解海德格尔的个人及其人格。

本卷的底本为海德格尔自己付印的单印本样本，上面偶有作者本人的修改；少数情况下是我审读的新版和档案馆存本。

海德格尔的样本在我手上。所有为本卷所用的手稿和打字稿（如果在书后“文献说明与注释”中未作其他说明）均保存于内卡河畔的马尔巴赫德意志文学档案馆的海德格尔档案馆里。

在付印稿样中尚有一些印刷错误和细微的不当之处，编者私自根据海德格尔关于全集版的一般指示做了校正。不同的书写方式和打印方式，特别是小“s”——在稿样中多半作“ß”，但有时也写作“ss”——现以“ß”加以统一，例外是1910—1913年间的书评，标题中的大写字母，以及1973年10月15日《打印的致谢辞》(第273篇)。[1]

---

① 德语小“s”可以书作“ß”，也可书作“ss”。我们的中译文中无法显示编者这里描述的情况。——译注

在特殊情况下基于实际的原因而不得不插手的地方，我们用文本中的方括号或者编者的脚注加以显示，或者是在“文献说明与 830
注释”中加以解释。海德格尔样书中所有亲笔的修改，按照他的指示，同样都被采纳了。亲笔的作者边注，我们在相应的文字中用小写字母标识，并且作为脚注录入文中。

只要原稿还在，所有的印刷稿本均根据原稿作了校对。标点符号按照1998年前有效的规则予以调整。海德格尔特有的若干词语上的写法仍予以保留。

在一些情况中弄不清楚迄今为止付印的稿本——少数情形中是一个笔记或者一个加工过的副本——是不是有海德格尔的“出版许可”，这时候，我们便追溯到现存的原稿，并且以此为眼下印刷的底本。

迄今为止仅以概括性的报纸报道形式付印的讲话，如果现存海德格尔的一份原稿、由他授权的一个副本或者一个录音带，那么现在就予以完整地发表。

海德格尔1933/1934年校长任职期间所有重要的、已经为人所知的(但也包括并不为人所知的)公文，无论是他自己写的材料，还是他仅仅签了个名的材料(他因此负有责任)，只要我在不同的档案馆找到了它们，一概收入本卷中予以完整呈现。甚至他1945年后作为“涉事人员”所做的书面表态，也在此全文照录，部分也是首次发表。因此，读者当能获得一种帮助，便于自己去判断聚讼纷纭的海德格尔高校政治活动。也包括少数书信，它们在迄今为止关于海德格尔的出版物中被作者们的各色评论所肢解，或者通过简短引文的选择而获得了某个特殊的方向，现在读者们也可以读到全文了。

831 有一些总是在“文献说明与注释”中指明的首次出版物，它们的付排稿件是根据部分地由海德格尔亲笔修改和补充的原稿、打字稿以及录音带（如果有的话）转录的，并且全部再次作了校订。

在报纸报道中刊出的马丁·海德格尔的讲话和公告，只有当它们由他自己同意付印或者这些讲话的原稿还在的情况下，才收入本卷的主体部分。如果印刷稿本与原稿相偏离，那么，只有当其中的改动明显是由海德格尔本人所做的情况下，我们才以印刷稿本为依据。在其他所有情况下，我们全都收录原稿文本。

未被收录的是那些已出版的公告，它们据说是马丁·海德格尔一道签署的，但未能提供出相关的证据。有据可查的是，在第三帝国时期，连海德格尔这个名字也有几次被滥用了。

在仅仅由报纸刊发的讲话文本与海德格尔的原稿或者录音带的诸多字面比较表明，极大多数报纸报道是如此不准确地、错误和漏洞百出地刊发了相关讲话和致辞，以至于它们不能被当作海德格尔的可靠文本的基础。

如果海德格尔偶尔也有一些讲话和致辞中脱离了底稿，那么，只有当这样一些新的段落多次得到证明或证实，并且被我确认为海德格尔的文本时，它们才被采纳。

下列悼词、祝愿和讲话已经收入《全集》中：

832 1. 悼念保罗·那托普，作于马堡大学/拉恩 1924—1925 年冬季学期讲座课的开始，载《全集》第 19 卷，第 1—5 页。

2. 1928 年 5 月 19 日马克斯·舍勒逝世日讲话，在马堡大学 1928 年夏季学期讲座课上讲，载《全集》第 26 卷，第 62—64 页。

3. 1958年5月10日海德堡科学院院士就职演说，载《全集》第1卷，第55—57页。

4. 在欧根·芬克60寿辰前夜的讲话，作于1965年12月10日，载《全集》第29/30卷，第533—536页。

5. 黑贝尔讲话的修改和扩充稿，1956年在罗拉赫举行的黑贝尔庆祝会上的讲话，载《全集》第13卷，第133—150页。

6. 马丁·海德格尔为伯恩哈德·魏尔特（Bernhard Welte）写的祝词，庆祝他被授予梅斯基尔希市荣誉市民（1976年5月28日）①，载《全集》第13卷，第243页。

四个总是一再被引用的讲话——1930年的火炬游行队伍讲话、1933年5月26日纪念施拉格特的讲话、1930年6月30日的海德堡讲话和1933年11月30日的图宾根讲话②——只是以概述的、相互有偏差的报道形式在不同报刊上发表的。其中两个讲话肯定是自由发挥的。所有这四个讲话都没有原稿。这些讲话因为字面上无法得到保证，所以只能以也许最可靠的、缩略的报章复述的形式收于附录中。

1933年9月3日关于“高校与手工业”的简短讲话③，同样也作为报刊报道收于附录中。——附录中也收录了在弗莱堡大学档案馆里（B34/31）找到的马丁·海德格尔1933年12月16日关于

① 1976年5月28日，梅斯基尔希市为海德格尔举行葬礼后，为伯恩哈德·魏尔特颁发荣誉市民证书，在仪式上宣读了海德格尔的祝词。——译注

② 即本卷中的284. 大学生们尊敬海德格尔教授（1930年5月底）；285. 纪念施拉格特（1933年5月26日在大学的讲话）；286. 新帝国的大学（1933年6月30日）；288. 纳粹主义国家的大学（1933年11月30日）。——译注

③ 本卷第287篇。——译注

爱德华·鲍姆加滕的所谓鉴定的(第二年抄件)的"'副本'……"[①],这个副本因为一再引用,带有明显相互偏离的表述,对此副本,海德格尔在1946年1月17日致冯·迪策教授的信中
833 做了表态(参看本卷第186篇)。——最后,已发表的与日本人久松真一的对话并不是可靠的海德格尔文本。[②]

第1—7编的标题是由编者起的,各篇文章的标题,一般是由马丁·海德格尔本人起的。由编者起的文章标题——如果海德格尔自己没有立题——用一个*加以标识,在语言上几乎总是取自海德格尔的文本。标题之后或者标题下面加括号的时间说明,多半是由编者加的。

编者对文本的为数不多的必要说明和补充,我们加方括号[ ]标示。缩写一般都被消除掉了。明显缺失的词语(多为冠词)则按照海德格尔对全集编辑工作的一般指示加以补全。

在"文献说明与注释"中,我们只说明了由海德格尔本人和遗产保管人处理的或者准许的出版物的第一版和最新版信息,至于多次同时在报纸和杂志上的重印,我们只注明最可靠的重版信息。译文只有特殊情况下才被提及。

汉斯-马丁·萨斯(Hans-Martin Saß)于1982年出版了《海德格尔书目》(*Heidegger- Bibliographie*),在当时也并不完备,但其中列出了5362种二手文献。从那以后,全世界又增加了上千种其他出版物,是我已经无法估量的了。海德格尔文本在国内外的

---

① 本卷第289篇。——译注

② 本卷第290篇。——译注

大量盗版,是我无法一一列述的。全世界的海德格尔翻译据说已达到 75 种语言,译著数量之巨也已经不可综观了。

*

马丁·海德格尔的《全集》已经有一段自己的历史。1973 年夏季,老出版家维多里奥·克劳斯特曼(Vittorio Klostermann)在 834
我父亲不知道的情况下请求我的帮助,希望得到我父亲的同意,开始规划和出版《全集》。1973 年 9 月中旬,在弗莱堡-查林根的费里巴赫家里,经过与我父亲整整两天的长谈,我成功地做到了这一点。在他去世前的最后几年里,在他的学生瓦尔特·比梅尔教授(Walter Biemel)和他当时的私人助手弗里德里希-威廉·冯·赫尔曼博士(Friedrich-Wilhelm von Herrmann)的支持下,我父亲制订了《全集》编辑计划,尽可能把第一部分和第二部分的细目确定下来,还亲自挑选了首批六位编者,他们是:瓦尔特·比梅尔、曼恩弗雷德·S. 弗林斯(Manfred S. Frings)、英格特兰德·格兰(Ingtrand Görland)、克劳斯·黑尔德(Klaus Held)、弗里德里希-威廉·冯·赫尔曼、英格博格·许斯勒(Ingeborg Schüßler)。

对于开头两卷著作,即第 24 卷(弗里德里希-威廉·冯·赫尔曼编)和第 21 卷(瓦尔特·比梅尔编),马丁·海德格尔于 1975 年和 1976 年还亲自给出了"出版许可"。1973 年秋季,他就已经口头委托于我,让我作"全集主管"。1975 年 12 月,他也书面确认了这一点。

在我父亲于 1976 年 5 月 26 日去世后,直到 1979 年,都是由我母亲埃尔弗里德·海德格尔不加检查地授予后面八卷的"出版许可”的。有几卷中因此出现了糟糕的错误，它们已经在后来的第二版中被消除掉了。

在我作为军人于1979年退休后，我作为由遗嘱确定的文字遗产保管人，完全投身于《全集》推进工作，其间主要得到冯·赫尔曼教授和帝特延博士(Tietjen)的大力支持和建议。从此以后，我在经过细致的检查后，为《全集》中共计48卷授予了“出版许可”，并且物色了25位新编者。现在新老编者正在编辑另外的14卷。

835 随着本卷的出版，已确定为102卷的《马丁·海德格尔全集》已经出版了59卷。

*

关于我父亲卷入纳粹主义的事件，已经有大量正确的论述，但也有许多错误的论述。

作为儿子，但也作为一位受教于盖尔哈特·里特尔(Gerhard Ritter)的历史学家和时代见证人，我想在此十分简短地指出几个事实，它们在以往的传记写作中多半未被提及，或者只是稍有触及而已。作为儿子，我感到难以把我父亲在1933年的那些表达重新公之于众，它们虽然在当时的一种亢奋暴动的精神气氛中被认为多半无批判的，的确主要是受到人们欢迎的，但总归没有预料到形势的发展。然而作为历史学家，我有义务把我父亲的说法描述出来，它们将清晰地表明：一位重要的思想家也可能犯政治错误。

马丁·海德格尔是一位谦逊的、对所有外部事物毫无苛求的人，一个富有爱心和同情心的父亲和爷爷。从他的出身和教养出发，他有了对社会和国家问题的理解。但从根本上讲，他是非政治的。1932年，在德意志帝国国会选举中，他投了符腾堡葡萄种植者的一个无足轻重的小党派。1933年，受国家当时的亢奋暴动的气氛的吸引，在对纳粹主义及其元首的评判方面，他与其他许多重要人物一样犯了政治错误。在1933年和1934年之交的时候，他已经认识到了这种错误。

在1933年夏季学期，校长海德格尔召开了三次校务委员会会议：1933年6月14日、7月12日和7月28日。在1933—1934年冬季学期举行了一次校务委员会会议，即1933年11月29日。从记录中绝不能得出——像战后一些教授所断言的那样——海德格 836
尔的领导是独断专横的。

1933年10月初，海德格尔只把非纳粹分子任命为系主任，其中有半年前被纳粹分子强行辞去校长职务的冯·默伦多夫教授（von Möllendorff）。1933年至1934年冬季学期行将结束时，在卡尔斯鲁厄的一次例会上，海德格尔被要求解除默伦多夫和沃尔夫（Wolf）的系主任职务，但他拒绝了。当政府代表坚持这一要求时，海德格尔在部长面前宣布辞职。这位部长指示，在找到接替人之前必须保密他的辞职。两位教授拒绝接任校长职务。直到1934年4月中旬还没有定论，海德格尔于1934年4月14日重又请求部长（这次是书面的），任命一位新的校长。又没有答复，海德格尔在1934年4月23日的一次大学领袖磋商会上公布了自己的辞职申请，并且把这份申请呈报给卡尔斯鲁厄方面。1934年4月27日，部长以一封书面感谢信满足了海德格尔的卸职请求："不过我不想错失这个机会，向您表示我的感谢和我特别的赞赏，感谢您在领导阿尔伯特－路德维希·弗莱堡大学期间所做的艰苦工作——在纳粹主义兴起的第一年，这是一项特别困难的工作。”（斯图加特的国立总档案馆，海德格尔个人档案）。

1934年4月28日，爱德华·克恩教授（Eduard Kern）被任命为弗莱堡大学新校长。还在1933年秋，由多位教授联署，卡尔斯鲁厄政府就要求克恩接替海德格尔的校长职务（当时海德格尔收到柏林和慕尼黑的邀请，但他拒绝了）。

普鲁士政府文化部长鲁斯特（Rust）收到一封1934年3月6
837 日的诽谤信：说从党的不同方面，人们听到对弗莱堡的海德格尔教授个人的警告，说普鲁士政府文化部为了清晰起见要详细地研究一下海德格尔先生，这是适当的（联邦档案馆——NS8/170）。而从联邦档案馆的卷宗R 43II/936，NS 15/35和NS 15/36中，我们可以得知，海德格尔被纳粹怀疑和监视了。

在海德格尔1934—1944年的讲座课和讨论班中可以清楚地看到，他是纳粹种族政治和意识形态的反对者。

作为大学里多余的人，海德格尔于1944年11月中旬被征召入人民冲锋队，但很快又被释放了。他忧心忡忡地度过了战争和战后年代，或许是政治形势的发展导致了这一点，还有就是忧虑于他的儿子们，他们上了前线，然后有一年多时间失踪，被囚于苏联战时监狱。

1945年9月，根据法国占领军当局组织的弗莱堡大学清查委员会的一份鉴定，海德格尔被宣布为“可支配的”，1945年10月，经法国占领军当局的同意，海德格尔在图宾根哲学教席聘请名单上被列于第二位。

只是到了1946年12月底，同样基于德国方面施加的影响，才有了法国方面宣布的禁教令，这个禁教令是以 1947 年 2 月 25 日法国占领军当局的文书形式，向当时哲学系主任海斯教授（Heiss）宣布的。

海德格尔接到的通知是巴登州教育部 1947 年 3 月 11 日的书面形式："禁教；解除在大学的任何职务。此禁教令立即生效。收入支付从 1947 年 2 月底起调整。"

1949 年 3 月 15 日，海德格尔被负责政治清洗的国家专员归入"追随者"一级，附有决定："无赎罪措施"。根据 1949 年 7 月 16 838
日巴登州法令和规定公报第 27 号之附件（1949 年 7 月 16 日附件第 101 号）（第 280 页），海德格尔是在 1949 年盛夏才收到这个决定的。尽管如此，弗莱堡大学仍旧坚持——基于校评议会有影响的海德格尔的对手，并且照顾到主持教席的威廉·希拉瑟教授（Wilhelm Szilasi）——禁止海德格尔重返教席，即便在法国占领军当局于 1949 年 9 月解除了禁教令之后，也依然如此。1950 年 4 月 1 日哲学系提出的一份少数派申请（要求海德格尔重新获得教席）失败了。校长特伦巴赫（Tellenbach）能够使马丁·海德格尔确信，只有他推荐的路子（即：退休加上高校任教委任书，并且保证在他达到 62 周岁时改成荣休），在校评议会和政府那里——教育部的司长费莱格（Fleig）是海德格尔的尖锐反对者——才是通得过的。

1950 年 7 月 10 日，南巴登政府主席沃勒勃（Wohleb）签字，同时"文化和课程部部长"以巴登州人民的名义签署文书，称"应本人申请，正教授马丁·海德格尔退休"。州政府以此证明，海德格尔到这个时候为止都是正教授——而且没有被免职过。

教育部于1951年9月25日颁布关于荣休的公告，次日由哲学系送交海德格尔。

*

我父亲的深刻思想与“法西斯主义倾向”毫无干系。它回溯到西方思想的本源那里，试图走上新的道路。由他1933年的政治错误引发的整个论战都忽视了一点，即：我父亲没有一个学生是人们可以称之为纳粹主义者的。

839 要综观马丁·海德格尔的全部思想道路，这在今天还是不可能的。只有当《全集》完整地摆在我们面前时，一种对我父亲的思想道路的全面描绘才可能完成。《全集》中还有36卷尚未出版，它们包含着迄今为止未公开的马丁·海德格尔的思想。同样，也只有当大量尚未为人所知的通信和书信公之于世时，才有可能对他的人格做一种充分的评价。

马丁·海德格尔在漫长的一生中写下了不计其数的书信。收信人数量之大再也无法确定。收到的书信的极大部分被海德格尔销毁了。只有一小部分如今保存在马尔巴赫德意志文学档案馆里。他写的书信散布于全世界，大量永远遗失了，个别还会令人吃惊地偶尔冒出来。有的海德格尔书信收藏依然秘而不宣。

与海德格尔的通讯原则上不收入《全集》。迄今为止已经出版的通信有：与汉娜·阿伦特（Hannah Arendt）、伊丽莎白·布洛赫曼（Elisabeth Blochmann）、卡尔·雅斯贝尔斯（Karl Jaspers）、埃哈特·克斯特纳（Erhart Kästner）的通信。若干在《全集》之外已经出版的马丁·海德格尔在1933—1934年期间致与汉娜·阿伦特、伊丽莎白・布洛赫曼、卡尔・雅斯贝尔斯的信，在此一并收入，因为它们清晰地展示了海德格尔当时内心的态度和外在的行为方式。与伊马・冯・博特梅肖夫（Imma von Bodmershof）的通信和与鲁道夫・布尔特曼（Rudolf Bultmann）的通信还在准备中。我预定要出版的还有：与库特・鲍赫（Kurt Bauch）、让・波弗勒（Jean Beaufret）、勒内・夏（René Char）、汉斯－格奥尔格・伽达默尔、弗里茨・海德格尔、恩斯特・荣格尔（Ernst Jünger）等的通信。在《全集》中将收有两卷书信，一卷是有哲学内容的书信选，另一卷则是展示海德格尔与所有艺术和科学领域的广泛联系的书信选。

*

我要感谢弗里德里希－威廉・冯・赫尔曼教授（Friedrich- 840
Wilhelm von Herrmann）和哈特穆特・帝特延博士（Hartmut Tietjen），他们为本卷编辑工作提供了多重的建议和帮助。后者也为我提供了付印稿样的制订方面的技术性支持。衷心感谢我的夫人尤塔（Jutta）、路易斯・米夏埃尔森（Luise Michaelsen）女士、克洛特希尔德・拉普（Clothild Rapp）女士，她们协助我细心地审读了校样。

我也要利用这个机会，衷心感谢我上面指出的《马丁・海德格尔全集》编辑工作方面最紧密的合作者，弗里德里希－威廉・冯・赫尔曼教授和哈特穆特・帝特延博士，感谢他们几十年以来忠诚的、乐于助人的和积极支持的合作。

而我同样也要衷心感谢《全集》各卷的所有其他编者，感谢他们所做的艰难而细心的编辑工作。这些编者包括如下女士和先生：瓦尔特·比梅尔教授（Walter Biemel）、弗兰茨－卡尔·布卢施特博士（Franz-Karl Blust）、克特·布勒克－奥尔特曼斯博士（Käte Bröcker-Oltmanns）（1999年去世）、瓦尔特·布勒克教授（Walter Bröcker）（1992年去世）、汉斯－约阿希姆·弗里德里希博士（Hans-Joachim Friedrich）、曼恩弗雷德·S. 弗林斯教授（Manfred S. Frings）、私人讲师汉斯－赫尔穆特·甘德尔博士（Hans-Helmuth Gander）、英格特兰德·格兰教授（Ingtrand Görland）、退职校长埃伯哈德·汉泽尔（Eberhard Hanser）、贝恩德·亨比歇尔博士（Bernd Heimbüchel）、马里翁·海因茨教授（Marion Heinz）、克劳斯·黑尔德教授（Klaus Held）、海因里希·许尼教授（Heinrich Hüni）、彼特拉·耶格尔讲师（Petra Jaeger）、马蒂亚斯·容博士（Matthias Jung）、退职校长赫尔曼·默兴（Hermann Mörchen）（1990年去世）、库尔德·奥赫瓦特（Curd Ochwadt）、托马斯·雷格利博士（Thomas Regehly）、布里吉特·席尔巴赫博士（Brigitte Schillbach）、英格博格·许斯勒教授（Ingeborg Schüßler）、英格丽德·许斯勒博士（Ingrid Schüßler）、伊娜博士（Ina）和奥托·扎姆教授（Otto Saame）（1994年去世）、私人讲师京特·佐伊贝特（Günter Seubold）、克劳迪乌斯·施特鲁贝教授（Claudius Strube）、彼得·特拉夫尼博士（Peter Trawny）、苏珊·齐克勒博士（Susanne Ziegler）。

永远的深深的感谢应给予出版商维多里奥·克劳斯特曼（Vittorio Klostermann）（1977年去世）、米夏埃尔·克劳斯特曼（Michael Klostermann）及其夫人克里斯丁娜·克劳斯特曼

(Cristina Klostermann)、维多里奥・E. 克劳斯特曼(Vittorio E. Klostermann),以及克劳斯特曼出版社的全体工作人员。

同样的感谢要献给德意志文学档案馆,馆长伯恩哈德・策勒 841
教授(Bernhard Zeller)(迄至 1984 年)和乌尔里希・奥特教授(Ulrich Ott),也要感谢部门领导魏尔纳・福尔克博士(Werner Volke)(迄至 1992 年,1998 年去世)和约亨・迈耶尔博士(Jochen Meyer),其中海德格尔档案馆的主管约阿希姆・W. 施托克教授(Joachim W. Storck)(迄至 1987 年)、布里吉特・席尔巴赫博士(迄至 1990 年)、威廉・黑梅克博士(Wilhelm Hemecker)(迄至 1993 年)和乌尔里希・冯・比洛博士(Ulrich von Bülow)。对于德意志文学档案馆总是友好的帮助和支持,我要感谢许多位女士和先生,尤其是乌特・多斯特尔女士(Ute Doster)和英格・席默尔女士(Inge Schimmer)。

我也得感谢弗莱堡大学 1976 年以来的历任校长,以及该校校务长,感谢他们为《全集》编辑工作提供的富有价值的间接支持。

同样也要感谢支持我的工作的各个档案馆:弗莱堡的卡里斯太档案馆、大主教档案馆、国家档案馆、城市档案馆和大学档案馆;科布伦茨和柏林的联邦档案馆、卡尔斯鲁厄的州立总档案馆、慕尼黑和斯图加特的国立总档案馆;法兰克福、哥廷根、海德堡、马堡和图宾根的大学档案馆,梅泽堡的国立中心档案馆。

我要特别地衷心感谢我的夫人尤塔,为 23 年来的父亲遗产管理工作,她始终温柔体贴地和乐于助人地陪伴左右,照料我个人的生活,要是没有她的陪伴和照顾,我大概不可能完成我父亲委托给我的照管和推进他的《全集》编辑工作的任务。

我也理当感谢我的儿子们，参议教师德特勒夫·海德格尔(Detlev Heidegger)和律师阿尔努夫·海德格尔(Arnulf Heidegger)，他们多年来支持我的工作。阿尔努夫·海德格尔已经被我预定为我之后的遗产管理人，照管我父亲的《全集》编辑工作，直至全部完工。

永远要感谢的是我的父母：感谢先父，他让我自行走上自己的生活道路和职业道路，进而却把遗产保管和《全集》照管的任务交
842 给了我；感谢先母，感谢她那甘于牺牲自己的、坚定不移的爱，正是有了这种爱，她才驾驭了一种艰难的生活，才使她的丈夫的工作取得了世界性的影响。她建造了位于弗莱堡－查林根罗特布克路的房子，在房子的大门上，她让人刻上了《圣经》里的话(《所罗门箴言》，第4章，第23行)，以这句话欢迎每个有心的客人。母亲是依循这话生活的，这话也成了我生活的准绳：

“你要切切看护你的心灵
因为生命乃由心灵发出。”①

赫尔曼·海德格尔　　1999年秋，记于托特瑙堡小木屋

---

① 现有中译本作：“你要切切保守你心，因为一生的果效，是由心发出。”参看《旧约全书》，香港圣经公会，香港，2005年，第1004页。

译　后　记

本书是马丁·海德格尔(Martin Heidegger, 1889—1976 年)的《全集》第 16 卷,书名立为《讲话与生平证词》,收录海德格尔于 1910 年至 1976 年间做的 290 篇短文,有的是已经发表过的,有的是未曾发表过的,内容主要是讲话和致辞,以及一些书信、公文、贺词、问候之类,由作者之子、历史学家赫尔曼·海德格尔博士(Hermann Heidegger)编辑。有许多文字是首次公开的,具有档案文献性质,可供读者了解马丁·海德格尔的经历、人格,自然也有助于读者更好地理解这位思想家的思想。

对于一位思想家而言,思想永远是第一位的。我个人比较反对窥视式的和猎奇式的阅读,以为不是思想理解和探讨之事业的正道。比如无论国内国外,都有人热心于海德格尔与女哲汉娜·阿伦特的恋情,更有人持续不断地关注海德格尔在纳粹时期的政治丑闻;近年随着所谓"黑色笔记本"(《全集》第 94、95、96、97 卷,尚有第 98 卷未出版)的出版,国际学界重又燃起关于"海德格尔与纳粹"的激烈而广泛的争论。如果这些可以归为传记式的思想阅读,当然还是有必要的,毕竟传记式阅读至今仍然是我们习惯的基本解读方式之一,海德格尔的情爱经历也罢,政治行动也罢,总归是与他的思想关联着的。但若把这种关联推到第一位置上,那就大成问题了。我们首先要关注和考量的问题依旧是：海德格尔的思想对我们意味着什么？如果海德格尔的思想对于今天的人类生活已经没有任何意义，尤其是失去了未来性，那么我们就大可不必在他身上花什么心思了。

海德格尔于1933年4月当选校长，1933年10月得到正式任命，1934年2月辞职，1934年4月被正式免职，所以充其量，他担任了一年的纳粹时期弗莱堡大学校长之职。就这一年的政治迷途却是相当致命的。海德格尔曾经自我辩护："我不明白，为什么据我和当时的中央教育部长作的这些谈话就受到责难，而当时所有外国政府正忙于承认希特勒并给他以国际通行的礼遇。"[①]这种辩护当然是相当乏力的。在本卷第259篇文章《对世界处境毫无洞见的大学》中，海德格尔说明他为何接受选举结果，终于同意担任弗莱堡大学校长？他说，个中动因不只是对于希特勒的希望，更在于"那样一种期待，即大学全体教师或许会因此获得成功，促使纳粹主义朝着国家社会主义方向发展，并且使其中的精神潜能发挥出作用。"[②]这里出现了两个容易发生混淆和引起误解的表述：一是"纳粹主义"（Nationalsozialismus），二是"国家社会主义"（Nationaler Sozialismus）。中文世界通常对两者不加区分，甚至把两者完全等同起来。但实际上，被简称为Nazismus（纳粹主义）的Nationalsozialismus是不能被译为"国家社会主义"的（虽然在字面上并无不可），或者更准确地说，为区分起见，我们最好把"国家

① 参看本卷第253篇文章（《明镜》记者与马丁·海德格尔的谈话），《全集》第16卷，美茵法兰克福，2000年，第664页。——译注

② 参看海德格尔：《全集》第16卷，美茵法兰克福，2000年，第697页。——译注

社会主义”这个名称留给 Nationaler Sozialismus。“国家社会主义”比“纳粹主义”有更广大的含义，是起源于19世纪晚期、流行于20世纪上半叶的德国政治思潮，它主张把民族、国家与社会融合起来，但并不含有种族主义倾向。当然两者是有联系的，或者不妨说，“纳粹主义”是“国家社会主义”的一个极端形式。有此区分，我们才能理解海德格尔这里所讲的“促使纳粹主义朝着国家社会主义方向发展”。海德格尔这话的意思大概是想告诉我们：我当年不是“纳粹主义”者，而是“国家社会主义”者；我当年犯错，是误以为“纳粹主义”是可以转化为“国家社会主义”的。

海德格尔此说比较靠谱，值得我们给予注意，至少是一个可以同情的自我辩护。纳粹时期出任弗莱堡大学校长的海德格尔的主要迷误正在于他的“国家社会主义”的政治立场，而后者却是不能直接被等于“纳粹主义”的。本书编者、海德格尔之子赫尔曼·海德格尔在“编者后记”里试图向我们表明：“一位重要的思想家也可能犯政治错误。”“从根本上讲，他是非政治的。”以及“在海德格尔1934—1944年的讲座课和讨论班中可以清楚地看到，他是纳粹种族政治和意识形态的反对者。”

我个人愿意同意赫尔曼·海德格尔的基本判断。作为马丁·海德格尔之子，作为历史学家，本书编者赫尔曼·海德格尔在编辑本书时的心情是极为复杂的。这是可以理解的。但赫尔曼本着一位历史学家的良知和责任，在本卷中把马丁·海德格尔1933/1934年校长任职期间所有重要的（无论是他自己写的材料，还是他仅仅签了个名的材料）悉数收入，予以完整呈现，从而为我们审视马丁·海德格尔在担任纳粹时期弗莱堡大学校长期间的言和行提供了基本材料。——当然，赫尔曼也说了，若要全面理解海德格尔的思想道路，要等《全集》全部出齐；而若要充分了解海德格尔的人格和政治，要等他的大量通信和书信面世。这是何年何月之事呢？

无论如何，我仍旧想重复前面讲过的话：对于一位思想家而言，重要的永远是思想而非其他。

本书译事由我和张柯博士、王宏健博士合作完成。张柯博士翻译了第一、二、三编（正文 274 页，加“文献说明与注释”18 页，共计 292 页），王宏健博士翻译了第四、五、六篇（正文 200 页，加“文献说明与注释”8 页，共计 208 页），本人承担了第七编（计 308 页，加“文献说明与注释”以及文后的“海德格尔年表”和“编者说明”33 页，共计 342 页）。两位年轻学者动作比较麻利，很快完成了各自承担的任务。而本人因精力不济、教务繁忙，译事拖了好久。迟至 2016 年暑假，我才有整块时间从事本书的译事，终于在 9 月中旬完成译文初稿。

初稿完成后，我们仨相互校读了译文。最后由我对全部译文做了统一和规范方面的处理。

书中“《明镜》记者与马丁·海德格尔的谈话”（1966 年 9 月 23 日）曾有熊伟先生的译文，以“只还有一个上帝能救渡我们”为题，刊于《外国哲学资料》第 7 辑，北京：商务印书馆，1984 年，第 159 页以下；后又收入王炜编辑的《熊译海德格尔》（同济大学出版社，2004 年）。但收入第 16 卷中的《明镜谈话》在内容上与《明镜》杂志上发表的版本是有出入的（详见本卷编者在“文献说明与注释”

中的相关说明),故此次我以本卷文本为依据,对熊伟先生的译文做了改译,并且做了一些必要的规范方面的处理,如统一人名和译名等。但必须说明的是,这篇谈话的译文主本仍然是熊伟先生的。

我承担的译事的主体部分是在欧洲完成的。2016 年 7 月 8 日至 8 月 5 日,本人在德国柏林和冰岛雷克雅未克游学,得以集中精力处理本书的译事。

在本人承担的译文中,有好几篇是关于诗人约翰·彼得·黑贝尔(Johan Peter Hebel),海德格尔引用了黑贝尔的多首诗歌,且篇幅不小,而黑贝尔这些诗是用德语方言阿雷曼语写作的。幸得我的同事海特教授(Helmut Heit)和何心鹏博士(Volker Heubel)相助。又承余明锋博士提供黑贝尔的《阿雷曼语诗歌》(*Alemannische Gedichte*)(阿雷曼语-标准德语对照本),让我终于有可能把黑贝尔的这些方言诗译成中文。这些诗歌译成中文以后,我又请杨光博士帮忙审查译文。在此一并致谢。

本书篇幅巨大(德语原版全书达 842 页),是《海德格尔全集》中单本最厚的一本,译文电脑页面为 643 页。译文中难免会有错讹,敬请识者赐教。

孙周兴

2016 年 9 月 28 日记于沪上同济

图书在版编目(CIP)数据

海德格尔文集.讲话与生平证词/(德)马丁·海德格尔著;孙周兴,张柯,王宏健译.—北京:商务印书馆,2018
ISBN 978-7-100-15916-6

Ⅰ.①海… Ⅱ.①马… ②孙… ③张… ④王… Ⅲ.①海德格尔(Heidegger, Martin 1889-1976)—文集 Ⅳ.①B516.54-53

中国版本图书馆CIP数据核字(2018)第044260号

海德格尔文集
讲话与生平证词
(1910—1976)
孙周兴 张柯 王宏健 译

商 务 印 书 馆 出 版
(北京王府井大街36号 邮政编码100710)
商 务 印 书 馆 发 行
北京通州皇家印刷厂印刷
ISBN 978-7-100-15916-6

2018年5月第1版 开本787×960 1/16
2018年5月北京第1次印刷 印张66
定价:258.00元